主办：
四川大学法学院刑法学科
四川大学刑事政策研究中心

Criminal Law
Interpretation Review VOL.8

# 刑法解释



魏　东　主　编

2023

总第8卷

法律出版社
LAW PRESS · CHINA
—— 北京 ——

**图书在版编目(CIP)数据**

刑法解释. 总第8卷 / 魏东主编. -- 北京 : 法律出版社, 2023

ISBN 978-7-5197-7148-5

Ⅰ. ①刑… Ⅱ. ①魏… Ⅲ. ①刑法－法律解释－中国－文集 Ⅳ. ①D924.05-53

中国版本图书馆CIP数据核字(2022)第180090号

**刑法解释(总第8卷)**
**XINGFA JIESHI (ZONG DI-8 JUAN)**

魏 东 主编

责任编辑 韩梦超
装帧设计 贾丹丹

**出版发行** 法律出版社
**编辑统筹** 司法实务出版分社
**责任校对** 张翼羽 李景美
**责任印制** 胡晓雅
**经　　销** 新华书店

**开本** 787毫米×1092毫米 1/16
**印张** 23 **字数** 460千
**版本** 2023年3月第1版
**印次** 2023年3月第1次印刷
**印刷** 唐山玺诚印务有限公司

地址:北京市丰台区莲花池西里7号(100073)
网址:www.lawpress.com.cn
投稿邮箱:info@lawpress.com.cn
举报盗版邮箱:jbwq@lawpress.com.cn

销售电话:010-83938349
客服电话:010-83938350
咨询电话:010-63939796



**书号**:ISBN 978-7-5197-7148-5
**定价**:85.00元

凡购买本社图书,如有印装错误,我社负责退换。电话:010-83938349

# 目　　录　　刑法解释（总第8卷）

# 卷首语

魏东

《刑法解释》(总第8卷)共设5个栏目,载文19篇。

本卷"特稿""刑法解释学"栏目共刊载10篇文章,主要研究刑法解释学基础理论、功能主义刑法解释论、刑法解释融贯性、刑法目的解释、刑法体系解释等内容。魏东教授的《功能主义刑法解释学的批评与发展》一文指出,当代中国刑法解释学必须尽快实现由原初的功能主义向结果与方法并重整全论的功能主义的范式转型,以结果与方法并重整全论、刑法解释方法确证功能体系化、刑法解释结论有效性整体主义、司法公正相对主义为重要创新维度,真正构建起具有中国本土化特色的功能主义刑法解释学理论体系,为切实解决中国问题提出中国方案;必须以"宏观同质、微观互补"的刑法教义学与刑法解释学关系论为基础维持刑法解释学的学科独立性,强化刑法解释学的方法论特色,在刑法解释学中要有意识地吸纳刑法教义学原理并促进刑法解释学教义化,从而更进一步充实刑法解释学的理论包容性和诠释有效性,同时在刑法教义学中要有意识地吸纳刑法解释学原理以进一步补充刑法教义学的诠释学方法论内容和增强其动态阐释力。田杜国博士在《中国秦汉时期的刑法解释》一文中指出,秦代由于受到带有"严苛性"特点的法家思想的影响,私家释律被明令禁止,"以法为教,以吏为师"的刑法解释原则被正式确立,代表封建帝王意志的国家官吏在对当时的秦律进行解释时时常会用到文理解释、扩大解释、限缩解释、连事比附解释、指导性解释和修正性解释等多种刑法解释方法;相比之下,两汉时期的刑法解释在指导思想层面上则经历了由黄老之学向儒家思想转变的过程,私家释律不仅迎来了快速发展的契机,同时借助经派要义来阐释律文的"经学"应势而生,进而"应合经义"的刑法解释原则被明确;从刑法解释方法的发展情况来看,在继承秦代刑法解释方法使用经验的基础上,一种包含了"声训""形训""义训""互训"四种解释技巧的"训诂"解释开始出现在两汉时期,并成为当时对汉律进行阐释时所使用的最为重要的一种刑法解释方法。谢铠先生的《刑法解释出罪功能的检视与构造》一文提出,在刑法教义学体系逻辑、刑法解释立场本体逻辑、中国社会现实逻辑的三重制约下,中国刑法解释论存在一对隐蔽且对立的特征,即入罪积极性与出罪消极性,二者关系紧张,导致刑法解释入罪与出罪的失衡,法益保护与人权保障的天平日益偏向前者,人权保障面临威胁;对此困境,现有从刑法教义学与刑事政策学两条进路出发的出罪方案对实现刑法解释入罪与出罪的平衡均力有不逮,有必要在刑法解释学体系内提倡“保守的功能主义刑法解释论”并确定刑法条文含义“法文语用说”以缓和体系内的入罪积极性与出罪消极性的冲突,在刑法解释体系外建立以需罚性与“法外的政策性思考”例外适用为标准的刑法解释结论出罪审查程序,形成体系内入罪积极性与出罪消极性、体系外出罪积极性与入罪消极性对立统一的格局,合理发挥刑法解释的出罪功能,建立应罚性与需罚性并重的刑法解释论体系。田维博士和练玺先生合著的《刑法目的解释的基础理论反思》一文指出,刑法目的解释理论除传统的解释学和法律解释学的基础理论外,其在渊源背景、本体界定、目的内涵及功能边界等问题上蕴含重要的理论基础,有必要对其基础理论加以进一步的梳理和辨析;从实在论下的概念法学到唯名论下的利益法学,目的解释彰显了法律解释的实质化思潮;刑法目的解释中的“目的”具有鲜明的教义学形象,可从目的内涵指向、实质违法性表述、刑法体系下整体目的与个别目的、刑法解释中主观目的与客观目的等维度展开;刑法目的解释的目的论视角赋予解释者更为宏阔的解释视野,其在突破刑法解释困境、实现解释融贯性及推动刑事法治发展层面展现出显著的方法论价值,但同时应从解释位阶性、适用过程及审查机制等方面对之进行必要规制。蹇露女士的《论刑法目的解释适用规则的体系性构建》一文认为,刑法目的解释在现实适用中存在目的范畴模糊、解释立场不明、适用顺序与效力位阶混乱等一系列问题,现有目的解释的适用规则存在诸多弊端,难以有效应用于司法实践,亟待周全细化的适用方案,从边界限制、规范目的确定以及具体流程三方面有针对性地建构兼顾方法逻辑和规范制约的体系化刑法目的解释适用规则。周金平硕士在《刑法解释的融贯性》一文中指出,刑法解释的融贯性,体现的是刑法规范价值与社会主流价值及形式逻辑的高度协调,要求解释结论与规范文本的逻辑一致,与法体系的高度协调,在法部门及一般性法律原则间实现实质价值评价上的相互支持与证立;融贯性不仅指向形式上的逻辑一致与体系自洽,也指向体系内在价值评价上的无矛盾,为了实现融贯性要求,除了要求解释不能超出规范文本的可能含义外,还要求其在形式上与内在实质价值上实现刑法法条内部、法条之间的协调,以及刑法与宪法等其他法部门规范文本、制度性文件之间的协调。周海浪硕士的《刑法解释的实践检视》一文认为,刑法目的解释在现实适用中存在目的范畴模糊、解释立场不明、适用顺序与效力位阶混乱等一系列问题,不仅难以充分发挥自身优势,也极易引发不当类推解释或者任意解释等解释滥用,进而损害罪刑法定原则和个体权益,亟待周全细化的适用方案;通过分析并总结刑法目的解释在适用规则研究中面临的主要问题,明确目的解释立场和适用位阶的优势选择,可以从边界限制、规范目的确定以及具体流程三方面有针对性地建构兼顾方法逻辑和规范制约的体系化刑法目的解释适用规则。安琳女士在《功能主义刑法解释的边界探究》一文中指出,功能主义刑法解释结果导向明显,关注社会现实需要,关注刑法适用的社会效果,由于这种实质主义导向的内在逻辑推进到极致便可能会破坏法治,故而有必要对功能主义刑法解释的边界进行探究;以体系性控制作为功能主义刑法解释的边界,可使其在法治界限内实现法律效果与社会效果的统一,让法的安定性价值和正义性追求共荣共生。宋海博同学在《刑法体系解释的层次建构》一文中认为,面向形式逻辑的"递进式体系解释层次论"将体系解释按照条文、章节、刑法、法秩序统一体系、社会共同价值体系的逻辑顺序进行解释;面向内在价值的"价值优先论"主张首先要在刑法原则等价值之内寻找解释的内在统一范围,继而运用外在技术规范对解释对象进行细化厘查;对体系解释层次建构的出路建议回归"各取所需"的方法论选择适用体系,在现有的体系解释子方法外引入"以刑释罪"的法定刑体系进行补充,并以价值判断作为独立于形式逻辑体系层次之外的反向检验渠道。陈寒同学在《刑法体系解释探究》一文中提出,相比其他的刑法解释方法,体系解释的侧重点在于刑法规范的逻辑性和体系性,在解释刑法的某一具体条文时,体系解释会将其放在整个法律体系的范围中考虑,理解分析其具体含义,以便更恰当地进行理解;刑法体系解释的具体适用应以同一律规则、相对性规则、同类解释规则和排他律规则等进行规范。

本卷"判例刑法学"栏目共刊载5篇文章,分别讨论了危险驾驶罪的主观罪过与归责类型、敲诈勒索罪与抢劫罪的界分标准、间接故意的判断标准、第三方支付下取财行为的定性、爬虫行为的类型化与定性处理等问题。夏尊文教授的《我国危险驾驶罪主观罪过的法理新释》一文指出,关于我国《刑法》中危险驾驶罪的主观罪过,全国人大法工委解释为故意,理论上聚讼纷纭,在我国目前的法律语境下解释此罪的主观罪过,应当将行为人违反行政法上注意义务的一面评价为违法的故意或过失,将违反刑法上注意义务的一面评价为犯罪过失;对具体危险与抽象危险的重新认识有助于我们更好地将此罪与交通肇事罪之间的主观罪过衔接起来,将"原因自由行为"概念改为"起点自由行为",能够更合理地解释行为人醉驾肇事时无刑事责任能力应负刑事责任的理由。王德政博士的《敲诈勒索罪与抢劫罪的界分标准》一文指出,从抢劫罪的保护法益和我国《刑法》对敲诈勒索罪和抢劫罪的具体规定来看,内容区分标准说不仅具备彻底的区分功能和最为完善的合理性,并且充分符合我国刑法学的语境,由此值得我国理论界和实务界重视和采用;根据内容区分说,如果行为人对被害人的胁迫内容是对被害人使用暴力,行为人的行为构成抢劫罪,如果胁迫内容是对被害人使用暴力以外的其他内容,行为人的行为构成敲诈勒索罪。李芳芳博士的《偷换二维码案:第三方支付下取财行为的定性研究》一文认为,在第三方支付中,财产非传统的实物,行为表现为欺诈与盗窃交织,从盗窃罪与诈骗罪的实质区别出发,以是否具有处分行为作为二者判别之关键,处分行为必须具备处分意识、直接造成财产减损、财产处分的内容从占有关系转为债权关系;案件定性的逻辑起点应始于被害人的确定,进而锁定行为人获取被害人财物的决定性行为,若决定性行为是窃取,应认定行为人构成盗窃罪,若决定性行为是欺诈,则应认定行为人构成诈骗罪,由此可以得出结论:行为人通过偷换二维码的行为使得商家对于二维码本身出现认识差错,顾客在商家的示意下进行付款,最后商家遭受了损失,使商家同顾客间的合同债权无意义消灭,而行为人窃取了债权内容的货款,应当将该行为定性为盗窃。陆璐硕士的《网络爬虫行为的不法类型和违法性判断》一文认为,网络爬虫是多次模拟自然人访问服务器并提出反馈数据请求过程的技术,根据网络爬虫的技术特点,可以将网络爬虫行为划分为反反爬虫行为、提交请求行为、解析提取行为、存储行为、循环运行行为,其中反反爬虫行为、提交请求行为和循环运行行为可能侵犯法益,根据这三种行为的应用场景,可得出网络爬虫行为的不法类型主要包括侵犯公民个人信息、侵犯知识产权以及侵犯计算机信息系统;网络爬虫行为是行为人利用网络爬虫技术所实施的犯罪行为,因而对于网络爬虫行为的违法性判断,应当坚持以行为人为中心,根据行为人是否具有合法授权、授权范围以及行为结果是否侵犯法益,并结合案件具体情况明确行为对象的性质进行综合判断。刘英楠女士的《间接故意的判断标准:以容认说为基础的综合说》一文指出,间接故意的判断应采取以容认说为基础的综合说,以容认说为基础并区分一般场合与特殊场合,判断间接故意的一般场合采用风险升高理论和盖然性说作为补充标准,判断间接故意的特殊场合采用风险升高理论和极其可能性理论作为补充标准;以容认说为基础的综合说的分析路径为,先从客观到主观,再从认识因素到意志因素,“轻信结果可以避免”是否有合理根据是区分间接故意和有认识过失的重要界限。

本卷“刑法教义学”栏目共载文3篇,主要讨论了刑法上的因果关系、行政犯违法性认识、危险犯的中止认定等问题。李侠博士的《刑法因果关系裁判路径实证研究》一文指出,通过对最高司法机关发布的涉及刑法因果关系判断的案例进行分析,可以发现我国司法实践已经初步建立起从事实因果关系到法律因果关系的裁判路径,但由于学界通说与实务界都只适用了统一的判断模式,因而未能精确界定个案中的结果归属,对量刑因果关系的判断更是处于直觉阶段,破题的关键在于认识到刑法具体犯罪对结果归属的要求并不相同,应区分为支配型结果归属与条件型结果归属,并结合各自所建构的不同事实因果关系基础(造成型、引起型、义务型)讨论具体的归责标准,从而准确界定刑法因果关系;在此基础上,再厘清并存的多种原因在两种结果归属类型中对量刑的不同作用方式,建立清晰的量刑因果关系裁判路径。赵天琦博士的《行政犯违法性认识理论述评》一文指出,世界范围内的法学理论与法律实践趋势表明,违法性认识作为一种主观责任要素逐步获得承认,违法性认识及其可能性的判断、违法性认识错误及其可避免性的判断已成为研究的重点;中国刑法中的违法性认识理论研究大致经历了三个阶段的演进,违法性认识必要性已达成基本共识,但在理论枝蔓的具体问题上远未达成一致;应当体系化、深刻化地提炼行政犯违法性认识的时代课题，推动违法性认识理论的纵深发展，促进行政犯违法性认识从理论迈向实践。宋海博女士在《危险犯的中止认定问题研究》一文中指出，危险犯中止的成立仍然需要满足时间性、自动性、有效性的条件，危险犯中止的时间性等同于成立条件的时空范围，危险犯中止的自动性条件应当采取"宽容的规范主观说"，将行为人主观心理作为主要判断因素，宽容考虑规范的反面检验作用，危险犯中止的有效性条件应当为有效消除法定危险状态，中止行为需要与有效消除效果具有严格的因果关系。

本卷"比较刑法学"栏目刊载了德国著名学者英格博格·普珀教授的《客观归责理论的难题与解决方案》一文（王德政博士译）指出，运用客观归责理论判断行为与结果之间的因果关系是否存在时，无须考虑替代性原因，只有当行为人的不当行为是结果发生的必要条件时，行为人才对此完全负责；判断违反注意义务的因果关系是否存在时，不仅应将行为人的行为违反注意义务本身考虑进来，还应将同样引起结果发生的、合义务的替代行为考虑进来；存在违反注意义务的双重因果关系时，不能运用避免可能性说，也不能考虑行为人对注意义务的违反，而要考虑被害人对注意义务的违反，如果被害人合规行事，结果也会发生，结果应归责于行为人。

【特稿】

# 功能主义刑法解释学的批评与发展

魏　东*

【内容摘要】当代中国刑法解释学必须尽快实现由原初的功能主义向结果与方法并重整全论的功能主义的范式转型，以结果与方法并重整全论、刑法解释方法确证功能体系化、刑法解释结论有效性整体主义、司法公正相对主义为重要创新维度，真正构建起具有中国本土化特色的功能主义刑法解释学理论体系，为切实解决中国问题提出中国方案；必须以"宏观同质、微观互补"的刑法教义学与刑法解释学关系论为基础维持刑法解释学的学科独立性，强化刑法解释学的方法论特色，在刑法解释学中要有意识地吸纳刑法教义学原理并促进刑法解释学教义化，从而更进一步充实刑法解释学的理论包容性和诠释有效性，同时在刑法教义学中要有意识地吸纳刑法解释学原理以进一步补充刑法教义学的诠释学方法论内容和增强其动态阐释力。

【关键词】刑法解释学　功能主义　司法公正相对主义　整全论　同质互补关系论

## 一、引言

在中国特色社会主义法治体系建设已经较为完备，依法治国成为国家治理基本方略，法律解释适用受到高度重视的当下新时代，中国刑法解释学研究与时俱进并取得了丰硕成果，研究内容已经触及世界范围内刑法解释学所论及的基础理论与前沿理论诸问题，形成了较为完备的中国刑法解释学理论系统。21 世纪初以来，中国刑法解释学研究出现了难能可贵的三个维度学术之争：刑法的形式解释与实质解释之争（解释

---

* 魏东，法学博士，四川大学法学院教授、博士生导师。

限度之争)[①]、主观解释与客观解释之争(解释立场之争)[②]、传统刑法解释论与功能主义刑法解释论之争(解释范式之争)[③]。如何看待当下中国刑法解释学三维学术之争?目前较有影响的学术观点认为,通过刑法的形式解释与实质解释之争,逐步形成了较具折中色彩的刑法解释学命题:刑法的形式解释论者声称其在先审查刑法规范条文文义的前提下并不反对实质化审查,刑法的实质解释论者则主张在实质审查刑法规范条文的规范目的和行为的可罚性的条件下限定刑法规范条文语义的射程范围,[④]从而在刑法的"保守的实质解释"与"开放的形式解释"之间形成某种共识性的刑法解释结论,由此形成了中国刑法解释学大体一致的有限教义化,其效果历史显现出"我们对中国当下司法样态的判断基本一致,给出的解决方案也大体一致"。[⑤] 通过刑法的主观解释与客观解释之争,逐渐达成统一认识并走向刑法的客观解释论。[⑥] 正如陈兴良教授指出,"在刑法解释的立场上,我是主张客观解释论的。但在刑法解释的限度上,我又是主张形式解释论的,两者并行不悖。其实,主观解释论与客观解释论的问题,在我国基本上已经得到解决,即客观解释论几成通说。我国最高人民法院在有关的指导性案例中,也明显地倡导客观解释论"[⑦]。因此也可以说,传统刑法解释论范式具体包括刑法解释限度范式(形式解释与实质解释)、刑法解释立场范式(主观解释与客观解释),它们均与作为刑法解释范式的功能主义刑法解释学范式相对应。通过传统刑法

① 典型表现是《中国法学》2010年第4期同时发表了著名刑法学家陈兴良教授和张明楷教授的争鸣文章。参见陈兴良:《形式解释论的再宣示》,载《中国法学》2010年第4期;张明楷:《实质解释论的再提倡》,载《中国法学》2010年第4期。此外还参见刘艳红:《走向实质的刑法解释》,北京大学出版社2009年版,"前言"第2页;刘艳红:《实质刑法观》,中国人民大学出版社2009年版,第254页;劳东燕:《刑法解释中的形式论与实质论之争》,载《法学研究》2013年第3期;魏东:《刑法解释保守性命题的学术价值检讨——以当下中国刑法解释论之争为切入点》,载陈金钊、谢晖主编:《法律方法》第18卷,山东人民出版社2015年版,第220-236页;魏东主编:《中国当下刑法解释论问题研究:以论证刑法解释的保守性为中心》,法律出版社2014年版,第122-123页。

② 参见许发民:《论刑法客观解释论应当缓行》,载赵秉志主编:《刑法论丛》第3卷,法律出版社2010年版,第165-191页;魏东:《刑法解释保守性命题的学术价值检讨——以当下中国刑法解释论之争为切入点》,载陈金钊、谢晖主编:《法律方法》第18卷,山东人民出版社2015年版,第220-236页。

③ 参见劳东燕:《能动司法与功能主义的刑法解释论》,载《法学家》2016年第6期。

④ 参见魏东:《刑法解释保守性命题的学术价值检讨——以当下中国刑法解释论之争为切入点》,载陈金钊、谢晖主编:《法律方法》第18卷,山东人民出版社2015年版,第220-236页。

⑤ 参见邓子滨:《中国实质刑法观批判》(第2版),法律出版社2017年版,第15页;陈兴良主编:《刑事法评论》第28卷,北京大学出版社2011年版,"主编絮语"第2-3页。

⑥ 参见陈兴良:《形式解释论的再宣示》,载《中国法学》2010年第4期。

⑦ 陈兴良:《形式解释论的再宣示》,载《中国法学》2010年第4期。陈兴良教授在本文中明确提出了"在刑法解释的限度上,我又是主张形式解释论的"的观点,即主张刑法解释限度之形式解释论(可能类似于刑法解释限度之"法文语义说"),这是值得关注的学术见解。关于刑法解释限度的理论争议,主要有以下三种学说:一是法文语义说(又称语义可能含义说、语义可能说、文义射程说),主张从法律条文的语义中寻求法文语义;二是法律逻辑含义说,主张在符合立法原意并在原有法律条文的逻辑含义内确定其含义,或者从法的犯罪定型中去寻求犯罪定型含义(又称犯罪定型说);三是预测可能性说(又称国民预测可能性说、明显无突兀感说),主张从一般人的预测可能性中寻求符合国民预测可能性的含义。参见付立庆:《刑法扩大解释与类推适用的区分标准——明显突兀感说的提出及其展开》,载魏东主编:《刑法解释》(第5卷),法律出版社2020年版,第1-14页。

解释论与功能主义刑法解释论之争,应当认为“在某种意义上,当前我国刑法学中方兴未艾的形式解释论与实质解释论之争,可谓处在传统刑法解释论与功能主义的刑法解释论之争的延长线上”①。但是,由于“以往将二者理解为此消彼长的关系模式并不可取。按照该种模式处理,要么损耗刑法体系自主性的一面,从而危及法的客观性乃至规则之治的价值,现有倡导实质论范式的相关研究都或多或少存在这方面的问题;要么对刑法体系应变性的一面置若罔闻,根本不考虑或者很少考虑刑法体系如何根据外部环境进行适应性调整的问题,现有倡导形式论范式的相关研究,其根本性的缺陷即在于此”②,因此应当肯定发展方向是功能主义刑法解释论。③ 应当说,这些学术观察结论是比较客观的、基本成立的。但是,从严谨的学术研究立场看,某些学术论断还需要展开更进一步的反思检讨。

笔者认为,当下中国刑法解释学的三维学术之争仍然在相当意义上沿袭了西方刑法解释学的学术路径,无论是刑法的形式解释与实质解释之争,还是刑法的主观解释与客观解释之争,抑或是传统刑法解释论与功能主义刑法解释论之争,均没有真正超越西方刑法解释学的理论窠臼,从而,中国刑法解释学理论体系的本土化构建问题成为需要反思检讨的第一个问题。不但如此,中国刑法解释学有的学术研究成果(尤其是功能主义刑法解释论及其学术批评)可能落后于西方刑法解释学的既有水平,有的学术研究范式可能偏离了当下法律解释学的发展方向,有的学术观点可能脱离甚至违背了刑法教义学和刑事政策学原理而出现了较为明显的谬误,从而可能严重阻滞了中国刑法解释学研究的创新发展,这是需要反思检讨的第二个问题。这两个问题应当说是相互关联的,其中第二个问题主要是当下中国刑法解释学范式转型及其关联命题的判断问题,更具有深刻检讨的紧迫性,因为在相当程度上,第二个问题更加深刻地影响着中国刑法解释学的科学性、合理性和创新发展的方向性,并且第二个问题似乎并没有引起中国刑法学者的应有重视,很有必要大声疾呼引起理论界高度重视,只有在解决好了第二个问题之后才有条件解决第一个问题。因此,本文重点针对第二个问题意识,从中国刑法解释学的研究范式与创新维度展开学术检讨,提出个人一孔之见,以期抛砖引玉。

## 二、原初的功能主义刑法解释学范式及其学术批评

原初的功能主义刑法解释论是功能(机能)主义刑法理论的重要内容,它最早由

---

① 劳东燕:《能动司法与功能主义的刑法解释论》,载《法学家》2016 年第 6 期。

② 劳东燕:《功能主义的刑法解释》,中国人民大学出版社 2020 年版,第 9 - 10 页。

③ 参见劳东燕:《能动司法与功能主义的刑法解释论》,载《法学家》2016 年第 6 期;赖正直:《机能主义刑法理论研究》,中国政法大学出版社 2017 年版,第 1 - 2 页;劳东燕:《功能主义刑法解释论的方法与立场》,载《政法论坛》2018 年第 2 期;张庆立:《德日机能主义刑法学之体系争议与本土思考》,载《华东政法大学学报》2018 年第 3 期;赵运锋:《功能主义刑法解释论的评析与反思——与劳东燕教授商榷》,载《江西社会科学》2018 年第 2 期;劳东燕:《刑事政策与功能主义的刑法体系》,载《中国法学》2020 年第 1 期;劳东燕:《功能主义刑法解释的体系性控制》,载《清华法学》2020 年第 2 期。

日本刑法学者平野龙一于20世纪60年代提出,后经由日本前田雅英、德国罗克辛等众多刑法学者近半个世纪的共同努力而在20世纪末至21世纪初获得较大发展,成为当代德日刑法学的一个重要理论流派。① 一般认为,功能主义刑法解释论是在反思传统认识论、方法论的刑法解释论的基础上,运用功能主义刑法理论及其内含的功能主义社会学分析方法与刑事政策分析方法、现实主义法学与经验法学的利益衡量论等理论知识,从法哲学根基上对传统刑法解释学进行理论改造所重塑的新的刑法解释论,提出了从"体系性思考"转向"问题性思考",②以及"刑法机能的可替代性、刑法的谦抑性、法官决策行动论、判例的立法机能论、国民参与司法论等一系列主张"③,其中"法官决策行动论与问题性思考以及实质犯罪论互为表里,构成了机能主义刑法理论的法哲学基础"④。

(一)日本学术批评的三维抽象:方法论、刑事政策论、司法公正论

对于平野龙一所提出的原初的功能主义刑法解释理论,日本刑法学者提出了深刻的学术批评,主要内容可以抽象归纳为方法论、刑事政策论、司法公正论三个维度(方面)的学术批评。⑤

一是方法性与方法体系性问题。机能主义刑法理论最大的特色在于其现实主义色彩鲜明的方法论,而反对者批判的矛头也正集中指向了这些方法论,其对机能主义刑法理论的批判主要是对方法论的批判,认为方法性与方法体系性是机能主义刑法理论的最大问题,在基本立场上忽视了刑法教义学方法和刑法解释方法及其体系性的问题。批评者指出,批判刑法学过度重视体系性的倾向,倡导问题性思考,是机能主义刑法理论的基本主张,但是,将问题性思考作为结果取向性思考,忽视了体系性思考能够从形式上制约刑罚范围(从而有利于保障人权)的问题,也忽视了问题性思考必须以体系性思考为前提的问题,因为如果不能提供适当的体系,问题性思考就只能是无秩序的概念"大杂烩",因此最终仍然需要体系性思考。井田良教授指出,"平野主张问题性思考而不是体系性思考的路径,但是,即使是问题性思考,也不能仅仅是圆满地解决一个案件就行了,还要检讨案件解决方法之间的体系性关系,要求做到各个案件的解决居于整合性,在逻辑上和价值上不自相矛盾。平野是否认为可以无视这种意义上的案件解决的体系性,是不明确的",并且"在犯罪论中重视机能主义和刑事政策论据

① 参见劳东燕:《能动司法与功能主义的刑法解释论》,载《法学家》2016年第6期;赖正直:《机能主义刑法理论研究》,中国政法大学出版社2017年版,第1-2页;张庆立:《德日机能主义刑法学之体系争议与本土思考》,载《华东政法大学学报》2018年第3期。

② 参见[日]关哲夫:《论机能主义刑法学——机能主义刑法学的检讨》,王充译,载赵秉志主编:《刑法论丛》第17卷,法律出版社2009年版,第256-299页。

③ 赖正直:《机能主义刑法理论研究》,中国政法大学出版社2017年版,第2页。

④ 赖正直:《机能主义刑法理论研究》,中国政法大学出版社2017年版,第170页。

⑤ 参见赖正直:《机能主义刑法理论研究》,中国政法大学出版社2017年版,第163-178、182页。

的方法，和基于结果无价值这一单纯的一元视角展开的解释论，应该怎样整合，不得不产生疑问。”“如果把法官的政策判断作为刑法解释的指针”，就可能“打开了利用刑法充当政治工具的危险道路”。① 曾根威彦认为：“以受德国刑法影响的传统概念法学的体系性为背景的形式的人权保障原则，基于美国标准的实用经验主义的思考引发的危险性内在于现实展开的实质的犯罪论中。在此，过度强调刑法（刑罚）的机能与效果，其结果则是迫使犯罪本质论退居刑法理论的背后，由于决疑的问题解决得到重视，犯罪论的体系性、论理的一贯性也被稀薄化了。”②同时，批评者还指出，平野龙一在方法论上主张机能主义，在具体解释论中主张结果无价值，但两者之间是何种关系，结果无价值论是否能够得到经验事实或实证研究的支持，由于平野龙一并没有进行严格的科学意义上的实际调查，因此其未能将这些问题阐述清楚。

二是刑事政策论问题。批评者一方面批评平野龙一没有对“刑法的首要机能是保护法益”（首要机能论）这个理论之基础进行经验或现实的验证，主要通过积极的一般预防来实现这一首要机能（积极的一般预防论）有扩大刑法处罚范围的疑问；另一方面提出，重视刑事政策虽然是必要的，但不能因此而忽视刑法条文的逻辑和刑法理论体系的作用，应当主张既积极追求刑事政策的合目的性又重视刑法规范的逻辑整合性的“规范体系的机能主义犯罪论”，如果采用无视形式性和体系性的实质犯罪论，就会危及刑法的人权保障机能。曾根威彦非常尖锐地指出：“即使在刑罚论中，从刑事政策的视角优先考虑犯罪预防效果，包含欠缺考虑对人权保障等宪法上的价值实现的危险……仅援用（一般）预防的话是不充分的，为了赋予现实的刑罚权行使以正当性基础，正义（报应）的观点也不得不被提出。笔者认为，仅仅从预防性这一点上来把握刑法是存在局限的。”③

三是司法公正论问题（司法哲学）。以“法官决策行动论”“判例拥护理论”“判例的立法机能”“国民参与司法”等为典型代表，批评者认为，不能放松对判例偏离方向的警惕，也不能完全依赖国民参与司法和裁判员制度来解决司法公正问题，在社会价值取向日益多元化的时代，企图用随机抽签的方式挑选几个人来代表全体国民的做法越来越显得缺乏合理性，裁判员制度存在构造性的缺陷，难以实现刑事司法中体现国民意识的立法宗旨，并不能确保司法公正的有效实现。中山研一指出，“实质的合目的判断很容易走向法治的相反方向，因此，法律的形式约束仍然是必要的。判例在实

---

① 参见［日］井田良：《变革时代的理论刑法学》，庆应义塾大学出版会2007年版，第46页。转引自赖正直：《机能主义刑法理论研究》，中国政法大学出版社2017年版，第165－167页。

② ［日］曾根威彦：《日本刑法理论的发展动向》，徐宏译，载赵秉志主编：《刑法论丛》第1卷，法律出版社2013年版，第368页。

③ ［日］曾根威彦：《日本刑法理论的发展动向》，徐宏译，载赵秉志主编：《刑法论丛》第1卷，法律出版社2013年版，第368页。

质上发挥立法机能,也许是现代的一种要求,但如果不加制约,是不能将其正当化的。”“无条件地肯定判例的立法机能,这是疑问的。其中虽然包含着对此前刑法学状况的正确批判,但对于学说为了获得对现实的有效性而向判例无原则妥协和追随的危险性,必须保持警惕。”①

(二)中国学术批评的偏执一端:就结果论结果的刑事政策论

但是,我国部分刑法学者对上列学术批评的关注不够,对于功能主义刑法解释论“问题性思考”等法哲学命题缺乏认识深刻性,甚至没有看到“问题”的实质,或者片面主张结果的功能主义刑法解释立场,或者表面上主张结果与方法体系性并重但是在实质上主张切割方法论体系完整性和科学性的功能主义刑法解释立场,直接导致理论误判。功能主义刑法解释论自2010年前后开始获得我国刑法学者的关注和引介,②但是直到2016年以后,我国才有劳东燕、赖正直等刑法学者展开较为深入的理论研究和学术批评,③强调“功能主义刑法解释论是对积极一般预防主义的回应,也是安全刑法观在解释论上的反映”,④其“具有目的导向性、实质性、回应性与后果取向性的特点”,从而“有助于解决在复杂社会中刑法如何有效回应社会需求的问题”。⑤ 可以发现,当前中国刑法学者在引入功能主义刑法解释论并展开学术研究时,总体上肯定了原初的功能主义刑法解释学“刑事政策的合目的性”的基本立场,但是缺乏批判性,尤其是对国外学术界针对原初的功能主义刑法解释学“方法性与方法体系性”“司法公正论”的学术批评缺乏应有的关注。

例如,劳东燕教授明确主张在“在立法决策不太清晰的情况下”应当“软化”刑法解释结论的合法性和合理性,认为“正是由于合理性与有效性的实体标准会应时应势地发生变化,这样一种刑事政策化的刑法体系,才具有软化刑法的刚性的功能,使刑法体系能够与时俱进地进行自我校正与调整”⑥,从而宣示了某种合目的性“唯我独尊”

---

① [日]中山研一:《刑法总论》,成文堂1981年版,第9页。

② 参见[日]关哲夫:《论机能主义刑法学——机能主义刑法学的检讨》,王充译,载赵秉志主编:《刑法论丛》第17卷,法律出版社2009年版,第256-299页;周振杰:《日本刑法思想史研究》,中国法制出版社2013年版,第266-273页;[德]科讷琉斯·普赫特维茨:《论刑法的机能主义化》,陈昊明译,载《北航法律评论》2014年第1期。

③ 参见劳东燕:《能动司法与功能主义的刑法解释论》,载《法学家》2016年第6期;赖正直:《机能主义刑法理论研究》,中国政法大学出版社2017年版,第1-2页;劳东燕:《功能主义刑法解释论的方法与立场》,载《政法论坛》2018年第2期;张庆立:《德日机能主义刑法学之体系争议与本土思考》,载《华东政法大学学报》2018年第3期;赵运锋:《功能主义刑法解释论的评析与反思——与劳东燕教授商榷》,载《江西社会科学》2018年第2期;劳东燕:《刑事政策与功能主义的刑法体系》,载《中国法学》2020年第1期;劳东燕:《功能主义刑法解释的体系性控制》,载《清华法学》2020年第2期。

④ 参见赵运锋:《功能主义刑法解释论的评析与反思——与劳东燕教授商榷》,载《江西社会科学》2018年第2期。

⑤ 参见劳东燕:《能动司法与功能主义的刑法解释论》,载《法学家》2016年第6期。

⑥ 劳东燕:《功能主义刑法解释论的方法与立场》,载《政法论坛》2018年第2期。

的立场。应注意的是,如果说传统刑法解释论强调罪刑法定原则和刑事政策理性的限定约束,强调刑事政策解释方法及其解释结论合目的性"强化"合法性和合理性,体现了刑法解释论的有限使命观,那么劳东燕教授所阐释的功能主义刑法解释论强调通过结果合目的性的功能主义"软化"刑法的刚性,则体现了功能主义刑法解释论的超级使命观,因为一旦赋予"法规范外的"刑事政策解释方法及其结论合目的性具有"软化"刑法刚性(合法性和合理性)的使命,刑法解释必将成为无所不能的"超级变形金刚",这是值得特别警惕和深刻反思的。深刻分析后可以发现,劳东燕教授对功能主义刑法解释论的立场阐释突出表现在以下两个倾向:

其一,在论述刑事政策解释方法对解释结论合目的性的确证功能命题时,存在某种顾此失彼的片面主义倾向。劳东燕教授仅仅将合目的性"以追求惩治犯罪与预防犯罪的有效性作为其价值目标"认定为功能主义刑法解释论的"有效性",即没有自始至终地将合法性和合理性纳入解释结论"有效性"的有机组成部分进行整全性考量,给人突出的感觉是功能主义刑法解释论的结果导向性就是"合目的性",而合目的性就是解释结论"有效性"的全部内容,在"在立法决策不太清晰的情况下"的特殊情形下倾向于以解释结论"合目的性"取代"有效性",并且在此基础上"软化"了刑法解释方法对解释结论合法性和合理性的确证功能等内容;同时,劳东燕教授在合目的性本身的内涵界定上也存在某种片面性,认为刑事政策合目的性通常在刑法立法规范上能够充分体现,这是目的论解释就可以完成的解释功能,但是"在立法决策不太清晰的情况下,刑法解释需要根据刑事政策的要求,从预防必要性的角度,权衡与斟酌不同的解释结论所可能导致的后果",可以说,劳东燕教授将刑事政策合目的性转换成了"合预防必要性"甚至主要是指"一般预防的目标设定",①主张"刑事政策终归是以预防与控制犯罪作为自身的核心任务,并以秩序作为追求的价值目标。确切地说,本书所使用的刑事政策概念,主要是方法论意义上的,等同于合目的性考虑。如此一来,在刑法解释的领域,所谓的刑事政策与刑法体系的关系命题,在方法论上表现为如何处理合目的性与融贯性的双重要求的问题",并宣称其所主张的"功能主义并未放弃体系性思考,在方法论上也并不倡导问题性思考"并且"强调对自身的反思性控制""适当整合法的系统理论的一些洞见,在此基础上进行方法论层面的加工,展开相应的体系化构建",②不但在整体论上忽略了刑事政策合目的性的应然内涵——秩序(预防犯罪)、自由(保障人权)、公正、效率中除秩序价值功能外的其他三项价值功能上的合目的性,而且在刑事政策预防论上还进一步将秩序价值中的特殊预防切割而只强调一般预防("一般预防的目标设定"),这是较为明显的片面主义倾向。

---

① 参见劳东燕:《功能主义刑法解释论的方法与立场》,载《政法论坛》2018年第2期。

② 参见劳东燕:《功能主义的刑法解释》,中国人民大学出版社2020年版,第9页。

其二,在论述刑法解释方法对解释结论有效性的确证功能命题时,存在某种厚此薄彼甚至矛盾的实用主义倾向。劳东燕教授在片面地阐释刑事政策解释方法(对解释结论合目的性)的确证功能命题的同时,并没有将刑法解释方法的确证功能上升为一般方法论意义上的刑法解释方法论命题,她指出,"传统刑法解释论与功能主义的刑法解释论本质上的不同之处在于,前者将自身定位为方法论,认为解释方法的功能不过是发现立法者早已做出的决定,而后者则认为刑法解释便是刑法本身,解释者也积极参与了规范的形成,其在规范意义的建构过程中的作用并不逊立法者。""刑法解释涉及的并非认识论问题,而是具有建构性,来自主体的理解是刑法解释本身的内在组成部分"①。这里,在否定传统刑法解释(方法)论的前提下,劳东燕教授甚至提出了刑法解释结论决定刑法解释方法的命题(以下简称解释结论决定论命题),主张"解释结论在决定解释方法的选择与适用,而不是解释方法决定着解释结论",刑法解释结论有效性并非通过传统刑法解释方法来确证和实现,而是通过功能主义法学观所直接预设的刑法功能、规范刑法学之外的法社会学所预设期待的刑事政策功能来实现的,②由此直接否定刑法解释方法的确证功能及其重要性。这里,劳东燕教授的实用主义倾向显现出不可调和的矛盾:一方面片面地阐释(仅仅部分肯定)刑事政策解释方法(对解释结论合目的性)的确证功能命题,另一方面否定一般方法论意义上的刑法解释方法对解释结论有效性的确证功能命题。

上列问题意识主要是针对劳东燕教授在刑法解释方法对解释结论有效性的确证功能命题论存在的个人倾向所提出来的。但是,进一步的问题意识还在于,当下中国刑法学者的学术批评并没有完全注意到上列问题意识的实质内核,从而存在问题意识欠缺深刻性的新问题,可以说刑法学界对劳东燕教授"个人倾向"学术批评上出现了问题意识深刻性的"集体失察"。有批评者指出,"功能主义刑法解释观过于侧重刑法解释的功能主义,会对罪刑法定原则形成威胁,并可能蕴含破坏形式法治的风险,应当引起理论界的关注与警惕""在回应形式法治诉求与过度解释等理论质疑时,该解释理论难以自圆其说"③。总体上"可能存在强化社会控制和弱化人权保障风险"。④ 这些学术批评主要是针对功能主义刑法解释论"结果"上的风险审查和批判,尽管有一定道理,但是应当注意的是,这些批评并没有揭示造成功能主义刑法解释论这种并不令人满意的"结果"的根本原因,因而这些批评不但缺乏应有的理论深刻性和针对性,甚至可能还出现了某种程度上的批评错位与不当的新疑问。例如,赵运锋教授批评劳

---

① 劳东燕:《功能主义刑法解释论的方法与立场》,载《政法论坛》2018年第2期。

② 参见劳东燕:《能动司法与功能主义的刑法解释论》,载《法学家》2016年第6期。

③ 赵运锋:《功能主义刑法解释论的评析与反思——与劳东燕教授商榷》,载《江西社会科学》2018年第2期。

④ 参见张庆立:《德日机能主义刑法学之体系争议与本土思考》,载《华东政法大学学报》2018年第3期。

东燕教授"过于侧重刑法解释的功能主义",其中也指出了作为刑法解释方法的目的解释可能存在"规范目的往往成为解读主体贯彻其意图的借口,经常通过目的限缩或目的扩张改变规范文义"等问题,[①]但是将批评聚焦于功能主义本身可能并不妥当,单纯地责难"通过目的限缩或目的扩张改变规范文义"的方法论思考并不充分。因为公允地讲,强调刑法解释结果乃至刑法解释整体的功能主义立场并没有错,功能主义刑法解释论将刑法解释结论(结果)的功能性思考纳入功能主义刑法解释论整体的功能性思考是其显著特点,这些内容恰恰是值得充分肯定的。那么,功能主义刑法解释论"错"的症结在何处呢?笔者认为,劳东燕教授所阐释的功能主义刑法解释论对于刑法解释结论乃至刑法解释整体的功能性思考没有贯彻到底,遮蔽或者"软化"了刑法解释方法的功能性思考和整全性思考,直接导致了对刑法解释方法的功能性思考不充分、类型化和体系化思考不足,这可能才是隐藏于劳东燕教授相关论说之中的重要缺陷。而以往的批评者就结果(作为结果的刑法解释结论)批评结果(结果的功能主义立场),其实并没有找准功能主义刑法解释论所秉持的哲学解释学"对方法的轻视"[②]、对刑法解释方法确证功能的"软化"这个关键问题。有的批评者表面上论及方法论问题,但是实际上单纯地责难目的解释(方法),并没有从一般方法论意义上系统地检讨刑法解释方法对解释结论有效性的确证功能,也存在就事论事的不足,根本无法提出系统解决问题的可行方案。需要说明的是,笔者指出刑法学界针对劳东燕教授功能主义刑法解释论学术批评问题意识上的"集体失察",并非说刑法学界在刑法解释方法确证功能命题论上也存在"集体失察",而是说刑法学界没有找准劳东燕教授关于功能主义刑法解释论的理论阐释中"错"的症结之所在。应当说,这也是本文展开功能主义刑法解释学重要命题研究的价值所在。

劳东燕教授是一位具有强烈反思精神的刑法学者,她在新近发表的论文中针对目的解释和刑事政策解释等方法论问题以及功能主义刑法体系构建问题进行了"自我反思",提出了新思考,指出:"我国有必要改采贯通模式。借助于目的的管道,刑事政策进入刑法体系之内,对体系的构建及相关的教义学理论产生影响。将刑事政策的目的性设定与法教义学的构建相贯通,代表的是刑法体系的功能化走向。功能主义的刑法体系能够合理地解决体系的自主性与应变性之间的紧张。它使犯罪论的构建不再以应罚性作为主导,而以需罚性作为主导,由此而重塑犯罪阶层体系。刑法体系的功能化发展,易于对法的客观性与统一性形成冲击,并对个体自由的保障构成威胁。这样的危险根源于其方法论上的目的性思维。有必要构建一种二元性的规制框架,即通

① 参见赵运锋:《功能主义刑法解释论的评析与反思——与劳东燕教授商榷》,载《江西社会科学》2018 年第 2 期。

② 何卫平:《西方解释学的第三次转向——从哈贝马斯到利科》,载《中国社会科学》2019 年第 6 期。

过刑法教义学的内部控制与合宪性的外部控制,来实现对功能主义刑法体系的正当性控制。”[①]但是,结合劳东燕教授的“个人倾向”和“自我反思”进行综合检讨,我们仍然不难发现,劳东燕教授一方面宣示某种合目的性“唯我独尊”的立场,另一方面又在反思“这样的危险根源于其方法论上的目的性思维”的基础上主张“将刑事政策的目的性设定与法教义学的构建相贯通”和“通过刑法教义学的内部控制与合宪性的外部控制”,仍然只是部分解决了功能主义刑法解释论的立场问题,即仅解决了“刑事政策进入刑法体系之内”的法规范内的论理解释结论合理性这一“部分”,而没有彻底解决根本问题,即没有在根本上解决“法规范外的”刑事政策解释方法对合目的性的确证功能及其与有效性之间的关系论问题。换言之,偏重结果的功能主义刑法解释论所倚重的解释结论合目的性,强调的是“法规范外的”刑事政策解释合目的性及其“软化”刑法的刚性,而不是强调“刑事政策进入刑法体系之内”的法规范内的论理解释结论合理性,它们分属于“法规范外的”刑事政策解释结论合目的性与“法规范内的”论理解释结论合理性,不是同一个范畴。因此,从严格意义上讲,劳东燕教授这里“自我反思”的问题是仅属于“法规范内的”论理解释结论合理性的反思,而不属于“法规范外的”刑事政策解释结论合目的性的反思。罗克辛主张的刑事政策贯通命题,[②]经由陈兴良教授等学者的引入和推介目前业已成为中国刑法学共识,[③]刑法教义学对于“通过刑法教义学的内部控制与合宪性的外部控制”这种“二元性的规制框架”应当说也没有太大争议,[④]在此前提下,功能主义刑法解释论需要进一步解决的根本问题是刑事政策贯通功能与“二元性的规制框架”之间复杂的关系论(立场)问题,包括刑事政策贯通功能内部的关系、“二元性的规制框架”功能内部的关系,还包括贯通功能与“二元性的规制框架”功能相互之间的关系。这些关系论(立场)问题,在功能主义刑法解释论上可以抽象出以下三个:一是刑法解释结论有效性之间的关系论问题,具体是指刑法解释结论合法性、合理性、合目的性三者之间的关系以及三者与有效性之间的关系论问题;二是刑法解释方法确证功能的内部关系论问题,具体是指刑法解释方法确证功能与刑法解释结论有效性的内部对应关系问题,对此本文前面已经指出了劳东燕教授“个人倾向”所存疑问,并明确提出了刑法解释方法对解释结论有效性的确

① 劳东燕:《刑事政策与功能主义的刑法体系》,载《中国法学》2020年第1期。

② 参见[德]克劳斯·罗克辛:《刑事政策与刑法体系》(第2版),蔡桂生译,中国人民大学出版社2011年版,第7页;[德]克劳斯·罗克辛:《德国刑法学总论:犯罪原理的基础构造》(第1卷),王世洲译,法律出版社2005年版,第132-141页。

③ 参见陈兴良:《刑法教义学与刑事政策的关系:从李斯特鸿沟到罗克辛贯通——中国语境下的展开》,载《中外法学》2013年第5期。

④ 关于刑法教义学上的宪制思考和刑法解释论上的合宪性解释方法,刑法理论界均有较为充分的讨论。参见陈兴良:《刑法理念导读》,法律出版社2003年版,第47-74页;张明楷:《宪法与刑法的循环解释》,载《法学评论》2019年第1期;时延安:《刑法规范的合宪性解释》,载《国家检察官学院学报》2015年第1期。

证功能命题；三是刑法解释方法确证功能的外部关系论问题，具体是指（各种具体的）刑法解释方法确证功能相互之间的外部关联关系问题，对此，本文后面将提出并论证刑法解释方法确证功能的体系化命题。

针对劳东燕教授“自我反思”中所归纳出的新的问题意识，即刑法解释方法确证功能的外部关系论问题，为什么要提出刑法解释方法确证功能体系化命题？这是因为劳东燕教授仍然试图“单向性”地从目的论刑法体系内即“方法论上的目的性思维”寻找病因，试图“单向性”地从法规范内的论理解释方法即“通过刑法教义学的内部控制与合宪性的外部控制”寻找治病良方，在方法论上较为明显地存在“单向性”的片面主义倾向，因为“合宪性”解释方法在本质上仍然属于法规范内的论理解释方法而非法规范外的“外部控制”，没有全面关照一般方法论意义上的刑法解释方法的多维性及其确证功能体系化特点，注定是难以实现刑法解释结论有效性的。因此本文认为，刑法解释方法确证功能的类型化和体系化思考，才是彻底解决刑法解释结论有效性的根本出路和正确立场。

（三）功能主义刑法解释学范式的方向性判断：回归方法论、刑事政策论、司法公正论的应有立场

当代中国刑法解释学的研究范式（理论范式）应当是什么？这个问题只有极少数中国刑法学者（如劳东燕教授）显性地、鲜明地提出来。从研究范式相关性看，中国刑法解释学关注到了传统的刑法解释学主张方法论、认识论的解释学研究范式，现代的刑法解释学主张存在论、本体论的哲学解释学研究范式，以及起始于20世纪中叶的原初的功能主义刑法解释学研究范式；由于功能主义刑法解释学范式是在哲学解释学范式之后出现的、同哲学解释学范式一样秉持“对方法的轻视”①和反对“体系性思考”学术传统的共同立场，因此，我国有学者认为，当代中国刑法解释学的研究范式主要存在“传统刑法解释论与功能主义的刑法解释论之争”，进而主张中国引入功能主义刑法解释学范式。② 这种学术观察结论如前所述是有一定道理的，功能主义刑法解释学及其学术批评在中国刑法学界引起了较大的学术反响。但是，“原汁原味”地照搬国外“原初的”功能主义刑法解释学范式，或者在强调“功能主义并未放弃体系性思考”“对自身的反思性控制”“展开相应的体系化构建”③的同时仍然在实质立场上部分背离了刑事政策学科学原理和法律解释学最新发展方向的功能主义刑法解释学范式，均可能

① 何卫平：《西方解释学的第三次转向——从哈贝马斯到利科》，载《中国社会科学》2019年第6期。

② 参见劳东燕：《能动司法与功能主义的刑法解释论》，载《法学家》2016年第6期。

③ 劳东燕：《功能主义的刑法解释》，中国人民大学出版社2020年版，第9页。笔者认为，尽管劳东燕教授在该书中强调其所主张的“功能主义并未放弃体系性思考”“对自身的反思性控制”“展开相应的体系化构建”，但是在实质立场上，劳东燕教授所具体阐释的功能主义刑法解释论仍然部分背离了刑事政策学科学原理和法律解释学最新发展方向，仍然秉持了哲学解释学“对方法的轻视”和反对“体系性思考”的学术传统，具体理由详见本文后部分所阐述的相关批评内容。

存在批判性关注不够、方向性判断不准等缺憾。具体讲,中国刑法学者一方面对于国外针对“原初的”功能主义刑法解释学范式的学术批评缺乏应有关注,另一方面还忽略了世界范围内诠释学、法律解释学研究范式的最新发展方向,甚至没有注意到中国本土的法律解释学范式的创新发展成果,两方面因素的叠加,直接导致中国刑法解释学明显地出现了某种方向性判断失误,影响了中国语境下功能主义刑法解释论的健康发展和本土化构建,非常有必要进行理论归正。这种初步的学术观察所提出的问题意识非常重要,可以说,只有在充分关注并展开原初的功能主义刑法解释学范式的批判性与方向性研究之后,对回归方法论、刑事政策论、司法公正论的应有立场进行理论归正,才能正确回答当代中国刑法解释学的研究范式应当是什么的问题。

## 三、当代功能主义刑法解释学范式的三个核心命题

基于“原初的”功能主义刑法解释学范式的学术批评和方向性判断,笔者认为,当代功能主义刑法解释学范式应包含以下三个核心命题:结果与方法并重整全论、刑法解释方法确证功能体系化、司法公正相对主义。

### (一)功能目标限定立场:结果与方法并重整全论

功能主义刑法解释论既要坚持结果的功能主义,又要并重方法的功能主义,充分发挥刑法解释方法(群)对解释结论合法性、合理性和合目的性的确证功能,切实实现从偏重合目的性的功能主义立场转向整体有效性的功能主义立场。这种论断的法理基础在于作为传统认识论、方法论的刑法解释学的刑法解释结论有效性命题以及刑法解释方法对解释结论有效性的确证功能命题。刑法解释结论有效性,是指刑法解释结论所具有的合法性、合理性、合目的性,是该“三性”所共同构成的“三性统一体”。刑法解释结论有效性的真正实现及其充分阐释,离不开刑法解释方法确证功能的充分发挥,因此,刑法解释结论有效性与刑法解释方法确证功能之间具有紧密关联。刑法解释方法确证功能,又可以称为刑法解释方法对刑法解释结论有效性的确证功能,是指刑法解释方法所具有的确证刑法解释结论有效性(合法性、合理性、合目的性之“三性统一体”)的功能。其基本逻辑在于:首先,刑法的文义解释方法主要具有确证文义解释结论“合法性”层面有效性的基本功能,但是其并不完全具有确证合理性和合目的性的功能,因而其“单枪匹马”无法周全地确证刑法解释结论有效性;其次,(法规范内的)论理解释方法主要具有确证论理解释结论合理性的功能,但是其并不完全具有确证刑法解释结论合法性和合目的性的功能,因而其“单枪匹马”同样无法周全地确证刑法解释结论的有效性;最后,(法规范外的)刑事政策解释方法主要具有“在法规范之外”确证刑事政策解释结论合目的性的功能,但是其并不完全具有确证刑法解释结论合法性与合理性的功能,因而其“单枪匹马”仍然无法周全地确证刑法解释结论有效性。质言之,刑法的文义解释方法、(法规范内的)论理解释方法和(法规范外的)刑

事政策解释方法之中的任何“一种”解释方法，均仅具有单方面地确证刑法解释结论某“一种”有效性——或者是合法性，或者是合理性，或者是合目的性——的功能，但是其中任何一种刑法解释方法均不具有周全地确证刑法解释结论有效性的“多种”功能。只有当三种刑法解释方法“齐心协力地”共同发挥其各自的确证功能之时，刑法解释方法(群)的三种确证功能才能立体地、一体化地发挥出来并周全地确证刑法解释结论有效性。至于刑法解释方法(群)的功能性关联关系的具体内容，需要在刑法解释方法确证功能体系化命题中再作详论，这里仅对此命题作如下归纳：刑法解释方法确证功能体系化，首先需要进行文义解释，确证解释结论合法性底线基础价值和合法空间；其次需要进行论理解释和刑事政策解释，在合法性底线基础价值之上合法空间范围之内进一步求证解释结论合理性和合目的性的优化价值，并在合法空间范围可包容的各种优化价值中遴选出“最优化价值”，以确保实现刑法解释结论有效性“三性统一体”；最后解释过程中可以进行解释性循环，解释性循环并不否定刑法解释方法确证功能体系化。因此，为真正实现从偏重合目的性的功能主义立场转向整体有效性的功能主义立场，必须切实做到以下三种具体立场的转向：

一是有效性之下的合法性：必须由合法性的极端主义立场转向合法性的底线基础价值确证主义立场。如果说合理性、合目的性主要是分别从法规范内外进行价值目的性权衡并遴选出优化价值，那么，合法性就是主要针对法规范本身所限定的合法性底线基础价值进行审查确证(确定合法空间)。合法性通常不是抽象的价值权衡而是具体的底线基础价值审查，其审查依据是法规范本身的形式和内容(实质内涵)，包括形式合法性和实质合法性的双重审查。其中实质合法性“内容”审查必然含有实质价值判断并且与合理性和合目的性相交织，但是必须以符合形式合法性为底线基础，因此，形式合法性审查具有奠基意义。形式合法性主要由规范文本的文义解释结论来体现。之所以首先提出合法性底线基础价值确证主义立场问题，正是因为问题性思考中后果取向性论、重置首要机能论都必须在法哲学根基上回答“合法性”这个本真问题，其中首要关注的重点就应当是确证解释结论合法性底线基础价值和合法空间的方法论路径(合法性的底线基础价值确证方法)。合法性的底线基础价值确证主义立场应当反对合法性的极端主义(限缩或者扩张)立场，坚持语用论的文义解释方法确证解释结论合法性底线基础价值和合法空间。故刑法的文义解释方法主要具有确证刑法解释结论合法性底线基础价值的功能，但是其并不完全具有确证刑法解释结论合理性和合目的性优化价值的功能，后者有赖于刑法的(法规范内的)论理解释方法和(法规范外的)刑事政策解释方法来确证。

二是有效性之下的合理性：必须由合理性的终结主义立场转向合理性的刑法教义学确证主义立场。罗克辛基于刑事政策贯通功能和目的理性的刑法体系，认为“正确的解释,必须永远同时符合法律的文言与法律的目的,仅仅满足其中一个标准是不够的"[①]。可见,罗克辛并没有赋予合理性法律解释终结者的地位,其并非简单地主张"始于文义,终于目的",而是坚持了"始于文义,终于目的,同时符合"这样一种整全主义的解释论立场。因此,基于刑法解释结论有效性"三性统一体"命题,(法规范内的)合理性的终结主义立场并不具有妥当性,而应转向(法规范内的)合理性的刑法教义学确证主义立场,即合理性仅仅是"三性统一体"有效性中的一个要素,合理性主要是通过刑法的(法规范内的)论理解释方法确证功能来获得,并且由于合理性不能代替合法性和合目的性,因而合理性不具有单方面确证解释结论有效性的终结者意义。在功能主义刑法解释论中,刑法论理解释方法对解释结论合理性优化价值的确证功能并非终结性的,而是还需要进一步发挥(法规范外的)刑事政策解释方法对解释结论合目的性优化价值的确证功能,从而全面确证刑法解释结论有效性。

三是有效性之下的合目的性:必须由合目的性的片面主义立场倾向转向合目的性的整全主义立场。刑法解释结论合目的性,是指刑法解释结论所具有的符合法社会学效果和刑事政策目的(价值目标)的有效性,具体包括防控犯罪价值意义上的"秩序"、保障人权价值意义上的"自由"、社会发展意义上的"效率"与社会公正意义上的"公正"等四项价值目的性及其权衡整合。刑事政策原理认为,四项价值目的性"权衡整合"首先意味着秩序、自由、效率、公正全部都有份,一个都不能少,缺少其中任何一个都是不可想象、不可接受的;其次意味着四项价值目的性之间的轻重权衡、位阶权衡与有效整合,并且应当将这种权衡整合作为合目的性考量的重点。由此,功能主义刑法解释论上结果的功能主义,必须强调刑法解释结论合目的性本身是秩序、自由、效率、公正等四项价值目的性及其整合体(整全主义),而并非仅仅是其中某一种单项目的性(例如劳东燕教授所强调的"秩序"价值目的性[②])。四项价值目的性之间存在紧张关系,因而需要进行如下权衡整合:其一,"三大一小"理念,即在秩序、自由、效率、公正等四项价值目的性权衡的语境下,应当坚持最大限度地保障人权(自由)、最大限度地促进社会发展(效率)、最大限度地体现相对公正(公正)、最小限度地维持必要秩序(秩序),这种"三大一小"理念是现代刑事政策的基本品格和基本理念;其二,"自由优先、兼顾秩序"理念,即在自由与秩序二者之间价值权衡的语境下,应当强调"自由至上(人权保障至上)"而反对"秩序至上(犯罪防控至上)";其三,"公正优先、兼顾效率"理念,即在公正与效率二者之间价值权衡的语境下,应当强调"公正至上"而反对"效率至上"。[③] 在刑法实体法上,秩序与自由、秩序与公正、自由与公正、效率与公正

---

① 参见张明楷:《刑法学》(上)(第5版),法律出版社2016年版,第35页。

② 参见劳东燕:《功能主义刑法解释论的方法与立场》,载《政法论坛》2018年第2期。

③ 参见魏东:《刑事政策原理》,中国社会科学出版社2015年版,第91-95页。

之间的价值权衡经常出现，需要在刑法解释论上（以及刑法教义学上）予以充分关注，以防止出现某种顾此失彼式的价值判断。因此，功能主义刑法解释论上方法的功能主义，必须强调作为刑法解释方法的刑事政策解释方法对刑法解释结论合目的性优化价值的确证功能，包括对作为合目的性具体内容的秩序、自由、效率、公正等四项价值目的性及其整合体的功能确证。如果说结果的功能主义立场主要强调了对作为结果的刑法解释结论合目的性整合体的“后果考察”，[①]那么，方法功能主义立场就主要强调了对作为方法的刑事政策解释方法对解释结论合目的性具体内容的确证功能与过程审查，只有将这种后果考察与方法路径审查（过程审查）并重才能真正实现功能主义刑法解释论的既定目标，这正是结果与方法并重的功能主义命题的基本内涵。

（二）方法论体系化立场：刑法解释方法确证功能体系化

结果与方法并重的功能主义，是在承认结果的功能主义乃至整体论的功能主义——这是既有的功能主义刑法解释论业已确证的立场——的前提下，强调必须同时坚持一般方法论意义上的“方法的功能主义”。后者（一般方法论意义上的“方法的功能主义”）是既有的功能主义刑法解释论尚未真正明确的立场。那么，为什么在坚持结果的功能主义基础上还需要强调方法的功能主义，进而主张结果与方法并重的功能主义立场？应当说，从偏重合目的性的功能主义立场转向整体有效性的功能主义立场并且必须切实做到三种具体立场的转向中，已经内含了功能主义刑法解释论既要坚持结果的功能主义又要并重方法的功能主义这一根本立场问题。在此基础上，这里从诠释主义方法论视域下的法律解释学和功能主义刑法解释论自身的理论发展脉络来展开进一步论证。

1. 法律解释学第三次转向与功能主义刑法解释论的理论发展

首先，必须关注法律解释学的第三次转向。解释学发现，西方解释学在经历了“具有哥白尼式革命性质的两次转向：从局部解释学到一般解释学，从方法论解释学到存在论解释学”之后，现在已初步完成由存在论解释学转向存在论与认识论、方法论相结合的解释学，“我们也许可以将存在论、认识论、方法论的统一和结合的道路称为解释学的第三次转向”[②]。法律解释学也持有相同看法，认为“西方解释学从特殊解释学（如神学解释学、法学解释学）发展到一般解释学（方法论解释学），再从方法论解释学、认识论解释学转向本体论解释学（哲学解释学），旋即又从哲学解释学的存在论、本体论返回解释学认识论、方法论”，并且“这一解释学发展轨迹背后所蕴含的规律性，对于法律解释学研究范式的确定具有十分重要的启示和借鉴意义”[③]。应当说，

① 参见姜涛：《刑法解释的基本原理》，法律出版社 2019 年版，第 72 – 103 页。

② 何卫平：《西方解释学的第三次转向——从哈贝马斯到利科》，载《中国社会科学》2019 年第 6 期。

③ 姜福东：《法律解释的范式批判》，山东人民出版社 2010 年版，第 13 页。

解释学第三次转向与法律解释学研究范式"返回解释学认识论、方法论"并非完全否定本体论解释学立场,而是在承认本体论解释学的前提下强调重视方法论,真正构建一种"可以将存在论、认识论、方法论的统一和结合"的(法律)解释学,从而使方法论回归成为(法律)解释学第三次转向的重心。因此可以说,重视方法论(解释方法确证论)不但在传统的认识论、方法论的法律解释学中获得了充分确证,而且在哲学解释学的反思和转向中也逐渐获得了充分确证。加达默尔尽管强调"理解不属于主体的行为方式,而是此在本身的存在方式",并且"也是一个先于理解科学的方法论及其规范和规则的问题",①因而"反对方法"②或者"对方法的轻视"③成为哲学诠释学的必然逻辑结论,但是,加达默尔后来承认"就人们有意识的理解活动而言,首要的以及根本的任务仍然是努力获得某种相对正确的理解,而普遍有效的方法论就是其必要的前提,诠释学的认识论意义便在于此"④。自加达默尔之后,哈贝马斯和利科开启解释学第三次转向,这一解释学转向的根本特点是"从存在论向认识论、方法论的回归"。⑤利科"主张真理与方法是可以并存的,方法也可以对真理作出重大贡献",强调"方法问题才是真理问题的核心""法律解释学返回以法律文本为中心的认识论和方法论的立场与范式,是十分重要的"。⑥

因此,功能主义刑法解释论应当认真对待(法律)解释学第三次转向,从中吸取理论创新发展的智力成果,获得理论指引力,而不能故步自封、抱残守缺。如果说那种对哲学解释学合理成分视而不见、听而不闻的态度是一种错误立场,那么,只看到哲学解释学合理面而看不到其新的发展面则也是一种错误立场。我国有学者指出,"作为一场哲学运动,西方解释学从认识论、方法论'上升'到本体论有其必然,同时这种必然既体现为一种进步和质的飞跃,也存在某种矫枉过正,因此辩证的否定之否定也必然会到来,而哈贝马斯和利科恰恰处于该环节上,充当了这个角色。如果说施莱尔马赫、狄尔泰主要建立起了认识论、方法论的解释学,海德格尔、加达默尔建立起了存在论的解释学,那么可以说,哈贝马斯、利科开始建立起由存在论向认识论、方法论返回的解释学,这是一条下降的道路,它显示了这三者统一的趋势。""如果说解释学的三次转向体现为利科所表述的解释学的'上升的道路'和'下降的道路',那么第三次转向属于'下降的道路'。这条由哈贝马斯和利科本人所肇始的解释学的下降道路意义重

---

① 参见[德]汉斯-格奥尔格·加达默尔:《真理与方法:哲学诠释学的基本特征》(上卷),洪汉鼎译,上海译文出版社2004年版,"第二版序言"第4页。

② 姜福东:《法律解释的范式批判》,山东人民出版社2010年版,第69页。

③ 何卫平:《西方解释学的第三次转向——从哈贝马斯到利科》,载《中国社会科学》2019年第6期。

④ 潘德荣:《理解方法论视野中的读者与文本——加达默尔与方法论诠释学》,载《中国社会科学》2008年第2期。

⑤ 参见何卫平:《西方解释学的第三次转向——从哈贝马斯到利科》,载《中国社会科学》2019年第6期。

⑥ 参见姜福东:《法律解释的范式批判》,山东人民出版社2010年版,第71、74-75页。

大,它迈向一种更大的整合。”“而这一点不仅对西方解释学,甚至对我们今天正在建构中的中国解释学(中国诠释学)也有着重要的启示意义”①。因此,功能主义刑法解释论应当重视并借鉴吸纳当今时代解释学在走完“上升的道路”之后又返回“下降的道路”并“迈向一种更大的整合”的道路这一理论新成果,在承认结果的功能主义乃至整体的功能主义的基础上强调方法论回归的立场,从而转向结果与方法并重的功能主义。法律解释通过解释方法获得有效的解释结论,承认解释方法具有确证(决定)解释结论有效性的功能(确证功能)及其重要性,从而“刑法解释方法确证功能”“结果与方法并重的功能主义”应当成为功能主义刑法解释论的重要命题。

其次,必须关注功能主义刑法解释论自身的理论发展。功能主义法学观是功能主义刑法解释论的重要理论基础。功能主义法学观强调法律规范内外的功能性思考,是一种“外部”的视角,将法学研究重心聚焦于法律与外部世界的关系、法律在社会中所发挥的功能等问题。② 德日机能主义刑法学(功能主义刑法学)“在世界范围内影响甚巨,但并未形成统一的体系。罗克辛教授主张的刑事政策的机能主义刑法学、雅科布斯教授构建的以规范论为基础的机能主义刑法学以及平野龙一教授提出的可视性的机能主义刑法学,在建构路径、刑法目的、犯罪本质、构成要件、责任本质、刑罚目的等方面都存在差异”,并且“应当看到即使在德日国内也不乏对机能主义刑法学的质疑,那种认为其可能存在强化社会控制和弱化人权保障风险的观点也日益变得有力”。③ 应当说,功能主义刑法学重视法规范内外“功能(主义)”的思考并不能得出功能性刑法解释论就抛弃了刑法“规范”思考和“方法论”思考的结论,而仅仅是强调功能主义刑法学与刑法解释论不能只关注形式主义与概念法学论的“规范”本身,还必须关注和关照刑法“规范”内外的“功能”。“规范内的功能”主要是指刑法教义学原理意义上的规范结果论功能与规范方法论功能,“规范外的功能”实质上是指法社会学与刑事政策学意义上的效果论功能(结果论功能)与方法论功能。例如,针对李斯特把刑法教义学与刑事政策加以分立与疏离的思想所形成的“李斯特鸿沟”,罗克辛所主张的目的理性刑法学理论体系与功能主义刑法学就特别强调必须在刑法学教义学之内进行刑事政策贯通的思考,提出了“罗克辛贯通”命题,即“罗克辛对李斯特鸿沟予以贯通,将刑事政策引入犯罪论体系,使构成要件实质化、违法性价值化、罪责目的化”。④ 因此,即使不考虑功能主义刑法学在其“发生国”(德日)内所存在的质疑,也难以得出功能主义刑法学的原初意旨在于忽略方法论功能的论断,更难以得出作为

① 何卫平:《西方解释学的第三次转向——从哈贝马斯到利科》,载《中国社会科学》2019 年第 6 期。

② 参见马姝:《论功能主义思想之于西方法社会学发展的影响》,载《北方法学》2008 年第 2 期。

③ 参见张庆立:《德日机能主义刑法学之体系争议与本土思考》,载《华东政法大学学报》2018 年第 3 期。

④ 参见陈兴良:《刑法教义学与刑事政策的关系:从李斯特鸿沟到罗克辛贯通——中国语境下的展开》,载《中外法学》2013 年第 5 期。

“输入国”的我国学者在引介功能主义刑法解释论时所主张的“刑法解释结论决定解释方法”(命题)的论断。应当认为,功能主义刑法学重视法规范内外的“功能(主义)”,不但强调了法规范内外功能主义的结果论审查,而且也强调了法规范内外功能主义的方法论审查。可以说,重视法规范内外的“功能(主义)”结果论审查和方法论审查的并重与有机结合,才是“应然的”功能主义刑法学的根本旨趣。

功能主义刑法解释论强调刑法解释的工具性、目的性及防御性等价值要素,刑法解释的功能性描述由原来的规范内涵揭示转向社会治理工具,①强调“刑事政策要对刑法解释产生影响,必须以方法论上实现从概念法学到利益法学及评价法学的转变为前提”②,因而在实质意义上仍然是强调某种方法论意义上的(法规范外的)刑事政策解释方法确证刑法解释结论有效性的法理意蕴。

“功能”毫无疑问地应当成为功能主义刑法解释论的关键范畴。法理学认为,法律解释的功能,是指法律解释在法治实践中所具有的价值与功用,具体包括自主整合与修复功能、信息交流与沟通功能、完善与发展功能。例如,法律解释的自主性,是指法律解释过程不受外界的干扰,法律人应该自己根据法律的意义阐释法律,尽量使法律的意义具有连续、融贯、稳定、可预测性并最终达到解决纠纷的目的;法律解释的恢复功能,表现为对法律与事实之间的裂缝必须经由解释弥合并迎合法治的要求,创造性解释在不但受规范的约束而且受法律解释方法的制约时仍然属于对法律的修改(修复性司法),体现法律解释的修复功能。③ 可以看出,法解释学关于法律解释的功能性思考在相当意义上宣示了功能主义法学观、功能主义法律解释论的基本立场,其中旗帜鲜明地融入了目的性思考,注重解释结论的政策与社会效果,注重法律所发挥的社会功能“受法律解释方法的制约”。这对于刑法解释的功能性思考具有指引作用。

遵循法理学关于法律解释的功能性思考,可以认为刑法解释的功能是指刑法解释在刑事法治实践中所具有的价值与功用。因此,刑法解释学中有时又将刑法解释的功能归纳为刑法解释的价值(价值目标或者价值功能),应当说其基本含义是一致的。如徐岱教授认为,刑法解释有形式理性与实质理性双重价值目标,“刑法解释的功能,在于确保法律适用的透明性、有预测的可能性及对社会成员行为的可控制性,在形式合理性框架下实现实质合理性的目标”④。李希慧教授认为,刑法解释的功能是指由

---

① 参见赵运锋:《功能主义刑法解释论的评析与反思——与劳东燕教授商榷》,载《江西社会科学》2018年第2期。

② 劳东燕:《功能主义刑法解释论的方法与立场》,载《政法论坛》2018年第2期。

③ 参见陈金钊:《法律解释学——权利(权力)的张扬与方法的制约》,中国人民大学出版社2011年版,第133-141页。

④ 徐岱:《刑法解释学基础理论建构》,法律出版社2010年版,第114页。

刑法解释自身所固有的特征决定的其可能发挥的积极作用，具体包括规范指导刑法司法功能、弥补刑法立法欠缺功能、促进刑法立法完善功能、刑法法制宣传教育功能、繁荣刑法理论功能。[①] 李佳欣教授认为，刑法解释的最重要的功能，是刑法立法到刑法适用的良性承继，做到解释立法、运用于司法，发挥其明确、安全、具体、可操作的功能。[②] 王祖书教授指出，刑法"目的论解释的基本功能不是补充刑法漏洞，而是具有承载刑法价值评价的基本功能。对于刑法条文中需要补充价值的不确定概念，诸如模糊性概念、多义性概念、规范性概念以及概括性条款等，只能通过目的论解释才能获得其真正含义。""其功能界限即在于和可能的字义界限一起标定刑法解释的边界，厘清目的论解释与类推解释的区别"[③]。结合刑法解释学原理和学术界已有见解，我们认为，基于刑法解释的功能性思考，刑法解释的功能可以类型性地概括为以下三项：一是确证刑法解释结论有效性功能，其中包括确证刑法规范文本含义及其与法律事实相对应的最终解释结论"有效性"等内容；二是推动刑法规范文本成长功能，其具体内容是通过发现真正的刑法立法漏洞以推动刑法立法的修订完善；三是促进刑法学理论知识生长功能，从而有利于繁荣整体刑法学理论知识体系。[④] 其中，"确证"功能所体现的功能性是司法适用，是将文本的刑法规定确证为"活的法"并直接为司法审判（以及其他司法实务部门依法办案）服务的司法功能。针对非真正的立法漏洞则因为其可以通过司法填补方式实现"活的法"这一司法任务从而其应是"确证"功能所涵摄的对象，因而针对非真正的立法漏洞所进行的解释性填补理应归属于"确证"功能。"推动"功能所体现的功能性是完善立法，即推动文本的刑法规定更加完善，其中包括通过发现真正的立法漏洞而以立法填补漏洞的方式使文本的刑法规定更加完善。这种功能性思考和功能类型化思考，有利于明确刑法解释在解决立法漏洞问题上的功能定位，谨慎注意到了刑法解释功能"有所为"与"有所不为"以及"有不同为"等的具体差异性，即刑法解释功能在解决非真正的立法漏洞时是"有所为"的，可以通过解释性填补达致"确证"功能"活的法"的效果，由此避免法条主义与机械司法的功能性缺陷；但是刑法解释在解决真正的立法漏洞时则是在恪守罪刑法定主义的前提下理性、客观地秉持"有所不为"的功能性保守立场（但在有利于实现罪刑法定原则人权保障功能时可以作为例外准许对真正的立法漏洞予以解释性填补），主张通过推动立法填补实现立法完善。"促进"功能所体现的是有利于实现刑法理论知识增量和学术创新发展，其"反

---

① 参见李希慧：《刑法解释论》，中国人民公安大学出版社 1995 年版，第 54 – 70 页。

② 参见李佳欣：《刑法解释的功能性考察》，载《当代法学》2014 年第 6 期。

③ 王祖书：《刑法目的论解释的功能界定》，载《北方法学》2016 年第 2 期。

④ 参见魏东：《刑法解释学基石范畴的法理阐释——关于"刑法解释"的若干重要命题》，载《法治现代化研究》2018 年第 3 期。需要说明的是，该引文中指出："刑法解释的功能主要是司法适用（实现刑事法治和人权保障）和司法甄别（发现真正的刑法立法漏洞并有利于完善刑事立法）。"可以认为，"司法适用"功能是指确证法律文本含义最终解释结论"有效性"功能，"司法甄别"功能是指推动法律成长和漏洞填补功能。

哺”包括刑法教义学和刑法解释学在内的整体刑法学理论知识体系化发展,以及刑法立法与司法的良性互动发展。厘清刑法解释功能的实质内涵及其三种类型之后,我们完全可以明确:当我们聚焦于确证刑法解释结论有效性时,我们所讨论的刑法解释功能实质上仅限于刑法解释的“确证”功能,而非其他功能(如“推动”与“促进”功能),在此前提下我们才能够有效观察和妥当解决刑法解释结论与解释方法确证功能的关系论问题。

应当说,通过刑法解释功能“有不同为”的功能性思考可以明确:确证刑法解释结论“有效性”功能离不开刑法解释方法。如果主张刑法解释结论决定刑法解释方法(刑法解释结论决定论),那么无异于主张刑法解释结论的“先在”性、“自我形成”与“自我决定”性,无异于主张刑法解释结论决定刑法解释结论的同语反复,从而刑法解释方法仅被作为一种点缀与装饰甚至是虚无化的观念性存在。刑法解释结论决定论与先在论,实质上消解了刑法解释的方法性、论证性和过程性,使得刑法解释结论成为无厘头的玄学结论,根本无法保证刑法解释结论有效性,而这是不可想象的。劳东燕教授也使用了“有效性”概念,指出:“从有效性出发,现代刑事政策有着鲜明的开放性,它必须不断根据犯罪态势、犯罪规律和政策导向、调控结果的变化进行自身的调整,这符合问题性方法的思维特点。”①应当说,劳东燕教授是承认“有效性”与“问题性方法”之间的关联关系的,只不过没有在一般方法论意义上承认刑法解释方法对解释结论有效性的确证功能。真理与谬误之间有时仅有一步之遥,功能主义刑法解释论应当将“有效性”与“问题性方法”之间的关联关系再向前跨越一步,将其提升为一般方法论意义上的关系论命题,明确肯定刑法解释方法对解释结论有效性的确证功能(关系),从而使“有效性”成为一个真正可以通过方法论确证的范畴。

功能主义刑法解释方法也需要进行功能性思考,尤其是功能性的类型化与体系化思考。堪称西方法律解释方法的经典四分法,即将法律解释方法分为文义解释(语义解释)、体系解释(逻辑解释)、历史解释、目的解释,这早已成为德国刑法学对刑法解释方法的经典分类法,例如德国权威刑法学教科书即是如此,②我国不少学者也认可此种经典四分法。目前我国较多刑法学教材采用了刑法解释方法的二分法,即将刑法解释方法分为文义解释(方法)与论理解释(方法);③张明楷教授借鉴日本学者井田良的解释方法分类而将刑法解释方法具体区分为解释技巧与解释理由两个大类(堪称

① 劳东燕:《能动司法与功能主义的刑法解释论》,载《法学家》2016年第6期。

② 参见[德]汉斯·海因里希·耶赛克、[德]托马斯·魏根特:《德国刑法教科书》(总论),徐久生译,中国法制出版社2001年版,第191-195页。

③ 参见高铭暄、马克昌主编:《刑法学》,北京大学出版社2005年版,第24页;贾宇主编:《刑法学:总论》(上册),高等教育出版社2019年版,第53页。

某种特别的二分法);[①]我国还有部分学者采用了刑法解释方法的三分法,即将刑法解释分为文理解释、法理解释和非法学解释三种,[②]或者将刑法解释分为文理解释、论理解释和进化解释,[③]或者分为范围性因素、内容性因素和控制性因素,[④]以及我国部分法理学者和民法学者主张对狭义的法律解释方法采用三分法(分为文义解释、论理解释、社会学解释),[⑤]均可以认为是对法律解释方法进行了某种程度上的功能性、类型化与体系化思考的结果。如王利明教授指出,“原则上,狭义的法律解释应当从三个方面入手展开,即从确定文义可能包括的范围、探求立法目的、社会效果等考量。而这三个步骤既是法律解释的程序,也是法律解释方法运用的顺序”[⑥],其阐释了法律解释方法的功能性、类型化与体系化思考的基本内容。再如陈金钊教授认为,法律诠释方法的功能性思考,可以将法律诠释方法的功能限定为追求客观性;法律诠释方法的类型性思考与体系化思考,可以将法律诠释方法“分为两种,这就是文义的方法(在法律文本中追寻客观性的方法)和文本外追求客观性的方法”,其中“文义解释在法学教育和法律适用过程中起着非常重要的作用”,文义诠释的具体方法包括逻辑解释、扩充解释、限制解释、借助词典的诠释方法、反对解释、当然解释、合宪性解释,而文本外追求客观性的方法包括目的诠释方法、社会学的诠释方法、在个案中进行利益衡量的方法、价值衡量和价值补充。[⑦] 可以认为,法律解释学和部门法解释论对法律解释方法的功能性、类型化与体系化思考正在逐步形成理论共识,从不同视角诠释了法律解释方法确证功能论的基本立场,而这是值得功能主义刑法解释论严肃关注并借鉴吸纳的智识成果。

综上所述,刑法解释方法的功能性思考,是诠释主义方法论视域下法律解释学第三次转向和功能主义刑法学的内在要求,是基于刑法解释的功能性存在、解释方法与解释结论的功能关系而展开的。无论认为刑法解释结论是“自我存在(先在)”“自我形成”而被发现的,还是认为刑法解释结论是“经解释形成”而被构建的,刑法解释结论均需要通过刑法解释方法确证功能的充分发挥才能够确证(“发现”和“构建”)刑

---

① 参见张明楷:《刑法学》(上)(第5版),法律出版社2016年版,第33-42页。张明楷在该书中,主张“将解释方法中的平义解释、宣言解释、扩大解释、缩小解释、反对解释、类推解释、比附、引证解释等(条文的适用方法),称为解释技巧;将解释方法中的文理解释、体系解释、历史解释、比较解释、目的(论)解释等(解释的参照事项),称为解释理由。对一个刑法条文中的某个概念的解释,只能采用一种解释技巧,但采用哪一种解释技巧,取决于解释理由,而解释理由是可以多种多样的”。

② 参见赵秉志主编:《刑法解释研究》,北京大学出版社2007年版,第395页。

③ 参见陈兴良主编:《刑事司法研究:情节·判例·解释·裁量》,中国方正出版社1996年版,第403页。

④ 参见黄茂荣:《法学方法与现代民法》,中国政法大学出版社2001年版,第272-289页。

⑤ 参见王利明:《法律解释学导论:以民法为视角》,法律出版社2017年版,第724-725页;杨仁寿:《法学方法论》,中国政法大学出版社1999年版,第98页。

⑥ 王利明:《法律解释学导论:以民法为视角》,法律出版社2017年版,第724-725页。

⑦ 参见谢晖、陈金钊:《法律:诠释与应用——法律诠释学》,上海译文出版社2002年版,第132-143页。

法解释结论有效性,正是在此意义上证成了刑法解释方法确证功能(命题)以及结果与方法并重的功能主义刑法解释论立场。

2. 功能主义刑法解释方法确证功能体系化命题的应有内涵

更进一步的问题意识在于:功能主义刑法解释论的方法论回归路径是什么? 对此,不但偏重结果的功能主义刑法解释论由于遵循早期哲学解释学"对方法的轻视"的学术传统而缺乏必要的理论准备,直接决定了偏重结果的功能主义在转向结果与方法并重的功能主义时必须把探索方法论回归路径作为重大理论课题并完成相应的理论准备,而且传统认识论、方法论的刑法解释学由于欠缺功能主义和哲学解释学"事物本质"的洞察能力而缺乏可匹配的理论根基,直接决定了传统解释学的方法论在适应功能主义刑法解释论的方法论回归使命时必须把传统解释学的方法论改造(乃至重构)作为核心工程,使之匹配功能主义刑法解释论的方法论回归。申言之,功能主义刑法解释论的方法论回归路径无法通过功能主义刑法解释论同传统方法论的刑法解释学之间的简单耦合来获得有效的解决方案,而应该另辟蹊径。

传统认识论、方法论的刑法解释学对刑法解释方法的分类存在较为复杂的情况。目前较为通行的刑法解释方法分类有四分法、二分法和三分法。例如,西方传统的经典四分法主张,法律解释方法可以分为文义解释、体系解释(逻辑解释)、历史解释(沿革解释)、目的论解释四种。[①] 再如,中国传统的经典二分法主张,法律解释方法分为文义解释与论理解释两种,[②]"始于文义,终于目的"[③]成为二分法主张的经典表达;中国传统的经典三分法主张,法律解释方法分为文义解释、论理解释、法社会学解释(非法学解释)三种。[④] 法律解释方法的经典四分法、二分法和三分法,主要是以法律解释方法的"构成要素"、"标准"或者"根据"等为依据所进行的类型划分。[⑤] 此外,还有其他一些不太成熟的刑法解释方法分类法,具体有16种分类法之多,[⑥]呈现观点分歧较

① 参见严存生:《西方法哲学问题史研究》,中国法制出版社2013年版,第586-587页;[德]汉斯·海因里希·耶赛克、[德]托马斯·魏根特:《德国刑法教科书》(总论),徐久生译,中国法制出版社2001年版,第191-195页。

② 参见高铭暄、马克昌主编:《刑法学》,北京大学出版社2016年版,第24页;赵秉志主编:《刑法新教程》(第4版),中国人民大学出版社2012年版,第24页;贾宇主编:《刑法学:总论》(上册),高等教育出版社2019年版,第53-54页。

③ 魏东:《刑法解释的法理基础:概念、理性、特征与功能》,载魏东主编:《刑法解释》第5卷,法律出版社2020年版,第15-39页;陈慧:《刑法文义解释的基本法理》,载魏东主编:《刑法解释》第5卷,法律出版社2020年版,第40-69页。

④ 参见杨仁寿:《法学方法论》,中国政法大学出版社1999年版,第98页;赵秉志主编:《刑法解释研究》,北京大学出版社2007年版,第395页;王利明:《法律解释学导论:以民法为视角》,法律出版社2017年版,第724-725页。

⑤ 参见严存生:《西方法哲学问题史研究》,中国法制出版社2013年版,第586-587页;魏东:《刑法解释学基石范畴的法理阐释——关于"刑法解释"的若干重要命题》,载《法治现代化研究》2018年第3期。

⑥ 参见李希慧、龙腾云、邱帅萍编著:《刑法解释专题整理》,中国人民公安大学出版社2011年版,第34-37页。

大、争议较多的学术景观。相应地,传统刑法解释论对于刑法解释方法体系化命题,有肯定论、否定论、折中论三种观点。肯定论认为,刑法解释方法的体系化是必要的、可行的,具体有刑法解释方法的"顺序论"(如赵秉志[①]、梁根林[②]、苏彩霞[③]、时延安[④]等),"层次论"(如李希慧[⑤]),"位阶关系论"(如陈兴良[⑥]、周折[⑦]等)。否定论则认为,刑法解释方法的体系化是不必要的,也是不可行、不符合刑法解释客观实际的。否定论的观点在德国、日本法学界大有"市场",[⑧]我国学界主张否定论的学者有劳东燕[⑨]、周光权[⑩]、张明楷[⑪]、林维[⑫]等。折中论是一种倾向于赞同肯定论的"纠结立场",认为刑法解释方法既要考虑文义解释的优先性,又不宜肯定各种解释方法之间具有"固定不变的位阶性"。主张折中论的学者主要有民法解释学界的王泽鉴[⑬]、梁慧星[⑭]、王利明[⑮]以及刑法学者李国如[⑯]、徐岱[⑰]等。可以说,传统刑法解释论对于刑法解释方法体系化命题的思考由于均不是依据法律解释方法的确证功能类型化视角进行的分类,而是将各种各样的分类标准所析离出来的方法群简单随意地杂糅起来,因而缺乏统一的功能论分类标准,不但否定论无法实现刑法解释方法体系化,而且肯定论(以及折中论)——试图采取位阶排序竞争关系建构路径将方法论体系化,由此所形成的"逻辑顺序论"与"层级论"——也根本无法真正实现刑法解释方法体系化。正是由于传统刑法解释方法分类欠缺功能主义类型化思考,其通过位阶排序竞争关系建构路径根本无法完成刑法解释方法体系化这一理论重任,才需要寻找新的建构路径。因此,功能主义刑法解释论应当在彻底坚持结果与方法并重的功能主义立场下,深入研究刑法解释方法确证功能"三性确证功能统一体"命题及其对应的刑法解释结论有效性"三性统一体"命题,在刑法解释方法确证功能与解释结论有效性功能的关系论命题中主张

---

① 参见赵秉志主编:《刑法解释研究》,北京大学出版社 2007 年版,第 395 页。

② 参见梁根林:《罪刑法定视域中的刑法适用解释》,载《中国法学》2004 年第 3 期。

③ 参见苏彩霞:《刑法解释方法的位阶与运用》,载《中国法学》2008 年第 5 期。

④ 参见时延安:《刑法规范的合宪性解释》,载《国家检察官学院学报》2015 年第 1 期。

⑤ 参见李希慧:《刑法解释论》,中国人民公安大学出版社 1995 年版,第 96、132-133 页。

⑥ 参见陈兴良:《刑法的知识转型:方法论》,中国人民大学出版社 2012 年版,第 111 页。

⑦ 参见周折:《刑事政策视野中的刑法目的解释》,载《中外法学》2007 年第 4 期。

⑧ 参见王利明:《法律解释学导论:以民法为视角》,法律出版社 2017 年版,第 719-720 页。

⑨ 参见劳东燕:《能动司法与功能主义的刑法解释论》,载《法学家》2016 年第 6 期。

⑩ 参见周光权:《刑法解释方法位阶性的质疑》,载《法学研究》2014 年第 5 期。

⑪ 参见张明楷:《刑法学》(上)(第 5 版),法律出版社 2016 年版,第 33-42 页。

⑫ 参见林维:《刑法解释的权力分析》,中国人民公安大学出版社 2006 年版,第 82-144 页。

⑬ 参见王泽鉴:《民法实例研习:基础理论》,台北,三民书局 1981 年版,第 154-157 页。转引自李国如:《罪刑法定原则视野中的刑法解释》,中国方正出版社 2001 年版,第 198-199 页。

⑭ 参见梁慧星:《民法解释学》,中国政法大学出版社 1995 年版,第 245-246 页。

⑮ 参见王利明:《法律解释学导论:以民法为视角》,法律出版社 2017 年版,第 720-721 页。

⑯ 参见李国如:《罪刑法定原则视野中的刑法解释》,中国方正出版社 2001 年版,第 198-200 页。

⑰ 参见徐岱:《刑法解释学基础理论建构》,法律出版社 2010 年版,第 128-131 页。

并求证刑法解释方法确证功能体系化命题的应有内涵。基于结果与方法并重的功能主义立场,功能主义刑法解释论的方法论体系化回归首先必须从刑法解释功能的"外部"视角对刑法解释方法进行功能类型化建构。这里的"外部"视角,是指在刑法解释方法之外的功能主义刑法解释论整体的功能性,尤其是解释结论有效性的立场上,来阐释刑法解释方法的功能类型化,因为类型化是体系化的前提——与功能共生融合关系体系化的具体内容。

综合传统的认识论、方法论的刑法解释学和功能主义刑法解释论关于解释结论有效性的基本法理,刑法解释结论有效性是指刑法解释结论所具有的合法性、合理性、合目的性所共同构成的"三性统一体"有效性。[①] 刑法解释结论只有在其同时具备了合法性、合理性和合目的性所共同构成的"三性统一体"之时才能称得上获得了"有效性";反之,刑法解释结论若仅具有合法性,或者仅具有合理性,或者仅具有合目的性,或者缺少合法性、合理性和合目的性中的任何一项,均不能获得完整意义上的"有效性"。换言之,刑法解释结论有效性意义上的合法性、合理性和合目的性之间不是相互排斥的竞争关系,而是以合法性为底线基础价值、以合理性和合目的性为优化价值的共生融合关系:合法性作为底线基础价值当然必不可少,具体限定了解释结论的合法空间;合理性和合目的性作为优化价值当然也不可或缺,但是优化价值的不可或缺性是有条件限制的,即只有在合法性底线基础价值所限定的合法空间中可包容的优化价值(可包容的优化价值论)才是不可或缺的,超出合法空间的所谓优化价值则是被排斥在外的。因此具体讲,有效性是指在合法性底线基础价值的基础上进一步追求实现合法空间可包容的合理性和合目的性优化价值的"三性统一体"有效性,是合法性底线基础价值、可包容的合理性和合目的性优化价值的共生融合关系。由此可见,刑法解释结论有效性(合法性、合理性、合目的性)的真正实现及其充分阐释,离不开刑法解释方法确证功能的充分发挥与共生融合关系体系化证成。

刑法解释方法确证功能,又称为刑法解释方法对刑法解释结论有效性的确证功能,具体是指刑法解释方法所具有的确证刑法解释结论有效性(合法性、合理性、合目的性)的功能。刑法解释方法确证功能必须结合(刑法)解释结论有效性来阐释,具体包括三方面的确证功能:刑法解释方法中的文义解释方法对(文义解释结论)合法性的确证功能、论理解释方法对(论理解释结论)合理性的确证功能、刑事政策解释方法对(刑事政策解释结论)合目的性的确证功能,只有通过刑法解释方法"三性确证功能

---

① 例如,赵秉志、齐文远、李希慧、曾粤兴、周详等学者均认为,应当把合法性、合理性、合目的性(合刑事政策性或者正当性)作为刑法解释原则;其中李希慧认为,刑法解释原则有合法性原则、合理性原则、以刑事政策为指导原则、整体性原则以及明确、具体原则等五项。参见赵秉志:《刑法基本问题》,北京大学出版社2010年版,第305页;齐文远、周详:《论刑法解释的基本原则》,载《中国法学》2004年第2期;李希慧:《刑法解释论》,中国人民公安大学出版社1995年版,第82-92页。

统一体”的充分发挥与共生融合关系体系化证成，才能完整实现刑法解释结论合法性、合理性和合目的性“三性统一体”的有效性。[①] 刑法解释方法确证功能的体系化逻辑，只能是将三类刑法解释方法的竞争关系论与平行论，改造为功能结构关系论与共生融合论：首先需要进行文义解释，确证解释结论合法性底线基础价值和合法空间；其次需要进行论理解释和刑事政策解释，在合法性底线基础价值之上进一步求证合法空间可包容的合理性和合目的性优化价值（可包容的优化价值论），并在合法空间可包容的各种优化价值中遴选出“最优化价值”（可包容的最优化价值论），以确保实现刑法解释结论有效性“三性统一体”。刑法解释方法确证功能的体系化路径，只能是先进行文义解释，后进行论理解释和刑事政策解释，解释过程中可以进行解释性循环（解释过程论与解释性循环论）。这是刑法解释方法确证功能体系化命题的基本内容。应当说明的是，刑法解释方法确证功能体系化命题与刑法解释过程论的解释性循环命题之间并不矛盾，既不能以刑法解释方法确证功能体系化否定解释性循环，也不能以解释性循环否定刑法解释方法确证功能体系化。

因此，刑法解释方法确证功能的类型化和体系化思考，才是彻底解决刑法解释结论有效性的根本出路和正确立场，从刑法解释功能的“外部”“内部”两个视角进行刑法解释方法确证功能的类型化和体系化建构，才能真正实现解释方法体系化。申言之，刑法解释方法体系化命题的实质内涵只能是刑法解释方法确证功能体系化，核心内容包括刑法解释方法确证功能的整合、循环、填补、融贯的视域融合。

一是整合：刑法解释方法确证功能体系化并非指各种刑法解释方法的单纯的竞争择一关系，而是功能性共生融合关系。刑法解释方法的确证功能整合关系，表现为刑法文义解释方法的合法性确证功能、（法规范内的）论理解释方法的合理性确证功能、（法规范外的）刑事政策解释方法的合目的性确证功能必须同时具备，全面融合，形成“三性确证功能统一体”，才能有效确证解释结论有效性“三性统一体”。也即是在合法性底线基础价值之上进一步求证合法空间可包容的合理性和合目的性优化价值（可包容的优化价值论），并在合法空间可包容的各种优化价值中遴选出“最优化价值”（可包容的最优化价值论），将超出合法空间的所谓优化价值排斥在外，依此规则进行解释性循环。

二是循环：刑法解释方法确证功能体系化并非指各种刑法解释方法之间单纯的层级关系，而是可回溯的功能性循环关系。刑法解释方法的功能性整合关系阐释清楚了“三性确证功能统一体”特点，但是还需要关注刑法解释方法确证功能的整合过程。三种解释方法的三次解释并非指单纯的层级关系，而是可以回溯的功能性循环关系。

---

① 参见魏东：《刑法解释学基石范畴的法理阐释——关于“刑法解释”的若干重要命题》，载《法治现代化研究》2018 年第 3 期。

在刑法解释方法"三性确证功能统一体"的整合过程中,有三种典型情形需要进行可回溯的功能性循环整合:其一,当刑法解释结论出现"合理但不合法"或者"合理合目的但不合法"的情况时,需要在论理解释方法和刑事政策解释方法的合理性和合目的性功能性审查中进行可回溯的文义解释方法合法性的确证功能审查,只能在可确证的合法性底线基础价值上合法空间范围之内遴选出合理性和合目的性的优化价值("可包容的最优化价值"规则),并排除那些无法获得合法性确证的论理解释结论和刑事政策解释结论;其二,当刑法解释结论出现"合目的但不合理"的情况时,需要在刑事政策解释方法的合目的性功能性审查中进行可回溯的论理解释方法合理性的确证功能审查,只能在可确证的合理性之中遴选出合目的性,并排除那些无法获得合理性确证的刑事政策解释结论;其三,当刑法解释结论出现"合法但不合目的性"或者"合法合理但不合目的性"的情况时,需要在文义解释方法和论理解释方法所确证的合法性和合理性功能性审查中进行可回溯的刑事政策解释方法合目的性的确证功能审查,只能在可确证的合法性底线基础和合理性优化价值之中遴选出可确证的合目的性优化价值。需要强调指出的是,刑法解释方法可回溯的功能性循环关系并不否认刑法解释方法确证功能体系化。

三是填补:刑法解释方法确证功能体系化针对"刑法立法漏洞"并非指全面确认刑法解释方法的功能性绝对填补关系,而是仅确认刑法解释方法的功能性相对填补关系。相较于其他部门法针对立法漏洞的解释性填补而言,刑法解释的功能性填补具有相对性和更大的有限性。基于罪刑法定原则和刑法谦抑性的立场,对于真正的刑法立法漏洞,刑法解释不得作出入罪(以及入重罪)方向的解释性填补,而只能进行有利于被告人向出罪方向的解释性填补(单向性解释填补),这是刑法解释方法的功能性相对填补关系的基本内容。对于"非真正的"(刑法)立法漏洞,刑法解释方法的功能性填补才可以是"双向性"的解释性填补,即可以在出罪和入罪的双向上进行解释性填补,并且应注意刑法解释的限度考量。

四是融贯:刑法解释方法的确证功能体系化并非各种刑法解释方法的简单聚合,而是指各种刑法解释方法确证功能的贯通关系。刑法解释的融贯性,是指刑法解释基于整体法秩序上的一致性和协调性,以及协调一致的解释原则、目标、立场以及解释方法体系化,确保刑法解释方法、过程和结论的逻辑一致性、协调性和相互证立性。

### (三)司法公正相对主义:法官决策有效性

日本的功能主义刑法解释论中还包含了法官决策行动论命题。法官决策行动论,是指基于功能主义的问题性思考、实质犯罪论和判例拥护理论等立场,主张法官所作出的判决是创造性的、在综合考虑法律条文和各种情况后而从案件处理的各种可能性中选择作出的一种决策活动,故这种活动不可能是形式逻辑的三段论推理与刑法理论的被动套用;法官决策行动论也是一种主张刑法理论的作用不是"约束"而是"说服"

法官,法官作为决策者居于中心、学者作为说服者居于一旁的新理论模型。① 应当指出,法官决策行动论命题及其内含的一系列理论在德日功能主义刑法学内部存在多种阐释和广泛批评,在我国刑法学界也是如此。但是,这些学术批评尽管也部分涉及司法公正哲学的理论研讨(如有关国民参与司法论的检讨),却没有真正聚焦于司法公正哲学的价值论检讨,而是更多地聚焦于"是不是"与"如何实现"法官决策行动(论)的实用主义论证。因此可以说,针对法官决策行动论进行聚焦于司法公正哲学的价值论检讨成为一个新的问题意识。

司法公正价值论是刑法解释论的重要法哲学基础,因为刑法解释(论)不但要"功能性"地解决社会治理问题(犯罪治理问题),还要"公正性"地解决问题,或者说还要"功能性"地防止出现司法不公。为此,法官决策行动论试图通过其内含的国民参与司法论(对司法公正)加以程序性地解决,平野龙一提出将职业法官的适合性和业余法官的信任性结合起来,把国民的法律意识("存在的规范")贯彻到审判中,实现司法的正当化和合理化。② 但是,适合性(通过职业法官)和信赖性(通过业余法官)在相当意义上只解决了法官决策行动论中的程序性问题(决策主体性和过程性),而没有在实质意义上以及实体法意义上解决刑法解释结论的有效性问题,亦即作为刑法的实体法意义上的刑法解释论如何解决司法公正的问题被部分忽略了,从而,作为刑法实体法意义上的司法公正性(有效性)需要进行专门弥补。

刑法解释论的司法公正价值论,在领域论上是否应该同较为笼统的法律公正论一体论,尤其是"立法公正"区分开?换言之,司法公正与立法公正到底是一体论的公正论(法律公正论一体论),还是区分司法领域与立法领域的领域公正论区分论?对此问题,当下功能主义刑法解释论者应当说更多地倾向于较为笼统的法律公正论一体论,并没有区分立法公正与司法公正。但是,这种刑法解释适用领域的"司法公正"论被抽象地置换为"法律公正"论的一体论是明显存在疑问的,尤其是在存在(真正的)立法漏洞的场合要求司法者以立法者的"外部"视角作出合乎法律公正的填补性法律解释和司法裁判时,就突出地存在逾越了罪刑法定原则和"司法公正"底线的正当性。因为罪刑法定原则的形式侧面和实质侧面都是基于尊重既有立法而进行的司法公正裁判,尤其是我国《刑法》第 3 条明确规定了在立法上"法律没有明文规定为犯罪行为的,不得定罪处罚",禁止了法官以立法者自居、以立法公正论赋能而进行司法上犯罪化的做法,宣誓了法官必须在既有立法规范范围内进行有罪裁判的法治立场。在此意义上,法官决策行动论只能是符合现行刑法立法规定的、符合刑法司法公正价值论意义上的法官决策行动有效性论[以下简称法官决策有效(性)论],其内含的相关命题

---

① 参见赖正直:《机能主义刑法理论研究》,中国政法大学出版社 2017 年版,第 36 -37、170 页。

② 参见赖正直:《机能主义刑法理论研究》,中国政法大学出版社 2017 年版,第 40 -42 页。

也只能是承载司法公正价值有限使命的判例拥护理论,将司法公正作为与立法公正相分离的“领域”公正价值,将较为笼统的法律公正论一体论转变为法律公正论的司法公正与立法公正二元论(法律公正论二元论),这种相对于立法公正而言的司法公正相对主义主张必须成为刑法解释的重要命题。基于司法公正相对主义(法律公正论二元论)的立场,功能主义刑法解释论的法官决策有效论应当注意以下几点:一是司法公正相对主义意味着立法公正价值相应地必须隐退幕后,“法官造法”、判例的立法机能论(判例立法论与法官法源论)就必须在司法上犯罪化的方向上被禁止(但是并没有禁止司法上非犯罪化的方向)。二是基于司法公正相对主义的立场,必须适当克制法律公正价值论一体论的观念冲动,功能主义刑法解释论必须合理权衡我国刑法的秩序维护机能与人权保障机能之间的紧张关系以及刑法立法公正与刑法司法公正之间的紧张关系,以最终达致某种最佳价值权衡状态。[①] 此种“最佳价值权衡状态”,按照现代刑法罪刑法定原则和刑法解释适用领域“司法公正”论的要求,应当是在适当照顾刑法的一般公正、形式公正的前提下尽力实现刑法的个别公正、实质公正和人权保障。[②] 尤其是在我国的社会主义法治建设进入成文法时代——《刑法》和《民法典》业已相继颁行——之后,我国整体法规范体系所秉持的权利本位的法治立场不可偏废,正如“我国民法的本位是突出权利本位,兼采社会本位,以权利本位为主、社会本位为辅的立法思想”[③]一样,我国刑法的本位也只能是以权利本位为主、社会本位为辅的法治立场,这一法治立场和权利本位思想必须在刑法司法论、刑法解释论上获得充分贯彻。由此可以得出的结论是:只能是符合现行刑法立法规定的、符合刑法解释适用领域的“司法公正相对主义”意义上的法官决策有效论,必须反对法官以立法者自居而超越现行刑法规定进行司法决策行动。三是防止理论上的刑法教义学教条主义倾向。

## 四、刑法解释学的学科定位

综上所述,功能主义刑法解释学作为一种崭新的刑法解释学范式转型,必须坚持刑法解释的科学主义刑事政策化、结果与方法并重整全论、刑法解释方法确证功能体系化、刑法解释结论有效性整体主义、司法公正相对主义的基本立场。

从学科建设的长远目标看,功能主义刑法解释论的中国本土化构建(改造性构建),必须充分体现学术继承性、学科发展方向性,必须在深刻检讨功能主义刑法解释

---

① 参见魏东主编:《中国当下刑法解释论问题研究:以论证刑法解释的保守性为中心》,法律出版社 2014 年版,第 123－125 页。

② 参见魏东:《刑法解释保守性命题的学术价值检讨——以当下中国刑法解释论之争为切入点》,载陈金钊、谢晖主编:《法律方法》第 18 卷,山东人民出版社 2015 年版,第 220－236 页。

③ 杨立新:《中国民法典精要》,北京大学出版社 2020 年版,第 12 页。

论系列法哲学命题的基础上提出新命题，赋予新能量，以构建一种“可以将存在论、认识论、方法论的统一和结合”的、具有中国本土化特色的功能主义刑法解释学理论体系为（长远）目标，以进一步深化融入刑法解释结论有效性与解释方法确证功能论为核心，以深刻嵌入当代刑事政策理性和整体有效性的问题性思考为取向，以结果与方法并重的功能主义实质犯罪论和刑法观为本体，以坚守司法公正论和主体间互动性的法官决策有效论为重要抓手，为切实解决中国问题提出中国方案。

（一）刑法解释学的学科独立性

作为规范刑法学重要内容的刑法解释学，在学科定位上需要解决的根本问题是：刑法解释学与刑法教义学之间的关系是什么？对此，有必要首先厘清刑法教义学的基本含义，然后才能合理阐释刑法解释学与刑法教义学的关系问题。

刑法教义学，是指以现行有效的刑法规范和刑事法治理念为根据所构建起来的，具有最大通识性和权威性的法律概念、法律原则、法规范命题的刑法学方法论范式和知识体系。但是理论界较普遍地认为，法教义学——其中当然包括刑法教义学——难于精准界定。法理学研究表明，当下中国学界未就“什么是法教义学”这一前提性问题达成明确共识，法教义是围绕现行实在法展开的一般性权威命题或原理，与此相应的法教义学则具有双重含义，即知识与方法的统一，作为知识的法教义学是围绕一国现行实在法构造的“概念—命题”体系，而作为方法的法教义学是一种受一般权威拘束的思维形式（“教义法学”），任何对于法教义学本身有意义的讨论乃至批评，都必须也只能回到这种观念上来。[①] 而刑法学界还有刑法教义学与刑法信条学的不同称谓。例如，有学者指出，刑法教义学是指以刑法规范为根据或逻辑前提，主要运用逻辑推理的方法将各种相互区别而又相互联系的法律概念、规范、原则、理论范畴组织起来，形成逻辑性最大化的知识体系。[②] 另有学者以刑法信条学概念代替刑法教义学概念，认为“刑法信条学是关于刑法基础理论的学问。刑法信条学中的基本概念是各种刑法理论都必须讨论的内容，构成了现代刑法学的基本支柱”。“通过分析和总结来认识刑法信条学中的基本概念，不仅有利于降低法治建设的成本，而且有利于加快法治发展的速度。”[③]不过应当承认，学界有关法教义学、刑法教义学与刑法信条学较为典型的定义，与本书对刑法教义学的概念界定具有共通的法理观念和“视域融合”，强调“教义学是以自身已经确定而无须再作任何检验的信条为前提的，而且通过对这些前提的深入思考可以进一步认识教义学”[④]，同时还强调“刑法教义学是对刑法的一种体

① 参见雷磊：《什么是法教义学？——基于19世纪以后德国学说史的简要考察》，载《法制与社会发展》2018年第4期。

② 参见周详：《教义刑法学的概念及其价值》，载《环球法律评论》2011年第6期。

③ 王世洲：《刑法信条学中的若干基本概念及其理论位置》，载《政法论坛》2011年第1期。

④ ［德］沃尔福冈·弗里希：《法教义学对刑法发展的意义》，赵书鸿译，载《比较法研究》2012年第1期。

系性的研究,具有一套完整的分析工具和话语体系"①。就我国刑法学术研究而言,刑法教义学的引入不意味着学术主体性的丧失,应当区分法教义学知识与法教义学方法,要仔细甄别域外教义学知识与中国刑法语境的兼容性,积极引入没有语境障碍的教义学知识,并运用教义学的一般方法创造立足本土的新教义。② 这些学术议论表明,刑法教义学是一种可以意会言传的概念。

那么,刑法解释学与刑法教义学之间的关系是什么?对此,有学者认为,二者是同质关系(同质论),即刑法解释学与刑法教义学都是规范刑法学原理,二者相对于刑法社科法学(以及刑法哲学)而言在强调"规范性"上具有较大相通性,主要解决刑法立法文本的规范诠释、理解和适用问题。而刑法社科法学更强调社科知识与法学知识的综合运用,其相对于刑法解释学和刑法教义学而言并不仅局限于"规范诠释"这一特点,正是在此意义上,同质论具有合理性。

在同质论内部,又有偏重刑法教义学与偏重刑法解释学的不同主张。有的学者主张偏重刑法教义学,如陈兴良教授认为,"刑法教义学与刑法解释学具有性质上的相同性。刑法教义学只是与刑事政策学、犯罪学、刑罚学以及刑法沿革学之间具有区隔性,但与刑法解释学则是一词二义而已。因此,并不存在一种刑法解释学之外的刑法教义学""不要试图在刑法教义学之外再建立一门刑法解释学"③,刑法教义学的核心是刑法解释,刑法教义学属于司法论的范畴而不是立法论的范畴。④ 德国学者更多地主张刑法教义学概念,并且认为刑法教义学中应当包含刑法解释学内容,如古斯塔夫·拉德布鲁赫认为"法教义学是一门探究法的客观意义的科学,而非探究法的主观意义的科学。它确定法应当被如何理解,而未必是确定法被期望如何""狭义的法科学,即教义性、体系性的法科学,其作业主要包括三个层级:解释、建构与体系化"⑤。应当说,陈兴良教授是继受了拉德布鲁赫主张的这一刑法学术传统。有的学者主张偏重刑法解释学,如张明楷教授认为,刑法教义学就是刑法解释学,不要试图在刑法解释学之外再建立一门刑法教义学。⑥

冯军教授也持有同质论观点,他认为"在我国刑事法律体系已经基本建成之后,我国不少刑法学者都把主要精力转向理解刑法、解释刑法,也就是说,从刑事立法学转向了刑法教义学""一种规范论的刑法教义学,要重视解释者个人的先见,更要重视解释者群体的经验,要让解释结论符合实践理性的要求,使解释结论建立在不可辩驳的

① 陈兴良:《中国刑法学研究40年(1978—2018年)》,载《武汉大学学报(哲学社会科学版)》2018年第2期。

② 参见车浩:《理解当代中国刑法教义学》,载《中外法学》2017年第6期。

③ 陈兴良:《教义刑法学》(第2版),中国人民大学出版社2014年版,"第二版前言",第2-3页。

④ 参见陈兴良:《刑法教义学的逻辑方法:形式逻辑与实体逻辑》,载《政法论坛》2017年第5期。

⑤ [德]古斯塔夫·拉德布鲁赫:《法教义学的逻辑》,白斌译,载《清华法学》2016年第4期。

⑥ 参见张明楷:《也论刑法教义学的立场 与冯军教授商榷》,载《中外法学》2014年第2期。

法律基础之上"①。可以说,这些论述均坚持了同质论的基本立场。

除同质论外,也有学者主张刑法教义学与刑法解释学之间关系的"并行并重论"。这种观点认为,刑法教义学与刑法解释学之间的关系不能简单地以同质论来概括,而应当承认二者之间具有一定差异,进而主张二者应并行不悖("并行论")、并重发展("并重论"),可谓一种"并行并重论"观点。例如车浩教授认为,刑法教义学是当代中国刑法理论发展的方向,"刑法教义学与刑法注释学的区分,关乎学术方向,绝非无足轻重的概念游戏。注释研究的前提,是存在作为注释对象的法条文本。以往的刑法注释学,与狭义上的刑法解释学的意义接近,即以特定的文字作为解释对象,进而完成妥当解释的任务。这种研究的理想状态,主要是文义解释、历史解释、体系解释和目的解释等几种解释方法的娴熟且适当的运用。但是,刑法解释方法,只是法学方法论中的一部分;通过具体解释来寻求刑法条文本意,这也只是法教义学工作的一部分"②。因此"综上可知,从刑法注释学(或狭义上的刑法解释学)向刑法教义学的转变,在方法论层面上,意味着超越法条注释,创造法理概念,从而丰富法之形态,拓展法之范围。在研究方法上,法教义学以法律文本为出发点,它包括狭义上的解释,但是不止于解释"③。李凯博士认为,"刑法教义学在刑法学之下更多地做着刑法知识的概念化、理论化、体系化工作,其中包含着对刑法概念的创建、阐释,对刑法原理的推进,以及对刑法知识体系的调整、填充等工作,以上工作对于形成刑法的职业共同体举足轻重;而刑法解释学在刑法学之下则更多关注对刑法文本的解释工作,其中包含着对刑法解释的对象、目的、原则、立场和方法等内容的研究,并将研究成果运用到文本解释和司法适用之中的工作,这对于刑法职业共同体实现刑法的安全和公正至关重要。简言之,前者具有更多的'理论意义',侧重于解决'为什么'的问题,后者则更具'实践意义',侧重于解决'是什么'的问题"。虽然"要严格区分刑法教义学与刑法解释学,在很多情况下并不容易做到,二者在很多时候呈现出'你中有我、我中有你'之情况,但将二者等同、混淆,却与它们的各自内涵确有不符,也会误导刑法学研究的基本方向。是故,刑法学之下应有刑法解释学和刑法教义学之界分,二者不可相互替代,而是一种互动、互补且相对独立之关系,刑法学研究应当走向刑法解释学与刑法教义学并重的格局"④。

笔者认为,刑法解释学与刑法教义学二者之间的关系,应当坚持"同质互补关系论"(以下简称"同质互补论"),即宏观同质论与微观互补关系论的有机统一体。理由有以下两点:

---

① 冯军:《刑法教义学的立场和方法》,载《中外法学》2014 年第 1 期。

② 车浩:《刑法理论的教义学转向》,载《检察日报》2018 年 6 月 7 日,第 3 版。

③ 车浩:《理解当代中国刑法教义学》,载《中外法学》2017 年第 6 期。

④ 李凯:《刑法解释学与刑法教义学的关系》,载《中国社会科学报(法学版)》2018 年 2 月 7 日,第 2 版。

首先,宏观上看,刑法解释学与刑法教义学二者之间的关系应当坚持宏观同质论。宏观上应当确认作为规范刑法学存在论、方法论乃至功能论的刑法解释学与刑法教义学——二者均是相对于刑法社科法学(以及刑法哲学)而言的、以刑法立法规范文本为研究对象的规范刑法学——之间具有同质性,应当坚持宏观同质论。一方面可以将刑法解释学作为刑法教义学的重要组成部分,亦即,刑法解释学本身也应当追求教义化,刑法解释学教义化是刑法学教义化的应然内容之一,在此意义上,狭义的刑法解释学是刑法教义学(以及诠释学)的分支学科,广义的刑法解释学实质上就是刑法教义学。陈兴良教授针对凯尔森纯粹法理论"本理论乃是法律科学而非法律政策"[①]发表评论时指出,"凯尔森之所谓法律科学与法律政策学的区分,就相当于在刑法学中刑法解释学与其他刑法学的区别"[②],这种见解是有道理的。另一方面也可以将刑法教义学作为(广义的)刑法解释学的重要组成部分,亦即,广义的刑法解释学本身可以将刑法教义学原理作为法规范内的论理解释方法,以此获得刑法解释结论合理性(不违背刑法教义学原理),与此相对应,刑法解释学还将文义解释方法和刑事政策解释方法作为与刑法论理解释方法相并列的刑法解释方法。在此意义上,张明楷教授主张"刑法教义学就是刑法解释学"的观点也是有理有据的。宏观同质论的学术价值在于,刑法解释学研究必须全面融入刑法教义学研究,反之亦然,刑法教义学研究也必须全面融入刑法解释学研究,由此实现刑法解释学(以及刑法教义学)的深刻理论化、教义学化、一体化,并在基本意义上摒除学科之间的学术壁垒与鸿沟。

其次,微观上看,刑法解释学与刑法教义学二者之间的关系应当坚持微观互补论。在坚持宏观同质论的前提下,之所以应当确认微观上刑法解释学与刑法教义学之间的同质互补关系与"并行并重论"立场,是因为二者在具体的方法论上还"可以"存在一定特色性差异,并且将法律解释学和部门法解释学作为独立的法学学科来对待的做法已经成为一种学术传统。(1)从方法论特色看,刑法解释学更重视、更突出法规范的诠释学方法论特色,而刑法教义学更重视、更突出法规范的理论模型建构特色。诠释学方法论特色在通常的刑法教义学原理中尽管有一定关注和运用,但是并没有获得全面、充分、一以贯之的重视,例如,解释学的诠释循环和"事物本质"的合法性原理,"前结构"("前理解")与"效果历史",论证过程与说服(修辞学)原理,三个向度原理(探求作者之原意、分析文本的原义、强调读者所领悟之意义),[③]用法律解释事实和用事实解释法律的两面性原理,刑法解释的双向性(双相性)与主体间性原理,刑法解释的

---

① [奥]凯尔森:《纯粹法理论》,张书友译,中国法制出版社2008年版,第37页。

② 陈兴良:《教义刑法学》(第2版),中国人民大学出版社2014年版,第8页。

③ 参见潘德荣:《西方诠释学史》(第2版),北京大学出版社2016年版,第1-15页;姜福东:《法律解释的范式批判》,山东人民出版社2010年版,第50-62页。

视域融合与“对话”原理等，[1]这些诠释学方法论特色——通常是刑法解释学的必备理论工具并且需要重点展示、深刻阐释和具体运用的——在某种意义上使得刑法解释学“成为一个独立的学科，构成一个独立的知识体系”[2]，可以确认刑法解释学与刑法教义学之间的同质互补关系与“并行并重论”立场的合理性。（2）从学术传统看，有学者指出，“从我国法制发展时间来看，部门法学在今后很长一段时间的任务之一就是立法论的研究，研究‘应然’状态”，足以说明“法律解释学与部门法学是不同的学科，它们之间必定存在明显的差别”[3]。还有学者指出，“刑法解释学亦属于较为典型的交叉学科”，并且“刑法解释学以其独特的学科研究方法即解释方法、刑法解释权、刑法解释性为和刑法解释结论而形成独立的学科品格”。[4] 可见，刑法解释学在学术传统意义上是作为法律解释学的分支被对待的，其当然可以成为作为部门法学有机组成部分的刑法学的一个重要分支；法律解释学在学术传统上也是作为区别于法教义学的独立学科呈现于世的，相应地，刑法解释学作为法律解释学的一个重要分支也可以成为区别于法教义学有机组成部分的刑法教义学的独立学科。由此，可以相对地确认刑法解释学的独立学科品格。

应当说，刑法解释学与刑法教义学之间的关系论，是宏观同质论与微观互补关系论的有机统一体（“同质互补论”）。基于深化刑法解释学（以及刑法教义学）的学术理想，秉持“同质互补论”是比较合理的学术立场。基于这种学术立场，一方面在刑法解释学中要有意识地吸纳刑法教义学原理并促进刑法解释学教义化，从而更进一步充实刑法解释学的理论包容性和诠释有效性；另一方面在刑法教义学中要有意识地吸纳刑法解释学原理以进一步补充刑法教义学的诠释学方法论内容和增强其动态阐释力。

（二）刑法解释学的研究方法

刑法解释学在相当意义上是一门方法论，因此必须重视刑法解释学的研究方法，如诠释学方法、逻辑学方法、系统思维方法、比较法学方法、历史法学方法、实证分析方法等。可以认为，刑法解释学的研究方法是充分体现其学科特色（学科独立性）的重要内容。例如：

1. 诠释学方法

拉伦茨认为整个法学都离不开诠释学方法，指出：“因为法学至少也涉及文字内容（例如：法律、法官的裁判、私人的契约及意思表示）的理解，因此，诠释学（关于理解

---

[1] 参见魏东：《刑法解释学基石范畴的法理阐释——关于“刑法解释”的若干重要命题》，载《法治现代化研究》2018 年第 3 期。

[2] 王利明：《法律解释学导论：以民法为视角》（第 2 版），法律出版社 2017 年版，第 18 页。

[3] 王利明：《法律解释学导论：以民法为视角》（第 2 版），法律出版社 2017 年版，第 21 页。

[4] 参见徐岱：《刑法解释学基础理论建构》，法律出版社 2010 年版，第 27 页。

的理论)对于法学家这部分活动的理解,至少具有重大意义。"[①]诠释学具有非常丰富的哲学思辨和方法论意蕴,诠释学原理是传统认识论、方法论的法律解释学和本体论的法律解释学的重要理论基础和智识资源,因此,诠释学方法是深刻研究刑法解释学的重要研究方法。例如,"事物本质"和诠释循环、"前结构"("前理解")与"效果历史"、论证过程与说服(修辞学)、三个向度(探求作者之原意、分析文本的原义、强调读者所领悟之意义)原理,[②]用法律解释事实和用事实解释法律的两面性、解释的双向性(双相性)与主体间性、解释的视域融合与"对话"原理[③],古典诠释学的"语言学与文学以及修辞学""隐喻""解经方法论""自然解释方法""情感诠释学""符号诠释学",现代诠释学的"一般诠释学""体验诠释学""此在诠释学""语言诠释学""伽达默尔诠释学与理解的读者中心论",贝蒂"作为精神科学一般方法论的诠释学"、利科"文本诠释学"、赫施"诠释的有效性"、阿佩尔"先验诠释学"、哈贝马斯"批判诠释学"、马克思"唯物主义诠释学"、德里达"解构主义诠释学"、罗蒂"新实用主义视野下的诠释学",[④]以及哈贝马斯和利科开启的"可以将存在论、认识论、方法论的统一和结合"的(法律)解释学,[⑤]都具有方法论意义,[⑥]均可以成为研究刑法解释学的重要方法。

可以说,诠释学方法总体上是刑法解释学的最重要、最根本、最独具特色且不可或缺的研究方法,是刑法解释学证立自身特质——主要是诠释学方法论特质——这一"事物本质"的基本理据和根本特色,也是刑法解释学区别于刑法学其他分支学科的方法论标签。在此意义上,没有诠释学方法的运用就谈不上刑法解释学,至少不算是真正的刑法解释学。

2. 逻辑学方法

刑法解释学经常性地运用逻辑学概念、原理、原则、规则,如演绎与归纳、概念界定与法条的逻辑结构、涵摄模型与逻辑模式、司法三段论等逻辑原理,这些逻辑原理在刑法解释学中充分体现在逻辑解释方法、体系解释方法以及解释融贯性和整全性原理等之中,刑法解释方法体系化命题本身也是逻辑学方法的重要内容。应当说,逻辑解释方法主要强调刑法解释对逻辑学原理的运用,但是逻辑学原理严格意义上尚不能完全取代体系解释方法以及解释融贯性和整全性原理的运用,因此在逻辑解释方法之外还

---

① [德]卡尔·拉伦茨:《法学方法论》,陈爱娥译,商务印书馆2003年版,"引论"第21页。

② 参见潘德荣:《西方诠释学史》(第2版),北京大学出版社2016年版,第1-15页;姜福东:《法律解释的范式批判》,山东人民出版社2010年版,第50-62页。

③ 参见魏东:《刑法解释学基石范畴的法理阐释——关于"刑法解释"的若干重要命题》,载《法治现代化研究》2018年第3期。

④ 参见潘德荣:《西方诠释学史》(第2版),北京大学出版社2016年版,"目录"第1-4页。

⑤ 参见何卫平:《西方解释学的第三次转向——从哈贝马斯到利科》,载《中国社会科学》2019年第6期。

⑥ 所谓"方法论意义",是指包括本体论诠释学在内的所有诠释学理论均具有方法论启发性和价值功能,如"伽达默尔诠释学与理解的读者中心论"尽管其本意是消解"真理与方法"间的关联关系,但是在方法论上仍然具有反思和启迪的价值功能。

将进一步讨论体系解释方法,但是在有的语境下体系解释方法(系统思维方法)也称为逻辑解释方法,以及解释融贯性和整全性原理的运用。诠释学方法中部分内容已经包含了逻辑学方法,这里只是强调必须在更加周全的意义上运用逻辑学方法。

例如,司法三段论中"大前提—小前提—结论"的演绎模式可谓刑法解释学对逻辑学方法的典型运用,尽管有学者指出"目前法律适用还存在诸多涵摄难题,单靠形式逻辑显然不够,要使法律适用同时经受法教义学和法律逻辑的双重评价和检验,还需要法学家和逻辑学家协力,发展更为精致、实用的逻辑操作技术"①,但是这种质疑在实质上仍然肯定了逻辑学方法的重要性,只不过要求"发展更为精致、实用的逻辑操作技术"而已。这一点,正如科赫及吕斯曼基于法律拘束力与涵摄模型之间关系的关切,以维持法律的拘束力,希望能尽可能坚守古典的涵摄模型(演绎的说理模式)并使之更精致化的立场一样。② 实际上,刑法解释学的概念逻辑、解释结论有效性逻辑、解释方法体系化逻辑、解释限度逻辑和解释过程逻辑等,均离不开逻辑学方法的充分运用。

3. 系统思维方法

系统思维方法又称系统论方法。系统论原理认为,系统思维科学的体系结构包括系统科学哲学、基础科学、技术科学、工程技术四个层次,其中的系统科学哲学的内容包括系统本体论、系统认识论和系统方法论,基础科学包括简单巨系统学和开放的复杂巨系统学,而技术科学包括信息学、控制学、运筹学和事理学;系统则是指两个或者两个以上的元素相互作用而形成的统一整体,它具有多元性、相关性、整体性、等级结构性、动态平衡性、自组织性等基本特征。③ 钱学森指出:系统思想是进行分析与综合的辩证思维工具,它在辩证唯物主义那里取得了哲学的表达形式,在运筹学和其他系统科学那里取得了定量的表述形式,在系统工程那里获得了丰富的实践内容。④ 系统思维作为一种哲学方法,强调系统性、体系性、类型性、子系统与(复杂)巨系统关系性、部分与整体关联关系性等,是刑法解释学的重要研究方法。

刑法解释学运用系统思维方法,主要是强调将刑法规范体系的系统思维、刑法规范和全体法律规范的系统思维、法律与社会治理系统的体系性思维充分运用于刑法解释活动之中,从而获得正确的解释结论。刑法的体系解释方法和融贯性理论,可谓刑法解释学运用系统思维方法的重要体现。刑法的体系解释方法,又称刑法的逻辑解

---

① 徐雨衡:《法律原则适用的涵摄模式:基础、方法与难题》,载《甘肃社会科学》2020年第2期。

② 参见[德]卡尔·拉伦茨:《法学方法论》,陈爱娥译,商务印书馆2003年版,第33-38页。

③ 参见苗东升:《系统科学精要》,中国人民大学出版社1998年版,第11-12、26-50页;许秀中:《刑事政策系统论》,中国长安出版社2008年版,第6页。

④ 参见钱学森等:《论系统工程》(增订版),湖南科学技术出版社1982年版,第78页。转引自苗东升:《系统科学辩证法》,山东教育出版社1998年版,第281页。

释、系统解释,是指根据刑法用语在刑法中所处位置及其与其他法条、与整体法体系的相关性,系统地、逻辑地阐释其含义的解释方法。刑法的体系解释(逻辑解释)强调刑法解释"整体只能通过对其各部分的理解而理解,但是对其各部分的理解又只能通过对其整体的理解"而进行,意在防止对刑法用语的断章取义和不协调。

4. 实证分析方法

著名经济学家约翰·凯恩斯指出,科学门类大致有三种:一是实证科学,是探讨"是什么"的系统知识体系;二是规范科学,是探讨"应该是什么"的标准的系统知识科学;三是人文科学,是为了达到特定目标而设立的规则体系。① 刑法解释学可以说是同时具备实证科学、规范科学、人文科学特质的一门学问,因此必须重视实证分析方法。

实证研究就是经验研究,重要功能是发现事实真相和客观规律。② 针对客观真实的刑法解释实践展开大数据分析、传统的统计学分析,归纳总结既有做法的经验教训、发展规律和未来发展方向,检验既有理论和待证理论的利弊得失,确证相关解释理论的科学合理性,是实证分析方法的基本内容。

实证分析方法中还有一种非常重要的实证方法是判例研究方法或者案例研究方法。刑法学案例研究方法,有的学者将其进一步限定为刑法学判例研究方法,显然,刑法学案例研究方法与刑法学判例研究方法二者之间是有一定区别的。前者并不局限于既有判例的研究,还包括尚未进入法院审判或者尚未出现生效判决的案例研究,甚至可以由研究者直接"编撰"一个非真实的教学案例并围绕其展开刑法学理论研究;而后者强调只能针对真实判例尤其有生效判决的案例展开学术研究,反对研究者在真实判例之外"编撰"教学案例的做法。研究中,研究者可以根据自己研究问题的需要,灵活采用刑法学案例研究方法或者刑法学判例研究方法,只要有利于研究论述所涉刑法学论题的需要即可。刑法学案例研究方法(判例研究方法)具有总结刑法解释适用经验、催化刑法改革和刑法修订的作用。③ 案例研究方法必须重视问题意识的抽象化深刻性与理论方案的体系化深刻性。越是个案、具体的法理阐释,越能检验阐释者的理论知识体系化程度和创新阐释能力。笼统地叙说刑法理论知识,其实可能仍停留于"纸上谈兵"阶段,只有在个案中恰当地提出解决法律问题的具体方案,深刻阐释法理根据,创新运用法理知识,方能彰显法律学人的"英雄本色"。应当说,案例刑法学研

① 参见[美]弗里德曼:《实证经济学方法论》,载《弗里德曼文萃》(上),胡雪峰、武玉宁译,首都经济贸易大学出版社2000年版,第119页。转引自张卫平:《在"有"与"无"之间——法学方法论杂谈》,载《法治研究》2010年第1期。

② 参见白建军:《法学研究中的实证发现——以刑事实证研究为例》,载《政治与法律》2019年第11期。

③ 这方面的代表作有赵秉志主编的《中国刑法案例与学理研究》、陈兴良的《判例刑法学》、[德]克劳斯·罗可辛的《德国最高法院判例:刑法总论》,这些专著所研究的刑法案例主要是真实判例,因而更具现实针对性和实践操作性。

究就应当具有这种个案法理阐释的深刻性,其深刻性主要体现在两个方面,即问题意识的深刻性、法理阐释的深刻性。案例研究方法要突出刑法解释论的问题性研究与建构性研究。案例刑法学研究的重要特色是刑法解释性、司法面向性与司法论的思考①,其基于刑法解释论和一定的司法公正观立场所得出的刑法解释结论及其对个案裁判结果的法理评判,有利于审验刑法教义学原理的妥当性和刑法解释论原理的阐释力,意义非凡,价值重大。案例研究方法要强调法理阐释的融贯性与语境性。个案的案情事实、证据状况都是既定的。换言之,其语境、情境是特定的,因此针对其提出的法律问题与法理阐释必须具有融贯性和语境性。

实证分析方法中还应当特别强调法理论证与实证分析相结合。如果仅有法理论证,则可能仅仅流于概念逻辑的演算分析,往往缺乏实践厚重感和可信度,这是实证主义学者所反复批评的现象;如果仅有实证分析,则也可能仅仅流于一些数字游戏的演算分析,容易造成缺乏法理厚重感和品味,甚至还可能得出一些比较错误的或者不当的结论。只有将这两种研究方法有机结合起来,才可能产出高质量的优秀论文产品。在刑法解释研究中,尤其不能忽视法理正当性与合理性的论证推敲,做实证分析研究也是如此。当我们收集到的案例(其中包括非指导性案例)出现两种相互矛盾的解释结论或者其中明显存在错误的解释结论时,这时应当注意展开有理有据的、建设性的批评甚至批判,然后再进行解释性建构(建构合乎法治理性的解释结论)。不注意批判性地展开案例研究,仍然有失实证分析理性,甚至会得出错误结论。法学理论研究需要时刻警惕并防范简单粗糙的实证分析可能存在的一些缺陷与弊端。因为实证分析方法由于涉及作为研究主体的"人"的价值立场问题,以及"实际上又必须承认,调查分析者的主观认识、价值都对调查结果有重大影响,不仅反映在诸如问卷调查的设计方面,而且也反映在调查对象的选择上,也包括人为地对调查数据的取舍、修饰等主观行为",且"当前有不少文章只是把实证分析作为一种讨巧的方法,把实证调查的数据作为文章的装饰,许多数据的获得是相当随意的。在研究中,实证分析所存在的问题是,实证调查很难复查,由此很难确定调查的真实性,完全以调查者的诚信作保障。在当前浮躁的学术生态环境中,调查者的学术忠诚度是很难把握的。就如人们所言,数字不会说谎,但说谎者在使用数字""这是实证调查的局限性所致"。因此,我们必须认识到,"实证分析的消极方面主要在于,容易使人们消极、被动地承认现实的合理性,而不是以应然的、价值要求的,以法的基本原理为出发点,改革、修正现有制度,从而走向'现实就是合理的'保守主义的立场。以这种立场出发,则所有的法律构建、法治建设都可能是没有意义的,这对于法治建设和推动社会转型都会造成消极影响。因此,在这一点上我们必须加以注意。实证分析的结果虽然使人保持一种冷静、反省、反

① 参见陈兴良:《教义刑法学》(第2版),中国人民大学出版社2014年版,第2页。

思的姿态,但同时也会使人形成缺乏激情、保守、消极的心理结构,这对于认可社会进步、持社会改造论的人而言是无法认同的"①。美国学者弗兰克·费希尔也指出,"实证主义的政策评估受到广泛的批评,因为它既是'专家治国论者的世界观'的产物,又是其代理者……实证主义者的研究用高度精确和数学抽象的符号来表示,目的在于回避党派政治利益""实证主义的失败在于没能抓住这样的事实:社会行动'本身是有好坏标准的',包括好的生活标准或理想社会标准"②。因此,实证主义方法论可能会失败,甚至误导,需要实证科学之指导。这些问题值得我们审查和防范,同时我们也应当保持适当的批判性反思立场。

① 张卫平:《在"有"与"无"之间——法学方法论杂谈》,载《法治研究》2010年第1期。

② [美]弗兰克·费希尔:《公共政策评估》,吴爱明、李平等译,中国人民大学出版社2003年版,第11、14页。

【刑法解释学】

# 中国秦汉时期的刑法解释*

田杜国**

**【内容摘要】**从秦代的刑法解释发展状况来看，由于受到带有“严苛性”特点的法家思想的影响，私家释律被明令禁止，“以法为教，以吏为师”的刑法解释原则被正式确立起来。代表封建帝王意志的国家官吏在对当时的秦律进行解释时时常会用到文理解释、扩大解释、限缩解释、连事比附解释、指导性解释和修正性解释等多种刑法解释方法。相比之下，两汉时期的刑法解释在指导思想层面上则经历了由黄老之学向儒家思想转变的过程。受此影响，私家释律不仅迎来了快速发展的契机，同时借助经派要义阐释律文的“经学”应势而生，进而“应合经义”的刑法解释原则被明确。此外，从刑法解释方法的发展情况来看，在继承秦代刑法解释方法使用经验的基础上，一种包含了“声训”“形训”“义训”“互训”四种解释技巧的“训诂”解释开始出现在两汉时期，并成为当时对汉律进行阐释时所使用的最为重要的一种刑法解释方法。

**【关键词】**刑法解释原则　刑法解释主体　刑法解释方法

## 一、引言

任何一门学科或一项研究无不对其自身或所属的范畴进行历史的考察。正所谓“以史为鉴，古为今用”，这句至理名言在任何学科和研究中都有存在的必要性。今日之定格即为明日之历史，昨日之成就便为今日之根源。历史是现实的一面镜子，对历史的研究不仅可以帮助我们揭示某一学科或某一项研究范畴的发展规律，同时还能为今天的研究起到指引性作用，更会为将来的发展起到预见性之功效。作为人文社会科学范畴内的刑法解释研究亦不例外。

作为一门学科，刑法解释学必然是在成文刑法出现之后才逐渐产生并发展起来

* 本文系作者所承担的2020年西北民族大学教育教学改革研究一般项目“法学教育中法律逻辑思维能力的培养与形成研究”（项目编号：2020YBJG－08）的阶段性成果之一。

** 田杜国，法学博士，西北民族大学法学院讲师。

的。从现有的史料文献来看,中国古代最早出现的成文刑法可以追溯到公元前536年春秋战国时期的郑国执政子产制定并公布的《铸刑书》。所以,对中国古代刑法解释的考察理应从此时开始。但是,鉴于史料文献的缺失,该时期有关刑法解释的研究无从考究。不仅如此,就连公元前536年至秦代以前这一时期有关刑法解释的史料文献也是不得而知。根据1975年在湖北云梦睡虎地战国末至秦代的墓葬中挖掘出土的《秦简》来看,《秦简・法律答问》应该是我国目前已知最早的有关刑法解释的成文化文献。① 鉴于此,作为我国古代刑法解释研究的开端,有关秦代的刑法解释发展状况的梳理和考察就显得尤为重要。此外,在秦代刑法解释发展的基础上,两汉时期的刑法解释发展状况也形成了自身独有的鲜明特色,并且其与秦代所形成的刑法解释理论和技术一同为后来的我国封建社会的刑法解释发展奠定了坚实的基础。② 显而易见,在对我国古代刑法解释发展状况展开深入认知的过程中,有关两汉时期的刑法解释发展状况的梳理和考察亦显得至关重要。

## 二、秦代刑法解释要义

从现有的文献资料来看,尽管秦代的法律文化制度同我国古代其他时期的法律文化制度之间有诸多相似之处,但就秦代的刑法解释发展状况而言,其在解释原则、解释主体以及解释方法等多方面又有鲜明的特点。

### (一)刑法解释原则层面上的考察

自秦孝公时期的商鞅变法运动到后来的秦始皇时期的焚书坑儒,法家思想在诸子百家的学说中可谓"一家独大"。秦孝公时期,商鞅以李悝的《法经》为蓝本开始改法为律形成了最初的秦律,再经过秦始皇和秦二世进行的两次修改,秦律才得以形成完备的体系。而其中对秦律所作出的解释无不受到法家思想的影响,尤其受到法家思想一贯所主张和追求的"严苛性"和"客观性"的影响。也正是由于受到法家思想的影响,"以法为教,以吏为师"的刑法解释原则在秦代被正式确立起来。③ 所谓"以法为教,以吏为师",是指在教化民众和法令适用的过程中必然要严格按照律法或律令来办事,律法或律令以外的学说和主张一概予以摒弃。同时百姓私下议论律法或律令的行为一律被禁止。如果百姓想要获知律法或律令的内容或对某些事务不太清楚,那么他们只能从熟悉律法或律令的官吏处得到答案。④ 可以说,作为我国古代最初罪刑法

---

① 《秦简・法律答问》是睡虎地秦墓竹简中的一部分,全文共187条,采用一问一答的形式对秦律中的一些术语、律条及律条所要实现的意图作出明确的解释和说明。它的出现不仅为当下人们了解当时社会中存在的一些现实问题提供了充分的原始资料,同时也对今日的刑法解释研究提供了可借鉴的素材。参见周密:《中国刑法史》,群众出版社1985年版,第186页。

② 参见张晋藩:《中国刑法史新论》,人民法院出版社1992年版,第246-247页。

③ 参见陈锐、高袁:《素朴的技巧:〈法律答问〉中的法律解释方法》,载《政法论丛》2011年第6期。

④ 参见潘勤:《中国古代刑法解释初探》,载《法律科学(西北政法学院学报)》1992年第6期。

定思想的具体体现,“以法为教,以吏为师”这一原则在秦代刑法解释过程中发挥着不可替代的作用。解释主体在对秦律进行解释时都会受到这一体现中国古代最初罪刑法定思想的原则制约。[①] 但需要注意的是,本文此处所提及的我国古代罪刑法定思想同 18 世纪中后期由费尔巴哈所提出来的具有近代意义上的罪刑法定原则是有本质上的区别的。前者是一种带有极大局限性和形式性的我国封建社会中罪刑法定思想的体现,尽管其在作出解释时带有“严苛性”,但不得不承认的是,此时的法是帝王个人所拥有的律令,其目的无非就是维护帝王个人的专制统治。而后者则是建立在民主、自由、秩序的基础上,其目的是保护公民个人的合法权益。可见,在法家思想的影响下,“以法为教,以吏为师”的刑法解释原则所实现的目的无非就是维护和充分实现专制封建皇权统治。

(二)刑法解释主体层面上的考察

由于受到法家思想的严重影响,秦代的统治者在管理国家事务的过程中都非常重视律法的强制约束性。而这种强制约束性的实现又往往会体现极端的专制主义色彩。统治者在立法、司法以及律法和律令的解释上有着至高无上的权力。当然,统治者个人通常并不会事必躬亲,而是指定国家官吏奉旨行事。其中表现最为明显的就是,对于秦律中律条的含义,只能由皇帝所指定的通晓律法的司法官吏作出解释。如果想要学习律法,学习者只能以国家的官吏为师。这就是所谓的“以吏为师,以令为教也”。与此同时,私家释律则被命令禁止。[②] 换句话说,对于秦代的刑法解释主体而言,官方释律是当时刑法解释的唯一形式,而私家释律则处于禁锢时期。或者说,学理解释在当时的刑法解释过程中并没有存在的空间,刑法解释权是专属国家官吏的,抑或说是专属于皇帝本人。[③]

(三)刑法解释方法层面上的考察

随着人类认知能力的不断提升和社会的不断发展,作为人类思想的外化载体和交往工具,语言文字最初的含义必然也会随之不断地发生变化。此外,作为一种社会规范,法律规范在其被制定和使用的过程中又必然要具备言简意赅、内容明确、通俗易懂的特点。据此,我们不难发现,对于任何历史时期内的法律解释过程而言,文理解释和论理解释方法并用其中的形式就显得尤为重要。这对于秦代的刑法解释活动而言亦是如此。然则,在使用文理解释和论理解释方法对当时的律文进行阐释时,秦代的刑

---

① 中国古代的罪刑法定思想从战国末期的韩非时就已萌生,其后被秦代的法家思想学士所继承。至晋代刘颂才明确提出中国古代罪刑法定原则。参见何勤华:《〈晋书·刑法志〉与中国古代法学》,载《法制现代化研究》1997 年第 1 期。

② 参见栗劲:《秦律通论》,山东人民出版社 1985 年版,第 173 页。

③ 我国古代学理解释(私家释律)大致经历了禁锢(秦代)、开放(西汉)、发展(西晋至唐)、鼎盛(清代)四个时期。参见李希慧:《刑法解释论》,中国人民公安大学出版社 1995 年版,第 4 页。

法解释又体现出了自身的特点。

首先,文理解释方法被大量地用在秦代的刑法解释过程中,并且秦代刑法解释主体在采用文理解释方法时更多地体现出了“客观性”和“严苛性”的特点。[①] 比如,《法律答问》对秦律中的“以梃贼伤人”罪名中的“梃”所作出的解释。所谓“梃”,在《法律答问》中解释为:“木可以伐者为‘梃’。”[②]在古代,“梃”就是木棒的意思,用现在的白话文解释即为,用来伤害他人的木棒就是“梃”。再如,《法律答问》对秦律中的“不直”和“纵囚”等罪名所作出的解释。所谓“不直”,在《法律答问》中解释为:“罪当重而端轻之,当轻而端重之,是谓‘不直’。”所谓“纵囚”,在《法律答问》中解释为:“当论而端弗论,及易其狱,端令不致,论出之,是谓‘纵囚’。”[③]“不直”和“纵囚”在古代都是指不公正的枉法裁判。按照白话文解释即为,对于构成重罪的情形故意作出较轻的判决,而对于构成轻罪的情形则故意作出较重的判决就是“不直”;而“纵囚”就是指,故意放纵罪犯,理应判其构成犯罪的故意不以犯罪论处。据统计,在《法律答问》中采用文理解释方法解释的法律概念就有70多个,其中对“大误”“羊驱”“同居”“集人”“耐史隶”“更人”“院”“旅人”“甸人”等30多个法律概念更是作出了集中化解释。据此,通过以上的刑法解释例证,我们不难发现,秦代的刑法解释主体在对秦律进行解释时所采用的文理解释方法通常会体现“客观性”和“严苛性”的特点。之所以如此,以追求和实现“客观性”和“严苛性”为己任的法家思想则功不可没。[④]

其次,限缩解释、扩大解释、类比解释等多种论理解释方法被大量地适用在秦代的刑法解释过程中,并且秦代的刑法解释主体在适用这些论理解释方法时往往又是从维护当时统治者至高无上的专制统治权的角度。比如,秦律中规定:“捕亡,亡人操钱,捕得取钱。”[⑤]如果按照字面上的含义进行解释的话,其意思就是说,对于逃亡者而言,谁能对其捕获,那么谁就能取得该逃亡者身上的钱财。然而,这一规定是否对所有抓捕罪犯的人都适用呢? 为此,《法律答问》作出了限缩解释:“所捕耐罪以上得取。”[⑥]也就是说,抓捕者只有对犯了耐罪以上的罪犯进行抓捕后才能获得被抓捕者身上的钱财。[⑦] 再如,秦律中规定:“殴大父母,黥为城旦舂,今殴高大父母,可(何)论?”[⑧]其含义是说,对自己的祖父母进行殴打则应受到黥为城旦舂刑罚,相比对祖父母进行殴打

---

① 此处所提及的“客观性”是指,认知实践主体的认知实践结果同客观事物本来的属性之间要有完全吻合性。将其适用在法律解释层面上即为,语词最初被赋予的含义要同该词在法律条文中所体现出来的含义保持一致。参见《马克思恩格斯选集》(第5卷),人民出版社1972年版,第209页。

② 睡虎地秦墓竹简整理小组编:《睡虎地秦墓竹简》,文物出版社1978年版,第190页。

③ 睡虎地秦墓竹简整理小组编:《睡虎地秦墓竹简》,文物出版社1978年版,第190页。

④ 参见陈锐、高袁:《素朴的技巧:〈法律答问〉中的法律解释方法》,载《政法论丛》2011年第6期。

⑤ 睡虎地秦墓竹简整理小组编:《睡虎地秦墓竹简》,文物出版社1978年版,第230页。

⑥ 睡虎地秦墓竹简整理小组编:《睡虎地秦墓竹简》,文物出版社1978年版,第230页。

⑦ 耐罪,耐同耏(nài),中国古代的一种刑罚,是指剃去鬓须。

⑧ 睡虎地秦墓竹简整理小组编:《睡虎地秦墓竹简》,文物出版社1978年版,第230页。

而言,如果对曾祖父母进行殴打的话,则应该判处什么样的刑罚呢?[①] 对此,《法律答问》作出了扩大解释:“比大父母。”[②]其含义就是说,对曾祖父母进行殴打所适用的刑罚与对祖父母进行殴打所适用的刑罚相一致。再如,秦律中规定:“斗夬(决)人耳,耐。”[③]其含义为,将他人挂珥环的部位撕裂将被判处耐刑。那么撕裂的部位并非挂珥环的部位则应该被判处什么样的刑罚呢?对此,《法律答问》作出了类比解释:“从律所谓,非必珥所入乃为夬(决),夬(决)裂男若女耳,皆为耐”。[④] 其含义即为,按照律文的意思来看,律文并没有只规定对挂珥环的部位撕裂才算撕裂,只要撕裂了男人或女人的耳朵就应该处以耐刑。基于以上例证,我们不难发现,在秦代,解释主体在对秦律进行解释时,无论是运用限缩解释,还是扩大解释或是类比解释方法,在很大程度上都体现出法家“严刑峻法”的思想。同时,解释主体之所以会作出如此解释,其原因就在于受到当时统治者更好地统治社会这一客观需要的影响。[⑤] 换句话说,对秦律所作出的限缩解释、扩大解释、类比解释都是为了满足当时统治者对社会统治的需要,而这种需要也是皇权专制的需要。

再次,在面对具体案件难以决断时,秦代的刑法解释主体则大量地采用了指导性解释方法。所谓的指导性解释,是指虽然秦律律文本身的含义规定的十分明确,但在面对客观业已发生的具体案件时,由于作为该案件裁判的官吏自身无法准确地对其加以把握,于是为了能够尽快、妥善地作出不违背皇权的司法裁判,该案件的裁判官吏需将该情形上报给皇帝,由皇帝授权的官吏来对此作出明确的解读,并将该解读长期地适用在与此类案件相似的其他案件上的一种解释方法。[⑥] 比如,秦律中规定:“擅杀子,黥为城旦舂。其子新生而有怪物其身及不全而杀之,勿罪。”[⑦]其含义非常明确,即为,擅自杀害自己的子女应当负黥为城旦舂之刑。如果子女出生时身上长有异物或四肢不健全的话,对其杀害,则不承担刑事责任。然而,根据《法律答问》中所呈现的内容来看,当时的司法工作者对新生婴儿身体完好并没有任何问题,只因家中孩子太多,于是才杀害自己子女的情形是否应该定该罪并不是很清楚,甚至有些疑惑。为此,《法律答问》对此明确解释道:“为杀子。”[⑧]可见,在秦代,当律文的含义被规定得十分明确,而司法人员仍旧疑惑不解时,解释主体通过指导性的解释方法对所存在的疑惑

---

① 黥(qíng)为城旦舂(chōng):黥,又称墨刑,中国古代的一种刑罚,在人脸上刺字并涂抹墨;城旦,中国古代的一种刑罚,是一种针对男人的徒刑,其意思为筑城;舂,中国古代的一种刑罚,是一种针对女人的徒刑,其意思为晒谷捣米之意。

② 睡虎地秦墓竹简整理小组编:《睡虎地秦墓竹简》,文物出版社 1978 年版,第 230 页。

③ 睡虎地秦墓竹简整理小组编:《睡虎地秦墓竹简》,文物出版社 1978 年版,第 230 页。

④ 睡虎地秦墓竹简整理小组编:《睡虎地秦墓竹简》,文物出版社 1978 年版,第 230 页。

⑤ 参见陈锐、高袁:《素朴的技巧:〈法律答问〉中的法律解释方法》,载《政法论丛》2011 年第 6 期。

⑥ 参见曾宪义:《中国法制史》,复旦大学出版社 2002 年版,第 257 页。

⑦ 睡虎地秦墓竹简整理小组编:《睡虎地秦墓竹简》,文物出版社 1978 年版,第 181 页。

⑧ 睡虎地秦墓竹简整理小组编:《睡虎地秦墓竹简》,文物出版社 1978 年版,第 180 页。

进行再次申明,进而增强了秦律在当时社会中的灵活适用性。当然,指导性解释方法之所以会出现,其原因依旧是为了满足皇权对当时社会极端且持续性的专制统治需要。

最后,为了应对当时社会发展的需要,同时也为了彰显封建王权的至高权威性,修正性解释方法在秦代的刑法解释过程中被确立起来并被广泛地加以采用。所谓的修正性解释,是指当社会客观实际情况发生变化时,在不废除原有律文的情形下,对律文中不再适应当时社会发展需要或无法彰显封建皇权权威的内容进行局部性修改的一种解释方法。① 比如,秦律中的律文规定:"祀奉天地、名山大川、鬼神为'公祠'。"②其含义是说,祭祀天地、名山大川、鬼神都是"秦公"的事情。而此规定是在秦统治者被称为"秦公"时所制定,但是随着秦的不断发展壮大,"秦公"随后改称为"秦王"。为此,同一位统治者再祭祀时,在"秦公"改为"秦王"后就不能再称之为"公祠"了。对此,《法律答问》作出解释道:"祀奉天地、名山大川、鬼神为'王室祠'。"③显而易见,为了适应当时客观形势发展的需要,秦代的刑法解释主体对于秦律中的同一用语在不同的发展时期内作出了修正性解释。当然,我们也可以看出,修正性解释的确立和适用无外乎维护皇权的至高权威性。

从以上梳理和考察的内容来看,秦代的刑法解释发展状况可以概括为,在带有"严苛性"的法家思想作为刑法解释的指导思想之下,"以法为教,以吏为师"的刑法解释原则在秦代被正式确立起来。在这种为了维护皇权统治的刑法解释原则的制约下,学理解释(私家释律)被明令禁止。刑法解释权专属于皇帝所指定的国家官吏,或者说专属于皇帝个人。在对秦律中的法律概念、具体律文以及案件事实进行阐释时,享有专断刑法解释权的解释主体采用了文理解释和论理解释并用的刑法解释方式。其中除了论理解释中的扩大解释、限缩解释、类比解释等具体解释方法被加以广泛适用之外,为了适应客观社会发展的需要以及为了维护皇权的威严性,指导性解释和修正性解释开始出现在秦代刑法解释的过程中。当然,不可否认的是,"尽管在秦代的刑法解释过程中的确存在着大量的刑法解释方法。但从科学性、体系性和规范性的角度来看,秦代的刑法解释水平却依然呈现出了不够成熟的特性,其仍处于朴素的法律解释发展阶段"④。

### 三、两汉时期的刑法解释要义

在借鉴和吸收秦代刑法解释方面的经验和技术基础之上,两汉时期的刑法解释在

---

① 参见张晋藩等:《中国刑法史新论》,人民法院出版社1992年版,第198页。
② 睡虎地秦墓竹简整理小组编:《睡虎地秦墓竹简》,文物出版社1978年版,第185页。
③ 睡虎地秦墓竹简整理小组编:《睡虎地秦墓竹简》,文物出版社1978年版,第185页。
④ 陈锐:《两汉经学与汉代的法律解释》,载《西南政法大学学报》2011年第6期。

刑法解释的原则、解释主体以及解释方法等多个方面都得到了快速发展,并且形成了自身的显著特点。

（一）刑法解释原则层面上的考察

西汉之初,为了能够更好地巩固得来不易的统治权,统治者在治理国家和社会事务时抛弃了带有“严苛性”的法家思想,转而采用了“无为而治”的黄老之学。此后,到了汉武帝时期,西汉政权经历了“文景之治”,国家日益强盛,人民富足有余,为了进一步开拓进取,在以董仲舒为代表的儒家学者的极力倡导下,当时的统治者改“无为”为“有为”,从此,“以仁义舍生取义,以仁孝治国”的儒家思想被正式确立为当时社会的主导思想。正是在这样的社会背景之下,两汉时期刑法解释活动的指导思想相应地经历了由黄老之学向儒家思想转变的过程。由于受到前期黄老之学以及后来儒家思想的共同影响,在两汉时期,一种借助经派要义来对汉律进行解读的学说——“经学”应势而生。[①] 随着“经学”对刑法解释的不断影响,“应合经义”的刑法解释原则也随之被正式确立起来。所谓的“应合经义”就是指,在对汉律进行解释时,解释主体必须从儒家思想的经典要义出发,并且其解释出来的结果不得与儒家思想的经典要义相违背。可以说,“应合经义”的刑法解释原则对于两汉时期的司法实践活动所带来的影响是十分巨大的。[②] 比如,董仲舒在《春秋决狱》中提到的“亲亲相隐不为罪”的一则案件:“时有疑狱曰:甲无子,拾道旁弃儿乙养之,以为子。及乙长,有罪杀人,以状语甲,甲藏匿乙,甲当何论?仲舒断曰:甲无子,振活养乙,虽非所生,谁与易之!《诗》云:螟蛉有子,蜾蠃负之。《春秋》之义,父为子隐,甲宜匿乙,昭不当坐。”[③]在该起案件中,既涉及近亲属相互隐匿是否构成犯罪的法律问题,同时又涉及养父与养子之间是否属于近亲属这一法律事实问题。如果按照秦代流传下来并被两汉继续沿用的法律制度来认定,该案件中,养父与养子之间的相互隐匿行为应当被认定为犯罪,并应受到“连坐”的惩罚。但是作为儒家思想的代表人,董仲舒认为,由于秦代的律法是在法家思想的指导下才被制定出来,而法家思想又体现律法的“严苛性”。所以,如果按照秦代相关的律法对该案件进行裁判,其所形成的裁判结果必然会有悖于作为当下社会主导思想的儒家思想经典要义。为此,董仲舒主张应该从儒家经典中寻找可以适用的法律依据。一方面,董仲舒认为,该案件中,尽管甲、乙二人从血缘关系的角度来看的确不具有父子关系,但是从二者之间已经形成的收养事实关系来看,甲、乙二人已经形成了法律上所认可的父子关系。另一方面,根据“春秋大义”,父子之间相互隐瞒犯罪行为是

① 此处我们需要注意的是,西汉之初的“经学”是指以黄老之学的要义对汉律进行解释的学说。从汉武帝时期至东汉末,“经学”专指以儒家思想的要义对汉律进行解释的学说。参见高袁、陈锐:《汉代的法律方法论》,载《法律方法》2012 年第 2 期;陈顾远:《中国法制史概要》,台北,三民书局 1964 年版,第 3 页。

② 参见陈锐:《两汉经学与汉代的法律解释》,载《西南政法大学学报》2011 年第 6 期。

③ 程树德:《九朝律考》,中华书局 2003 年版,第 164 页。

符合人性的,所以,对于该案中的养父而言不得适用"连坐"处罚。据此,儒家的"亲亲相隐"原则在东汉时期得以运用。将秦汉不同时期存在的刑法解释原则进行对比后,我们发现,两汉时期所遵守的"应合经义"刑法解释原则是在儒家思想的指引下通过引用儒家经典要义来对当时的汉律进行阐释时所要遵守的一种解释行为准则。而秦代所遵守的"以法为教,以吏为师"的刑法解释原则则是在法家思想的指引下通过一种严苛性的解释规则对当时的秦律进行解释时所要遵守的一种行为准则。显而易见,在刑法解释原则的层面上,两汉时期与秦代是有明显的差异的。

(二)刑法解释主体层面上的考察

在黄老之学和儒家思想共同作用产生的"经学"的影响下,以及基于"经学"而衍生出并被确立的"应合经义"的刑法解释原则的基础上,秦代所形成的由皇帝亲自指派专门机关或官吏对律法作出解释的方式在两汉时期则不再沿用,随之而来的是,私家释律之风日益大盛,并且愈演愈烈,学理解释迎来了复苏和发展的高光时代。根据《晋书·刑法志》中的记载,西汉时期被官方承认的具有法律效力并可以直接用来断狱的私家解释就达2万多条,730万言之多。① 其中西汉刀笔小吏杜周及其子杜延年,以及被后人称为泰山郑氏的泰山郑密兄弟对当时汉律所作的释义解读最具代表性。东汉时期,以"仁义"为主旨,主张"舍生取义,仁孝治国"的儒家思想对"经学"发展所产生的影响更进一步,私家释律更是空前繁荣。此时,叔孙宣、马融、郭令卿、郑玄、许慎等十余家儒学先贤对汉律所作出的解释就多达数十万言。然而,"言数益繁,览者益难。汉时律令错糅无常,后人生意,各为章句的局面出现。为此,东汉政府不得不出面指定,下诏:'但用郑氏章句,不得杂用余家。'从此郑玄为《汉律》所做的解释在得到天子的认可之后便具有了普遍的约束力"②。可见,在刑法解释主体的层面上,两汉时期舍弃了秦代所形成的"官方释律唯一性,私家释律(学理解释)被禁锢"的刑法解释形式,转而形成了"私家释律(学理解释)为主,官方释律为辅"的刑法解释局面。

(三)刑法解释方法层面上的考察

从两汉时期刑法解释方法的整体发展状况来看,文理解释、限缩解释、扩大解释、类比解释等多种解释方法依旧如同秦代那样成为当时刑法解释过程中最为普遍适用的刑法解释方法。然而,由于受到儒家思想以及基于儒家思想所形成的"应合经义"刑法解释原则的影响,两汉时期在刑法解释方法上可谓开创了历史先河。

首先,与"经学"同一时期产生的"训诂"解释方法被创制出来并广泛地应用到汉律的解释过程中,并逐步成为当时刑法解释的主要方法。所谓的"训诂"是"训"与"诂"两种含义的总称,"训",是指用通俗易懂的语言对词义进行解释;"诂",是指用

① 参见陆心国:《〈晋书·刑法志〉注释》,群众出版社1986年版,第46页。

② 程树德:《九朝律考》,中华书局2003年版,第175页。

当代的话语对古代的语言进行解释。由二者所组成的“训诂”就是从语义角度对古代汉语字句所作出的解释。其不仅仅研究字词，同时也对句子进行研究，它是一种对经典文献的全面解释方法。而就其具体的解释方式来看，“训诂”解释又可以具体分为“声训”“形训”“义训”“互训”四种形式。“声训”，即通过注音的方式、通过同音或音近的词来解释某一语词的含义；“形训”，即通过分析字形结构来解释字义；“义训”，即用字义来解释字义；“互训”，即用含义相近或相同的语词来解释某个概念，使得这两个词可以相互诠释。[①] 比如，汉律中就存在“齐人予妻妾奸曰姘。姘，除也。从女并声；盗，私利物也，从次皿。次，欲也。欲皿为盗；害，伤也。从宀口，言从家起也，丰声”[②]“律，法也”[③]“寸，法度也”的规定。[④]

其次，两汉时期的刑法解释主体在使用“训诂”解释方法对当时的汉律进行解释时，除了使用“训诂”解释中的四种解释技巧之外，刑法解释主体还会运用到“举例”和“下定义”的解释方法对当时的汉律进行解释。比如，郑玄在对“过失”进行解释时指出：“过失，若举刃欲斫伐而误中人者。”[⑤]其含义是指，所谓的过失就如同举刀砍伐树木却造成了他人的误伤。很明显，郑玄在对汉律中的“过失”这一法律概念进行解释时采用的就是“举例”的解释方法。此外，随着两汉时期的“训诂”解释方法的不断发展和完善，在对汉律中的重要法律概念进行界定时，“下定义”的解释方法也开始出现并被儒家学士所重视。比如，“受赇，以财物枉法相谢也”。[⑥] 其含义是指，所谓的受贿就是指为了他人的不法目的而罔顾法律的规定并接受了他人的财物。根据统计，在对汉律进行解释时采用“下定义”这种解释方法的现象并不占少数。也正因如此，在“训诂”“列举”“下定义”的解释方法被大量运用到当时的刑法解释过程中时，作为这些刑法解释方法衍生出来的副产品——字典编纂和法律分类学在两汉时期开始兴起，其中以《尔雅》《释名》《说文解字》最具代表性。[⑦]

最后，同样是在“经学”和“应合经义”刑法解释原则的影响和制约下，作为一种“训诂”解释方法的衍生品——“连事比附”解释方法在两汉时期被创制出来并被广泛地适用在当时的刑法解释过程中。所谓“连事比附”是指，以事物的外部联系取代事物自身内部的逻辑依据，将不同的两个事物或两起案件通过援引的方式进行相互解释。[⑧] 比如，董仲舒在《春秋决狱》中提及的殴父案：“甲父乙与丙争言相斗。丙以佩刀

---

① 参见许嘉璐、陆宗达：《关于训诂学教学的几个问题》，载《北京师范大学学报》1982 年第 5 期。

② 龙大轩：《汉代律家与律章句考》，社会科学文献出版社 2009 年版，第 116 页。

③ 郑玄、孔颖达：《礼记正义》，上海古籍出版社 2008 年版，第 68 页。

④ 郑玄、孔颖达：《礼记正义》，上海古籍出版社 2008 年版，第 68 页。

⑤ 许慎：《说文解字：三十卷》，中华书局 1963 年版，第 193 页。

⑥ 许慎：《说文解字：三十卷》，中华书局 1963 年版，第 193 页。

⑦ 参见何平：《中国古代律学兴衰之我见》，载《人民论坛》2014 年第 2 期。

⑧ 参见刘笃才：《论张斐的法律思想——兼及魏晋律学与玄学的关系》，载《法学研究》1996 年第 6 期。

刺乙,甲即以仗击丙,误伤乙。甲当何论?或曰:殴父也,当枭首。”[①]对此案件中的甲应当处以死刑并将其首级悬于木杆之上这一处罚,董仲舒认为不妥,但是他并不是通过逻辑推理的方法来加以证明,而是援引了《春秋》中的“君子原心,赦而不诛”的案例来对此案例进行解释。[②] 从而认定甲的行为不应该受到处罚。不过,值得我们注意的是,“连事比附”的刑法解释方法在被适用的过程中是存在一定的程序限制的。比如《汉书·刑法志》记载:“自今以来,县道官狱疑者,各谳所属二千石官,二千石官以其罪名当报之。所不能决者,皆移廷尉。廷尉亦当报之。廷尉所不能决,谨具为奏,傅所当比律令以闻。”[③]其含义大致为,在遇到律条没有明确加以规定的案件时,廷尉可以运用类比解释的方式解决案件,如果廷尉无法作出裁决,则要给出援引比附律条的意见上报给皇帝以作出最终的裁决。不难发现,出现在两汉时期并被广泛适用的“连事比附”刑法解释方法同秦代所适用的类比解释方法之间有极大的相似之处。不过,二者之间依旧存在明显的差异。前者是在“训诂”解释方法下产生的一种依据儒家经要对不同的两个案件进行的有利于犯罪人的比较解释,并且其具有一定的程序限制。而后者则是在法家思想指导下对不同的两个案件所进行的不利于犯罪人的比较解释,由于解释主体是皇帝指派的官吏,所以一般没有程序上的限制。

从以上梳理和考察的内容来看,两汉时期的刑法解释发展状况可以概括为,刑法解释的指导思想经历了由黄老之学向儒家思想转变的过程。在西汉之初黄老之学和汉武帝时期儒家思想的共同作用下,“经学”作为一种借助经派要义解释法律的学说应势产生。自汉武帝以后,以儒家思想为唯一旨归的“经学”得到了快速发展,“应合经义”的刑法解释原则最终被确立起来。同时,学理解释也迎来了巨大的发展空间,其逐步取代了官家释律的主导地位。自此,一种为了维护皇权统治并要充分实现儒家思想要义的综合型刑法解释目标出现在刑法解释过程中。在继承秦代刑法解释方法经验的基础上,“训诂”解释方法在两汉时期被创造出来。在对汉律中的法律概念进行解释时,一方面,作为“训诂”解释方法的四种技巧,“声训”“形训”“义训”“互训”被综合运用;另一方面,举例和下定义的解释方法也开始被适用。在对汉律中的律条以及当时社会发生的案件事实进行解释时,由于受到“经学”的影响,“训诂”解释方法衍生出一种有别于秦代所适用类比解释的“连事比附”的解释方法。据此,我们不得不承认,在“经学”和“训诂”解释方法出现以后,中国特色的刑法解释学自此产生。正如

---

① 董仲舒:《春秋决狱》二百三十二事。

② 此案是说许国君侯许买生病,其儿子许止未经过自己试药就将药给许买服下,结果许买死亡。根据《春秋》之义,许止并没有被认定为弑父之罪,其也没有受到处罚。据此,董仲舒从此事例引申出“原心定罪”原则,所谓“原心定罪”是指,在判案时从犯罪者的主观动机和目的来考量,只要动机正确,即使造成严重后果也不予追究或给予谴责。参见李昉:《太平御览》卷六四〇。

③ 辛子牛:《汉书·刑法志注释》,群众出版社1984年版,第53页。

蒙文通先生所言:“经学为中国民族无上之法典,思想与行为、政治与风习,皆不能出其轨范。虽二千年学术屡有变化,派别因之亦多,然皆不过阐发之方面不同,而中心则莫之能异。其力量之宏伟、影响之深广,远非子、史、文艺可与抗衡。”①

## 四、当下刑法解释论层面上的考察

从学术研究的科学性、规范性以及目的导向性等多个角度来看,在对秦汉时期的刑法解释状况进行全面梳理和考察的基础上,我们有必要从当下学界所形成的主观解释论、客观解释论、形式解释论以及实质解释论的视角对秦汉时期的刑法解释作出科学性的反思和对照。

### (一)主观解释论与客观解释论层面上的考察

基于以上有关秦汉时期刑法解释原则、解释主体以及解释方法等方面的考察,笔者认为,由于受到当时社会的政治、文化、习惯等多方面因素的影响,我们不能随意地将秦汉时期的刑法解释单纯地归属到当下学界所形成的主观解释论或客观解释论中的任何一方。

主观解释论与客观解释论之争的局面最早出现在 20 世纪 60 年代、70 年代的德国。当时的刑法解释学借鉴了以方法论解释学为哲学基础的诠释学相关理论,在回答何为法律范畴内的正义这一问题时从解释的立场和解释的目标这两个方面划分出了主观解释论和客观解释论两种刑法解释理论。其中,主观解释论主张站在立法者的立场将立法原意阐释清楚即为实现了法律的正义。而客观解释论则主张站在司法者的立场将随着社会不断发展所产生的法律规范应有之含义阐释清楚即为法律正义的实现。很显然,主观解释论与客观解释论相争局面的出现必然是随着现代法治思想不断的深入发展并且在西方世界三权分立理论得以提出和实现的基础之上而逐渐形成的一种对法律解释所展开的哲学反思的结果体现。换句话说,当下的主观解释论与客观解释论之争是现代法治思想在哲学层面上进行反思的一种结果。②

反观秦汉时期的刑法解释,它们都是在封建皇权高度集中专制的社会背景之下而形成的。而在特定的历史时期内,“律由钦定,王言为法”的法制文化特点始终存在于法律的制定、适用和修改之中。很显然,秦汉时期的刑法解释并非现代法治思想在哲学层面上所形成的反思结果,其更多体现了封建专制主义色彩。也正是由于受到封建社会中的“律由钦定,王言为法”这一法制文化特殊性的影响,秦汉时期的刑法解释都表现为帝王个人的立场。正如《淮南子·主术训》中所言:“法者,非天堕,非地生,发

---

① 蒙文通:《经学抉原》,上海人民出版社 2006 年版,第 209 页。

② 参见魏东:《刑法理性与解释论》,中国社会科学出版社 2015 年版,第 70–72 页。

于人间,而反以自正。”①“这也就是说,封建君主专制社会中的刑法必然是对统治者意志的体现,是建立在对统治者意志的实践经验的总结和提高的基础之上。其随之而进行的解释也无不依托于统治者个人的意志。”②在此种情形下,刑法解释的立场也就无须区分是立法者的立场还是司法者的立场。也正是由于站在统治者(皇帝)自己的立场进行解释,所以,此时的刑法解释目标就是维护和加强统治者(皇帝)自己至高无上的统治权。当然不可否认的是,秦汉时期的刑法解释目标中还是存在正义的成分的,但是这种正义是封建统治者眼中的正义,且并不是秦汉时期刑法解释的首位目标。或者说正义这一解释目标在此时期是统治者为了维护统治的一块“遮羞布”,其是为维护统治者加强统治这一目标而服务的。显而易见,用法治文明背景下所形成的主观解释论和客观解释论的划分标准来对秦汉时期的刑法解释进行门派归属的行为确实存有不妥。

(二)形式解释论与实质解释论层面上的考察

在对秦汉时期刑法解释发展状况综合考察的基础上,笔者认为,在秦汉时期的政治、文化、习惯等多方面因素的影响下,秦汉时期的刑法解释与当下我国学界所形成的形式解释论与实质解释论之间并不存在必然性的隶属关系。

正如国内众多学者专家所言,我国当下刑法解释学界所出现的形式解释论与实质解释论之争的局面在相当意义上是具有中国特色的刑法解释理论之争。就形式解释论与实质解释论之争中最为核心的问题而言,二者是围绕解释限度而展开的讨论。而就形式解释论与实质解释论之争的目的导向而言,二者则是针对如何实现刑法正义这一目的价值而展开的争论。在形式解释论者看来,只要在严格遵守罪刑法定原则的基础上将刑法概念和刑法规范的字面含义阐述清楚了,那么,此时就已经实现了蕴含在刑法规范内部的正义这一目的价值。而实质解释论者则认为,罪刑法定原则不仅仅只具有形式侧面的含义,其同时也具有实质侧面的含义。此外,由语言这一外化载体所表现的刑法概念以及刑法规范都存在语义射程范围,只要刑法解释主体的解释没有超出相应的语义射程范围,那么,此时就没有违反罪刑法定原则,并且蕴含在刑法规范中的正义这一目的价值也得到了充分实现。③ 很显然,当下我国学界内的形式解释论与实质解释论之争同样也是现代法治思想在哲学层面上进行反思的一种结果。只不过这组理论争论同主观解释论与客观解释论之争在争论的角度以及核心问题上存在差异罢了。

反观秦汉时期的刑法解释,其都是在“人治”这种社会治理模式下所展开的法律

① 刘安:《淮南子·主术训》。

② 蔡枢衡:《中国刑法史》,中国法制出版社2005年版,第108页。

③ 参见陈兴良:《形式解释论的再宣示》,载《中国法学》2010年第4期;刘艳红:《形式与实质刑法解释论的来源、功能与意义》,载《法律科学(西北政法大学学报)》2015年第5期。

解释活动，罪刑法定原则在秦汉时期根本就不存在。哪怕秦代的刑法解释中存在我国古代罪刑法定思想的成分，但不得不承认的是，由于受到“人治”和“法治”两种不同的社会治理模式的影响，秦代的罪刑法定思想同现代法治文明下的罪刑法定原则之间是存在本质上的区别的。此外，从秦汉时期所采用的刑法解释方法层面来看，除了文理解释、扩大解释、限缩解释、类比解释等刑法解释方法以外，指导性解释、修正性解释、训诂解释、连事比附解释等中国古代所特有的解释方法被大量地运用在当时的刑法解释过程中，而对于这些具体的刑法解释方法而言，它们并非从刑法概念或刑法规范的语义射程范围来加以考量进而才被创制出来并加以使用的。换句话说，秦汉时期的刑法解释所关注的并非仅仅律文概念的字面含义或该概念的语义射程范围，它们所关注的是帝王的意志是否得到充分实现。只要在一定刑法解释方法的作用下能够充分实现帝王的意志，或者能够维护帝王的专制统治，那么该种刑法解释便充分地实现了蕴含在刑法规范内部的正义这一目的价值。通过以上比对，我们不难发现，将秦汉时期的刑法解释无论是归属到形式解释论阵营还是归属到实质解释论阵营都实有不妥。

## 五、结语

从秦汉时期刑法解释发展状况的整体来看，在刑法解释活动的指导思想层面上，秦汉时期的刑法解释活动先后经历了法家思想到黄老之学再到儒家思想的转变过程。从刑法解释原则的层面来看，秦汉时期的刑法解释活动先后确立了“以法为教，以吏为师”的刑法解释原则和“应合经义”的刑法解释原则。从刑法解释方法的层面来看，除了文理解释、扩大解释、限缩解释、类比解释等具体解释方法之外，指导性解释、修正性解释、训诂解释、连事比附解释、举例解释、下定义解释等多种我国古代社会所特有的解释方法也被大量创制出来并加以广泛适用。也正是由于受到秦汉时期所特有的政治、文化和习惯等多方面因素的影响，秦汉时期的刑法解释才随即体现出了各自的特色。据此，在对秦汉时期的刑法解释展开当下刑法解释理论视角下的分析时，我们切不可将其单纯地归属到主观解释论与客观解释论或形式解释论与实质解释论的任何一种阵营。

# 刑法解释出罪功能的检视与构造

谢　铠*

【内容摘要】在刑法教义学体系逻辑、刑法解释立场本体逻辑、中国社会现实逻辑的三重制约下，中国刑法解释论存在一对隐蔽且对立的特征，即入罪积极性与出罪消极性，二者关系紧张，导致刑法解释入罪与出罪的失衡，法益保护与人权保障的天平日益偏向前者，人权保障面临威胁。对此困境，现有从刑法教义学与刑事政策学两条进路出发的出罪方案对实现刑法解释入罪与出罪的平衡均力有不逮。为解决此问题，有必要在刑法解释学体系内提倡"保守的功能主义刑法解释论"并确定刑法条文含义"法文语用说"以缓和体系内入罪积极性与出罪消极性的冲突；在刑法解释体系外建立以需罚性与"法外的政策性思考"例外适用为标准的刑法解释结论出罪审查程序，形成体系内入罪积极性与出罪消极性、体系外出罪积极性与入罪消极性对立统一的格局，合理发挥刑法解释的出罪功能，建立应罚性与需罚性并重的刑法解释论体系。

【关键词】刑法解释　入罪积极性　出罪消极性　需罚性　目的理性

## 一、问题意识

刑法解释学在我国方兴未艾，在"法制体系（立法体系）相对完备之后，我国法学研究的重心应当转向法律解释学"①。综观刑法解释学主观解释论与客观解释论②、形式解释论③与实质解释论④的争鸣，直至新近讨论热烈的功能主义刑法解释论⑤的提出，学界围绕刑法解释的立场、方法、功能、体系建构等展开了激烈的交锋，提出了诸如

---

* 谢铠，四川大学法学院硕士研究生。

① 魏东主编：《刑法》，中国民主法制出版社2016年版，第15页。

② 参见陈兴良：《法律解释的基本理念》，载《法学》1995年第5期；张明楷：《刑法解释理念》，载《国家检察官学院学报》2008年第6期。

③ 参见陈兴良：《形式解释论的再宣示》，载《中国法学》2010年第4期。

④ 参见张明楷：《实质解释论的再提倡》，载《中国法学》2010年第4期。

⑤ 参见劳东燕：《功能主义刑法解释论的方法与立场》，载《政法论坛》2018年第2期；魏东：《刑法解释学的功能主义范式与学科定位》，载《现代法学》2021年第5期。

刑法解释保守性命题[①]、主观的客观解释论[②]等颇具新意的观点。尽管如此,我国刑法解释学的理论仍然是"未完成形态",各阵营之间的论争呈现既借鉴域外经验,又形成本土特色的态势。确实,一国有一国之国情,中国的刑法解释学理论应能适应具有中国特色的社会,解决中国问题,发展中国方案。

梳理现今刑法解释学理论,司法实践中对刑法解释论最直接且最主要的运用是:解决在应定罪而没有定罪的刑法规定与不应定罪而定罪的刑法规定的两种情形中入罪与出罪的判断问题,及其处于刑法条文边缘含义争议情形中的入罪与出罪的解释问题。就此,学界诸君见解颇丰,却尚有犹疑,诸多论者对与行为人权益直接相关的入罪与出罪问题往往在其刑法解释立场的阐述中作为结论附带性地提及,鲜有论者从入罪与出罪的视角反思审视理论的合理性与适应性。事实上,刑法解释的入罪与出罪问题,是应罚性与需罚性、一般预防与特殊预防、刑法体系内与体系外的统一,最终应当实现法益保护与人权保障的均衡。在以应罚性为基础构建的犯罪论体系中,刑法解释的入罪与出罪天然存在体系逻辑与思维的偏向,权重不一,而刑法体系外的形势政策通过目的管道进入刑法体系[③],也未必能使二者达成平衡,反而使之更复杂,否则现今仍在争议的于欢案、天津赵春华非法持枪案便无讨论的余地。本文就此展开研讨,基于中国刑事司法现状与法律文化传统,以入罪与出罪为视角,对刑法解释理论进行新审视、新思考、新解读,为解决刑法解释争议问题进行新尝试,提出新方案,合理发挥刑法解释出罪功能,以期为中国刑法解释理论的发展完善增添只砖片瓦。

## 二、刑法解释从入罪到出罪的失衡:入罪积极性与出罪消极性

"刑法解释,是指对刑法规定含义的理解、阐明和具体适用。"[④]对刑法规定的理解与阐明是具体适用的准备,而具体适用既是对刑法规定的理解与阐明的目的,也是理解与阐明的材料。事实上,刑法解释论在刑法学中大体是作为方法论而存在的,其理论目的是准确适用刑法;[⑤]同时其具备学科独立性,虽然强化了其作为方法论的特色,但目前理论亦有意识地吸收刑法教义学的基本原理以促进自身的教义化。[⑥] 而刑法

① 参见魏东:《刑法解释保守性命题的学术价值探讨——以当下中国刑法解释论之争为切入点》,载《法律方法》2015 年第 2 期。

② 参见刘艳红:《网络时代客观解释新塑造:"主观的客观解释论"》,载《法律科学(西北政法大学学报)》2017 年第 3 期。

③ 参见杜宇:《刑事政策与刑法的目的论解释》,载《法学论坛》2013 年第 6 期。

④ 魏东:《刑法解释学基石范畴的法理阐释——关于"刑法解释"的若干重要命题》,载《法治现代化研究》2018 年第 3 期。

⑤ 参见龚培华:《刑法解释理论的基本问题》,载《法学》2007 年第 12 期。

⑥ 参见魏东:《刑法解释学的功能主义范式与学科定位》,载《现代法学》2021 年第 5 期。

解释论自身强调刑法解释的双向性[①]与主体间性[②],即突出刑法的意义在于刑法解释者与刑法文本之间的双向互动,是“主体间”对话的产物,在此种意义上,“刑法解释从来都不是一个解释问题,而是一个论证问题”[③]。那么,刑法解释论以上述为代表的品质,对刑法解释的入罪与出罪具有怎么样的意义?将会导向怎样的结果?以通常作为解释结论的入罪与出罪为视角反思之,刑法解释入罪与出罪的方向、权重至少受到刑法教义学的体系逻辑、刑法解释立场本体逻辑及中国社会现实逻辑的三重制约,也即刑法解释的入罪与出罪二者在司法适用中的功能分配在一定意义上是被决定了的,而这种被决定的状态未必是实现法益保护与保障人权最适宜的状态,入罪与出罪失衡,在刑法解释论的功能分配中存在调整的余地。

(一)体系逻辑:犯罪论体系与公权属性创生的刑法解释入罪倾向

刑法解释论在刑法学体系中作为方法论而存在,虽然具备相当的学科独立性,却与刑法教义学紧密相关,甚至需要主动谋求教义化。需要注意的是,刑法解释学与刑法教义学关系目前仍存争议,张明楷教授认为,刑法教义学就是刑法解释学,解释学是刑法学的本体[④];而冯军教授反之,其承认刑法教义学与刑法解释学的差异,认为“刑法教义学的任务便是揭示这一看不见的答案(指刑事案件适用刑法的答案,其是先存于刑法中的,可经逻辑推导出——引者注),揭示的方法就是刑法解释”[⑤]。实际上,无论采取何种立场,刑法解释脱离了刑法教义学便也丧失了存在的价值,前者因二者同一不可能脱离,后者因刑法解释是在刑法教义学的体系中运行,或者说,其作为方法论的价值只有在犯罪论体系对行为是否值得科处刑罚的判断中才能实现,即刑法解释主要运用于构成要件该当性的判断中。概言之,在刑法教义学的体系中运行,必然受教义学体系逻辑的制约,在此体系逻辑惯性下,刑法解释的结论便天然的带有入罪倾向。

犯罪论体系,无论是四要件论还是阶层论都是以应罚性为基础构建起来的,“应罚性是犯罪成立与否的判断依据,是法教义学的探讨对象,需罚性则是处罚与否的判断依据,是刑事政策上应思考的课题”[⑥]。刑法教义学如今虽已实现概念法学至利益

① 刑法解释的双向性表现为:刑法解释者(解释主体)与作为刑法解释对象的刑法规范文本(解释客体)之间的双向互动,解释者理解和解释刑法规范文本,刑法规范文本限定解释者的理解和解释根据,刑法解释的双向性特征有利于确保刑法解释的合法、客观、合理的刑事法治理性。参见魏东:《刑法解释学基石范畴的法理阐释——关于“刑法解释”的若干重要命题》,载《法治现代化研究》2018年第3期。

② 刑法解释的主体间性在诠释学范式意义中指刑法的意义是刑法使用者与文本“主体间”对话的产物,而在方法论范式意义上,主体间性指刑法解释不是解释问题,而是论证问题。参见魏东:《刑法解释学基石范畴的法理阐释——关于“刑法解释”的若干重要命题》,载《法治现代化研究》2018年第3期;聂立泽、庄劲:《从“主客间性”到“主体间性”的刑法解释观》,载《法学》2011年第9期。

③ 姜涛:《基于主体间性分析范式的刑法解释》,载《比较法研究》2015年第1期。

④ 参见张明楷:《也论刑法教义学的立场 与冯军教授商榷》,载《中外法学》2014年第2期。

⑤ 冯军:《刑法教义学的立场和方法》,载《中外法学》2014年第1期。

⑥ 劳东燕:《功能主义刑法解释论的方法与立场》,载《政法论坛》2018年第2期。

法学的转向,可概念法学物本逻辑观念至今仍深透刑法教义学的底层。在刑法体系被视为“概念金字塔”的概念法学时代,刑法被视作封闭的系统,一切具体司法适用均是概念演绎的结果。刑法解释“只应澄清现有的东西,而不允许共同塑造法律,刑法解释的视野被严格限定在刑法上”[①]。这种重视逻辑推导、封闭性演绎的体系逻辑在当下刑法体系中仍不可或缺,举足轻重。申言之,现代法治亦不可能抛弃逻辑演绎思维,此不可能也不现实,因其与现代法治限制国家刑罚权的需要背离。既然不可能脱离体系逻辑,那么回归犯罪论体系与刑法解释入罪出罪之关系,若采取四要件论,则将适用刑事案件与刑法条文进行司法三段论式的演绎,符合犯罪客体、犯罪客观方面、犯罪主体、犯罪主观方面四要件的行为便是应受刑法处罚的行为,即具有应罚性;而若采取阶层论,思维方式亦大差不离,具有构成要件该当性、违法性、有责性的行为就是应受刑法处罚的行为。其他犯罪论体系,如张明楷教授提倡之“不法有责”体系仍属阶层论的范畴[②],陈兴良教授倡导之“罪体、罪责、罪量”体系中的罪体罪责仍在探讨应罚性问题[③]。刑法解释在犯罪论体系中运行,容易看出,无论采取何种犯罪论体系,在其体系逻辑下,犯罪成立与否即入罪,是归属于应罚性的入罪积极判断,只要符合四要件或者不法有责的行为,即经过犯罪论体系的审查,就应当入罪,至于出罪,则是消极判断,可谓积极判断被否定的结果,其体系逻辑“忽略刑法目的判断,拒斥刑事政策”[④],与出罪相关的元素容易被排除在犯罪论体系之外,这是犯罪构成要件违法推定机能的一个侧面。而在逻辑思维中,较之消极思维,积极思维往往占据主导地位。在运用刑法解释解决疑难问题时,又往往以形式上违反刑法规定或者一定法益受损为前提,在此前提下受体系逻辑影响得出的刑法解释入罪结论是否为体系逻辑思维惯性的结果寻找理由则值得反复检讨,因为在犯罪论体系中运行的刑法解释本身便有入罪与出罪失衡的倾向,不能奢望每个法官均不受思维惯性的影响,更遑论犯罪论的体系逻辑是其本身所固有的。另外,作为传统四要件论基础的社会危险性理论与阶层论建构基础的法益理论已经成为积极的入罪标准,其已不是像古典自由主义时代那样发挥消极的出罪功能,当下之刑法解释作为方法论不可能不受影响[⑤]。简言之,刑法解释在犯罪论体系的运行中具有入罪亲和,犯罪论体系逻辑创生了刑法解释的入罪倾向。

更值得警惕的是,刑罚权乃是典型公权,而公权以实施宣示权威,其天然存在过度使用的倾向。事实上,“过度刑法化”已经成为当前我国社会治理中的一种病态现象,

---

① 冯军:《刑法教义学的立场和方法》,载《中外法学》2014 年第 1 期。

② 参见张明楷:《刑法学》(上)(第 6 版),法律出版社 2021 年版,第 134 页。

③ 参见陈兴良:《作为犯罪构成要件的罪量要素——立足于中国刑法的探讨》,载《环球法律评论》2003 年第 3 期。

④ 姜涛:《需罚性在犯罪论体系中的功能与定位》,载《政治与法律》2021 年第 5 期。

⑤ 参见劳东燕:《危害性原则的当代命运》,载《中外法学》2008 年第 3 期。

反映在立法、司法和思维多个层面。[①] 当这种根植于公权本质的“过度刑法化”思维进入刑法解释领域,直接导致的结果便是刑法解释本在体系逻辑运行中的入罪亲和被极大强化。例如,危险驾驶罪已经成为我国刑法体系中发案数第一的罪名,成为新的“口袋罪”,许多事实上不应入罪的情形借由刑法解释的渠道被入罪,造成了司法与个人的“两败俱伤”。[②] 对此,学界个罪研究不断,甚至在危险驾驶罪入刑前便有论者通过精湛的解释技巧解决了危险驾驶的刑事责任问题。[③] 然而,酒驾入刑十年,危险驾驶行为不降反升,这究竟是个罪研究的缺失还是刑法解释体系的不足?若是刑法解释体系的不足所致,则所谓克服一个“口袋罪”的唯一进路便是其被新的“口袋罪”所取代,因这是入罪到出罪的失衡所致,个罪研究治标不治本。另外,我们必须直视一个现实:刑法解释的主导权从不在学界,学者所进行之解释与司法实务的具体适用存在距离。尤其是我国的特殊情况,具有直接适用效力的司法解释大量存在,其在某种意义上是一种准立法权,具有“司法法”的性质。[④] 因此,法官天然刑法解释主体的地位被极大压制,更多地顺从刑法教义学体系逻辑的引导,进一步强化了刑法解释的入罪倾向。

概言之,犯罪论体系逻辑与刑罚权的公权性质共同创生、强化了刑法解释的入罪倾向,刑法解释从入罪到出罪具有天然的失衡风险。

(二)本体逻辑:形式解释与实质解释本体立场的出罪阙如

刑法解释入罪与出罪的功能分配,理应受刑法解释学本体逻辑的制约,此为当然道理。而入罪与出罪作为刑法解释运行的结论,又与解释主体所持刑法解释根本立场直接关联。当下刑法解释理论,存在形式解释与实质解释、主观解释与客观解释的立场之争。新近提出的功能主义刑法解释论,亦未脱离刑法解释的立场之争,仍采取价值判断先行的实质主义进路,只是强调通过刑事政策的目的性根据法益的类型及重要程度来选择合适的解释论立场。[⑤] 那么,采取不同的解释论立场,对刑法解释入罪与出罪的功能分配有何影响?严格来说,形式解释与实质解释这对范畴和主观解释与客观解释这对范畴并非对应关系,但是形式解释对主观解释表现出强烈偏好,实质解释则反之,[⑥]甚至有学者断言客观解释论与实质解释论在一定意义上是等同的。[⑦] 因此,笔者仅就形式解释与实质解释这对根本立场阐述刑法解释入罪与出罪功能的分配差异。

---

① 参见何荣功:《社会治理“过度刑法化”的法哲学批判》,载《中外法学》2015 年第 2 期。

② 参见周光权:《论刑事一体化视角的危险驾驶罪》,载《政治与法律》2022 年第 1 期。

③ 参见张明楷:《危险驾驶的刑事责任》,载《吉林大学社会科学学报》2009 年第 6 期。

④ 参见林维:《刑法解释的权力分析》,中国人民公安大学出版社 2006 年版,陈兴良所作序第 1 页以下。

⑤ 参见劳东燕:《功能主义刑法解释论的方法与立场》,载《政法论坛》2018 年第 2 期。

⑥ 参见劳东燕:《刑法解释中的形式论与实质论之争》,载《法学研究》2013 年第 3 期。

⑦ 参见魏东:《保守的实质刑法观与现代刑事政策立场》,中国民主法制出版社 2011 年版,第 52 页。

形式解释以严格解释为立场[①]，主张以罪刑法定原则为中心，在解释法条时先进行形式判断再进行实质判断[②]，即“先进行形式解释亦即对刑法条文字面可能的含义进行解释，再进行实质解释，亦即对刑法条文规定的行为在性质上是否具有严重社会危害性进行解释”[③]。实质解释则反之，以灵活解释为立场，主张在解释法条时先进行实质判断再进行形式判断。简言之，形式解释论与实质解释论的争议，不是只进行形式判断或者实质判断的争议，而是先进行形式判断还是实质判断的争议，或言之，是形式判断与实质判断在刑法解释中的比例和权重之争。以入罪与出罪的视角观之，形式解释论的严格解释立场可谓“严格入罪，严格出罪”；而实质解释论的灵活解释立场可谓“灵活入罪，灵活出罪”。从此来看，二者似乎实现了刑法解释入罪与出罪的平衡。其实不然，形式解释论与实质解释论入罪与出罪的功能分配失衡是随学派之争与生俱来的。

且观实质解释，实质论者将罪刑法定原则实质侧面视为论证实质解释必要性与必然性的根基[④]，可是，正是刑法解释实质化的出现才要求罪刑法定原则发展出实质侧面要求。当今社会已经日益成为风险社会，人们不接受一定的风险便无法生活，也正因此，犯罪构成要件的机能日益偏向法益保护而产生了实质解释入罪的需要，罪刑法定实质侧面的理论目的正是防止不正义的刑法实质解释结论，实现法益保护与人权保障的平衡，其中的逻辑是：“对社会保护的强调与偏重→国家刑罚权的扩张→刑法的机能化→刑法理论与刑法解释的实质化→实证主义的危险不断升高→罪刑法定实质侧面要求的出现。”[⑤]可以看出，刑法解释实质化本体天然具有入罪的基因，而当下学界诸君极其重视刑法实质解释的出罪功能，私以为不过是为防范刑法实质解释入罪的野蛮扩张，是在实质解释内部寻求入罪与出罪的平衡。然而，随着社会与科技的发展，风险社会现实越发膨胀，刑法解释积极的入罪与消极的出罪更加对立，刑法解释实质化本体逻辑所导致的入罪功能被日益强化，而出罪功能阙如，无怪乎邓子滨教授批判实质解释论的“出罪机制总是被自己选择的解释课题弄得名不副实”[⑥]。概言之，实质解释“灵活入罪，灵活出罪”仅实现了前者，在实质解释内部，入罪相对于出罪处于优势地位，在实质解释论的本体逻辑下，出罪阙如。

---

① 参见杨绪峰：《反思与重塑：刑法上类推解释禁止之研究》，载《环球法律评论》2015 年第 3 期。

② 参见劳东燕：《刑法解释中的形式论与实质论之争》，载《法学研究》2013 年第 3 期；刘志刚、邱威：《形式解释论与实质解释论之辨析》，载《河南省政法管理干部学院学报》2011 年第 3 期。

③ 魏东：《刑法解释学基石范畴的法理阐释——关于“刑法解释”的若干重要命题》，载《法治现代化研究》2018 年第 3 期。

④ 参见刘艳红：《走向实质解释的刑法学——刑法方法论的发端、发展与发达》，载《中国法学》2006 年第 5 期；苏彩霞：《实质的刑法解释论之确立与展开》，载《法学研究》2007 年第 2 期。

⑤ 劳东燕：《刑法解释中的形式论与实质论之争》，载《法学研究》2013 年第 3 期。

⑥ 邓子滨：《中国实质刑法观批判》，法律出版社 2009 年版，第 238 页。

再看形式解释,其“严格入罪,严格出罪”的立场也未能实现刑法解释入罪与出罪的功能平衡分配。考察形式解释与实质解释学派之争的学说史,形式解释论是在刑法理论与刑法解释实质化思潮下国家刑罚权扩张,司法恣意风险增大的背景下作为对立面应运而生的,其具有相当的复古守旧色彩,体现了刑法解释对古典自由主义价值立场的坚守。正是由于实质解释对社会保护的偏好,法益保护与人权(自由)保障的天平日益偏向前者,形式解释作为对立面表现出明显的限制公权、保障自由的色彩。因此,形式解释注重体系演绎,认为构成要件的解释不应受刑事政策价值选择的影响,而是体系演绎的结果,“仅仅需要在实在法律规则的前提下进行概念的分析和得出体系上的结论”①。可是,在一个需要刑法解释实质化以实现适当的法益保护的风险社会坚持形式解释论真的可能吗?风险社会注重法益保护乃是必要,正如形式论者承认虚拟财产属于财物范畴,理应是盗窃罪的客体一样,在当下社会,不承认一定程度的刑法解释实质化根本不足以实现适当的法益保护,因此,形式论者一边高举旗帜坚守严格入罪立场,反对不利于被告人的扩张解释,另一边在进行刑法解释时,又不得不产生灵活入罪的倾向,采取不利于被告人的扩张解释。如此,一个有趣的现象产生了:坚守严格入罪、严格出罪立场的形式解释论,入罪并不那么严格,而形式解释论更注重体系演绎,受犯罪论体系逻辑入罪亲和的影响更深,严格出罪则恪守边界,不越雷池半步,入罪与出罪的失衡反而更胜实质解释。再则,形式解释以罪刑法定原则为核心,然罪刑法定原则也历经绝对罪刑法定主义到相对罪刑法定主义的嬗变,亦从绝对刚性变得刚柔并济,再坚持绝对刚性的形式入罪、形式出罪的合理性便值得质疑。劳东燕教授指出,在我国处于前法治状态时,采取实质解释只会导致“一个只有安全而没有自由的社会”,应当坚持形式解释立场。② 可是,在当下,形式解释面临的入罪与出罪的失衡,也可能导向同样的结果。概言之,形式解释“严格入罪,严格出罪”仅实现了后者,在形式解释论内部,入罪相对于出罪仍处于优势地位,形式论并不能完成自身的理论任务,在形式解释论的本体逻辑下,出罪阙如。

综上,无论采取形式解释立场还是实质解释立场,在各自理论的本体逻辑中,入罪占据优势地位,出罪阙如的结论不可避免。

### (三)现实逻辑:风险社会与法律文化传统导致刑法解释入罪导向

“对刑法的解释,一定要做到心中永远充满正义,目光不断往返于法律规范与生活事实之间。”③刑法解释具有双向性与主体间性、两面性和主客观性,刑法解释既是用法律解释事实,也是用事实解释法律,是刑法文本与案件事实往返循环论证的过程。

---

① [德]克劳斯·罗克辛:《刑事政策与刑法体系》,蔡桂生译,中国人民大学出版社2011年版,第10页。

② 参见劳东燕:《刑法解释中的形式论与实质论之争》,载《法学研究》2013年第3期。

③ 张明楷:《刑法解释理念》,载《国家检察官学院学报》2008年第6期。

解释者带着自己的“前见”站在新时代的立场上谈他对原法律文本的新理解，解释者在其中有很大的主观能动性。[①] 目光的往返，实质是解释主体在规范文本与案件事实间探寻符合自己“前见”的解释结论并予以论证。所谓符合“前见”，也即要求刑法解释结论不明显背离国民的一般法感情，符合“常识、常理、常情”[②]。而国民的一般法感情又根植于一国之社会现实与法律文化传统，因此，刑法解释的入罪与出罪的功能分配必然受到现实逻辑的制约，尤其是我国改革开放四十余年，社会剧烈变化，短期内不能实现西方一两百年的法治进程，处于前法治状态，司法实务的发展跟不上理论的步伐，导致刑法解释入罪与出罪的失衡更加严重。

改革开放的背景下，中国正经历“压缩的现代化”，面临第一现代性和第二现代性“双重强制”的共时性困境。[③] 快速现代化创造了许多难以预知的社会风险，带给人们相当的不确定性和不安全感，风险社会的应对也因“压缩的现代化”而导致立法与司法难以快速适应并形成困境。在此背景下，中国社会的风险特征较之国际社会更加显著，“社会的运行逻辑与规则，人类社会的价值观念、行为方式正在被系统地重构”[④]。而在刑法领域，为应对急速现代化带来的风险，我国刑事立法不得不紧跟社会形势频繁扩张，犯罪圈迅速扩大，不断将危险行为作入罪化处理并使刑罚提前到来。[⑤] 因此，在此现实逻辑的制约下，刑法的应急式政策性对策、恐慌性立法、舆论挤压司法接踵而来，我国逐渐形成一套功利导向的风险刑法话语体系，刑法的入罪思维被空前强化。[⑥] 在此语境中，刑法解释的入罪导向越发明显，法益保护与人权保障逐渐失衡，自由保障面临严重威胁，也正因风险社会中入罪相对于出罪的严重失衡，方有学者不断警示，风险社会中罪责刑法向安全刑法转变，法益保护的早期化和处罚的预防性确有必要，但“追求安全应当在不过分干涉自由的范围内进行”[⑦]，以及“风险刑法理论不能动摇刑法谦抑主义”[⑧]，而应当从现有的刑法体系中探寻合适的控制标准以应对入罪化倾向对自由主义与形式法治国的威胁。[⑨] 概言之，在风险社会现实逻辑的制约下，刑法解释及其解释主体的价值观念、运行逻辑、思维方式均带有鲜明的入罪色彩。

面向现实，快速现代化促进风险社会兴起，面向传统，短暂的时间不足以让中国传

---

① 参见魏东：《刑法解释学基石范畴的法理阐释——关于“刑法解释”的若干重要命题》，载《法治现代化研究》2018 年第 3 期。

② 陈忠林：《“常识、常理、常情”：一种法治观与法学教育观》，载《太平洋学报》2007 年第 6 期。

③ 参见贝克、邓正来、沈国麟：《风险社会与中国——与德国社会学家乌尔里希·贝克的对话》，载《社会学研究》2010 年第 5 期。

④ 范如国：《“全球风险社会”治理：复杂性范式与中国参与》，载《中国社会科学》2017 年第 2 期。

⑤ 参见高铭暄：《风险社会中刑事立法正当性理论研究》，载《法学论坛》2011 年第 4 期。

⑥ 参见程岩：《风险规制的刑法理性重构——以风险社会理论为基础》，载《中外法学》2011 年第 1 期。

⑦ 郝艳兵：《风险社会下的刑法价值观念及其立法实践》，载《中国刑事法杂志》2009 年第 7 期。

⑧ 刘艳红：《“风险刑法”理论不能动摇刑法谦抑主义》，载《法商研究》2011 年第 4 期。

⑨ 参见劳东燕：《风险社会与变动中的刑法理论》，载《中外法学》2014 年第 1 期。

统法律文化的糟粕部分自然消亡,而刑法解释根植于以法律文化为重要成分的“前见”,刑法解释的结论便因此有了入罪与出罪的不同偏向。中国传统法律文化重视“尊尊”“亲亲”的差异性精神,具有“重狱轻讼”的专制主义传统,这是中国传统法律文化的劣性遗产,至今仍在中国的立法、司法、执法领域施加影响。[①] “尊尊”精神在当今社会的面向,即“民不与官斗”的观念仍深入人心,这种普遍的顺民心态放任了司法恣意,而“重狱轻讼”的专制主义本就有严重的重刑、入罪倾向。如此逻辑下,入罪压倒出罪便成了当然的结果。故此,有论者以我国国情特殊,重刑思想根深蒂固为由,主张比严格入罪更加亲和的主观解释论。[②] 可见,中国传统法律文化对刑法解释的入罪性影响业已被学界注意。

综上,在风险社会与中国法律文化传统共存的现实逻辑下,刑法解释的入罪导向是当然结果,入罪与出罪的失衡趋于明显。

(四)小结

在体系逻辑、本体逻辑、现实逻辑的三重制约下,我国刑法解释面临严重的入罪到出罪的失衡风险。体系、本体、现实三种逻辑可谓三种入罪逻辑,内生三种逻辑的刑法解释,入罪解释是积极判断,出罪解释则是消极地对积极判断的否定,出罪相对于入罪天然地处于弱势。三种逻辑中,现实逻辑可谓本体逻辑的根源,而本体逻辑又强化现实逻辑的入罪作用,体系逻辑则处于“催化剂”地位,贯通了论证本体逻辑与现实逻辑导向的入罪解释结论的理论正当性通道。因此,笔者认为当下之刑法解释理论存在一对隐蔽且对立的特征,即入罪积极性与出罪消极性,二者间存在紧张关系。

## 三、刑法解释已有出罪方案及其实践难题

刑法解释入罪到出罪的失衡,影响深远广泛。入罪以对民众的一般性威慑而与刑法的一般预防机能亲和,出罪则以其对被告人人权保障的针对性而与刑法的特殊预防机能相契合,入罪与出罪的失衡即意味着法益保护与人权保障的剧烈冲突,刑法的机能难以实现。“刑法解释要以实现法律正义与法律人文关怀为导向,必须摒弃偏离这一目标的刑法解释”[③],而入罪积极性与出罪消极性的对立,显然不利于实现这一目标。事实上,学界虽鲜有人从入罪积极性与出罪消极性的视角反思检讨刑法解释理论,但入罪与出罪失衡的现象与恶果却为学界从其他进路发现、警惕,并有了一些针对性方案。概览之,刑法解释现有出罪方案的思考路径主要有二:其一,刑法教义学的思考路径,即刑法体系内理论的保守与折中,在刑法解释理论体系内寻找依托,严格入罪

---

① 参见武树臣:《如何面对中国传统法律文化遗产》,载《法学家》2007年第5期。

② 参见许发民:《论刑法客观解释论应当缓行》,载《刑法论丛》2010年第3期。

③ 徐岱:《刑法解释学基础理论建构》,法律出版社2010年版,第122页以下。

或者折中立场,将刑法解释理论进行拼接、改造以抑制入罪,倡导出罪;其二,刑事政策学的思考路径,即刑法解释体系外元素的导入与依赖,从刑法解释理论体系外探寻新的元素引入刑法解释体系,以调和刑法解释入罪与出罪之间的紧张关系。严谨地说,此两条进路并无冲突,二者常常交叉混合,却又囿于三大逻辑的藩篱,对解决刑法解释入罪积极性与出罪消极性的冲突有一定效用却似乎未尽全功。

(一)刑法教义学:刑法解释体系内理论的保守与折中

1.形式解释立场的出罪

面对入罪与出罪失衡的现状,形式解释论者大多坚守形式法治立场,试图通过严格解释限制入罪以谋求二者的平衡,并试图在形式解释立场内为出罪寻找依据。例如,形式解释以罪刑法定原则为核心,作为形式解释论执牛耳者的陈兴良教授指出,"罪刑法定原则只是限制法官对法无明文规定的行为入罪,但并不限制法官对法有明文规定的行为出罪"①。因此,在形式解释的视域下,实现入罪与出罪平衡的途径在入罪的侧面主要是严格入罪,在出罪的侧面则是运用正当防卫、紧急避险等法定出罪事由,严格运用《刑法》第13条的"但书"条款。然而,前文已表,形式论者严格入罪立场在其本体逻辑下并不那么严格;而在出罪面向,坚守形式法治立场的形式解释对超法规的违法阻却事由抱有极大的警惕,而法定的出罪事由,如正当防卫与紧急避险,又如刘艳红教授实证分析指出的,司法实践对其的运用可谓苛刻,"附加条件"让法定出罪事由的出罪功能难以发挥,适用范围被严格限缩。② 至于但书条款,因其固有的开放性与形式解释立场具有紧张关系而为形式论警惕,认为其对罪刑法定原则有威胁而应当被限制,再则,"但书规定只能在行为缺乏刑事不法,以及虽具备刑事不法但存在免责事由,从而缺乏处罚必要性等事实得以确认之后才能有限适用"③,对实现入罪与出罪平衡的效用有限。概言之,形式解释立场中的出罪机制存在极大缺陷,根本不能克服体系、本体、现实三重入罪逻辑创生的入罪倾向从而实现入罪与出罪的和谐统一。

2.实质解释立场的出罪

形式解释对出罪有心无力,坚守实质法治立场的实质解释论在出罪上也没有很好的表现。前文已表,实质解释论"灵活入罪与灵活出罪"仅实现了前者,实质解释论的本体蕴含入罪逻辑。因此,许多实质论者在认同实质解释的同时,有了许多折中的倾向,试图兼容形式解释严格入罪的有益成分以抑制司法实践中灵活入罪的野蛮扩张。比如,魏东教授提倡保守的实质刑法观,提出了刑法解释的保守性命题。在其理解下,进行入罪解释时应当肯定形式解释与主观解释的自由保障价值,坚守刚性、形式的入

① 陈兴良:《入罪与出罪:罪刑法定司法化的双重考察》,载《法学》2002年第12期。

② 参见刘艳红:《形式入罪实质出罪:无罪判决样本的刑事出罪机制研究》,载《政治与法律》2020年第8期。

③ 周光权:《论刑事一体化视角的危险驾驶罪》,载《政治与法律》2022年第1期。

罪底线,而出罪解释则反之,肯定实质解释灵活性的价值,将实质解释论的入罪解释视为一种“入罪解释的例外方法”。[①] 应当说,仅在刑法解释的本体逻辑下,保守的实质刑法观与刑法解释的保守性命题能极好地消解入罪与出罪的失衡问题,然而,刑法解释入罪与出罪的根源又不仅是本体逻辑,在当下连纯粹的形式解释论者也不得不承认一定的实质解释入罪的今天,仅依靠保守的实质刑法观与刑法解释的保守性命题仅能解决一部分问题。事实上,试图引入形式解释有益成分缓和实质解释入罪与出罪失衡冲突的不仅有魏东教授,有论者认为囿于中国刑法文化生态环境现实,实质解释立场在我国必然存在,然却以社会理论的现实批判功能与学派意识为根据主张形式解释。[②] 此外,实质解释论者刘艳红教授倡导之“主观的客观解释论”具有鲜明的出罪考量,主张刑法解释不能超越规范文本的“语言原意”,以主观解释限定客观解释,其意图不能说不是针对实质解释灵活入罪的倾向。[③] 然而,折中说在解决入罪积极性与出罪消极性的冲突时所面临的困境是:能较有效地缓和刑法解释本体逻辑的入罪倾向,对固有的体系逻辑与现实逻辑却显得无能为力,也正因如此,司法实践入罪与出罪的失衡问题也未因刑法解释折中彻底解决。理论上说,较之形式解释论,实质解释论在出罪方面理应有更好地表现,因为其理论并不排斥被害人承诺等超法规的出罪事由,而在面向法定的出罪事由时依其立场也应当获得更灵活的解释,为出罪提供合理性论证的渠道。然而事实却并非如此,显然,解决刑法解释入罪与出罪失衡的进路不能仅在刑法解释论的本体上徘徊。

3. 其他出罪的有益尝试

入罪与出罪显然不只依赖于刑法解释,法教义学的其他方面也应当发挥作用。仅从目前的研究来看,排除刑法解释论本体与刑事政策学的努力,刑法教义学关于出罪的探讨主要集中在两个方面,其一,《刑法》第 13 条及其但书条款;其二,解读罪刑法定原则的出罪功能。

首先,且论前者,但书条款已经成为我国刑事司法中出罪的主要理由,较之司法实践对正当防卫与紧急避险的严苛,但书条款的适用可谓温和、善意得多,学界研究也偏向于此。例如,为充分发挥《刑法》第 13 条的出罪功能,刘艳红教授认为应当在当下《刑法》第 13 条犯罪概念混合入罪与出罪的情况中,虚化混合犯罪概念的入罪功能,强化其出罪功能,实现犯罪概念由入罪与出罪的混合向单一出罪的转换,并认为这是“推进我国刑事法治化进程中削减负面效应的务实之举”。[④] 然而,因但书规定受限于

---

① 参见魏东:《保守的实质刑法观与现代刑事政策立场》,中国民主法制出版社 2011 年版,第 21 页。

② 参见周详:《刑法形式解释论与实质解释论之争》,载《法学研究》2010 年第 3 期。

③ 参见刘艳红:《网络时代客观解释新塑造:“主观的客观解释论”》,载《法律科学(西北政法大学学报)》2017 年第 3 期。

④ 参见刘艳红:《入出罪走向出罪:刑法犯罪概念的功能转化》,载《政法论坛》2007 年第 5 期。

“情节显著轻微”“危害不大”两项条件，其适用范围理应有限，尽管有学者认为《刑法》第13条但书的适用具有“可塑性”亦不能改变这一点。[①] 事实上，但书条款亦不应滥用，否则其开放性会创造突破罪刑法定原则的风险，不仅不利于入罪与出罪的平衡，反而容易成为真正有罪者脱罪的借口，不利于法益保护与人权保障的平衡。[②] 我们追求入罪与出罪的平衡，不是为了让有罪者脱罪，而仅是为那些没有预防必要性、处罚必要性的行为张目。事实上，但书条款兼具入罪与出罪功能，甚至在其思维侧面更体现法教义学逻辑的入罪积极性，即“情节显著轻微、危害不大”实质是对情节及其危害性是否达到值得科处刑罚的程度积极判断的否定结论，仍然未脱离体系逻辑的窠臼，而且，刑法解释的出罪判断应当主要运用在事实处于刑法条文边缘含义的争议情形中，在此但书条款显然无能为力。因此，无论从理论还是从实践来看，但书条款受自身局限，不应当也不可能在入罪与出罪的平衡中发挥主要作用。

其次，解读罪刑法定原则的出罪功能虽对刑法解释的出罪有所效用，但显然力有不逮。罪刑法定原则的核心在于限制国家刑罚权的任意发动，其最终目的是实现人权保障，应当是出罪原则而非入罪原则。有论者基于这样的解读，提出应当改变我国刑事司法将罪刑法定原则视为入罪与出罪通用原则的现状，通过体系性的构造“杜绝裁判中引述‘罪刑法定原则’作为入罪的法律依据”，恢复其原生特性，实现罪刑法定原则的单一出罪功能。[③] 然而，且不论罪刑法定原则能否由入罪与出罪的并举转向单一的出罪，罪刑法定原则作为纲领性的原则，未免有“高处不胜寒”的艰难。而且，若罪刑法定原则仅发挥单一的出罪功能，则刑法将会显得无所适从，我国《刑法》第3条规定“法律明文规定为犯罪行为的，依照法律定罪处刑；法律没有明文规定为犯罪行为的，不得定罪处刑”，罪刑法定原则仅发挥单一的出罪功能，本身便与刑法文本背离，此种观点为本文所弃。再则，此类对罪刑法定原则的解读，对缓解刑法解释入罪积极性与出罪消极性的冲突仅具有形式上的意义，当事实处于条文的边缘含义上时，就算不将罪刑法定引述为入罪根据，出罪者与入罪者也皆能论证其符合罪刑法定原则，这是语言的模糊性带来的必然结果。

### （二）刑事政策学：刑法解释体系外元素的导入与依赖

目的理性刑法体系的兴起，在刑法教义学与刑事政策间架起一道贯通“李斯特鸿沟”的桥梁，刑事政策因此借由“目的”渠道进入刑法解释领域，逐渐发展出了一套受刑事政策指引的刑法解释理论，即功能主义刑法解释论，或称目的理性刑法解释论。[④]

---

① 参见彭文华：《刑法第13条但书规定的含义、功能及其适用》，载《法治研究》2018年第2期。

② 参见刘艳红：《形式入罪实质出罪：无罪判决样本的刑事出罪机制研究》，载《政治与法律》2020年第8期。

③ 参见储陈诚：《罪刑法定原则出罪功能的体系性构造》，载《国家检察官学院学报》2017年第4期。

④ 参见劳东燕：《功能主义刑法解释论的方法与立场》，载《政法论坛》2018年第2期。

当刑事政策这种刑法解释体系外的元素进入刑法解释领域,刑法解释入罪与出罪的功能分配格局被极大重塑,对于缓解刑法解释入罪积极与出罪消极的冲突具有重大意义。可以说,本文将功能主义刑法解释论作为解决入罪积极与出罪消极冲突方案的重要组成部分。

功能主义刑法解释论以刑法解释体系外的刑事政策为指引,奉行通过刑事政策的目的选择合适的刑法解释立场,具有显著的重后果、讲实效的实用主义倾向。事实上,功能主义刑法解释论也可置于本文"实质立场的出罪"的部分讨论,因为当下目的理性刑法体系将目的理性作为构建刑法教义学的基础,刑法教义学的内容渐与刑事政策学相符,刑法教义学在一定程度上成为实现刑事政策目的的工具,其采取的是价值先行的实质主义进路。[①] 在这种体系中,刑法体系外的刑事政策目的使刑法解释能"根据犯罪态势的变化调整刑法规制的范围和程度,以求政策效果"[②],因此,只要有"法内的政策性思考"的许可,功能主义刑法解释论在形式解释"严格入罪与严格出罪"与实质解释"灵活入罪与灵活出罪"间灵活选择,这在很大程度上解决了刑法解释本体逻辑的出罪阙如问题。而又因刑事政策元素进入刑法教义学体系,使得刑法教义学有了一定的开放性,注重形式逻辑(体系逻辑)的刑法教义学固有的入罪倾向在一定程度上被缓解,因此,运用功能主义刑法解释论得出的结论更具有可接受性,这便是刑法解释入罪与出罪功能分配被其重塑的结果。然而,功能主义刑法解释论真的能完全解决刑法解释入罪积极性与出罪消极性的冲突吗?笔者认为尚有不足。正如功能主义刑法解释论的倡导者劳东燕教授所言,"刑事政策进入刑法体系需受体系逻辑的制约",依其见解,此是用刑法体系逻辑规训刑事政策的"野性",防止刑法倒向极端的刑事政策立场,导致公权失控。可是,以入罪积极与出罪消极的视角考察,这何尝不是入罪逻辑对出罪逻辑的胜利?在此需要特别强调,笔者不追求出罪对入罪的胜利,而仅是追求二者的平衡。事实上,刑事政策经由目的解释的管道进入刑法解释领域已久,可至今刑法解释入罪与出罪之间的失衡仍然存在,这已是功能主义刑法解释论不足的例证。此外,所有刑法解释方法的目的是相同的,即"探明法条真正的保护目的或者保护法益"[③],然而,既是探明保护法益何在,在运用刑法解释方法时,总有一定法益受损的思维预设前提,乃是带着"前见"探寻受损的法益是否是刑法规范文本的保护法益,如此语境下,解释主体很难不受"前见"的影响,即受损的法益需要被填补,被报应,而这便是典型的入罪积极。[④] 最后,我国奉行宽严相济的刑事政策,在刑事政策进入刑法解释体系后,在三重逻辑的制约下,究竟是从宽还是从严则存在疑问。

---

① 参见冯军:《刑法教义学的立场和方法》,载《中外法学》2014年第1期。

② 周折:《刑事政策视野中的目的解释》,载《中外法学》2007年第4期。

③ 李波:《刑法中注意规范保护目的理论研究》,载《刑事法评论》2013年第2期。

④ 参见劳东燕:《功能主义刑法解释论的方法与立场》,载《政法论坛》2018年第2期。

概言之，笔者认为，应当极大肯定功能主义刑法解释论对实现入罪与出罪平衡的重大理论价值，但是也不能忽略其在解决这个问题时的不足。在刑法解释的三重入罪逻辑中，功能主义刑法解释论能较好地消解本体逻辑的出罪阙如，但对体系逻辑与现实逻辑的问题解决尚有不足。更重要的是，就算在功能主义刑法解释论内部，入罪是积极思维，出罪是消极思维的定位仍然没有改变。

（三）小结

无论从刑法教义学还是从刑事政策学的角度考察，现有出罪方案不能完全解决刑法解释入罪积极性与出罪消极性的冲突问题，即入罪与出罪的失衡问题。在三重入罪逻辑中，刑法解释的本体逻辑较好克服，而体系逻辑与现实逻辑则相当顽固，现有的解决方案不能将之消解或者冲抵。但是，应当肯定功能主义刑法解释论与刑法解释的保守性命题在解决入罪出罪失衡问题中的理论价值，它们能成为解决此问题方案的重要成分。

## 四、方案：体系内入罪积极出罪消极缓和与体系外出罪积极入罪消极审查

面对我国刑法解释入罪积极性与出罪消极性的对立冲突，入罪与出罪失衡导致的法益保护与人权保障失衡的困境，结合本文论述，笔者提倡合理发挥刑法解释的出罪功能，具体解决方案详述如下。

在体系、本体、现实三重逻辑中，本体逻辑较易克服，而体系逻辑与现实逻辑因教义学体系固有存在及社会现实的不可避免性而难以在刑法解释的体系内消弭。因此，面对入罪积极性与出罪消极性的实质价值冲突，刑法解释观应当“从规则主义适度转向人本主义”①，通过刑法解释学（或者称刑法教义学）体系内与体系外两条进路并重，构建体系化的对话协商制度，消解、冲抵二者的实质冲突。在刑法解释学体系内，笔者提倡“保守的功能主义刑法解释论”并确定刑法条文含义的“法文语用说”以消解本体逻辑出罪功能阙如；在刑法解释体系外，笔者主张以需罚性为标准，如类推解释中例外地承认有利于被告人的类推一样，例外地允许“法外的政策性思考”在出罪时的适用，在通过目前传统的解释学体系得出解释结论后，增加一道审查解释结论是否符合出罪要求的体系外审查程序，即体系内是入罪积极与出罪消极的刑法解释论证，体系外则是出罪积极与入罪消极的刑法解释结论审查。依本文见解，除非完全颠覆当下以应罚性为基础的刑法教义学体系，在体系内的刑法解释无法彻底摆脱入罪积极性与出罪消极性的冲突，因为体系逻辑与现实逻辑是固有的。因此，本文跳出“头痛医头，脚痛医脚”的思维误区，在体系外构建出罪积极与入罪消极的刑法解释结论审查程序，以此中和体系内入罪积极与出罪消极的对立冲突，构建体系内的应罚性与体系外的需罚性

---

① 袁林：《刑法解释观应从规则主义适度转向人本主义》，载《法商研究》2008年第6期。

并重统一的刑法解释体系,提倡合理发挥刑法解释的出罪功能,力求实现入罪与出罪的平衡。

(一)体系内的缓和:保守的功能主义刑法解释论与“法文语用说”证成

刑法解释体系内入罪积极性与出罪消极性的对立在体系内虽然难以消灭,但尚有缓和余地。如前所述,功能主义刑法解释论与刑法解释的保守性命题对此有着较为显著的效用,能有效消解本体逻辑的缺陷,并在一定程度上缓和体系逻辑的问题。因此,笔者基于相似的思路,提倡“保守的功能主义刑法解释论”。所谓“保守”,与魏东教授提倡之刑法解释保守性命题中的“保守”同源,非是强调刑法解释因循守旧,而是强调刑法解释应当更多体现人文关怀,以人权保障为最终目的,在进行刑法解释时注重合理合法的出罪偏好,对入罪解释保持高度的警惕。不同的是,较之刑法解释的保守性命题,保守的功能主义刑法解释论不强调刚性化、形式化的入罪,并不将实质的入罪解释视为“例外”。依本文见解,在当下之中国,风险社会的现实已经成为绝对的刚性化、形式化入罪的严重障碍,不接受一定的实质入罪解释根本不足以保证刑法的合理适用,也不利于适当的法益保护,而没有适当的法益保护又何谈人权保障?因此,保守的功能主义刑法解释论承认一定程度的实质解释入罪是必需的,但是强调在刑事政策通过目的渠道进入刑法解释的体系时,宽严相济的刑法政策中从宽政策应当畅通渠道,鼓励提倡从宽的刑事政策目的,而从严的刑事政策则应当被严格限制。简言之,保守的功能主义解释论强调在进行刑法解释时,灵活运用从宽的刑事政策目的,严格限制从严的刑事政策目的,功能主义刑法解释论中的“目的理性”或者“合目的性”应当与出罪有更多的亲和,更加注意人权保障,勿让功能主义刑法解释论成为从严的刑事政策张扬的渠道。

保守的功能主义刑法解释论仅是在刑法解释的体系内缓和入罪积极性与出罪消极性冲突的第一道防线,笔者提倡当下刑法解释的限度(刑法条文含义的边界)应当实现从“法文语义说”到“法文语用说”的转向,以此解决事实处于刑法条文边缘含义的争议情形中入罪与出罪失衡的问题。事实上,形式解释的严格解释立场与实质解释的灵活解释呈现明显的差异,主要是不同的立场对刑法条文字面含义的边界有不同的理解所致,前者严格,后者宽松,若是两种立场在刑法条文的含义边界上达成一致,则形式解释与实质解释的结论当无区别。① 当下学界对刑法条文含义边界的理解主要是语义说,如“文义最远射程说”“可能的文义说”等,认为文义先存的,正如魏东教授指出,“根据语用哲学,语言意义产生于使用过程中,同样词汇由于语境不同会产生不同的意义,原本的‘意义’是不存在的”“语言意义并不能从纯粹的语义中获得而只能

① 参见劳东燕:《刑法解释中的形式论与实质论之争》,载《法学研究》2013年第3期。

从语用和语境中获得,那么,刑法解释限度的寻求可能就有必要从语义论转向语用论”①。如此,若采取法文语用说,则形式论中严格出罪将会有所宽松,实质论中灵活入罪也因法文语用说的限制而难以野蛮扩张。再结合保守的功能主义刑法解释论,根据体系内刑事政策的目的选择合适的解释立场,刑法解释入罪积极性与出罪消极性的冲突将在一定程度上得到缓和。

(二)体系外的审查:需罚性与“法外的政策性思考”例外适用提倡

如前所述,刑法解释三大入罪逻辑中的体系逻辑与现实逻辑冲突难以在刑法解释的体系内解决,且无论如何尝试,在以应罚性为基础构建起来的刑法体系中,入罪是积极判断,出罪是积极判断的否定的消极判断的定位难以改变。因此,本文提倡跳出刑法解释学体系的限制,在体系外以需罚性为标准,例外地允许“法外的政策性思考”在刑法解释的出罪审查中发挥作用。如此,当在刑法解释体系中得出入罪结论后,在体系外进行积极的出罪审查,若刑法解释的入罪结论能通过体系外的出罪审查,则应当否定入罪解释结论的正当性。在这样的语境中,与刑法解释体系内入罪积极与出罪消极的刑法解释思维不同的是,体系外的审查是出罪积极与入罪消极的思维模式,是主动、积极的出罪,而又因在刑法教义学体系外,故自然规避了体系逻辑的影响,至于现实逻辑的影响也因出罪思维的积极面向而有所消解。采用上述方案,不可回避的两个疑议是:其一,作为刑法解释入罪结论出罪审查标准的需罚性内涵是什么?其二,允许“法外的政策性思考”在出罪审查时的例外适用是否有违罪刑法定原则?是否会导致刑事政策的野性失控而造成公权的恣意扩张?

针对前者,需罚性在理论界并不是一个新鲜的概念。对此,笔者认同姜涛教授的见解,需罚性是刑法教义学体系外的概念,在理论上,“需罚性就是从刑事政策或宪法上判断有无刑罚处罚的必要性,是以预防的必要性为理论根据架设起刑事政策或宪法与刑法体系之间的桥梁,具有兼顾体系正义与个案正义的合目的性”②。因此,刑法体系外的需罚性具有出罪亲和,是在刑法教义学体系逻辑判断之后的出罪逻辑判断,运用于刑法解释领域,即是对刑法解释入罪结论的主动出罪审查。针对后者,允许“法外的政策性思考”在出罪时例外适用是一个大胆的尝试,必然会带来争议。在学界,“罪刑法定主义成为刑法解释过程中的政策筛选机制,划分出‘法外的政策性思考’与‘法内的政策性思考’,并仅仅允许后者发挥作用”③,这为绝大多数人所接受。然而,允许“法外的政策性思考”例外地发挥作用有可能也有必要。正如理论在类推解释的

---

① 魏东:《刑法解释学基石范畴的法理阐释——关于“刑法解释”的若干重要命题》,载《法治现代化研究》2018 年第 3 期。

② 姜涛:《需罚性在犯罪论体系中的功能与定位》,载《政治与法律》2021 年第 5 期。

③ 劳东燕:《功能主义刑法解释论的方法与立场》,载《政法论坛》2018 年第 2 期;杜宇:《刑事政策与刑法的目的论解释》,载《法学论坛》2013 年第 6 期。

普遍禁止中例外地承认有利于被告人的类推一样,为了实现人权保障,适应一国的特殊国情,在严格条件下突破普遍规则并非不可。首先,在当下之中国社会,刑法解释的入罪化较之出罪化占据了明显优势,在这种情况下,例外承认“法外的政策性思考”在出罪中发挥作用具有现实的必要性。其次,这种选择与罪刑法定原则的精神并不违背,罪刑法定原则虽兼具入罪与出罪功能,但是其最终是为了实现人权保障,例外承认“法外的政策性思考”在出罪时发挥作用与人权保障并无冲突,高度一致。需要指出的是,“法外的政策性思考”严禁在入罪时适用。最后,“法外的政策性思考”的例外许可是否会导致刑事政策野性的失控呢?不言自明,防止刑事政策野性的失控最终是为了限制公权,而允许“法外的政策性思考”的例外适用仅限于出罪,并无这样的隐忧。当然,上述见解非是倡导为真正有罪者脱罪,在需罚性视野中,真正有罪者也无借此脱罪的可能。

(三)小结

解决刑法解释入罪积极性与出罪消极性冲突的体系内与体系外两条进路并重的方案,是刑法教义学、刑法解释学、刑事政策学统一的结果。在本文的解决方案中,体系内保守的功能主义刑法解释论与法文语用说、体系外以需罚性与法外的政策性思考为标准的积极出罪审查,二者理论上并重,事实上却有先后关系,是体系内入罪积极性与出罪消极性、体系外出罪积极性与入罪消极性的对立统一。

## 五、余论

入罪解释与出罪解释的平衡、刑法解释理论体系的建构仍是一个未竟的命题。当下中国的国情与法律文化传统与世界上任何国家都迥然不同,关注中国情况,解决中国问题,发展中国方案是刑法学界在刑法解释领域刻不容缓的任务。入罪与出罪,切实关系到刑法的一般预防与特殊预防、法益保护与人权保障的平衡。入罪与出罪是刑法解释的结果,但从此结果的现状反思现有刑法解释理论的合理性与适当性也不失为一条完善理论的思路。在中国的视野下,入罪先天占据优势,出罪先天不足,刑法解释理论理应对出罪给予更多的关注,以中和法教义学严重的入罪逻辑倾向,善于从体系内外寻找合适的元素实现刑法解释入罪与出罪的平衡。概言之,正如我国需要建立应罚性与需罚性并重的犯罪论体系一样,我国亦需建构应罚性与需罚性并重的刑法解释论体系!

# 刑法目的解释的基础理论反思*

田　维　练　玺**

【内容摘要】刑法目的解释理论精微、学说林立，其背后牵涉的刑法基本命题与价值立场纠葛使其俨然成为刑法解释论中最具丰富内核的研究范畴，具有与时俱进的研究价值。除传统的解释学和法律解释学的基础理论外，刑法目的解释在其渊源背景、本体界定、目的内涵及功能边界等问题上蕴含重要的理论基础，与刑法教义学的联系紧密，有必要对其基础理论加以进一步的梳理和辨析。从实在论下的概念法学到唯名论下的利益法学，目的解释彰显了法律解释的实质化思潮。刑法目的解释中的“目的”具有鲜明的教义学形象，可从目的内涵指向、实质违法性表述、刑法体系下的整体目的与个别目的、刑法解释中的主观目的与客观目的等维度展开。刑法目的解释的目的论视角赋予解释者更为宏阔的解释视野，其在突破刑法解释困境、实现解释融贯性及推动刑事法治发展层面展现出显著的方法论价值，但同时应从解释位阶性、适用过程及审查机制等方面对其进行必要规制。

【关键词】刑法目的解释　刑法目的　解释方法

## 一、问题的提出：刑法目的解释的争议

目的解释被视为“解释方法的桂冠”，而在被称为“最精确的法学”的刑法学科中，其却成为众多刑法解释方法中备受争议的解释方法之一。由于刑法目的解释的逻辑进路一定程度上展现出对法条主义的反叛色彩，故而历经中世纪“刑罚擅断”黑暗时期的人们，更加警惕其所可能引发的对当代罪刑法定主义的戕害。刑法目的解释在一定程度上因围绕刑法目的这一刑法的存在意义而展开，其解释论发展的学术脉络展现了我国不同刑法思潮及刑法理论的争鸣与融合，凸显我国当代刑法知识转型过程中不同刑法价值及刑法观念的分裂与冲突。

时至今日，有关刑法目的解释的诸多重要理论问题在我国刑法学界仍未达成普遍

---

* 本文系教育部人文社会科学研究青年基金项目“刑法目的解释研究”（项目批准号：18YJC820057）的阶段性成果之一。

** 田维，法学博士，西南石油大学法学院讲师、硕士生导师，四川省能源法学研究会副秘书长，四川省刑法学会理事，四川大学刑事政策研究中心研究员；练玺，西南石油大学法学院2018级法律硕士。

共识,这直接影响其在司法领域的适用展开。在当前我国刑法教义学已完成从存在论向价值论的转向背景下,集中反映刑法解释论价值立场的刑法目的解释愈加受到学界重视。但是,刑法目的解释尚存诸多争议,导致其在司法实践中毁誉参半。对其所涉及的基础理论进行有意识的梳理,并加以持续的辩证与反思,对于当前刑法目的解释的正确认识与适用具有重大意义。

## 二、刑法目的解释的渊源嬗变

刑法目的解释源于法理意义上的一般目的解释。解释作为人文科学普遍的方法论,自诞生之初便被赋有认识世界的哲学化色彩,法律解释学的发展与哲学思潮的演进具有天然的内在关联。法律解释中哲学思潮的变化,能够反映法律解释渊源嬗变中传递出的价值信息。

中世纪经院哲学出现了实在论与唯名论之争。实在论者认为,普遍性具有客观实在性,其先于事物个体而独立存在,且为事物之本质;唯名论者则否认普遍性的客观实在性,主张其产生后于事物个体,事物个体的存在均是个别的。二者对于法学基础理论和法律解释均产生了深远的影响,从而形成了不同的理论架构。

### (一)实在论与概念法学

实在论与唯名论之争,实为哲学中"一般"与"个别"之争。实在论源于启蒙运动思潮,启蒙运动对人类理性的挖掘与弘扬,使人类的自我主体性得到充分发扬,人们相信能够以自我观念为中心建构对于世界的认识体系。在此种思潮之下,"概念"作为阐述世界共性、反映人类智识的凝练载体,完美契合实在论者对于认识工具的渴求,人们迅速意识到"概念"的重要性,并醉心于概念世界的构建。由此反映在法学领域中,即为概念法学的诞生。[①]

一般认为,概念法学是指法学理论的构建、发展及完善均围绕概念而展开,强调对法律概念的分析和法律体系的构造,而不问概念背后的目的与意义。[②] 归纳而言,概念法学的主要观点可分为五大方面:一是确立抽象概念的至高无上性与不可质疑性;二是确立概念解释的真理性与万能性;三是确立概念思考的优越性与概念逻辑的不证自明性;四是确立概念探寻成为法学研究的基本宗旨;五是确立概念法学的方法论为注释法律。[③]

可见,概念法学在启蒙运动思潮的影响下,将人类理性具化于法学发展的指导思想之中,并且致力于通过法律概念体系的构建来描绘法学大厦的理论系谱,其将西方

---

① 参见蒙晓阳:《为概念法学正名》,载《法学》2003 年第 12 期。

② 参见张文显:《二十世纪西方法哲学思潮研究》,法律出版社 1996 年版,第 128 - 129 页。

③ 参见[德]鲁道夫·冯·耶林:《法学的概念天国》,柯伟才、于庆生译,中国法制出版社 2009 年版,第 12 页。

绵延千年的自然法思想与近代理性主义、科学主义、人文主义相结合,为构建自由、民主、法治的现代社会奠定了坚实的法制基石。概念法学通过将人类亘古以来对于法律的浑浊认知以法律概念、法律原则、法律规则三大要素界清下来,浇铸出近代成文法品格,使法学研究及法律适用得以在统一的话语平台上形成类型化基础,其对当代法学理论的建构及法律制度的发展产生了深远影响,并最终使法律成为权力制约的基本工具——在法律概念体系之下,权力行使必然受制于概念边界,其扩张也须以改造概念为前提。

然而,法学发展的终端在于社会治理,不同于哲学,法学鲜明的实践性使之无法止步于概念逻辑的自我构建,法学只有在实践当中经历社会现实的选择与洗礼才能够实现真正的发展,否则,其终将沦为法学家之间的文字游戏。在概念法学统治的时代,法律解释均是对法律规范进行直接阐释,法官对法条的理解不得逾越立法者意志半步,司法近乎成为立法的"复印机"。例如在司法三段论的推理过程中,人们应对大前提具有无可置疑的统一理解。[①] 由此带来的便是法律概念的庞杂化,因唯有概念体系的持续构建才能不断填补法律规范与案件事实间的适用空隙。

但是,概念法学所蕴含的此种建构主义情结又要求通过理性化的概念构建来树立规则的权威,即法律概念一经创设,须得到全社会的完全贯彻,人们不能对法律规范朝令夕改,以最大限度地维护法律稳定性与随之产生的国民预测可能性。可见,一方面建构主义的变革性预示着社会发展需要人们不断进行法律概念的续造,另一方面其保守性又要求人们不能通过创设新的法律概念来否定旧的法律概念。因此,在开放的社会现实与封闭的概念体系的矛盾冲突中,人们不断感受到此种机械僵化的规则模式在处理纷繁复杂的纠纷案件时愈显力不从心,同时,不问意义与价值的构建手段也时常挑战着人们的朴素法感,动摇着理性至上的信念基础。在这种背景下,弘扬尊重个性、反对共性泛滥的唯名论进入法学研究的视野,人们开始在唯名论下对概念法学进行反思。

(二)唯名论与利益法学

唯名论提醒人们,概念无法完全丈量世界,概念与社会现实也并不是一一对应的关系,而是相互构建的关系。从"个别"先于"一般"的基本立场出发,一定社会历史时期的概念体系是人们基于对当下社会现实的认知构建起来的,而非人类理性的完全结晶,此种从个性特征归纳形成的共性范畴具有历史局限性,将随着社会历史与人类认识的发展而面临改造的需要。

因此,唯名论下的法律概念是开放的,人们对之进行的解释活动也逐渐由阐释走向演绎。但因受制于文义,作为法律概念载体的文字表述是封闭的,于是人们在唯名

① 参见石聚航:《刑法目的解释研究》,南京师范大学2016年博士学位论文,第19-20页。

论的影响下开始从关注法律概念的语义表达,过渡到关注法律概念的价值命题上来,以期通过概念表述背后的利益揭示,来调和此种形式与内容的矛盾冲突,赋予法律规范体系以稳定性与包容性。学界对于出现在以形式为中心的规则体系构建中融入价值判断的上述现象,称为“法学实质化思潮”。以此为基础诞生的利益法学,在对概念法学的批判继承中逐渐成为主流。

利益法学的主要观点,即认为立法者制定的各种原则及规则并非完美无缺,法律适用时必须首先确立立法背后的利益表达,进而通过利益考察对案件事实进行法律评价,同时,法学的任务绝非仅仅纠缠于各种概念的交互构建,更多是通过对法律与事实背后的价值探究,达致维护社会利益的目的。[①] 在实质化思潮下的利益法学看来,概念法学依赖不断立法推动刑法适用的发展多少有些理想主义的色彩。当人们意识到法律概念不再是封闭的体系系统时,立法的普遍性便难以完全契合司法的具体性了,法律规范需要在体系化的规则构建的基础上,以具体个案为中心才能进行有效适用。而在面对同一规范表达时,唯有进行具体的利益分析才能清晰划定法律规范在个案中的适用范围,因此法律解释也往往无法回避解释的实质化问题。

在法律解释中融入实质判断,意味着解释者需在法律规范的基础上关切规范背后的利益考量,而此种利益考量,则直接指向规范所要保护的法益及保护的动因,此乃规范制定的原始目的。利益法学的代表人物耶林曾鲜明地指出,目的是法律的创造者,其为法律规则的产生本源。[②] 这暗示着法律的利益诉求实为规范诞生的目的基础,故而此种关照法律规范背后利益诉求的解释方法便与规范目的形成了千丝万缕的联系,目的解释应运而生。

从实在论引导下的概念法学到唯名论影响下的利益法学,某种程度上折射出了现实主义法学对形式主义法学的替代、自然主义法学观对实证主义法学观的修正。目的解释正是在这样的理论背景下进入了人们的视野,其从渊源变迁中承继的法律解释的实质化思潮,亦同样深刻烙印在刑法目的解释的学术脉络之中。

## 三、刑法目的解释的本体界定

目的解释的最早表现形式,可以追溯到16世纪产生于英国的除弊规则(mischief rule)——在解释成文法时,法官需要首先了解立法机关所欲达到的立法目的,然后以该目的为指导性原则,努力弥补普通法上的缺陷。[③] 除弊规则虽在当时仅被视为法律解释的理念之一,但表明人们已开始在形式理性与实质理性的实践矛盾中寻找出路,

---

① 参见[德]菲利普·黑克:《利益法学》,傅广宇译,载《比较法研究》2006年第6期。

② 参见[美]E.博登海默:《法理学:法律哲学与法律方法》,邓正来译,中国政法大学出版社1999年版,第109页。

③ 参见陈弘毅:《当代西方法律解释学初探》,载《中国法学》1997年第3期。

其承认成文法的弊端并致力于通过对法条含义的实质解读予以弥补和完善的实践初衷，与当今实质化思潮下的目的解释一脉相承。

随着法学理论的发展，当下目的解释已自成独立的方法论体系，与文义解释、体系解释、历史解释等传统解释方法并列为法律解释方法之一，且在法理层面呈现丰富的表述。例如，德国学者拉伦茨教授论述目的解释为“依可得认识的规整目的及根本思想而为之解释”，阐明了目的解释的精义；①杨仁寿先生认为，目的解释系指以法律规范目的阐释法律释义之方法；②张文显教授指明目的解释的视角，即从法律目的出发对法律作出说明；③蒋惠岭先生则从联结法律目的含义与法律文本含义的角度对目的解释理论作出定义。④

作为一般目的解释的下位概念，刑法目的解释在具有目的解释法理共性的同时，也兼具突出的刑法品格。德国刑法学者罗克辛教授指出，法官在刑法条文的框架内，结合相近文义、立法意思及体系联系，根据法律目的开始解释；⑤我国学者李希慧教授认为，刑法目的解释是以刑法立法目的阐明刑法规范含义的方法；⑥肖中华教授从更为抽象的角度，主张刑法目的解释的依据系刑法所欲保护法益的目的或实现的宗旨；⑦张明楷教授则以“刑法规范目的”为核心，对刑法目的解释方法作出阐释。⑧ 相关界定不胜枚举，但基本大同小异，其核心含义均指向了通过对“目的”而非“文义”的探寻来揭示刑法规范的应有之义，而考虑到刑法设立的初衷系对社会重大利益之保护，因此刑法目的解释实质上即为以法益为目标导向的解释方法。

虽然目的解释的方法指向十分明确，但法律解释的目的在于通过揭示法律规范的真实含义实现正确适用，而立法活动具有强烈的目的性，由此所诞生的法律规范，其含义必然与规范目的相勾连，故而诸如文义解释、体系解释、历史解释等其他解释方法实质上也在不同程度上涉及对法条目的的探寻。其中，体系解释与历史解释最易与目的解释相混淆，有必要初步厘清其区别。

### （一）体系解释与目的解释的界分

体系解释一般指通过分析目标规范在其所属的法律制度、部门和体系中的地位来说明其含义的解释方法。简言之，即通过引用其他法条或规范结构来直接或间接印证

---

① 参见[德]卡尔·拉伦茨：《法学方法论》，陈爱娥译，商务印书馆 2003 年版，第 199 - 210 页。

② 参见杨仁寿：《法学方法论》，中国政法大学出版社 1999 年版，第 168 页。

③ 参见张文显主编：《法理学》，高等教育出版社 2003 年版，第 326 页。

④ 参见蒋惠岭：《目的解释法的理论及适用》（上），载《法律适用（国家法官学院学报）》2002 年第 5 期。

⑤ 参见[德]克劳斯·罗克辛：《德国刑法学总论：犯罪原理的基础构造》（第 1 卷），王世洲译，法律出版社 2005 年版，第 85 页。

⑥ 参见李希慧：《刑法解释论》，中国人民公安大学出版社 1995 年版，第 129 页。

⑦ 参见肖中华：《刑法目的解释与体系解释的具体运用》，载《法学评论》2006 年第 5 期。

⑧ 参见张明楷：《刑法学》，法律出版社 2016 年版，第 28 页。

目标规范的真实含义。

例如,通过引用《刑法》第1条确立的关于“惩罚犯罪,保护人民”的立法目的,来阐释分则条款的含义范围;又如在解释“传播性病罪”时,发现该罪属《刑法》第六章“妨害社会管理秩序罪”类目下第八节“组织、强迫、引诱、容留、介绍卖淫罪”,故从该罪在刑法分则罪名体系中所处的位置来看,其所欲保护的法益就不仅为他人身体健康权了。

因此,体系解释与目的解释的重要差异,在目的意义上可概括为“多维”与“一维”之别——体系解释侧重于通过援引其他规范目的或分析体系内目的的结构性来彰显目标条文的规范目的,而目的解释则专注于从目标条文本身出发纠问其规范目的。

(二)历史解释与目的解释的界分

与之相对应,历史解释与目的解释的重要差异在目的意义上可总结为“一元”与“多元”之别。

历史解释一般指根据历史资料来确定目标规范含义的解释方法,具体而言,又可分为基于立法资料的静态分析和基于规范沿革的动态分析。例如,根据全国人大常委会相关立法建议、审议报告、会议纪要等探寻法条初衷;又如《刑法修正案(八)》将原《刑法》第338条“重大环境污染事故罪”修改为“环境污染罪”,从修订前后的罪名及法条表述中可以清晰发现立法者对于惩处严重污染环境行为之态度的升格变化,由此能够更为精准地把握污染环境罪的规范目的。

换言之,历史解释聚焦于经典性,强调对立法原意的追索;目的解释则注重建构性,强调对立法目的的发掘。而“立法目的”这一范畴相较于“立法原意”而言,就显具多元化了,其既包括主观目的(立法原意)与客观目的、整体目的与具体目的,又包括规范内目的与规范外目的等,故此为历史解释与目的解释间“一元”与“多元”之别。

可见,体系解释、历史解释与目的解释的界分从“目的”的不同样态与属性中得见,反映在刑法领域,即可于“刑法目的”的维度与元素间勾勒出刑法目的解释的轮廓。既然如此,何为刑法目的便成为阐释刑法目的解释的核心问题。

## 四、目的要素的法理解读

目的论学说的发源可以追溯到古希腊哲学家苏格拉底,其认为一切事物均是为某种目的而诞生,事物自身及世界秩序的存在均是源于神作了有目的之安排。[①] 苏格拉底式的叙述为“目的”披上了一层神秘面纱,但却为人类认识事物规律打开了全新维度。马克思主义哲学观认为,人因主观能动性而以积极改造世界,故而除自然物以外

---

① 参见赵仲牧:《目的论·因果论·辩证论——中西方传统哲学中的三种秩序论模式》,载《云南大学学报(社会科学版)》2003年第4期。

的人造物身上,便自诞生之初就刻上了深刻的目的符号。从这一意义上讲,基于创造事物之目的而对其进行检视,能最大限度地匡正事物发展进路。

法律作为人类社会赖以存续的智慧结晶,也必然需要合目的性地发展,耶林在鲜明指出"目的是全部法律的创造者"之时,也表达了"法学的最高使命是探究法的目的"的观点公之于世。由此,学界开始持续关注"目的"对于制定法的根源意义及为法学理论带来的研究面向,目的论学说也融入法律解释学的理论血液之中,用于目的解释领域。

(一)"目的"界定的理论激荡

"法的目的"之理解,对于感知目的解释具有哲学层面的指导意义。在目的论学说的基础上,有学者从辩证统一的角度对个别目的与整体目的、具体目的与抽象目的、主观目的与客观目的三对范畴进行了考辨,揭示了"法的目的"对于目的解释的基础意义。

在个别目的与整体目的范畴中,从循环学的角度出发,个别目的与整体目的存在辩证统一关系,因此解释者需要以交互思维在个别规范的目的与整体法秩序的目的间进行审视,才能确保解释结论的可靠性与准确性;而在具体目的与抽象目的的范畴中,目的解释的深层价值得以凸显——目的解释不单为解决具体法律问题的手段工具,其本身更直接指向了对法律目的与法律价值的审思论证,故而,解释者应当在法律抽象目的的指引下,去实际理解法律的具体目的,而不可将两者隔离开来,导致目的解释的越位和游离。①

而主观目的与客观目的这对范畴,则直接关涉滥觞于德国普通法时代的主观说与客观说的学术之争,充分展现了"目的"范畴对于法律解释乃至法学理念的深刻影响。主观说聚焦于"立法者意志",忠诚于历史意义上的立法原意;而客观说则探求客观外在的"法律意志",强调现实意义上的规制目的。对此,波斯纳区分了法律解释中的传统主义与实用主义进路,指出传统主义系倾向于忠于历史的解释思维方式,而实用主义则强调面向未来的解释思维方式。② 可见,主观说便是传统主义进路的精神内核,客观说即为实用主义进路的理论旗帜,与之对应的主观解释论与客观解释论之争时至今日仍方兴未艾,两者在争讼过程中所流露出的对法哲基因的追溯、对国家权力架构的反思以及对现实主义司法的关切等,闪烁着思辨锋芒。

此外,还有学者介绍了在学术之争中出现的新主观说与折中说。③ 但综观其核心观点,新主观说与折中说均是对主观说与客观说的融合与修正。例如,有观点以拉伦

① 参见刘国:《目的解释之真谛——目的解释方法中的"目的"辨考》,载《浙江社会科学》2012 年第 1 期。
② 参见[美]理查德·A. 波斯纳:《法理学问题》,苏力译,中国政法大学出版社 2002 年版,第 340 页。
③ 参见梁慧星:《民法解释学》,中国政法大学出版社 1995 年版,第 207-209 页。

茨的客观目的论为载体,指出拉伦茨的客观目的论试图软化两大解释立场的矛盾冲突,其传递出法律解释需要在主观论与客观论之间求得平衡的价值取向,而要达到此种平衡,就必须同时考虑"历史上立法者的规定意向"及"其具体的规范想法"。

其实,无论主观说、客观说抑或是折中主义,其都需论证关键概念"立法原意"在解释中的体系性地位问题。这一问题实则又牵涉前文所述的理性主义的高涨与破产及以探寻"作者原意"为基础的方法论解释学与以追求"客观视域"为核心的本体论解释学之争。总之,探寻"目的"具有重要的理论价值,但从严格意义上说,"法的目的"系拟人化的表达,探讨"法的目的"实为追问人们欲通过法律规范实现何种目的。因此,刑法目的解释在面对不同的目的诉求时,需在刑法话语体系下对刑法目的的实体性内容进行思考论证。

(二)"目的"的教义学展开

刑法目的解释中"目的"的实体性内容,自然与刑法的建构和刑法理论的关切具有重要联系,众多学者对此展开了不同层面的持续探讨。对刑法目的及其相关问题的教义学展开,从多个维度构建了刑法目的的理论体系,为刑法目的解释的理论架构与方法适用奠定了基础。

1. 目的内涵的指向为何

我国学者关于刑法目的的确定主要存在五种观点。第一种观点认为刑法目的为惩罚犯罪和保护人民;①第二种观点认为刑法的根本目的是保护人民;②第三种观点认为刑法目的是保护法益;③第四种观点认为刑法的最终目的是维护现存社会的生存条件;④第五种观点认为刑法目的是确认国家刑罚权、限制国家刑罚权以及对权利进行保护。⑤ 综观上述不同观点,其争论实质指向了三个维度:一是在刑法目的与刑法任务的关系层面,惩罚犯罪是否属于刑法目的?二是在刑法目的与刑法机能的关系层面,保障人权是否属于刑法目的?三是在刑法目的与刑法原则的关系层面,贯彻罪刑法定原则是否是刑法解释的唯一目标?

(1)刑法目的与刑法任务的辩证

如何理解刑法目的与刑法任务的关系,这直接关涉对我国《刑法》第1条、第2条的理解。曲新久教授从语义层面明确指出,"任务"与"目的"分属政治用语与哲学概念两个不同的语词定位,具有天然的属性区别,两者不可混为一谈;⑥而张明楷教授则

① 参见高铭暄、马克昌主编:《刑法学》,北京大学出版社、高等教育出版社2000年版,第101页。
② 参见何秉松主编:《刑法教科书》,中国法制出版社2000年版,第171页。
③ 参见张明楷:《刑法学》,法律出版社2007年版,第27页。
④ 参见张智辉:《刑法理性论》,北京大学出版社2006年版,第43页。
⑤ 参见许道敏:《民权刑法论》,中国法制出版社2003年版,第64页。
⑥ 参见曲新久:《刑法目的论要》,载《环球法律评论》2008年第1期。

从刑法目的的角度理解《刑法》第2条的含义，认为刑法任务与刑法目的都为保护法益，因此“关于刑法任务的规定就是关于刑法目的的规定”。①

在此基础上，关于惩罚犯罪是否属于刑法目的的观点就更为复杂。以高铭暄教授、马克昌教授为代表的观点认为刑法目的与刑法任务大致相等，“惩罚犯罪”是刑法目的，并且与保护人民有机统一；②以何秉松教授为代表的观点则不承认“惩罚犯罪”在刑法目的中的独立性，其只是实现保护人民这一根本目的的直接手段；③而以张明楷教授为代表的观点直接指出刑法目的是保护法益而非“惩罚犯罪”。④

从上述观点出现的时间顺序可以发现，关于“惩罚犯罪”是否属于刑法目的这一问题经历了一个逐步发展的确定过程，学界从“惩罚犯罪”“保护人民”的基本认知中挖掘到了“保护法益”的深层本质。

(2)保护法益与保障人权的辩证

保障人权是否属于刑法目的的问题，涉及刑法目的与刑法机能的关系定位。曲新久教授认为刑法目的与刑法机能不可等同混淆，其指出，刑法目的属于上位概念，刑法的两大机能都是为实现保护法益之刑法目的而存在的，因此刑法目的应是保护法益而非保障人权；⑤张明楷教授则认为刑法目的与刑法机能是完全一致的。其从广义与狭义的语义层面分析了刑法目的中的“保护法益”与刑法机能中的“保护法益”与“人权保障”的不同含义，明确指出“在刑法机能层面，两者此消彼长，共同实现保护法益的刑法目的”。⑥

对于上述张明楷教授从区分意义上进行理解的思路，笔者深以为然。法益保护机能即要求刑法保护特定社会关系不受犯罪行为的侵害，人权保障机能则保证刑法仅能依法追究犯罪行为人的刑事责任，从两者的内涵中不难发现，法益保护机能与人权保障机能非为矛盾互斥关系，而系辩证统一关系。

因此，对于刑法目的与刑法机能的互动，我们需要厘清其在不同规范语境下的语义内涵。在刑法机能外部，无论是从法益保护机能出发，保护特定社会关系不受犯罪行为侵害，还是从人权保障机能出发，保障国家刑罚权的规范运行，均从不同角度反映出对社会及个人重大利益的维护。对上述重大利益的保护即是国家制定刑法的目的，因此刑法目的从外部而言可统一概括为法益保护。而在刑法机能内部，人权保障机能则具有优先的目的性意义，这源于人权先于法律。人权理论作为近代刑法立身之本的

---

① 参见张明楷：《刑法目的论纲》，载《环球法律评论》2008年第1期。

② 参见高铭暄、马克昌主编：《刑法学》，中国法制出版社1999年版，第12页。

③ 参见何秉松主编：《刑法教科书》，中国法制出版社2000年版，第17页。

④ 参见张明楷：《刑法学》，法律出版社2003年版，第31－33页；刘艳红主编：《刑法学总论》，北京大学出版社2006年版，第11页。

⑤ 参见曲新久：《刑法目的论要》，载《环球法律评论》2008年第1期。

⑥ 参见张明楷：《刑法目的论纲》，载《环球法律评论》2008年第1期。

罪刑法定原则的精神内核,也系“人是目的,而非手段”的康德哲学观在刑法中的理念投影。法益保护的最终目的亦是实现个人自由,故而人权保障应当成为刑法目的在刑法机能内部的出发点和落脚点。可见,在不同的规范语境下,无论是否承认刑法目的与刑法机能的同一性,都不影响对刑法目的中法益保护与人权保障并存的理性认识。

(3)刑法目的与罪刑法定

如何认识刑法目的与刑法基本原则的匹配性,集中体现于罪刑法定原则是否应为刑法解释的唯一目标。关于这一问题,学界多通过对现代罪刑法定原则的反思进行探讨。

有学者谈到罪刑法定原则的发展背景,指出现代罪刑法定原则不同于古典罪刑法定,其思想基础为民主主义与尊重人权主义阐明了罪刑法定原则的价值流变。[①] 此外有学者鲜明地指出,现代罪刑法定原则仅在观念层面对于指引刑法解释具有价值。[②] 因此,实践中解释者应将关注重点置于如何妥当运用各类解释方法使解释结论既符合刑法正义理念,又不超越可能文义范围,以此求得法益保护机能与人权保障机能的现实平衡。[③] 正是由于需要克服古典罪刑法定思想下形式法学的僵化性,故而罪刑法定原则出现了从绝对到相对的嬗变,这正为刑法目的解释的发展打开了缝隙。

考虑到罪刑法定原则的抽象性以及刑法解释的实际功能,当前学界的主流观点并不赞成将罪刑法定原则作为刑法解释的唯一目标,学者更多地思考在具体解释过程中如何更好地协调自由与正义的价值冲突。在此种情况下,兼具法益保护与人权保障内容的刑法目的在用于目的解释时的评价维度就变得更加多元,刑法目的与刑法原则的交互实现,引导人们将更多目光从罪刑法定原则投向了罪责刑相适应原则,以在特殊情形下保障个案正义。但不可否认的是,随着人权理念与法治理论的发展完善,罪刑法定原则仍将继续作为近代刑法的根基存在,无论刑法目的解释方法如何发展,刑法目的始终应围绕如何实现罪刑法定原则的基本使命而展开。

2. 实质违法性的表述如何

实质违法性是关涉犯罪本质的命题,而对犯罪本质的界定,亦即国家将何种行为实质上视为犯罪,便直接关涉到刑法目的的价值选择。对实质违法性的认定,存在结果无价值论与行为无价值论的争讼。结果无价值论的理论内核为法益侵害说,即行为因侵害法益或引起法益风险而具备实质违法性;行为无价值论的理论内核则为规范违反说,即当行为违反社会伦理规范时便具备实质违法性。然而,完全抛开结果无价值的行为无价值论与主观主义刑法并无二致,有违罪刑法定原则之嫌,故而当今我国学

① 参见张苏:《刑法目的的视阈下的刑法解释》,载《东方法学》2010年第6期。

② 参见赵秉志、肖中华:《刑法适用疑难争议问题两人谈》,载姜伟主编:《刑事司法指南》第2辑,法律出版社2002年版。

③ 参见肖中华:《刑法目的解释和体系解释的具体运用》,载《法学评论》2006年第5期。

界所探讨的基本为“二元行为无价值论”,即以结果无价值为基础,同时也考虑行为无价值——刑法上的实质违法性,是违反社会伦理规范(或者偏离社会相当性)的法益侵害或者危险。①

结果无价值论与行为无价值论各有其理论意义,亦都存在自身缺陷。例如,结果无价值论就面临法益概念的精神化、风险防控的疲软化等挑战,而行为无价值论则饱受伦理规范界定不清晰、易致国民行为自由萎缩等诘难。问题是,当结果无价值论与行为无价值论的争论从实质违法性层面发展到构成要件领域,继而影响具体犯罪的认定时,刑法目的的价值选择该当如何?

很明显,彻底的行为无价值论将保护社会伦理规范秩序视为刑法目的,而结果无价值论与二元行为无价值论则都主张刑法目的为“保护法益”。例如,主张二元行为无价值论的大谷实教授认为,只要承认国家刑罚权来源于全体国民意志,那么刑法机能就必然建立在保护社会成员个人利益之基础上。换言之,当下有关实质违法性的主流观点,对于刑法目的蕴含“保护法益”的认识上是基本一致的,而差别仅在于在实现“保护法益”最终目的的过程中,是否需要加入违反社会伦理规范的要素判断?亦即,在实质违法性层面,结果无价值论与二元行为无价值论对于实现刑法目的的手段内容存在不同理解,对于将何种形态的违法论通过刑法目的投射到刑法理论中存在不同希冀。对此,从刑法目的解释的角度出发,我们就需要结合不同的社会背景,思考在解释过程中选择哪条评价路径能够更为精准地揭示刑法目的的真实面貌,能够更为清晰地传达刑事法治的价值倾向,以及能够更为合理地划定道德规范与刑法规范的调整界域。

3. 整体目的抑或个别目的

我国与世界大多数国家一致,刑法采用总论加分论的编排体系,而在分论中又以犯罪行为的不同类型为标准进行章节划分,故而在刑法目的上便出现了层次性问题。

有学者从整体目的、章节目的、条文目的三个范畴阐明了刑法目的的层次性,并指向目的层次性原理。② 那么,刑法目的解释中的“目的”在层次性上又有何体现?事实上,整体目的与个别目的这对范畴在内涵上具有层层嵌套的相对性,本文是在刑法目的解释的语境下,从规范角度出发,探讨刑法体系中刑法条文所蕴含的整体目的与个别目的。

在总论部分,刑法的整体目的具体表现为《刑法》第 1 条“惩罚犯罪、保护人民”及第 2 条关于刑法任务的界定,内涵如前所述,可概括为保护法益,故刑法关于个罪的规

---

① 参见黎宏:《行为无价值论与结果无价值论:现状和展望》,载《法学评论》2005 年第 6 期。

② 参见逄锦温:《刑法机能研究》,法律出版社 2014 年版,第 79 - 81 页。关于目的层次性原理,其指出:“在刑法目的的层次性中,低层次的目的受高层次目的的制约,高层次的目的依赖低层次的目的的体现和实现。”

定均以实现“保护法益”为目的。显然,整体目的在一般情况下对于刑法目的解释并不能提供实际指导,必须结合个罪中的个别目的才能对构成要件进行精准解读。正如前述有论者指出的,解释者需要将目光往返于个别目的与整体目的之间。[①] 而在分论部分,罪名章节与具体罪名间亦存在整体目的与个别目的的层次区分。例如,《刑法》分则第八章规定了贪污贿赂类犯罪,则其下设个罪均以维护国家工作人员职务廉洁性与国家廉政制度为目的而制定,较为典型的如贪污罪、受贿罪等;而非国家工作人员受贿罪就行为样态而言虽也系贿赂类犯罪,但因其所保护的法益系非国家工作人员的职务活动管理制度,将其置于《刑法》分则第三章破坏社会主义市场经济秩序罪类目下,才能实现分则章节整体目的与具体罪名个别目的的匹配。

因此,对于刑法目的解释而言,刑法目的应就整体目的与个别目的兼而有之,才能确保解释结果的合规范性、合目的性。尽管在实际的解释过程中,解释者通常不会先从整体目的推导出个别目的,再对构成要件进行解读,而是径直以个别目的进行解释,但不可否认,整体目的的内涵与价值已渗透到解释者对于个别目的的理解之中。如前所述,在实质违法性系法益侵害的基本观点的支配下,保护法益的整体目的对于在解释过程中纯粹违反规范的入罪解释行为,具有限制入罪解释的重要功能。

4. 主观目的抑或客观目的

囿于社会现实的发展、新型法益的创设与罪刑法定原则、刑法谦抑性的矛盾冲突,持主观目的说的主观解释论与持客观目的说的客观解释论之争在刑法解释中尤为突出。主观解释论的基本逻辑起点是现代政治哲学的分权理论,司法者不能超越立法者,故而在进行目的解释时应当探寻立法者当时的具体意图。有学者直接指出,基于我国刑事法治建设的需要,应当奉行主观解释论而非客观解释论的立场。[②] 客观解释论则从现实主义出发,警惕在解释中陷入形式主义而脱离现实生活,主张法律具有独立于立法者的自身意志,在进行目的解释时应当探寻法条在今日法秩序上的标准意义。例如,有学者从语词含义的流变出发,论证刑法目的的内涵亦会因现实发展而不同于历史上制定刑法时的目的设想。[③]

主观解释论与客观解释论各自为营、各有优劣,当下,学者们则更多从折中角度汲取两大阵营的理论优势,以期为刑法目的解释的发展寻找合理出路。例如,罗克辛教授认为,必须承认客观性理论的独立作用与主观性理论的约束作用均赋予其各自以正确性方面,因此选择置于两者之间的理性解决办法应当得到赞同。[④] 故而,有学者从

---

① 参见刘国:《目的解释之真谛——目的解释方法中的“目的”辨考》,载《浙江社会科学》2012 年第 1 期。

② 参见陈志军:《刑法司法解释研究》,中国人民公安大学出版社 2006 年版,第 318 页。

③ 参见张苏:《刑法目的的视阈下的刑法解释》,载《东方法学》2010 年第 6 期。

④ 参见[德]克劳斯·罗克辛:《德国刑法学总论:犯罪原理的基础构造》(第 1 卷),王世洲译,法律出版社 2005 年版,第 86 页。

刑法特有的谦抑性出发，站在以主观解释为主、客观解释为辅的立场，指出刑法解释应当首先考虑立法原意，只有在绝对必要的情况下，才能够对刑法条文的文字作客观层面的理解。① 与此同时，亦有学者站在以客观解释为主、主观解释为辅的相反立场，认为刑法解释的目标并非存在于立法原意之中，而系刑法规范的客观意思，只有当客观解释出现荒谬结论时，才应探寻刑法规范的立法原意。② 除此之外，还有观点试图超越主观目的说与客观目的说，从主体间性出发树立刑法解释立场。主体间性表明，认识不再是主体对客体的单向解读，而是自我主体与对象主体之间的沟通、交流。显然，主体间性的刑法解释立场接受了哈贝马斯的沟通交往理论，其不同于上述将解释主体与解释对象相互分离的主观解释论与客观解释论，而实质上在解释过程中构建了一个开放的逻辑体系，通过不同主体间的交流以最大限度地释放刑法条文的规范含义。在此种情况下，目的解释的解释视角便往返于不同法律对象，通过充分考量相关主体的利益诉求，以最终在商谈意义上达成对刑法规范的合理认知。③ 尽管主体间性的解释立场可能会在某种程度上瓦解刑事法治所确立的基本命题，使刑法规范的刚性变得游离，但其中所体现出的“视域融合”的解释思想，让刑法目的解释的方法视野变得更为开阔。

## 五、刑法目的解释的功能与局限

刑法目的解释是一把“双刃剑”，运用得当将能够获取较其他刑法解释方法更为丰富的解释功能，运用不当则可能逾越底线和刑法原则的雷池。因此，学界在肯定刑法目的解释价值的同时，亦对其适用充满警惕。我们在适用刑法目的解释时，也应当有意识地对其功能及局限进行甄别。

### （一）方法论意义与体系性价值

英国学者哈特曾提出著名的语言核心—边缘理论，指出法律语言不是精密的表意工具，均具有“空缺结构”（open texture），而在“边缘地带”，语义是根本不确定的。④ 这实际上昭示了实证主义在法律命题上仍然无法解决人类语言的模糊性问题，故而，法律文本的抽象化与客观现实的具体化便可能引发条文与事实的衔接困难，这需要通过法律论证解决。

法律论证的核心在于司法裁判的合理性证立，合理性证立使国民有充分理由信任法官的判断是恰当的。学者佩策尼克将此种合理性区分为逻辑合理性、支持合理性与

① 参见李希慧：《刑法解释论》，中国人民公安大学出版社 1995 年版，第 81 页。

② 参见张明楷：《刑法学》，法律出版社 2003 年版，第 40－41 页。

③ 参见肖志珂：《论目的解释在刑事指导案例中的运行规则》，载《政法学刊》2019 年第 4 期。

④ 参见［英］哈特：《法律的概念》，张文显等译，中国大百科全书出版社 1996 年版，第 124 页。

推论合理性。[①] 上述合理性显然并非规范条文的固有特性,故需在法律解释过程中付出努力,将其聚合为支撑裁判的融贯论述,由此便出现了法律解释的融贯性命题。简言之,法律解释的融贯性旨在克服法律语言的不明确性与法律规范的不周延性,试图在解释过程中进行整体性思考,以达至规范冲突的化解与价值冲突的协调。德沃金在其著作《法律帝国》中就阐明了法官应以"构建性解释"作为解释法律的方法,并在解释过程中追求"整体法"的理想。[②] 而这种整体性思考,一定程度上蕴含对法律教条主义的反叛、对形式主义法学的拷问,这与目的解释的逻辑视角天然契合。在罪责刑相适应原则的宣示之下,刑法目的解释在回应静态文本与动态现实的矛盾之间,就承担起了更大的融贯性使命。刑法目的解释能够突破对刑法条文的静态理解,赋予规范内容在目的意义上的语义弹性,对于处理个案事实与刑法规范高度偏差的疑难案件,以及实现定罪量刑的体系协调,具有显著的方法论价值。

除实现融贯性层面,刑法目的解释亦能在一定程度上推动刑事法治的发展。牧野英一教授即认为目的解释能够推动法律之进化:"此解放之法律解释,名曰社会的解释,系从新社会的理想运用法律之意,系以新社会的理想代替法律制定上、事实上之趣旨而推度法律之适用者,而所谓法律之缺陷同时借此新社会的理想以填补之也。"[③]罗克辛教授也引用德国《联邦最高法院刑事判例集》中的明确主张,来阐明目的解释对于刑法适用的时代价值——法律不应当被封闭在立法原状的历史范畴之中,其需要融入社会生活并成为持续发展的精神符号,进而合理调整自己以得到进一步适用,只要此种调整不会摧毁其法制形式。[④]

反观我国刑法实践,自1997年《刑法》颁行至今,刑法立法修改频繁、刑事司法解释活跃,其背后展现出的是立法对司法的不信任与刑法解释实践情况的不乐观。对于成熟的法治国家而言,刑法文本通常是较为稳定的,就司法实践中出现的新矛盾,更多通过刑法解释论的精细化予以完善。因此,刑法目的解释虽非为宏大的理念宣示,但相较于其他刑法解释方法,其适用的技术性与理论性更为突出,对提高刑事法治的整体水平具有显著的推动作用。

(二)理论争议与适用限制

然而,目的解释实践是充满争议的。陈金钊教授明确指出了目的解释的弊端,即尽管目的解释有助于克服法律的僵化性,但由于目的选择的多样性与冲突性,其势必

① 参见[荷]伊芙琳·T.菲特丽丝:《法律论证原理:司法裁决之证立理论概览》,张其山等译,商务印书馆2005年版,第160页。

② 参见王彬:《论法律解释的融贯性——评德沃金的法律真理观》,载《法制与社会发展》2007年第5期。

③ [日]牧野英一:《法律上之进化与进步》,朱广文译,中国政法大学出版社2003年版,第60-61页。

④ 参见[德]克劳斯·罗克辛:《德国刑法学总论:犯罪原理的基础构造》(第1卷),王世洲译,法律出版社2005年版,第86-87页。

放松对法律服从的要求并导致法官自由裁量权的扩张,从而使规则意义上的法治时刻处于危险之中。[①] 刑法的谦抑性与严厉性,使自由裁量权与坚守罪刑法定原则的关系更为紧张,刑法目的解释在司法实践中所面临的首要责难即其容易滑向类推解释、任意解释。因此,刑法目的解释适用的边界,便成为学界关注的重大理论问题。

1.适用的位阶

刑法解释方法的位阶性是刑法解释的重要命题,目前尚存诸多争议。例如,有观点认为,在理论上目的解释与文义解释相并列,但在作用上其却是处于辅助地位的一种解释方法。[②] 对此,有学者将以上观点称为附属作用论,支持其论点的即为文义解释优先论——文义解释具有优先性而不可摈弃,除非法律语义出现模糊且足以产生荒谬的解释结论。[③]

与之对应,有学者持决定作用论,即考虑到目的对于法律规范的本源意义,因此当存在复数解释结论或无法得出妥当解释结论时,最终应由目的解释决定取舍。[④] 此外,还有学者认为,虽然学界对于目的解释方法的重要性已达成共识,但从慎重角度出发,解释者更应关注目的解释"隐性适用"的重要特征。[⑤]

然而,无论对目的解释的地位持何种立场,上述观点均在逻辑前提下预设了各解释方法存在位阶性的命题。对此,苏彩霞教授指出:"刑法解释应遵循文义解释→体系解释→历史解释→目的解释→合宪性解释的运用顺序。"[⑥]学界也普遍将刑法目的解释后置,试图从方法选择上防止目的解释在刑法领域的滥用。

2.目的的确认

刑法目的解释的具体适用需要明确刑法目的的规范含义。张志铭教授提出,目的解释的适用具有四大条件:法律最终目的的证立没有歧义;此种目的得以被清楚认知;立法者并未有意克减此种目的的实现;法律语言与目的解释形成了高度一致性。[⑦] 这实际上可视为目的解释适用的大前提。

在刑法目的解释适用前提的探讨中,有学者认为,一般存在两种情形,一是对刑法条文的文义理解出现复数结果时,需要借助目的解释加以权衡;二是文义解释的结果模糊不清或不甚合理时,需要引进目的解释进行补正。[⑧] 此类观点系从刑法目的解释

---

① 参见陈金钊:《目的解释方法及其意义》,载《法律科学(西北政法学院学报)》2004年第5期。

② 参见蒋惠岭:《目的解释法的理论及适用》(下),载《法律适用(国家法官学院学报)》2002年第8期。

③ 参见孔祥俊:《法律解释方法与判解研究:法律解释·法律适用·裁判风格》,人民法院出版社2004年版,第325页。

④ 参见张明楷:《刑法分则的解释原理》,中国人民大学出版社2004年版,第34页。

⑤ 参见龙世发:《适用与限制:法律解释中的目的解释方法》,载《政法学刊》2009年第2期。

⑥ 苏彩霞:《刑法解释方法的位阶与运用》,载《中国法学》2008年第5期。

⑦ 参见张志铭:《法律解释的操作分析》,中国政法大学出版社1998年版,第137页。

⑧ 参见石聚航:《刑法目的解释研究》,南京师范大学2016年博士学位论文,第6页。

的功能出发,将其作为保障性的解释方法予以后置适用。

此外,还有学者试图分别从目的主体、法律对象与目的属性三个维度对刑法目的解释中的目的获取进行规范界定,以匡正刑法目的解释的目的来源。从目的主体来看,目的解释中的目的是指立法目的,因此适用时需要排除解释者的个人目的;从法律对象来看,目的解释中的目的是指规范目的,因此适用时需要将考量规范外因素的影响限于量刑而止于定罪;从目的属性来看,目的解释中的目的是指法益种类,因此适用时需要从微观入手,分析个罪条文中的具体法益。①

3. 结论的检视

从外部机制确保刑法目的解释结论的合理性,系刑法目的解释的传统命题,这主要可以分为实践机制与理论机制。对于前者,学者更多是通过在司法技术上强化刑事判决的论证说理、在司法程序上将刑法目的解释的结论受检于上诉程序与再审程序等方式,对刑法目的解释的实践运用进行规制。② 对于后者,有学者提出基于后果考察理论对刑法目的解释的随意性进行限制,即"后果考察是对某种解释方法及其产生的利弊进行全面的客观评估,以论证刑法解释的合理性"③。可见,后果考察理论试图从功利主义刑法立场出发,形成结果取向的刑法解释思维,将刑法目的解释的结论置于各种社会价值与利益诉求之间寻求合理平衡。

此外,基于实质化思潮下刑法目的解释拥有摆脱文本约束的强大冲动,也有学者提出须从刑法教义学与合宪性解释的角度出发,对刑法目的解释进行双重制约,即"有必要借助一种二元性的制约机制,即通过法教义学的内部控制与合宪性的外部控制,来实现对目的解释的规制"④。在刑法教义学内部,须对解释方法及目的本身进行控制;在合宪性解释外部,须以宪法文本及宪法原则精神对解释结论进行检视。

总体而言,刑法目的解释颇具"戴着脚镣跳舞"的姿态。学界一方面希望能够更大程度地释放其开放、灵活的解释功能;另一方面又时刻警惕其对刑事法治所可能造成的戕害。这种矛盾心理亦使司法实践中对刑法目的解释的实际运用陷入困境。正因如此,在持续关注并反思刑法目的解释基础理论的同时,笔者也将目光逐渐转移到刑法目的解释的司法适用中,在另文中对刑法目的解释的司法适用展开实证分析,以期以现实的刑事裁判论证和回应刑法目的解释的适用问题。

---

① 参见赵运锋:《刑法目的解释的作用、边界及规制》,载《北方法学》2011 年第 6 期。

② 参见赵运锋:《刑法目的解释的作用、边界及规制》,载《北方法学》2011 年第 6 期。

③ 姜涛:《后果考察与刑法目的解释》,载《政法论坛》2014 年第 4 期。

④ 劳东燕:《刑法中目的解释的方法论反思》,载《政法论坛》2014 年第 3 期。

# 论刑法目的解释适用规则的体系性构建

蹇　露*

【内容摘要】刑法目的解释在现实适用中存在目的范畴模糊、解释立场不明、适用顺序与效力位阶混乱等一系列问题，不仅难以充分发挥其自身优势功能，也极易引发不当类推解释或者任意解释等解释滥用，进而损害罪刑法定原则和个体权益。现有目的解释的适用规则存在诸多弊端难以有效应用于司法实践，亟待周全细化的适用方案。因此，本文将分析并总结刑法目的解释在适用规则研究中面临的主要问题，并在此基础上明确目的解释立场和适用位阶的优势选择，进而从边界限制、规范目的确定以及具体流程三方面有针对性地建构兼顾方法逻辑和规范制约的体系化刑法目的解释适用规则。

【关键词】刑法解释　目的解释　适用规则　体系化

## 一、引言：问题意识与文献综述

### （一）问题的提出

“任何解释方法都或多或少地包含了目的论解释”①，而在刑法解释领域，目的解释一直以来都被视为解释方法中的最高准则，当采用其他解释方法都不能得出唯一解释结论时，便需要目的解释挺身定夺解释结论中的“最优解”。随着社会经济的迅猛发展，风险社会的呼啸而至，功能性刑法体系成为当下的优势选择，刑事政策被吸纳成为规范解释依据，解释依据和方法也日益多元化。加之刑法规范文字表述的模糊性以及解释主体对于“唯一”解释结论的迫切追求，使得目的解释的运用愈加开放灵活，由此也引发了更广泛的任意解释、类推解释等解释方法的滥用，亟须周全有效的规制方案限制目的解释的适用。诚然，良好的风险防控措施是杜绝方法滥用最重要的环节，但现有目的解释适用规则缺乏体系性建构，且由于其适用的灵活性和广泛性，在实践中已然出现了解释立场不明、适用顺序与适用效力位阶模糊，适用规则操作不一等混乱现象，引发类推解释或者任意解释等一系列问题，不仅难以充分发挥目的解释的优

---

* 蹇露，四川大学法学院刑法学硕士研究生。

① 张明楷：《刑法格言的展开》（第3版），北京大学出版社2013年版，第30页。

势功能,也极易破坏法律稳定性和法秩序统一性,导致司法实践举步维艰。

(二)研究现状及文献综述

目前我国学界也日益关注刑法基本立场和解释方法适用问题,虽然现有研究的学术论文在刑法目的解释的解释立场、目的本质、与刑事政策的关系、如何制约目的解释等方面成果显著,但是研究方向往往局限于宏观层面,鲜有对微观层面的细致探求,对于如何具体应用目的解释方法进行个案分析还缺乏研究。此外,现有研究内容过于关注理论学说之争,缺乏实践适用探索,如缺少对目的解释在刑法适用中具体困境的分析与总结,进而无法得出有针对性的应用标准和完善方案。综观学界研究现状,可总结如下:

首先,在刑法目的解释立场研究方面,存在客观解释和主观解释立场争论及形式解释和实质解释的学术争议。主客观目的解释的争议主要在于:究竟应当从立法时还是适法时的"目的"阐明刑法条文的含义。主观解释论主张,在解释立场上坚持以立法原意与立法本义为解释目标。客观解释论认为,应坚持以适用时法律规定的客观意思和规范意义为解释目标。而形式和实质目的解释的主要争议在于:其关注的不是两方立场能否在刑法条文字面含义上作拓展解释,而是定位在具体解释时,何者优先适用,更深的分歧在于对用语可能含义的理解。形式解释论主张,应当遵循从形式到实质的顺位,即从刑法条文字面含义到条文规定的行为性质依次解读。可见,在主观与客观解释、形式与实质解释两个层面的立场争执中,每一种立场都有其存在合理性和研究价值性,选择何种立场抑或以何种立场为先,都需要结合理论和实践进行详细分析。

其次,在刑法目的解释适用位阶研究中,我国学界亦存在较多争论。梁根林教授主张,刑法解释应当遵循文义解释、体系解释、历史解释、目的解释、合宪性解释的依次顺序。[①] 程红教授则认为,刑法解释方法的位阶关系首先表现在适用的序列上,即从文理解释到体系解释再到目的解释;其次应分情况看待各解释方法的效力,不同情况下目的解释和文理解释具有不同的优先性。[②] 周光权教授也认为,文义解释虽然具有优先性,但其并不一定具备决定性;目的解释虽然可称为最高准则,但并不能一概而论。刑法解释方法的顺序和效力位阶在随解释主体不断变动,并不存在固定范式,应当转向关注各方法于实践中的具体适用。[③] 由此可见,我国刑法学界对解释方法之间的位阶争执并无定论,所谓的方法间的适用位阶只不过是个体认知下的易变主张。但笔者认为,各种解释方法之间理应存在适用顺序和效力位阶,否则理论研究和实践争

① 参见梁根林:《罪刑法定视域中的刑法适用解释》,载《中国法学》2004年第3期。

② 参见程红:《论刑法解释方法的位阶》,载《法学》2011年第1期。

③ 参见周光权:《刑法解释方法位阶性的质疑》,载《法学研究》2014年第5期。

论的意义何在？且目的解释在实际应用时同其他解释方法之间的现实冲突在所难免，有冲突便需要解决机制，适用顺序和效力位阶的顺序仍需确认。

最后，在刑法目的解释适用限定路径研究方面。近年来，刑法学界关注到了目的解释存在滥用危险，已然开始研究目的解释的制约适用并提出了一些限定方案。有学者指出，应当从现代刑事政策合理性出发对目的范围制约、以其他解释方法对目的解释制约，同时以制度制约作为事后救济，包括判决书说理、上诉制度与审判监督制度等。① 有观点认为，可以通过合宪性解释、司法程序以及增强判决书说理性等手段对目的解释予以约束。② 也有学者认为，应当采用后果考察方法对刑法目的解释进行检验和限制，并设计了一套具体检验方案。可以承认的是，现有研究在目的解释制约的方向和视角上基本考量周全了。但是仔细分析也会发现不足之处，这些方案多从理论上宽泛地限定目的解释，联系实践案例不足，具体应用标准有待细化，至于各种方案能否结合适用，如何建构更加全面有效的限定规则等，都是需要进一步研究的内容。

综上所述，总体来看，我国刑法目的解释研究成果少，研究内容不全面；具体来看，刑法目的解释的研究重点较为集中，但缺乏实践适用的针对性。然而只存在方法却缺乏该方法的适用标准，再完善的方法论体系也不能有效彰显其“回应实践”的能力。显而易见，刑法目的解释是沿着知识论到方法论的路径展开的，前者以目的解释理论知识层面为基础，后者则是从目的解释适用的技术层次上来构建。因此，在当下其本体论与功能论的交错发展中，亟须深入研究刑法目的解释的具体应用规则以及合理适用方案。

## 二、刑法目的解释的“目的”范畴

在刑法学领域，对于刑法目的的认识有着两种不同的学说，一是“法益侵害说”，认为刑法的目的在于保护法益；二是“规范违反说”，认为刑法的目的是保护刑法规范的有效性，这两种不同观点都为刑法目的解释中的“目的”提供了有力的标准。但二者相较，“法益侵害说”更占主流，将规范保护视为法益保护的手段。而我国《刑法》第 1 条也已经明确指出刑法的制定是“为了惩罚犯罪，保护人民”，其中对犯罪行为的惩罚看似是对违反规范行为的处罚，但实际是为了保护被侵害的法益，因而笔者也将以“法益侵害说”作为本文论述的立场。

虽然可以将刑法的目的概括为“法益保护”，但在目的解释中，“目的”仍具有不确定的内涵，哪些元素可以作为目的解释方法中解释标准的“目的”，尚存争议。对于目

① 参见周折：《刑事政策视野中的刑法目的解释》，载《中外法学》2007 年第 4 期。

② 参见赵运锋：《刑法目的解释的作用、边界及规制》，载《北方法学》2011 年第 5 期。

的解释的“目的”应如何理解,理论界尚无定论,[①]但可以明确的是,“立法目的”应当作为目的标准的主要内容,但并不必然为其唯一且决定性的内容。而且对于“立法目的”是否存在、能否准确把握,也存在相当大的争议。而目的范畴不明,势必导致刑法目的解释适用的混乱困境,因此,作为解释标准的“目的”,究竟由何种要素构成,是颇具争议的学术议题,也是本文研究的首要命题。

(一)“目的”范畴的基本含义

1. 法律解释的“目的”范畴

就“目的”本身来说,便可以从各种角度对其进行阐释,其背后均有不同学科的支持。“目的”的含义在法学、汉语言文学等其他学科下的解读固然有所不同,但仅着眼于整个法学理论研究,“目的”一词的含义也存在分歧。在不同的法学理论体系或法律规范体系中,目的既可能是指“体现于制定法表面或立法准备材料中的历史目的,也可能是指一种归诸理性、客观的立法者目的”[②]。现有学者已经对目的范畴做了探讨,指出了“目的”的复杂多样,且在法学论著中能阅览的就不在少数,如整体法律的目的、法条的目的、立法者的目的、司法者的目的、法律的形式目的以及实质目的等。更有学者指出了目的解释中的不同目的可能存在矛盾冲突,一是具体目的和抽象的终极目的,二是个别法律条文之目的和整体法律或整个法秩序之目的,三是立法者之主观目的和法律之客观目的。[③] 足以见得法律解释中“目的”的内容之广,形式之多,且当多种目的出现冲突时,如何进行取舍也是需要研究的重点问题。

2. 刑法解释的“目的”考量

针对刑法目的解释中的“目的”而言,目的解释的准则也并非仅仅指代刑法整体或局部章节、条款的“立法原意”或“立法目的”。立法目的固然是必然考察的要素,但司法者的目的、执法者的目的以至于刑事政策的目的等也都是可以被纳入“目的”考量的要素。因而对于刑法解释标准“目的”考量的关键便转向不同目的之间是否具有普遍适用的主次位阶以及先后顺序,乃至在具体个案适用中作出解释时,各种“目的”考量孰轻孰重的问题。

(二)立法目的的主体地位

关于立法目的概念,有学者认为,立法者希望通过法律实施所达到的效果,即为立法目的。换言之,只有法律的本原才是目的解释中的立法目的。但也有不同意见称,目的解释的“目的”,是指该法律的整体目的而非某条某款之立法意旨。而笔者认为,立法目的是复杂的,法律的整体目的和法条目的在本质上是整体与部分的关系,具体

---

① 参见周折:《刑事政策视野中的刑法目的解释》,载《中外法学》2007 年第 4 期。

② 张红良:《刑法目的的解释研究》,西南政法大学 2018 年博士学位论文,第 17 页。

③ 参见刘国:《目的解释之真谛——目的解释方法中的“目的”辨考》,载《浙江社会科学》2012 年第 1 期。

法条的规范目的也不会超脱于整部法律的立法意旨,同时整部法律规范目的的实现也有赖于具体法条的实施落实,二者所指向的“目的”实际上属于一体两面,需要体系性考察。且由于法治的安定性要求,以立法目的这样相对固定的元素来解释法律更能回应理论以及现实需求。特别是在刑法领域,更重视刑法以及刑法解释的明确性、稳定性和可预测性,相比其他目的,立法目的更为稳定明确,立法目的在刑法目的解释标准中的主体地位自然不言而喻。同时在刑法目的解释中坚持立法目的的优先,也能最大限度地避免司法滥用,最大限度地确保刑法条款的“明晰”,以维持刑事法律本身的“安定”。

(三)立法目的的具体争议

1. 立法目的的有无之争

尽管上文确认了立法目的是解释标准的主体,但仍存在先决性的争议,即立法目的是否可知?若立法目的不可知,则“立法目的是解释标准的主体”这一论断便失去了立足之根本。而持立法目的不可知的意见者认为,“真正的目的往往是不可知的”,即使立法目的真正存在,但由于立法过程的烦琐复杂,立法用语的抽象概括,以及刑法规范自身的矛盾冲突,立法目的也极难被探知,更不用说将其固定明确,甚至最能反映立法之初“目的”的立法者们对立法原意也难以把握。但实际上,这样不可知的论调反而承认了立法目的的存在性,只是认为对于立法目的的把握存在难以跨越的鸿沟,并基于这种把握的困难否定了立法目的在法律适用这样严肃场景下的运用可能。但只有依据一定的目的,才能对法律作出真正的理解,否认法律目的的存在,无疑是否认了理解法律的基础。因此,在承认法律目的存在的前提下,虽然对于立法目的的探寻存在困难,但仍需要抽丝剥茧、条分缕析地把握立法目的。

2. 立法目的的内容之争

明确立法目的可知且在地位上是解释标准的主体后,亟待解决的问题便是立法目的内容具体何指。其仅是指部门法的整体目的,还是具体的法条目的,抑或是既指法的整体目的又指法条目的?正如有学者所言,“目的”不仅涵盖了整部法律的目的,也包含了特定的个别法条和个别制度的目的。同理,即使是针对特定法条的目的,也存在“目的总是在改变”的问题。或由于解释主体对“目的”的理解有差异;或由于时代变迁导致“目的”发生变化;或由于法律的体系化而表现“目的”的层次稍有不同。① 以上论点,以承认立法目的存在为基础,比较客观地说明了立法目的的复杂程度,不仅法律本身是复杂的,法律面向的个案具体事实更是错综复杂,进行法律解释的主体也有着复杂的社会背景和社会经验,法律目的的复杂性自然不言而喻。因此,当对法律目的进行探寻,对刑法目的进行释明时,可以根据上述列举的复杂视角推进考察:允许不

---

① 参见[德]阿图尔·考夫曼:《法律哲学》,刘幸义等译,法律出版社2004年版,第47页。

同解释主体形成各自的理解,进行权衡协调;允许从动态视角审视法律目的,从客观的视角进行解读;允许构建层次分明的法律目的体系,抽丝剥茧分析法律目的的具体内涵。[①] 而学界对于目的解释的各种立场已展开了激烈的交锋,下文将对其详细阐述。

## 三、刑法目的解释的立场探析

在目的解释研究中,一直存在悬而未决的难题:法律的目的常常并非唯一,即使在同一学术领域,目的之间也广泛存在差异。而在刑法解释学的研究范畴中,目的之间存在差异从而导致解释冲突的情形已然司空见惯,法益保护抑或人权保障孰轻孰重,法条目的或是法典目的谁者争先,主观论目的还是客观论目的何弃何从等争论时有发生。因此,由于目的灵活、多义,为保证刑法目的解释的方法论问题研究能够沿着一条脉络深入探讨,必须贯彻一定的立场,对其本体论问题加以梳理和整合。而关于刑法目的解释的立场,目前学界存在客观目的解释和主观目的解释以及形式目的解释和实质目的解释的立场争论,下文将逐一展开探析。

### (一)主客观目的解释之争议

主观解释论认为,应当探求立法者制定法律时的真实意思、以立法原意与立法本义为解释目标,其重视的是刑法安定性和人权保障。客观解释论主张以适用时刑法规范的客观意思和规范意义为解释目标,其强调司法公正和社会秩序维护。概括来看,两种解释论的理论交锋可以总结如下:

首先是主观解释论对客观解释论的主要批判:其一,客观解释是解释者的任意解释,所谓"客观"只针对案件事实,就文本意义的解读明显是主观决定的结果。其二,客观解释强调立足于现实需要,但通常是解释者"各取所需",极易背离罪刑法定原则。其三,客观解释中常常是个体意志对结论起了决定性作用,从而极易令刑法解释成为类推解释。[②]

反之,客观解释论对主观解释论也作出了如下批判:其一,立法原意可能本就不存在,即使存在也难以查清。[③] 其二,立法规范可能受彼时立法技术或刑事政策的影响而出现任意性规定或者背离罪刑法定原则的条款,仅依靠立法原意根本无法解读规范真意。其三,法律与社会具有直接且密切的关联,法律一经颁布便不再受控于立法者意志,而是随社会变化不断自我更新。

主观和客观解释均有利弊,事实上,当下完全按照上述单一解释立场进行所有刑法文本解释的呼声已经少有了,目前两方的立场争论更多在于在具体解释场合下,两

---

① 参见张红良:《刑法目的的解释研究》,西南政法大学2018年博士学位论文,第21页。

② 参见刘艳红:《网络时代刑法客观解释新塑造:"主观的客观解释论"》,载《法律科学(西北政法大学学报)》2017年第3期。

③ 参见肖中华:《刑法目的解释和体系解释的具体运用》,载《法学评论》2006年第5期。

者何者为主,何者为辅的顺位确定。拉伦茨曾指出,解释者虽然从立法者当初所确定之目的出发,但是解释结论通常已经超越了立法原意,而以法律固有的合理性来解读。这里的合理性实际上是指解释者不仅要考虑立法原意,更要思虑规范调整的事物特质与特定境遇,在综合因素权衡下得出解释定论。① 刘艳红教授一针见血地指出,基于主客观解释论各自的优缺点,应当以客观解释为基本,在其适用中贯彻主观解释,以之作为前者的限定。笔者同样赞同"主观的客观解释论"立场,在具体解释法律时,应当以客观解释为主,同时在立法原意来源正当的框架指导下,将立法原意吸入客观解释,以限制其过度扩张,灵活得出合理结论。以客观解释为基础,是因为较之主观解释,其能够更加明确、具体地诠释刑法规范真意。立法原意通常是规范设立时的原则性精神,难以寻得实质具体的内涵。在刑法体系建构日益精细化的当下,对刑法规范解读必须尽可能具体明确,只有精神或原则的指导难言解释合理性,甚至难以得出结论,并且这种先天性缺陷无法得到后续方法论上的弥补。而客观解释的瑕疵,一方面可以经由主观解释的参与而适度纠偏,另一方面可以在法益工具和目的解释规则下加强规范。换言之,客观解释的不足能够通过主观解释、合目的性解释理念以及解释的具体规则获得有效改进。事实上,通过学术争鸣,中国刑法解释学必将逐渐统一认识并走向刑法的"适当的客观解释"。② 这里的"适当"便为主观解释预留了有限的适用空间。

(二)形式和实质目的解释之争议

我国形式解释和实质解释之争经由诸多学者论证交锋,已经逐渐上升为刑法学派别意义上的争执,双方就各自支持立场从不同的学术角度据理力争,并形成了一定的研究成果。而两派论战始终是围绕构成要件的解释进行的,主要针对三种情形:表面符合构成要件而实质没有可罚性的行为、实质上值得处罚但缺乏刑法明文规定的行为、实质上值得处罚但缺乏刑法明确规定的行为。

形式解释论主张,基于罪刑法定原则的形式理性,通过形式要件将实质上值得处罚但缺乏刑法明文规定的行为排除在犯罪之外;如果某一行为没有处于规范通常语义内,则进一步判断其是否在语义射程内;只有满足构成要件该当性后才能展开实质判断,进而将表面符合构成要件而实质无可罚性的行为排除在外。同时批评实质解释在具体解释中令实质判断取代形式判断;以价值判断取代文义判断,超越了可能语义的限制,悖逆了罪刑法定原则。③ 实质解释论认为,对构成要件的解释不能仅看用语字面含义,而必须以法益为指导,考虑刑罚的必要性和合理性,于罪刑法定原则下将字面符合构成要件、实质不值得处罚的行为隔绝在外,但是可以在用语可能含义内扩大解

① 参见[德]卡尔·拉伦茨:《法学方法论》,陈爱娥译,商务印书馆2003年版,第62页。

② 参见魏东:《西方国家刑法解释(学)的学术考察》,载魏东主编:《刑法解释》第3卷,法律出版社2018年版。

③ 参见陈兴良:《形式解释论的再宣示》,载《中国法学》2010年第4期。

释,将实质上值得处罚但缺乏刑法明确规定的行为定罪量刑,以实现处罚妥当性。同时批判形式解释过度强调构成要件的形式性,忽略了实质性判断,囿于规范的平义解释,没有对可能含义合理扩展,以有利于被告人作为解释结论合理的唯一指标,曲解了罪刑法定原则的真意。以故意毁坏财物罪中“毁坏”的解释为例,陈兴良教授认为,采用高进低出方式操纵股票致他人财产损失的行为不能认定为“毁坏”,毁坏首先是一种行为特征,以结果特征反证行为特征违反逻辑,超出了可能的含义范围。张明楷教授则主张,故意损坏财物罪是为了保护他人财产免遭损失,有必要将“毁坏”扩大解释包含使他人股票价值减少或者丧失的行为。形式和实质目的解释的主要争议在于:其关注的不是两方立场能否在刑法条文字面含义上作拓展解释,而是定位在具体解释时,何者优先适用,更深的分歧在于对用语可能含义的理解。

基于双方激烈的理论争锋,有学者提出了问题所在。形式和实质解释的分歧并非不可调和,两者具有解释位阶一致性、解释结论相似性等共同点,争议是如何理解刑法含义范围,深层差异是刑事违法性与社会危害性何者优先的选择,解决路径应由文义解释向体系解释再向目的解释的规则设定。蒋太珂提出,形式和实质解释的对立无法成立,争论产生于解释活动的主体性和解释结论唯一正解的内在张力,应转向目的性规则、资料性规则以及控制性规则角度,并结合刑法自身目的和原则来保证结论的合理性。应当承认,这样的观点基本揭示了问题所在,形式解释与实质解释流于抽象、空洞的形式之争对刑法具体解释并无较大助益,解释立场的选择终究是为了使刑法规范得以在实践中合法合理地诠释出来,进而确保案件裁判的公平公正。但是,这并不意味着要摒弃解释立场,学者的上述批判也主要是针对两方立场均未提出合理的适用规则或标准,故问题关键应当是如何完善解释立场的具体内容和标准。

此外,上述学者所提的解决方案对目的解释的风险防控具有一定的积极效用,但是回避立场所构建的方案必然面临立场不清晰带来的体系逻辑是否融洽的质疑。解释立场的明确,对学界和实务界都具有重要的指导作用,尤其是在疑难案件中,解释立场在一定程度上可以指示解释方向,进而助益整个解释过程的高效与合理。故而,探寻一种更具有现实可操作性并且解释结论更为大众所认可的目的解释立场或许是方向,进而最大化发挥立场的理论价值和实践功效。

## 四、刑法目的解释的位阶顺序

### (一)刑法目的解释的适用顺序

事实上,所有解释方法都能归于人类的逻辑经验范畴,本质上,文义解释和体系解释是形式逻辑推演的代表,而目的解释和历史解释则更重视经验理性的表达。所以,依据思维逻辑的一般顺序,从文义解释到目的解释的规范诠释进路已然明朗,各种方法的顺序位阶争论主要围绕上述方法何者具备适用优先性以及具体顺位的排列,尽管这一争议本身的必要性也引发了一些质疑，但是，无疑追溯问题的源头才能更快、更全面地寻求更好的解决办法。

(二)刑法目的解释的效力位阶

刑法解释活动要求目光在事实与规范之间来回穿梭，这必然不可能一蹴而就，一个适当解释结论的产出，必定需要经过多次权衡与调试。与此同时，一个适当的解释结论也需要同时符合法律的语言以及法律的目的，二者缺一不可。理想状态下，文义解释与目的解释的解释结论并行不悖，但现实适用中，不同解释方法下的解释结论很可能大相径庭。因此在存在多种解释结论时，必须妥善处理目的解释与文义解释的两相关系。结合已有学者对于解释冲突时处理方式的①总结，笔者也提出自己的见地：

(1)若目的解释的结论超越文义解释的潜在含义，应加以限定；

(2)若文义解释的结果与法益的保护要求相一致，则不宜进一步扩展；

(3)若文义解释的结论超过了法律保障的要求，则应加以限定；

(4)在文义解释的结论尚未满足法益保障要求时，应加以扩大。

当然，刑法条文本质上仍是由文本组成的既定的规则性框架，法官司法时也仅是在立法者制定的规范文本框架下进行具体填补，罪刑法定原则仍是解释不可逾越的樊笼。因而，目的解释绝对不能跳脱出罪刑法定原则的界限以及刑法条文中的言语意义。针对存在多个解释结论时，文义解释往往词不达意，则必须采用同立法目的相适应的目的解释，才能使解释结论达到刑法保护目的。

## 五、刑法目的解释适用规则构建

(一)目的解释适用规则构建的体系性逻辑

刑法解释是一种对规范与个案事实相关联的价值评价，需要对体系内外的价值实质判断，离开解释立场其结论合理性也无法确证。现有目的解释适用规则未能结合自身立场和位阶进行一体化的规则研究，使具体规则欠缺体系逻辑性和实质价值性。只有将立场和位阶同时作为具体规则建构的一部分，刑法目的解释才能实现解释方案的体系化，也能令解释结论更加实质化、规范化。

目的解释作为功能性最强的解释方法，既要有完备的理论依据作为基础，又要有精细的技术规范操作实践。理论上，在目的解释立场方面，应当厘清不同面向的对立立场所争论的焦点，进而有针对性地明确优势理论的选择，应当提倡主观的客观解释论，同时坚持以实质解释为基础，将解释立场和规范保护目的连接起来。在适用位阶方面，刑法目的解释具有理念和方法的双重面向，故只能确立文义解释属于刑法解释的起点，其他解释方法需要依照解释对象具体选择的适用顺序位阶。同时，在文义可

① 参见袁玉杰：《刑法目的解释适用规则研究》，华东政法大学2021年硕士学位论文，第12页。

能的含义范围内,需要适用目的解释时,其具有决定性,但也需满足合宪性检验的适用效力位阶。实践适用规则上,经由坚实理论的奠基,亟须有针对性地为目的解释配备体系化的适用规则。确定精细化的解释规则,对于正确理解规范内容以及据此展开更为合理的司法裁决过程至关重要。

(二)目的解释适用规则构建的体系性操作

1. 目的解释边界——以罪刑法定为框架、国民可接受性为范围

刑法的价值和目的具有历史嬗变性。在人类社会从蛮荒到文明的发展过程中,刑法作为社会的产物,为适应时代需求,其价值内涵也不断发生变迁。在"法无明文规定不为罪,法无明文规定不处罚"这一现代刑法理念的作用下,世界上绝大部分的国家都已经在立法上明确了罪刑法定原则。但是,由于法律乃至刑法具有国家意志性,为实现其维持社会秩序的职能,刑法目的解释本身已不可避免地包含极强的政策性和目的性。如果没有罪刑法定的约束,则很可能将大量刑法规范以外的目的价值纳入目的的考量,从而造成国家刑罚权的滥用,极易损害民众的合法权益。因此,目的解释不能以牺牲人权为代价来实现社会秩序,必须在刑法规范框架的范围之内,以人权保障为基础而进行。相应地,在进行刑法解释的过程中,也有必要进行维护秩序、保护法益、保障人权等价值的目的论解释。换言之,在某些具体情况下,应该缩小日常用语中的含义,而在某些情况下,应当就扩大后的含义加以解释。特别是随着社会现实的高速发展,新事物层出不穷,面对特定风险的急剧上升,为实现法益保护,保证解释结论的适当性,可以在不违反现有法律条文字面意义的基础上,对刑法条文进行扩展,从而相应的扩张刑罚的适用范围。① 当某些行为在法律上确有惩罚的必要,贯彻罪刑法定原则进行目的解释,其结论也并没有超越法律条文的文义射程范围,但超出了一般公民预测可能性的预期范围,则该解释结论也应当被否定。为避免坠入类推解释的深渊,即使是为保护法益而进行的刑法解释,也仍应明确其边界——以一般公民预测可能性为限。

2. 目的确定规则——以刑法条文为中心考察

合理确定刑法规范目的是目的解释开启的前提。刑法法规往往力求采用简明的法律术语,以便让民众能够预见其行为是否受到法律的限制,刑法条文也由此具备了规范目的的特征。但是,《刑法》中具体条款与刑事法律秩序、《刑法》总则和分则、《刑法》章节之间,总是存在不可分割的联系。因此,在确定具体的规范目的时,应围绕具体条款进行体系性考察,以便实现目的在系统化的协调和逻辑上的制约。且在围绕具体刑法条款进行系统性考察时,需要从刑法条文内部到外部对规范目的进行多层次的界定。

① 参见蒋太珂:《刑法解释论的第三条道路——刑法解释规则的建构》,载《法律方法》2016年第2期。

立足于条文以外,还要分别考虑条文中所属的具体章节目的、总则对分则的目的指导、可借鉴的其他立法的规范目的以及刑事政策目的,其都能够大致上明确限定具体条文规范目的的范围。立足于条文本身,条文的具体内容有助于更加细化规范目的,在多数情形下还可以明确目的含义。而刑法规范中又包含显性的语义和隐含的目的,前者规定了文本的词义,而后者则确定了文义射程,二者的交叉制约也有助于防止由简单逻辑推导而产生的不合理结果。① 所以,法条的具体内容也是探明具体规范目的不可或缺的重要资源。而在这里只能根据法律条文的一般语义判断目的,因为通过法条内涵探寻其法规目的是形式性的反面推导,而以法规目的和罪刑法定原则判断条文实际含义,才是根本性的正面推导。

3. 目的解释流程——以内外规制的方法递进式展开

在具体解释刑法规范时,无可避免地要动用不同方法来相互论证,而这一互动也在一定程度上起到了相互制约与证成的作用。故而,目的解释适用需要结合这些方法确定具体操作流程或规则。而笔者认为,对目的解释适用起着实际作用的教义学诠释体系,只包括了文义解释、体系解释和历史解释这三类。其既能够检验该解释逻辑上合理与否,又能够反向规范目的解释的实际应用,也能够检验纳入的刑事政策目的是否与现有法律秩序相一致。

而体系外的方法,只有合宪性解释可以纳入规则建构之中,目的解释的具体操作规则应当以内外规制的方法递进式展开。第一,以文义解释作为起始点,目的解释必须从刑法核心语义出发;第二,以体系解释、历史解释予以过程观察,两者共同规范并制约目的解释的适用;第三,以法律合宪性检验目的解释的结论与效果,并运用比例原则对其适用全过程细致地检验。这样既能确保法律目的的合理性、刑罚手段的必然性,又能注重目的与法律效应的均衡性,共同致力于目的解释适用规则的完善。

## 六、结语

针对刑法目的解释方法的研究无疑意义重大,目的解释立场选择的正当性、适用位阶界定的准确性、适用规则的有效性和合理性,也是系统化、精细化的刑法学发展的必然方向。理论上,目的解释目的确定,不同立场有着不同的结论,应当厘清不同面向的对立立场所争论的焦点,进而有针对性地明确优势理论的选择。笔者提倡主观的客观解释论,同时坚持以实质解释为基础,将解释立场和规范保护目的连接起来。在适用位阶方面,刑法目的解释具有理念和方法的双重面向,故只能确立文义解释属于刑法解释的起点,其他解释方法需要依照解释对象具体选择的适用顺序位阶。同时,在文义可能的含义范围内,需要适用目的解释时,其具有决定性,但也需满足合宪性检验

① 参见姜涛:《规范保护目的:学理诠释与解释实践》,载《法学评论》2015 年第 5 期。

的适用效力位阶。基于以上理论研究,有针对性地为目的解释提出体系化的适用规则。以罪刑法定为框架、国民可接受性为范围明确目的解释边界、以刑法条文为中心考察确定目的内容、以内外规制的方法递进式展开目的解释流程。虽然并非在任何目的下解释所有情形时都需要严格遵循这一程序,但无疑目的说明了只有更为全面成体系的规范,才能在风险社会中日臻完善优化。

# 刑法解释的融贯性

周金平*

**【内容摘要】**刑法解释的融贯性,是法律解释所追求的目标,是由刑法追求自身的适切应用和社会对刑法适用结果的普遍认可所致,它体现的是刑法规范价值与社会主流价值及形式逻辑的高度协调。刑法解释融贯性要求解释结论与规范文本的逻辑一致,与法体系高度协调,在法部门及一般性法律原则间实现实质价值评价上的相互支持与证立。建构刑法解释融贯性需先经历规范价值的发现与引入,这涉及规范价值与规范目的之间的关系,再经历社会主流价值的检视、解释者个人前理解与之对比并在辩证循环过程中的不断修正。在经过价值发现与判断之后,融贯性不仅指向形式上的逻辑一致与体系自洽,也指向体系内在价值评价上的无矛盾。在刑法解释过程中,为了实现融贯性要求,除了要求解释不能超出规范文本的可能含义外,还要求在形式上与内在实质价值上实现刑法法条内部、法条之间的协调,与宪法等其他法部门规范文本、制度性文件之间的协调。在经历过价值检视及形式体系制约与修正后,刑法解释融贯性得以实现。

**【关键词】**刑法解释　融贯性　价值评价　体系性思考　反思性均衡

## 一、问题的提出

司法实践要求必须援用明确、具体的法律条文作为裁判依据,但在法律适用过程中,尤其是疑难案件中,不难见到无直接对应的法律规范、可能援用的法律条文存在法律文本的模糊或者歧义或来自法律上不同实践指令之间冲突的现象,而法官又不得拒绝裁判,此时裁判者们仅能对现有法律条文作出解释,但法律适用一旦出现偏差,必然会导致无法与其他规范协调,更无法就所涉案件作出具有信服力的说理论证,从而导致裁判结果“合法不合理”的现象。立法者为较常见的案件制定规则,但是由于社会的变化,以及立法规定的不完善,解释者必须注意在疑难案件中“合法又合理”地解释、适用成文法,法律学者也应以最可能融贯的方式解释成文法,并在解释过程中尽可

* 周金平,四川大学法学院法律硕士,四川华西集团有限公司律师。

能地关注法律的内在融贯性以及法律与道德之间的融贯性,①以在形式上实现具体而明确的法律条文的适用,实质上实现法律适用得到法体系整体的支撑。从而,刑法解释的融贯性成为必要。

诸多法律界人士在谈及刑法解释这一问题时有各自不同的观点,其中涉及刑法解释融贯性的争议焦点大致为是否存在融贯性、融贯性的评价标准为何、融贯性的基本要求为何、对融贯性的认识是否涉及刑法解释者个人的价值理念评价和道德判断,以及在多大程度上融贯的问题,并进而引申出了新的争议焦点,即在对前者有了明确的认知,确定融贯性的必要属性后,对于其实现路径的建构和选择。再者,在实现路径上可能存在因案件裁判需要对为追求刑法规范(功能)目的而引入法律主体的价值理念评价进而作出的解释结论及自由裁量是否会违背刑法谦抑性,构成对罪刑法定原则和法治的突破,丧失刑法的安定性的问题,以及如何控制和均衡的问题。

## 二、刑法解释融贯性的定义

### (一)刑法解释融贯性的概念

刑法解释融贯性是一个专业性很强的范畴,其中既要注意充分运用刑法解释学原理,也要注意充分关注语言论的运用。从语言论看,《新华字典》对“融”取“调和、和谐”之意,对“贯”取“穿、通、连”之意。融贯性的内涵和法理的阐释,理应适当照顾语言论上对“融”“贯”字义的阐释。在此基础上,本文重点从刑法解释学原理上展开关于刑法解释“融贯性”的法理阐释。

1. 关于法律解释融贯性概念的现有观点

德沃金以融贯性作为检验法律真理的标准,以信念之间、信念和经验之间的融贯性作为法律解释的标准。在德沃金的理论观点中,融贯是通过合法化论证追求法律真理的知识论基础与认识论目标,是规范性命题的证成方法。②

阿列克西对融贯性的概念进行如下一般性的确定:一个陈述集合的证立结构越完美,这个陈述集合就越融贯。③

侯学勇博士认为,融贯是法律论证或法律体系建构时应当追求的一个目标,其具有程度面向,具有命题之间无逻辑矛盾、相互支持等要求。④

雷磊博士从体系角度来谈论融贯性,他认为法律体系各个部分之间应当相互支持

---

① 参见[瑞典]亚历山大·佩岑尼克:《法律科学:作为法律知识和法律渊源的法律学说》,桂晓伟译,武汉大学出版社2009年版,第233页。

② 参见王彬:《论法律解释的融贯性——评德沃金的法律真理观》,载《法制与社会发展》2007年第5期。

③ 参见[德]阿列克西:《法律证立、体系与融贯性》,雷磊译,载微信官网2020年9月26日,http://mp.weixin.qq.com/s/R5FSLe2EiM5T0BALI7EIEg。

④ 参见侯学勇:《融贯性的概念分析:与一致性相比较》,载《法律方法》2009年第2期。

和证立，这包含三个层次的要求，具体为连贯性、体系融贯性与理念融贯性。[①] 贾银生博士则认为融贯乃对文本间外在形式或逻辑、内部规范目的的协调，取协调之意。[②]

综上可以认为，法律解释中“融贯性”的含义主要是：规范语词的解释结论符合规范文本的目的及理念，其含义和内容能够与上下文保持和谐一致，不存在形式逻辑上的矛盾。

2. 刑法解释融贯性的概念界定

刑法解释融贯性是法律解释融贯性在刑法解释这一具体领域中的适用和发展。刑法解释是指对刑法规定含义的理解、阐明和具体适用。[③]

关于融贯性，笔者认为，是一种规范性要求（标准）、一种方法，也是法律解释所追求的目标，它要求于个案裁判时对待解释的法律文本实现合价值目的、逻辑自洽并与解释者个人价值理念及社会主流价值协调的理解和适用。融贯性并非立法文本本身既有的事实属性，不能将法律融贯性仅仅理解为主体对某个客体本身既有特征的把握，而应当把它看作法律推理和解释主体在理解法律材料时能动、积极地赋予这些材料的属性。[④]

刑法解释融贯性，是指对刑法规范的解释应符合其内在价值，能经受形式逻辑和体系性思考检视，达至理法兼备且具适当社会适应性的状态。

（二）刑法解释融贯性的基本要求

1. 逻辑一致

对于逻辑一致性，无争议的是，两个命题之间在逻辑上没有矛盾，即两个相互矛盾的陈述不同时为真。刑法内容由文字表达，这就决定了其必然需要解释，因为任何语词尽管核心意思明确，但其外延都具有模糊性，同时，用语可能会随着时代的发展而增加新的含义，而刑法解释正是对其扩展边界予以界定，明确其应取之含义。但因解释本身的要求，对刑法文本的解释必须基于刑法文本，不能超出刑法文本本来的含义，更不能与其存在明显的冲突，意即逻辑一致。一旦其逻辑上都无法自洽，违反形式正义的要求自是毋庸讳言，更是会导致行为上的无所适从。例如，在我国现下的司法实践中，“两高”被赋予了司法解释权，一旦“两高”的司法解释突破了规范文本并与规范文本的含义相矛盾，那严重依赖上级法院规范性文件裁判的案件，及被上级法院掌握发改权的下级司法机关应当如何处理，受规范规制的人又该如何处理，更可能根据社会

① 参见雷磊：《融贯性与法律体系的建构——兼论当代中国法律体系的融贯化》，载《法学家》2012年第2期。

② 参见贾银生：《刑法体系解释之“体系范围”的审视与厘定》，载《社会科学》2020年第4期。

③ 参见魏东：《刑法解释的法理基础：概念、理性、特征与功能》，载魏东主编：《刑法解释》第5卷，法律出版社2020年版，第19页。

④ 参见王凌皞：《存在（理智上可辩护的）法律教义学么？——论法条主义、通说与法学的智识责任》，载《法制与社会发展》2018年第6期。

利益的分化,而各自选择于己有利的规范,如此必将导致分歧与对抗,长此以往甚至会危及整个法体系及社会整体秩序。

总之,规范通过解释得以清晰明白,从而获得实践的生命力,而解释通过规范方得存在。故此,逻辑一致应为融贯性之基本要求或必要条件。

2. 体系性

法律是成体系而存在的,刑法同样如此,各规范之间相互区别又相辅相成,在进行刑法解释、阐明规范意旨时应当符合待解释文本在整个刑法中的地位,使其能够与其他相关法条形成联系,避免断章取义,杜绝违背刑法整体的不当解释结论,使整部法律整体协调。

刑法解释之所以应当坚持体系性,大抵可以通过如下解释予以说明,法律条文、法律规范乃至法律文本及法律体系,都是由若干元素相互联结而成,并形成局部与整体的关系,二者相互依托,"从法律规范的意义上来说,每一个构成元素都表达着整个规范或制度的含义,而这些规范或制度又赋予每一个构成元素特有的含义"①。体系性原则反对孤立地看待解释的刑法条文,主张把握局部与整体之间的关系,不仅关注条文语词本身的含义,也着眼于条文本身所处的体系与脉络,以在普遍联系中把握条文最为适切合理的含义,也只有这样我们才能充分发掘规范背后的价值与法律评价。也如拉伦茨所说,法律条文虽然彼此区别,但并不能掩盖只有将它们相互结合才能有系统认识与全然理解的事实。特别是在出现法条竞合时,"只有从个别法条与其所述规整的关系,经常还必须由其与其他规整及各该规整之间的关系,才能真正理解各法条的作用范围"②。

体系性之所以重要,除了上述认识论的需要之外,其作为法律解释方法性原则普遍存在的根本原因还在于待解释刑法条文语词的多义性,通常情况下,仅根据文义解释无法给出确定性含义,这就需要体系性原则来帮助我们对法律条文进行理解和解释。但值得注意的是,体系性也有体系范围厘定之分,不同体系范围的选择可能导致最终解释结论的偏差,甚至违背罪刑法定原则的要求。除此之外,体系一般也仅指法律内部体系,而并不带入法律制定性文件以外的实质道德或相关政策。

体系性是法治的结构性原则,也是实现刑法解释融贯性的题中应有之义。

3. 价值评价上的相互支持与证立

在司法实务中,为了追求效率,通常纯粹以合乎逻辑的方式进行运作,仅在结果明显不适当时才从价值的角度进行检视。③ 但这无疑容易造成裁判结果偏离法律事实,

---

① 参见魏治勋:《法律解释的原理与方法体系》,北京大学出版社2017年版,第244页。

② [德]卡尔·拉伦茨:《法学方法论》,陈爱娥译,商务印书馆2003年版,第146页。

③ 参见贾银生:《刑法体系解释之"体系范围"的审视与厘定》,载《社会科学》2020年第4期。

甚至出现严重背离公众基本认识和一般观念的现象。

首先，所有法律皆具有关系特征，存在于人与人、与物之间的关系中，①其不可能脱离人的评价而存在。

其次，当代社会对于法律的基本态度在于，法律不仅仅是概念、文义和语词的体系，更是价值、目的和意义的体系，②此即分别为法律的外在体系与内在体系。单纯依靠形式逻辑推理解释法律是机械僵硬的，更是不可能实现的，只有在法律解释过程中融入价值评价与利益衡量，③如此才能保持法律体系的完整与连贯性。价值不仅包含规范条文内在的实质价值，也包含当前社会的主流价值，它有关公平、正义、自由等。

最后，何为价值评价上的相互支持与证立，其在于在法律体系的各个部分（主要是规范）之间建立起积极关联。这包含两个方面的含义，其一，法律体系中各规范所体现的价值评价须无矛盾冲突且尽可能地处于相互支持的状态，例如，一方面，相对抽象的法律原则在价值评价上支持着具体法律规范；另一方面，具体的规范在相同条件下可以有逻辑地推导出前述相对抽象的法律原则。其二，当处于同一法律体系的不同规范之间发生冲突时能够根据预先设定的准则实现恰当、合理地（先后或选择）适用。也即，当体系中两个规范的犯罪构成要件都能与案件事实相符合从而产生交叠适用情形并导致不同的法律后果时，必须存在明确的（价值）评判标准以确定规范适用的优先顺序，如根据效力优先所确立的“新法优于旧法”“特别法优于普通法”等，除此之外，一般的价值评判标准，如人权保障价值优先于秩序价值得到考虑等，也是特定案件中优先关系的评价标准。

如上所述，刑法解释不仅要求形式逻辑上的协调，还要求规范价值的协调，否则将导致解释结论的过度僵化。例如，在赵春华案中，即便二审法院最终改判定罪减（缓）刑，但其裁判结论与说理论证仍无法赢得社会公众的认同，谁能想象随处可见的气球射击摊上的几把常人眼中的玩具枪在司法实践中竟“摇身一变”成了真枪，而其所有者更成了“威胁公共安全的危险犯”。抛开赵春华有无犯罪故意、是否有违法性认识及其行为有无社会危害性不说，虽然公安部门有制定行政管理规范性文件，但其仅是基于《枪支管理法》对枪支行政管理的授权而制定，若将此作为刑法上“枪支”的认定标准，显然不顾其规范目的（维护社会治安）与《刑法》对枪支所作罪刑规范之目的（保护国家枪支管理制度及公共安全）的不同及相互之间的价值协调关系。同时，根据《立法法》的规定，有关犯罪与刑罚的事项只能制定法律，这涉及公民政治权利与人身自由等公民的基本权利，但上述裁判却毫无疑问地将涉枪类犯罪的定罪量刑权变相交

① 参见[德]阿图尔·考夫曼：《法律哲学》，刘幸义等译，法律出版社2011年版，第51页。

② 参见雷磊：《法律体系、法律方法与法治》，中国政法大学出版社2016年版，第53页。

③ 参见贾银生：《刑法体系解释之“体系范围”的审视与厘定》，载《社会科学》2020年第4期。

由公安部门终局行使,形式上不当扩大犯罪行为的范围,实质上公然违背罪刑法定原则的法定化要求。[①] 除枪支之外,刑法中不乏其他需要通过法律、经验法则、量等进行评价的构成要件要素,入户、猥亵、国家工作人员等,在对其进行解释时也需要法官进行价值评价与补充价值判断。

因此,融贯的刑法解释应当涵盖合理的价值评价,应充分考虑该罪刑规范的实质价值,而该价值评价应既合乎规范目的,又符合社会主流价值判断,也即实现价值评价上的相互支持与证立。

## 三、刑法解释融贯性建构的开始与关键——合目的性价值理念的引入及评价

自利益法学时代起,法律的理解与适用就不单是纯粹的涵摄与逻辑推导过程,而是同时整合价值判断并将价值判断置于首位以综合考量的过程,价值取向及其社会基本认同才是构成法律解释限度的本质因素。[②] 解释者在进行刑法解释时首先应当考虑的问题并非外在形式逻辑上的冲突与矛盾,而是待解释的刑法规范、条文的内在价值,以此明确其(存在的)合理意义。否则,其非但不能实现融贯,还可能会使解释过程囿于形式,解释结论僵化于字面含义或外在语义逻辑,不仅不能恰当地解决问题,更可能导致(法律)事实认定错误,从而产生法律适用冲突。因此,对刑法条文的解释应当以阐释条文对行为的价值评价及行为是否符合犯罪构成要件的法律评价为根本,而非追求形式逻辑上的完美协调。故而,本文先从价值、目的、原则等内在体系入手,在对待解释刑法规范的内在价值进行挖掘后,再到外在文义(逻辑)及其体系性的控制,即从实质一致性到规范体系的形式协调性来融贯。

### (一)合目的性价值理念的引入

法律解释最为重要的是用价值与目的来阐明法律背后的意义,这既包括每个单独法律规范背后的法律意旨,也包括从诸多法律规范中归纳出来的法律原则,还包括基于社会需求而被社会普遍认可的价值,以及作为思维和论证形式的元规范。[③] 刑法规范文本的解释应当在实质上回归于其价值、目的,在形式上回归于文本逻辑体系,该解释的结论则应该成为二者的有效体现。

#### 1. 规范价值的发现与引入

法律解释不仅是由于具体案件的判决找不到可适用的明确规范而为的应急之计,它还是一种以解释追求价值实现的过程,是积极地阐释创造的过程,[④]它并非指形式

---

① 参见劳东燕:《法条主义与刑法解释中的实质判断——以赵春华持枪案为例的分析》,载《华东政法大学学报》2017年第6期。

② 参见魏治勋:《法律解释的原理与方法体系》,北京大学出版社2017年版,第265页。

③ 参见纪海龙:《法教义学:力量与弱点》,载《交大法学》2015年第2期。

④ 参见魏治勋:《法律解释的原理与方法体系》,北京大学出版社2017年版,第278页。

逻辑推理过程中或可发现的法律规范的形式价值,而是指对法律规范实在价值、本质价值的发现和实现。德沃金《法律帝国》一书中阐述的瑞格斯诉帕尔默案,帕尔默毒死自己的祖父以期按照现下对其有利的遗嘱继承财产,此时,纽约遗嘱法并未对继承人故意杀害被继承人是否仍有权继承遗产作出明确规定,纽约最高法院的全体法官一致认为不能因个案正义而修改法律,同意根据遗嘱法(形式逻辑)推理解释赋以帕尔默继承权,如此将因追求形式正义而忽略法律的价值和目的,不能真正地实现"法律正义"。而厄尔法官则进行了另外一种完全不同的理解,他认为这样的判决有违立法者的意图,如果对法规的构想孤立地以文字为据,它必然经不起目的、意图或价值的检验,从而根据任何人不得从其错误(违法)行为中获利这一法律原则对形式逻辑推理进行价值补充,判决帕尔默不能获得遗产继承权。

何为价值?其是指客体的属性和功能能够满足主体需要的效益关系。那规范价值如何得以发现呢?其价值来源何在呢?法国学者达姆认为,法律绝不是徒具语言的东西,它有所志,有所意味;它追求着实务的目的,它的眼中有它在生活中要贯彻的价值。① 任何完整的法律规范都是以实现特定的价值观为目的的。② 由此可以得出如下结论,价值决定目的,目的体现价值。这也可以从另外一方面得到印证,法益保护原则是刑法的基本原则,是贯穿刑法始终、得以普遍遵循的具有全局性、根本性的准则,所有刑法条文的设置,特别是刑法分则条文的设置,都是为了对法益进行保护而存在的,而拟保护法益与其保护程度的确定则是国民立法过程中价值选择的结果,是国民普遍认可的价值的体现。③

而关于价值来源,学者一般认为原则统领着法律的价值,指示着法律的目的。④ 上述内容也谈论到了基本原则在包括刑法在内的法律文本中的地位,它通常表彰或抽象地蕴含了某些相对具体的政治价值,如公平、正义、自由、正当程序、平等……虽然因为罪刑法定原则的限定,我们不能通过价值判断或引入法律(刑法)的一般原则对规范性功能漏洞进行填补,但是当我们在价值引入过程中,发现对规范文本语词的解读明显违背基本原则,常见的如罪刑相适应原则,可能导致不一致的判决结果产生时,我们就应当回过头去检视是否对规范文本的价值产生了错误的解读,从而对原先的价值解读和引入予以修正,转而对该文本的价值解读采取一种可以与基本原则所表彰的价值相兼容的解释方式,如此修正之后,我们能够发现规范所包含的价值内在地蕴含于基本原则之中,从根本上来说二者仍然属于价值统一体的范畴。值得注意的是,一方

① 参见魏治勋:《论法律解释的合法性》,载《法律方法》2004 年第 3 期。

② 参见[德]伯恩·魏德士:《法理学》,丁小春、吴越译,法律出版社 2003 年版,第 52 页。

③ 在一个自由的国家里,每个人都被认为具有自由的精神,都应该自己统治自己,所以立法权应该由人民集体享有。参见[法]孟德斯鸠:《论法的精神》(上),张雁深译,商务印书馆 1961 年版,第 158 页。

④ 参见魏治勋:《法律解释的原理与方法体系》,北京大学出版社 2017 年版,第 279 页。

面,在我国宪法并不直接作为司法裁判依据,但它本身所具有的最高权威性、纲领性、概括性等相较特定部门法而言更富原则性的特点,使其也能作为"原则"而存在;另一方面,由于人思维的局限性和立法技术之缺陷,法律规则与所要实现的价值及其来源的原则不相一致的现象时有存在,此时,更应当通过法律解释——价值引入以消除偏离立法初衷的现象。

由上可见,目的体现价值,价值、目的内涵于规范文本,因此,对规范文本目的的探寻一般也即对规范价值的发现。同时,规范语词概念本身含义并非固定不变,其内涵取决于相应规范的保护目的,"关于一个解释何时可以认为'适当'的问题,其取决于解释该文字的目的为何"①。目的对具体语境中语词概念含义的决定性作用决定了目的不同,规范的意义及条文的含义自然也不相同。因此,要实现刑法解释的融贯性,必须考量刑法条文最终要实现的目的,而且不仅要考虑整体目的,也要考虑具体规范的目的,只有对其同时考虑,才能实现该法条欲达至的最终的目的和实质价值。例如"王力军非法经营案",一审法院仅顾及《刑法》第225条第4项兜底性规定的外在语义逻辑,却罔顾该条文在刑法文本中所处的位置,其规范目的与其所在的第三章破坏社会主义市场经济秩序罪、第八节扰乱市场秩序罪的规范目的及刑法制定目的之间的内在关联性,而将正常的收购行为解释为非法经营行为并强行入罪。

由于刑法的目的是保护法益,所以,无论是刑事司法抑或一般刑法解释,均必须贯彻这一目的,对犯罪构成要件的解释,必须以该规范的价值评价——保护何种法益,在何种程度上保护为导向,不能仅仅关注条文字面含义,将符合该字面含义但未构成法益侵害或未产生法益侵害危险的行为解释为犯罪构成要件该当性行为,也不能将社会生活中的实质道德作为犯罪认定标准。所以,解释者在解释某种犯罪的构成要件时,应当首先明确其所保护的法益。但是,任何一个法条都是立法者基于特定目的而制定,因此在确定规范目的时,解释者只能在立法者所作的价值选择范围内进行二次选择,法律未经修订,前者保持恒定不变,而后者仅根据社会发展的现实情况进行"微调"。

值得注意的是,在立法者所作的价值选择范围内进行二次选择,并不是指按照历时解释的进路去追求实际的立法者意旨,这主要包含以下几方面的原因:其一,因时间久远和抽象化表达的原因,立法者意旨难以确定;其二,因社会客观状况变迁,即使知道了立法者意旨也并不一定对解决当前纠纷具有现实意义,可能还会导致新的问题;其三,法律一经制定,就已经独立于立法者而存在,并产生新的意义,如拉德布鲁赫曾言"解释者对法律的理解可能比创设者对法律的理解更好,法律也可能比起草者更聪明——它甚至必须比它的起草者更聪明"②。

---

① [德]卡尔·拉伦茨:《法学方法论》,陈爱娥译,商务印书馆2003年版,第86页。

② [德]拉德布鲁赫:《法哲学》,王朴译,法律出版社2005年版,第115页。

2. 当下社会主流价值的引入

法律解释的根本问题为合法性问题，而实质意义上的合法性要求“法律解释内容有效契合特定社会价值和社会期望”。① 法律的意义不仅隐含于规范文本所使用的字词当中，还存在于其所调整的社会生活当中，②只有经得起公众理性批判和检验的法律决定才是具有合法性的有效法律决定。

法律始终面临适应社会环境不断变化的需要，若仍执着于“法条主义”机械司法，无助于问题解决，容易造成个案的正义失衡自是毋庸讳言，更会使刑法落后于社会的发展、时代的进步，丧失其基本的生命力。因此，解释者须努力弥合变化所带来的间隙，这就要求其必须在对规范价值进行解读之初便引入当下社会主流价值。这具有以下两个方面的意义：其一在于为刑法规范价值作补充，以丰富其价值内涵，这有助于疑难案件的合理解决与个案正义（包含形式正义和实质正义）的实现，确保刑法规范的适切应用及刑法体系必要的开放性；其二在于若对刑法规范的初步解读产生了偏差，意即，对刑法规范的初解读不符合当下社会的主流价值，无疑在解读过程中对立法者最初所作的价值选择和社会变化过程有所忽视，需要解读者进行校正。法律作为文化知识的产物，必然植根于一定的社会历史传统，二者是相辅相成的，有效的法律规范当然应该经得住社会主流价值的检验。

今天的中国日新月异，其制定的法律不仅是社会的法律，更是社会主流价值的体现，包含朴素的正义、衡平观，如果我们脱离意识形态及其经济文化基础去解释法律，那解释结果注定是僵硬而不切实际的。2021 年 1 月 19 日，最高人民法院更是通过发布规范性文件的形式倡导将社会主义核心价值观融入法治建设，坚持社会主义核心价值观导向，将其作为理解、适用法律的指引，要求在运用文义解释时理解其精神内涵，并注重个案适用，在运用论理解释时，充分联系社会主义核心价值观解释具体的法律规定，使解释结论符合法律规范的内在精神，以最终实现法规范的理解和适用获得法律、社会及情理的认同，回应人民期待，推动社会健康稳定发展。③

只有充分联系社会主流价值——社会主义核心价值观，才可能理解社会生活共同体的法律。机械僵化地适用法条，无疑是没有考虑法规范背后的实质价值或没有将其运用到规范的理解与适用中，脱离社会生活的理解还能是理解吗？答案自然是否定的。

---

① 参见魏东：《刑法解释的法理基础：概念、理性、特征与功能》，载魏东主编：《刑法解释》第 5 卷，法律出版社 2020 年版，第 20 页。

② 参见［德］卡尔·恩吉施：《法律思维导论》，郑永流译，法律出版社 2014 年版，第 113 页。

③ 参见最高人民法院《关于深入推进社会主义核心价值观融入裁判文书释法说理的指导意见》（法〔2021〕21 号）。

(二)价值评价及其相互支持与证立的实现

1.解释者个人价值理念的影响

在认识论意义上,融贯是主体以"个人信念"为起点进行审慎判断的标准。如果法律真的是一种解释性事业,我们就必须关注解释的意识形态、社会学以及心理学特征,以及它们对理解行为的内在影响。①

法律解释是解释者主观能动地认识法律的过程,对法律规范的理解、对价值的发现必然自觉地受解释者个人思维(这当然包含解释者个人价值理念)与实践的影响——主动地、有选择地发现与评价规范价值。那个人价值理念是如何影响规范价值发现与引入的呢,如上所述,它也同样会受到社会、心理等因素的影响,并彼此结合最终以整体的形式作用于规范价值的发现与引入过程,这就是个人的前理解。"思考总是以作者当时的认知状态、价值观及其'世界影像',即世界观为出发点"②,前理解同样如是。

基于先天遗产倾向、后天教育程度和社会经历的差异,每个人都会形成不同的价值理念,他们总会以不同的方式体验法律,从不同的角度审视法律,然后对法律(规范)形成不同的理解(前理解),这些与人相关的因素不仅不会造成对法律理解的偏离,更是构成了法律制度的理解内容。法律是源于特定社会、历史传统文化中的知识,是历史的产物,而我们要理解它,也同样需要在社会、历史中去理解,因为我们都是处在特定立足点去思考、理解事物的,这才符合人类视角,没有这个立足点,我们理解不了任何东西。这个立足点也就是我们的前理解。

这些理解或体验也并非一成不变。个人价值理念将会随着时间的流逝,经验、阅历的增加,认识、分析的深入,而进行不同类型、不同程度的塑造,进而也会对相同事物产生新的理解和判断。个人前理解的作用不仅在于具体化抽象、普遍的刑法规范,更在于刑法规范价值的解读通过包含解释者个人在内的大众价值、逻辑的参与而获得生命力,使刑法规范的理解与适用更具社会亲和力,其解释结论也能尊重普通人的法感情。

综上,个人价值理念的影响过程为:解释者会在对刑法规范进行逻辑或论理解释之前,不自觉地在自己价值理念、经验、法意识、正义感和知识的影响下,或再结合对案件事实已有了解,对待解释刑法规范(条文)的价值、意义形成一个预判或前理解,此后才会适用各种解释理由、方法得出过程性意见。将过程性意见与此前已经形成的前理解进行对比,也即判断解释者本人通过合目的价值理念引入所作的理解是否符合其

---

① 参见侯学勇、郑宏雁:《整体性等于融贯性吗?——评德沃金法律理论中的融贯论》,载《法律方法》2010年第1期。

② [德]伯恩·魏德士:《法理学》,丁小春、吴越译,法律出版社2003年版,第10页。

内心价值判断及大多数人的政治道德和道德信念。当然,过程性意见会受到解释者先前内心意识(结构)的制约,具体表现或为因解释者前理解而正确地对规范价值作了解读,或因前理解导致解释者在价值选择过程中有所忽视从而造成偏差,偏差将促使解释者对前理解或价值引入过程进行检视。

正是解释者个人价值理念的上述影响推动了解释者的解释进程,更促进了价值评价上的相互支持与证立。唯有理解者以前理解与法条相结合,方能将法条表达出来,他才有提出论证理由之可能性。①

2. 解释者在解释性循环过程中的不断修正

"循环"常见于三段论推理过程中规则的寻找与具体案件事实的检验(或言目光之于规范构成要件与案件事实间交互流转)以及诠释学上的循环。② 笔者认为,价值理念的引入同样需要往返循证。简言之,虽然刑法规范的价值与解释者个人价值理念均植根于当下政治理论与信念体系这一背景,形成于特定的社会经济、文化,但个人价值理念还经历了解释者个人专业知识、经历等主客观因素的塑造,除理性分析校正外,还能在感性上对刑法规范的解释过程进行是否符合大众一般理解与期待的评判,并借助对比、分析的方式确定刑法规范内在蕴涵价值。

首先经历循环修正的当属引入的待解释规范文本的内在价值,这是达致融贯性解释要求的第一步,前文已经详述对其的修正与对照当在基本原则的框架内完成。此后,对刑法的理解还会经历当下社会主流价值的引入过程,这一过程实则就是解释者作为一般人根据其生活经验作以大众经验知识、生活逻辑的判断,其在于保证罪刑法定原则下刑法体系的开放性,检视当下的理解是否突破一般国民对刑法规范的普遍预期及普通人的法感情。在完成前述解释、对比后,若产生疑问,则解释者需要回过头来考虑自己的前理解,在必要时修正对规范蕴涵价值信念的解读或对前理解进行纠偏,直到两者相互一致,进而达致平衡。具体而言,在初步解释与解释者的前理解进行对比后,若解释与内心道德信念及一般认知相符,则解释进入下一阶段;若解释与内心道德信念相去甚远,造成该情况的原因可能有如下两种,其一,解释者前理解与通过科学解释方式对刑法规范内蕴价值作出的过程性解读并不一致,且其存在错误时,解释者对其前理解进行修正。其二,解释者可能基于时移世易等原因,对规范文本的价值、目的作出了错误的解读,或解释者基于裁判者思维,对当事人的期待可能性及国民的普遍预期缺乏应有的注意力,对刑法规范文本内蕴价值信念的解读偏离社会主流价值,此时则对过程性解读作出修正,如此循环往复以达至二者的平衡(相互确证)并进入

① 参见[德]阿图尔·考夫曼:《法律哲学》,刘幸义等译,法律出版社 2011 年版,第 52 页。

② 诠释学循环意指每个语词当下的意义只能通过整个文字的意义关联来取得,后者最后又必须借助构成它的个别语词及语词组成的意义才得以确定。

下一阶段。

因此,对规范价值的引入或发现与解读程序并非以射线的形式单向进行,其更像是以对象交流的形式开展,开展程序则以各阶段的相互确证、解释阐明为目标,最终通过这种如视域融合的形式,将过去和现在的理解不断调和,通过这种解释学循环的方式避免了纯粹主客观解释的不足,也使规范文本得以被更好地理解,偏见也能得到重估与修正。

3. 价值评价上相互支持与证立的实现

价值评价始于欲求理解刑法规范文本之初的规范价值引入,但这只是开始,其后还经历了社会主流价值、解释者个人价值理念(或言前理解)对其的检视与修正,乍看之下,其彼此之间可能存在矛盾,但这又何尝不是对规范价值的支持与证立,尤其是经历修正之后的价值解读,能够与主流价值、法律的一般性原则彼此协调,甚至可能直接就是抽象与具体的关系,前者可直接通过后者演绎推理获得确证。后文还将论述体系性思考对价值的制约,这也是一个通过关联文本甚至是刑法部门及法秩序整体的价值秩序对待解释规范文本之内在价值进行支持与证立的过程,这种支持与证立可能表现为互补、目的与手段、归纳与演绎、因果关系等形式。通过不断审视与修正,证立结构就越趋近于完美,价值评价上的相互支持与证立由此得以实现。

## 四、刑法解释融贯性建构的完善与检验——逻辑一致及体系自洽的反思性均衡[①]

法律体系除是价值意义上的统一体,当然也是形式逻辑意义上的统一体。价值权衡具有边界开放性——法规范价值内涵体现于规范保护目的,具有相当的实质取向——注重价值均衡与对个案裁判结果的强调,这一特性虽然能够增强刑法的社会适应性,符合国民的期待可能性,但将其价值评价或衡量推到极致,必然会使法律体系受规则约束的本质减损,因此有必要对其实质化倾向进行反思性控制,以在不违背罪刑法定原则的前提下实现对刑法规范的恰当理解与适用。

### (一)逻辑的制约——形式逻辑限定实体价值的可允许解读范围

逻辑对价值评价的制约系融贯性之消极层面。逻辑制约包含两方面的内容,一方面为对刑法规范语词的解释应当与刑法规范的指向保持一致,不能超出立法条文的文义可能性范围,更不能作出与其含义相矛盾的解释;另一方面为待解释刑法规范文本与不同法条,包含但不限于刑法法条,在逻辑上保持一致。后者将在后文用体系性思考进行专节论述。

---

① 罗尔斯在《正义论》论证正义的过程中,提出了"反思的平衡"作为分析工具,其是指通过对一种正义观的反复比较、修正达到与社会流行的、人们所考虑的正义判断相接近的状态。在罗尔斯的反思平衡过程中,原则与具体信念相互修正直至相互证立,这种证立模式明显地奠基于同一系统内、不同信念之间的相互支持关系,是一种典型的融贯性证立模式。

实践中,径直适用法律规范、条文来解决纠纷的裁判过程只占到司法实践的很小一部分,在此情况下,对应特定案件事实的法律规则自身就具有直观、明晰的含义,法官可直接根据其规定行使裁判权,司法与法律秩序能够做到最大限度的一致。而多数案件尤其是疑难案件,裁判过程多涉及较为复杂的智力活动,涵盖解释推理、论证、评价,这就需要对融贯进行更深层次的考虑。但是,假使以为只有在法律文字特别“模糊”、“不明确”或“相互矛盾”时,才需要解释,那就是一种误解,全部的法律文字原则上都可以并且也需要解释。① 需要解释本身并不是一种需要借助精确措辞来排除的“缺陷”,只要法律文本有其含义,解释就始终必要。

既然司法者是在解释法律而不是制定法律,自然需要受到既有法律条文的文义制约,结合法律条文(语词)语义学上的意义与其具体适用的语境意义,通过二者间的相互制约与相辅相成确定待解释法条的语言意义范围。② 脱离法条的语言基础,为追求个案正义而任意进行意义引申,已经脱离了刑法解释的范畴,合乎融贯性要求自然也就无从谈起。因而,刑法解释须立足于法条本身,遵循形式逻辑的基本要求,尊重条文的语言意义,同时符合条文内在的价值评价,仅仅满足其中一个标准是不够的。突破刑法条文的语言意义范围,肆意追求价值和实质的合理性,不仅违背罪刑法定原则,更可能因实质价值判断导向脱离形式要求而走向形式虚无主义。

此外,因目的引入所带来的实质解释因素,除通过文义在逻辑上对待解释条文进行限制以外,还应当考虑刑法稳定性的因素,通过解释的一般可能性对其进行制约,即该解释除在待决案件中的可能性以外,是否在(该类型)其他案件中也具有相当可能性。

(二)体系性思考的制约

体系性思考是融贯性的积极层面,它能够有效限制解释者的主观任意性,以促使个案价值权衡符合法秩序统一性与法治的整体理性。法教义学理论认为,单个法律规定的内容和意义必须获得体系性的支持,如果实在无法将它安排进一个恰当的体系中,这将成为批评、修正甚至废弃它的有效原因。③ 这意味着,就特定法条而言,体系本身就能自我批判、自我审查与自我校正,并能基于批判实现对规范解释的反思性评价。在此需要指出的是,体系性思考并不等同于体系解释,二者既有关联又存在区别,一般认为体系解释是对法律概念文义协调与形式逻辑自洽的抽象概念(观点)式体系结果的追求,④而体系性思考除包含形式逻辑要求外,还包含对实质价值判断的要求。

无论何种解释,其关涉的都绝非仅个别语词的意义,而是特定语境、语句中语词的

---

① 参见[德]卡尔·拉伦茨:《法学方法论》,陈爱娥译,商务印书馆2003年版,第86页。

② 参见杜宇:《基于类型思维的刑法解释的实践功能》,载《中外法学》2016年第5期。

③ 转引自劳东燕:《功能主义刑法解释的体系性控制》,载《清华法学》2020年第2期。

④ 参见[德]卡尔·拉伦茨:《法学方法论》,陈爱娥译,商务印书馆2003年版,第316-318页。

含义,通过对其认知以达至对思想脉络及其表达的连贯理解。法的体系性决定了其内部的所有法律规范都必然是以体系化的方式连接在一起,因此要实现对某一法律规范的理解当然也需要规范之间彼此借鉴,以达到法律体系的内部协调。这意味着,所有的法律规范都可以也必须被放入整个法律体系中加以理解。同时,在法律没有对法律规则相互冲突的情形作出预设规定或指明解决方法时,尤其也必须通过体系性视角对其优先关系予以考察。

任何个案法律的适用,都受到其背后整体法律秩序的支撑,究其根源,无非价值判断与规范评价,这也构成了司法者解释法律的根据。而作为法秩序统一体的法体系,也应当兼具逻辑性与价值统一性的基本属性,故此,在方法论上,法体系也自然具有检视其内部各法规范价值是否相容的功能。通过体系审查能够有效避免价值矛盾,保证刑法条文之间的协调。

体系性的实现能够确保同样的情形被同样对待,生活在其规范范围内的人能够拥有更大的自由(对个人行为的安排与效果预期),能够确保法律的安定性与一致性这两点形式正义的要求在此规制中被更好地实现。此系刑法原则的基本要求。

1. 特定法条的内在体系性制约

语言的复杂性和多义性决定了对其的认知应该在特定的文句和具体的(意义)脉络中来进行。就某一特定法条而言,由于其是就同一事项作出说明或者针对同一法益进行保护,并具有固定的价值取向和规范目的,因此对该法条中的同一语词当作相同解读,对并列的不同款项,当对其共同价值内涵进行把握,对其分类标准进行界定,以做到对相关规定理解的具体化和彻底化。具体阐释如下:

其一,对特定法条内的相同概念作相同意义的解读。这一要求包含两个面向。一方面,同一法条中的相同语词针对不同的行为对象时应当作相同的解读。《刑法》第4条也明文规定了刑法的平等适用原则,其内在蕴涵任何人犯罪,在理解法律上一律平等。以强制猥亵罪为例,该规范的价值与目的在于保护个人的性自主权。部分学者和司法实践认为猥亵是指通过性交以外的方式对被害人实施淫秽行为,[①]然而,若是将性交行为界定在猥亵行为以外,则强迫与男童发生性交的行为,将因不符合强奸罪与强制猥亵罪或猥亵儿童罪的主体要求或犯罪构成要件要求而无法对其予以定罪处罚,或顶多认定其构成故意伤害罪予以处罚。但这样的裁判结果显然存在问题,强制性交在性质上明显比猥亵更为恶劣,因其除性伤害之外,还包含身体上的伤害。举轻以明重,在《刑法修正案(九)》颁布后,一般的强制猥亵他人的行为尚且构成犯罪,那不法程度更严重、社会危害性更大,对象也更应得到法律和社会保护的针对男童的强制性交行为又有什么理由不受处罚呢?因此,在针对男童的情形中,必须将强制性交行为

① 参见张明楷:《刑法学》(第5版),法律出版社2016年版,第880页。

也纳入猥亵范围。那么,鉴于有将性交行为排除在强制猥亵罪构成要件之外的这一现象,是否考虑就“猥亵”这一语词对不同对象作不同的意义解读呢?同一法条、同一语词因行为对象不同而作出相异解读,恐难符合逻辑要求,更因违反平等适用刑法这一基本原则而无法在正当性上得到支持。如此,只有将性交行为也界定为猥亵方才符合价值评判和体系性要求,基于此,强奸行为也将满足强制猥亵罪的构成要件该当性,继而产生法条竞合关系。另一方面,当特定语词在某一法条中被重复使用时,应对该语词作相同的意义解读。

其二,对某一罪名中并列的不同款项,当对其共同价值内涵进行把握,对其分类标准进行界定,以做到对相关规定理解的适当化和具体化。例如《刑法》第276条规定的破坏生产经营罪,该条规定行为方式为“毁坏机器设备、残害耕畜”或“以其他方法破坏生产经营的”,显然,前后两者属于并列关系,对后者应当如何理解呢?如之前某宝和某点评所曝光的同行反向恶意刷单行为,是否符合该条所述的“以其他方法破坏生产经营”而构成破坏生产经营罪呢?根据张明楷教授的观点,应当依据同类解释的原理,将“其他方法”解释为与“毁坏”“残害”属相同行为方式的物理性损毁行为①,但如此势必导致与故意毁坏财物罪产生竞合的情形,破坏刑法规范整体逻辑性和价值评价统一性,因此,有必要对此进行重新解读。据此,若将“毁坏”“残害”理解为刑法的列举式规定,那对其的实质理解就应当为妨害。对该条款的行为方式进行如此界定,方能符合该条款的价值和目的,同时,也能达至对该条款整体的适当性理解,进而实现体系性制约。再如下文对侵犯著作权罪中“复制发行”的解释,通过对并列条款中“出版”“制作、出售”等行为方式内涵的把握,来界定“复制发行”这一待解释语词的含义。

2. 刑法部门的体系性制约

刑法解释的合理性,应当以是否符合刑法条文的真实含义,是否有利于实现刑法的任务与目的,是否使刑法条文之间以及刑法与其他法律之间相协调,是否使案件得到妥当处理为标准。② 而基于法律文本的逻辑性要求,法律规则通常由一个或若干个法律条文组成,每个条文可能并不完全,只有将具体法律条文放在完整的规则或规整中,与其他相关条文相互结合,才能洞悉其具体意义。

在个案司法裁判过程中,裁判结果与直观的法律规则不一致往往意味着法律规则的适用产生了偏差,此时就需要以不同方式,或者以一种更具技术性的方式将其整合,也即联系相关法律规则,根据二者在体系内各自所处的不同位置与各自规范目的(价值与逻辑)的联系与区别来对其意义进行界定或协调,从而实现实质与形式理性的统一,实现法律解释的融贯性。如前所述,就破坏生产经营罪,倘若根据张明楷教授的观

① 参见张明楷:《妨害业务行为的刑法规制》,载《法学杂志》2014年第7期。

② 参见张明楷:《刑法学》(第5版),法律出版社2016年版,第32页。

点,将行为对象指向作为生产工具、生产资料的机器设备、耕畜等有形物,将大幅度限缩其保护范围和忽视其规范价值、目的,同时鉴于与故意毁坏财物罪的竞合,可能因毁损财物价值达不到故意毁坏财物罪较大数额的标准或者因达不到所谓“情节严重”的程度,而得出无须被认定为故意毁坏财物罪并免予处罚的结论,这将直接引起刑法实践指令的冲突,从而使被告人或犯罪嫌疑人引用有利于自己的刑法规范,逃脱刑事处罚,但其毁坏生产工具、生产资料等财产或前述通过反向恶意刷单行为造成的被害人严重实际损失及对市场经济秩序严重破坏的不良后果仍实际存在,犯罪人之人身危害性也并未消除,这将导致规范解释与适用完全背离立法目的,并人为造成刑法规范条文之间的不协调及犯罪化功能性的法律漏洞,[①]有悖于刑法解释的初衷。据此,应当考虑放弃对生产工具、生产资料等有形物的保护这一价值解读,从而寻找新的价值内容。通过对该条的价值分析解读,结合不同法条进行体系性考量,界定其法益为生产经营的经济性利益更为妥当。

要实现不同刑法法条之间的协调,存在多种多样的方式,但都有着相同的要求——排除逻辑矛盾,使刑法整体法秩序在价值评价上保持一致。通常,即使相同语词位于不同刑法法条中,但若其所处规范的内在价值相同或相近,也应当考虑对其作相同的界定,这是融贯性就形式逻辑和价值评价的必然要求。例如非法持有型犯罪(毒品、枪支)与相应的非法生产、买卖型犯罪,对其中的相同概念(毒品、枪支)应当作相同界定,保持内涵和外延的一致。又如强制猥亵罪和强奸罪中均有使用“以暴力、胁迫或者其他手段(方法)”这一表述,因其均是为保护他人的性自主权,所以在此应当对其作相同解释;若不同法条其内在价值完全不同,那即使对两个条文规定的“行为”使用了相同的语词,也有可能对相同语词作出不同的解释。比如《刑法》第 263 条对抢劫罪的规定“以暴力、胁迫或者其他方法抢劫公私财物……”与第 236 条对强奸罪的规定“以暴力、胁迫或者其他手段强奸妇女……”在手段行为上的表述几乎完全一致,但因其价值或保护法益的区别,对其不能作相同界定。强奸罪保护的法益为妇女的性自主权(幼女性的绝对不可侵犯权),抢劫罪保护的法益为公民的人身权利和公私财产所有权,因此,杀人行为或可作为抢劫的暴力手段,却无法作为强奸的暴力行为。再如,前述所说的破坏生产经营罪以及破坏选举罪等破坏的妨碍概念与其他物理性破坏之间的概念差别。

除上所述之外,还有可能基于罪刑相适应原则或以刑治罪的原理,通过关涉法条对犯罪与所作处罚相当性的对比来制约或影响对犯罪构成要件的解释,这也属于融贯体系性要求的范畴。比如一般规定与特别规定,《刑法》第 333 条规定的强迫卖血罪,

① 关于犯罪化功能性的法律漏洞,参见魏东:《从首例“男男强奸案”司法裁判看刑法解释的保守性》,载《当代法学》2014 年第 2 期。

基本犯可判处五年以上十年以下的有期徒刑，并处罚金，如果造成他人伤害，适用故意伤害罪的规定（转化犯）。一般认为转化犯是由轻罪转重罪，法律也规定以较重的犯罪定罪处罚。① 值得注意的是故意伤害他人身体（故意伤害罪）的基本犯刑罚为三年以下有期徒刑，较强迫卖血罪而言，法定刑幅度上、下限均予降低，增加了严厉程度较轻的拘役和管制刑选择并且减少罚金这一刑种，明显减轻了刑罚，此时若再将"伤害"作同一理解，那将出现人身危害性更大、犯罪后果更为严重的转化犯较本罪基本犯处刑更轻的荒谬后果，也即重罪轻刑，有悖立法者初衷和罪刑相适应的原理，并直接导致刑事司法不公，更有可能在客观上使犯罪嫌疑人为追求较轻处罚后果而对被害人实施进一步伤害的行为。上述几种对相同语词作不同界定的情形，主要体现价值权衡与协调对形式体系建构的影响，那么同样的形式体系也能反向制约刑法解释者的价值考量。

要实现法条之间的相互协调，除了应当考量价值协调，还应当考量形式体系对实质价值评价的影响和制约。刑法文本中各法律条文相互区别又共同联结发挥作用，不同的法律条文单独或与其相关条文共同形成一条完整的法律规则，各自发挥着其价值判断和规范评价的作用，在刑法体系背景下，对各条文的理解应当是相互协调的，一旦出现冲突，造成诸如罪刑失衡或法条虚置等现象，则意味着解释出现严重偏差，解释结论应当予以摒弃，同时重新检视解释过程以得出更为合理的解释方案。示例如下。

其一，以对寻衅滋事罪中"公共场所"的解释为例。"两高"《关于办理利用信息网络实施诽谤等刑事案件适用法律若干问题的解释》第 5 条第 2 款将在网络上散布虚假信息，起哄闹事，造成公共秩序严重混乱的，依照《刑法》第 293 条第 1 款第 4 项（在公共场所起哄闹事，造成公共场所秩序严重混乱）之规定，以寻衅滋事罪定罪处罚。结合其他刑法法条中对"公共场所"这一概念的使用情况，如进入公共场所、在公共场所、聚众扰乱公共场所秩序等语境可以看出，"公共场所"是物理性的，是能够亲眼所见、切身感受的空间场所，是不特定人或者多数人可以自由出入的场所。据此，我们可以认为该项条文的价值在于保护不特定多数人或多数人在公共场所从事活动的自由和安全。而上述解释将信息网络解释为公共场所，明显偏离文本表述，使用上位公共（空间）秩序概念替换下位概念，对其作了过度扩张，也违背了《刑法》第 293 条第 1 款第 4 项所要求的行为与结果发生场所具有同一性的内在体系要求。具体而言，若需满足同一性，则要求行为导致信息网络空间秩序本身严重混乱，如造成对计算机系统及通信网络的破坏，或导致计算机网络或者通信系统无法正常运行，但如此又将导致行为符合另罪——破坏计算机信息系统罪的犯罪构成要件，从而使其中某一罪名虚置。

① 参见周少华：《现行刑法中的转化犯之立法检讨——兼论刑法规范的内部协调》，载《法律科学（西北政法学院学报）》2000 年第 5 期。

值得注意的是,在上述解释后新颁布了《刑法修正案(九)》,增设了编造、故意传播虚假信息罪,将其作为第291条之一第2款,限定虚假信息为虚假的险情、疫情、灾情、警情,在此情况下,即使认为司法解释是最高人民法院根据《人民法院组织法》和全国人大常委会授权所作并具有同等法律效力,那相对于前述解释,这既是新法,也是相对于前述解释的特别法,且这些虚假信息的危害性比前述解释所述虚假信息的危害性更高,但观其法定刑,较前述寻衅滋事罪更低,由此可见,根据法律效力的一般原则和罪刑相适应原则,上诉解释第5条第2款应当自动失效。[①] 如此,方能满足融贯性之于体系性的要求。

其二,以对侵犯著作权罪之"复制发行"的解释为例。《刑法》第217条就侵犯著作权罪进行了规定,其行为方式包括复制发行、出版制作、出售三种类型,其入罪条件为"违法所得数额较大"或"有其他严重情节"(此二者明显是并列的选择关系),其目的在于保护国家的著作权管理制度、权利人的著作权及与此有关的权益。关于对"复制发行"这一行为方式的理解,学界有三种观点,观点一指复制或者发行或者复制且发行的选择性行为,观点二指复制且发行,观点三认为应将"复制发行"解释为单纯的"复制"。张明楷教授持观点一。[②] 劳东燕教授持观点二。[③] 赵永红教授持观点三[④]。此外,观点一也是司法实务界的通常做法,"两高"《关于办理侵犯知识产权刑事案件具体应用法律若干问题的解释(二)》第2条对此予以明文规定。以下将就上述三种理解进行详细论述。

关于复制,该解释第1条与此前颁布的《关于办理侵犯知识产权刑事案件具体应用法律若干问题的解释》均规定,复制品数量达到一定程度即属于"有其他严重情节",应以侵犯著作权罪论处。此时,抛开行为人主观上是否具有营利目的不谈,但单纯的复制行为显然并不具备社会危害性——复制作品未流入市场,未对刑法规范所保护的法益造成任何实际侵害,且复制品最终是否会流入市场也无法确定,而反观司法解释的规定,其实质无异于将复制这一准备行为入罪化,或预备行为实行行为化(或预备罪),也将造成刑事处罚前置化。这存在以下六个方面的问题,第一,刑事处罚前置化对于有确切的提前保护的法益这一要求不能满足。对于在实害的前阶段就实行犯罪化以提前预防危险来说,最重要的方法就是确切地提出提前保护的法益。[⑤] 就复制行为而言,其保护的法益具体是何暂且不论,但其侵害的权益肯定不是与本罪正犯

① 参见张明楷:《刑法学》(第5版),法律出版社2016年版,第1063-1067页。

② 参见张明楷:《刑法学》(第5版),法律出版社2016年版,第824页。

③ 参见劳东燕:《功能主义刑法解释的体系性控制》,载《清华法学》2020年第2期。

④ 参见赵永红:《知识产权犯罪研究》,中国法制出版社2004年版,第297-298页。

⑤ 参见王永茜:《论现代刑法扩张的新手段——法益保护的提前化和刑事处罚的前置化》,载《法学杂志》2013年第6期。

一样保护的是国家著作权管理制度和权利人权益，毋庸置疑，其侵害的是他种法益，但将同一刑法条文的价值目的和保护法益区别化，明显违背刑法体系性的要求。第二，即使将复制这一预备行为实行行为化，但其法定刑与本罪既遂正犯完全一致，并未按照刑法关于预备犯可以比照既遂犯从轻、减轻处罚或者免除处罚的规定执行，有违刑法罪刑相适应的基本原理。第三，如此解释，因主观目的的不易查明性，在司法实践中也容易造成将并不具有营利目的的行为人以本罪定罪处罚的情形，可能过分扩大处罚范围，限制民众自由，侵犯人权。第四，纵观刑法全文，仅对实施恐怖活动罪进行预备行为实行化并单条规定为准备实施恐怖活动罪，侵犯著作权罪所保护的法益明显远次于实施恐怖活动罪所保护的公共安全这一法益，并且现代社会一般仅将具有公共或者集体性质的法益保护提前，而上述司法解释所保护的法益显然不具备该性质，将此二者的预备行为一并实行行为化明显违反体系性要求，更违背刑法谦抑性要求。第五，将“复制发行”单纯解释为“复制”，有违文理解释逻辑，不当地对法条语词作了限缩解释。第六，如此解释，有“司法解释立法化”之嫌，在正当性上得不到支持。

关于发行，2011 年“两高一部”联合制定颁布的《关于办理侵犯知识产权刑事案件适用法律若干问题的意见》第 12 条规定：“‘发行’，包括总发行、批发、零售……”据此规定，批发、零售等销售方式都属于发行。而《刑法》第 218 条销售侵权复制品罪规定的行为对象为侵权复制品，行为方式为销售，以上述意见的认定来解释“发行”明显会与该条规定产生不协调的现象，违背体系性要求。具体存在以下几方面的问题：第一，经查实行为人确实存在销售侵权复制品的行为，此时应当以《刑法》第 217 条所规定的侵犯著作权罪还是以第 218 条规定的销售侵权复制品罪来定罪处罚呢？无论适用哪一条文，都必将导致另一条文或其部分款、项虚置。第二，既然立法者单独就销售侵权复制品罪进行了规定，且其法定刑配置低于侵犯著作权罪，那明显意味着销售行为的不法程度较复制发行低，倘若将复制发行仅理解为发行，那么销售（发行）行为也将能够评价为复制发行，不仅不符合正常逻辑，还将拔高销售行为的不法程度，产生对行为人加重处罚的可能性，更将因轻罪重刑而违背罪刑相适应原则。第三，细看《刑法》第 217 条的表述方式可发现，其第 1、3 项表述为“复制发行”（无顿号），而第 5 项则表述为“制作、出售”（有顿号），由此可见，立法者并无将“复制发行”规定为“复制、发行”之意，否则其完全不必作此区分。第四，《刑法》第 217 条第 2 项将出版行为也作为了实行行为，“出版”明显属于复制且发行，因此，也应当根据该条 6 项之间的并列关系将“复制发行”理解为复制且发行。

通过以上论述可以发现，无论基于《刑法》第 217 条的内部体系性要求，还是其与销售侵权复制品罪等其他规范条文之间的协调性要求，均应当将“复制发行”解释为“复制且发行”，如此方符合刑法的体系性要求，也才能够得出融贯性的刑法解释结论。那单独的复制和发行行为又当如何评价呢，若仅复制未发行，根据犯罪人的主观心理,分情况按照侵犯著作权罪的未遂犯或不构成犯罪予以评价;若仅发行则可直接根据《刑法》第218条销售侵权复制品罪进行评价,但此时需关注其侵权复制品的来源,若有自行或与他人合谋基于营利的故意而复制他人作品,又将构成侵犯著作权罪。

综上,在刑法解释过程中,除需使解释结论在该规范内符合价值、逻辑性要求外,还应当与相关条文和刑法的基本原则相协调。同时,解释不能囿于已知的某个用语在其他法律中的基本含义,还要考虑该用语在刑法中应有的含义,不仅要考虑用语可能具有的含义,而且要考虑一般国民的接受程度。当某种解释结论让一般国民感到特别意外时,常常表明该解释结论超出了国民的预测可能性,超出了刑法规范的价值与目的。

3. 整体法秩序体系的制约

一般情况下,融贯性的建构(实现)仅需考虑刑法部门或《刑法》文本内部规则之间的融贯。但刑法并非孤立存在,其是根据《宪法》而制定,作为保障法与惩罚法的形式而存在,其规范条文也多法定犯,其所保护的秩序、价值与利益,也多由其他法部门建构。据此,体系性要求除刑法部门内部各制定法及其规范之间须在评价上积极关联外,也要求与各其他法律部门(包括宪法)内各制定法及其规范之间在评价上积极关联,更要求其实质价值评价与宪法相一致。换言之,宪法的价值秩序为刑法解释提供基础和导向,同时为其划定了解释的价值限度,法律解释者负有义务将宪法与下位阶法律规范互为动态调整而维持法律体系的和谐。①

以《民法典》第184条②这一善意救助者责任豁免规则为例。《刑法》分别在第15条、第233条、第235条规定了过失犯罪,仅根据《刑法》,在紧急情况下(一般指陷于困境或者危难中),当公民对不负有救助义务的他人实施紧急救助行为时,若因救助行为不当,造成被救助者重伤或者死亡(常见于病情危重情况,不懂医学抢救常识,采取不当救助措施导致产生严重后果),该行为无疑符合刑法规定的过失犯罪的构成要件。但是,根据《民法典》,其规范目的在于唤醒社会良知、鼓励善意救助行为,同时确认其属于法定免责事由。故此,一般基于部门法之间的协调性,对犯罪的本质及其体系建构进行考察,《民法典》以明文规定的形式鼓励善意救助以保护危困者的人身权益,而善意救助者正是以此为出发点实施救治行为,该行为并非侵害或者威胁法益的行为,并不应当受到否定的价值评价,不具有实质违法性(或社会危害性),故而对救助行为直接从违法性(不法)方面排除出刑事追究范围,得出救助不当致人伤(亡)并不构成犯罪,无须承担刑事责任的结论。这一处理方式无疑更加简便与妥当,而非先

① 参见杜强强:《论宪法规范与刑法规范之诠释循环——以入户抢劫与住宅自由概念为例》,载《法学家》2015年第2期。

② 《民法典》第184条:因自愿实施紧急救助行为造成受助人损害的,救助人不承担民事责任。

局限于刑法规范的字面含义径直对其进行构成要件符合性审查从而得出不法结论,再根据有责性来进行豁免。换言之,从整体法秩序方面予以考量和要求,基于刑法保障法的功能考量,在民法实质允许的范围内,当然不具有刑事违法性。这也是法秩序统一性原则的要求,而不能全然不顾其他法部门相关法条的影响,径直在刑法解释过程中照搬其他法部门对相同语词的界定,或囿于刑法内部不能自拔。故此,对刑法规范的价值解读,离不开结合其他法部门视域的体系性思考,甚至还需借此才能处理待解释规范文本之语词界定问题。

总而言之,在对刑法进行解释时,凡是跳出刑法涉及其他法部门规范的,首先需要考虑的都是价值协调问题,探究刑法和所涉其他法部门规范就相关行为(事实)进行调控的价值和规范目的所在,其不法类型及本质为何,探究刑法调控结果是否与法律的一般原则及宪法规范保持实质价值评价上的一致。其次才是进行体系性思考和逻辑一致性的运用,如此,构成要件中相关语词的解读才有展开论证的基础。一般来说,刑法须与其他部门法协调的包括以下两种情形:其一为刑法作为保障法所指向的法益或秩序由其他部门法确立或创设;其二为以违反其他部门法的法规作为特定犯罪的构成要件,如违反枪支管理规定危害公共安全的犯罪。其中尤其需要注意的是,在刑法与其他部门法规范所保护的法益具有共同的指向性(如宪法创设法益),仅因其保护程度或保护方式不同而在不同法部门分别进行规定时,若某行为(结果)仅根据刑法判断可能构成"不法"但被其他法部门规范予以肯定性评价,也不应适用刑法对其进行不利评价,如前述善意救助。刑法禁止侵害公民的人身权利,是为了保护公民最基本、最重要的个人专属法益,而民法鼓励善意救助则是对这一法益的积极保护,不能为了保护这一法益而通过刑法对就其实施保护的行为(人)进行处罚。

由此可见,融贯性具有一种不同程度的表现形式,逻辑一致是融贯性最直接、最表面的表现形式,它只要求在最基础的司法规范层次上法律规则与其(直接)解释结论两者之间没有逻辑上的矛盾就可以了。深入发掘,会发现解释结论受到刑法文本内部相关法条、其他法部门相关法条的制约。甚至在某些时候可能在逻辑一致性这一表象上存在冲突,但追根溯源会发现其本质——规范(目的)价值仍呈现彼此协调的现象,此种情形将在下文中予以论述。

4. 理念体系的符合性审查

融贯性的理念要求任何法律体系都能得到作为其背景的、价值基础的成熟的政治理论与信念体系的支撑,能被其所证立。融贯性的要求源自对宪法、制定法、司法判决等权威性文本素材所存的诠释性态度,其包括两个方面,一方面,法律实践包含过去的政治决定及其追求实现的价值或原则,而该价值或原则是我们对前述权威性文本素材进行理解或适用的基础;另一方面,诠释实现的关键在于作为法律实践目的的政治道德原则的提出,该原则又包含两个必要条件,即考量施加影响于前理解的过去的政治决定及其在道德上证立整体法律实践。[①] 由此可见,价值与政治道德原则在诠释过程中相互影响、制约,又相辅相成,谁也不能脱离对方而单独发挥作用。前文已就价值或原则进行阐释,下面就政治道德原则——理念体系对价值的影响或制约进行专门论述。

理念体系一般不会直接、明显地出现在法律解释情境中,但在某些特定场合尤其是疑难案件中其能够发挥显著作用。至于缘由,或可解释为要理解法律规范的真实含义,除了考察现下有效的法律规范及其制度系统外,还得历史性地考察其产生条件——社会、经济、历史及其对规范意义的影响。所以,有时它们能够证立不相一致的不同法律部门的原则,这是上面几种方法所无法实现的。特别在刑民交叉领域,大多数情况下从政治理论中的"自由"这一个体权利切入,就可以发现不同法部门规范仍具有一致的法律价值追求。比如分属于私法与公法领域的"法不禁止即自由"与"法无授权即禁止"的现代法治原则,这一看似不"不融贯"的现象在实质价值追求上却具有高度一致性,在私法领域,法律没有明确的禁止性规定时,个人享有广泛的自由,可以做法律禁止性规定外的所有事情,而在公法领域,权力享有者却不能为未经法律明确授权的任何事宜,否则将侵害相对人的自由。虽然表述不尽一致,但其背后的理念却是一致的,即均是追求个人"自由"的实现,私权利通过公权力的保障得以更好地实现,故此,各自法律部门项下的制度规范之间是融贯的。因此,虽有法律部门之别,但其背后的政治与道德理念却是完全一致的,也是能够阐释与证立表象上并不一致(融贯)的法律规定的。同时这也说明,在涉及各个不同的法律部门时,解释的融贯性并非像同一法律部门内的规范那样在各个要求上能够直接一一对应,有时需要用更本质的如道德理念的东西来印证其一致性。

## 五、结语:刑法解释融贯性的实现

刑法解释的融贯性包含价值与逻辑两个面向,一方面,价值面向处于优先地位,但其实现须建立在无逻辑冲突的基础之上,前者是基础,也是根本,决定后者的存在与运用。另一方面,逻辑对价值进行反制,其形式性要求限定了实体价值的可允许解读范围。也即,具体刑法规范的价值必须于整体法(价值)秩序中接受审查与确证,凡是对特定规范所作的价值、目的解读会引起法体系的内部冲突,就应当对其预先解读进行审视并予以修正。

故此,刑法解释融贯性的实现过程一般为:对待解释法条内涵价值的初步解读,引入当下社会主流价值对初步价值判断进行补充与校正,就前述所得解读与解释者个人价值理念进行对比并进行循证,以确认待解释刑法规范文本最适合的价值意义,语词

① 参见王鹏翔:《法律、融贯性与权威》,载《法哲学与法社会学论丛》2012年第1期。

是价值意义的载体，运用文义解读对前述价值意义进行限制并得出初步解释结论，将前述初步解释结论放入体系中进行检视与反思性审查，据此得出最终的解释结论。但值得注意的是，在上述过程中，任一环节无法顺利通过都需要返回先前环节并对该阶段解读进行修正。

实现刑法解释融贯性能够更好地运用现下的法律规则解决个案争议，能够更好地实现刑法规范文本所追求的价值，能够有效地消除非犯罪化功能性法律漏洞中法律文本的模糊和歧义、文本与文本之间的实践指令冲突和指代不明，同时确保解释结论符合形式正义要求、切合普通人的法感情，也即合情、合理、合法。以赵春华案为例，若能站在法秩序整体价值统一性的角度进行实质性考量，那“出罪”一途必然有不少的合理化选择。

但值得注意的是，绝对的融贯性并非对于刑法解释的绝对要求，鉴于整个法律体系的庞大和复杂性、立法者理性的局限、立法技术的缺陷等因素，立法者颁布不融贯的法律是可能的。倘若立法者制定法律时即对融贯性有所疏漏，那么在随后的解释层面对绝对融贯性的要求就是一种理想化的追求。因此，融贯性也是存在程度差异性的。刑法解释的融贯性程度越高，解释结论、裁判结果被广泛接受的可能性则越大，融贯性程度越低，其合理性、恰当性受到怀疑的程度则越高。

# 刑法解释的实践检视

周海浪*

**【内容摘要】**刑法解释不应是单纯困于书斋的学问,而应运用于司法实践之中,通过评析司法实践中的刑法解释现象,反哺刑法解释学的发展。从司法实践中的裁判结论来看,法院既有采纳"有利于被告人"解释结论的做法,亦有认定"不利于被告人"解释结论的可能。对这两种现象的剖析,实则能够梳理出一条清晰的脉络,从而对司法实践中如何运用刑法解释方法形成诸多启示。司法实践中的刑法解释应当坚持常识主义、经验主义和实用主义,确保刑法解释结论与常识相符、与经验相符、与实际相符。

**【关键词】**刑法解释　有利于被告人　不利于被告人　实践检视

## 一、引言

围绕形式解释论与实质解释论的分野,中国刑法解释学已经形成较为明显的学派之争。① 刑法学者关于解释方法、解释技巧等问题的讨论、争议不绝于耳,这对于刑法学的发展完善具有至关重要的作用。但是,"刑法学不是纯粹的理论学说,作为法解释学的刑法学是一项实践性工作,旨在为刑事司法服务,并意图指导、检验刑事司法活动"②。因而在本文看来,刑法解释不应是单纯困于书斋的学问,而应运用于司法实践之中,通过评析司法实践中的刑法解释现象,反哺刑法解释学的发展。"司法适用性是刑法解释作为法律解释的突出特性,刑法解释的终极目标是司法适用,其发生过程、结论的最终形成和运用都围绕司法适用展开。"③

司法实践中,裁判者不会"明示"自己坚持何种刑法解释立场、使用了何种解释方法与技巧,更多的是以一种能够解决问题、能够裁判案件的"实用主义"态度运用刑法解释。这种表面上"毫无章法"的处理逻辑,值得深思其中奥义。其实,"解释是一种

---

* 周海浪,法学硕士,北京环球(成都)律师事务所律师。

① "21世纪初以来,中国刑法解释学研究出现了难能可贵的三个维度学术之争:刑法的形式解释与实质解释之争(解释限度之争)、主观解释与客观解释之争(解释立场之争)、传统刑法解释论与功能主义刑法解释论之争(解释范式之争)。"参见魏东:《刑法解释学的功能主义范式与学科定位》,载《现代法学》2021年第5期。

② 张明楷:《再论具体的方法错误》,载《中外法学》2018年第4期。

③ 魏东:《刑法分则解释论要》,北京大学出版社2020年版,第53页。

结果。通常是在结果早已确定之后,才选择解释的方法。所谓的解释方法只不过是对文本的补充的事后的注脚而已"①。正如日本刑法学者佐伯仁志所言,"在法解释中,最后终归是解释者价值判断的问题"②。因此,本文更倾向于以司法实践中的裁判结果为起点进行反向检视,分析总结裁判者的解释逻辑。评议司法实践中的刑法解释结论,关键是要捕捉到裁判者解释判断的基本态度与立场,如此才能进一步从学理上分析其解释方法与技巧,从而标定其所属的刑法解释阵营。

司法实践中,针对某一分歧较大的刑法概念(包括案件定性),公诉人与辩护人经常会展开激烈辩论。公诉人从入罪的角度进行刑法解释,其结论必定是"不利于被告人";辩护人从出罪的角度进行刑法解释,其观点必定是"有利于被告人"。从最终的裁判结论来看,法院既有采纳"有利于被告人"解释结论的做法,亦有认定"不利于被告人"解释结论的可能。对这两种现象的剖析,实则能够梳理出一条清晰的脉络,从而对司法实践中如何运用刑法解释方法形成诸多启示。

## 二、有利于被告人的刑法解释

在刑事诉讼领域,"存疑时有利于被告人"被作为一项重要原则予以确证,是事实认定方面不可逾越的底线。但是,这一刑事诉讼法上的原则能否运用到刑法解释之中则存在分歧。刑法理论界以张明楷教授为代表的学者提出了"否定论",他认为:"如果一有疑问就做出有利于被告人的解释,刑法就会成为一纸废文;而且,刑法理论就不需要展开争论,只要善于提出疑问并知道何种解释有利于被告即可……事实表明,在法律有疑问时,要一概做出有利于被告人的解释是不可能的。"③司法实务界,也有诸多表示反对的观点,比如最高人民检察院孙谦副检察长认为:"存疑时有利于被告原则只能适用于事实认定有疑问的场合,刑法解释不能一味追求有利于被告。"④

其实,仔细分析这些"否定论"观点,其并非绝对禁止"有利于被告人的刑法解释",只是强调该种解释倾向不足以上升为刑法解释的一项基本原则而已。刑法虽然以实现刑法目的、维护罪刑法定原则等理念作为刑法解释的根基,但从结果上并不排斥有利于被告人的解释结论。⑤ 可以肯定的是,司法实践中的确存在有利于被告人的刑法解释现象。本文以"有利于被告人的解释"为关键词,在北大法宝进行了案例检索,虽然绝大多数案例是关于事实认定方面的问题,但在刑法解释上,法院的确存在适

① [德]伯恩·魏德士:《法理学》,丁小春、吴越译,法律出版社2003年版,第315页。

② [日]佐伯仁志:《刑法总论的思之道·乐之道》,于佳佳译,中国政法大学出版社2017年版,第12页。

③ 张明楷:《刑法学》(第6版),法律出版社2021年版,第39-40页。

④ 孙谦:《援引法定刑的刑法解释——以马乐利用未公开信息交易案为例》,载《法学研究》2016年第1期。

⑤ 时延安教授曾指出:"从某种意义上说,法律存疑有利于被告也是一种价值选择判断,因而可以作为论理解释的根据之一。"参见时延安:《试论存疑有利于被告原则》,载《云南大学学报(法学版)》2003年第1期。

用“有利于被告人的解释”之情形(部分案例情况如表1所示)。

**表1　部分案例适用“有利于被告人的解释”之情形**

| 案号 | 辩护意见 | 裁判说理 |
| --- | --- | --- |
| (2017)粤0306刑初3862号 | 啤酒瓶是否属于持械范围内没有明确规定,应该作出有利于被告人的解释,田某拿了啤酒瓶下去不能认定就是持械斗殴,应当按一般聚众斗殴从轻处罚 | 根据相关司法解释及司法实践,持械聚众斗殴中的“械”一般是指管制刀具、枪支、棍棒等,本案部分被告人所持卷起的凉席、扫把棍、啤酒瓶、灭火器不应认定为持械聚众斗殴中的“械”,且被告人游某某虽有拿灭火器的行为,但无证据证明其将灭火器带至案发现场。所以被告人某色某某、阿约某某、田某、游某某、李某某不应认定为持械聚众斗殴,而是一般的聚众斗殴。被告人田某的辩护人相关从轻处罚的意见予以采纳 |
| (2017)川1181刑初110号 | 对于文件的理解问题,有证人证言说到其他公司也是将目标奖和单项奖一并作为基数计算的,侦查机关没有就这部分进行取证,另外关键证人杨某某关于他对文件理解的证言,也印证了自来水公司年终奖的发放是符合文件规定的 | 文件规定本身不明确,就应当做出有利于被告人的解释。公诉机关认为“年终工作奖励”仅指国资办出文发放额,不包括主管部门发放的单项奖,但并未就该种理解的依据提供确实、充分的证据证明 |
| (2015)日刑终字第50号 | 其行为构成扰乱社会秩序而不是冲击国家机关 | 《信访条例》有关条文将“围堵”与“冲击”并列列举,亦暗含不宜将“围堵”视为“冲击”的具体表现形式之意,根据刑法谦抑性原则,应作有利于被告人的解释,故本院认为,上诉人孙某X关于“其行为构成扰乱社会秩序而不是冲击国家机关”的上诉理由及杨某X的辩护人关于“杨某X的行为不构成聚众冲击国家机关罪”的辩护意见成立,本案定性为聚众扰乱社会秩序更为适宜 |

本文所讨论的“有利于被告人的刑法解释”尽管仍属于刑法解释的范畴,但并非主张将其作为刑法解释的一项基本原则,而是意在提示在哪些情形下可以运用有利于被告人的刑法解释方法。在本文看来,当案件具体情况存在以下情形时,应当进行“有利于被告人的刑法解释”。

(一)当法律概念有对应的专属法律规范时,不能将不同的法律概念作相同解释,此时可作“有利于被告人的刑法解释”

以“拍卖”和“招投标”为例,虽然拍卖与招投标具有相似性,但我国立法分别以《拍卖法》和《招标投标法》的形式对二者进行规定。同时,《刑法》第223条规定了“串通投标罪”。由此而生的分歧便是:与招投标极其相似的拍卖、出让等行为是否能够纳入《刑法》第223条的调整范畴?当竞买人在拍卖中串通后竞拍的,能否构成串通投标罪?

或许有人认为,将“拍卖”与“招投标”进行区分是不言自明的结论,怎么可能发生上述分歧呢?然而,司法实践中的确出现了将“串通拍卖”与“串通投标”作相同解释的判例。例如,某法院审理的一起串通投标案判决书指出:"在拍卖中竞买人的恶意串通与在串通投标中投标人相互串通投标报价,其危害本质均是通过消除或者减少公平竞争损害招标人或委托人利益,由串通者分享。拍卖并未超出招投标的语义范围,串通竞买具有串通投标的社会危害性与本质属性。从社会危害性角度看,应当对刑法上的串通投标作出扩大解释。"①

显然,该法院是按照不利于被告人的刑法解释理解串通投标罪的,但本文并不赞同上述判决的结论。该判决书指出"从社会危害性角度看,应当对刑法上的串通投标作出扩大解释",但这一理由并未以串通投标罪的构成要件为根基,更多的是从打击必要性角度考量,其解释结论已经突破罪刑法定原则底线,其并非扩大解释,而是类推解释。"由于立法上对串通投标罪的行为类型明确限定为在招标投标过程中的串通,在拍卖过程中的串通行为就不可能符合该罪的客观构成要件,将串通投标罪适用到串通拍卖的场合,就是超越了法条文义的最大射程,使国民的预测可能性丧失,最终沦为类推解释。"②

本文认为,当刑法条文中涉及的法律概念有对应的专属法律规范时,不能将不同的法律概念作相同解释,这种情形主要出现在涉及经济、行政等专业领域时。"专业用语应依据专业含义进行解释,本来就是文义解释规则,这一规则要求对法律文本中的专业用语的语义,必须按照法律文本的明确规定和概念体系逻辑进行专门解释,应当解释它的特定含义、立法者的真实意思,而不能按照社会一般人的通常理解来解释专业用语的语义。"③其实,要说服公诉机关和审判机关放弃类似上述判决的"类推解释",最有力的论据应当是以部门法的明确规定为依托。一方面,《拍卖法》对"拍卖"有明确的定义,《招标投标法》对招标投标虽无定义,但从条文规范的内容可以轻易发现二者存在重要区别。另一方面,《招标投标法》明确指引了投标人相互串通投标或者与招标人串通投标构成犯罪的,依法追究刑事责任;但《拍卖法》并无类似指引性规范,串通投标罪的条文表述中亦无"拍卖"的文字表达,因而也不能将"拍卖"纳入串通投标罪的范畴。

值得欣喜的是,《刑事审判参考》第1136号、第1251号指导性案例均采取了"有利于被告人的刑法解释",将招投标与拍卖作了严格区分,其裁判理由均涉及相较《拍卖法》和《招标投标法》的不同规定。2020年12月21日,最高人民检察院发布的第90号指导性案例"许某某、包某某串通投标立案监督案"亦明确指出:"对于串通拍卖行为,不能以串通投标罪予以追诉。"因此,当法律概念有对应的专属法律规范时,不

① 浙江省金华市金东区人民法院刑事判决书,(2014)金东刑初字第367号。

② 周光权:《串通拍卖或竞买不构成串通投标罪》,载《法治日报》2021年8月11日,第9版。

③ 王利明:《法律解释学导论:以民法为视角》(第2版),法律出版社2017年版,第274页。转引自魏东:《刑法解释限度的理论构建:从价值优化论回归合法限度论》,载《西南政法大学学报》2022年第1期。

能将不同的法律概念作相同解释,此时应当作出“有利于被告人的刑法解释”。

(二)当国家大政方针有明确的政策导向时,法律裁判应当与政策保持一致,此时可作“有利于被告人的刑法解释”

随着我国城市化进程的不断深化,农业人口外流,农村闲置土地有所增加。对这些闲置土地进行“交易”是否可能触犯刑法呢?《刑法》第228条规定了“非法转让、倒卖土地使用权罪”,司法解释对不同的土地类型进行了数量区分,根据土地重要性程度的不同确立不同的追诉标准:非法转让、倒卖土地达到一定数量(基本农田5亩以上;基本农田以外的耕地10亩以上;其他土地20亩以上)或者获利达到一定金额(50万元以上)的即可构成犯罪。但是,面对此类案件时,应当深入检索相关信息,倘若能够找到有利于被告人出罪的国家大政方针,便可运用到具体的案件办理之中,使之呈现“有利于被告人的刑法解释”。

例如,中共中央、国务院《关于深入推进农业供给侧结构性改革 加快培育农业农村发展新动能的若干意见》(2016年12月31日)指出,“认真总结农村宅基地制度改革试点经验,在充分保障农户宅基地用益物权、防止外部资本侵占控制的前提下,落实宅基地集体所有权,维护农户依法取得的宅基地占有和使用权,探索农村集体组织以出租、合作等方式盘活利用空闲农房及宅基地,增加农民财产性收入”“在控制农村建设用地总量、不占用永久基本农田前提下,加大盘活农村存量建设用地力度。允许通过村庄整治、宅基地整理等节约的建设用地采取入股、联营等方式,重点支持乡村休闲旅游养老等产业和农村三产融合发展,严禁违法违规开发房地产或建私人庄园会所”①。

由此可见,只要相关农用地的“交易”并未触碰底线(基本农田、耕地),根据上述政策的指引,应当坚持“放开束缚、盘活资源”的政策目的,刑法当然不宜过度介入宅基地使用权转让的问题。例如,行为人系某村农民,其将自有宅基地转让给他人,或者是在自有宅基地上违法建房后出售给他人。对此,司法人员(含辩护人)完全可以上述政策为依据,对“非法转让、倒卖土地使用权罪”作限制解释,将此种情形下对应的刑法条文中的“土地”限制解释为基本农田和耕地,那么上述行为人针对宅基地转让的问题便不宜认定为犯罪,以此实现“有利于被告人的刑法解释”。司法实践中业已出现了贯彻执行此等政策精神的刑法解释,例如最高人民法院《关于个人违法建房出售行为如何适用法律问题的答复》指出:“在农村宅基地、责任田上违法建房出售如何处理的问题,涉及面广,法律、政策性强。据了解,有关部门正在研究指定政策意见和处理办法,在相关文件出台前,不宜以犯罪追究有关人员的刑事责任。”又如《刑事审判参考》第1252号指导性案例,对转让自有宅基地的被告人作出了无罪判决。总之,

① http://www.gov.cn/zhengce/2017-02/05/content_5165626.html.

"在从中央到地方均尝试为农村宅基地流转搭建平台、积极放开政策性束缚的情况下,刑法不宜过度介入农村宅基地使用权流转这一尚未明朗的领域……"①

### (三)当对某一问题的理解在学理上已经基本达成一致并且得到"两高"发布的非司法解释性文件认可时,可作"有利于被告人的刑法解释"

某一问题倘若已有司法解释规定,司法人员理应予以遵循,自不待言。此处主要讨论另一层面的问题。毫无疑问,学理解释的结论可以成为司法工作者解释运用刑法的重要参考,但"学术之盛需要学派之争",学理上对某一问题的刑法解释并非整齐划一。就实践的角度而言,司法人员应当重点运用那些已经基本达成一致的学理解释结论。还应注意的是,学理解释与司法裁判仍有一段距离,特别是在"刑法知识转型"过程中,所谓的新近、流行、有力的学理解释并不一定能够得到裁判者的认可与采纳。因此,单纯运用学理解释尚不足以形成压倒性的优势,只有这些学理解释结论能够与"两高"发布的非司法解释性文件精神相契合时,相关的解释结论才能在实践中发挥效用。

以"虚开增值税专用发票罪"为例。过去,一些裁判只是单纯地根据《发票管理办法》的规定,以所谓的"三流一致"进行形式判断,近年来,刑法学界较为一致的意见均认为构成本罪须以造成国家税款损失为要件,必须进行实质解释。显然,这一解释结论可归为"有利于被告人的刑法解释"。但仅有这种学理解释,在实践中不一定能够得到司法机关的支持,还应在其他方面寻找支撑点。2020 年 7 月,最高人民检察院发布《关于充分发挥检察职能服务保障"六稳""六保"的意见》,其中第 6 条明确指出:"注意把握一般涉税违法行为与以骗取国家税款为目的的涉税犯罪的界限,对于有实际生产经营活动的企业为虚增业绩、融资、贷款等非骗税目的且没有造成税款损失的虚开增值税专用发票行为,不以虚开增值税专用发票罪定性处理,依法作出不起诉决定的,移送税务机关给予行政处罚。"显然,该文件为强化学理解释的地位起到了重要的助推作用。"当某种学理解释获得了国家立法机关、司法机关或者具体个案中法官的采纳与认可时,该学理解释即可转化成有权解释并获得法律效力。"②至此,遇到此类案件时,完全可以上述"学理解释 + 司法文件"的方式进行"有利于被告人的刑法解释"。本文坚信,通过这一路径得出的刑法解释结论,极大可能得到司法机关的普遍认可。

综上所述,司法实践中有利于被告人的刑法解释现象,既有文义解释的内容,亦有目的解释的成分,还有刑事政策解释的身影。这也再次印证了刑法解释学与刑事司法

---

① 最高人民法院刑事审判第一、二、三、四、五庭:《刑事审判参考》(总第 114 集),法律出版社 2019 年版,第 12 页。

② 魏东:《刑法分则解释论要》,北京大学出版社 2020 年版,第 73 页。

实务的紧密联系。刑法解释学认为:“只有在刑法的文义解释方法、论理解释方法、刑事政策解释方法依次对解释结论的合法性、合理性、合目的性的确证功能全部实现之时,才能最终确证刑法解释结论有效性‘三性统一体’。”[①]以此剖析刑事司法实务现状,裁判者其实在无形之中已将刑法解释学的上述要求充分运用于实践,努力探寻有效合理的刑法解释结论。

## 三、不利于被告人的刑法解释

应当认为,司法实践中绝大多数的解释结论都“不利于被告人”。裁判者之所以作出“不利于被告人的刑法解释”,无非因为犯罪行为的法益侵害及其危险,这与我国司法实践早已确立的从严惩处严重刑事犯罪的刑事政策[②]是完全吻合的。司法实践中作出“不利于被告人的刑法解释”的案件,或者与人类基本的生存、生活密切相关,或者涉及整个社会秩序的安全稳定,这是裁判者作出不利于被告人的解释、严厉惩处相关犯罪的根本动因。本文以观察刑事司法实践的部分情况为视角,对哪些情形下可作“不利于被告人的刑法解释”进行了梳理提炼。

### (一)为了落实全力保障公共安全的立法目的,对危害公共安全罪可作“不利于被告人的刑法解释”

**案例一:交通肇事逃逸案[③]**

2013年10月29日22时30分许,被告人赵某齐驾驶被告人赵某江所购二手摩托车(牌照号为冀R××929)并搭载赵某江沿容贾公路由南向北行驶,车行驶到河北省贾光乡贾光网通营业厅门口处时,撞倒行人徐某齐,摩托车倒地,赵某齐亦当场昏迷。赵某江拨打“120”急救电话后,将徐某齐拽入路边沟中,后驾驶该摩托车载着赵某齐逃离现场。后抢救人员到达现场,因没发现被害人而拨打赵某江报警时所用手机号码,赵某江明知可能是医生所打电话而不接听。经鉴定,徐某齐因交通事故致颅脑损伤死亡。案发后,被告人赵某江亲属、赵某齐亲属分别与被害人亲属达成调解协议,被害人亲属对二被告人的犯罪行为予以谅解。

本案最终认定赵某江犯故意杀人罪,赵某齐犯交通肇事罪,该裁判结果并无争议;本案的主要分歧在于能否认定赵某齐属于“交通肇事后逃逸”。直接行为人赵某齐在交通肇事后昏迷送医,苏醒后未及时报警投案,由此被认定为“交通肇事逃逸”。该案的裁判者认为:“‘交通运输肇事后逃逸’中的‘逃逸’没有严格的时间和场所的限制。即使如赵某齐所言,其肇事后在医院醒来才知道撞了人,也应当在知情后立即报警,但

---

① 魏东:《刑法解释方法体系化及其确证功能》,载《法制与社会发展》2021年第6期。

② 最高人民法院曾印发《关于贯彻宽严相济刑事政策的若干意见》,明确了“必须毫不动摇地坚持依法严惩严重刑事犯罪的方针”。

③ 《刑事审判参考》第1169号指导性案例。

其醒来后有条件报警却未选择报警，而是选择继续在医院接受治疗，其治疗所在的医院系同案被告人赵某江供述后公安机关才掌握。因此，应当认定赵某齐在肇事后实施了'为逃避法律追究而逃逸'的行为。"[①]显然，该案裁判者作了"不利于被告人的刑法解释"。

刑法解释学认为："刑法解释限度，是指刑法文义解释所不能超越的、法律文本（刑法文本）所限定的文义界限和程度，以确保刑法解释对象和解释结论的合法性（限度）。"[②]从文义解释的角度分析，本案认定"逃逸"确有突破刑法解释限度之嫌。因为"逃逸"一词本身就表明了行为人的"主动性"，即主动逃离现场，但就本案而言，赵某齐离开现场时处于昏迷状态，并无任何意志，更难说主动逃离现场。然而，这可能是对"逃逸"的通常文义解释而言，并不一定能够完全涵盖"逃逸"的外延。公共交通安全领域与所有人的人身、财产安全密切相关，该领域的犯罪行为往往造成极为严重的后果，极易引发社会舆情，对社会秩序造成严重不良影响。因此，保障公共交通安全一直为各方高度重视。正是在这样的理念引导下，该案裁判者才"扩大"了对"逃逸"的解释范围。本案如果固守对"逃逸"的通常理解，可能与全力保障公共交通安全的目的相悖，因而有必要予以调整。由此可见，该案的解释结论，背后以刑法目的解释作为理论根基[③]，其直接动因在于全力保障公共交通安全。

（二）当行为人危及不特定多数人的身体健康时，裁判者会作出"不利于被告人的刑法解释"，以此实现全面保障食品安全，维护市场秩序的立法目的

**案例二："口水油"火锅案**[④]

2015 年 5 月 1 日始，被告人邓某均、符某宣在温州市瓯海区郭溪街道梅屿村温瞿东路 1256 号共同经营一家"老四川火锅店"，并于同年 6 月 24 日依法登记为温州市瓯海郭溪符某宣火锅店，符某宣为该店的负责人。邓某均、符某宣在经营该火锅店的过程中，为节约成本，将顾客吃剩的火锅汤料回收后过滤到水桶内，再放在锅里进行熬制，将回收的废弃油再供顾客食用，进行循环销售从中牟利。2016 年 11 月 30 日 20 时许，该火锅店被执法人员查获，现场缴获已回收尚未熬制的火锅汤料油水 9.865 公斤。

本案争议焦点在于，此处回收的废弃油（俗称"口水油"）能否解释为"废弃油脂"，从而与"地沟油"作同等评价。倘若进行同等评价，实则属于"不利于被告人的刑

---

① 《刑事审判参考》第 1169 号指导性案例。

② 魏东：《刑法解释限度的理论构建：从价值优化论回归合法限度论》，载《西南政法大学学报》2022 年第 1 期。

③ 需要注意的是，在以目的解释作为论理依据时，就不能仅仅以突破通常的文义为由判定其不合法。这是因为"刑法解释的实质合法性在本质上是价值优化问题，它的有效解决应当依赖于论理解释合理性和法社会学解释合目的性（或者刑事政策解释合目的性）来实现，而不能依赖于文义解释合法性限度来解决"。参见魏东：《刑法解释限度的理论构建：从价值优化论回归合法限度论》，载《西南政法大学学报》2022 年第 1 期。

④ 《刑事审判参考》第 1335 号指导性案例。

法解释”。该案裁判者认为:“口水油不符合人们的正常卫生生活习惯……口水油不符合有关食品安全的法律法规标准……有关司法解释对废弃油脂的性质也有专门解释……‘口水油’犯罪是继‘地沟油’犯罪之后出现的新型危害食品安全的犯罪类型,是‘地沟油’犯罪的变种。”①事实上,本案裁判者重点论述上述理由的直接原因在于司法实践中无法对“口水油”所含物质成分进行司法鉴定,难以形成对“口水油”危害性的直观认识,因而需要借用废弃油脂、地沟油等概念予以释明。从其论理的内容来看,裁判者是以关注社会大众食品安全、身体健康为出发点,以保障和促进市场经济秩序健康有序发展为根本目的。在解释立场上,裁判者显然运用了实质解释论,以行为的实质法益侵害为重要考量;在解释方法上,裁判者侧重目的解释,凸显《刑法》第144条之立法目的在于对(餐饮)市场秩序以及人民群众身体健康权益之维护;在解释技巧上,实则是一种平义解释,即在划定“有毒有害食品”的范围时,包含了“口水油”。

本案将“口水油”解释为“废弃油脂”“地沟油”,进而将其认定为“有毒、有害的非食品原料”,属于典型的“不利于被告人的刑法解释”。但是,上述解释方法及结论具有其合理性。从生产销售有毒有害食品罪的保护法益来看,不特定人群的身体健康以及食品安全社会秩序均是其要考量的问题,上述使用“口水油”的行为无疑符合本罪的法益要求。从文义解释的角度来看,将“口水油”解释为“废弃油脂”并未超出“废弃油脂”文义所涵摄的范畴,并不违反国民的预测可能性;从目的解释的角度来看,将“口水油”解释为“废弃油脂”也完全符合本罪保护食品安全和市场经济秩序的立法目的。需要说明的是,司法实践不能因为过度依赖司法鉴定,造成刑法疏漏。鉴于“废弃油脂”早已列入《食品中可能违法添加的非食用物质名单》且并未规定“检测方法”,因而将“口水油”认定为“废弃油脂”,本质上仍是价值判断和法律解释的问题,并非司法鉴定问题。由此可见,当行为人危及不特定多数人的身体健康时,裁判者会作出“不利于被告人的刑法解释”,以此实现全面保障食品安全,维护市场秩序的立法目的。

(三)当行为损害金融机构利益,可能危及金融安全时,裁判者会扩大刑法关于金融秩序保护的范围

**案例三:骗取小额贷款公司贷款案②**

2012年1月6日,被告人江某昌作为法定代表人,以公司名义向九星小贷公司申请贷款用于购买钢材,并提供了与屹荣公司虚假签订的钢材供销合同,虚报公司财务状况。同年1月13日,航旭公司取得九星小贷公司贷款600万元后,即用于归还航旭公司及其控股的其他公司的贷款和债务。同年2月至7月,航旭公司支付利息61.72

---

① 《刑事审判参考》第1335号指导性案例。

② 《刑事审判参考》第960号指导性案例。

万元,其余款息至今仍未归还,给九星小贷公司造成损失538.28万元。

本案争议的焦点在于,是否能够将"小额贷款公司"解释为骗取贷款罪中的"其他金融机构"。否定论者一般认为,小额贷款公司并未领取金融许可证,不具备金融机构的形式要件,因而不能将其作为骗取贷款罪中的"其他金融机构"处理。显然,这是一种有利于被告人的刑法解释。事实上,将小额贷款公司解释为"其他金融机构"更具合理性,换言之,本案采取"不利于被告人的刑法解释"是较为合适的处理方案。

首先,从金融法视角来看,小额贷款公司应当属于非银行金融机构。小额贷款公司试点以后,中国人民银行也对其性质进行了认定。2009年中国人民银行发布的《金融机构编码规范》中对小额贷款公司进行了"术语定义",明确了小额贷款公司的含义;同时,根据《金融机构编码规范》的规定,小额贷款公司位于"金融机构一级分类码"的"Z—其他"项下。由此可见,既然中国人民银行已经将小额贷款公司纳入金融机构编码的范围,说明了中国人民银行对其性质的确认。因为根据《金融许可证管理办法》的规定,金融机构实行全国统一编码后形成的机构编码属于金融许可证必须载明的内容。换言之,既然小额贷款公司已经被赋予了金融机构编码,那么其根据《金融许可证管理办法》(已失效)的规定就可以领取金融许可证,成为金融机构。因此,小额贷款公司在性质上属于"中国人民银行认定的其他有关金融机构"。其次,将小额贷款公司解释为"其他金融机构"有其现实必要性。中国人民银行发布的《2021年一季度小额贷款公司统计数据报告》显示:"截至2021年3月末,全国共有小额贷款公司6841家。贷款余额8653亿元……"如此庞大的资金规模势必直接影响市场经济秩序和人民群众的财产安全,因此,为确保金融秩序的稳定,确有必要将小额贷款公司解释为"其他金融机构"。最后,将小额贷款公司解释为"其他金融机构"并未超出国民的预测可能性。事实上,普通百姓对小额贷款公司的性质认识还处于比较模糊或者说空白的阶段,所以将小额贷款公司解释为"其他金融机构",只是一个概念的澄清,而非颠覆,并未超出国民的认知范围。换言之,该解释结论并未突破"金融机构"的文本含义范畴,仍旧遵循了刑法解释的限度。此外,通过司法判例的方式还可在国民心目中逐渐树立起小额贷款公司也是金融机构的基本理念,有助于形成诚实守信的基本价值,有助于社会公共秩序健康有序发展,确保金融工作、金融秩序行稳致远。

### (四)当行为人藐视司法权威,妨害司法秩序时,裁判者势必作出"不利于被告人的刑法解释"

**案例四:拒不执行民事调解书案**[①]

"赵某连申请执行张某昊机动车交通事故案":北京市第二中级人民法院作出民事调解书,该调解书确定张某昊分期给付赵某连各项赔偿款共计90万元。张某昊于

① 参见《最高人民法院发布的四起典型案例》,载《人民法院报》2015年4月1日,第3版。

调解书作出当日给付赵某连20万元,其后对剩余赔偿款便不再按调解书继续给付。执行法官发现张某昊在二审调解后申请执行前将保险公司赔付的10万元商业第三者责任险保险理赔金领取但未支付给申请执行人。同时,发现其银行账户虽无存款但之前每月有5000余元的流水记录。北京市公安局丰台分局以涉嫌犯拒不执行判决、裁定罪将张某昊移送到北京市丰台区人民检察院提起公诉。2015年2月4日,北京市丰台区人民法院依法判处张某昊有期徒刑六个月,缓期一年执行。

表面上看,本案确有违反罪刑法定主义之嫌。因为本案的执行名义是“调解书”,但根据《刑法》第313条的规定,拒不执行的只能是“判决书”和“裁定书”,将本罪的要素扩大到包含“调解书”显然已经超越了文义范畴。最高人民法院研究室《关于拒不执行人民法院调解书的行为是否构成拒不执行判决、裁定罪的答复》(法研〔2000〕117号)亦指出:“刑法第三百一十三条规定的‘判决、裁定’,不包括人民法院的调解书。对于行为人拒不执行人民法院调解书的行为,不能依照刑法第三百一十三条的规定定罪处罚。”

当然,由于公布案情限制之缘故,本案难以获悉人民法院在强制执行调解书时是否另行制作了新的裁定书。倘若本案另行制作了裁定书,根据全国人民代表大会常务委员会《关于〈中华人民共和国刑法〉第三百一十三条的解释》之规定,“人民法院为依法执行支付令、生效的调解书、仲裁裁决、公证债权文书等所作的裁定属于该条规定的裁定”。此时有明确的立法解释支撑,不存在司法工作人员解释的余地。倘若本案并未另行制作裁定书,单纯根据执行程序中的财产查询情况难以认定行为人触犯《刑法》第313条之规定。如果本案属于后一种情况,裁判者显然是基于行为人“抗拒法院执行,无视司法权威”的情节,对其作出了极为不利的刑法解释。

由上观之,绝大多数不利于被告人的刑法解释现象,都存在突破文义的“嫌疑”,但不能以此断然判定其结论的违法性。一方面,文本的文义通常具有多样性,不能单纯地将“常用文义”等同于“全部文义”,还应探索本文“生僻文义”及其合理性证成。简言之,既要避免“以偏概全”的逻辑认识错误,又要防止“先入为主”的固执己见。另一方面,“文义解释方法得出的解释结论(文义解释结论)通常具有多样性,文义解释方法的主要功能就是限定最终解释结论的合法性底线基础价值,如果解释结论超越这一合法性底线基础价值,就违背了刑法解释的合法性原则(以及刑法的罪刑法定原则)”①。不利于被告人的刑法解释,并不等同于判定该解释结论违法,不利于被告人刑法解释现象中的诸多结论亦有可能被接受与认可。不利于被告人的刑法解释只不过是对刑事司法实践中一类解释现象的描述,意在提示要努力探究裁判者在其中的解释立场。

① 魏东:《刑法解释方法体系化及其确证功能》,载《法制与社会发展》2021年第6期。

## 四、实践运用刑法解释之启示

对司法实践中的刑法解释现象进行评述无疑具有重要价值。德国刑法学者许迺曼教授曾指出:“法释义学的过分精致化,换言之,评释法院实务的每一个裁判,而且这样做的结果是:法院致力(此虽属于德国传统、但数量上却不断地增加)用法学的标准来证明其裁判的正确性。”①刑法解释不是低端的学问,实务界人士应当对此有理性、平和的认识,善于倾听各种解释观点应当成为实务界的习惯。刑法解释学也不单是个性化的学术讨论,一定要将自身的刑法解释立场放到司法实践中予以检验。只有理论与实务并行,才能促进刑法解释学的发展,而刑法解释学发展的一小步,必定能成为提升司法实践的一大步。

### (一)刑法解释中的常识主义

常识主义应当成为司法实践与刑法解释的共识。陈忠林教授指出:“我主张现代法治是‘常识、常理、常情之治’,是强调我们在执行、适用法律的过程中,绝对不能把我们的法律与民众普遍认同的基本道理对立起来,绝对不能对法律做出明显违情悖理的解释。”②刑法解释中时常出现与社会大众常识相悖的结论,无论解释者进行了多么精妙、严格的理论论证,都应反思、检视其结论的合理性。将与常识相悖的解释结论运用到刑事实务之中,不但难以实现解释的有效性,还会给当事人利益造成重大损害,这样的解释立场无论如何都应予以坚决制止。刑法解释是解释者价值判断的呈现,但价值判断无疑具有相对性,“价值判断的相对性,对于多少受到过批判哲学洗礼的人来说,无论如何必须”③。因此,解释结论只能是“相对正确的”,需要适时调整自己的解释结论,使之最大限度与常识相符,这是每个解释者应当遵循的基本法则。对此,司法实务者更应重视,特别是在一些重大敏感案件中,更应坚守常识主义刑法观,确保案件解释结论与社会大众的认知相符,否则便是过于执拗的偏执主义解释,对司法公正有害无益。

### (二)刑法解释中的经验主义

“要理解就要有解释的前见”④,“法律适用者是先根据他的前理解及可信度衡量决定正确的结论,然后再回过头来寻找能够证成这个结论的解释方法”⑤。刑法解释不是空穴来风,其必定与解释者的个人经历、认知有关联,解释者的个人经历、认知能

---

① [德]许迺曼:《作为学术的刑法释义学》,吕理翔译,载许玉秀、陈志辉编:《不移不惑献身法与正义——许迺曼教授刑事法论文选辑》,台北,公益信托春风煦日学术基金2006年版,第122页。

② 陈忠林:《刑法散得集(Ⅱ)》,重庆大学出版社2012年版,第24页。

③ [日]平野龙一:《刑法的基础》,黎宏译,中国政法大学出版社2016年版,第85页。

④ [美]安德雷·马默主编:《法律与解释》,张卓明、徐宗立等译,法律出版社2006年版,第5页。转引自刘艳红:《实质犯罪论》,中国人民大学出版社2014年版,第328页。

⑤ [德]英格博格·普珀:《法学思维小学堂:法律人的6堂思维训练课》,蔡圣伟译,北京大学出版社2011年版,第78-79页。

够形成某种"前见",这是进行刑法解释的基础条件。但"前见"不是"偏见",本文更愿意将"前见"理解为一种"经验",是解释者面对复杂多变的社会现实时能够作出准确判断的基础。以聚众淫乱罪为例,有观点指出:"不能认为三人以上聚集起来实施淫乱活动的,一律构成本罪……三个以上的成年人,基于同意所秘密实施的性行为,因为没有侵害本罪所要保护的法益,不属于刑法规定的聚众淫乱行为。"[①]然而,稍有此类案件办理经验的人都知道,当前的聚众淫乱行为几乎都是发生在酒店房间等私密场所内的,一旦对此类案件的发案特征有所认识,就会形成"前见",经由这种"前见"所得出的解释结论,才能与客观现实相符。

当然,解释者也应对自身的"前见"与"经验"保持警惕、反思与优化。例如,将"拖拉机"解释为"汽车"的结论是否合适?又如,"为三个以上对象提供帮助的"属于帮助信息网络犯罪活动罪的入罪情形之一,但其是否包含"为同一对象提供三次以上帮助"并非没有疑问。[②] 再如,过去对"暴力"对象的理解大致囿于人类身体,但随着社会生活的复杂化,新类型的"软暴力"开始出现,这就迫使我们有必要对经验加以调整优化。可以认为"软暴力"不限于"精神暴力","软暴力"也有可能针对被害人肉体实施,"软暴力"的范畴大于威胁并且包含威胁。事实上,恐吓、威胁以及隐性胁迫等行为均可纳入"软暴力"的范畴。[③]

(三)刑法解释中的实用主义

"我们的法律,特别是刑法,并不是在制图版上起草,而是经过了一段长期的发展,并且持续在变动。"[④]变动中的刑法必然导致刑法解释观点、立场的变化。所以,司法实践中的刑法解释一定会时刻变动,刑法解释应当保持与时俱进的状态。变动中的刑法解释并不是"毫无章法",而是"有迹可循"。本文的前述讨论,大多是围绕指导性案例、典型案例展开,因为在本文看来,这些案例中折射的刑法解释观念就是司法实践中进行刑法解释的基本方法与规律,就是司法实践应当予以重视和借鉴的重要参考。当已经捕捉到这些变动的基本趋势与规律时,解释者应当调整自己的解释结论,使之与变化中的刑法解释相匹配,从而实现刑法解释的实用性。在趋势与规律面前仍要"逆势而动",显然有失理性。

## 五、结语

或许有人认为,本文所梳理的现象仅仅是个别现象的总结,尚不足以上升为一般

---

① 张明楷:《刑法学》(第6版),法律出版社2021年版,第1413页。

② 参见《关于"断卡"行动中有关法律适用问题的会议纪要》。

③ 参见周海浪:《"软暴力"的新理解》,载《检察日报》2018年7月2日,第3版。

④ [德]英格博格·普珀:《法学思维小学堂——法律人的6堂思维训练课》,蔡圣伟译,北京大学出版社2011年版,第62页。

规律;又或者认为,本文讨论的诸多现象及结论本身就有超越罪刑法定原则之嫌。对于各界的批评,本文作者都虚心接受。表面上看,本文的诸多讨论似有突破构成要件的疑问,容易被误认为本文是在倡导用“处罚必要性”替代“构成要件符合性”。需要重申的是,本文依然强调遵循刑法解释的基本规则,并无任何试图超越罪刑法定原则的企图。刑法解释学指出:“刑法解释适用领域的‘司法公正’论被抽象地置换为‘法律公正’论的一体论是明显存在疑问的……法官决策行动论只能是符合现行刑法立法规定的、符合刑法司法公正价值论意义上的法官决策行动有效性论……”①司法适用是一个较为复杂的过程,为了实现司法公正,需要裁判者对刑法条文进行妥当解释,但这种解释过程仍应是遵循构成要件、法律推理等基本规则的精细化过程;换言之,本文并不赞同“笼统的司法公正论”。

如果非得给本文贴上标签,本文更愿意把上述绝大部分解释内容纳入“刑事政策解释方法”范畴,将本文之论述评价为“法外”的“超规范”的解释说理。② 正如周光权教授所言:“刑法解释的过程,不仅是一个商谈的过程,同时还是一个反复试错的过程,而不是‘单向度’从文义解释出发直达目的解释的思维过程。”③既然需要反复“试错”,那么本文所述无疑能为刑法解释的试错过程提供些许参考性指标。在本文看来,虽然刑法强调目的解释的“皇冠地位”④,但单纯从目的解释入手难以解决认识分歧,最终仍会呈现各执己见的尴尬局面。因此,本文认为有必要从具体案件的解释现象中另外寻求依据,为相关解释结论增加砝码。裁判文书中看似寥寥的说理,实则包含着丰富的刑法解释理论,需要认真分析其中包含的理由,揣摩其商谈、试错的过程,从而抓住其解释的基本规律。从司法实践的裁判结论检视刑法解释的立场、方法与结论,应当是一种更为现实、更符合实际的路径。

---

① 魏东:《功能主义刑法解释论“问题性思考”命题检讨》,载《法学评论》2022 年第 2 期。

② 关于“刑事政策解释方法”,可参见魏东:《刑法分则解释论要》,北京大学出版社 2020 年版,第 71 页。

③ 周光权:《刑法解释方法位阶性的质疑》,载魏东主编:《刑法解释》第 2 卷,法律出版社 2016 年版,第 33 页。

④ “解释方法之桂冠当属于目的论之解释方法,因为只有目的论的解释是方法直接追求所有解释之本来目的,寻找出目的观点和价值观点,从中最终得出有约束力的重要的法律意思;而从根本上讲,其他的解释方法只不过是人们接近法律意思的特殊途径。”[德]汉斯·海因里希·耶赛克、[德]托马斯·魏根特:《德国刑法教科书》(总论),徐久生译,中国法制出版社 2001 年版,第 193 页。

# 功能主义刑法解释的边界探究

安　琳*

【内容摘要】单纯的回应刑法过于偏重刑法体系外的影响因素，易使刑法失去其自主性，而功能主义的刑法体系则能让刑法体系在受到外在环境的激扰之后，依其自身的运转模式自主地进行体系的优化、演进，落实到刑法解释领域中，功能主义刑法解释便生根发芽。功能主义刑法解释结果导向明显，关注社会现实需要，关注刑法适用的社会效果，由于这种实质主义导向的内在逻辑推进到极致便可能会破坏法治，故而有必要对功能主义刑法解释的边界进行探究。以体系性控制作为功能主义刑法解释的边界，可使其在法治界限内实现法律效果与社会效果的统一，让法的安定性价值和正义性追求共荣共生。

【关键词】风险社会　功能主义刑法解释　解释边界　体系性控制

## 一、引言

工业革命开始后，人类社会的风险逐渐从天灾人祸变成人为的不确定性①，只要人在决策，那么风险就会不停地被创设，这是客观社会背景的变化，这使得社会在预防风险方面的需求不断增强，刑法无法再封闭地自我发展，而必须作为社会系统的子系统为社会的安全保障发挥作用，进而呈现自由刑法向预防刑法的转向，刑法体系的构建基础逐渐转移到刑法的目的上来。相比于传统刑法体系的封闭和对刑法文本的固守，功能主义的刑法体系对社会系统而言更有亲和力，其示意着刑法体系与刑法解释学范式的转换，即功能主义的刑法体系与功能主义刑法解释诞生了。与社会现实需要密切接轨的功能主义刑法解释具有与生俱来的结果导向，天然地具有一种摧毁法治的巨大力量，故有必要对如何合理地控制功能主义刑法解释进行研究，让刑法体系在保持开放性的同时，也拥有自主性更新的力量。

功能主义刑法解释是具有实质导向的，相较于在我国分庭抗礼已久的形式解释与实质解释之争来看，功能主义刑法解释在肯定时代对刑法作了实质化推进的前提下，

---

* 安琳，四川大学法学院刑法学硕士研究生。

① 劳东燕：《风险社会与变动中的刑法理论》，载《中外法学》2014年第1期。

进一步回答了“实质”从哪里来的问题，这一问题在实质解释中没有得到令人满意的回答，实质解释中的“实质”更像是对个人价值观中正义的呈现，此种正义会因解释者的不同而相异。但是功能主义刑法解释回答了“实质”的来源，“实质”是从刑法的任务和目的中推导得来的，所以我们应当肯定功能主义刑法解释的存在正当性。

基于上述意见，笔者认为诸多对功能主义刑法解释的批评意见不够有的放矢，许多观点仍对功能主义刑法解释的功能化导向、实质主义色彩表示深刻质疑，功能化导向的确是一把“双刃剑”，但如果剔除这种导向，功能主义刑法解释就不再是功能主义的了，所以这些批评的落脚点仅在于“功能主义刑法解释”的存在正当性，而没有对该如何合理控制功能主义刑法解释的灵魂内核，如何运用好功能化这把“双刃剑”提供有益智识。因此，本文重点针对如何对功能主义刑法解释进行控制提出一点拙见，以期在刑法解释学范式转型的情况下，保持刑法体系自主性与应变性的平衡。

## 二、功能主义刑法解释的产生基础及特点解读

### （一）功能主义刑法解释的产生基础

#### 1. 思想基础：目的理性刑法体系思想

“将刑事政策的目的性思考整合其中的解释论，注重解释结论的政策与社会效果，注重刑法所发挥的社会功能。就此而言，这样的一种刑法解释论完全是功能主义导向的，故可称为功能主义的刑法解释论。”[①]功能主义刑法解释论实际上是功能主义刑法观在解释论上的呈现，功能主义刑法观是德国刑法理论中“目的理性刑法体系”又称“功能主义刑法体系”的产物，对目的理性刑法体系思想的产生，需从刑事政策与刑法体系关系的发展脉络上来加以把握。

“刑事政策”这一概念由费尔巴哈创立，费尔巴哈是在提升立法者立法智慧的意义上创造的此概念，所以刑事政策是刑法体系以外的因素[②]，传统教义学立场上的刑法解释，不允许引入刑事政策因素。这样的观点在实用性上面临巨大质疑，这种质疑促进了刑法教义学在之后的岁月里逐步从封闭走向开放，合目的性思考逐步走进刑法教义学的殿宇。

以李斯特为代表的古典刑法学率先开始尝试刑法学的转向。根据李斯特的思想，在犯罪论的领域罪刑法定原则依然统摄一切，刑事政策没有作用空间，刑事政策仅被允许在刑罚论领域应用，依其观点，刑事政策与刑法教义学并不相容，二者间不可逾越的鸿沟也就是学界所称的“李斯特鸿沟”。[③]

---

① 劳东燕：《功能主义刑法解释的方法与立场》，载《政法论坛》2018 年第 2 期。

② 参见劳东燕：《刑事政策与刑法体系关系之考察》，载《比较法研究》2012 年第 2 期。

③ 参见陈兴良：《刑法教义学与刑事政策的关系：从李斯特鸿沟到罗克辛贯通——中国语境下的展开》，载《中外法学》2013 年第 5 期。

韦尔策尔提出的以“目的地理解的行为概念”为基础的目的论刑法体系和社会相当性理论使得刑法教义学的面貌更为焕然一新。“目的地理解的行为概念”意指人的行为都是带有目的的,人可以基于自己的预测实行行为,从而控制事态的发展。[①] 韦尔策尔的社会相当性理论认为刑法并非禁止一切法益侵害,而是仅仅禁止超出维持有秩序的社会生活所必需程度的法益侵害,法益侵害是社会生活必然的伴随品,否则,社会生活就会停滞不前。[②] 韦尔策尔的社会相当性理论使得本深陷于逻辑演绎之中的沉闷的法律又回到了鲜活的社会生活之中。[③] 但总体来讲,韦尔策尔以先于法的行为概念作为建立刑法体系的基石,此时的刑法教义学还未将刑法体系的构造基础转移到刑法的目标设定上来。

自20世纪70年代,罗克辛、许迺曼、阿梅隆以及韦尔策尔的学生雅各布斯把构造刑法的要素重新定位在刑事政策的任务上[④],这不可不谓融化刑事政策与刑法体系之间坚冰的一大突破。罗克辛与雅各布斯都认为刑法体系的构建必须要建立于刑法的目标设定之上,只不过二人对“刑法的目标设定应是怎样的”“刑法的目标设定应如何与犯罪论与刑罚论上的构成要素相联系”有所分歧。[⑤] 罗克辛所建立的刑法教义学更多地将刑法的任务定位于法益保护,另外,刑罚的目的是预防,所以刑罚既受罪责限制,也受预防必要性的限制。雅各布斯建立的刑法教义学更多地将刑法的任务定位于法规范维护,他认为刑罚的目的是恢复被犯行人用犯行所否定的法规范的效力。尽管罗克辛和雅各布斯建立的刑法教义学之间存在很大不同,但他们都克服了“李斯特鸿沟”,都把刑法的目的理性作为建构刑法教义学体系的基础,试图将刑事政策的因素引入刑法体系,让刑法体系的社会机能得以充分发挥。[⑥]

将视角转向国内,罗克辛的名作《刑事政策与刑法体系》在我国发表以来,国内刑法研究中刑事政策的内涵发生了巨大改变,其既非作为法律替代品的某种规范性渊源,也非具有实体内容的具体措施,而是与合目的性的概念相当。[⑦] 这种刑事政策,不是存在论意义上的,而是价值论意义上的,是一种观念性的、方法论上的刑事政策[⑧],它蕴含着“合理且有效地惩治犯罪”的意思,在价值上体现的是重视后果、追求实效的实用主义导向,其实体性的价值内容为何,则还需根据时代的现实要求进行填充。[⑨]

---

① 参见冯军:《刑法教义学的立场和方法》,载《中外法学》2014年第1期。

② 参见冯军:《刑法教义学的立场和方法》,载《中外法学》2014年第1期。

③ 参见陈璇:《刑法中社会相当性理论研究》,法律出版社2010年版,第7页。

④ 参见冯军:《刑法教义学的立场和方法》,载《中外法学》2014年第1期。

⑤ 参见冯军:《刑法教义学的立场和方法》,载《中外法学》2014年第1期。

⑥ 参见冯军:《刑法教义学的立场和方法》,载《中外法学》2014年第1期。

⑦ 参见劳东燕:《功能主义刑法解释的方法与立场》,载《政法论坛》2018年第2期。

⑧ 参见陈兴良:《刑法教义学与刑事政策的关系:从李斯特鸿沟到罗克辛贯通——中国语境下的展开》,载《中外法学》2013年第5期。

⑨ 参见劳东燕:《功能主义刑法解释的方法与立场》,载《政法论坛》2018年第2期。

2. 社会背景:风险社会

风险社会何以与之前的社会状态做区别,关键就在于"风险"的定义,对"风险",我们应将其理解为"人为的不确定性"①,在风险社会中,人们的决策必然携带风险。风险社会与刑法体系之间的接合点在于安全问题②,在风险社会的背景下,犯罪被认为是常见、多发、稳定的一种社会不安因素,由此,自由刑法逐渐迈向安全刑法,安全刑法要求刑法能够合理且行之有效地打击犯罪、预防犯罪,要求刑法能够做到为社会排除危险或保障安全③,刑法的此种转向使预防成为刑法体系的首要目的,言及此处,会发现风险社会的需求恰与刑事政策合目的性考量内在蕴含的"合理且行之有效地惩治犯罪"理念不谋而合。植根于刑事政策合目的性考量的功能主义刑法解释,实则风险社会背景下的产物,这样的一种刑法解释论所带有的实用主义导向、结果导向思想都是顺应社会发展实况而生的。"风险社会"作为社会学上的研究概念,在此我们是将其作为刑法研究的背景来考虑的,也即"发现"的维度,而基于风险社会的背景所提出的理论则属于"认识"的维度,"发现"的维度是既定的社会现实,既然回避不了,我们就应在"认识"的维度中作深入思考,让刑法在风险社会背景下完成崭新蜕变。

(二)功能主义刑法解释的特点

1. 法解释的地位与立法比肩

第一,功能主义刑法解释认为法解释是必要的,对此,可以从立法的滞后性与历史性上切入。

首先,立法具有滞后性。立法是对既定社会危害的回应,某一类社会事件的屡次发生已经危及稳定的社会生态所必需的秩序时,立法者才会经由法定程序进行立法,另外,社会生活瞬息万变,但法治国家严格的立法程序与法律的权威性却要求法律不能朝令夕改,所以,立法总是一定程度上迟滞于社会现实。

其次,人隶属于历史,而非历史隶属于人④,立法者瞻前顾后所能考虑到的,也只是有限的未来、特定的时代背景里可能发生的状况,立法者的视角和思维的延展长度受限于其所处的时代,立法不可能对瞬息万变的现实穷尽所有可能性地考虑,立法者的远见在长久的法律适用过程中总会面临鞭长莫及的处境,所以,没有完备的现行法体系,法律总是无法涵盖社会生活的全部方面。

新的立法并不总是能弥补旧有立法的不足,且如果总是通过立法、修法来弥补漏洞,法律制度的精妙与法律体系的价值将消失殆尽,法律就变成了机械承担"立法者喉舌"任务的文字集合体,法律将变成无数个"例外"的杂烩,失去法律体系本身的生

① 劳东燕:《风险社会与变动中的刑法理论》,载《中外法学》2014 年第 1 期。

② 参见劳东燕:《风险社会与变动中的刑法理论》,载《中外法学》2014 年第 1 期。

③ 参见劳东燕:《风险社会与变动中的刑法理论》,载《中外法学》2014 年第 1 期。

④ 参见高鸿钧:《伽达默尔的解释学与中国法律解释》,载《政法论坛》2015 年第 2 期。

命力,甚至无法就特定问题给出一贯的、有说服力的回答[①],这与法教义学重视体系和逻辑的理念背道而驰,再加之法律文本不可能也不应常修常改,故而法解释就有必要站出来为沉默的法律文本和鲜活的社会生活打通沟通的渠道。申言之,过去的法律只是当今之人处理当今之事在规范上的出发点,而非其最后的依据[②]。并且,纯粹的形式法治是不存在的,法律只是为我们提供了法源和思考问题的依据。然而,一旦人们放弃法治的形式化努力,法治就会终止[③]。

第二,在与传统解释学范式就"法解释是必要的"达成共识的情况下,功能主义刑法解释学抬高了法解释的地位,平衡了法解释与立法间的力量对比。

首先,法解释并不仅限于立法原意,解释立场普遍从主观解释转向客观解释印证了这一点。更何况,立法是不同利益妥协的结果,其背后也不存在统一利益的所谓"立法者原意"[④]。

其次,法解释就是法本体。概念法学时代,法学体系被认为是完备、封闭的,刑法解释被认为是对预设的刑法的发现,解释者不与立法者共塑法律。传统法解释论认为刑法是本体性的存在,法解释只是作为揭示刑法规定本体性内核、真谛的方法论而存在。然则,法学虽为科学,却并非自然科学,应端正的态度是,法学永远无法像自然科学那样,能够寻求到客观、唯一且永恒之真理,所谓的"通过法解释去发现法的本体",实则谬论无疑,法律根本不存在确定的本体[⑤],法律是历史的,是特定时代人文、政治、道德伦理等因素的折射,如果将其规则一成不变地适用到新的历史环境中,必然会与实践不相适应。且只有法解释才能完成法律系统的演进,只有在法解释的过程中,法律才得以不断更新、优化,在不同的历史情境中持续地迸发活力。在法解释实践中,虽然要顾及法律对今人今事的回应,但解释者也很少完全弃立法初衷于不顾,进行彻头彻尾的创新,所以法解释的过程本质上是"法的续造",是主体、文本、语境三者间的互动[⑥],立法者与解释者无分主客,法解释就是法的本体。

另外,"法解释即为法本体"也是现实给我们的答案,事实上,"法官造法"在我国现实存在已久。我国的司法解释权由最高人民法院和最高人民检察院共同行使,但两造在诉讼上形成平等对抗格局,秉持中立的司法者是实现法律公正性的必要"三角结构"之一,所以最高人民检察院行使司法解释权,实际上不利于两造的平等和"三角结构"的稳定,故应当收紧最高人民检察院的解释权,更多地由裁判者,即法院来行使司

① 参见许德风:《法教义学的应用》,载《中外法学》2013 年第 5 期。
② 参见黄茂荣:《法学方法与现代民法》(第 5 版),法律出版社 2007 年版,第 107 页。
③ 参见陈金钊:《实质法治思维路径的风险及其矫正》,载《清华法学》2012 年第 4 期。
④ 高鸿钧:《伽达默尔的解释学与中国法律解释》,载《政法论坛》2015 年第 2 期。
⑤ 参见劳东燕:《功能主义刑法解释的方法与立场》,载《政法论坛》2018 年第 2 期。
⑥ 参见黄维幸:《务实主义的宪法》,台北,新学林出版股份有限公司 2008 年版,第 79 页。

法解释权。最高人民法院颁布的司法解释，大多都是在确立某类案件的裁判规则或者填补立法的缺漏，比如有关交通肇事罪的司法解释向我们揭示了“因逃逸致人死亡”的理解，有关恶势力案件的司法解释确定了恶势力的认定标准等，诸如此类的司法解释将立法粗线条部分的内涵进行了固定化，被明晰的具体内容是我们难以甚至根本无法在立法者的作品中窥得一二的，这部分内容是司法者的创作，实际上，这就是在进行“法的续造”。

总体来看，我国是民主、法治的国家，立法的出发点都是为了民主、法治、社会稳定和谐，所以我国不像专制社会那样，存在恶法的问题，现在的主要问题是在法实施上，比起立法而言，法适用面临的情况错综复杂，立法之后，法官适用法律的活动对塑造社会公平正义的作用不可小觑，正如习总书记所说，我们要“努力让人民群众在每一个司法案件中感受到公平正义”。由此可见，当下法治的发展，主要不在于设计并制定全面涵摄社会生活的法律体系，而是努力形成有效的法律实施机制，尤其是合理的法律解释制度，使法律得以有效运行。[①]

2. 价值判断主导，形式逻辑反制

在概念法学时代，价值判断为法解释嗤之以鼻，建立在概念之上的、有着严密推理形式的法律确实做到了为法的安定性价值保驾护航，但它也使法的安定性与正义性之间的矛盾无法调和，使法律系统在社会生活面前呈现出一副冰冷、疏远的姿态。随着耶林目的论思想的兴起与利益法学引起的革新，法学不再是“逻辑优位”，而是“生活研究与生活价值的优位”[②]，这也意味着价值判断正式领先于逻辑演绎，这种领先地位也得到了功能主义刑法解释的支持。

实际上，法解释本来也不可避免地会涉及且重视价值判断。即便是“探求立法者原意说”的人们也不能否认这一点，立法者在立法时是融入了利益的、价值的因素的，所以探求立法者原意，其实就是在找寻践行立法者价值判断的路径。再者，法律的生命在于实施，法律只要实施，就必须面对繁复的社会生活，社会生活本就是各种价值取向的共存体，法解释如果不进行价值判断，法律就得不到有效执行，社会生活也不会因为法律的调整而出现向好的趋势，这样的法律不可能真正地为人们所承认。从解释学上来讲，法律本身的应用面向，也能导出价值判断的必要性。伽达默尔的解释学认为，解释包括理解、解释和应用三个要素，应用指向实践。因此，解释既属于理论范畴，也属于一种实践，从解释学的视角看，法官与法学家所从事的是同样的工作[③]。解释本身就有应用导向，所以解释是蕴含价值判断、结果导向、重视功用的，这些实际上是解

① 参见高鸿钧：《伽达默尔的解释学与中国法律解释》，载《政法论坛》2015 年第 2 期。

② 劳东燕：《功能主义刑法解释的方法与立场》，载《政法论坛》2018 年第 2 期。

③ 参见高鸿钧：《伽达默尔的解释学与中国法律解释》，载《政法论坛》2015 年第 2 期。

释降生以来便无法回避的使命,只不过立法积极时,法的初始产出过程就已经尽可能地对接社会需要了,这种"活性立法"在法适用的功能和后果上已经作了极为充分的考虑,以至于法解释自身的应用倾向不易于被发现。当然,价值判断先行并不等同于价值判断独行,"功能主义的刑法解释论不是要摒弃形式逻辑,而是强调形式逻辑受价值判断的支配,二者携手创造合理的解释结论"①。

3. 合目的性的功能化导向

功能主义刑法解释的思想渊源是目的理性刑法体系,目的理性刑法体系与旧有的刑法体系的不同之处就在于,"其并不是按照存在论的标准(因果关系和目的性),而是按照刑事政策的目标设定(刑法的任务和具体的刑罚科处)来进行体系化构建的"②"所谓的合目的性不是单指合乎具体规定的目的,也是指合乎刑法的目的乃至于整个法秩序的目的,是一个具有极强包容性的概念。经济或政治上的目标,也可纳入合目的性的范畴之内"③。

4. 刑事政策通过规范保护目的发生作用

功能主义刑法解释认为刑法规范的保护目的是刑事政策与刑法教义学体系之间的管道。④ 就刑法总论而言,刑事政策主要通过作用于刑法的整体目的产生影响;就个罪解释而言,刑事政策作用于分则各章节保护目的的程度与作用于特定法条保护目的的程度相比,后者更高,对个罪法条进行解释宜优先按照符合本条规范保护目的的方式,其次才是按照各章节保护目的及刑法整体目的的方向。⑤

"犯罪的本质是对法益的侵害,具体刑法规范是为了保护法益而设立,所以刑事政策对于刑法解释的形塑,需依托法益而实现,此种形塑主要有以下四点需注意。其一,在具体法条保护的法益难以界定时,可借助刑事政策的合目的性考量来合理确定法益内容。"⑥比如受贿罪的法益一直有信赖说、公正性说、廉洁说、不可收买性说等争论,学理上的分析各有道理,难定高低,但从当前我国反贪反腐的坚定立场和从严治吏的态度来说,"不可收买性"说明显更为合理。

其二,在立法指示不够清楚或存在矛盾时,刑事政策的目的性考虑可为法益侵害程度的判断提供实质依据。⑦ 举例而言,嫖宿幼女罪原来是5年起刑,后来被删除,嫖宿幼女的行为继而归入强奸罪,从法益保护来说,嫖宿幼女行为与强奸行为同样侵害的是幼女的性自主权,二者无异,但在刑事政策的立场上,相比于普通的强奸行为,嫖

① 劳东燕:《能动司法与功能主义的刑法解释论》,载《法学家》2016年第6期。

② [德]克劳斯·罗克辛:《刑事政策与刑法体系》,蔡桂生译,中国人民大学出版社2011年版,第81页。

③ 劳东燕:《功能主义的刑法解释》,中国人民大学出版社2020年版,第109页。

④ 参见劳东燕:《功能主义刑法解释的方法与立场》,载《政法论坛》2018年第2期。

⑤ 参见李波:《规范保护目的理论》,载《中国刑事法杂志》2015年第1期。

⑥ 劳东燕:《功能主义刑法解释的方法与立场》,载《政法论坛》2018年第2期。

⑦ 参见劳东燕:《功能主义刑法解释的方法与立场》,载《政法论坛》2018年第2期。

宿幼女的法益侵害程度显然高了许多。嫖宿幼女的行为可能会对幼女的生理和心理造成终生不可磨灭的伤害,影响幼女健全人格的形成,所以对这种行为应从重处罚,虽以强奸罪论处,但宜将5年有期徒刑作为起刑点,这既不违背立法者的初衷,又符合刑事政策合目的性与刑法教义学的考量。另外,针对军警人员抢劫的情况,受限于文义解释,我们不能适用"冒充军警人员抢劫"的加重处罚情节,但是从刑事政策上讲,军警人员抢劫严重抹黑了军警人员的形象,为社会树立了恶劣的榜样,此种行为法益侵害程度更高,虽无法适用加重处罚情节,但也有相当合理的依据在法定刑范围内从重处罚。

其三,刑事政策的目的性考虑决定不同类型的法益在刑法保护中的位阶,法益的保护位阶又会进而影响对法益的保护力度,对高位阶的法益应取较大保护力度,对低位阶的法益堵截处罚漏洞的必要性也就相对较小。① 对高低位阶法益保护力度的不同,体现了"以刑制罪"的思想,以饱受争议的袭警罪为例,袭警罪案件在司法实践中大量涌现,但袭警罪作为轻罪,堵截处罚漏洞的必要性相对较小,所以我们有必要对袭警罪中的"暴力"作限缩解释,"要求暴力必须是突发性、瞬时性、意外性的,否则,现实生活中每天都出现的在执法过程中个人与警察之间发生的所有肢体接触和碰撞以及语言冲突行为都将被纳入刑法规制的范围,所有抗拒警察执法的行为都极易构成袭警罪的后果,尤其是在某些警察自身存在不文明执法的情况下,这样的处罚结果更为失之偏颇"②。

其四,在作为规范保护目的的法益辐射范围过宽时,刑事政策的目的性考虑可用于对相关概念作合理限缩③。比如,对于子女进入父母居室进行抢劫的情形,单纯的法益论路径不具有足够的说服力,不宜将子女行为认定为入户抢劫的原因是基于政策性因素的考虑:被告人与被害人之间系近亲属关系,该行为无论在可罚性程度还是处罚必要性上,都较一般的入户抢劫轻,故而有必要将该情形从"入户抢劫"的范围中排除④。

综上所述,刑事政策上的合目的性考虑,能够在概念语义的可能范围内为刑法解释指明方向。解释者可基于刑事政策提出可能的解释结论,该结论成立的关键则在于是否能在法教义学上找到相应的证成依据,使之与刑法体系、逻辑融洽。

## 三、功能主义刑法解释边界的探究必要性及实质内涵

### (一)功能主义刑法解释边界的探究意义

第一,功能主义刑法解释重视价值判断,不加约束地放任这种倾向发展,极可能使

---

① 参见劳东燕:《功能主义刑法解释的方法与立场》,载《政法论坛》2018年第2期。
② 刘艳红:《袭警罪中"暴力"的法教义学分析》,载《法商研究》2022年第1期。
③ 参见劳东燕:《功能主义刑法解释的方法与立场》,载《政法论坛》2018年第2期。
④ 参见劳东燕:《功能主义刑法解释的方法与立场》,载《政法论坛》2018年第2期。

得刑法解释突破法治底线。另外,在功能主义刑法解释重视价值判断的基础上,因其也赞成扩大司法者的自由裁量权,所以我们不可避免地会考虑解释者(法官群体)自有的价值判断——前见对解释结论的影响。解释者的前见(包括生活经验、既存的学说和判例、既存的权威见解)可能造成对法律的肆意、专断理解,破坏法律的可预见性。另外,在我国悠久的历史中,很长时间内我们是把法律和道德混为一谈的,在民主国家建立后,才进行了明确的分割,鉴于前见既包含"历史性的当下",也包含"传统",传统中既有理性因素,又有非理性因素,所以解释者的前见也可能带有"将法律与社会道德伦理等混为一谈"①"人治超越法治"的传统,最后可能转而以价值判断而非法律定案。

第二,原初的功能主义刑法解释学失衡地偏向结果上的功能主义,"结果导向性"色彩明显,蕴含恣意解释的风险。功能主义刑法解释的恣意性风险,主要体现在其"目的决定路径"的观念上。劳东燕教授认为,"解释结果"在"解释"之前就已经大致确定下来;"结果"不是"解释"出来的,是"结果"决定了如何"解释"。② 而解释结果在功能主义刑法解释的视域里,很大程度上又取决于刑法所要实现的功能,诸多学者对此种功能化面向、结果导向表示了担忧,但批评意见切中肯綮的较少,可供借鉴的当属魏东教授对功能主义刑法解释"结果导向"风险根源精准、独到的分析。根据魏东教授的观点,劳东燕教授仅仅将合目的性"以追求惩治犯罪与预防犯罪的有效性作为其价值目标"认定为功能主义刑法解释论的"有效性",给人突出的感觉是功能主义刑法解释论的结果导向性就是"合目的性",而合目的性就是指解释结论"有效性"的全部内容,其合目的性又主要是指一般预防的目标设定③,所以原初的功能主义刑法解释不具备整全的功能主义范式,只一味倒向结果上的功能主义,没有关注到刑法解释方法其本身所能发挥的解释结论有效性确证功能,④这样的诊断真正揭开了功能主义刑法解释藏在"结果导向明显"面纱下的真实面目,也为功能主义刑法解释的深度完善指明了道路,笔者之所以要对此进行强调,是因为在对功能主义刑法解释的边界进行研究时,我们必须要看到功能主义刑法解释的这种进化趋势,并在整全论范式的功能主义刑法解释基础上进行边界探究。

第三,我国形式法治发展程度对能动司法有所制约⑤。近年来,"能动司法"的概念日益在国内外为学者所提倡,功能主义刑法解释实则能动司法在刑法领域的衍生

① [日]川岛武宜:《现代化与法》,申政武等译,中国政法大学出版社1994年版,第21页。
② 参见劳东燕:《功能主义的刑法解释》,中国人民大学出版社2020年版,第114页。
③ 参见魏东:《刑法解释学的功能主义范式与学科定位》,载《现代法学》2021年第5期。
④ 参见魏东:《刑法解释学的功能主义范式与学科定位》,载《现代法学》2021年第5期。
⑤ 参见赵运锋:《功能主义刑法解释论的评析与反思——与劳东燕教授商榷》,载《江西社会科学》2018年第2期。

品[1]，功能主义刑法解释认为，以精准的法解释、法适用为己任的法官群体是整个法律回应机制的核心，主张赋予法官群体更多的自由裁量权。但能动司法的可操作性受限于形式法治发展程度，在形式法治发展程度不高的情况下进行能动司法的尝试，无异于让一个还不会走路的婴儿学跑步。新冠肺炎疫情暴发之初，由于大量的不配合防疫措施的案件激起了民众的诸多不满，所以部分法院出现了防疫案件从重、从快定罪量刑的现象，司法活动变成了一场“赛跑”，由法解释的精准、严密所决定的定罪量刑的质量被丢弃在一边，这给予了我们启示，就我国现在的形式法治发展程度而言，无论是法律共同体对法律的信仰，还是法律在人民心中树立的权威程度，都还不足以让我们安心地对法适用中的价值判断放手，所以即便要采用功能主义刑法解释，我们也还是要不懈地在形式法治这个基础盘上努力，以避免无限制的功能主义轻易践踏来之不易的形式法治成果。

第四，我国积极立法的态势给予了社会问题较快的回应，所以功能主义刑法解释的适用应有适当限制。[2] 我国活性立法的态度在《刑法修正案（十一）》中可见一斑，《刑法修正案（十一）》就是安全刑法的现实写照，修正案中不乏直接针对此前发生的某类社会案件乃至某种特定行为的立法，比如对扰乱公共交通工具驾驶员行车、高空抛物、“特定关系人”性侵害、著作权犯罪、侵害商业秘密犯罪等精准打击，并且，当某些案件上升为舆论热点之后，人民的注意力往往在于这类行为有没有被立法明确规制，如果没有，大众更倾向于国家直接在立法上“添上一笔”，所以我国积极立法的态度在未来相当长的一段时间内未见得会转变。在立法积极主义的背景下，无限制的功能主义刑法解释易于变成“过度解释”，[3]再加上功能主义刑法解释既有“出罪”的一面，也有“入罪”的一面，所以限定其边界也是让其保有适当的谦抑，而不至于损害罪刑法定之基石。

（二）功能主义刑法解释边界的实质内涵

功能主义刑法解释的边界实际上就是功能主义刑法解释的限度命题，限度的含义是“解释结论能够被赋予有效性的范围”，超出这个范围，解释结论就会被径直判定是无效的、有误的、不允许应用的，所以我们可以将功能主义刑法解释的边界理解为“功能主义刑法解释不可逾越的藩篱”。功能主义刑法解释的风险主要还是源于其明显的结果导向，劳东燕教授敏锐地察觉到了这一点并进行了反思，得出的结论是体系性思考可以控制功能主义刑法解释的功能化面向，并围绕“融贯性”这个核心，借助刑法教义学的内部控制和合宪性的外部控制两个面向，阐述了刑法解释如何在刑法内外部

---

① 参见劳东燕：《能动司法与功能主义的刑法解释论》，载《法学家》2016 年第 6 期。

② 参见赵运锋：《功能主义刑法解释论的评析与反思——与劳东燕教授商榷》，载《江西社会科学》2018 年第 2 期。

③ 参见范进学：《“法治反对解释”吗？——与陈金钊教授商榷》，载《法制与社会发展》2008 年第 1 期。

达至协调。将体系性思考确立为功能主义刑法解释的边界是合理的,但还需深化对体系性思考方法论的研究。

## 四、对功能主义刑法解释边界的确定

功能主义刑法解释明显的结果导向决定了对其实施限制的必要性,在这里,我们讨论的并非功能主义刑法解释的正当根据问题,而是功能主义刑法解释的“手脚”可以延伸至何处的问题,所以,诸多质疑客观条件是否业已成熟至刑法解释学范式可以实现向功能主义转向的观点,并不能对本文的研究重点有所启示,对启发本文研究重点有所增益的是吴亚可教授与劳东燕教授就功能主义刑法解释学或者说功能主义刑法学的边界进行的研究。

吴亚可教授对功能主义刑法学边界的研究是从宪法角度切入的,宪法是人民民主国家基础价值秩序的代表,同时,宪法也对诸部门法起统率作用,所以宪法的切入视角值得肯定。但笔者认为吴亚可教授的研究侧重于立法层面,其提出的“以基本权利作为功能主义刑法的法益内核,以比例原则调整功能主义刑法的罪刑关系”①是为了明确“功能主义刑法在什么范围内可以参与社会治理”,结合其文章《当下中国功能主义刑法的合宪性检视》的具体内容可以看出,吴亚可教授侧重探讨的是对功能主义立法的控制,即功能主义立法在什么范围内可以发挥作用,而非在立法既定的基础上,功能主义的解释范式发挥作用的界限,以上是两个截然不同的审视面向,应当认为,吴亚可教授界定的功能主义刑法学的边界,旨在否定当下犯罪圈的不当扩大部分,譬如其文中提到的扰乱国家机关工作秩序罪和代替考试罪等。

劳东燕教授在功能主义刑法解释边界上作的思考有部分合理之处,笔者赞成其将体系性控制确立为功能主义刑法解释边界的见解,也认可体系性思考体现的是融贯性要求,但在体系性思考的方法论上,笔者将劳东燕教授提出的体系性思考原有的二元规制框架“刑法教义学的内部控制与合宪性的外部控制”修正为“法教义学的内部控制与国民规范意识的外部控制”。

### (一)“体系”的新内涵

#### 1.“体系”内涵的演变

“体系思想的意义是,说明个体如何经由‘关联’组成统一体。对于其中的‘关联’,概念法学偏向逻辑,利益法学偏向‘利益的关系’,价值法学则偏向透过法律所要实现的价值。”②“体系”内涵的演变可以目的论思维的出现为分割线。在目的论思维出现前,所谓体系的特征是逻辑上贯通无矛盾,各概念位阶分明,并且社会生活皆可为

---

① 吴亚可:《当下中国功能主义刑法的合宪性检视》,载《中国刑事法杂志》2021年第6期。

② 黄茂荣:《法学方法与现代民法》(第5版),法律出版社2007年版,第524、571-572页。

体系所涵摄。[①] 目的论思维出现之后,“体系”的内涵从此前单一的重视“逻辑演绎”演变为兼顾逻辑上的协调和法秩序基本思想及价值评价内在的协调一致性。照此观点,我们可以对体系作内外区分,外在体系以抽象概念为基石,内在体系则指向价值秩序。[②] 法律系统的张力要仰赖于内在体系才可能实现,所以内在体系居于主要地位,外在体系居于次要地位,但内在体系也受到外在体系的牵制,此二者间关系其实也就是价值判断与形式逻辑之间的关系。

2. 体系性思考中的价值与逻辑

体系性思考是一种价值主导同时又受逻辑反制的思考[③]。一方面,功能主义刑法解释通过刑法规范的保护目的对刑法解释起作用,所以在确定刑法条文的规范保护目的时便需要使其与上位目的相协调,包括条文所在章节的目的、刑法的目的乃至整个法秩序的目的。另一方面,从逻辑层面来讲,需要结合特定法条与其他法条的关系来作解释,即形同体系解释的操作。基于以上论述,价值层面体现的是目的论的需求,逻辑层面体现的是逻辑性的需求,体系性思考实则目的论与逻辑性的统一[④],需特别注意的是,这里的目的论同我们所讲的刑事政策上的合目的性考虑意义不相同,这里的目的论指向刑法体系的内部价值,而刑事政策上的合目的性考虑指的是刑法体系以外的对社会效果、现实需要的顾及。当然,刑事政策上的合目的性考虑可以为目的论中目的的设定提供正当化的依据,但二者绝不等同。[⑤] 从这一点,其实也就能将具有亲缘关系的实质解释与功能主义刑法解释区分开来,实质解释将目的作为解释的起点,而功能主义刑法解释将功能作为解释的起点,强调的是功能决定目的,目的影响刑法体系,这是一个刑法体系先受到外在激扰,而后按照自身的运作逻辑进行自我优化的传导过程。

总体说来,功能主义刑法解释意欲实现的是法律效果与社会效果的统一。当逻辑与价值判断无法妥协达成一致时,还是需要按照有利于被告人的方式作出解释,[⑥]这也合乎罪刑法定原则的精神。

(二)体系性思考的观念内核:融贯性

1. 体系性思考的基本要求

(1)法官角色与法律适用观念的转变

立法者在立法时只是打造了一个粗略、概括的法律框架,这个框架只是确立了许

---

① 参见劳东燕:《功能主义刑法解释的体系性控制》,载《清华法学》2020 年第 2 期。

② 参见劳东燕:《功能主义刑法解释的体系性控制》,载《清华法学》2020 年第 2 期。

③ 参见劳东燕:《功能主义刑法解释的体系性控制》,载《清华法学》2020 年第 2 期。

④ 参见劳东燕:《功能主义刑法解释的体系性控制》,载《清华法学》2020 年第 2 期。

⑤ 参见劳东燕:《功能主义刑法解释的体系性控制》,载《清华法学》2020 年第 2 期。

⑥ 参见劳东燕:《功能主义刑法解释的体系性控制》,载《清华法学》2020 年第 2 期。

多基本的法律价值与法律原则,但其中的空隙还需解释者追随着时代的脚步予以调整、填补,所以解释者对保持体系的开放性有着巨大作用。司法者一直处于社会矛盾解决的第一线,司法者对于保持刑法体系的开放性和与时俱进的意义是最为重大的,理应将其置于法律回应机制的核心。

就法律适用观念而言,个体的法条不仅是“个体”的,更是融合在整个法律体系(不仅限于刑法)价值秩序中的,法律体系指向的是一个统一的“价值评价计划”①,所以裁判者的答案,既是制定法在形式上的答案,也理应是既定法的价值所给出的答案,法官只是在立法者创设的利益安排之内进行二次“微调”。②

(2)体系性思考区别于体系解释方法

体系解释方法强调的是“部分只有在整体中才称为部分”,这显然只是体系性思考在形式逻辑上的一个侧面,只是体系性思考的一块基石,体系性思考较之而言,在价值判断上还有融贯性的要求。

(3)刑法解释中融贯性要求的具体化

功能主义刑法解释旨在将刑事政策的合目的性考虑引入刑法体系,但同时体系性思考要求刑法体系具有融贯性,所以对功能主义刑法解释的体系性控制,实则在处理融贯性与合目的性之间的关系。③

融贯性概念在消极面上,意味着体系连贯,无逻辑矛盾,在积极面上,意味着体系要素之间在评价上统一、协调④。据此,刑法解释中进行功能性考量时有六个要点需注意。

第一,法律不是本体性的存在,法解释是一种“建构”性的活动,这种“建构”既使得法律体系的价值取向永远呈上升、优化趋势,也在参与刑法的体系化构建。

第二,解释必须尊重文义。法学不同于自然科学,法学的体系实际上就是法言法语搭建起来的,法人、商主体、罪行、违法性等都是被创设的概念,它们并没有某个实体的托载,所以在法学学科中我们可以这样讲,语言即存在⑤。可以允许的解释的界限和实质的正当性成正比,和词语核心含义的距离成反比。⑥ 另外,这也是规则之治的基本要求。

第三,法官在法适用时,裁判结论并不仅是依托部门法的具体法条给出的,而是依托于整个法系统的价值秩序给出的。

---

① 劳东燕:《功能主义刑法解释的体系性控制》,载《清华法学》2020 年第 2 期。

② 参见周折:《刑事政策视野中的刑法目的解释》,载《中外法学》2007 年第 4 期。

③ 参见劳东燕:《功能主义刑法解释的体系性控制》,载《清华法学》2020 年第 2 期。

④ 参见劳东燕:《功能主义刑法解释的体系性控制》,载《清华法学》2020 年第 2 期。

⑤ 参见季卫东:《法律议论的社会科学研究新范式》,载《中国法学》2015 年第 6 期。

⑥ 参见赖正直:《机能主义刑法理论研究》,武汉大学 2014 年博士学位论文,第 83 页。

第四,任何待解释的法条都必须经受体系的反思性审视,以保证自身存在的正当性。① 特定法条的解释必须要与现行法体系的价值秩序保持一致,如果无论如何特定法条都无法与现行法的价值秩序保持一致的话,那么就应转向立法论上的批判。②

第五,解释结论应与法体系背后成熟的社会价值观契合。劳东燕教授将这样一种包含着政治与道德观念的价值,视为"高级法",是法的"背景墙"③,这一阐述与机能主义刑法学中前田雅英的"国民的规范意识"理论不谋而合,前田雅英认为,国民的规范意识不能简单地等同于一时的民意或舆论,而是一个社会赖以维系的主流价值观。④

第六,因功能主义刑法解释顺应的是风险社会对安全的追求,所以也存在抑制自由的危险,故有必要特别审查刑法规范所追求的秩序与安全方面的价值是否最终促进国民的自由和幸福,以及限制自由之手段是否违背比例原则和刑法的基本原则。⑤

2. 融贯性要求在刑法内部的适用

立法者所作的价值安排过于宏观,因此在符合整体法价值秩序的前提下,或许会有多种解释结论,此时就仰赖逻辑融贯性来解决这一问题,在对具体条文进行解释时,一般适宜先作价值融贯性的审查,之后再看结论是否合乎逻辑融贯性的要求。⑥ 对于存在适用争议的刑法条文,此间的解释过程一般是:①基于社会功能的考虑对法条的规范目的作出假设;②价值融贯性的审查;③逻辑融贯性的审查;④规范目的的选定;⑤逻辑融贯性的审查;⑥根据目的对相关要件或概念作功能化的解释。⑦

(1)特定刑法法条内部的协调

因具体法条存在内在规范目的上的一致性,所以保证对相同概念作相同界定,对并列的犯罪行为找到其同类化的根据作解释即可。但以下三种情形需特别注意。

其一,同一法条中的同一概念,不应因行为对象相异作不同解释。⑧ 例如因性别不同,对强制猥亵罪中的"猥亵"依男女作不同解释是错误的,而应当承认强奸也是强制猥亵行为,强制猥亵罪与强奸罪系法条竞合。

其二,同一法条中重复出现的概念不宜作不同理解。⑨ 劳东燕教授对此特地提及交通肇事罪中的"逃逸"概念,认为对两处"逃逸"应作相同解释,即"故意的不救助"。⑩

---

① 参见劳东燕:《功能主义刑法解释的体系性控制》,载《清华法学》2020 年第 2 期。
② 参见劳东燕:《功能主义刑法解释的体系性控制》,载《清华法学》2020 年第 2 期。
③ 参见劳东燕:《功能主义刑法解释的体系性控制》,载《清华法学》2020 年第 2 期。
④ 参见赖正直:《机能主义刑法理论研究》,武汉大学 2014 年博士学位论文,第 16 页。
⑤ 参见劳东燕:《功能主义刑法解释的体系性控制》,载《清华法学》2020 年第 2 期。
⑥ 参见劳东燕:《功能主义刑法解释的体系性控制》,载《清华法学》2020 年第 2 期。
⑦ 参见劳东燕:《功能主义刑法解释的体系性控制》,载《清华法学》2020 年第 2 期。
⑧ 参见劳东燕:《功能主义刑法解释的体系性控制》,载《清华法学》2020 年第 2 期。
⑨ 参见劳东燕:《功能主义刑法解释的体系性控制》,载《清华法学》2020 年第 2 期。
⑩ 参见劳东燕:《功能主义刑法解释的体系性控制》,载《清华法学》2020 年第 2 期。

其三,对特定法条中的并列性规定,必须在不违背形式逻辑的前提下,提炼出其实质内容上的共同指向,基于其共同内核作出解释。①

(2)不同刑法法条之间的协调

对于不同法条之间的协调并无特定的规则,只要在逻辑和刑法价值秩序上均协调无矛盾即可。②

3. 融贯性要求在刑法外部的贯彻

刑法法条与其他法部门(包括宪法)的协调涉及法秩序统一性的问题。在刑法外部贯彻融贯性要求,就价值的融贯性而言,需要审查对罪刑规范目的所作的相应解读是否合乎所调控的相应功能领域的规范目的,是否合乎宪法层面的价值设定。③ 此时,逻辑融贯性的要求与体系解释的要求无二,审查的重点应是价值融贯性,因为当刑法法条与其他部门法发生冲突时,棘手的往往首先是价值问题。④

(1)刑法法条与其他部门法的协调

具体刑法规范所要保护的法益在与其他部门法的保护利益相重合时有两种情况,第一种情况是,该法益并非由刑法或其他部门法所创设,而是由上位的宪法所创设,此种情形下,刑法给予保护的程度比其他部门法更高,据此,对相关概念在刑法上宜作与其他部门法不同的解释,并且基于刑法"后盾法"的属性,刑法相关概念的涵括范围应当比其他部门法窄,比较典型的是涉及"混合法定犯"的案件。以"赵春华案"为例,刑法学界的关注点在于,公安部在行政法意义上界定的"枪支"标准应否直接为刑法所沿用。笔者认为,刑法上对"枪支"宜作与行政法上不同之定义。首先,"法施于人,虽小必慎",从刑事政策上来讲,虽然近年来我国刑法存在"入罪化"趋势,但宽严相济的刑事政策也一直在反复被提倡,将公安部规定的"枪支"标准直接适用于刑事定罪,必然引发"构成要素行政性标准"带来的"过罪化风险",⑤实践中可能出现大量玩具枪、仿真枪的买家、卖家、使用者等被处刑罚的情况。其次,从不法(社会危害性)的程度上来看,自然犯违反的是社会伦理道德,它的危害性易被认识,并且在相当长的时间内都不会改变,但混合法定犯侵害的法益在相当程度上还包含"某种国家管理秩序",其危害性不易被认识,并且这种危害性也可能随着国家管理秩序的变更而或立或废,所以对这类犯罪的构成要件进行解释时要有一定的"收紧"意识。再次,刑法是"后盾法",以其他部门法之手段就可达到"惩治违法行为、预防行为再犯"的效果时,不宜频频让刑法出面,造成"以刑代罚"的局面。最后,基于"融贯性"的要求,将治安法上的

① 参见劳东燕:《功能主义刑法解释的体系性控制》,载《清华法学》2020年第2期。
② 参见劳东燕:《功能主义刑法解释的体系性控制》,载《清华法学》2020年第2期。
③ 参见劳东燕:《功能主义刑法解释的体系性控制》,载《清华法学》2020年第2期。
④ 参见劳东燕:《功能主义刑法解释的体系性控制》,载《清华法学》2020年第2期。
⑤ 参见孙国祥:《构成要素行政性标准的过罪化风险与防范》,载《法学》2017年第9期。

“枪支”与刑法上的“枪支”概念作区分,正体现了法秩序各个部分的分工合作与协调[①],这种处理既能顾及维护社会治安的需要,又能有效解决涉枪类罪名在罪刑关系上的均衡问题。[②]

第二种情况是,刑法规范保护的法益由其他部门法作为前置性要件而创设,典型的是单纯的法定犯,此种情况下对刑法概念的解释原则上应遵循前置法的界定。以走私普通货物、物品罪为例,该罪以“违反海关法规,逃避海关监管”为前提,哪些行为属于这一范围,在我国的海关行政法规中有明确列举,所以对相关概念的解释,直接使用行政法层面的规定即可。

(2)刑法法条与宪法性规范的协调

在我国的制度语境中,解释者无权对法条进行违宪审查,但宪法不仅是语言凝结而成的文本,其还蕴含受宪法统领的法秩序,解释者虽不能进行违宪审查,但能够引领刑法解释向合乎宪法秩序的方向走。[③] 职是之故,在有若干合宪解释可能性时,就应择优选定最合乎宪法秩序的结论。[④] 此种合宪性意义上的解释案件,有两类区分。

第一类是旨在确保国家履行保护义务的宪法案件[⑤],确保国家履行保护义务,意指特定法条的创立是因为相关的宪法性权益需要借助刑法的手段来保护。[⑥] 对此种法条的理解,必须扎根于宪法上权益的内涵。以入户抢劫中“户”的解读为例,现行司法普遍以“家庭生活”来限定,但在宪法上,住宅自由的权利主体是公民而非家庭,所以“家庭生活”的解释不合乎宪法权益的内涵,其是对“户”宪法内涵的不当限缩,应予取缔。[⑦]

第二类是旨在限定刑法解释边界的宪法案件[⑧]。在该类案件中,宪法的作用主要在于为功能性考虑设置边界,使其不致威胁到基本的个体权益和法秩序。[⑨] 比如,经被害妇女同意而予以拐卖的行为不产生阻却违法的效果,这是基于遵循作为宪法基础价值的人性尊严的考虑,因为宪法不可能承认将人当作商品买卖的行为的合法性。[⑩] 另外,这里有必要强调宪法对限定涉及道德风化犯罪的解释问题,宪法上的个人自决

① 参见劳东燕:《功能主义刑法解释的体系性控制》,载《清华法学》2020 年第 2 期。

② 参见劳东燕:《法条主义与刑法解释中的实质判断——以赵春华持枪案为例的分析》,载《华东政法大学学报》2017 年第 6 期。

③ 参见劳东燕:《功能主义刑法解释的体系性控制》,载《清华法学》2020 年第 2 期。

④ 参见[德]洛塔尔·库伦:《论刑法与宪法的关系》,蔡桂生译,载《交大法学》2015 年第 2 期。

⑤ 参见劳东燕:《功能主义刑法解释的体系性控制》,载《清华法学》2020 年第 2 期。

⑥ 参见劳东燕:《功能主义刑法解释的体系性控制》,载《清华法学》2020 年第 2 期。

⑦ 参见杜强强:《论宪法规范与刑法规范之诠释循环——以入户抢劫与住宅自由概念为例》,载《法学家》2015 年第 2 期。

⑧ 参见劳东燕:《功能主义刑法解释的体系性控制》,载《清华法学》2020 年第 2 期。

⑨ 参见劳东燕:《功能主义刑法解释的体系性控制》,载《清华法学》2020 年第 2 期。

⑩ 参见劳东燕:《法益衡量原理的教义学检讨》,载《中外法学》2016 年第 2 期。

权在此发挥作用。诸如聚众淫乱罪、传播淫秽物品罪等,功能主义刑法解释在该问题上的立场和机能主义刑法学首倡者平野龙一的观点有着巨大的共通之处。平野龙一认为,如果认为刑法的任务是保护法益,那些不具有法益意义的伦理、道德、风俗、生活方式等,就不应受到刑法的保护。[①] 平野龙一提出这一观点与日本二战后的社会转型有很大关系,此时的日本社会风气逐渐开放,个人价值观和生活方式越来越多元化,但是刑法处罚对公民的自由生活而言仍处"高压态势",所以平野龙一想强调的是刑法应对公民的个人自由有一定的包容性,应当"提升对个人法益的保障程度",至于国家管理、社会秩序、伦理风化等,如果不能还原为对个人法益的保护[②],那刑罚无疑就会抑制个人自由、幸福的发展。转而看待劳东燕教授在此问题上的立场,也是如此,劳东燕教授认为聚众淫乱罪、传播淫秽物品罪、组织淫秽表演罪与组织播放淫秽音像制品罪等罪名,均应添加公开性作为不成文的构成要件要素,并对其他构成要件要素作限制性解释,以收紧入罪范围,这是保障宪法上个人自决权和刑法人权保障原则的需要。[③]

(三)体系性思考的方法论:法教义学内外的"二元规制框架"

劳动燕教授将二元的规制框架确定为刑法教义学的内部控制与合宪性的外部控制(以下简称原初的二元规制框架),笔者认为这样的安排欠妥,并拟将其修正为"法教义学的内部控制与国民规范意识的外部控制",作此修正原因有二。

第一,原初的二元规制框架存在内外控制划分不当的问题。劳动燕教授在论及刑法教义学的内部控制"借助于对目的本身的控制"部分时,提到"要对罪刑规范的目的进行三重检验(外部批判,内部批判与后果考察),首先必须确认所要追求的目的是正义的、理性的以及有益的;其次,对于完整实现这个目的而言,规范必须是一个适当的手段;最后,实现这个规范目的不得引起超乎规范目的价值的不利附属后果,对目的的实质控制,不以实证法的字面规定为限,而必须允许考虑事实既存秩序与伦理因素;否则,目的极易沦为国家滥用规范优势的遮羞布"[④],这里的"三重检验"以及"事实既存秩序与伦理因素"是"高级法式的背景考察",无法在刑法教义学内部完成,更无法在法教义学内部完成。另外,以上审查被劳动燕教授归纳为"对罪刑规范目的在实质层面的审查"[⑤],笔者认为,这样的审查实际上就是在进行目的正当性的审核,但除此之外,罪刑规范的目的在"合宪性的外部控制"部分同样面临正当性审核,审核标准是

① 参见赖正直:《机能主义刑法理论研究》,武汉大学2014年博士学位论文,第16页。
② 参见劳东燕:《功能主义刑法解释的体系性控制》,载《清华法学》2020年第2期。
③ 参见劳东燕:《功能主义刑法解释的体系性控制》,载《清华法学》2020年第2期。
④ 劳东燕:《刑事政策与功能主义的刑法体系》,载《中国法学》2020年第1期。
⑤ 劳东燕:《刑事政策与功能主义的刑法体系》,载《中国法学》2020年第1期。

“宪法所认可的正当目标”①,而它和“事实既存秩序与伦理因素”有相当部分的重合,甚至于刑法教义学内部控制的“事实既存秩序与伦理因素”的范围还要大于和线性外部控制中“宪法所认可的正当目标”的范围,在此,内外控制要素的划分出现了些许模糊、重合,且在逻辑上存在瑕疵。

第二,功能主义刑法解释的内核在于,把刑法在社会系统中所要实现的功能按照刑法的自主性演变为刑法的目的,在此“目的”之下开展法解释工作,此种“目的”受两方面掣肘,其一,此“目的”是否与法体系的统一价值评价融洽?这要求我们从法教义学方面对上述“目的”进行考核,也就是体系性思考的内部控制面向;其二,从外部来看,我们如何确定产出上述“目的”的源头——功能是不是良性的,即特定功能是否最终促进国民的自由与幸福?法律作为社会系统的子系统,无法就此问题作出解答,我们只能从法律的外部视角来对“功能”进行考核,也就是说,刑法本身无法使刑法正当化,唯有其任务和目的才能使其正当化,否则,刑法无异于一部“对一种恶害报以另一种恶害的机器”。

1. 法教义学内部控制的三种途径

(1)借助解释方法:对解释方法确证功能“三性统一体”实现路径的部分借鉴

功能主义刑法解释因以目的为法律适用的中心,所以在解释方法的地位上,目的解释显著高于其他解释方法,目的解释占据决定性的地位,无论是文理解释、体系解释还是历史解释等,最终都要服从目的解释。因而,目的解释与其说是一种解释方法,不如说是一种解释方向。② 目的解释的弹力是解释方法中最大的,目的解释也最有资本为恣意的刑法解释提供根据,劳东燕教授认为“有必要提倡与强化文义解释、体系解释与历史解释作为解释方法对前者的反向制约”③,具体而言,“文义可能性构成刑法解释的外在形式边界,目的论思考则在法条文义限定的边界范围内发挥作用,除文义因素之外,体系因素与历史因素也可用于对目的论思考的制约”④,这种解决办法不失为圆满的规划,但实际成效恐怕微乎其微。根源在于,原初的功能主义刑法解释赋予了目的解释不同于其他任何一种解释方法的优越地位,所以用其他解释方法制约目的解释无异于以弱抗强,与此同时,原初的功能主义刑法解释学还认为解释结论决定解释手段,那么就意味着“一旦发现某一解释方法与合理的解释结论之间出现此路不通的情况,解释者会自然而然地选择另一种解释方法”⑤,为了达成解释结论,各种解释方法的运用可以任由解释者排列组合,解释者无法从这样的制度安排中找到制约任何

① 劳东燕:《刑事政策与功能主义的刑法体系》,载《中国法学》2020 年第 1 期。
② 参见劳东燕:《功能主义的刑法解释》,中国人民大学出版社 2020 年版,第 67 页。
③ 劳东燕:《功能主义的刑法解释》,中国人民大学出版社 2020 年版,第 140 页。
④ 劳东燕:《刑事政策与功能主义的刑法体系》,载《中国法学》2020 年第 1 期。
⑤ 劳东燕:《功能主义的刑法解释》,中国人民大学出版社 2020 年版,第 141 页。

一种特定解释方法的义务和动力,所以上述制约方法是理想化的倡导,却难有现实效用。

对此,刑法解释方法确证功能“三性合一体”的实现路径可对我们有所启发。“刑法解释方法确证功能,又可以称为刑法解释方法对刑法解释结论有效性的确证功能,是指刑法解释方法所具有的确证刑法解释结论有效性(合法性、合理性、合目的性之‘三性统一体’)的功能。其基本逻辑在于:首先,刑法的文义解释方法主要具有确证文义解释结论‘合法性’层面有效性的基本功能,其次,(法规范内的)论理解释方法主要具有确证论理解释结论合理性的功能,最后,(法规范外的)刑事政策解释方法主要具有‘在法规范之外’确证刑事政策解释结论合目的性的功能。”[①]基于合目的性的实现路径依托的是法规范外的解释,故“三性”中合法性和合理性的实现路径才是法教义学的内部控制所要借鉴的,合法性和合理性的确证路径提示了我们刑法解释方法可行的组合方式,即文义解释划定外部边界,在此边界内,所有的论理解释方法,包括合宪性解释,以同等重要的地位无分高下地发挥作用。唯有如此,才可以化解原初的功能主义刑法解释中解释结论对解释方法的绝对掌控和目的解释对其余解释方法的绝对压制,换言之,特定的解释方法组合模式和解释方法的平等地位才能发挥解释方法对功能主义刑法解释学的反思作用。至于原初的二元规制框架“合宪性外部控制”中的“强化基本权利的制约功能”与“比例原则的运用”,笔者将其转移至法教义学内部控制“解释方法”中的合宪解释处发挥作用。

(2)对目的的控制

具体罪刑法条目的应当与法律体系在逻辑与价值评价上指向统一,即逻辑上的无矛盾与价值评价上的积极呼应。

(3)借助事物本质或存在框架的控制

事物本质或存在框架的要求对于控制犯罪定义主体的主观任意性能够发挥重要的功能,它构成对国家刑罚权限定的一种路径,有助于为法解释的容许范围划定相对明确的边界。[②] 过失犯的归责要求以行为人具有预见可能性为前提,便是受实然存在制约的结果。[③]

2. 法教义学的外部控制:国民的规范意识对合宪性的替代

法教义学的外部控制应着力于“国民的规范意识”,而非原初的二元规制框架中的合宪性。在内部控制与外部控制的区分中,外部控制发挥着统摄性、最高阶的作用,回答的是“功能”由谁来规制、“功能”的正当性问题,可以说,外部控制的确定,涉及由

---

① 魏东:《刑法解释学的功能主义范式与学科定位》,载《现代法学》2021年第5期。

② 参见劳东燕:《刑事政策与功能主义的刑法体系》,载《中国法学》2020年第1期。

③ 参见劳东燕:《刑事政策与功能主义的刑法体系》,载《中国法学》2020年第1期。

功能主义刑法解释续造出的“刑法”何以正义的问题。比起宪法，笔者认为“国民的规范意识”是更高位的存在，它更能实现对“功能”正义价值的审核，具体原因我们可从哈贝马斯的政治哲学获得些许启发。

(1)哈贝马斯的政治哲学对“国民的规范意识”确证正义的启发

哈贝马斯将政治哲学的“正义”主题转化为了“合法性”主题，罗尔斯认为，这种转化是错误的，因为正义作为一个道德概念，其明显是一个大于合法性的主题，但在笔者看来，完全的正义很难达到，我们更需要可操作性的指引去不断接近最终正义，所以，哈贝马斯将正义转化为合法性，其对合法性的理解“某种社会政治被认可的价值，追问一个社会的合法性，同时就是对它进行道德的批判”①是值得肯定的。哈贝马斯的合法性观念包含两个要点框架：第一，每一位公民都是法律的接受者和立法者，而作为接受者和立法者，每一个人都是自由的和平等的；第二，法律的合法性来自所有公民的同意，来自人们的共识，而这种同意和共识则产生于民主的过程。② 但问题在于，我们没有办法保障每一个公民都参与到立法中来，所以哈贝马斯虽然为我们确立了这样的“合法性”内涵，但却没有揭示“合法性”或者说“正义”的检验方法。哈贝马斯的逻辑是民主程序的适用导向了“正义”，强调民主程序的意义在于民主程序是拟制的“全体社会成员意志”，但它并不在客观上必然确实地代表了“全体社会成员意志”，也就是说，民主程序仅被视作社会全体成员参与立法的见证，由此，法律获得全体社会成员真诚的内心尊重和认可，从而获得“合法性”，即英文上的 legitimacy，而非 legality。如果我们可以合理地期望人们出于尊重法律而遵守法律，那么我们也可以依据人们对法律的尊重来检验法律的合法性。③ “从法律的合法性到公民对法律的尊重，这个过程本质上是一种思想试验框架。从公民对法律的尊重到法律的合法性，这个过程可以进行经验的验证。”④据此，在检验“合法性”时，应对“公民对法律的尊重”作内心认可意义上的理解，而非民主程序意义上的理解，否则，将陷入循环论证。至此，方引出笔者对上述“内心认可”的理解——国民的规范意识。

(2)“国民的规范意识”何以取缔“合宪性”的外部控制地位

刑法不仅是文本，也是一套经由“建构”产生的价值体系，同样，宪法也不仅是文本，更是一套经由“建构”产生的价值体系，所以刑法所面临的何以正当的问题也为宪法所共享，也就是说，宪法并不必然能回答“刑法应该具备什么功能”的问题，因为以宪法为标准，宪法也同样将面临“宪法为刑法所确定的功能是否正当”的问题，结合笔者前文对“体系性思考外部控制”意义的理解，宪法不宜承担此种终极审核任务。比

① 张二芳：《罗尔斯和哈贝马斯正义与合法性之争的深层解读》，载《理论探索》2012 年第 2 期。

② 参见姚大志：《哈贝马斯政治哲学的内在逻辑》，载《社会科学研究》2010 年第 1 期。

③ 参见姚大志：《哈贝马斯政治哲学的内在逻辑》，载《社会科学研究》2010 年第 1 期。

④ 姚大志：《哈贝马斯政治哲学的内在逻辑》，载《社会科学研究》2010 年第 1 期。

如在这个倡导男女平等的年代,如果说宪法中出现了男女不平等的相关内容,在宪法上文本是可以这样做的,但这样的观念并不为当代价值观所认可,我们据此观念去审视刑法的功能也有失妥当。

另外,宪法也是法律,也会有滞后性和不完备性,宪法规定滞后于当代的价值思潮是可能的,宪法的价值观难以延伸到社会生活的每一个领域也是必然的,在出现宪法滞后和宪法空缺(包括宪法解读出现模糊、巨大争议)时,我们只能转而以"国民的规范意识"去评判刑法"功能"的正当性。国民的规范意识不能简单等同于一时的民意或舆论,而是一个社会赖以维系的主流价值观。[①]

举例而言,《刑法》第260条规定,虐待罪是指虐待家庭成员,情节恶劣的,当下异性同居(如未婚同居、非法同居、"二奶"同居与收买妇女后同居等)、儿媳与公婆共同生活、女婿与岳父母共同生活的现象普遍存在,随之而来的,在这三种共同生活模式中出现的家暴、精神折磨等也不在少数,有必要讨论的是这三种共同生活模式是否构成"虐待罪"中的"家庭",尤其值得探讨的是异性同居情况。为尽可能地对公民的人身权利进行保护,确有必要将异性同居纳入虐待罪中"家庭"的概念,但此目的是否有正当性尚需论证。"家庭成员"含义如按照《婚姻法》(已失效)第三章"家庭关系"之规定,"只包括夫与妻,父母与子女(包括婚生或非婚生子女,以及合法的养子女和继子女),祖父母、外祖父母与孙子女、外孙子女,兄姐与弟妹这四类关系"[②],异性同居并不包含在内。《宪法》中与虐待罪相关的条文是《宪法》第49条第1款"婚姻、家庭、母亲和儿童受国家的保护"以及第4款"禁止破坏婚姻自由,禁止虐待老人、妇女和儿童",在此,笔者认为出现了笔者所说的"宪法空缺"的状况,即宪法没有明确表态虐待罪"应当尽可能地保护异性同居中的人身权利"这一功能是否正当。转而从国民的规范意识来看,异性同居已普遍为当代价值观所接受,长期、稳定的异性同居完全是按照一般正式的家庭生活方式在运作,社会普遍将其视为同"家庭"一样的存在,因此,"家庭成员"既应当包括传统家庭中的人,也应当包括非传统实然家庭中的同居者,"虐待罪"中的"家庭成员"是指基于婚姻、血亲或非血亲的赡养关系以及非婚同居关系在同一家庭中一起长期共同生活的人。[③]

最后,宪法是一种价值的存在,国民的规范意识是一种经验的存在,用价值来检验价值,不一定能确证"功能"的正当性,但经验却可以做到。默顿的功能分析方法对为先前功能主义学者所认可的"普遍功能主义"的假定表示了反对,默顿认为"实际上对不同的系统,社会或文化事项具有不同的功能结果。它们既可能有正功能,也可能有

---

① 参见赖正直:《机能主义刑法理论研究》,武汉大学2014年博士学位论文,第129页。

② 高仕银:《传统与现代之间:虐待罪"家庭成员"概念新论》,载《浙江工商大学学报》2011年第4期。

③ 参见高仕银:《传统与现代之间:虐待罪"家庭成员"概念新论》,载《浙江工商大学学报》2011年第4期。

负功能,或者是无功能的”。[①] 宪法或许可以代表部分“国民的规范意识”,但却无法代表全部,所以要审视刑法的“功能”,我们就必须走进社会领域,单一地用宪法来审视“功能”可能导出刑法的功能是负功能或无功能的结论。

## 五、结语

卡多佐曾说,司法的最高境界不是发现法律,而是创造法律,这句话对我们当下的法解释活动实际上也有启发之处。在此并不是说司法者的地位要跃居到立法者之上,而是在法解释这一项活动中,立法者与解释者没有主客之分,解释者参与“法的续造”。这背后深层次的原因在于,中国社会正面临关键的转型时期,经济的高速增长、人口素质的普遍提高、网络技术的不断创新等使金融犯罪、交通犯罪、生态环境犯罪等不断增多,这种变化需要刑法更大程度地发挥其作为社会控制手段的工具作用,以更好地保障公民安全。刑法体系与刑法解释必须增强自身的应变性,但依法治国的坚守也要求法律不沦为外部事由之掌控,所以功能主义刑法解释顺应了时代潮流,但也必须加以控制,体系性思考可以实现这一任务,体系性思考将为功能主义刑法解释筑造一面不可逾越的“法治墙”,这样有所约束的功能主义刑法解释才有望让我国的刑法解释学在崭新的社会背景下迸发强大的活力。

① 参见赖正直:《机能主义刑法理论研究》,武汉大学 2014 年博士学位论文,第 38 页。

# 刑法体系解释的层次建构

宋海博*

【内容摘要】面向形式逻辑的"递进式体系解释层次论"将体系解释按照条文、章节、刑法、法秩序统一体系、社会共同价值体系的逻辑顺序进行解释;面向内在价值的"价值优先论"主张首先要在刑法原则等价值之内寻找解释的内在统一范围,继而运用外在技术规范对解释对象进行细化厘查;对体系解释层次建构的出路建议回归"各取所需"的方法论选择适用体系,在现有的体系解释方法外引入"以刑释罪"的法定刑体系进行补充,并以价值判断作为独立于形式逻辑体系层次之外的反向检验渠道。

【关键词】体系解释　层次构建　刑法解释方法

## 一、引言

体系解释是一种刑法论理解释方法。英国的"黄金解释规则"与我国的刑法体系解释具有相同原理,其要求如果适用平义解释,发现法的某部分用语与其他部分对比产生相互矛盾或者相反的荒诞的结论时,为了避免这种情况出现,应当对平义解释的结论进行修正。进而有学者主张体系解释也应当是我国刑法解释方法的"黄金解释规则"。

然而,在当今刑法解释学的主流讨论方向都集中在刑法的形式解释与实质解释之争、主观解释与客观解释的解释立场之争以及传统刑法解释论与功能主义刑法解释论的解释范式之争时,对于体系解释本身的运行应当遵循何种具体形式逻辑、体系解释内部有无价值判断以及如何遵循等问题的讨论呈现空白趋势。

近年来有学者力图建构体系解释的层次论,通过将体系解释的传统规则与思路研究整合进而建构一套与刑法教义学中犯罪构成阶层体系相似的刑法体系解释阶层规则,力图解答本文上述对体系解释所提出的适用问题。但笔者认为,现有学者所构建的常规体系解释层次规则不仅内部存在较多矛盾以至于出现无法逻辑自洽的强行解释,而且在解决待解释的现实法律问题时贡献也略显乏力,因此对体系解释进行层次建构时还存在较多空间尚待反思。笔者将在下文对现有学者的体系解释层级构建方

* 宋海博,四川大学刑法学研究生。

法进行研究分析并提出相应的反思意见。

## 二、前提厘清:体系解释与相关概念

在讨论体系解释层次论建构时首先要明确的前提,一方面是要明晰不同涉及“体系”概念之间的差异,正如讨论类推解释适用规则就首先要明确类推解释与类比推理的区别;另一方面是要厘清应当在何种范围内讨论体系解释的层次建构,进而划清“体系”的定义域。

### (一)体系解释

体系解释方法追根溯源运用了系统论的相关原理。在系统论中,系统是由要素组成的,系统与要素之间具有一定的层次联系,构成系统的要素本身又可能在内部存在一个子系统,这个子系统也会由各种要素组成。同一系统内部的要素之间应当达到平衡同一以避免在系统内部产生矛盾。

#### 1. 面向形式逻辑的体系解释

根据传统理论对于体系解释的理解,体系解释是在刑法的系统中考察解释对象,进而明晰解释对象含义的方法。① 这也是体系解释的一般意义,即考察待解释条文在整个刑法中所处的地位,并通过与相关法条的含义相联系进而明晰待解释条文的规范意蕴的一种解释方法。② 由于刑法是一个系统,其内部规定是相互联系、协调的,因此在解释刑法时,要从关联性与整体性角度出发以达到刑法系统的协调性,避免解释前后出现脱节与矛盾现象,进而使解释结论之间形成和谐之整体。③ 也就是说,是在刑法体系或刑法系统内部追求解释对象在形式逻辑上的统一性。可见,传统体系解释方法的讨论范围仅限于刑法及其子系统内部。李希慧教授在对体系解释(系统解释)进行定义时,认为体系解释的范围是刑法系统本身,主张在刑法体系、单行刑法体系、相关刑法规范体系的范围内对解释对象进行解释。

除此之外,也有学者认为体系解释的可解释范围不应当仅仅局限在刑法体系内部,进而提出刑法体系解释还要达到法秩序的统一性,即关注刑法与其他部门法之间的协调,在法秩序统一的范围内考察体系解释。例如张明楷教授认为,在进行体系解释时还应当适当考虑法秩序统一层面的体系,也就是将个别的法律概念或法律观念置于法秩序的整体框架之中进行解释。④ 法秩序统一层面上的体系解释并非无迹可循,萨维尼也指出在进行法律文本的考察时要将所有的法律规范制度结合链接为一个大

---

① 参见李希慧:《刑法解释论》,中国人民公安大学出版社 1995 年版,第 121 页。

② 参见张明楷:《刑法分则的解释原理》(上),中国人民大学出版社 2011 年版,第 54 页。

③ 参见李希慧:《刑法解释论》,中国人民公安大学出版社 1995 年版,第 124 页。

④ 参见张明楷:《刑法分则的解释原理》(上),中国人民大学出版社 2011 年版,第 70 页。

的统一体,进而考察其内在关联。①

无论是传统意义上的在刑法体系中进行解释,还是更高的从法秩序统一层次上进行解释,体系解释方法都是将解释对象或解释文本置于刑法相关系统或法系统中进行考察与解释,进而达到解释对象与其他法律文本之间、解释对象与法系统之间形式上逻辑完整自洽的一种法律解释方法。

2. 面向内在价值的体系解释

以派克为代表的利益法学派将法律体系划分为外在体系与内在体系,②对体系解释的追求范围从单一的形式逻辑转变为外在形式逻辑与内在价值的统一。这种内在价值体系是基于某种目的或某种价值形成的,对解释对象进行目的价值原则判断的体系。③ 劳东燕教授所提倡的功能主义刑法解释从刑法的社会功能角度考虑法的目的,进而将合目的性融入传统刑法解释范式的思路也与之相似。虽然这种面向内在价值的体系解释方法被当代评价法学所提倡,但学界对于体系解释的理解习惯仍在较大程度上受影响于传统解释方法理论,因此现在的体系解释也仍然更习惯于注重形式逻辑体系这样的早期内涵。④

(二)功能主义刑法解释的体系性思考

最为典型的功能主义刑法解释的体系性思考可见于劳东燕教授的相关论文,这在其《功能主义刑法解释的体系性控制》一文中体现得最为明显。该文章所提出的功能主义刑法解释的"体系性思考"将"体系"作为一种宏观意义上的方法论派,用体系性思考的方式检验和进一步完善功能主义刑法解释的立场。

功能主义刑法解释的体系性思考中的"体系"与体系解释不同。首先,体系性思考的体系范围并不等同于体系解释的范围。由于功能主义进路下的刑法解释是一种"主要以目的理性的思想作为自身的理论灵感与构建基础,更多地注重刑事政策合目的性之考虑,注重解释结论的社会效果考察,自觉以社会效果的考量为指引,对刑法规范的解释过程进行功能主义上的反思与调控"的新型解释范式,⑤因此,劳东燕教授的"体系性思考"就天然的比传统体系解释方法之体系多了一层对于解释结论是否合乎形势政策目的的功能性考察。劳东燕教授也指出体系解释之要求主要偏向于对形式逻辑的思考,而体系性思考除此之外还包含对内在价值的实质判断。⑥

---

① 参见[德]齐佩乌利斯:《法学方法论》,金振豹译,法律出版社2009年版,第61页。

② 参见陈金钊:《用体系思维改进结合论、统一论——完善法治思维的战略措施》,载《东方法学》2018年第1期。

③ 参见王海桥:《刑法解释的基本原理:理念、方法及其运作规则》,法律出版社2012年版,第174页。

④ 参见劳东燕:《功能主义刑法解释的体系性控制》,载《清华法学》2020年第2期。

⑤ 参见劳东燕:《功能主义刑法解释的体系性控制》,载《清华法学》2020年第2期。

⑥ 参见陈金钊:《用体系思维改进结合论、统一论——完善法治思维的战略措施》,载《东方法学》2018年第1期。

其次,体系性思考使用体系的目的也与体系解释有所区别。由于体系解释方法是一种意图在系统内分析法律文本进而达到形式逻辑平衡自洽的法律解释方法,因此,在适用体系解释方法时也会涉及体系性思考,二者的思考方式别无二致,劳东燕教授也在其文章中指出体系性思考的产物通常包括体系解释这种解释方法。然而,功能主义立场的体系性思考所追求的目的与体系解释本身并不相同。其本质就在于,在功能解释的体系性思考中,解释者需要判断的根本问题是能否用功能主义的范式来解释待解释的对象以及怎样解释,而非应该怎样用体系对解释对象进行解释。

体系解释方法是一种研究体系本身,将文本置于体系中进行解释的刑法解释方法;而功能解释的体系性思考的落脚点并非在于体系内部的逻辑完满自洽,而是从体系、系统的角度挖掘功能解释的价值、控制功能解释的边界。可以说,前者的目的是使用体系得出解释结论,而后者的目的是使用体系达到功能解释的更优融贯,功能刑法解释的体系性思考是服务于功能主义刑法解释的一种思考方式。

(三)刑法解释方法的体系化

刑法解释方法的体系化问题是刑法解释学界长期以来的争议命题,关涉刑法解释学的操作根基。解释方法的体系化旨在构建的"体系"是在探讨能否将解释学中涉及的所有解释方法进行逻辑顺序的排列抑或层级化的整合,是在讨论诸如文义解释、体系解释、目的解释等不同的解释方法之间相互之关系并试图构建各类刑法解释方法的"总金字塔";而体系解释只是其中的一种解释方法。可以说,如果体系解释方法是在运用体系解释的技术与技巧寻求具体问题的答案,那么构建刑法解释方法的体系化就是在制定如何运用各类解释技术进行思考的规则,二者实际上是具体技术与一般规则之间的关系。

魏东教授将刑法文义解释方法与解释结论合法性对应、将论理解释方法与解释结论合理性对应、将刑事政策解释方法与解释结论合目的性对应,将三种方法进行结构与功能上的融合共生,在内外部路径贯通的基础上创造了以确证功能为导向的刑法解释方法体系。①

其体系第二环节中对功能主义刑法解释理论的引入也是对功能主义刑法解释体系性思考的回应。正如其所言:"其次(第二环节),必须引入功能主义刑法解释理论智识,证立刑法解释方法的功能性类型化(子)命题,并且以此作为构建刑法解释方法体系化(总)命题的逻辑起点。"可以说,如果功能解释所强调的体系性思考是在"用体系检验功能",那么解释方法的确证体系则是在"用功能奠基体系"。

(四)本文讨论范围

通过上文分析可知,体系性(系统性)的思维贯穿了刑法解释学的各个过程。无

① 参见魏东:《刑法解释方法体系化及其确证功能》,载《法制与社会发展》2021年第6期。

论是从最基本的体系解释方法本身还是刑法解释的体系性思考,甚至整个刑法解释方法的体系化研究都离不开对于体系的建构与讨论。本文将讨论研究的定义域划定为作为刑法基础解释方法之一的体系解释方法内的研究,即对于体系解释本身,进行是否可以划分层次性的剥解与重构的研究。

## 三、体系解释层次建构分析

### (一)面向形式逻辑的体系建构与反思

#### 1. 递进式体系解释层次论

试图建构体系解释层次论的学者大多从形式逻辑的角度出发,归纳进行体系解释的过程中应当考察的内部层级逻辑。其中,最全面也最具有代表性的体系解释层次论观点可以概括为"递进式的体系解释五层次论"。[①]

递进式的体系解释五层次论认为在进行体系解释时,应当按照条文解释—章节体系解释—刑法体系解释—法秩序统一体系解释—社会共同价值体系解释的逻辑顺序进行。其中,由于前四个层次都属于在法系统内部对解释对象是否符合相应的法律体系所进行的形式逻辑上的考察,因此可以得知这种递进式的体系解释层次论仍然以面向形式逻辑的体系建构为主。

递进式的体系解释层次论首先将条文款项之间的协调性问题以及兜底条款的适用问题置于第一层次——条文体系的协调层面,讲求在递进式层次解释过程的起点要处理好条文内部款项之间的关系。

王某军非法经营案("两高"指导案例第97号)中对于非法经营罪兜底条款的解释适用问题就体现了条文体系内部需要达成协调一致。经过再审,法院认为王某军的行为并不属于刑法非法经营罪兜底条款中"其他严重扰乱市场秩序的非法经营行为",因为根据条文体系解释的同类解释规则,王某军的行为并不具有与兜底条款前列举款项相当的社会危害性与法益侵害性,因此将其再审改判无罪处理。该案中,王某军未办理粮食收购许可证违规收购玉米的行为虽然具有行政违法性,但并无与刑法非法经营罪前项列举规定的非法经营行为同类相当的社会危害性和刑事处罚必要性,因此不应当认定其构成非法经营罪。

章节体系解释方法主要运用于对分则罪名的解释问题之中。对条文进行解释时需要注意条文所处的章节体系,并保持条文解释结论与章节的其他条文意旨相协调契合,这一方面是在防止过度夸大或过度限缩的解释结论出现;另一方面也是在对同一章节内部如何适用条文进行权衡。在孙某铭以危险方法危害公共安全案中,被告人孙

---

① 参见高维俭、王东海:《刑法体系解释层次论——兼以"赵春华案"为实践检验样本》,载《现代法学》2019年第3期。

某铭醉酒驾驶车辆造成人员伤亡的行为在理论界引发了交通肇事罪与以危险方法危害公共安全罪的定性争议。这一争议也体现了危害公共安全罪章节中相关罪名的适用权衡。类似该案的符合交通肇事形式的危害行为并不必然构成交通肇事罪。从章节体系解释的角度出发,交通肇事罪属于危害公共安全罪章节的下设罪名,因此在思考该案行为的定性时,不应将目光仅仅局限于交通肇事罪,而是应当明晰交通肇事罪与过失以危险方法危害公共安全罪之间特殊法条与一般法条的关系,再与故意形态的以危险方法危害公共安全罪进行对比选择适用,进而从解释学的角度为适用以危险方法危害公共安全罪提供解释思路。

将解释对象放入刑法体系中进行解释的过程是回归传统刑法体系解释方法的过程。但随着刑法的逐步修正与各类疑难案件的不断涌出,适应刑法体系的系统性和整体性的整体考量则更为复杂。以"两高"颁布的《关于办理受贿刑事案件适用若干法律问题的意见》第9条第1款规定的"国家工作人员收受请托人财物后及时退还或者上交的,不是受贿"为例,在为该条解释寻找依据支撑时,除了从刑法教义学的角度主张成立受贿罪既遂后出罪的特殊例外、为该情况的行为类型作出区分是否具有受贿故意的解释外,还可以从体系解释的角度出发,在刑法体系中寻找"但书条款",进而从情节显著轻微、危害不大的角度寻找解释学上的依据。

然而,在刑法内部根据不同的体系进路进行解释时,刑法体系解释也可能存在冲突,因此需要更加清晰全面的分析进而得出结论。以成都快递分拣员案为例,该案快递员私拿货物的行为涉及的职务侵占罪适用问题通过不同的体系解释进路思考则会得出不同的答案。如果按照章节体系思考职务侵占罪的章节定位,会发现《刑法》将职务侵占罪规定于侵犯财产罪章节中第270条侵占罪之后的第271条,因此可以将此处的职务侵占罪理解为仅仅是侵占罪的特殊身份形式,利用职务破坏本身已经占有的财物,进而有别于同章节体系的盗窃罪等;但同时根据《刑法》第382条贪污罪与职务侵占罪之间不可分割的体系关系,职务侵占罪在面对侵吞、骗取、窃取等手段时与盗窃罪等侵犯财产类犯罪的界限又不似上述所言的泾渭分明,《刑法》第183条规定的职务侵占罪的类型反而从"骗取"的角度认可了其与贪污罪之间的特殊联系。此外,如果认定快递员属于邮政人员,还会涉及《刑法》第253条私自开拆、隐匿邮件罪中的拟制条款进而回归到盗窃罪。

因此在面对上述多重解释进路时,需要全面分析并结合教义学得出最优结论。笔者支持通说观点,即认为职务侵占罪属于贪污罪的体系分化。对于该案是否构成职务侵占罪,笔者的观点与周光权教授的观点大致相同,即结合教义学分析快递员的短暂"流水"经手行为并不能够认定为其对财物达到占有状态,因此不应以职务侵占罪论处;[①]但笔者对于快递是否属于邮件的观点与周光权教授相反,“邮件”在此处的解释不仅包括传统意义上的“信件”,也应当包括电商时代的“快递货物”,因为二者无论是从隐私性还是从封缄性上都具有同质性,应当认可邮政人员在电商时代的企业属性进而将快递人员纳入《刑法》第253条再回归盗窃罪的进路中。

2. 对递进式体系解释层次论的反思

(1)法秩序统一体系与社会共同价值体系引入不明

递进式体系解释层次所归纳的条文体系解释方法、章节体系解释方法以及刑法体系解释方法都为体系解释的进行提供了完善的解决视角。上文案例的引入讨论也体现了相应的体系解释方式在解决问题时的可操作性与独特的贡献意义。“条文、章节、法典”这也是谈及体系解释时惯用的传统考察思路。然而。递进式的体系解释阶层论中所归纳的后两类体系范围(法秩序统一体系与社会共同价值体系)并不属于传统意义上的体系解释方法,其能否作为体系解释的一层方法体系以及如何适用均有待商榷。

就法秩序统一体系而言,将法秩序统一体系作为体系解释的体系范围就目前来看仅仅达到了刑法外部体系的表面融贯。归结而言,涉及法秩序统一性思考的情况主要包括与宪法上位法的协调以及对民法、行政法规等前置性法和刑法中空白条文的容适。毫无疑问,进行刑法解释的过程应当融入宪法价值,解释者的目光应当做到在刑法与宪法之间往返流转,[②]进而将宪法的价值秩序作为边界性思考纳入刑法解释的限度。然而,在面对刑法解释结论合宪性问题时,递进式体系解释层次给出的答案又极为避讳。同理,法秩序统一体系层面的体系解释也并未合理解决与前置性法和空白性条文的容适问题。以民刑交叉问题的解释为例,诸如对“事实婚姻”的解释结论在民刑差异的体现、对刑法定位应当恪守独立性还是从属性、刑法违法是否必然民事违法涉及一元性的违法论与多元性的违法论等系列问题,在刑法理论界尚有争议,根据不同的违法性理论进行解释甚至会得出相矛盾的结论。

构建于系统论基础之上的法秩序统一体系是当代法学具有前瞻性的构建创举。然而法秩序统一体系本身就是一个巨大复杂的系统,递进论主张将解释对象放到统一体中进行考察,却没有指明具体的方式,对于法秩序统一体系内部的规则建构处于空白状态,同时也没有指明其对于法秩序体系中刑法地位的态度是片面保护还是完全服从。法秩序统一体系引用不明直接导致了在适用法秩序统一体系解释时的操作困境尚待反思。

社会共同价值体系引入不明的弊端则更加明显。引入价值体系对于体系解释进

① 参见周光权:《快递分拣员改判无罪案商榷》,载《政治与法律》2018年第7期。

② 参见劳东燕:《功能主义刑法解释的体系性控制》,载《清华法学》2020年第2期。

行判断的思路与前文所介绍的面向价值的体系解释方法异曲同工。递进式将价值体系置于递进阶梯之顶，并未阐述清晰价值体系判断与逻辑形式判断之间的关系，也并未在形式逻辑结论与价值判断结论冲突时如何选择给出解决答案。同时，这种价值体系的判断本身也会导致与目的解释的混淆，将在后文具体阐述。

（2）递进式逻辑进路具有缺陷

对递进式体系解释层次论的反思不仅见于体系层次内部，递进式体系解释的逻辑进路本身也存在问题。在形式逻辑上，按照递进式体系层次的方法进行考察，在对解释对象作出解释时，必须严格从条文体系出发，到法秩序统一体系或者社会共同价值体系终结。体系解释必须尊崇这种不可逆转的逻辑进路，这样就会导致问题的出现。一方面，这种单线程的解释进路忽视了刑法解释的主体间性与解释性循环原理，①解释者目光往返的解释过程受到了单线递进关系的限制，容易导致解释结论的片面压缩；另一方面，递进式本身无法创造与教义学上的犯罪构成阶层体系一样联系紧密逻辑清晰的阶层体系。况且递进式本身也没有明确指出递进过程中前后体系之间的关系问题。前体系与后体系之间的位阶不明、不同体系之间是否为择一关系、单方向的阶梯线性结构如何体现体系解释过程中回溯的功能循环等问题的阐述空白导致解释者在选择不同阶层的体系进行解释得出相矛盾的解释结论时只能根据主观能动性进行选择进而导致“同案不同判”的情况发生。

（3）递进式逻辑进路不符合解释习惯

在实际操作中，递进式的逻辑进路也与解释者惯常的解释思路不符。解释者在进行解释的过程中惯常采取的思路往往是一个“预判—证成—修正预判”的过程。解释者通过解释方法寻找依据得出结论的行为是以问题意识为导向的对于自己预判结论的范围查证，不同的案件争议问题天然划定了待讨论体系空间的界限，如赵春华非法持枪案中对于“枪支”的解释争议问题本质上属于刑法规定的“足以危害”与部门规章的“1.8 焦耳”之间的权衡，解释者在思考部门规章中的“枪支”是否为刑法所规定的“枪支”问题时，自然就会将自身置于法秩序统一体系之中进行考察，此时采取合乎递进式体系解释的逻辑进行逐层判断略显冗杂。

（二）面向内在价值的体系建构与反思

1. 价值优先论

将建构重心放在内在价值体系进行体系解释层次建构的思路属于少数观点，较有代表性的建构方法可以总结为价值优先论。根据价值优先论的观点，解释对象的范围本身具有动态性，根据案件事实的范围而有所限定，不需要动辄动用全部刑法体系。而在具体操作适用的过程中，解释者首先需要明确解释对象与相关文本的内在关联价

---

① 参见魏东：《刑法解释方法体系化及其确证功能》，载《法制与社会发展》2021 年第 6 期。

值并明确其合理意蕴,然后再通过逻辑演绎处理文本在外在形式方面的冲突矛盾。[①]解释者首先要在刑法原则等价值之内寻找解释的内在统一范围,继而运用外在技术规范对解释对象进行细化厘查。

以"两高"发布的指导案例93号于欢正当防卫案为例,如果按照价值优先论构建的层级进路,在判断于欢行为是否构成防卫过当之"明显超过必要限度"与"造成重大损害"时首先要思考的是刑事政策将刑法中的防卫"尺度"规划在何处,要思考正当防卫制度的存在价值是倡导和平共处还是鼓励对不法行为进行反击,进而思考国家对防卫权合法性尺度的解释。另外由于本案的特殊案发背景,当针对不法侵害所引发的防卫过当是出于被害人实施较为严重的亵渎伦理秩序或者贬低人格尊严行为而引发时,也应当考虑公正价值作出解释。综上,在确定某种解释价值后,解释者再根据具体的解释技巧对防卫过当进行解释。(笔者在此浅谈该案观点:于欢在民警未完全脱离监管状态下对实施轻微暴力与侮辱、非法拘禁索债行为的被害人进行捅刺造成被害人重伤、死亡的行为性质属于防卫过当,但《关于依法适用正当防卫制度的指导意见》所指出的"造成重大损害"是指造成不法侵害人重伤、死亡的意见存在片面性。)

2. 对价值优先论的反思

(1)价值判断不可前置

按照价值优先论建构解释体系层级时最根本的错误就是将主观价值判断前置于对法律条文的逻辑解释。魏东教授刑法解释方法确证体系的论证思路为此提供依据。其思路主要是首先将合法性作为底线基础,在此基础上论证合法性可以包容的合理性与合目的性优化价值,并在其中筛选出满足合法性要求的最优价值,排除超出合法性领域的其他优化价值。[②] 可见,价值判断应当满足的前提首先应是符合合法性与合理性所要求之标准。也就是说,首先应当从形式逻辑上进行客观判断得出可能结论,再从可能结论中遴选出最符合价值政策目的的最优结论,这也是对"始于文义,终于目的"的恳切回应。

以真正军警人员抢劫为例,有学者主张军警人员显露真实身份抢劫相较于冒充军警人员抢劫的行为更具提升法定刑的理由,[③]进而从价值层面肯定真正军警人员抢劫属于冒充军警人员抢劫的范畴,这种价值先行的思路并不合理。笔者赞同合法律逻辑在先的合法合理性判断思路,先在法律形式范围内解释"冒充"之含义并不包含"以真充真"的情形,再进而将超出合法空间的真正军警人员抢劫排除在"冒充军警人员抢劫"之外。

① 参见贾银生:《刑法体系解释之"体系范围"的审视与厘定》,载《社会科学》2020年第4期。

② 参见魏东:《刑法解释方法体系化及其确证功能》,载《法制与社会发展》2021年第6期。

③ 参见张明楷:《刑法学》(第5版),法律出版社2016年版,第994页。

(2)在体系解释中引入价值判断必要性存疑

在否定价值判断优先的目的决定论之后,对于价值判断有无必要在体系解释中引入本身也值得反思。无论是前文递进式体系层级论中的“社会共同价值体系”,还是价值优先论中的“内在价值”,本质上都是在关注刑法的合目的性。有学者主张刑法规范的目的理解往往需要借助体系解释,进而从目的法学、利益法学的角度为体系解释引入价值判断寻找法理依据。①

诚然,在体系解释中融入内在价值的衡量对于专注形式逻辑的传统体系解释而言具有一定的启发意义,但是当代的体系解释仍然不能完满解决内在价值判断与体系解释的衡量问题。价值判断本身有无内部子体系、价值体系与逻辑体系的矛盾冲突如何解决等问题仍然是价值判断要进入体系解释并占据一席之地不可回避的问题。因此,将价值体系融入传统刑法体系解释的建构本身就是一个复杂艰巨的过程,稍有不慎就会走向诸如价值先行的误区。从功能解释和解释方法系统化的启发来看,保持体系解释与目的解释泾渭分明或许在该问题上更能给出清晰的答案。对解释结论合目的性的考察暂时没有必要交由体系解释判断,目的解释本身就能够解决。需要注意的是,在体系解释的过程中暂时不考虑价值判断并不是指对某问题的解释结论仅能在抽象的逻辑演绎中完成。法律解释本身就是一个综合运用各种解释方法寻求答案的过程,只是在尚未处理好体系和目的的关系时暂无必要将价值引入体系解释的层级范畴。

## 四、体系解释层次建构出路建议

从上文分析可知,体系解释层次的建构路程还有许多空间尚待反思,建构圆满的体系解释阶层仍然任重而道远。在当今解释学界尚未建立起较为系统完整的体系解释层次时,笔者建议不妨暂时回归“各取所需”的体系解释方法论本身,在现有的体系解释方法外引入“以刑释罪”的法定刑体系进行补充,并以价值判断作为独立于形式逻辑法体系层次之外的反向核验渠道。

### (一)回归“各取所需”的方法论

“各取所需”是解释方法系统化否定论学者提出的理由依据,但该依据用于解答体系解释的层次建构问题时也具有支撑作用。借鉴持解释方法系统化否定论学者的观点,如周光权教授认为,在进行刑法解释的过程中,对于解释方法的采用本身就是一个“各取所需”的判断,②需要根据不同的待解释问题所涉及的解释方法进行“各取所需”之选择,各种方式都可供解释者自由选择,将选择适用的主动性交给解释者。德国法学家拉伦茨也认为法律解释的工作无非取决于领会直觉并作出正确判断,法律解

① 参见王思维:《论刑法的体系解释》,华东政法大学2021年博士学位论文,第83页。

② 参见周光权:《刑法解释方法位阶性的质疑》,载《法学研究》2014年第5期。

释或许并不需要某种教条的固定程式。[①] 对于解释方法体系化的态度,笔者在此赞同魏东教授提出的“刑法解释确证功能体系化路径”,认为解释方法之间可以从原先的竞争关系变成融合共生的“三性统一关系”,然而解释方法体系化否定论的思路在解决体系解释层次问题时也具有一定的参考价值,从而可以用来支撑尚未成熟的体系解释层次论。

沿用周光权教授“解释的过程是对各种解释方法的各取所需”之观点,笔者认为,“体系解释的过程也应当是对各种体系方法的各取所需”。正如张明楷教授所言“体系解释的本质就是防止孤立的解释时出现孤单不安的感觉”[②],体系解释的本质就是防止仅对法条进行解释,在治愈这种孤单不安的感觉时只需要“对症下药”,选择适合的体系方法就能达到最优融贯。

同时,将体系解释回归“各取所需”的方法论本身也是依据解释者惯常思路作出的回应策略。解释者在解释时先通过预判划定可选择的几个体系,再在相应的预选范围内进行体系解释之演绎,最后得出结论,这个过程较为符合解释者惯常的操作思路。这种回归“各取所需”的方法从教义学原理而言也是问题性思考与体系性思考之统一所在。[③]

(二)引入“以刑释罪”的法定刑体系

引入法定刑体系的体系解释是从“以刑释罪”的视角发挥法定刑对于定罪的参照作用,通过法定刑的体系比较进而将其作为一种辅助方法进行解释。“以刑释罪”并不是在说刑罚决定定罪,而是从刑罚的独特视角为定罪提供法定刑逻辑价值。刑法是一个系统科学的体系,然而长期以来解释者多将目光集中在刑法的罪之体系中进行此罪与彼罪的衡量,忽略了刑之体系的建构价值与操作价值。

笔者认为,未来对于体系解释的研究方向可以引入对法定刑之间的考察判断。就刑法体系内部而言,既可以根据刑罚轻重划分重罪体系与轻罪体系,如在对解释对象进行解释时,如果将一个刑法规定为轻罪的对象解释进入重罪体系,则应当进行反思权衡;也可以从非监禁刑与监禁刑的角度比较刑罚的种类。就刑法体系外部与其他部门法的权衡而言,由于刑法的性质决定了其刑罚幅度更加严重,因此在出现刑法中的罪状与行政法规等其他部门法中规定的行为相冲突的情况时,也可以根据刑罚体系权衡是否具备刑罚处罚必要性,进而从刑之角度考量刑法谦抑性。

(三)以价值判断作为反向检验依据

虽然价值先行的体系解释层次建构方法明显不合理,笔者也在前文提出了在体系

---

① 参见魏东:《刑法解释方法体系化及其确证功能》,载《法制与社会发展》2021年第6期。
② 张明楷:《刑法分则的解释原理》(上),中国人民大学出版社2011年版,第37页。
③ 参见陈兴良:《教义刑法学》(第3版),中国人民大学出版社2017年版,第16页。

解释中引入价值判断必要性的疑惑，但笔者认为这仍然不妨碍价值判断对于体系解释的反作用。正如功能主义刑法解释和刑法解释方法确证功能体系所强调的解释结论融贯性而言，价值判断仍然可以对根据注重形式逻辑的体系解释所得到的结论起到检视的反作用，从目的解释的内部路径和发挥刑法解释功能的外部路径等多重角度对解释结论进行后果考察。

## 五、结语

体系解释层次建构的设想具有创设性意义，体系解释内部层级的成功建构也能对其他刑法解释方法起到范例作用。然而现有的面向形式逻辑建构的递进式体系解释层次与面向内在价值建构的价值优先层次都有内在缺陷与制度空白尚待反思与解决。在不能圆满解决法秩序统一层次与社会共同价值体系层次的融合、单线程解释进路固有缺陷以及体系解释价值判断与目的解释交叠冲突等现实问题时，或许应当暂缓体系层次建构进程，参照“解释的过程是对各种解释方法的各取所需”进而回归“体系解释的过程也应当是对各种体系方法的各取所需”，将价值判断作为独立于体系解释之外的后果考察进行反向检验。

# 刑法体系解释探究

陈　寒*

【内容摘要】在刑法学中，作为重要解释方法之一的体系解释，随着刑法学方法论的广泛应用其地位也越发凸显。相比其他的刑法解释方法，体系解释的侧重点在于刑法规范的逻辑性和体系性。在解释刑法的某一具体条文时，体系解释会将其放在整个法律体系的范围中考虑，理解分析其具体含义，以便更恰当地对其进行理解。在对体系解释的概念进行阐释的基础上，对"体系"的范围进行了再划定。对于刑法体系解释如何具体适用，则以同一律规则、相对性规则、同类解释规则和排他律规则等来进行规范。最后，关于刑法体系解释现存的一些问题，比如其与其他解释方法之间的关系、刑事政策对于体系解释适用有何影响等进行了探讨。

【关键词】刑法体系解释　体系范围　刑法体系解释的适用

## 一、引言

"徒法不足以自行。"对于法律而言，只是制定出来不过是纸上条文，在这瞬息万变的现代社会，唯有能够正确妥当地适用，才能说是有生命的法律。刑法作为法律的最后一道底线，要使其能够良好地作用于社会现实，对其进行解释是必不可少的手段与方式。在解释法律的过程中，必须考虑刑法内部体系的协调，包括该条文本身的各字句之间、该条文和刑法章节之间、刑法和其他部门法之间所存在的内在逻辑性和协调性，这即是体系解释。具体到刑法这个领域来说，一方面从外部来看，刑法的适用与其他部门法有着密切的联系，比如刑法与行政法的联动，大量法定犯都有赖于其与行政法的协调适用，这也是体系协调性的一个重要表现。另一方面，从内部对刑法进行审视，其本身的复杂性也决定了上述各关系之间的内在逻辑必须厘清。不管是《刑法》总则与分则之间的关系，还是具体的不同罪名之间的关系等问题，说到底都是刑法体系内部的逻辑协调性问题。

一般情况下，文义解释就足以回答大部分问题，但由于词语本身的模糊性，会出现一词多义等情况，这时候通过表面的文字含义难以进行有效解释，就需要借助其他论

* 陈寒，四川大学法学院刑法学硕士研究生。

理解释方法。而在其他解释方法中，目的解释、历史解释并不总是那么科学、可靠，其准确适用终究还是得有体系解释来与其相辅相成。而体系解释一方面避免了文义解释的局限与流于表面形式，另一方面又以层层递进的各级体系作为具体解释的依据，更加合理、充分。且相较于其他解释方法，体系解释在实践中的运用也较多，对其进行研究是比较有价值的。

本文首先对刑法体系解释的基本理论进行概括性地了解，对体系解释的内涵进行再确定，进一步把握体系这个范围所包含的数个层级，并从逻辑体系和价值体系两个方面进行理解。同时，过程中还结合具体的刑法条文及其相关案例，来探究体系解释在刑法中的适用规则，最后则是对刑法体系解释面临的难题以及如何完善进行讨论。通过这样对“体系”进行层层剥离、深入到内部的方式，争取厘清每个问题的争议所在，进而丰富刑法解释理论研究的内容。此外，通过刑法体系解释，将其内的各要素相整合，填平事实与规范之间的沟壑使其能够对应，进而得出妥当合适的解释结论，才能最大限度地发挥刑法效果。

## 二、刑法体系解释概念之再确定

### （一）刑法体系解释概念的再定义

对于刑法中体系解释的内涵如何界定，张明楷教授认为：“只有将刑法作为一个整体，才能理解各个条文的含义；但对各个条文的理解，又依赖于对刑法这一整体的理解。”①另外，陈金钊教授指出：“体系解释属于广义的文理解释范畴，不仅仅限制于局部狭隘范围的文义解释，而是指通常需要联系其他法律条文来理解被解释对象的文义，保持刑法的协调性。”②而曾粤兴教授则认为：“体系解释是指在进行法律解释时，不能单纯考虑对某字、词、句的解释，而应当将所要解释的对象放在特定的语境中，从而对需要解释的具体对象做出理解、把握和解释，而不能将其肢解化加以理解，更不能断章取义，它和语境解释是同义词。”③赵秉志教授认为：“体系解释又被称为语境解释，因为在解释条文时，语境是不可避免的，刑法体系解释是根据刑法规范内的篇、章、节、条、款、项、目之间的逻辑联系以及与不同法律部门之间的内容关系，确定法律规定的准确含义。”④由此可见，即使是对于刑法中体系解释这一概念的认识，学者的观点都并不统一。有的认为体系解释之“体系”应严格限于刑法的内部条文之间；有的认为“体系”指的是整个大的刑法系统，包括其中与刑法相关的法律条文；有的甚至认为“体系”不仅只包括刑法，还包括其他与之相关的部门法体系；还有学者将其等同于语

---

① 张明楷：《刑法分则的解释原理》，中国人民大学出版社 2011 年版，第 54 页。

② 陈金钊：《法律解释学》，中国政法大学出版社 2006 年版，第 181 页。

③ 曾粤兴：《刑法学方法的一般理论》，人民出版社 2005 年版，第 82 页。

④ 李希慧等编著：《刑法解释专题整理》，中国人民公安大学出版社 2011 年版，第 43－46 页。

境解释,认为得放在具体的语境里去理解,可谓众说纷纭。

综上所述,其中最主要的争议点在于,是否应将“体系”的范围扩大到刑法系统之外。赞成的学者认为,法律从来不是孤立存在的,因此刑法与其他部门法之间的关系,也要纳入体系解释所应考量的“体系”范围之内,主张从整个法律体系的视角出发,在不同的法律条文、不同的法律部门之间的调整范围与力度中寻找与刑法相呼应的点,来确定刑法条文的具体含义和适用效果。也有学者不赞同将“体系”的范围扩展至整个法律体系,其认为虽然刑法注定与其他部门法始终存在交叉的部分,但这不意味着一定需要体系解释的介入。此外,不赞同的学者还认为,体系解释本身的一个重要追求就是刑法条文适用的有序,而又只有刑法内部秩序趋于稳定,刑法体系才会随之有序。倘若将体系解释的范围扩大到刑法系统之外,会导致解释范围过于宽泛、可操作性差的问题,体系解释难以充分发挥作用。

法律本质上还是一种社会规范、社会契约,其内蕴广大人民群众朴素的正义观和公正的社会理念。其中尤其是刑法规范,理应展现对人们法律期待的回应。因此,笔者认为,对刑法进行解释,不能将目光只投向刑法本身,局限于刑法自己的法律条文框架内,而是要从整个法律体系、统一的法秩序进行再认识。刑法与其他部门法之间的联系是难以割裂的,其往往作为其他部门法的“底线”而存在,即当其他部门法对于某一具体行为难以规制时,才能适用刑法。在对刑法进行解释时,经常会和其他部门法产生交集,因此不能仅在“刑法规范”的范畴内对其进行解释。另外,在“国法”之外还要考虑“天理”“人情”,这是刑法所应有的温度。在逻辑体系之外,还要进行价值体系的评判,将其置于整个法律体系的视角内进行,通过价值判断完成法、理、情的统一,才能真正实现刑法所追求的公平正义。

与此同时,对刑法体系解释下定义,不仅要体现体系解释本身的全部要素,而且还要体现刑法体系解释与其他部门法相区别的特征。刑法是公法,其具备一条其他法并不具备的、最为突出的原则,即罪刑法定原则,在对刑法进行解释的时候必须遵循该原则。因此,可以试着把刑法的体系解释定义成以下三个层面:对刑法条文的含义进行释明时,要回顾其在整个刑法系统中的体系地位,联系与之相关的法条含义,来阐明其规范的含义;同时还要考虑该法条以及刑法与其他部门法的协调,不得作出与宪法、民法、行政法等法律相冲突的解释结论;还得严格遵守罪刑法定原则,不得超出刑法规范的限制,不得与其他刑法条文相冲突。

### (二)“体系”范围之界定

综上所述,对于“体系”这一范围的界定,学界存在两种观点,其争议的焦点主要在于是否将“体系”限制于刑法的系统之内。有学者将学界的两种观点总结为“将刑法体系解释中的‘体系’范围界定为‘刑法’这一体系”的“单层次论”和“将‘体系’界定为‘刑法’和与‘刑法规范相关的法律规定’这样两个层次体系”的“双层次论”。① 也就是说，这个其实就是对于刑法体系解释层级的讨论。在对“体系”进行分层的基础上，也有学者持“四层级论”②，甚至更进一步的“五层级论”③。

笔者在持前文所述刑法体系解释定义的基础上，赞同体系解释必然包含价值判断。法律解释若不考虑价值判断的因素，只是机械地应用很容易就会导致法律流于形式，最终其必然会因为价值层面的矛盾导致刑法整体实际适用效果受损，甚至与公众的朴素法感情背道而驰。因此，有学者认为：“将刑法体系解释限定在刑法的范围内，且只考虑形式上的法条关系而不关注其背后的价值理念体系的情况，则会造成一种法律适用的困局。”④

但是，无论“四层级论”中的第四层级“情理价值”，还是“五层级论”中的第五层级“社会共同价值体系”，笔者对于是否要将其纳入层级的体系中来，尚持保留态度。在对刑法规范进行解释时必然是蕴含一定价值和目的的，但在对“体系”这一范围进行划定时，并不是必须将“价值”作为一个单独的层次来考虑，而应在逻辑体系的层级判断之外进行价值体系的判断。“价值”在体系解释中是贯穿始终的，在每一个层次都应予以考察。在此，可以将“体系”的范围划定分为逻辑体系与价值体系两个方面。

---

① 参见高维俭、王东海：《刑法体系解释层次论——兼以“赵春华案”为实践检验样本》，载《现代法学》2019年第3期。所谓“单层次论”，是指刑法体系解释应是在刑法的范围内对刑法规范进行解释，被解释的条文与刑法其他条文的规定之间要保持逻辑上的协调，不能孤立地对某一具体刑法规范或刑法用语作出解释，要在刑法的范围内保持和谐、没有逻辑上的矛盾。“双层次论”的支持者认为，刑法体系解释除了要在刑法范围内保持统一性、协调性外，对其的解释还应与其他法律的相关规定保持协调，不能违背整体法秩序的统一协调。

② 参见王东海：《刑法体系解释分为四个层次》，载《检察日报》2017年9月25日，第3版。该作者认为，刑法体系解释分为条文内部、条文之间以及整个刑法之间、法秩序统一性、法的规范逻辑与情理价值之间四个层次，可用“微观”“中观”“宏观”“全局”来对其进行划分。对刑法条文的解释要放在这四个层面中依次检验。唯此，才符合逻辑上的周延性，才能确保体系的统一，实现法的公平正义。微观层面，对于刑法条文中某一刑法用语，必须将其放在同一法律条文中加以理解和阐释。中观层面，刑法用语之外，对刑法条文的理解，要将该条文放置其所在的节、章、编乃至整个刑法中进行解读，实现刑法体系内部的协调统一。宏观层面，对刑法条文的理解与适用，不能仅将眼光放在刑法规范本身，应当将其置于整个法律体系的框架下进行衡量。全局层面，即对刑法的解释，除了在法规范体系之外，还必须要在价值层面考察对刑法条文或用语解释的结论或刑法适用的结果等是否符合公平正义。

③ 参见高维俭、王东海：《刑法体系解释层次论——兼以“赵春华案”为实践检验样本》，载《现代法学》2019年第3期。其认为，对刑法进行体系解释，需要依次考虑刑法用语和款项在条文中的体系，刑法条文在刑法中的体系，刑法条文与其他法律法规之间亦即刑法条文在整个法秩序统一体中的体系，以及成文的法律规范所处社会的社会共同体价值体系。具体可以表述为五个层次：第一层次，对于刑法用语或刑法某一款项，必须将其置于其所在的条文这一“体系”中加以理解，不可就词语而解释词语，就款项而解释适用款项。第二层次，对某一刑法条文进行解释适用，要充分考虑其所在的章节这一体系，既要接受章节整体规范意旨的指导制约，又要与章节其他条文保持协调。第三层次，对刑法条文的理解适用，必须充分考量条文与条文之间的关系、总则与分则之间的关系，要将具体的刑法条文放在整个刑法体系中进行解读。第四层次，对刑法规范条文的解释适用，必须符合宪法的规定与精神，同时也不得与民法、行政法等部门法的规定产生逻辑上的矛盾，要与整个法秩序统一体“体系”保持协调。第五层次，对刑法的用语和刑法条文进行解释时，要将其放在刑法条文的规范逻辑和社会情理价值的有机统一这个体系之中进行考量，也即要符合社会共同体价值这一体系。

④ 王思维：《论刑法的体系解释》，华东政法大学2021年博士学位论文，第40-41页。

前者以不含“社会共同价值体系”这一层级的“四层级论”为基础,即四个层次,来进行阶梯式的判断。第一层次,在条文层面对该具体条文进行整体性的理解,不脱离其本身的其他词语或者款项以免陷入孤立的境地;第二层次,从章节层面出发进行考量,不仅要接受该条文所处章节整体规范意旨的制约,还要与章节内部的其他条文保持协调,不可产生矛盾之处;第三层次,则是从整个刑法的层面,充分审视条文与条文之间的关系、总则与分则之间的关系,保持逻辑的一致性;第四层次,即在法秩序统一的层面要保持协调,首先不得与宪法相抵触,必须符合宪法规定和宪法精神,其次也不能和民法等部门法的规定产生逻辑上的冲突。

针对刑法某一具体条文的解释,应是一个从规范到价值的过程,由此还要进行价值体系方面的判断。遵循规范逻辑是前提,此外还必须考虑一般人的社会价值观念。刑法的目的并不仅仅是刑罚,不能为了追求所谓报应而作出其实有悖常理的体系解释;尤其是在涉及人的生命、自由的案件中,更不能只关注刑法条文本身的逻辑和形式,还要从价值层面去评判,用社会一般人的常识、常理、常情进行判断,否则就容易出现许霆案、赵春华案这样普通人看来匪夷所思的案例。

## 三、刑法体系解释的适用规则

在我国的刑事司法实践中,刑法体系解释的适用也越来越频繁。理解法律用语和条文规范时,体系解释可以避免文义解释因为望文生义、熟词僻义等可能产生的错误。而针对刑法所没有明确规定的条文,则可以通过联系相关法律条文对其进行体系化的理解,进而确定其具体含义。是以,如何最大化地发挥出体系解释的作用,是我们不得不考虑的问题。体系解释的适用中,有几个非常重要的规则,比如赵秉志教授认为其适用的规则主要包括:同一律规则;排他律规则;同类解释规则。[①] 在刑法体系解释的运用过程中,这些规则是普遍存在的,每个规则都应当遵循,否则会很容易造成对同种情况作出不同的解释,有失刑法解释的公平与公正。

### (一)同一律规则

梁根林教授对同一律规则是这样理解的:“同一律规则意味着我们在解释刑法规范过程中必须保持概念和论题的同一,同一用语在同一部刑法中应具有完全相同的含义,对此一般应作出同一解释,避免‘混淆概念’‘偷换概念’或者‘偷换论题’的错误。”[②]笔者认为,在刑法体系解释的过程中,需要满足同一律规则的两个条件:首先是刑法概念、术语等的表述必须是同一的,不能模糊或者混淆;其次是解释的语境与背景是同一的,与该条文相关的各个刑法条文搭建起一个凝结了共同立法目的和价值取向

---

① 参见李希慧等编著:《刑法解释专题整理》,中国人民公安大学出版社2011年版,第45页。

② 梁根林:《刑法适用解释规则论》,载《法学》2003年第12期。

的体系,这个体系就是同一的语境与背景,要放到其中进行理解。

比如,在我国刑法的规定中,任何具体条文里的“幼女”,显然都应该解释为“不满14周岁的女性”,而不是未成年或不满18周岁的女性。这些条文的立法价值都在于保护不满14周岁女性的人身利益,这就符合同一律规则。但是,并非所有刑法用语在不同的语境下都保持同一内涵。比如“暴力”一词在我国的刑法条文中可谓大量出现,但不同条文里的“暴力”却显然不可能作出同样的解释,因为这些条文背后保护的法益不同,所指向的立法目的和价值选择也不同。也即是这些条文不是处于同一语境和背景下的,所以对其内涵的解释也会有所不同。所以,即使是对于同一用语,要作相同的解释也是有限制的。故而只有基于同一律规则进行刑法体系解释的理解,才能够避免混淆、偷换概念,保持刑法用语的一致性。

(二)相对性规则

如上所述,同一律规则并不是一直有效的绝对铁则,也会有例外存在。根据同一律规则,我们应当将刑法条文中的相同概念解释为相同的意思。但是,由于语言含义本身就不是单一性的,故往往会出现一词多义的情况,即使在日常生活中也不是所有的词语都一直保持着同一含义。有些情况下,将所有的刑法概念都解释为相同的含义会导致刑法体系的不协调,得出不合理甚至荒谬的结论,影响刑法的正确适用。特殊情况下,相同的用语在同一刑法内部的不同条文中不一定是相同的意义,如此才能得出合理妥当的解释结论。这就体现了刑法体系解释的用语相对性规则,也即是所谓的“同一用语含义相对化”。所谓用语相对性,就是指为了保证解释结论的合理性和妥当性,对不同刑法条文中相同表述的用语、概念作不同的解释,使得刑法体系协调一致。

例如,如前文所说,对于不同刑法条文中的“暴力”要作具体的、个别的解释。在《刑法》分则中,不少条文中使用了“暴力”一词,比如在抗税罪中规定了“以暴力、威胁方法拒不缴纳税款的”;妨害公务罪中规定了“以暴力、威胁方法阻碍国家机关工作人员”;抢劫罪中也规定了“以暴力、胁迫或者其他方法抢劫公私财物的”。可以明确的是,以上三个罪名之间并不存在交叉重叠的关系,甚至有的并不属于刑法的同一章节,其共同特征是行为方式都包含了“暴力”。如果说只从字面上对“暴力”进行解释,那么得出的解释结论自然是相同的;但如果想要得出合适的解释结论进而能够正确适用刑法,那么得出的结论就是有所区别的。首先,比较所有的“暴力”,可以发现抗税罪虽然是属于破坏社会主义市场经济秩序罪这一章的罪名,妨害公务罪则处于妨害社会管理秩序罪这一章,而抗税行为属于妨害公务行为的一种,故妨害公务罪实质上与抗税罪构成了一般法条与特殊法条的关系。虽然两罪行为所指向的对象不完全相同,但从行为方式、犯罪目的来看,两罪的社会危害性程度是相似的,可以将“暴力”程度作同等解释,这是同一律规则的适用。

因此,在这里主要区分的是前两种罪的"暴力"和抢劫罪中的"暴力"的不同。首先,抢劫罪的犯罪目的是非法占有他人所有的财物,手段往往是对人暴力,主观恶性较强,与前两种罪相比可以发现,从各方面来看抢劫罪的社会危害性要高得多。其次,抢劫罪中的"暴力"是当场行使的,足以使被害人处于不能反抗的境地,其暴力的程度较高。而前两种罪中的"暴力"烈度较低,对人身的危害性也较小,其"暴力"并不要求达到抢劫罪的程度。最后,从刑罚上来看,一般的抢劫罪处3年以上10年以下有期徒刑且并处罚金,最严重的甚至处以死刑,并处罚金或没收财产;抗税罪的处罚则轻得多,一般是3年以下有期徒刑,情节严重的处3年以上7年以下有期徒刑;妨害公务罪一般情况下也是处3年以下有期徒刑。从以上几个方面可以看出,抢劫罪中的"暴力"危害程度最高,必须足以使对方不能反抗且人身危险性较大,其程度和手段都比另外两个罪重,因此可见,不能将所有的"暴力"都作同一解释。

(三)同类解释规则

在刑法条文当中,存在一些概括性规定,这些概括性规定的出现是为了弥补列举法的不足。由于列举法并不能穷尽所有可能的情况,为了避免一些值得处罚的行为被排斥在刑法规范之外,立法者往往会在后面添加一款概括性规定。有学者认为:"同类解释规则,则是指当刑法列举了相关事项的同时又设置了概括性规定时,对于附随于确定性词语之后的概括性词语,应当根据确定性词语所涉及的同类或同级事项予以确定含义及范围。"[①]因此,对于概括性规定的解释并不是随意的,它的范围是有限制的。概括性规定并不是"口袋罪",什么都可以往里面装,这种限制表现为:应当被刑法评价的行为。而在刑法条文中却无法找到与之对应的条款,其只有在与明确列举的行为性质和特征相一致时才能被概括性规定评价。

从表面上来看,同类解释规则与类推解释规则有一定的相似性,但是本质上刑法体系解释的同类解释与类推解释是相矛盾的。比如将强奸罪中的"妇女"解释为包括"男子",这就属于类推解释,而不可能是同类解释。通过类推解释得出的解释结论往往会明显超出普通人的预测可能性,比如得出"妇女"包括"男子"这一结论,而刑法体系解释的同类解释规则却并不会超出普通大众的预测可能性。

再如,在我国《刑法》第114条和第115条的规定中,都涉及"放火、决水、爆炸、投放毒害性、放射性、传染病病原体等物质或者以其他危险方法……"这样的表述。对其中的"其他危险方法"进行解释时,就需要运用同类解释规则。根据这一规则可知,这里所说的"其他危险方法",应当是《刑法》第114条、第115条没有列举出来,但又与"放火""决水""爆炸"等危险方法的危险性质相当的其他一切危险方法,并不是所有的危害公共安全性质的行为方式都可以,也即不包括危险性质不同或不相当却可能

① 万国海:《论刑法的体系解释》,载《南京社会科学》2009年第7期。

造成同样严重后果的行为,对其范围进行了一定的限缩。

(四)排他律规则

杨仁寿认为:"排他律规则也称之为明示其一排斥其他规则,即刑法术语或者原则所列举的几个特定事项或者例外情况,意味着排除了没有被列举的其他事项或者情况。"[①]这一规则贯彻了刑法的罪刑法定这一原则,无刑法明文规定则不为罪,是罪刑法定在刑法体系解释中的体现。刑法通过"明示列举"的方式对其调整对象的范围进行了界定,并且由排他律规则对不在此列的予以排除。也就是说,凡是明文规定范围以内就都是刑法调控的范围,而没有被列出的,则不由刑法调控。

对此还有一个问题,即该规则并非能够直接当然地得出"明示排斥默示"的结论。上面提到的"没有被列举的其他事项"并不能与"默示"画上等号。比如对于某种犯罪的构成要素,并不能从刑法条文关于其的明文规定之中当然地就推导出其他没有明文规定该构成要素的犯罪都会排斥该构成要素,这显然是不合理的。[②] 二者之间没有必然的逻辑关系,并非同一事物的一体两面,而是根本上不同的两个概念。

## 四、刑法体系解释存在的难点及其完善

(一)正确处理体系解释与其他解释方法之间的关系

刑法体系解释只是刑法解释方法当中的一种,刑法解释还包括了文义解释、目的解释、历史解释等。不存在可以与其他解释方法完全分离而独立适用的刑法解释方法,刑法体系解释也是如此。在适用刑法体系解释时,其他的解释方法也在直接或间接地发挥着作用,最终目的还是得出合理妥当的解释结论。而如果仅仅靠刑法体系解释本身难以妥当解释时,其他的解释方法就会作为补充或者替代进行解释。另外,在运用刑法体系解释得出的结论不当时,其他的解释方法可以进行纠正。因此,想要正确适用刑法体系解释,就得处理好其与其他解释方法之间的关系。

而在法律解释领域,一个无法回避的问题就是解释方法的位阶次序如何排列,学界有关解释方法价值位阶的观点也是存在诸多争议。第一个问题是解释方法是否存在位阶,第二个问题是如果承认存在位阶,那么先后顺序应该如何确定。首先,笔者认为解释方法存在位阶关系。这是因为在存在诸多解释方法的前提下,倘若没有一个排列顺序,极易造成解释方法的恣意使用。而对于各解释方法的位阶顺序排列,则没有一个绝对的答案,而是相对的规则。有学者认为:"刑法适用解释方法之间呈现出一个从文义解释到体系解释,再到历史解释,最后到目的解释的位阶关系,它是以各种解释方法的传统含义为基础进行的排列,即文义解释的'文义'仅限于通常含义,体系解

---

① 杨仁寿:《法学方法论》,中国政法大学出版社 1999 年版,第 107 - 108 页。

② 参见梁根林:《刑法适用解释规则论》,载《法学》2003 年第 12 期。

释的'体系'仅限于法律外部的形式体系,历史解释的'立法意图'仅限于立法原意,目的解释的'目的'仅限于客观目的。"①笔者大致赞同这一观点。

我们对一个刑法条文进行解释,首先要对法律用语进行理解,因此文义解释毋庸置疑是任何解释的开端,它的超高使用频率也决定了其处于刑法解释的第一位阶。并非刑法典中的所有条文都需要进行体系解释,因此体系解释也应该尊重文义解释的优先适用。其次,体系解释处于第二位阶。它以体系性审视的目光维护刑法内部的协调,这是其他任何解释方法都没法比拟的。最后,目的解释的归宿是第三位阶。目的解释在其他解释方法都不能很好地得出解释结论时,以刑法的客观目的为依据对刑法条文进行解释最终起决定作用。但是目的解释是有适用条件的,其适用也是相对的。"目的解释的依据只能在文字最大限度地可能含义范围内有效。如果目的解释的结论已经明显超出文字最大可能的含义范围,那么这时候也要抛弃目的解释重新回到其他的解释方法中来。"②

总而言之,我们应当认识到各种解释方法都有其独特的功用,但也都有其自身的缺陷,它们之间的各种位阶安排,虽然反映了一种规律,但这种规律又不能过于绝对。它们之间应当是互相补充、相互印证的,最终还是为了解释结论服务,这样才能在个案中协调,实现正义价值。体系解释注重刑法条文的内外在体系,与刑法的协调息息相关,因而正确处理它与其他解释方法之间的关系更显重要。

(二)刑事政策对刑法体系解释的影响

毫无疑问,刑事政策对于刑法解释是有影响的。而关于两者之间的关系,"不可否认的是,刑事政策的基本内容透露着国家的方针与决策,这些理念间接影响了刑法解释的进程,影响了最终的解释结论。"③对于在刑事政策的指导下进行的体系解释,由于体系解释这一方法本身就关系刑法的体系性和逻辑性,因而在其运用时如有错乱,则影响的不只是个别法条的解释,还会导致整个刑法的协调出现瑕疵。因而,对于刑事政策给解释方法带来的潜在影响,如果不能正确地理解和遵循,刑法解释将会偏离原有的方向,刑法条文的真实含义可能会被扭曲。

对此,我们要缩小刑事政策给刑法体系解释带来的影响。比如我国现在"宽严相济"的刑事政策,对"宽"与"严"的判断都离不开对犯罪人以及犯罪行为的具体分析,"相济"强调了量刑的适当,因而这一政策与罪刑相适应原则有着相通之处。刑法解释方法都理应在定罪量刑之前完成对条文的解释,强调罪刑法定原则的体系解释也是如此。而宽严相济的刑事政策倾向于实质法治,容易与罪刑法定原则发生冲突,可能

① 王凯石:《刑法适用解释研究》,西南政法大学2006年博士学位论文,第130页。

② 刘晓宇:《论刑法的体系解释》,华东政法大学2017年硕士学位论文,第41页。

③ 严方舟:《刑法体系解释适用研究》,上海大学2019年硕士学位论文,第47页。

会阻碍体系解释的进程，因而在刑事政策对体系解释的指导作用方面，还需予以一定的限制。

## 五、结语

除文义解释外，体系解释的适用最为频繁。同时，体系解释还具有一种逻辑严谨的独特美感。综上，对作为刑法解释方法之一的体系解释的探究，要牢牢抓住其内涵关键，不能遗漏对于罪刑法定原则的遵守。在此基础之上，对“体系”的范围进行划分，一方面是传统的逻辑体系的划分，另一方面则是对于价值体系的判断。在对某一具体罪名进行解释时，除了通过体系解释的定义进行阐明外，还要通过其适用规则明晰各词句的内涵，确定各罪名的适用范围，便于司法工作人员进行裁判。而对于其现在存在的一些争论和问题，比如刑法解释方法适用上的位阶、刑事政策对于刑法体系解释的影响，还需进一步加强讨论。

# 【判例刑法学】

## 我国危险驾驶罪主观罪过的法理新释

夏尊文*

【内容摘要】关于我国《刑法》中危险驾驶罪的主观罪过，全国人大法工委解释为故意，理论上聚讼纷纭。因立法与定罪模式不同，完全参照德国、日本的立法解释此罪的主观罪过并不可取，同时会带来诸多问题。在我国目前的法律语境下解释此罪的主观罪过，应当将行为人违反行政法上注意义务的一面评价为违法的故意或过失，将违反刑法上注意义务的一面评价为犯罪过失。此罪为交通肇事罪的提前处罚，是《刑法》第 15 条规定的过失犯罪这一一般化规则的例外。对具体危险与抽象危险的重新认识有助于我们更好地将此罪与交通肇事罪之间的主观罪过衔接起来。此外，将"原因自由行为"概念改为"起点自由行为"，能够更合理地解释行为人醉驾肇事无刑事责任能力时应负刑事责任的理由。

【关键词】危险驾驶罪　主观罪过　一般化规则的例外　抽象危险　起点自由行为

2011 年，我国《刑法修正案（八）》冲破重重阻力，将醉驾、飙车作为危险驾驶罪规定在交通肇事罪之后，①自此，我国《刑法》中的危险驾驶罪（以下简称此罪）一跃成为我国《刑法》中一个耀眼的罪名，②学术界围绕此罪主观罪过的无休止争论之大幕亦由此拉开。尽管在《刑法修正案（八）》出台后，全国人大法工委对此罪的主观罪过作了如下解释："犯罪人在主观上应当为故意。"③《刑法修正案（九）》出台后，全国人大法工委在延续这一解释的基础上作了进一步解释："尽管犯罪人在主观上并没有追求交

---

* 夏尊文，湖南理工学院政治与法学学院副教授。

① 此前，我国曾有多位学者强烈反对将危险驾驶行为入罪，并提出了相应的理由。参见王志祥、敦宁：《危险驾驶行为入罪的合理性及其立法改进》，载《河南大学学报（社会科学版）》2012 年第 2 期。

② 2015 年《刑法修正案（九）》危险驾驶罪又增加规定了校车、客运超载、超速，违规运输危险化学品两项行为，同时规定了对这两项行为负有直接责任的机动车所有人、管理人的处罚。

③ 全国人民代表大会常务委员会法制工作委员会编、郎胜主编：《中华人民共和国刑法释义》（第 5 版），法律出版社 2011 年版，第 164 页。

通事故、人员伤亡等后果的发生，但是对于危险驾驶行为是明知或者放任发生的。”[①] 在理论上，此罪为故意犯罪也已成为通说。[②] 然而，学术界对此罪主观罪过的争论未有停歇。与此形成鲜明对照的是，司法实践对此罪的主观罪过则反应冷淡，司法机关往往根据行为人的客观方面（特别是醉驾）直接定罪，司法文书中鲜见对此罪主观罪过的分析，似乎是在有意无意地避开对此罪主观罪过的争论。[③] 可是，在我国，主观罪过是构成犯罪的必要条件，不容回避。鉴于此，本文拟从解决实际问题的角度出发，力图发现国内在此罪主观罪过研究中存在问题的症结，然后在借鉴已有研究成果的基础上，结合我国的立法与定罪模式，重新解读此罪的主观罪过，以促进学术共识的达成，并为司法实践提供指导。

## 一、追根溯源

此罪设立之后，质疑此罪设立必要性的观点已然丧失了刑法解释学上的意义。[④] 不过，此罪的设立着实给国内学术界带来了无尽的困惑。在有的学者看来，此罪中的醉驾完全是西方汽车文化与中国酒文化结合而衍生出的一个“怪胎”！[⑤] 有学者认为，如果坚持传统的故意理论和过失犯罪理论，此罪就没有成立犯罪的空间，除非对刑法罪过理论进行重构。[⑥] 有学者隐约认识到，此罪是我国刑事立法上的一大突破，[⑦]却难以言明突破的具体所在。面对此罪主观罪过聚讼纷纭的研究现状，有学者不由慨叹：“不是从来没有解决方案，而是还没有能让所有人都接受的解决方案。”[⑧]

为了对此罪的主观罪过作出合理的解释，我们可能首先需要追根溯源，看看此罪到底从何处而来，又将向何处而去。对此，有学者指出，单纯的危险驾驶是一种轻微的反社会行为，在危险驾驶行为入罪之前，该类行为一直是行政制裁的对象。[⑨] 持类似观点的学者指出，危险驾驶罪是将原本属于行政处罚范围的若干行政违法行为纳入了

---

① 全国人民代表大会常务委员会法制工作委员会编、郎胜主编：《中华人民共和国刑法释义》（第 6 版），法律出版社 2015 年版，第 168 页。

② 参见高铭暄、马克昌主编：《刑法学》（第 5 版），北京大学出版社、高等教育出版社 2011 年版，第 357 页。

③ 笔者在中国裁判文书网上下载了多份以此罪为案由的裁判文书，阅读之后发现，不提此罪的主观罪过是一种普遍存在的现象。

④ 参见冯军：《论〈刑法〉第 133 条之 1 的规范目的及其适用》，载《中国法学》2011 年第 5 期。

⑤ 参见卢建平：《一个刑法学者关于醉驾入刑的理性审视》，载赵秉志主编：《“醉驾入刑”专家谈》，法律出版社 2011 年版。

⑥ 参见邓定远：《危险驾驶罪比较研究及其对中国的启示》，载赵秉志主编：《刑法论丛》第 24 卷，法律出版社 2010 年版。

⑦ 曲新久：《醉驾不一律入罪无需依赖于“但书”的适用》，载《法学》2011 年第 7 期；丛日禹：《醉酒驾驶犯罪研究》，法律出版社 2015 年版，第 146 页。

⑧ 参见曲新久：《危险驾驶罪的构成要件及其问题》，载《河北学刊》2012 年第 1 期。

⑨ 参见王政勋：《危险驾驶罪的理论错位与现实危险》，载《法学论坛》2011 年第 3 期。

刑事制裁的范围。[①] 这些认识应该是比较清楚、准确的,也可以得到全国人大法工委《关于〈中华人民共和国刑法修正案(八)(草案)〉的说明》的印证。[②] 这也说明在此罪设立之前,对于此罪所涉及的关于危险驾驶行为的处罚,我国法律并不存在漏洞。[③]

明了此罪原本作为行政违法行为的来路,无疑有利于帮助我们解释其主观罪过。既然此罪在我国法律体系中原本是行政违法行为,那么对于该行为的故意或者过失,原本也是违法的故意或过失。如此看来,我们在解释此罪的主观罪过时就需要考虑,此罪设立之前的违法的故意或过失,在此罪设立之后是否可以作为此罪的主观罪过?当然我们还要认识到,此罪的设立在一定程度上也借鉴了日本、德国等发达国家的立法经验。[④] 所以,我们可能还需要考虑,在解释此罪的主观罪过时,是否也需要借鉴日本、德国等发达国家的经验?

## 二、借鉴德国、日本经验之反思

### (一)日本、德国类似此罪及其进一步发展的犯罪之主观罪过

《德国刑法典》第316条规定的"交通中的酩酊"类似于我国危险驾驶罪中的醉驾,该罪属于抽象危险犯,既可以由故意也可以由过失构成,其心态是针对不能安全驾驶状态而言的,主观方面是围绕行为人认识到"不能安全驾驶"这一客观要素为核心而展开的。[⑤] 醉酒驾驶致人死伤时,则涉嫌触犯《德国刑法典》分则第222条的"过失杀人罪"或者第229条的"过失身体伤害罪",构成结果犯。[⑥]

在日本,与此罪部分类似的酒后驾驶罪、酩酊驾驶罪、超速驾驶罪等犯罪属于行政犯,均为故意犯罪,其故意均针对驾驶时所处的状态或者驾驶行为而言。[⑦] 危险驾驶致人死伤的,构成结果加重犯——危险驾驶致死伤罪,属于刑事犯。[⑧]

不难发现,德国刑法在认定与醉驾有关的犯罪的主观罪过时,抽象危险犯以"心理事实(行为本位)"为评价标准,不进行违反刑法上注意义务的规范评价,包括故意

---

① 参见王志祥、敦宁:《危险驾驶行为入罪的合理性及其立法改进》,载《河南大学学报(社会科学版)》2012年第2期。

② 《关于〈中华人民共和国刑法修正案(八)(草案)〉的说明》指出,醉酒驾车、飙车等危险驾驶的犯罪是将原来由行政管理手段调整的违法行为规定为犯罪。参见李适时:《关于〈中华人民共和国刑法修正案(八)(草案)〉的说明》,载中国人大网 http://www.npc.gov.cn/huiyi/lfzt/xfxza8/2011-05/10/content_1666058.htm。

③ 有的学者认为此罪的设立是为了弥补在交通违法行为与交通肇事罪之间存在的处罚漏洞。参见冯军:《论〈刑法〉第133条之1的规范目的及其适用》,载《中国法学》2011年第5期。

④ 参见周光权主编:《刑法历次修正案权威解读》,中国人民大学出版社2011年版,第350页。

⑤ 参见丛日禹:《醉酒驾驶犯罪研究》,法律出版社2015年版,第74-75页。

⑥ 参见丛日禹:《醉酒驾驶犯罪研究》,法律出版社2015年版,第68页。

⑦ 参见[日]西田典之:《日本刑法各论》,刘明祥、王昭武译,武汉大学出版社2005年版,第36-39页;周舟:《中日道路交通犯罪比较研究》,华东政法大学2015年博士学位论文,第194-224页。

⑧ 此外,日本刑法还设立了准危险驾驶致死伤罪、驾驶过失致死伤罪等刑事犯。参见周舟:《中日道路交通犯罪比较研究》,华东政法大学2015年博士学位论文,第269-336页。

也包括过失;结果犯以"违反刑法上注意义务的规范评价"为评价标准,同时采"心理事实(结果本位)"标准,只包括过失。也就是说,抽象危险犯的主观罪过、结果犯的主观罪过采用了不同的评价标准。事实上,单纯以"心理事实(行为本位)"为评价标准的主观罪过属于低阶主观罪过,而以"违反刑法上注意义务的规范评价"为评价标准的主观罪过则属于高阶主观罪过,在构成结果犯的情形下,高阶主观罪过吸收低阶主观罪过。[①] 但是,在刑法上,"违反注意义务的内容,不因结果的发生或者不发生而增大或减少"。[②] 因此,不少学者仍然习惯于站在高阶主观罪过的角度评价具有低阶主观罪过的行为。例如,德国的霍恩和布雷姆认为,抽象的危险性犯罪是一种没有结果的过失。许内曼认为,抽象的危险性犯罪本来就应当作为一种过失性未遂来确定。[③] 罗克辛在以"山顶超车案"为例判断具体危险是否出现时,说到"行为人虽然是以最大的过失在进行行为,但是缺乏一种具体的危险"。[④] 这里所讲的"没有结果的过失""最大的过失"无疑都指的是高阶主观罪过角度的过失,而非低阶主观罪过角度的过失。"过失性未遂"亦是如此,既遂犯(结果犯)的主观罪过是高阶主观罪过的过失,未遂犯(抽象危险犯)的主观罪过当然也应是高阶主观罪过的过失,原因在于"不能以行为人的犯罪意思为标准来区别未遂犯和既遂犯,因为无论行为是停止于未遂阶段还是到达既遂阶段,犯罪意思并无特别的不同"[⑤]。

日本在认定与危险驾驶有关的犯罪的主观罪过时,行政犯以"心理事实(行为本位)"为评价标准,刑事犯中的危险驾驶致死伤罪虽然以结果加重犯之名使其主观罪过与基本犯——行政犯的故意罪过保持一致,将行政犯层面的故意升格为了刑事犯层面的故意,但是故意的内容仍然只及于行为,并无实质性的变化,而且,该罪完全建立在基本犯没有结果的基础之上,可以说徒有结果加重犯之名,而无结果加重犯之实,因而在日本本国也饱受诟病。[⑥] 不过,可以肯定的是,该罪结果加重犯的立法构造表明行为人对死伤结果的主观罪过只能是过失,该罪的构成要件中虽未直接言明违反刑法上的注意义务,但实则已经隐含其中,[⑦]需要在解释时进行补充。这在某种程度上说

① 这种吸收关系大概可以说明低阶主观罪过层面的故意与高阶主观罪过层面的过失之间的位阶关系。

② 参见[德]汉斯·海因里希·耶赛克、[德]托马斯·魏根特:《德国刑法教科书(总论)》,徐久生译,中国法制出版社 2001 年版,第 699 页。

③ 参见[德]克劳斯·罗克辛:《德国刑法学总论:犯罪原理的基础构造》(第 1 卷),王世洲译,法律出版社 2005 年版,第 278 - 279 页。

④ 参见[德]克劳斯·罗克辛:《德国刑法学总论:犯罪原理的基础构造》(第 1 卷),王世洲译,法律出版社 2005 年版,第 276 页。

⑤ [日]大塚仁:《刑法概说(总论)》,冯军译,中国人民大学出版社 2003 年版,第 214 页。

⑥ 参见周舟:《中日道路交通犯罪比较研究》,华东政法大学 2015 年博士学位论文,第 296 - 302 页。

⑦ 日本的驾驶过失致死伤罪以"懈怠驾驶机动车方面的必要注意义务"为构成要件,危险驾驶致死伤罪没有规定这种构成要件。参见周舟:《中日道路交通犯罪比较研究》,华东政法大学 2015 年博士学位论文,第 270 - 323 页。

明日本刑法在评价刑事犯的主观罪过时,在变相地以“违反刑法上注意义务的规范评价”为评价标准,并以此为基础阻断行政犯的故意及于结果加重犯的结果。需要指出的是,日本现行刑法中的危险驾驶致死伤罪是2001年11月修改刑法时新增加的犯罪。在此之前,对于驾驶机动车发生事故致人死伤的行为,一般按照业务上过失致死伤罪定罪处罚。① 如果这样进行评价,那么其酒后驾驶罪、酩酊驾驶罪、超速驾驶罪等行政犯的主观罪过与过失致死伤罪这一刑事犯的主观罪过之间一样会形成低阶主观罪过与高阶主观罪过的关系,在出现结果犯时,高阶主观罪过吸收低阶主观罪过。而在增设危险驾驶致死伤罪之后,低阶主观罪过不是被高阶主观罪过所吸收,而是与高阶主观罪过并存,从而形成一种不伦不类、将低阶主观罪过的故意和高阶主观罪过的过失结合在一罪中的结果加重犯。②

总体来说,无论在德国还是日本,抽象危险犯或者行政犯层面的危险驾驶行为的主观罪过均以“心理事实(行为本位)”为评价标准,并不进行违反刑法上注意义务的规范评价,③只有在结果犯或者刑事犯层面才考虑这一点。

(二)取德国、日本的犯罪故意说

国内有学者参照《德国刑法典》的规定,将此罪的主观罪过解释为犯罪故意。论者提出,《德国刑法典》第316条第1款是故意的抽象危险犯,第2款是过失的抽象危险犯,过失的抽象危险犯的设立以故意的抽象危险犯为前提,如果将此罪解释为过失的抽象危险犯,可能会使故意的抽象危险犯丧失处罚根据,还可能会扩张刑罚惩罚的范围。④ 论者认为,危险故意是指明知或者预见自己的行为有足以使某种法益产生危害结果的危险,并且期望或者放任这种危险发生的犯罪心理。⑤ 具体危险犯的危险故意与抽象危险犯的危险故意都是危险故意,不过,二者还是存在一定的区别:具体危险犯的故意要求具有对具体危险的认知,而抽象危险犯的故意则只要具有对其行为性质的认知即可成立故意。在醉驾构成的危险驾驶罪中,只要行为人对于醉驾行为本身具有故意,就应当构成故意犯罪,而不能根据其对于危险结果具有过失而认定为过失犯罪。⑥ 在论者看来,具体危险是一种结果性危险,只不过其结果不是实害,而是危险状

① 参见赖正直、朱章程:《日本刑法中的危险驾驶致死伤罪述评》,载《中国刑事法杂志》2012年第5期。

② 参见周舟:《中日道路交通犯罪比较研究》,华东政法大学2015年博士学位论文,第30、300页。日本有学者直言:“不应将危险驾驶致死伤罪理解为结果加重犯,而应将本罪理解为故意行为与过失结果结合而成的特殊犯罪形式。”

③ 这可能是因为日本的类似犯罪规定在道路交通安全中,不能说是违反了刑法上的注意义务。德国的类似犯罪虽然规定在刑法中,但是如果进行违反刑法上注意义务的规范评价,会无法区分低阶罪过层面的故意与过失,从而影响刑法规定的精细化。

④ 参见陈兴良:《过失犯的危险犯:以中德立法比较为视角》,载《政治与法律》2014年第5期。

⑤ 参见陈兴良:《刑法哲学》,中国政法大学出版社2004年版,第185页。

⑥ 参见陈兴良:《风险刑法理论的法教义学批判》,载《中外法学》2014年第1期。

态。抽象危险则是一种行为性危险。① 因此,抽象危险犯的危险故意其实就是行为的故意而非危险的故意。但是,根据我国《刑法》规定,单纯对行为的故意,并不是刑法意义上的故意。②

国内另一学者参照日本的立法,主张此罪的主观罪过为犯罪故意。论者指出:"危险驾驶罪是故意犯罪,行为人要认识到自己在道路上醉酒驾驶机动车,认识到自己的行为会发生公共安全的抽象危险,并且希望或者放任这种危险的发生。"③如果将危险驾驶罪解释为过失的抽象危险犯,那么,对故意造成抽象危险的危险驾驶行为就没有可以适用的法条。④ 论者认为,抽象危险是独立于行为要素而存在的结果,⑤以此为前提才有行为人针对抽象危险的犯罪故意。可是,这一前提值得质疑,因为"抽象的危险性犯罪,是指一种典型的危险的举止行为被作为犯罪而处于刑罚之下,不需要在具体案件中出现一种危险的结果"⑥。抽象危险犯的可罚性,与实际上是否出现危险状态无关。⑦ 事实上,抽象危险不具有结果的规定性。⑧ 既然如此,针对抽象危险的犯罪故意岂不成了空中楼阁?

参照德国、日本立法中的罪名解释我国《刑法》中的罪名,这种倾向值得警惕。因为我国与德国、日本的立法与定罪模式不同,我国《刑法》中并不存在德国那种双重主观罪过标准,不认可双阶主观罪过,也不认可日本危险驾驶致死伤罪之类构造的结果加重犯。就此罪的主观罪过而言,如果像德国的抽象危险犯、日本的行政犯那样以"心理事实(行为本位)"为评价标准的话,至少会带来以下三个方面的问题:

第一,会将原本为违法的故意或过失升格为犯罪的故意或过失。如此一来,此罪之外的其他行政违法行为岂非都有罪过?进言之,如果可以这样升格,那么在我国法律体系中,违法的故意或过失与犯罪的故意或过失又将如何区分?

前述参照日本立法解释此罪主观罪过的学者提出,危险驾驶罪的增加,使交通肇事罪形成两种类型:(1)作为单纯过失犯的交通肇事罪,如未取得驾驶资格而驾驶机动车,过失致人伤亡。这种行为的故意是日常生活中的"故意",但不成立刑法上的故意。

① 参见陈兴良:《过失犯的危险犯:以中德立法比较为视角》,载《政治与法律》2014年第5期。

② 参见张明楷:《危险驾驶罪的基本问题——与冯军教授商榷》,载《政法论坛》2012年第6期。

③ 参见张明楷:《危险驾驶罪的基本问题——与冯军教授商榷》,载《政法论坛》2012年第6期。

④ 参见张明楷:《危险驾驶罪的基本问题——与冯军教授商榷》,载《政法论坛》2012年第6期。

⑤ 参见张明楷:《危险驾驶罪的基本问题——与冯军教授商榷》,载《政法论坛》2012年第6期。论者后来对于抽象危险的认识有些摇摆不定,其一方面认为行为本身的危险不是结果,另一方面认为抽象危险也是一种构成要件结果,主要表现为行为侵害了法益安全存在的条件或者法益主体自由支配所必要的条件。参见张明楷:《刑法学》(上)(第5版),法律出版社2016年版,第166-168页。

⑥ [德]克劳斯·罗克辛:《德国刑法学总论:犯罪原理的基础构造》(第1卷),王世洲译,法律出版社2005年版,第278页。

⑦ 参见林东茂:《危险犯与经济刑法》,台北,五南图书出版公司1996年版,第28页。转引自李琳:《"风险刑法"的反思与批判》,东南大学2016年博士学位论文,第92页。

⑧ 参见王志祥:《危险犯研究》,中国人民公安大学出版社2004年版,第51页。

(2)作为危险驾驶罪结果加重犯的交通肇事罪,如危险驾驶行为过失造成他人伤亡等,此时,行为人对基本犯(危险驾驶罪)是犯罪故意,对加重结果为过失,从而成立结果加重犯。[①] 在这里,同样是违反刑法上注意义务的未取得驾驶资格而驾驶机动车的行为与危险驾驶行为,为何一个是出于日常生活中的"故意"(连违法的故意都不是),另一个却是出于犯罪的故意?论者一方面强调违反交通运输管理法规的故意不等于刑法上的故意,需要慎重对待"双重罪过"(对行为持故意、对结果持过失),[②]另一方面却将违反交通运输管理法规的危险驾驶的故意归入犯罪故意的范畴,令人难以理解。

第二,将此罪的主观罪过解释为仅限于犯罪故意或者包括犯罪故意,将不可避免地引发我国法律体系的系统性风险。[③]

第三,会使人产生违法的故意一定比违法的过失更应受到谴责的错觉。参照德国、日本的立法将此罪的主观罪过解释为犯罪故意,如果行为人出于犯罪过失则不予处罚,这种做法虽然可以限缩我国《刑法》的处罚范围,但是存在将传统刑事犯的处罚原则("刑事犯以处罚故意行为为原则,处罚过失行为为例外")用来处理违法的故意、过失之嫌,让人产生违法的故意一定比违法的过失更应受到谴责的错觉。然而,恰恰相反,在行政违法层面,出于违法过失的行为往往比出于违法故意的行为危险性更大,可能造成的后果更严重,因而更应受到谴责。[④] 故此,对于行政违法行为,我国不区分行为的故意与过失,故意与过失同等处罚。[⑤]

事实证明,脱离我国的法律语境,参照外国的立法解释我国《刑法》中的罪名,注

---

① 参见张明楷:《危险驾驶罪的基本问题——与冯军教授商榷》,载《政法论坛》2012年第6期。

② 参见张明楷:《刑法学》(第3版),法律出版社2007年版,第222页。

③ 有些学者对这些系统性风险进行了详细论证。其中,有的学者认为这些系统性风险主要表现在:罪刑关系的失衡、刑法规范适用妥当性的丧失、引发不良后果、增设此罪缺乏必要性(参见冯军:《论〈刑法〉第133条之1的规范目的及其适用》,载《中国法学》2011年第5期);还有的学者认为这些系统性风险主要表现在:有违刑法的谦抑精神、不利于相关法律的适用并导致一系列不良后果的产生、不利于刑法体系的协调、不利于法定刑设置的协调(参见刘宪权、周舟:《危险驾驶罪主观方面的刑法分析》,载《东方法学》2013年第1期)。在这些系统性风险中,除了增设此罪缺乏必要性的论证不够充分之外,其余表现都比较切合我国实际,我们不能不予以认真对待。

④ 比如,对于醉驾行为人而言,没有认识到醉驾(过失)往往比认识到醉驾(故意)的危险性更大,可能造成的后果更严重,因而更应受到谴责。闯红灯亦是如此。

⑤ 参见施锐利:《行政违法与行政犯罪界分研究》,山东大学2016年博士学位论文,第125页。各国现行法制一般对刑事犯以处罚故意行为为原则,处罚过失行为为例外,而对行政犯则无论故意或过失行为,均予处罚,有的甚至不考虑其主观罪过形式,而采取绝对责任或严格责任制进行处罚(参见黄明儒:《行政犯比较研究——以行政犯的立法与性质为视点》,武汉大学2002年博士学位论文,第148页)。前述日本类似此罪的行政犯只处罚故意行为算是一个例外。我国没有轻罪、重罪或者行政犯、刑事犯之分,虽然有学者提出我国《治安管理处罚法》《道路交通安全法》等行政法所规定的行政违法行为大致相当于日本行政法规定的许多犯罪(行政犯)以及许多西方国家刑法中的所谓轻罪、违警罪(参见刘明祥:《有必要增设危险驾驶致人死伤罪》,载《法学》2009年第9期)。同时也有学者提出过在我国建立轻罪(参见张明楷:《刑事立法的发展方向》,载《中国法学》2006年第4期;张明楷:《日本刑法的发展及其启示》,载《当代法学》2006年第1期)或者行政犯(参见陈兴良:《犯罪范围的合理定义》,载《法学研究》2008年第3期)体系的构想,可是,所谓的轻罪或者行政犯也仅仅停留在构想阶段而已。

定"此路不通"。诚如有的学者所言:"只有将刑法作为一个整体,才能理解各个条文的含义;但对各个条文的理解,又依赖于对刑法这一整体的理解。"①

## 三、犯罪过失说的证成

### (一)规范评价——违反刑法上的注意义务

笔者认为,此罪的主观罪过应当规范评价为犯罪过失。进行这种规范评价,我们不能不关注注意义务,因为注意义务具有规范性,它是过失心理存在的基础。如果离开注意义务,就难以说明行为人的过失。② 意大利学者指出,"就实质内容而言,过失是一种与故意截然不同的罪过形式:故意的内容由有关犯罪行为的'真实的'心理因素组成,而过失则基本上是一种法律的评价,即对主体是否遵守与其行为相关的注意义务的判断。在过去,人们曾多次试图寻找过失存在的心理学根据,但最终都一无所获。人们发现,无论主体的何种过失心理,总是不可避免地同一定的注意、谨慎或自我估价联系在一起的"③。简言之,过失犯中的归责标准就是看行为人是否违反了注意义务。④

受苏联刑法理论的重大影响,我国刑法理论通说认为犯罪的主观方面是行为人对其实施的社会危害行为和社会危害结果的心理关系。由此可见,通说对罪过的阐释采用的是心理责任论。⑤ 间或有学者强调过失犯罪违反注意义务规范评价的一面,但是,围绕注意义务展开的过失犯研究,往往仍跟认识因素与意志因素联系在一起。⑥ 不过,我国也有学者指出,违反注意义务与过失行为的心理事实并不在同一个评价层面上。⑦ 违反注意义务作为过失的核心因素,处于综合评价的地位,不能替代对过失意识、意志因素自身特点的认识。⑧ 这种观点富有启发意义,至少提醒我们,在我国的法律语境下,不能以过失行为的心理事实替代违反注意义务的规范事实,于过失犯罪而言,不能纯粹以心理事实作为罪过评价的标准,而要同时考虑是否违反了刑法上的注意义务,否则,就可能将违法的故意或过失评价为犯罪的故意或过失。就此罪而言,"心理事实(行为本位)"层面的危险驾驶的故意或过失就是违法的故意或过失,但是,违法的故意或过失与刑法上注意义务的违反根本不在一个层面上,所以,我们若要将此罪

---

① 张明楷:《注重体系解释　实现刑法正义》,载《法律适用》2005 年第 2 期。

② 参见陈兴良:《过失责任论》,载《法学评论》2000 年第 2 期。

③ [意]杜里奥·帕多瓦尼:《意大利刑法学原理》(注评版),陈忠林译评,法律出版社 2004 年版,第 194-195 页。

④ 参见徐凯:《抽象危险犯正当性问题研究:以德国法为视角》,中国政法大学出版社 2014 年版,第 73 页。

⑤ 参见龙长海:《期待可能性理论之否定》,载《北方法学》2010 年第 2 期。

⑥ 参见劳东燕:《过失犯中预见可能性理论的反思与重构》,载《中外法学》2018 年第 2 期。

⑦ 参见林亚刚:《刑法学教义(总论)》,北京大学出版社 2014 年版,第 239 页。

⑧ 参见林亚刚:《犯罪过失研究》,武汉大学出版社 2000 年版,第 75 页。

的主观罪过评价为过失,就要判断危险驾驶行为是否违反了刑法上的注意义务。

如前所述,在此罪设立之前,此罪所涉及的行为都是行政违法行为,其违反的是行政法上的注意义务。一般情况下,该种行为虽然违反了行政法上的注意义务,但违反程度较轻微,也未造成严重后果,对此过失行为用行政法本身的强制手段即可予以调整、解决,因此,不能认为违反了刑法上的注意义务。① 但是,当《刑法》直接将未造成严重后果的违反行政法上注意义务的行为规定为犯罪时,则此种行为不仅违反了行政上的注意义务,同时也违反了刑法上的注意义务。易言之,此时《刑法》已经直接将行政法上的注意义务升格为了刑法上的注意义务,或者说此时行政法上的注意义务具有了刑法品质。② 由是观之,在此罪设立之后,《刑法》也就将相应的行政法上的注意义务升格为了刑法上的注意义务,这是刑法上注意义务的提前,由于此罪的行为违反了刑法上的注意义务,属于应当注意而不注意,因此此罪在主观罪过上应当规范评价为犯罪过失。在此罪中,无论行为是出于违法的故意还是违法的过失,都是对刑法上注意义务的违反,在主观罪过上都应当是犯罪过失。③

(二)对几点质疑的回应

将此罪的主观罪过解释为犯罪过失,至少需要回应以下五点质疑:

质疑之一:明知故犯不是犯罪故意是什么?

有学者指出,在《刑法修正案(八)》规定此罪之后,立法者很快修改了《道路交通安全法》,取消了行政法上关于醉酒驾驶的行政处罚规定,从而避免了行政违法和刑事违法的责任交叉。④ 有人可能会根据这一前提得出结论:既然如此,醉驾的故意或过失就应该是犯罪的故意或过失而不再是行政违法的故意或过失了。但是,这种修改并未改变包含在此罪中作为酒驾表现形式之一的醉驾违反行政法上注意义务的事实,亦未改变此罪刑法上注意义务的来源。事实上,此罪中刑法上的注意义务很容易在我国《道路交通安全法》中找到对应的行政法上的注意义务。⑤ 行为人酒后驾驶未至醉驾时,只是违反了行政法上的注意义务,醉驾则既违反了行政法上的注意义务,又违反

---

① 参见周光权:《注意义务研究》,中国政法大学出版社1998年版,第57页。

② 关于刑法品质的注意义务,请参见林钰雄:《新刑法总则》,中国人民大学出版社2009年版,第382页。

③ 此前也有学者提出将此罪的主观罪过规范评价为犯罪过失,可惜都没有提及行为人对刑法上注意义务的违反,故而未能从根本上解决问题。参见梁根林:《醉驾入刑后的定罪困扰与省思》,载《法学》2013年第3期;丛日禹:《醉酒驾驶犯罪研究》,法律出版社2015年版,第145-148页。

④ 参见周光权:《积极刑法立法观在中国的确立》,载《法学研究》2016年第4期。

⑤ 这些注意义务具体分布在《道路交通安全法》的下列法条中,第22条规定:"机动车驾驶人应当遵守道路交通安全法律、法规的规定,按照操作规范安全驾驶、文明驾驶。饮酒、服用国家管制的精神药品或者麻醉药品,或者患有妨碍安全驾驶机动车的疾病,或者过度疲劳影响安全驾驶的,不得驾驶机动车。任何人不得强迫、指使、纵容驾驶人违反道路交通安全法律、法规和机动车安全驾驶要求驾驶机动车。"第48条规定:"机动车载物应当符合核定的载质量,严禁超载……机动车载运爆炸物品、易燃易爆化学物品以及剧毒、放射性等危险物品,应当经公安机关批准后,按指定的时间、路线、速度行驶,悬挂警示标志并采取必要的安全措施。"第49条规定:"机动车载人不得超过核定的人数,客运机动车不得违反规定载货。"

了刑法上的注意义务。据此,完全可以将行为人违反行政法上注意义务的一面评价为行政违法的故意或过失,将违反刑法上注意义务的一面评价为犯罪过失。

质疑之二:缺乏文理?

有学者通过运用自己对我国《刑法》第15条第2款的理解,对此罪犯罪过失的主观罪过表示反对。在论者看来,对于《刑法》第15条第2款的"法律有规定",至少理解为"法律有文理的规定"。"法律有规定"既包括明文规定,还包括隐含规定。但即使是隐含规定,也必须存在文理的根据。质言之,只有当法条中有"严重不负责任""造成……事故"等表明过失的用语时,才能认为"法律有规定"。但是,《刑法》第133条之一的规定中,没有任何能够表明过失的用语。[①] 这种观点失之偏颇,首先,虽然我国《刑法》第15条第2款对过失犯罪的"法律明定"原则做了规定,但是,这一原则在《刑法》分则中并未被彻底贯彻,大量的过失犯罪都没有明示。[②] 其次,论者完全没有将此罪中所存在的行为人违反刑法上的注意义务考虑在犯罪过失的"文理"之中,[③]同时也没有意识到此罪中所隐藏的刑法上的注意义务需要在解释时加以补充。[④] 在此罪中,行为人违反刑法上的注意义务是将此罪的主观罪过解释为犯罪过失的主要"文理"所在。

此外,众所周知,我国《刑法》设立此罪是一种对法益的前置化保护措施。[⑤] 在有的学者看来,《刑法修正案(八)》增设的危险驾驶罪相对于交通肇事罪,只是前置了刑罚处罚范围,在交通肇事罪所要求的实害结果发生之前即动用刑法干预危险驾驶行为。[⑥] 而在我国的《刑法》语境中,只有过失犯罪才需要增加提前处罚的规定,故意犯罪不需要增加提前处罚的规定,因为我国《刑法》原则上处罚故意犯罪的预备犯,既然如此,将此罪的主观罪过解释为犯罪过失就显得更为合理。这亦是将此罪的主观罪过解释为犯罪过失的文理之一。[⑦]

---

① 参见张明楷:《危险驾驶罪的基本问题——与冯军教授商榷》,载《政法论坛》2012年第6期。

② 参见周光权:《过失犯罪法定刑配置研究》,载《四川大学学报(哲学社会科学版)》1999年第6期。

③ 论者其实也曾强调"过失犯罪的本质是违反注意义务"(参见张明楷:《罪过形式的确定——刑法第15条第2款"法律有规定"的含义》,载《法学研究》2006年第3期),但在对此罪的主观罪过进行解释时,却只字不提"行为人违反刑法上的注意义务"的事实。

④ "乃学者间有认为过失犯之构成要件为开放构成要件,或以补充为必要之构成要件。故注意义务之内容,仍应由裁判官就各个情形加以补充。"参见陈朴生:《刑法专题研究》,台北,三民书局1988年版,第318页。

⑤ 参见潘庸鲁、朱婷婷:《对危险驾驶罪理解与适用之初探》,载《东方法学》2011年第4期。

⑥ 参见梁根林:《〈刑法〉第133条之一第2款的法教义学分析——兼与张明楷教授、冯军教授商榷》,载《法学》2015年第3期。

⑦ 前述参照德国立法解释此罪主观罪过的陈兴良教授自己也说,危险驾驶罪将未发生肇事结果的醉驾行为规定为犯罪,是对交通肇事罪的处罚前移(参见陈兴良:《风险刑法理论的法教义学批判》,载《中外法学》2014年第1期)。遗憾的是,他后来却将此罪的主观罪过往犯罪故意方向解释。

质疑之三:过失犯罪是结果犯?

有学者提出,如果将此罪的主观罪过形式理解为犯罪过失,则意味着没有出现危害结果的过失行为时也可以成立犯罪,这就会违背“危害结果”是过失犯罪构成要素这一理论共识。[①] 这一质疑不无道理,根据我国《刑法》第15条的规定,我国《刑法》中的过失犯罪是结果犯,不过,既然我国《刑法》第133条之一危险驾驶罪规定为单纯的过失犯罪行为——危险驾驶行为也可以构成过失犯罪,那么我们就只能将《刑法》第15条理解为一般化规则,而将《刑法》第133条之一理解为一般化规则的例外了。在此罪设立之前,我国一般要等到危险驾驶行为发生严重后果时才将行政法上的注意义务升格为刑法上的注意义务,进而将行为的主观罪过评价为犯罪过失,并以此为基础将行为评价为过失犯罪行为,构成交通肇事罪,这种情况符合我国《刑法》第15条的一般化规则。在此罪设立之后,不需要等待严重后果发生,只要实行了存在造成严重后果危险的行为,就将行政法上的注意义务升格为刑法上的注意义务,进而将行为的主观罪过评价为犯罪过失,并以此为基础将行为评价为过失犯罪行为,构成危险驾驶罪,很显然,这种情况是《刑法》通过第133条之一为《刑法》第15条的一般化规则所设定的例外规则,这在法理上不存在任何问题。

质疑之四:缺乏对应的故意犯罪?

有学者认为,“按照责任主义原理以及刑法的基本原则,将某种犯罪确定为过失犯罪时,以存在对应的故意犯罪为前提。换言之,如果将某种犯罪确定为过失犯罪,并无对应的故意犯罪,那么,这种确定结论就不具有妥当性”[②]。一些学者以此为由否认此罪的主观罪过为过失,因为如果将此罪认定为过失犯罪,则并没有故意犯罪与之相对应。[③]

如前所述,就类似此罪及其进一步发展的犯罪而言,德国在解释抽象危险犯的主观罪过时,采“心理事实(行为本位)”标准,在此基础上区分低阶主观罪过的故意、过失,且故意、过失同罚;在解释结果犯的主观罪过时,采“违反刑法上注意义务的规范评价”标准,兼采“心理事实(结果本位)”标准,此时只有高阶主观罪过的过失,没有高阶主观罪过的故意。日本在解释行政犯的主观罪过时,一样采“心理事实(行为本位)”标准,在此基础上区分低阶主观罪过的故意、过失,但只处罚故意,不处罚过失;在解释作为刑事犯的结果加重犯结果的主观罪过时,变相采“违反刑法上注意义务的规范评价”标准,此时亦只有高阶主观罪过的过失(低阶主观罪过的故意与高阶主观

---

① 参见陆诗忠:《再论“醉酒型”危险驾驶罪的主观罪过》,载《法治研究》2018年第1期。

② 张明楷:《罪过形式的确定——刑法第15条第2款“法律有规定”的含义》,载《法学研究》2006年第3期。

③ 参见周宜俊:《危险驾驶罪的性质及认定》,载刘宪权主编:《刑法学研究》第8卷,上海人民出版社2011年版;张明楷:《危险驾驶罪的基本问题——与冯军教授商榷》,载《政法论坛》2012年第6期。

罪过的过失并存),而没有高阶主观罪过的故意。可见,无论德国还是日本,类似此罪的犯罪都存在一个故意与过失的对应关系。然而,这种对应关系在我国并不存在,因为德国抽象危险犯层面的故意、过失以及日本行政犯层面的故意、过失相当于我国违法层面的故意、过失,而我国违法层面的故意、过失,是一个同罚、无须区分的违法心理层面的对应关系,不是罪过层面的对应关系。[①] 在我国的法律语境下,在解释此罪的主观罪过时,一开始就应引入违反刑法上注意义务的规范评价,一旦引入这种规范评价,此罪的主观罪过同样只有犯罪过失,没有犯罪故意。

可见,对于此罪的主观罪过,我们需要重点关注行为人是否违反了刑法上的注意义务,而非去区分那个无须区分也难以区分的“心理事实(行为本位)”层面的违法的故意或过失。[②]

质疑之五:无法处罚此罪的教唆犯与帮助犯?

有学者认为,只有将此罪确定为故意犯罪,才能处罚本罪的教唆犯与帮助犯。[③] 但是,如果将此罪确定为故意犯罪,下面的难题就无法解决:教唆他人危险驾驶,被教唆者构成危险驾驶罪时,两者可以成立共同犯罪;被教唆者在危险驾驶罪的基础上进一步产生了符合交通肇事罪构成要件的结果,构成交通肇事罪时却不能成立共同犯罪(因为交通肇事罪是过失犯罪)。[④] 结果是轻罪成立共同犯罪,重罪反而不成立共同犯罪!而将此罪认定为过失犯罪,根据我国《刑法》第 25 条第 2 款“二人以上共同过失犯罪,不以共同犯罪论处;应当负刑事责任的,按照他们所犯的罪分别处罚”的规定,完全可以解决对此罪存在共同过失的行为人(包括教唆、帮助危险驾驶的行为人)的刑事责任问题。诚然,由于此罪本身属于轻微犯罪,基于刑法谦抑原则,对于教唆、帮助危险驾驶的行为人,也可以我国《刑法》第 13 条为依据,以“情节显著轻微危害不大”为理由,不作为犯罪处理。

## 四、危险驾驶罪与交通肇事罪之间主观罪过的衔接

### (一)重新认识具体危险与抽象危险带来的帮助

有学者提出,如果将危险驾驶罪解释为过失抽象危险犯,那么,在醉酒驾驶“致人

---

① 在行政法层面,我国《道路交通安全法》对此罪所涉及危险驾驶行为的处罚并不区分故意与过失。具体请参见我国《道路交通安全法》第 91 条、第 92 条的规定。有的国家对轻罪也完全持一种“客观不法”的态度(视为一种“客观的违法行为”而无须区分故意或过失)。参见冯亚东:《增设“危险驾驶罪”不可行》,载陈泽宪主编:《刑事法前沿》第 6 卷,中国人民公安大学出版社 2012 年版。例如,《意大利刑法典》第 42 条第 4 款规定:“在违警罪中,每个人对自己有意识和意志的作为或者不作为负责,无论这种行为是故意的还是过失的。”《意大利刑法典:附意大利监狱法》,黄风译,中国政法大学出版社 1998 年版,第 19 页。

② 事实上,心理事实层面违法的故意或过失也难以区分。在日本,故意的认定始终是危险驾驶致死伤罪的疑难问题。参见赖正直、朱章程:《日本刑法中的危险驾驶致死伤罪述评》,载《中国刑事法杂志》2012 年第 5 期。

③ 参见张明楷:《危险驾驶罪的基本问题——与冯军教授商榷》,载《政法论坛》2012 年第 6 期。

④ 参见贾银生、何显兵:《危险驾驶罪的教唆犯研究》,载《西南石油大学学报(社会科学版)》2015 年第 6 期。

重伤、死亡或者使公私财产遭受重大损失”时,就完全可能由危险驾驶罪这一较轻的过失犯罪转化为交通肇事罪这一较重的过失犯罪,如此理解就不会存在由故意犯罪不合理地转变为过失犯罪的理论难题。① 论者发现了这一理论难题,遗憾的是未能很好地解决之。论者一方面肯定醉酒驾驶行为的故意,肯定此罪为抽象危险犯,认为只要行为人实施了《刑法》分则条文规定的行为,就大体上相应地产生了抽象危险,因而在认定犯罪时,一般只需要判断行为人是否实施了《刑法》分则条文规定的行为,而无须具体判断行为人的行为是否产生了抽象危险。② 另一方面又否定行为人对抽象危险的故意。对此,有学者指出,这种以“过失危险犯”的观念认为行为人对违章实施危险驾驶行为是故意的,对行为引起的抽象危险则持过失心理,从而认定危险驾驶罪属于过失犯罪存在逻辑问题。③ 问题的根源在于论者认为危险本身就是结果,危险犯,包括过失的抽象危险犯,也是结果犯。④ 这种对危险的认识无疑值得商榷。

不难发现,关于此罪主观罪过的诸多问题都跟人们对危险的认识不清有关,因而需要进一步加深对危险的认识。可是,“危险概念是一个危险的概念”⑤“危险的概念很难规定且非常有争议”。⑥ 或许,人们“对危险性犯罪的研究还处在刚刚开始的阶段”⑦。尽管如此,人们还是不断努力地认识危险,迄今为止,人们已经习惯将危险划分为具体危险与抽象危险,但是关于二者的区分,德国、日本刑法理论上存在不同学说,没有定论。⑧ 在我国,学者们的观点也异彩纷呈,存在诸多区分二者的不同标准。不过有一点可以肯定,人们大多将抽象危险视为完全独立于具体危险之外的一种危险类型(以下简称“独立危险类型说”),这种看法多少给人们带来了迷惑。

当然,也有学者将抽象危险解释为“具体危险的可能性(具体危险的危险)”(以下简称“具体危险的可能性说”),⑨或者说抽象危险是一种“可能的危险”。⑩ 但是,有的学者反对这种观点,指出:危险绝对不会是危险的可能性,诸如,盖然性的盖然性、可能

---

① 参见冯军:《论〈刑法〉第133条之1的规范目的及其适用》,载《中国法学》2011年第5期。

② 参见冯军:《论〈刑法〉第133条之1的规范目的及其适用》,载《中国法学》2011年第5期。

③ 参见邓定远:《危险驾驶罪比较研究及其对中国的启示》,载赵秉志主编:《刑法论丛》第24卷,法律出版社2010年版。

④ 参见冯军:《论〈刑法〉第133条之1的规范目的及其适用》,载《中国法学》2011年第5期。

⑤ [日]木村龟二:《新刑法读本》,法文社1959年版,第263页。转引自张明楷:《刑法学》(上)(第5版),法律出版社2016年版,第166页。

⑥ [德]汉斯·海因里希·耶赛克、[德]托马斯·魏根特:《德国刑法教科书(总论)》,徐久生译,中国法制出版社2001年版,第322页。

⑦ [德]克劳斯·罗克辛:《德国刑法学总论:犯罪原理的基础构造》(第1卷),王世洲译,法律出版社2005年版,第275页。

⑧ 参见张明楷:《外国刑法纲要》,清华大学出版社2007年版,第112-113页。

⑨ 参见陈子平:《论酒醉驾车罪(不能安全驾驶罪)的争议问题——以“最高法院”98台非15判决为例》,载《中外法学》2012年第4期。

⑩ 参见[澳]格雷格·泰勒:《关于德国刑法中故意的论争》,李立丰编译,载赵秉志主编:《刑法论丛》第19卷,法律出版社2009年版。

性的可能性、危险的危险，这些都是无意义的。① 另有学者认为，“危险的危险”这一概念内涵是模糊的。②

此外，有的学者认为，在某些情况下，抽象危险犯是具体危险犯与实害犯的前阶段（以下简称“前阶段说”）。③ 有的学者则对此表示否定。④

比较而言，“独立危险类型说”没有看清楚事实，“具体危险的可能性说”以及“前阶段说”比较接近实际，因为抽象危险犯的立法动机在于防止具体的危险和侵害。⑤只是持“具体危险的可能性说”的论者对具体危险的理解还不够精确。⑥

经验告诉我们，可以从不同的角度对危险进行分类。根据危险产生的时间，可以将危险分为行为的危险与结果的危险，行为的危险与行为同在，二者是一体的，比如爆炸、危险驾驶的危险等；结果的危险在行为之外，出现在行为之后，比如破坏交通工具、生产有毒有害食品的危险等。根据危险是否可控，可以将危险分为可控的危险与不可控的危险，刑法只禁止不可控的危险（比如爆炸、破坏交通工具的危险等），不可能也没有必要禁止可控的危险（比如正常驾驶、科学实验的危险等）。当然，这两种分类会产生一定的交叉，无论是行为的危险还是结果的危险，都可能是可控的危险或者不可控的危险。为了使概念显得更加明确，同时具有可操作性，我们可以将不可控的危险称为具体危险。在可控的危险与不可控的危险之间，还有一种不完全可控的危险，这种危险本身具有可控的一面，但是又存在向不可控方向发展的另一面，最终是否可控取决于行为人对危险的控制、行为时的环境、行为人的能力及身体状况等诸多变量。这种不完全可控的危险其实就是抽象危险。可见，抽象危险只是具有发生不可控危险的可能。易言之，于抽象危险而言，具体危险的出现与否具有不确定性。⑦

---

① 参见 Vgl. Siehe Arth. Kaufmann, *Unrecht und Schuld beim Delikt der Volltrunkenheit*, in: Schuld und Strafe, 2. Aufl. 1983, S. 251。转引自蔡蕙芳：《从危险理论论不能安全驾驶罪》，台湾大学 2000 年博士学位论文，第 57 页。

② 参见张军：《抽象危险犯研究》，武汉大学 2015 年博士学位论文，第 19 页。

③ 参见张丽卿：《论危险前行为的成立要件：以德国联邦最高法院判决见解为说明》，载《月旦法学杂志》2001 年第 11 期。许迺曼：《从下层阶级刑法到上层阶级刑法》，载许玉秀、陈志辉编：《不移不惑献身法与正义——许迺曼教授刑事法论文选辑》，台北，新学林出版有限公司 2006 年版，第 104 页；转引自吕英杰：《风险刑法下的法益保护》，载《吉林大学社会科学学报》2013 年第 4 期。

④ 参见郑明玮：《论刑法中危险犯的“危险”》，上海人民出版社 2017 年版，第 155 页；何俊：《危险现实化的责任形式判断》，载《江西警察学院学报》2017 年第 6 期。

⑤ 参见［德］克劳斯·罗克辛：《德国刑法学总论：法律原理的基础构建》（第 1 卷），王世洲译，法律出版社 2005 年版，第 278 页。

⑥ 论者认为，具体危险犯系指在构成要件之内容上以法益侵害之危险现实发生为必要之犯罪。参见陈子平：《论酒醉驾车罪（不能安全驾驶罪）的争议问题——以“最高法院”98 台非 15 判决为例》，载《中外法学》2012 年第 4 期。

⑦ 此前有学者从行为（广义）的角度将危险分为“行为的危险”与“作为结果的危险”，但是又认为在实践中有时难以对二者作出区分。因而在论及具体危险、抽象危险的时候，不区分是“行为的危险”还是“结果的危险”，也不考虑危险是否存在可控的一面，给人以杂乱无章的感觉。参见张明楷：《刑法学》（上）（第 5 版），法律出版社 2016 年版，第 166－168 页。

危险驾驶罪中的危险是行为的危险,不过这种行为的危险属于抽象危险(不完全可控的危险),其本身具有可控的一面,[①]所以这种行为具体危险(不可控危险)的出现与否具有很大的不确定性,这就决定了行为人对具体危险的出现与否无法明知。因为无法明知,即便最后出现了具体危险,其也不具有对具体危险的犯罪故意,而是对具体危险的犯罪过失。[②] 行为人对具体危险的犯罪过失决定了其对具体危险的现实化即实害结果的犯罪过失,这就给出了交通肇事罪为何是过失犯罪之王的理由;这种行为具体危险出现与否的不确定性决定了实害结果发生的偶然性,这正好说明了交通肇事罪作为过失犯罪的一个典型特点。[③]

可见,除了前文通过违反刑法上注意义务的规范评价,将危险驾驶罪的主观罪过评价为犯罪过失之外,上述对危险的进一步认识也为实现此罪与交通肇事罪之间主观罪过的衔接提供了帮助。

(二)过往的方向性错误

如前所述,德国、日本在解释类似此罪的犯罪之主观罪过时,并未进行违反刑法上注意义务的规范评价,但在犯罪发展到致人伤亡的结果出现时,他们会以不同的方式通过违反刑法上注意义务的规范评价阻断抽象危险犯或者行政犯的行为故意及于结果。然而,我国有的学者不仅对此罪的主观罪过不进行违反刑法上注意义务的规范评价,而且在此罪发展到致人伤亡的结果出现时,也不通过违反刑法上注意义务的规范评价阻断此罪的行为故意及于结果,进而将此罪的进一步发展解释为以危险方法危害公共安全罪。在国内,认为此罪存在向以危险方法危害公共安全罪方向发展可能的学者不在少数。[④] 按照这种观点,在德国、日本,危险驾驶致人死伤的,应该以故意杀人

---

① 众所周知,这种行为危险可控的一面表现在驾驶人脚下有制动装置——刹车。不少学者都认识到了危险驾驶行为危险可控的一面。参见马寅翔:《醉酒驾车连续冲撞致多人伤亡行为之定性研究——基于孙某铭案的判例式分析》,载《中国刑事法杂志》2010 年第 10 期;梁曹冰:《危险驾驶行为的刑法规制》,山东大学 2011 年硕士学位论文,第 27 页。

② 这也应验了过失罪过的特殊性所在:过失是对危险的认识不清,对被忘记的客体有瑕疵的心理状态。参见许玉秀:《主观与客观之间:主观理论与客观归责》,法律出版社 2008 年版,第 33 页。

③ 过失犯罪的典型特点之一表现在过失犯罪结果的发生具有一定的偶然性。参见[德]汉斯·海因里希·耶赛克、[德]托马斯·魏根特:《德国刑法教科书(总论)》,徐久生译,中国法制出版社 2001 年版,第 699 页;[德]许迺曼:《传统过失刑事责任观念在当代社会中的弊病——新的趋势与展望》,王秀梅译,载《法学家》2001 年第 3 期。

④ 参见刘明祥:《有必要增设危险驾驶致人死伤罪》,载《法学》2009 年第 9 期;戴有举:《危险驾驶罪初论——对〈中华人民共和国刑法修正案(八)(草案)〉第 22 条之解读》,载《中国刑事法杂志》2011 年第 1 期;冯军:《论〈刑法〉第 133 条之 1 的规范目的及其适用》,载《中国法学》2011 年第 5 期;王强军:《风险控制视野下的醉酒驾驶型危险驾驶罪研究》,载《甘肃政法学院学报》2011 年第 6 期;张克文:《也论危险驾驶罪的基本问题——与冯军、张明楷两位教授商榷》,载《当代法学》2014 年第 1 期;张明楷:《危险驾驶罪的基本问题——与冯军教授商榷》,载《政法论坛》2012 年第 6 期;欧阳本祺:《论危险故意》,载《法学家》2013 年第 1 期;郑明玮:《论刑法中危险犯的"危险"》,上海人民出版社 2017 年版,第 223 页;谢望原、何龙:《"醉驾型"危险驾驶罪若干问题探究》,载《法商研究》2013 年第 4 期;李凯:《交通犯罪的刑法规制》,法律出版社 2017 年版,第 180-188 页。

或故意伤害定罪才对,[①]可是,无论德国还是日本,都不是这样定罪的。如前所述,危险驾驶致人死伤的,德国以“过失杀人罪”或“过失身体伤害罪”定罪;日本则以危险驾驶致死伤罪定罪。德国、日本的这种定罪充分说明国内学者的这种观点存在方向性错误。

事实表明,以危险方法危害公共安全罪行为的具体危险是确定的,而此罪行为具体危险的出现与否是不确定的,这两种行为的性质截然不同,因此,除非行为人在危险驾驶的过程中另外又产生了以危险方法危害公共安全的犯罪故意,驾车横冲直撞,否则,此罪的进一步发展只能是交通肇事罪而非以危险方法危害公共安全罪。[②]

(三)起点自由行为

对于行为人处于无刑事责任能力状态下的醉驾,不少学者习惯用原因自由行为理论加以解释,在学术界也出现了关于这一理论的各种不同立场,其中“意思决定行为时责任说”比较有道理。[③] 不过,这种学说不好解释过失行为,而且,将行为人丧失刑事责任能力时行为的物理部分也称为结果行为与事实不符。在原因自由行为理论中,“行为与责任同时存在”原则的提出是没有看到行为的心理部分与物理部分可以分离而且经常分离的事实,[④]试问,醉酒者故意杀人的子弹打出去之后,在被害人被打中死亡时,还需要考虑醉酒者有没有刑事责任能力吗? 显然,只要其在子弹打出去时具有刑事责任能力(或限制刑事责任能力)就可以了。因此,在笔者看来,“原因自由行为”的概念应当改为“起点自由行为”,无论故意犯罪还是过失犯罪,只要在行为的起点上具有刑事责任能力(或限制刑事责任能力)就可以了,于醉酒驾驶行为而言,犯罪过失始于刑法上注意义务的违反。对于醉酒驾驶行为以丧失刑事责任能力、发生重大交通事故为终点的,因为起点自由,根据我国《刑法》第 18 条第 4 款(该款规定:“醉酒的人犯罪,应当负刑事责任。”)以及第 133 条的规定,以交通肇事罪追究其刑事责任没有任何问题。

## 五、延伸思考——醉驾与我国《刑法》第 13 条“但书”的关系

在我国《刑法》将醉驾纳入危险驾驶罪的范围之后,发现醉驾数量太多,于是围绕

---

① 德国、日本刑法都没有规定类似我国的以危险方法危害公共安全罪,对于行为人故意以危险方法危害公共安全,致人死伤的,均以故意杀人罪或故意伤害罪定罪。参见丛日禹:《醉酒驾驶犯罪研究》,法律出版社 2015 年版,第 68 页;周舟:《中日道路交通犯罪比较研究》,华东政法大学 2015 年博士学位论文,第 355 页。

② 参见陆诗忠:《论“危险驾驶罪”司法适用中的几个疑难问题》,载《甘肃政法学院学报》2018 年第 2 期。

③ 意思决定行为时责任说认为,行为开始时的最终的意思决定,贯穿至结果发生的行为整体,因此,只要在最终的意思决定时具有责任能力,即使于现实的实行行为即结果行为时丧失责任能力,也不妨认为有责任能力而追究责任。参见张明楷:《刑法学》(上)(第 5 版),法律出版社 2016 年版,第 308 – 311 页。

④ “行动,就其特性而言由两部分组成,即由心理部分和物理部分组成。”参见[美]约翰 · 塞尔:《心、脑与科学》,杨音莱译,上海译文出版社 2006 年版,第 53 页。

可否根据我国《刑法》第13条“但书”为醉驾行为提供出罪通道,学术界展开了激烈的争论,显得非常热闹。奇怪的是,绝大多数学者竟然没有认识到将醉驾作为犯罪处理本身是我国《刑法》第15条的例外(前文已述),也是第13条“但书”的例外。《刑法》第13条“但书”为我国《刑法》划定了犯罪圈的底线——行为具有社会危害性,将没有社会危害性、只具有抽象危险性的没有肇事的醉驾行为设定为犯罪,无疑是第13条“但书”的例外,甚至可以说是对第13条“但书”的违反。入罪违反《刑法》第13条“但书”的犯罪,又想通过《刑法》第13条“但书”出罪,本身就是一个悖论!

君不见:在此罪设罪之初媒体不断强调要如何严格执法,到如今却发现不少地方醉驾起诉或免予刑事处罚的标准一宽再宽!① 真可谓一边忙着入罪,另一边忙着出罪!这一切与效仿国外立法的“积极主义刑法观”的影响不无关联。② 在“积极主义刑法观”的影响下,我国《刑法》的犯罪圈在不断扩大,然而,只要在立法之时对我国《刑法》进行体系性思考,就不该如此立法,故此,“积极主义刑法观”值得认真反思!③

---

① 起初醉驾的标准全国统一为血液酒精含量达到80毫克/100毫升以上。后来,一些省份变相提高了标准。例如,在湖南,对醉驾相对不起诉的标准提高到血液酒精含量在150毫克/100毫升以下,甚至200毫克/100毫升(特殊情况),参见湖南省人民检察院《关于危险驾驶(醉驾)犯罪案件不起诉的参考标准(试行)》,载搜狐网2021年2月28日,https://www.sohu.com/a/348896035_120207020。在四川,将对醉驾可以免予刑事处罚的标准提高到血液酒精含量130毫克/100毫升以下,甚至150毫克/100毫升以下(特殊情况),参见《四川省高级人民法院〈关于常见犯罪量刑指导意见〉实施细则(二)》。

② 关于积极主义刑法观,参见周光权:《积极刑法立法观在中国的确立》,载《法学研究》2016年第4期;付立庆:《论积极主义刑法观》,载《政法论坛》2019年第1期;周光权:《论通过增设轻罪实现妥当的处罚——积极刑法立法观的再阐释》,载《比较法研究》2020年第6期;张明楷:《增设新罪的观念——对积极刑法观的支持》,载《现代法学》2020年第5期。面对每年高达30余万人因此罪被判刑的现状,有倡导“积极主义刑法观”的学者不得不提出通过立法提高此罪定罪门槛的建议。参见周光权:《建议修改“醉驾”犯罪标准,有效减少社会对立面》,载清华大学官网2021年1月5日,https://news.tsinghua.edu.cn/info/1578/85038.htm? ivk_sa=1023197a。

③ 一些本可通过加大行政执法力度就能解决的问题,不要再动用刑法进行干预,代价昂贵的刑法理当保持谦抑!

# 敲诈勒索罪与抢劫罪的界分标准

王德政[*]

【内容摘要】当行为人威胁被害人,使其产生畏惧感而向行为人处分财物,从而导致被害人发生数额较大的财产损失时,行为人的行为构成敲诈勒索罪还是抢劫罪,该问题在我国司法实践中经常出现并因其疑难性而成为刑法各论中的重大问题。对此,除了内容区分说之外,既定区分理论都存在区分功能有限和立论根据不合理的弊端。从抢劫罪的保护法益和我国《刑法》对敲诈勒索罪和抢劫罪的具体规定来看,内容区分说不仅具备彻底的区分功能和最为完善的合理性,并且充分符合我国刑法学的语境,由此值得我国理论界和实务界重视和采用。根据内容区分说,敲诈勒索罪与抢劫罪的区别体现在:如果行为人对被害人的胁迫内容是对被害人使用暴力,行为人的行为构成抢劫罪;如果胁迫内容是对被害人使用暴力以外的其他内容,行为人的行为构成敲诈勒索罪。

【关键词】抢劫罪　敲诈勒索罪　暴力　胁迫　财产处分

## 一、问题的提出

在刑法各论的版图中,财产犯罪就其多发性和疑难性而言,毫无疑问占据着最重要的地位,其中敲诈勒索罪与抢劫罪的区分尤其获得了学者的关注以及司法实践工作者的重视。虽然有学者提出:“抢劫罪与敲诈勒索罪之间,不是互相排斥的关系,而是基本法与补充法的关系,或者特别法与一般法的竞合关系。”①按其论断,既然敲诈勒索罪与抢劫罪之间仅为特别法与一般法的法条竞合关系,二者之间的关系,犹如“白马”与“马”的关系,当然不存在区分的问题。因为根据特别关系的法条竞合之处断规则,行为人的行为表面上同时构成敲诈勒索罪和抢劫罪,但因二者只是假性竞合而非真正竞合,行为人的行为实际上构成的是抢劫罪。但弊端在于:其一,判断两个罪名之间是否存在特别关系的法条竞合,必须先行论述敲诈勒索罪的构成要件要素是否完全

---

* 王德政,法学博士,中南财经政法大学刑事司法学院讲师、博士后。本文系 2021 年度司法部法治建设与法学理论研究部级科研项目“人工智能时代自动驾驶汽车涉及的刑法问题研究”(项目编号:21SFB4036)的阶段性成果之一。

① 蔡桂生:《敲诈勒索罪中“被害人处分必要说”之辨析》,载《政治与法律》2019 年第 3 期。

包括抢劫罪的构成要件要素,[①]在未充分论证之前,不能贸然认为两罪的关系属于特别关系的法条竞合,否则就规避了本应适用的法条竞合的原理。即便作出了相应的论证,这种论证是否合理还尚待推敲,并非理所当然的结论。其二,判断行为人的行为究竟构成刑法分则的何种犯罪时,不能轻易以法条竞合的适用来替代罪与罪之间的区分,否则,当抢劫罪与抢夺罪、盗窃罪与诈骗罪等存在区分时,难道一概将上述罪名之间的界限模糊化,认为这些罪名之间属于法条竞合的关系予以处理?即便如此处理,又如何适用特别法条优先于普通法条的规则?因为在上述罪名中,判断谁是特殊法条,谁是普通法条都不是容易的,随意去界定谁是特殊法条或普通法条都会让犯罪的成立与否流于随意。因此,笔者赞同通说的立场,不将敲诈勒索罪与抢劫罪之间的关系界定为法条竞合,而是互斥的关系。

在上述前提下,笔者为敲诈勒索罪与抢劫罪的区分这个论题限定一个案件前提,即行为人威胁被害人,使其产生畏惧感而向行为人处分财物,从而导致被害人发生数额较大的财产损失时,行为人的行为构成敲诈勒索罪还是抢劫罪?这种限定的意义在于:其一,可以有效避免在案件前提不明确的情况下,将判断标准的探讨不知不觉地引入背离通说的误区。比如,甲为了取得乙的财物,打了乙一拳,但根本未能让乙屈服。乙本能反抗也敢反抗但出于同情之心将财物给甲。本案中,甲对乙所实施的实行行为不是威胁而是暴力,因此,根本不属于笔者所设定的案件前提而不应纳入讨论范畴。这是因为笔者赞同将敲诈勒索罪的实行行为限定为威胁而不包括暴力(其理由下文将予论证)的通说立场,如果将该案纳入谈论,只能造成无形中背离通说的后果。其二,可以避免我国传统刑法论著在论述敲诈勒索罪与抢劫罪的区分时,教科书式、千篇一律地罗列A、B、C等各种区别,[②]而缺乏一种针对特定案件前提的直击核心、简明扼要、快速迅捷的判断效果。

上述案件前提实际上是笔者针对行为人的特定行为构成敲诈勒索罪还是抢劫罪这个问题,对常见案例进行充分梳理、归纳后得出的一个最典型的案件模型,该模型在我国法院已作出的判例中时常可见。例如,最高人民法院第147号指导案例“何某生

---

① Jürgen Gerke: Strafrecht mit den Grundzügen des Strafverfahrens, Kohlhammer, 2004, S. 147.

② 坊间俗称“红皮书”,在我国高校法学院的课堂中占举足轻重地位的刑法教科书将敲诈勒索罪与抢劫罪的区别列举为三点:一是抢劫罪必须是行为人当着被害人的面发出威胁,而敲诈勒索罪可以当面威胁,也可以不当面威胁;二是抢劫罪必须是以当场实现威胁的内容相恐吓,敲诈勒索罪则可以当场实现或日后实现威胁内容相恐吓;三是抢劫罪必须是当场夺取财物或迫使被害人交付财物,而敲诈勒索罪则可以是迫使被害人当场或者日后交付财物。参见高铭暄、马克昌主编:《刑法学》,北京大学出版社、高等教育出版社2003年版,第523页。然而,当行为人威胁被害人,如果其不立即交付财物,会马上被打一顿,被害人产生畏惧感从而向行为人交付财物,此时,判断行为人的行为构成敲诈勒索罪还是抢劫罪,根据第1点区别无法判断,因为行为人是当着被害人的面发出了威胁,根据第2点区别也无法判断,因为行为人恐吓的内容是当场实现威胁的内容,根据第3点区别也无法判断,因为行为人当场迫使被害人交付了财物。可见,这3点普遍存在于我国大多数刑法教科书中的区别,一遇到某些具体的待判案件,并无判断效果可言。

抢劫案”中,行为人的行为完全符合上述案件模型,一审法院将其行为认定为敲诈勒索罪,二审法院却认定为抢劫罪,说明该案件模型在司法实践中富于争议性和研究价值。笔者接下来将系统梳理和评析德国、日本和我国文献中各种区分理论,再立基于我国的立法语境去作出适合于我国的理论选择并做出相应的论证,最后从我国法院作出的相关刑事判决中选出具有代表性的部分判例并运用各种理论对其判决结论和说理进行评析,以此方式,为我国刑法理论和实务界提供一个特定案件前提下判断行为人的行为构成敲诈勒索罪或抢劫罪的最合理的区分理论。

## 二、既定区分理论及其评析

有必要强调的是,由于文献中敲诈勒索罪与抢劫罪的区分理论并非完全与笔者于上文中所设定的案件前提一致,可能其中一些理论基于不同的案件前提,但仍有必要一一列举并予分析,只是从技术角度而言,其他的案件前提笔者将个别讨论并将其与特定案件前提相区别。通过梳理文献可知,既定区分理论有 10 种,依次详述如下:

### (一)暴力程度说

暴力程度说是源于日本刑法学界的理论,就其影响力而言在我国理论界有发展为通说的趋势,在司法实践中也越来越受到重视,应首先纳入评析范围。由于日本刑法通说认为敲诈勒索罪的实行行为可以包含没有达到抑制他人反抗程度的暴力。① 因此,当行为人实施的实行行为是暴力时,暴力的程度成为区分敲诈勒索罪与抢劫罪的标准。② 当行为人实施的实行行为是胁迫时,区分两罪的标准同样为胁迫的暴力程度是否达到抑制他人反抗的程度。③ 我国学者中,陈兴良教授、④张明楷教授⑤、周光权教授⑥予以赞同。

暴力程度说的理论前提是,将暴力纳入敲诈勒索罪的实行行为,那么,敲诈勒索罪与抢劫罪一样,其实行行为都包括暴力和威胁。如此一来,从实行行为的内容来区分

---

① 刘明祥:《财产罪比较研究》,中国政法大学出版社 2001 年版,第 93 页。

② [日]西田典之:《日本刑法各论》,王昭武、刘明祥译,法律出版社 2013 年版,第 172 页。

③ [日]山口厚:《刑法各论》,王昭武译,中国人民大学出版社 2011 年版,第 254 页;[日]大谷实:《刑法讲义各论》,黎宏译,中国人民大学出版社 2008 年版,第 262 页;[日]大塚仁:《刑法概说(各论)》,冯军译,中国人民大学出版社 2003 年版,第 212 页。

④ 陈兴良:《敲诈勒索罪与抢劫罪之界分——兼对“两个当场”观点的质疑》,载《法学》2011 年第 2 期。

⑤ 张明楷教授提出:“抢劫罪中的暴力达到了足以压制他人反抗的程度,敲诈勒索罪的暴力则只能是没有达到足以压制他人反抗的轻微暴力。”参见张明楷:《外国刑法纲要》,清华大学出版社 2007 年版,第 610 页;张明楷:《刑法学教程》,北京大学出版社 2007 年版,第 309、310 页。这与前田雅英的观点较为类似,其提出:“作为抢劫手段限于达到足以压制对方反抗程度的强度,未达到这种程度的胁迫而使之交付时,则构成敲诈勒索罪。”参见[日]前田雅英:《日本刑法各论》,董璠舆译,台北,五南图书出版公司 2000 年版,第 197 页。

⑥ 周光权:《刑法各论》,中国人民大学出版社 2011 年版,第 113 页。

两罪,成为问题核心。对此,暴力程度说将暴力的程度作为区分两罪的标准。该说存在以下问题:

第一,可能导致其他构成要件要素在判断犯罪成立与否时被忽略。暴力的程度"抑制他人反抗"就本质而言是一种事前的判断,因为如果作为事后判断,该标准会演变为"暴力或胁迫的暴力程度是否实际上抑制了他人的反抗",这其实是从结果的角度来进行区分,显然不同于该说的表达。就事前判断而言,行为人实施的暴力或者威胁的暴力内容"是否抑制他人反抗",就与其实际上是否实现并无必然的关系。例如,甲威胁瘦弱的乙:"若不给我钱,当场杀死你。"从事前来看,一般人围绕其认识到的事实(甲扬言以刀杀人、乙较为瘦弱),根据其生活经验来判断,当然会得出乙的反抗会被抑制的结论,但恰恰本案中的乙虽然表面瘦弱但身怀绝技且胆识过人,故此毫不屈服于甲的威胁。此时,甲的威胁显然没有在事实上压制乙的反抗,但仍旧被暴力程度说判断为抢劫罪的实行行为,甚至当乙出于同情心而将财物交付给甲时,甲的行为还被该说认定为抢劫罪,从而忽视了抢劫罪的成立需要强制行为与取得财物之间具备因果关系。由此可知,暴力程度说注目于实行行为本身而未设定案件前提,隐藏的缺陷是可能忽略敲诈勒索罪或抢劫罪的其他构成要件要素,造成犯罪论体系被架空,①这也是不少既定区分理论的共通缺陷——不预设案件前提,该缺陷得在分析其他区分理论时预先被指出。

第二,将暴力纳入敲诈勒索罪的实行行为缺乏合理根据。根据暴力程度说的区分标准,作为敲诈勒索罪实行行为的暴力显然只能是不足以压制被害人反抗的暴力,即所谓轻微的暴力。但正如周光权教授指出:"行为客观上没有达到足以压制被害人反抗的程度,由于暴力、胁迫程度较轻,欠缺抢劫手段的定型性,不存在抢劫的实行行为。"②这种所谓的轻微暴力由于不满足实行行为的成立须对法益有客观危险的标准,③而不能成为抢劫罪的实行行为,仅构成抢劫罪的不能犯,又何以直接被纳入敲诈勒索罪实行行为的范围?对此,暴力程度说欠缺论证。可知,暴力程度说的本质,是将抢劫罪的不能犯纳入敲诈勒索罪的成为范围。如果无法成为A罪实行行为的行为可以毫无根据地成为B罪的实行行为。换言之,A罪的不能犯摇身一变成为B罪的实

① 这反过来说明采取鉴定式(Gutachten)案例分析方式在法学教学上的重要性,该方式是根据犯罪论体系的三个阶层依次分析得出结论,不可能忽略对某个构成要件要素的检验。蔡圣伟:《刑法案例解析方法论》,台北,元照出版有限公司2017年版,第18页。

② 周光权:《刑法各论》,中国人民大学出版社2011年版,第83页。

③ 这是实质客观说。界定实行行为的着手,有主观说、主客观混合说、客观说(形式客观说和实质客观说),虽然德国通说是主客观混合说,但笔者赞同客观未遂论,由此支持实质客观说。See Hellmuth Mayer: Strafrecht Allgemeiner Teil, W. Kohlhammer GmbH, 1967, S. 143.

行行为，那就只会造成 B 罪的实行行为被不当扩张，刑法的最后手段原则[①]会受到侵蚀，也违反了立法者设定 A 罪的原意，成为司法实务工作者随意出罪入罪的有力工具。另有学者认为："以实施轻微的不足以抑制被害人反抗的暴力行为，当场取得被害人财物的，以敲诈勒索罪论处更为合理。"[②]但这没有任何根据，完全是根据感觉而随意定罪。

第三，承上，导致暴力的概念丧失定型性。既然刑法通说将暴力解释为"足以导致可期待的对方反抗变得不可能的行为"，[③]一旦行为人实施的行为不足以压制对方的反抗，该行为又何以成为暴力？这将导致暴力的概念被扩大化以致丧失了定型性，还必然会导致一个结果：在被扩大化的暴力内部区分足以压制对方反抗的暴力和不足以压制对方反抗的暴力，造成问题越来越无谓的复杂化并创设多余的区分标准。我国法院曾运用暴力程度说来区分行为人的行为是敲诈勒索罪还是抢劫罪，但其说理似是而非："抢劫罪与敲诈勒索罪区别的核心是实施暴力行为的程度不同。抢劫罪的暴力程度足以压制被害人反抗，而敲诈勒索罪的暴力是不足以抑制他人反抗的轻微暴力，主要表现为一种精神上的强制。"[④]不足以抑制他人反抗的轻微暴力并非主要表现为精神上的强制即胁迫，二者并无必然关系，胁迫依然可能导致抑制他人的反抗，上述说理明显是将胁迫等同于不足以压制对方反抗的暴力，造成暴力的概念丧失定型性和不必要的内部区分。

通过上述论证可知，暴力程度说无法成为合理的区分理论，但该说从实行行为的内容来区分敲诈勒索罪与抢劫罪，给我国的启示在于：只要预设特定的案件前提，即预设表面符合两罪构成要件要素的案件事实，避免架空犯罪论体系的作用，就可以考虑从实行行为的具体内容来区分两罪，不过可将其内容区分合理化，不限定为暴力的程度即可。

(二)处分自由说

处分自由说是德国通说，近来被我国某些学者提倡，从而逐渐成为新锐、有力说。处分自由在支持者的论述中，语词的选择上呈现多种面貌，如赵秉志教授提出的"意

---

① Friedrich – Christian Schroeder/Heinz Zipf：Festschrift für Reinz Maurach zum 70. Geburtstag, C. F. Müller, 1972, S. 22.

② 李会彬：《抢劫罪与敲诈勒索罪的界分："两个当场"实质内涵新探》，载《江西社会科学》2016 年第 12 期。

③ Hans Welzel：Das Deutsche Strafrecht, Walter De Gruyter, 1969, S. 360.

④ 国家法官学院、中国人民大学法学院主编：《中国审判案例要览（2013 年刑事审判案例卷）》，中国人民大学出版社 2015 年版，第 214 页。

志自由”、[①]实务界人士提出的“选择余地”、[②]古承宗教授提出的“决定压力说”。[③] 有学者明确使用“处分自由”的提法,其认为:“处分自由的有无,就成为区分抢劫罪与敲诈勒索罪的本质特征。敲诈勒索罪中的处分自由,是一种不充分的、有瑕疵的自由:面对行为人的压迫,被害人仍有保卫财产的可能。应当从以下两个层面来把握处分自由的意涵:第一层含义是反抗有用,即被害人的妥协和配合是行为人获得财物的必要条件。第二层含义是应能反抗,即不妥协的代价没有超出被害人应能承受的范围。”[④]根据上述论断,处分自由包括反抗有用且能反抗,但这并不能从实质上区分敲诈勒索罪与抢劫罪,因为上述论断忽略了一个问题:即便行为人有这种意义上的处分自由,被害人又何以处分财产呢?如果被害人仍然基于畏惧而处分财产,其在被害人同意处分财产这一点上,与抢劫罪的本质区别何在呢?换言之,被害人开始不同意处分财产,随后基于畏惧而不得不同意处分财产,从“不同意→同意”的构造可看出,这跟抢劫罪情形中被害人没有处分自由并无本质区别,亦即,即使被害人认为其反抗无用或者被害人认为其反抗有用但不能反抗,其基于畏惧而处分财产的,也符合“不同意→同意”的构造。或者说,无论是被害人有无处分自由,最终其基于畏惧而处分财产的,被害人的意思形成和实现权、财产权都受到了侵害,这与抢劫罪情形中被害人的意思形成和实现权、财产权被侵害一致,既然如此,处分自由又如何成为区分敲诈勒索罪与抢劫罪的标准?被害人有处分自由毫不影响其符合与抢劫罪情形等同的“不同意→同意”构造,也不影响其等同于抢劫罪中被害人被侵害的法益,这就决定了,无论被害人是否反抗有效且能反抗,一旦他最终因行为人实施的威胁而产生畏惧继续处分财产,此时,所谓的意志自由就成为完全表面化的因素,由此无法成为区分敲诈勒索罪与抢劫罪的本质标准。此外,即便认为被害人反抗有用且能反抗,也不能说明被害人有真正的意志自由,真正的意志自由应该是被害人不受行为人所实施行为的影响而保持先前同意处分财产与否的意志,此时,不能只根据被害人反抗有用且能反抗就作出其有意志自由的

---

① 赵秉志教授认为:“对两罪界分的关键不是行为人是否当场取得财物,而是被害人交付财物的真正原因及其当时的主观意志自由。对于抢劫罪而言,被害人基于暴力等不能反抗、不敢反抗或者不知反抗,已经丧失了意志自由;而对于敲诈勒索罪的被害人来说,其可能基于暴力也可能基于其他的威胁而产生恐惧心理从而交付财物。此时,被害人只是不敢反抗,不是不能反抗,还具备相当程度的意志自由,只是存在着意志瑕疵,仍然可以决定是否交付财物。”参见赵秉志、刘春阳:《论敲诈勒索罪与抢劫罪之界分——以当场实施暴力、当场取得财物为视角》,载《人民检察》2014 年第 11 期。这里的意志自由,结合其上下文语境,应指被害人决定处分财产的自由即处分自由。

② 郭百顺法官提出:“在敲诈勒索中,胁迫所产生的威胁力量则不能达到如此严重的程度,而只可能是使被害人产生一定的恐惧,但被害人尚有选择的余地。这是两罪的最大区别。”参见郭百顺:《抢劫罪、敲诈勒索罪之辨析》,载《人民·司法案例》2018 年第 12 期。

③ 古承宗教授提出:“抢劫与敲诈勒索之强制手段的区分在于被害人面临选择冲突时的决定压力。恐吓行为的目的在于促使被害人在两种不利益之间作出选择。抢劫罪的胁迫手段则是无意让被害人在两种不利益之间作出选择。”参见古承宗:《刑法分则 财产犯罪篇》,台北,三民书局 2018 年版,第 340 页。

④ 车浩:《抢劫罪与敲诈勒索罪之界分:基于被害人的处分自由》,载《中国法学》2017 年第 6 期。

结论,必须从终局角度来看被害人是否最终由于行为人的威胁而改变其先前不同意处分财产的意思决定。一旦被害人改变了先前的决定,就丧失了处分自由。可见,真正成为问题的核心和关键的是,被害人是否基于畏惧而处分财产,而非被害人是否反抗有效且能反抗。从上述论证可知,处分自由说存在两大弊端:一是错误地界定了被害人同意处分财产与否的意志自由是否存在,二是无法成为区分敲诈勒索罪与抢劫罪的本质标准。

有学者将处分自由与财产占有转移的方式结合起来进行论述,恰恰展示了处分自由说的主要效果——将行为人排除被害人对财物的占有并取得对财物的占有这种方式排除在敲诈勒索罪的构成要件要素之外。如柏浪涛教授提出:"抢劫罪中,以暴力相胁迫达到剥夺意志自由的程度,基于此,行为人抢取到财物;敲诈勒索罪中,以暴力相胁迫未达到剥夺意志自由的程度,对方是基于有瑕疵的意志而交付财物。"[①]上述论断暗含两个逻辑:一是被害人自己排除其对财物的占有等于被害人有处分自由,二是行为人排除被害人对财物占有等于被害人没有处分自由。上述逻辑不符合客观事实。逻辑二是盗窃罪的典型方式,行为人排除被害人对财物的占有时,给人的印象是被害人为被动、消极的"待宰羔羊",其对财物占有的转移在主观上的不同意和客观上的无所作为说明了他没有处分自由,这是没有疑问的,但无法据此得出相反结论:当财产占有转移的方式不为上述方式,而呈现其他方式,包括被害人自己排除其对财物的占有时,由于被害人客观上并非无所作为,而是通过其自身的行为直接造成了财产占有的转移,就认为被害人有处分自由。这里的核心是,被害人客观上是否有所作为只是表象而非本质,前文已述,判断被害人是否有处分自由完全在于其主观上先前同意处分财产与否的意志是否因行为人所实施行为的影响而被迫改变,只要被害人产生畏惧而处分财产,其先前不同意处分财产的意志就受到了侵害,只能认定被害人没有处分自由。这与其客观行为并无直接关联,即便排除其对财物占有的是被害人本人而非其他人,也不意味着被害人先前不同意处分财产的意志未被迫改变,恰恰相反,被害人最终还是被迫同意处分财产,处分自由已被侵害,只是这种侵害并非通过行为人排除对被害人对财物占有的方式来实现,而是通过被害人自己排除其对财物占有的方式来实现,两种客观方式的区别毫不影响被害人的主观意志被侵害的事实。这再次说明,必须越过财产占有转移的方式这种表象来推断被害人处分自由的有无,必须深入被害人同意处分财产与否的意志是否被侵害这一本质,才能得出正确结论。

由此可知,与将财产占有转移的方式作为区分敲诈勒索罪与抢劫罪的区分标准,其根据并不在于被害人有无处分财产的自由意志。处分自由说带来的上述区分效果从根本上讲并非完全源于其自身,而是首先源于《德国刑法典》中两罪在客观构成要

---

① 柏浪涛:《刑法攻略 讲义卷》,中国法制出版社2018年版,第283页。

件要素上的区别,只要对德国刑法通说中敲诈勒索罪和抢劫罪的构成要件进行详细考察,便可真相大白。

由《德国刑法典》的立法特点所决定,德国刑法通说认为抢劫罪为取得所有型犯罪,[①]其客观构成要件为:行为人对人使用暴力或者以对人使用暴力胁迫他人,未经他人同意或经他人被迫同意而取得其财物。[②] 相反,敲诈勒索罪为财产获利型犯罪,[③]其构成要件为:行为人使用暴力或者以暴力威胁他人,致使其产生畏惧而进行财产处分,导致财产损失。因此,两罪的区分不可能体现在实行行为上。两罪的其他构成要件要素存在以下区别:第一,实行行为不同。表面上看,两罪在实行行为上都涵括暴力和胁迫,但敲诈勒索罪的暴力和胁迫不限于对人使用暴力,而是涵括了对物使用暴力在内的一切暴力手段,这是不同之处。第二,行为客体不同。抢劫罪的行为客体仅限于财物即可移动的物,而敲诈勒索罪的行为客体既包括财物又包括财产性利益(如债权等)。这两点区别实际上类似于法条竞合上的特别关系,[④]因为敲诈勒索罪的实行行为和行为客体在外延上完全涵括了抢劫罪的这两种构成要件要素,但两罪在结果要素上的区别值得推敲——抢劫罪的结果要素为行为人取得财物,主要包括行为人排除被害人对财物的占有并取得占有,敲诈勒索罪的结果要素为他人进行财产处分。不能将财产处分限缩性地理解为被害人自己排除其对财物的占有并由行为人取得占有(交付)这一种形式,而应理解为他人受强制而作出一切造成其财产减少的作为(Handlung)、不作为(Unterlassung)、容忍(Duldung)。换言之,财产处分包括以下形式:行为人排除他人对财物的占有并取得占有(容忍)、被害人自己排除其对财物的占有并由行为人取得占有(作为)、被害人免除对行为人的债权(不作为),那么,由于财产处分在外延上完全涵括行为人排除他人对财物的占有并取得占有这种方式。换言之,敲诈勒索罪的结果要素完全涵括抢劫罪的结果要素,根据法条竞合中特别关系的成立条件,抢劫罪成为敲诈勒索罪的特别法条。然而。德国通说恰恰采取了相反的认定方式,对敲诈勒索罪中的财产处分作出了不同于诈骗罪的限定解释,将行为人排除他人

---

① 取得所有型犯罪的保护法益皆为财物的所有权(Eigentum),行为客体皆为财物,即可移动的物。Wolfgang Mitsch:Strafrecht Besonderer Teil 2, Springer, 2015, S. 491.

② Jörg Eisele:Strafrecht – besonderer Teil Ⅱ Eigentumsdelikte und Vermögensdelikte, kohlhammer, 2017, S. 102.

③ 财产获利型犯罪的保护法益皆为整体财产(Vermögen),行为客体皆为财产利益(Vermögensinteresse),即财物和财产性利益。Harro Otto:Grundkurs Strafrecht Die einzelnen Delikete, De Gruyter, 2005, S. 274.

④ 德国刑法通说认为行为单数所形成的法条竞合属于假性竞合,包含特别、补充、吸收三种类型。Urs Kindhäuser:Strafrecht Allgemeiner Teil, Nomos, 2015, S. 731.

对财物的占有并取得占有这种方式排除在财产处分的范围之外,[①]财产处分仅剩以下两种方式:被害人自己排除其对财物的占有并由行为人取得占有、被害人免除对行为人的债权,如此一来,敲诈勒索罪与抢劫罪的结果要素在外延上未呈现出完全涵括的关系,两罪的关系就不是特别关系的法条竞合,而是互斥关系。

上述由结果要素造成的互斥关系基本上可以将敲诈勒索罪与抢劫罪区分开来,具体而言,判断行为人的行为构成敲诈勒索罪还是抢劫罪时,德国通说从两罪的构成要件要素出发,具体而言,从两罪的结果要素出发,首先看究竟是行为人排除了他人对财物的占有,还是被害人自己排除了其对财物占有,亦即通过财物占有的排除是行为人而为还是被害人自己而为,来区分两罪,如果财物占有的排除是行为人而为,同时,行为人的行为符合抢劫罪的其他构成要件要素,其行为构成抢劫罪;如果财物占有的排除是被害人自己而为,还要进一步审查,如果被害人认为其排除占有是行为人取得财物所不可或缺的必要条件,[②]行为人的行为构成敲诈勒索罪,如果被害人认为其排除占有对行为人取得财物而言无关紧要,行为人的行为构成抢劫罪。由此可知,在德国刑法通说的语境中,区分敲诈勒索罪与抢劫罪的主要标准是构成要件要素,辅助标准是被害人的特殊认识,后者才是处分自由真正的运用。然而,这种主要源于构成要件要素的区分标准却被完全归结为处分自由,造成了主次颠倒的效果。

处分自由说还暴露了两个深层次的问题:其一,被害人的处分自由是不是敲诈勒索罪和抢劫罪保护法益中的不同部分而由此可作为两罪的区分标准?根据刑法通说,抢劫罪的保护法益是被害人财产权、人身安全、意思形成和实现自由,[③]敲诈勒索罪的保护法益是被害人的财产权、意思形成和实现自由。[④] 从保护法益的比较可看出,两罪在保护法益上存在区别的是被害人的人身安全,而作为共同保护法益的财产权、处

---

① 京特·雅各布斯一针见血地指出:“这里的财产处分在于外观形式:给付 = 处分,拿走 = 盗窃。”Gunther Arzt / Ulrich Weber / Bernd Heinrich / Eric Hilgendorf:Strafrecht Besonderer Teil Lehrbuch, Verlag Ernst und Werner Gieseking, 2015, S.560. 很明显,德国通说将欺诈勒索罪中的财产处分限定为被害人给付财物的情形,包括以下两种方式:被害人自己排除其对财物的占有并由行为人取得占有、被害人免除对行为人的债权,盗窃罪的典型方式:行为人排除他人对财物的占有并取得占有被认为不是财产处分。

② 王钢:《德国判例刑法》(分则),北京大学出版社 2016 年版,第 287 页。前文已述,被害人排除自己对财物的占有对行为人取得财物而言必不可少并不意味着被害人有处分自由,但即便强行这样认为,德国的处分自由说带有强烈的主观面向也是有疑问的,因为被害人自认为排除自己对财物的占有对行为人取得财物而言必不可少完全可能是主观上的一厢情愿,客观上可能事实完全相反,被害人无论是否自己排除对财物的占有,行为人都能凭借强制而取得财物,如此一来,被害人所谓的处分自由客观上既然不存在,又有何种理由认为行为人的行为构成较为轻缓的敲诈勒索罪?被害人主观上发生认识错误,并非对行为人的处罚就应较轻的理由?

③ 周光权:《刑法各论》,中国人民大学出版社 2011 年版,第 82 页。德国刑法通说认为抢劫罪的保护法益仅限于财产权、意思形成和实现自由,而未将他人的生命、身体安全作为抢劫罪作中最重要的保护法益,这与我国通说明显不同。Hermann Blei:Strafrecht Besonderer Teil Ⅱ, C. H. Beck' sche Verlagsbuchhandlung, 1983, S. 203.

④ Urs Kindhäuser:Strafrecht Besondere Teil Ⅱ Straftaten gegen Vermögensrechte, Nomos, 2017, S.167;黄仲夫:《刑法精义》,梨斋社有限公司 2016 年版,第 709、740 页。

分自由自然无法成为两罪的区分标准。将本源上无法作为区分标准的处分自由强行作为两罪的区分标准,不仅错失焦点、阴差阳错,还会违反两罪都侵害了处分自由的事实。其二,被害人被迫同意处分财产是否等同于其始终同意处分财产,从而可否被认定为具备处分自由?被害人同意处分财产与否的意志一般有以下种类:同意、不同意、被欺骗后的同意、被威胁后的同意。无论是在敲诈勒索罪或者抢劫罪中,都可能出现不同意或被威胁后的同意两种情形。这两种情形在被害人意志自由被侵害的本质上没有区别。这是因为,虽然表面上看,被害人被威胁后同意处分财产,但这种有瑕疵的同意仅有同意之名而无同意之实——同意的本质必须体现被害人意志先后一致的自主控制性。一旦被害人意志的改变是由于他人实施行为所致,以因果流程显示如下:被害人先前同意或不同意→行为人威胁→被害人最后不同意或同意,被害人的自由意志被侵害的事实就无可否定,只能据此认定被害人没有处分自由。处分自由说正是将被威胁后的同意推定为始终同意,继而得出被害人有自由意志的结论,这是错误所在。

(三)实现时间说

实现时间说将胁迫内容的实现时间作为敲诈勒索罪与抢劫罪的区分标准,其认为:"抢劫罪的场合,胁迫必须是当场即取得财物的当时实施,相反地,敲诈勒索罪的场合,胁迫行为既可以在取得财物的当时实施,也可以是在将来的某个时间实施。"[①]该说认为敲诈勒索罪在胁迫内容的实现时间上完全涵括抢劫罪的实现时间,这导致的问题是,当行为人声称胁迫的内容会当场实现时,由于胁迫内容的实现时间——当场可同时存在于敲诈勒索罪和抢劫罪中,时间由此无法成为区分两罪的标准,同时,由于实行行为同为胁迫,实行行为也无法成为两罪的区分标准,两罪由此无法区分。此外,当行为人声称将事后实现胁迫的内容时,按照此说,行为人的行为无法构成抢劫罪,只能构成敲诈勒索罪,此时,该说才具备真正的区分效果。并且这种区分的本质在于,胁迫的内容如果事后实现,被该说的提出者认为可影响被害人的法益受到侵害的紧迫性。例如,甲威胁乙:"如果你不给我钱,我将来会打死你。"乙产生畏惧而处分财产以致遭受财产损失。此时,由于甲的威胁内容实现的时间在将来而非当场,乙的人身权被侵害的紧迫性自然没有当场被侵害那么大。从保护人身权的角度,甲的行为被认定为敲诈勒索罪。由此可见,该说的理论根据并不在于时间这种表面因素,而在于对他人人身权的保护。将他人的人身权被侵害的紧迫性大小作为区分敲诈勒索罪与抢劫罪的标准,固然是具备合理性的,也深入到了法益保护的实质,但仍应注意,该说有两个缺陷:一方面,不具备全面、彻底的区分效果。前文已述,当行为人声称胁迫的内容会当场实现时,该说无法区分两罪;另一方面,该说的立论根据只是提出者的一种推定,不一定完全符合客观事实。胁迫的内容如果事后实现,不一定确实无误地降低被

① 黎宏:《刑法学》,法律出版社2012年版,第735-736页。

害人的人身权受到侵害的紧迫性。这是因为,行为人胁迫的内容将事后实现只是其所声称,在个案中,行为人完全可能出尔反尔,当场实现威胁的内容。相反,当行为人声称将当场实现胁迫的内容时,也可能临时变卦,事后实现胁迫内容,法益侵害的紧迫性不一定比行为人声称将事后实现胁迫内容大。尽管如此,不得不承认的是,实现时间说将人身权这种法益的保护作为其立论根据,这一点深值肯定和借鉴。

(四)取财时限说

取财时限说将行为人取得财物的时限作为区分敲诈勒索罪与抢劫罪的标准,其认为:"抢劫罪的行为人是迫使被害人当场交出财物,而敲诈勒索罪的行为人既可以当场取得财物,也可以在威胁发出之后的一段时间内取得财物。"①该说的缺陷在于:第一,区分效果有限。当行为人当场取得财物时,两罪无法区分。第二,造成罪刑不均的后果。如果区分标准仅在于是否当场,那么,只要行为人当场取得财物,即便仅实施了胁迫,其行为也构成抢劫罪;只要行为人事后取得财物,即便实施了暴力,其行为也构成敲诈勒索罪,这显然会造成罪刑失衡。因为行为人实施暴力,给被害人的人身法益带来的是现实的侵害,而行为人实施胁迫给被害人的法益(包括除了人身权之外优越性更低的法益)带来的是侵害的危险,相比后者情形,明显前者情形下行为人的行为更应被认定抢劫罪,但根据该说,认定结论恰好相反。第三,违反和滥用刑法基本原理。该说认为抢劫罪的行为人只能当场取得财物,但这仅仅涉及抢劫既遂的情形,而忽略了在抢劫未遂的情形中,行为人也可以事后取得财物。而敲诈勒索罪的行为人一旦取得财物,其行为构成既遂,未取得财物,其行为则构成未遂,取得财物的时限起到的唯一作用是决定既遂的时点,并且这只是既定刑法原理的运用,与区分敲诈勒索罪与抢劫罪没有关系,否则是滥用了取得财物的时限所原本具备的作用。第四,立论根据不合理。将可否事后取得财物作为区分两罪的标准,是因为提出者认为行为人事后取得财物的危害性更重于事前取得,但这与财产法益被侵害的轻重性没有必然联系。事前或事后所展示出来的是被害人丧失对财物占有的时间区别,这种时间区别并非被害人财产权的内在要素,或者说,敲诈勒索罪和抢劫罪保护法益中的财产权都不含有时间的限制,因此,事前或事后的时点在财产法益被侵害的轻重性角度,与提出者所认为的危害性脱钩。即便提出者认为行为人当场取得财物相比事后取得,至少丧失了行为人事后可能由于各种原因无法取得财物的可能性,由此危害性更重,但这只是一种推断而非事实,即便这是在所有个案中必然发生的事实,如卢映洁教授指出,事后是否取得财物起到的作用只是既未遂的判断,②而非区分两罪的效果。

(五)两个当场说

两个当场说是我国通说,其内容为:"抢劫罪是当场使用暴力或者以当场使用暴

① 魏东主编:《刑法各论》,法律出版社2015年版,第174页。

② 卢映洁:《刑法分则新论》,台北,新学林出版股份有限公司2015年版,第757页。

力相威胁,从而当场取得财物;敲诈勒索罪则是以将要(以后)使用暴力或者以其他于被害人不利的行动相威胁,而且往往也不是当场取得财物。因此敲诈勒索罪比起抢劫罪来,危险性一般要小些。”[①]该说融合了实现时间说和取财时限说,优点在于:一方面,克服了两说在区分功能上的缺陷,可以彻底区分两罪;另一方面,将危险性的高低尤其是人身权这种法益的保护作为其立论根据,值得称道。但该说也同时继承了两说的缺陷,在此不赘述。该说遭到了陈兴良教授的反对,其认为抢劫罪的行为人可以事后取得财物。[②] 而有学者提出:“传统的‘两个当场’应当坚持,但是,‘两个当场’不是成立抢劫罪的充分条件,而是必要条件,即只有当场实施了足以压制他人反抗的暴力,或者准备当场兑现的足以压制他人反抗的暴力性胁迫,并且当场取得财物的,才能成立抢劫罪,否则,仅成立敲诈勒索罪。”[③]这在实质上维护了该说,又补充性地提示“两个当场”不是抢劫罪成立的充分条件,在逻辑上更为严谨,但“否则,仅成立敲诈勒索罪”的表述是将不符合“两个当场”的情形推定为成立敲诈勒索罪的充分条件,在逻辑上是有缺陷的,因为一旦行为人的行为不符合“两个当场”而不构成抢劫罪,也不必然意味着其构成敲诈勒索罪,除非符合敲诈勒索罪的所有构成要件要素。例如,甲对乙说:“如果一周后不给我1万元,到时打你一顿。”乙害怕而许诺到时给甲1万元。本案中,甲的行为显然不符合两个当场的要求而不构成抢劫罪,但根据上述论断,甲的行为成立敲诈勒索罪,这显然是错误的。因为只有当乙事实上给付甲1万元时,甲的行为才构成敲诈勒索罪既遂,否则构成未遂。由此可知,两个立场说完全着眼于行为人是否当场实现胁迫内容和取得财物这些表象而非本质,在暴力程度说、处分自由说这些相对较为实质的理论面前,目前在我国刑法学界越来越遭到冷遇,是可以理解的。

(六)数额要求说

数额要求说将敲诈勒索罪和抢劫罪成立的数额要求作为其区分标准,其认为:“抢劫行为对被害人的劫取财物没有具体数额要求,而敲诈勒索罪行为人对被害人强行索要的财物一般有具体的数额要求。”[④]我国《刑法》第263条对抢劫罪的成立没有数额要求,这是由该罪所侵害法益的复合性和重大性决定的。至于敲诈勒索罪的数额要求,根据最高人民检察院《关于办理敲诈勒索刑事案件适用法律若干问题的解释》第1条,财物价值2000~5000元以上的应认定为敲诈勒索罪成立所要求的数额较大。该说的问题在于:一方面,假如行为人所取得财物的价值1000元,由于数额未达到敲诈勒索罪较大的要求,其行为被认定为抢劫罪,但根本不考虑行为人所实施的暴力在

---

① 高铭暄:《中华人民共和国刑法的孕育诞生和发展完善》,北京大学出版社2012年版,第132页。

② 陈兴良:《规范性法学》(下册),中国人民大学出版社2013年版,第876页。

③ 陈洪兵:《敲诈勒索罪与抢劫罪区分中“两个当场”的坚持——兼与陈兴良教授商榷》,载《江苏社会科学》2013年第3期。

④ 黎宏:《刑法学》,法律出版社2012年版,第735-736页。

程度上、胁迫在内容上的具体区别，不分青红皂白将其行为直接认定为抢劫罪，这是否合理？例如，甲胁迫乙："如果你不给我1000元，我就向公安局告发你曾盗窃他人财物的事。"乙产生畏惧而给付甲1000元。此时，将甲的行为认定为抢劫罪，无论如何都是让人无法接受的。另一方面，如果行为人所取得财物的价值达到敲诈勒索罪的数额较大，其行为构成敲诈勒索罪还是抢劫罪呢？毕竟抢劫罪的成立并无"数额不较大"这种反面要求，面对这种情形，数额要求说丧失了区分效果。此外，犯罪数额从本质上讲属于客观处罚条件，在犯罪论体系中的定位属于构成要件该当性、违法性、罪责之后的第四个阶层。[1] 如果将数额作为区分标准，两罪在构成要件上的区分如何体现？换言之，我们对一个行为构成的是敲诈勒索罪还是抢劫罪的区分，从来都是立足于两罪构成要件的角度，立法者设置不同罪名的重点，也是从构成要件的角度，如果客观处罚条件能成为区分标准，能否据此认为两罪在构成要件上并无区别？如果并无区别，立法者设置两个在构成要件上完全一致却又区分数额的罪名，意义何在？如果意义仅在于两罪的法益侵害性大小能决定客观处罚条件的有无，又何必舍近求远，将审查时点推迟到客观处罚条件这一犯罪论体系的第四个阶层，而不在第一个阶层——构成要件上来予以区分？由此可知，数额要求说的本质是模糊处理了两罪的核心区别——构成要件，由此属于避重就轻、毫无意义的理论。

（七）威胁方式说

威胁方式说将行为人威胁被害人的方式作为区分敲诈勒索罪与抢劫罪的标准，其认为："抢劫罪的威胁只能当着被害人的面，由行为人直接发出，而敲诈勒索罪的威胁既可以当面发出，也可以间接地发出。"[2]该说的内核在于，将被害人是否直接、当面威胁被害人，作为区分两罪的标准，其弊端如下：一方面，该说的区分效果有限。行为人当面威胁被害人时，由于该说认为这同属于敲诈勒索罪和抢劫罪的威胁方式，两罪又如何区分？另一方面，该说的认定过程未作个案分析，流于笼统、简单。行为人并非当面而是间接地威胁被害人时，如果不在个案中根据具体案情去判断这种威胁方式实际侵害的法益在种类上的区别和程度上的高低，而是采取"一刀切"的方式，直接将间接威胁认定为敲诈勒索罪，只会导致个案中出现不合理的结论。例如，甲让乙带话给丙："若丙不给甲10,000元，就会被甲打一顿。"丙产生畏惧而给付甲10,000元。此时，虽然甲采取的不是当面威胁丙的直接方式，而是采取让乙带话的间接方式，但丙遭遇威胁的法益不仅是其人身权，还包括财产权、意思形成和实现自由，与抢劫罪所保护的法

---

① 虽然在德国刑法学中，客观处罚条件在犯罪论体系中的定位存在争议，有构成要件内部和罪责之后两种观点，但笔者主张其属于罪责之后的第四个阶层。Frank Zieschang：Strafrecht Allgemeiner Teil, Richard Boorberg Verlag, 2017, S. 53.

② 刘守芬主编：《刑法学概论》，北京大学出版社2000年版，第448页；曲新久等：《刑法学》，中国政法大学出版社2006年版，第260页。

益完全一致,其行为何以被认定为敲诈勒索罪?可知,威胁方式是当面还是不当面、直接还是间接完全是流于表象的外在形式,而非直接关涉被侵害法益的种类和程度这一内在本质,无法成为合理的区分根据。即便采取该说,在当前通信交流甚为便捷的网络时代,判断当面与非当面、直接与间接似乎意义不大,因为人们已经适应打电话、发微信等间接联系方式,如果将这种越来越常见的威胁方式认定为敲诈勒索罪,是否恪守过往时代的固有标准而忽略了时代的变迁?并且,如果非当面的威胁方式不能认定抢劫罪,是否将导致放纵甚至鼓励行为人采取有利于自己的间接威胁方式?这都是问题所在。

(八)占有对象说

占有对象说将行为人取得占有的财物种类作为区分敲诈勒索罪与抢劫罪的标准,其认为:“抢劫罪所占有的对象只能是动产,而敲诈勒索罪占有的财物可以是动产也可以为不动产。”[①]该说的问题是:其一,同上文中多种区分理论一样,该说的区分效果仍然有限。因为当行为人取得占有的财物是动产时,两罪无法区分。其二,不利于充分保护不动产所体现的财产法益。当行为人取得占有的财物是不动产时,虽然可根据此说,将行为人的行为认定为敲诈勒索罪,但这是较为轻缓的认定,无助于充分保护不动产所体现的财产法益。司法实践中,不动产一般价值高昂,尤其是在房价飙升的城市,不动产一般比动产的价值更大,行为人取得对他人不动产的占有,其法益侵害程度一般更重,适用占有对象说往往可能导致对不动产的保护效果较差。在此,法律适用将出现罪刑不均的后果——重罪只保护轻微的财产法益,轻罪反而保护重大的财产法益,这让人匪夷所思。其三,对抢劫罪的行为客体界定有误。认为抢劫行为所取得占有的对象仅限于动产完全是一种误解。虽然在司法实践中,行为人所取得占有的财物往往是动产,但这种现象的归纳无法替代本质的演绎。当行为人取得占有的是不动产时,前文已述,由于不动产一般价值更大而更值得保护,就不能将其从抢劫罪的行为客体中排除出去;相反,应承认不动产为抢劫罪的行为客体。

可能该说的提出者认为:“抢劫罪仅限于行为人排除他人对财物的占有并取得占有这种方式,这种方式属于事实方式而非法律意义上登记的变更,无法导致被害人对其不动产的所有权受到行为人侵害,故此,行为人的行为由于未侵害被害人对不动产的所有权而不值得刑法保护。”这种论断的问题在于,抢劫罪在保护法益上与盗窃罪一致,都保护所有权和占有,并且这种意义上的占有应理解为占有人类似于所有人对财物的支配地位,这种排他性支配地位覆盖动产和不动产,不因财物种类的区别而有所改变。即便被害人没有办理不动产所有权变更登记,但只要行为人通过抢劫行为取得了类似于所有人对不动产的排他性支配地位,其行为就侵害了抢劫罪的保护法

---

① 魏东主编:《刑法 原理·图解·案例·司考》,中国民主法制出版社2016年版,第559页。

益——占有。因此,在行为客体上限制解释抢劫罪的行为客体,无助于全面保护抢劫罪的法益,也无法解释为何行为人取得占有的是他人的动产(货币除外),即便其行为没有取得该动产的所有权,也侵害了抢劫罪的保护法益。

(九)内容包含说

内容包含说认为敲诈勒索罪和抢劫罪中胁迫的内容不同:“抢劫罪中的胁迫手段以实施暴力为唯一内容,而敲诈勒索罪中的胁迫内容比较广泛。”①但该说在区分两罪上存在漏洞。具体而言,当行为人实施的胁迫以暴力为内容时,这里的暴力应理解为对人使用暴力,无论该暴力针对的对象是占有人还是占有保护人,或者暴力的程度是否足以压制他人的反抗,既然敲诈勒索罪的胁迫内容在外延上完全涵括前者,二者呈现犹如“白马”与“马”之间的关系,既可以说行为人的行为属于抢劫罪的实行行为,也可以说其属于敲诈勒索罪的实行行为,这种包含性决定了从实行行为的角度无法区分两罪;当行为人实施的胁迫以非对人使用暴力为内容时,包括对人通知的恶害内容为对物使用暴力和其他非暴力内容(如揭发其违法行为),该说可以作为区分标准,因为既然抢劫罪中的胁迫以实施暴力为唯一内容,行为人的行为自然不可能属于抢劫罪的实行行为,其只可能构成敲诈勒索罪(当然需要该行为符合敲诈勒索罪的其他构成要件要素)。由此可知,内容包含说只能在行为人实施的胁迫以非暴力为内容时,才能成为区分两罪的标准,其区分效果受到限定而大打折扣,无法作为全面、体系的区分理论。此外,如果只比较两罪的实行行为而不考察两罪的其他构成要件要素,很容易诱导人得出结论:既然敲诈勒索罪的胁迫内容在外延上完全涵括抢劫罪,两罪的关系成为特别关系的法条竞合。这显然会进一步造成两罪彻底无法区分的后果。因此,内容包含说完全值得我国刑法学界摒弃。

(十)内容区分说

内容区分说属于极其小众的观点,由许泽天教授提出:“应当从恶害的内容,区别敲诈勒索罪的胁迫与抢劫罪的胁迫。敲诈勒索罪能够发挥单独适用空间的地方,亦仅剩下行为人的强暴系对财物,或非以生命或重大身体利益的现实恶害为恐吓内容的情形。”②该说将抢劫罪的胁迫内容限定为对人使用暴力,敲诈勒索罪的胁迫内容则为非对人使用暴力,包括对物使用暴力和对人进行其他内容的胁迫两种情形。可见,该说与内容包含说的共同之处在于,表面上都将两罪的实行行为作为区分的标准,但不同之处在于,内容区分说不认为两罪的实行行为在外延上存在完全涵括的关系,而是互斥的关系,这就在逻辑上真正、彻底地获得了区分效果。在区分效果上,该说无可指摘。这种在德国、日本和我国刑法理论中尚未可见的新颖理论,其立论根据上的合理

---

① 黎宏:《刑法学》,法律出版社 2012 年版,第 735 - 736 页。

② 许则天:《刑法各论(一)财产法益篇》,台北,新学林出版股份有限公司 2017 年版,第 246 - 247 页。

性和在运用上的具体解释,值得在下文中详细论述。

## 三、区分理论的选择及其理由

### (一)理论选择

对各种既定区分理论进行全面的梳理和评析之后,现在的问题是,究竟哪种理论相对最为完善而值得被选择。这需要对上述理论从功能和实质两方面进行总体上的剖析。就区分功能的彻底性而言,暴力程度说、处分自由说、内容区分说、两个当场说都没有任何问题,但其他六种学说都存在缺陷,由此不值得选择。然而,就立论根据的实质合理性而言,除了内容区分说,剩余三种学说也都存在缺陷。综合来看,内容区分说的区分效果优良,如果同时其立论根据具备较大的合理性,就值得我国学界选择。在论述该说的合理性之前,有必要先界定敲诈勒索罪实行行为的范围。

内容区分说是通过犯罪论体系的第一个阶层——构成要件,具体而言,是通过实行行为这一客观构成要件要素来区分敲诈勒索罪与抢劫罪。这首先面临的问题是,敲诈勒索罪的实行行为是否包含暴力?我国立法者在敲诈勒索罪的立法说明中指出:"敲诈勒索罪,是指以非法占有为目的,对公私财物的所有人、保管人使用威胁或者要挟的方法,勒索公私财物的行为。"①可见,从立法者原意的角度,暴力未被纳入敲诈勒索罪的实行行为。这与日本通说的立场完全相反,与我国的通说一致。② 笔者赞同敲诈勒索罪的实行行为仅限于胁迫,当行为人对被害人施加有形力,被害人向行为人交付财物时,这不属于本文所讨论的区分两罪的案件前提,就其解决方案而言,要具体区分两种情况:第一,如果行为人施加的有形力未达到足以压制被害人反抗的程度,亦即从事前的角度看,一般人根据其在行为人施加有形力时所认识到的事实,以其生活经验来判断,如果认为行为人施加的有形力没有导致被害人不能反抗的危险,行为人施加有形力的行为则无法成为抢劫罪的实行行为从而不构成抢劫罪,即便行为人从被害人处取得财物,行为人的行为也不构成敲诈勒索罪,不能因为被害人发生了财产损失就将行为人的行为认定为敲诈勒索罪,从而造成敲诈勒索罪的实行行为被扩张的后果;第二,如果行为人施加的有形力已达到足以压制被害人反抗的程度,亦即从事前的角度看,一般人根据其在行为人施加有形力时所认识到的事实,以其生活经验来判断,如果认为行为人施加的有形力有导致被害人不能反抗的危险并事实上确已导致被害人无法反抗而处分财物时,行为人的行为构成抢劫罪。据此,本文语境下区分抢劫敲诈勒索罪与抢劫罪的案件前提被限定为:行为人胁迫被害人,使其产生畏惧感而处分

---

① 全国人大常委法制工作委员会刑法室主编:《中华人民共和国刑法条文说明、立法理由及相关规定》,北京大学出版社2009年版,第571–572页。

② 如林东茂教授所言:"恐吓的主要意义在于心理威吓,尚未动用武力。"参见林东茂:《刑法综览》,中国人民大学出版社2009年版,第352页。

财物,从而导致被害人发生数额较大的财产损失时,行为人的行为构成敲诈勒索罪还是抢劫罪?这里的处分财物,不限于被害人排除自己对财物的占有并由行为人取得占有,还包括行为人排除被害人对财物的占有并取得占有、被害人免除对行为人的债权、被害人对行为人承担债务[1]三种方式。

运用内容区分说时需要作出以下详细解释:第一,行为人胁迫的对象仅限于财物占有人和占有保护人,不包括第三人。这是因为,作为敲诈勒索罪和抢劫罪保护法益的他人的人身权和财产权并非简单的罗列组合关系,这两种法益被侵害不是单独发生的,而是具备特殊联结,这种联结在两罪构成要件要素上的体现是,他人的财产权被侵害与人身权被侵害之间应具备同一主体性,这就必然要求两罪中胁迫所针对的人与财物之间应具备特殊关系——受到胁迫的人应为财物占有人或占有保护人,如果受到胁迫的人不是这两种人,他人财产权与人身权被侵害之间的同一主体性就被打破,行为人的胁迫行为就无法成立两罪。简言之,被胁迫对象等于财物占有人和占有保护人。第二,抢劫罪胁迫内容中使用暴力的对象亦仅限于财物占有人、占有保护人而不包括第三人。这是因为,当胁迫内容中使用暴力的对象为第三人时,由于被胁迫的对象——财物占有人和占有保护人与生命、身体安全被侵害的人不是同一主体,被抢劫罪予以特殊保护的法益——财物占有人和占有保护人的生命、身体安全就没有被侵害,行为人的胁迫行为也就无法成立抢劫罪。简言之,胁迫内容中使用暴力的对象等于被胁迫对象。第三,敲诈勒索罪的胁迫内容不包括对物使用暴力和其他内容。其他内容不是暴力本身,如举报被害人或第三人、对被害人或第三人不尽赡养义务等,既包括合法与非法内容,也包括作为与不作为。从上述解释中可发现,抢劫罪的成立必须满足一个等式:被害人等于被胁迫对象等于胁迫内容中使用暴力的对象等于财物占有人或占有保护人,敲诈勒索罪也必须满足一个等式:被害人等于被胁迫对象等于财物占有人或占有保护人,其实,这也是对两罪中的构成要件要素所进行的细化。第四,抢劫罪胁迫内容中的暴力应作扩大解释,不仅限于可能侵害被害人生命权和身体完整性的行为,还包括可能侵害被害人性自主权和身体活动自由的行为(理由详见下文)。

综上所述,敲诈勒索罪与抢劫罪的区别不是行为人的胁迫是否足以导致被害人不敢反抗、被害人是否有处分自由、胁迫的内容是否当场实现、行为人是否当场取得财物、是否胁迫内容当场实现且行为人当场取得财物、行为人取得的财物有无数额要求、

[1] 郜某利等抢劫案中,郜某利伙同他人殴打王某,逼迫王某写下 20,000 元的欠条后逃离现场。法官对该案的判决进行以下说理:"假设受害人拥有 32,000 元现金,那么行为人也会抢劫所有现金。故逼写欠条 20,000 元的行为也应当认定为抢劫罪。"参见国家法官学院、中国人民大学法学院主编:《中国审判案例要览(2013 年刑事审判案例卷)》,中国人民大学出版社 2015 年版,第 212 页。这显然是忽略了被害人对行为人承担债务也是抢劫罪的结果要素。并且,法官自行假设的案情并非抢劫罪的构成要件要素。

胁迫是否当着被害人的面发出、行为人取得的财物是动产还是不动产、胁迫的内容限定暴力还是不限暴力,而是两罪中胁迫的内容存在互斥的关系:抢劫罪的胁迫内容是对被害人使用暴力,敲诈勒索罪的胁迫内容不包括对被害人使用暴力。

(二)理由

内容区分说自身所蕴含的合理性暨选择理由,还可以从抢劫罪的保护法益和我国《刑法》对两罪具体规定的不同之处而体现出来。

1. 保护法益

前文已述,抢劫罪的保护法益是他人的财产法益、生命和身体的安全,而敲诈勒索罪的保护法益是他人的财产法益、意思形成和实现自由,相比之下,为抢劫罪所独特保护的是他人的生命、身体安全,这种法益在优越性上明显超越了意思形成和实现自由。况且,在抢劫案中,被害人被迫向行为人交付财产时,被害人的意志形成和实现自由同样遭遇侵害。由此可知,他人的生命、身体安全是抢劫罪独特而重大的保护法益。正如我国立法者在敲诈勒索罪的立法说明中所指出:“敲诈勒索罪的威胁行为仅使被害人产生畏惧的心理,被害人尚有相当程度的意志自由,还有延缓的余地。而在抢劫罪中,被害人的人身安全受到现实的威胁,已没有延缓的余地。”①可见,立法者对立性地列举意志自由和人身安全,实际上是暗示将被害人的生命、身体安全作为区分两罪的标准。据此,当行为人胁迫被害人时,如果认为行为人的行为构成抢劫罪,必须满足的前提是,抢劫罪的保护法益——被害人的生命、身体安全必须被侵害。然而,当被害人所受到的胁迫内容不是对其使用暴力时,包括三种情形:对被害人的物使用暴力、对第三人使用暴力、诸如检举揭发被害人或第三人等其他情形,被害人的生命、身体安全没有受到侵害,行为人的行为则无法构成抢劫罪。两罪在保护法益上的这种重大区别,可以推导出两罪在构成要件要素上的区别,亦即抢劫罪的胁迫内容仅限于对被害人使用暴力,敲诈勒索罪的胁迫内容不包括被害人使用暴力。值得注意的是,作为抢劫罪保护法益之一的身体安全中的“身体”,应理解为重大身体权,包括身体完整性、性自主权、身体活动自由。这意味着,我国《刑法》中抢劫罪的实行行为“暴力、胁迫、其他方法”应具体解释为:其一,“暴力”是指可能侵害被害人生命权和身体完整性并可能导致一般人和被害人都无法反抗的行为;其二,可能侵害被害人生命权和身体完整性并可能导致被害人无法反抗,但不能导致一般人无法反抗的行为,属于“其他方法”;其三,可能侵害被害人性自主权和身体活动自由,并可能导致被害人无法反抗的行为也属于“其他方法”;其四,“胁迫”的内容对应的是“暴力”和“其他方法”,具体而言,是指可能侵害被害人生命权、身体完整性、性自主权、身体活动自由,并可能导致被害

① 全国人大常委法制工作委员会刑法室主编:《中华人民共和国刑法条文说明、立法理由及相关规定》,北京大学出版社2009年版,第571-572页。

人无法反抗的行为。换言之,抢劫罪胁迫内容中的暴力可能侵害的不仅仅是生命权和身体完整性,还包括性自主权和身体活动自由。这必然意味着,对抢劫罪胁迫内容中的暴力必须进行扩大解释,其指一切可能侵害被害人生命权、身体完整性、性自主权、身体活动自由的行为。

2. 法条规定

我国《刑法》对敲诈勒索罪和抢劫罪的规定存在三个区别:第一,客观处罚条件的有无。我国《刑法》对抢劫罪并未规定任何诸如数额较大或多次抢劫等任何客观处罚条件,而对敲诈勒索罪规定了数额较大、多次勒索的客观处罚条件,充分说明了抢劫罪的不法内涵明显重于敲诈勒索罪,并达到了无须设定客观处罚条件的程度。第二,量刑上的差异。我国《刑法》对抢劫罪设定的基本刑是"三年以上十年以下有期徒刑,并处罚金",而对敲诈勒索罪设定的基本刑是"处三年以下有期徒刑、拘役或者管制,并处或者单处罚金",可见,敲诈勒索罪的基本刑中有较为轻缓的拘役和管制,罚金还可以单处,相比抢劫罪的刑罚明显较轻,根据罪刑相适应原则,可反推出敲诈勒索罪的不法内涵低于前者。第三,法条上的先后顺序。抢劫罪被我国《刑法》规定在第 263 条,而敲诈勒索罪被规定在第 274 条,并且中间隔有盗窃罪等 8 个罪名。法条的先后顺序在一定程度上体现了罪名的重大程度,罪名的重大程度与其不法内涵的高度紧密相连,可见,在立法者眼里,抢劫罪的不法内涵重于敲诈勒索罪。以上区别均体现了抢劫罪的不法内涵程度明显高于敲诈勒索罪,两罪的不法内涵程度决定了其构成要件要素的设定,这意味着,抢劫罪胁迫内容的不法内涵应明显高于敲诈勒索罪,如果胁迫内容是对被害人使用暴力,相比不对被害人使用暴力,显然前者的不法内涵高于后者,这就决定了抢劫罪的胁迫内容只能是对被害人使用暴力,敲诈勒索罪的胁迫内容则相反。

综上所述,无论是从抢劫罪的保护法益还是从我国《刑法》的具体规定来看,内容区分说不仅在立论根据上具备极大的合理性,还完全符合我国《刑法》具体规定的精神,由此在各种既定理论中脱颖而出而值得我国刑法学界重视和选择。

## 四、三个判例的分析

在司法实践中,敲诈勒索罪与抢劫罪的区分从来都是一个困扰司法实践工作者的难题,有必要选取我国法院作出的、符合本文案件前提且具备典型性的相关判例(与争议点无关的内容被删除),分析判决结论和说理中出现的问题,并以上述区分理论尤其是内容区分说来分析案情并得出结论,以使这些理论的可应用性和优缺点在实践中充分得以体现。

(一)何某生抢劫案①

1. 案情和判决

1998年3月14日晚,被告人何某生在一发廊内对其同伙何某清、何某达、何某仁说,其女友兰某娇被兰某荣介绍嫁往广东,得去找兰某荣要钱。次日上午10时许,何某生携带照相机和4副墨镜,何某清携带1把菜刀,与何某达、何某仁一起分乘两辆摩托车来到兰某荣家。兰某荣不在家,何某生对兰某荣的妻子和女儿拍了照。下午2时许,在返回的路上,何某生将兰某荣从一辆微型车上拦下,要兰某荣赔偿其4000元钱,并对兰某荣进行拍照。兰某荣拒绝赔偿后,何某清即踢了兰某荣一脚。兰某荣见状就说:"有什么事到家里去好好说。"到兰某荣家后,兰某荣说没有钱。何某生说:"不拿钱我不怕,照了你们的相,会有人来杀你们。"接着,何某清又拿出菜刀扔在桌子上,叫兰某荣把手指剁下来,在此情况下,兰某荣即到外面向他人借了2000元钱,交给何某生。此款后被4人均分。

会昌县人民法院认为:……被告人何某生伙同他人以非法占有为目的,虽然对被害人采取暴力相威胁的行为,但不足以使其不可抗拒。事后被害人被迫独自外出借钱给被告人,此时被害人完全脱离了被告人等的控制,本可以向有关部门报案,但在又怕日后遭到被告人等的报复的情况下向他人借齐2000元钱给被告人何某生。其行为符合敲诈勒索罪的特征。……判决如下:

被告人何某生犯敲诈勒索罪……

会昌县人民检察院以被告人何某生等非法占有人民币2000元的行为构成抢劫罪,一审判决定性错误,导致适用法律不当,量刑畸轻为由,向江西省赣州市中级人民法院提出抗诉。

赣州市中级人民法院经审理认为:被告人何某生等人当场出示菜刀并叫兰某荣将手指剁下来,是以当场使用暴力相威胁,符合抢劫罪的构成特征,应依法认定被告人何某生犯抢劫罪。

2. 法官说理

张国辉法官认为:"抢劫罪与敲诈勒索罪是有着严格区分的,这种区分主要体现在客观方面,具体而言有以下五个方面:一是实施行为的内容不同……二是实施行为的方式不同……三是实现威胁的时间和空间不同……四是非法取得财物的时间和空间不同……五是对构成犯罪数额要求不同……

一般而言,把握住该五点区别,是可以对抢劫罪和敲诈勒索罪作出准确界定的。但在司法实践中,对以暴力相威胁、非法索取他人财物的行为,究竟是定抢劫罪还是敲

---

① 最高人民法院刑事审判第一、二、三、四、五庭主编:《中国刑事审判指导案例4 侵犯财产罪》,法律出版社2012年版,第60-62页。

诈勒索罪，往往由于对实现威胁和非法取得财物的时间和空间是否属于‘当场’的认识上有分歧，而造成认定上的分歧。本案即属于这种情况。

我们认为，‘当场’不是一个纯粹的时空概念，而是一定物质内容的存在形式。脱离了物质内容的时间和空间是不存在的，也无从把握。对于在以暴力威胁实施的抢劫罪中，‘当场’的认定，必须结合行为人的暴力威胁以及所形成的对被害人的身体和精神强制的方式和程度，具体案件具体分析认定。只要暴力威胁造成了强制，且该强制一直持续，即使时间延续较长，空间也发生了一定的转换，同样可以认定符合‘当场’的要求。本案中被告人何某生的行为符合‘当场’使用暴力威胁这一抢劫罪的构成要件，应当以抢劫罪定罪处罚。首先，从实现威胁的时间方面来看……既然该一整体行为包含了当场实施暴力及现实暴力的胁迫，那就足可认定被告人的行为具备了当场实施暴力威胁这一抢劫罪的构成要件……认定实施暴力威胁后是否属于‘即时’‘当场’取得财物，关键在于时间是否自然终止或者因为外力的影响而被中断，在时间自然延续过程中的空间变换不能认为是事后，更不能因此否认其当场性。本案自被告人实施暴力威胁行为到被害人兰某荣外出借款并交给被告人是一个自然的连贯过程，其间并未中断，故认定其为即时、当场取得是正确的。”

3. 评析

本案中何某生的行为被一审法院定性为敲诈勒索罪，二审法院却定性为抢劫罪，这是争议所在。值得注意的是，一审法院进行了以下表述：“虽然对被害人采取暴力相威胁的行为，但不足以使其不可抗拒。”这说明，一审法院将来自日本的暴力程度说作为区分敲诈勒索罪与抢劫罪的理论。然而，即便无视该说存在的诸多缺陷，也存在认定事实有误的问题。法院为什么认为何某清踢了兰某荣一脚的暴力行为不足以使兰某荣无法抗拒呢？毕竟紧接着兰某荣说：“有什么事到家里去好好说。”这至少可能证明兰某荣不敢抗拒，不然其不会退让，反过来说明了何某清的暴力行为足以使其不可抗拒。并且，在行为人实施胁迫的场合，如果胁迫内容中暴力的程度足以使他人无法抗拒，暴力程度说也会将行为人的行为认定为抢劫罪，而随后何某生实施的以“会有人来杀你们”为内容的胁迫，以及何某清实施的以“叫兰某荣把手指剁下来”为内容的胁迫，其内容中暴力的程度显然足以使兰某荣无法抗拒，按照此说，行为人的行为显然构成抢劫罪，但一审法院并未从上述路径进行论证，反而进行以下论述：“事后被害人被迫独自外出借钱给被告人，此时被害人完全脱离了被告人等的控制，本可以向有关部门报案，但在又怕日后遭到被告人等的报复。”这已经完全脱离了暴力程度说的论证路径。由此可知，一审法院的说理在选取的区分理论和论证的过程上都存在问题。

二审法院在判决说理中使用了“当场使用暴力相威胁”的表述，虽然比较简要但一语中的，并且未对暴力的程度进行任何限定，说明其运用的不是暴力程度说，其以暴力作为胁迫的内容将行为人的行为定性为抢劫罪而非敲诈勒索罪,从这点来看,二审法院所运用的区分理论实际上是内容区分说。

法官在说理中对敲诈勒索罪与抢劫罪作出的五个区别完全是教科书内容的重复,分别对应的是内容包含说、威胁方式说、实现时间说、取财时限说、数额要求说。但面对本案案情,上述五种学说都没有区分效果,因为行为人实施了胁迫、当着被害人的面进行胁迫、胁迫的内容将当场实现、当场取得财物、数额较大,因此,在区分效果丧失的情形下,法官只得将区分理论变更为具备良好区分效果两个当场说,提出:“究竟是定抢劫罪还是敲诈勒索罪,往往由于对实现威胁和非法取得财物的时间和空间是否属于‘当场’认识上有分歧,而造成认定上的分歧。”法官接着为了解释行为人的行为符合“两个当场”,进行了长篇累牍的论证。然而,既然上述五种学说在本案中都没有区分效果,又何必在说理中进行列举呢?这种无效的做法将徒增法官的心血并可能混淆读者的思维。

即便采取区分效果良好的两个当场说来解决了此案,也不意味着该说具备合理性。毋宁说,区分功能的彻底性和立论根据的合理性完全是两回事。假如我们改变一下案情,何某生以暴力胁迫兰某荣之后,1个月后才从兰某荣处取得5000元,根据两个当场说,其行为显然构成敲诈勒索罪,但兰某荣的财产权和人身安全都受到侵害,取财时间的长短又怎能降低何某生行为的不法内涵?可见,虽然法官运用两个当场说和二审法院运用内容区分说,得出的定性结论都是抢劫罪,但两个当场说本身所具备的缺陷是不可忽视的。

整体来看,该案的定性所运用的区分理论,从一审法院的暴力程度说到二审法院的内容区分说再到法官说理的两个当场说,呈现出不断变化的状态,这从侧面反映出我国法院在区分敲诈勒索罪与抢劫罪时,面对各种既定理论时游移不定的态度。尤其是根据二审法院的内容区分说,本可迅速有效地解决问题,但法官在说理中却突然采取两个当场说,不仅导致立论根据的合理性降低,还造成论证过程被无谓地复杂化,这是值得重视和改进的。

(二)贾某涛敲诈勒索案①

1.案情和判决

2007年4月13日14时许,被告人贾某涛与付某伟及另外两人,以参与要账人员被公安机关抓获为由,采用要挟手段,敲诈让其代为要账的临朐县辛寨镇王家沟村张某斌现金20,000元。

上述事实有下列证据证明:

……

① 国家法官学院、中国人民大学法学院主编:《中国审判案例要览(2008年刑事审判案例卷)》,中国人民大学出版社2009年版,第393-396页。

2. 被害人陈述

被害人张某斌证言，证实乔官镇卢某富欠我 8500 元的兽药款，欠了我一两年没要回来。后来我在昌乐县红河镇认识了张某，又通过张某认识的贾某涛。2007 年……这个大哥对我说，按照他们的行规，他们给我办事出了钱，就得我拿钱来摆平，他让我拿 20,000 元，他们出 10,000 元(说是派出所要 30,000 元)，他还说要是我不拿钱，他们兄弟出不来，到时候不好过，也让我不好过，他们还威胁我，我吓坏了。他们让我想办法凑钱，我就开着车，他们三个人跟着我，我先找乔官镇李某臣要了 2300 元的欠账，我身上还有 900 元，他们先要了 3000 元。回到临朐，他们让我把养的鸭子卖了，共卖了 17,950 元，到了第二天他们拿走了 17,000 元。

山东省临朐县人民法院根据上述事实和证据认为，贾某涛以非法占有为目的，采用要挟的手段，强索他人财物，数额巨大，其行为已构成敲诈勒索罪……

山东省临朐县人民法院……判决如下：

被告人贾某涛犯敲诈勒索罪……

3. 法官说理

史慧霞法官认为："在本案中，我们认为区分抢劫罪和敲诈勒索罪主要是看被害人交出财物的心理和及行为人采取暴力的内容，抢劫是被害人迫于暴力或者将要实施的暴力而造成的精神上的恐惧，被迫当场交出财物；敲诈勒索罪则是被害人迫于将要实施的暴力造成的恐惧，处于无奈，被迫当场或事后交出财物。本案中行为人是借替被害人要账，其中有人被抓，需要拿钱到派出所'赎人'的事由实施的胁迫行为，事出有因。而被害人也是基于害怕要账的人真被公安机关抓获后，行为人也不会使自己好过，基于这种恐惧，被害人才多方筹集款项，交给了行为人，综上看，行为人借一定的事由，以非法占有为目的，主要采用语言要挟的手段，强行索要被害人的财物，其行为符合敲诈勒索罪的特征。"

4. 评析

法院作出的判决书首先存在的问题是关键性事实不明：第一，判决书描述案情时对行为人的行为使用的是最简要的语词"采用要挟的手段"，这无助于界定要挟即胁迫的内容是不是对被害人使用暴力，只有被害人陈述这项证据中"也让我不好过"的内容，才略微涉及胁迫的具体内容，但无论如何，胁迫的具体内容必须具体地表达于案情描述中，而不能放置于证据中，否则让人在看到案情时难以厘清事实，从而增加区分敲诈勒索罪与抢劫罪的难度。第二，被害人陈述中"也让我不好过"的内容也不甚明晰。即便检察机关所提交的起诉书中没有关于何为"也让我不好过"的具体解释，法院也应依职权启动证据调查程序，让被告人进一步详细解释其对被害人说"也让你不好过"究竟是什么意思，或者让被害人详细补充所受到胁迫的具体内容，否则，我们既可以将这句话理解为行为人的胁迫内容是对被害人使用暴力，也可以理解为对被害人实施暴力之外的其他恶害,这就无法准确区分两罪。此外,判决书对其判决结论并无任何说理,这让人无法得知为何行为人的行为不应被认定为抢劫罪,判决的说服力据此大为削弱。由此可知,但凡行为人的行为与敲诈勒索罪的认定有关,在法院作出的判决书中,对案情的叙述最好尽可能详细,尤其是行为人所实施胁迫的具体内容应越细致越好,这才能避免在区分两罪时造成模糊局面。当然,如果法院所调查的案情已经在上述关键事实上呈现模糊状态并无法改变,如何理解行为人胁迫的具体内容,则存在两个标准:围绕被害人所理解的内容去确定,或者围绕一般人所理解的内容去确定。如果围绕被害人所理解的内容去确定,无助于实现或者将过度扩张刑罚的一般预防功能,因为被害人个人特殊的理解可能与一般人相悖,例如,素有暴力前科的行为人威胁被害人:"如果不给我钱,我给你好果子吃。"一般人根据行为人的暴力前科,会将"给你好果子吃"为理解行为人将对被害人使用暴力,但被害人可能以为行为人的意思不是将对其使用暴力而只是天天去缠磨他。如此一来,如果根据被害人的理解,行为人的行为只能定敲诈勒索罪,这无法预防社会上潜在的犯罪人犯抢劫罪,刑罚的一般预防功能被削弱。反之,假如案情改变一下,威胁被害人上述内容的行为人并非素有暴力前科而是品行良好,恰恰被害人是个极其胆小的人,将威胁内容理解为行为人将对其使用暴力,但一般人根据行为人的品行,很难将其理解为使用暴力。根据被害人的理解,行为人的行为应定抢劫罪,这就过度扩张了刑法的一般预防功能。可见,如果行为人胁迫的具体内容无法经被害人补充确定时,需要一般人围绕法院查明的事实,根据其生活经验判断行为人实施胁迫时其内容能否理解为对被害人使用暴力。如果一般人据此无法判断,根据存疑时有利于被告原则,行为人的胁迫内容被认定为不是对被害人使用暴力。

法官在说理中作出以下论述:"抢劫是被害人迫于暴力或者将要实施的暴力而造成的精神上的恐惧,被迫当场交出财物;敲诈勒索罪则是被害人迫于将要实施的暴力造成的恐惧,处于无奈,被迫当场或事后交出财物。"这说明,对于区分敲诈勒索罪与抢劫罪,法官采取了取财时限说,但论证结论却是行为人的行为构成敲诈勒索罪,这是无法逻辑自洽的。因为本案的被害人正是受到行为人以暴力(下文将详细论证)为内容的胁迫而当场交出3000元,根据取财时限说,行为人针对这3000元的行为既构成敲诈勒索罪也构成抢劫罪,又怎能"画风突变"而直接认定为敲诈勒索罪?并且,接下来的说理也背离了取财时限说的论证路径,例如:"本案中行为人是借替被害人要账,其中有人被抓,需要拿钱到派出所'赎人'的事由实施的胁迫行为,事出有因。而被害人也是基于害怕要账的人真被公安机关抓获后,行为人也不会使自己好过,基于这种恐惧,被害人才多方筹集款项,交给了行为人。"以上说理中的"事出有因"和"基于这种恐惧"等语词完全偏离了取财时限说的论证重心,造成区分理论的内容和运用之间被撕裂的局面。即便根据取财时限说逻辑顺畅地予以论证,行为人针对3000元的行为既构成敲诈勒索罪也构成抢劫罪，这根本没有区分效果，反而引发一个多余而无谓的问题：两罪既然无法区分，其关系是想象竞合还是特别关系的法条竞合？可见，取财时限说对于本案，至少在行为人取得3000元行为的认定上，是存在缺陷的。

如果根据内容区分说，则会起到良好的区分效果。审查重点在于确定行为人对被害人的胁迫内容能否理解为行为人将对被害人使用暴力。一般人围绕法院查明的事实——被害人“让我不好过”的供述，以其生活经验判断，难以将“让我不好过”理解为行为人将对被害人使用暴力，根据存疑时有利于被告原则，行为人的行为应定敲诈勒索罪。虽然就结论而言，运用内容区分说与法官的定性一致，但该说至少比取财时限说的区分功能更强，并且运用过程也不会逻辑无法自洽。也许正是因为取财时限说等理论遇到特定案件时区分功能失灵，法官在运用这些理论时遍绕开了本应运用的论证过程，而使用与这些理论完全无关的论证路径。这再次说明，在司法实践中，抛弃这些区分功能失灵和立论根据有缺陷的理论，转而采取内容区分说，确实存在必要性。当然，如果法院查明行为人替人收账时曾多次使用暴力，这就能将这句话理解为以暴力为内容，因为行为人既然收账时多次对人使用暴力，也自然很可能对被害人使用暴力。或者法院依职权进行证据调查，让行为人具体解释“让你不好过”的具体意思，或者让被害人详细补充被威胁的其他具体内容（被害人供述“他们还威胁我”，但未说清具体威胁内容），对于本案的定性可能更加方便和准确。

（三）成某敲诈勒索案①

1. 案情和判决

1999年2月18日晚8时许，被害人赵某到位于海淀区某饮食文化中心消费。赵某要了一个果盘、两个炒菜和一扎啤酒（后经物价部门估价，上述物品价值人民币65元）。赵某在就餐时，饮食中心服务员江某主动上前勾引赵某（后查明是被告人成某唆使下所为），赵某遂跟江某进到该饮食中心一包房内，并与江某发生了性关系，赵某给江某服务费400元人民币。事后，赵某到前台结餐饮费时，被告人成某向赵某索要餐费12,000元人民币。当赵某询问为何要这么多钱时，成某解释，除餐饮费外，其中还包括小姐服务管理费（指赵某与江某发生性关系）。赵某当即表示只支付正常的餐饮费，其他费用拒绝支付。成某即威胁赵某，要把其嫖娼的事告到派出所，赵某仍然拒绝支付。于是，成某即纠集该饮食文化中心的其他3名男服务员，阻止赵某离开，并威胁说：“不交钱，就把他关到地下室去。”赵某被迫无奈，只好把随身携带的5800元人民币交给被告人成某，才获准离开。

北京区海淀区人民检察院认定成某的行为构成敲诈勒索罪，将此案诉至北京市海淀区人民法院，北京市海淀区人民法院以敲诈勒索罪，判处其有期徒刑2年。

---

① 陈兴良主编：《刑法疑案研究》，法律出版社2002年版，第387－391页。

2. 检察官说理

检察官认为:“理论界通常认为,尽管抢劫罪和敲诈勒索罪的行为都可能对被害人采取威胁的手段,来逼取钱财,但威胁的内容并不相同。抢劫罪的威胁是以杀害、伤害等暴力相威胁;敲诈勒索罪的威胁则比较广泛,除了以杀害、伤害相威胁外,还以揭发个人隐私、毁坏财产或抓住被害人的某种弱点为把柄相威胁。本案的复杂性在于,成某在实施犯罪时,先后向被害人赵某发出了两种内容不同的威胁:先是抓住赵某嫖娼的把柄,威胁要将赵某嫖娼一事向派出所告发,其后又威胁赵某如不交钱,就将其关押到地下室去,而后者明显带有暴力威胁的性质。由于两种性质的威胁同时存在,从而给本案定性造成了困难。针对此种情况,理论界主张可以从实现威胁的时间以及从非法取得财物的时间两个方面区分抢劫罪和敲诈勒索罪。但就本案情况来看,以上两点区分对解决本案定性仍然无济于事。因为本案中不管是将赵某嫖娼报告派出所的威胁,还是将赵某关到地下室去的威胁,都有付诸实施的现实可能性。另外,是否当场取得财物也非抢劫罪和敲诈勒索罪的绝对界限,立法者并没有将当场取得财物排除到敲诈勒索罪之外,司法实践中具备当场取得财物的情节的行为而被认定为敲诈勒索罪的案例也屡见不鲜。

“因此,要从根本上确定本案是抢劫罪和敲诈勒索罪,不仅仅从犯罪嫌疑人一方考虑,还必须对被害人赵某在案发当时的主观心理进行分析。即赵某最后交出5800元钱究竟处于何种心态。如果是因为害怕犯罪嫌疑人告发其嫖娼而交钱,则符合敲诈勒索罪的特征;如果是惧怕被犯罪嫌疑人关进地下室,则符合抢劫罪的特征。从本案情况看,成某最先向赵某发出的威胁是将赵某嫖娼一事向派出所告发,然而此时,赵某并未因此就范,仍然拒绝交付索要的钱款,这说明赵某并不害怕嫖娼一事被告发,即在保住钱财和因嫖娼被派出所处理的两难选择中,他还是愿意选择前者。其被迫交出钱财后打‘110’报警的举动也证明了他的这种心态。在排除了赵某是因为害怕被告发才交钱的情形后,赵某最后被迫交出欠款的真实原因也就不言自明了。弄清了这个原因,自然也就不难认定成某的行为构成敲诈勒索罪,而应以抢劫罪定罪量刑。何况,本案中,成某等人还有阻止赵某离开饮食文化中心的情节,这种情形应视为一定程度的暴力,这种暴力的存在也否定了敲诈勒索罪的成立,并为抢劫罪的成立提供了支持。”

3. 评析

检察官的上述说理中,先后列举了内容包容说、实现时间说和取财时限说来判断行为人的行为构成的是敲诈勒索罪还是抢劫罪,但很快发现这三种学说对于判断无能为力,因为行为人的胁迫内容包含暴力、胁迫内容将当场实现、当场取得财物,这再次证明了上述学说面临司法实践时其区分功能存在极大局限。值得注意的是,检察官运用内容包容说时论证存在失当,其一概认为“由于两种性质的威胁同时存在,从而给本案定性造成了困难”是有问题的,因为即便两种性质的威胁同时存在,第一次威胁也可根据内容包容说被认定敲诈勒索罪未遂,具体而言,行为人实施的“把其嫖娼的事告诉派出所”这种威胁未直接导致被害人发生数额较大的财产损失,该行为构成敲诈勒索罪未遂,真正无法定性的是第二次威胁——“关到地下室去”,而非一概无法定性。此外,检察官否定取财时限说的理由是“立法者并没有将当场取得财物排除到敲诈勒索罪之外”,这也有问题。暂且不提取财时限说在立论根据上的缺陷,仅就其在本案中丧失区分功能而言,就可以彻底否定该说,立法者是否将“当场取得财物排除到敲诈勒索罪之外”是无从考证的问题,无法作此断言,相反,从刑法解释的角度去解决这个问题,才是正确的路径。

检察官最后将行为人的行为认定为抢劫罪时,运用了一个新学说——被害人交付财物的动机说,即根据被害人交付财物的心理原因来判断行为人的行为构成敲诈勒索罪还是抢劫罪,但未提供关于该说的任何论证。就立论根据而言,该说是完全不合理的,这是因为:第一,被害人交付财物的动机并不属于敲诈勒索罪和抢劫罪的构成要件要素,如果将这种动机作为区分两罪的标准,将导致犯罪论体系的作用被架空;第二,如果将这种动机作为区分两罪的标准,显然是将被害人的情感作为两罪的保护法益,并且,将被害人情感受到影响的轻重程度作为两罪的区分标准,这显然违反了通说对两罪保护法益的界定;第三,该说在本案中只有“运用”而无精准的理论性概括。检察官将被害人“害怕行为人告发其嫖娼”作为行为人的行为构成敲诈勒索罪的理由,将被害人“害怕被行为人关进地下室”作为行为人的行为构成抢劫罪的理由,但不同的案件千差万别,如果被害人害怕的是行为人将实施其他行为,如毁坏财物、伤害其亲人,又该如何认定呢? 可见,该说只有运用而无理论概括,决定了其根本无法作为模型化的理论而成为区分敲诈勒索罪与抢劫罪的通用性标准。另外,检察官还以行为人实施了暴力为理由,将行为人的行为认定为抢劫罪,这存在的问题是:一方面,行为人“阻止赵某离开”的行为,本质上是可能侵害被害人身体活动自由的行为,属于抢劫罪实行行为中的“其他方法”,无法认定为抢劫罪实行行为中的暴力;另一方面,即便该行为被认定为暴力,抢劫罪的其他构成要件要素必须实现,如暴力行为导致被害人因无法反抗而交付财物,该行为才能认定为抢劫罪,不能仅以暴力的存在而直接认定抢劫罪的成立,否则可能混淆抢劫罪实行行为的种类,因为行为人完全可能对被害人实施暴力但未能导致其取得财物,转而对被害人进行以对其使用暴力为内容的胁迫并由此导致被害人数额较大的财产损失,此时,行为人的行为虽然构成抢劫罪,但其实行行为不是暴力而是胁迫,本案即属这种情况。

根据内容区分说,行为人对被害人实施的第一次威胁“把其嫖娼的事告诉派出所”的内容不是对被害人使用暴力,该行为构成敲诈勒索罪未遂,第二次威胁“关到地下室去”的内容是对被害人使用暴力,致使其取得了被害人的财物,该行为构成抢劫罪既遂。行为人先后实施的两个行为由于侵害的法益不同(后者还侵害了被害人的生命和身体安全)而导致二者之间没有不可罚的事前或事后行为的关系,成立敲诈勒索罪(未遂)和抢劫罪的数罪,而非检察院和法院所认定的敲诈勒索罪。

通过分析上述典型判例可发现,我国法院和检察院区分敲诈勒索罪与抢劫罪时,可能出现四个问题:第一,在说理中可能教科书式地罗列两罪的五点区别,但这些区别基本无助于解决问题;第二,采用内容包容说、实现时间说、取财时限说、两个当场说等在区分功能或立论根据上都有缺陷的理论,甚至提出完全不合理的新理论;第三,一审、二审或进行说理的法官分别采取不同的区分理论,以致定性各不相同;第四,说理时可能偏离先前所采理论本来的论证路径,造成该理论的内容与运用之间的逻辑关系被撕裂。如果法官和检察官在今后的司法实践中统一采用内容区分说,这些问题可以全面得以避免。

## 五、结论

当行为人威胁被害人,使其产生畏惧感而向行为人处分财物,从而导致被害人发生数额较大的财产损失时,行为人的行为构成敲诈勒索罪还是抢劫罪?这种案件模型在我国司法实践中经常出现并因其疑难性而成为刑法各论中的重大问题。对此,德国、日本、我国有10种区分理论,这些理论除了内容区分说之外,都或多或少地存在区分功能有限和立论根据不合理的弊端,而从抢劫罪的保护法益和我国《刑法》对敲诈勒索罪和抢劫罪的具体规定来看,内容区分说不仅具备彻底的区分功能和相对最为完善的合理性,并且充分符合我国刑法学的语境,由此值得我国理论界和实务界重视和采用。根据内容区分说,敲诈勒索罪与抢劫罪的区别体现在,如果行为人对被害人的胁迫内容是对被害人使用暴力,行为人的行为构成抢劫罪,如果胁迫内容是对被害人使用暴力以外的其他内容,包括对物使用暴力和其他非暴力的内容,行为人的行为构成敲诈勒索罪。据此理论,可以迅捷、合理地区分两罪,彻底解决这个刑法理论和实务中的难题。

# 偷换二维码案:第三方支付下取财行为的定性研究

李芳芳[*]

【内容摘要】在第三方支付中,财产非传统的实物,行为表现为欺诈与盗窃交织,往往无法清晰、彻底地区分二者。根据第三方支付的本质,财产转移是交易双方对银行或支付机构债权的转移,且债权可作为盗窃罪与诈骗罪的行为对象。从盗窃罪与诈骗罪的实质区别出发,以是否具有处分行为作为二者判别之关键。此处,处分行为必须具备处分意识、直接造成财产减损,财产处分的内容从占有关系转而为债权关系。在此认识上,案件定性的逻辑起点应始于被害人的确定,进而锁定行为人获取被害人财物的决定性行为,若决定性行为是窃取,应认定行为人构成盗窃罪;相反,若决定性行为是欺诈,则应认定行为人构成诈骗罪。

【关键词】第三方支付　盗窃罪　诈骗罪　债权转移　处分行为

## 一、问题的提出

我国《刑法》第264条盗窃罪与第266条诈骗罪是传统的侵财类犯罪,二者区分明显,行为结构泾渭分明,通常是相互排斥的关系,基本不存在认定混淆的问题。然而,随着互联网因素的介入,其本身的特性决定了刑法对相关行为的评价路径出现了变化,按照传统的界分标准很难将盗窃罪与诈骗罪清晰、彻底地区分开来。司法实务中,在第三方支付案件中定性往往存在较大争议,此种争议体现于传统犯罪理论框架对网络犯罪的适应性调适,亦体现于刑事立法抽象出的罪名之间的区分。一般而言,传统犯罪的不法内涵与构造不会因空间变异而发生改变,刑法教义学原理基本可以解决互联网场域或利用互联网犯罪的行为定性问题。但是,不可否认,传统犯罪网络化后,一定程度上改变了传统犯罪的认定路径,行为方式、不法属性及行为性质等判定都存在较大的争议,给刑事归责带来了诸多挑战。以第三方支付中窃取与欺诈交织型的行为为例,客观行为表现为行为人利用第三方支付手段,采取虚假链接、虚构账号、偷

* 李芳芳,四川大学法学院助理研究员。

换二维码等方式,在被害人不知情的情况下窃取了财物。换言之,盗窃的行为中附带诈骗行为,诈骗行为中交织盗窃行为,对行为人论以何罪,难下定论。本文拟从一则典型案例“偷换二维码案”切入,以此来审视第三方支付中取财行为的定性问题。

2016 年 9 月 18 日,一则“楼下的小店今天抓到一个小偷,他把店里的支付二维码偷偷给换成了自己的,店主一个月后结款的时候才发现,据说这个月他通过几家店已经默默在家收了 70 万元了”新闻发出①。

“偷换二维码案”将第三方支付下取财行为的定性问题推向了高潮,上述案件虽真实性难以考证,但一经曝光后经各大媒体争相报道,一时激起千层浪。行为人构成盗窃罪还是诈骗罪?学界对此莫衷一是。有学者认为“偷换二维码案”是新类型的三角诈骗,即具有处分权限的受骗人基于认识错误处分自己的财产,却导致被害人(第三者)遭受财产损失。此与传统类型的三角诈骗以及两者间的诈骗没有实质区别。②还有学者认为“被害人基于错误处分的是债权,行为人获取的是债权所指向的具体财产,两者具有素材的同一性,行为人构成诈骗罪”③。与诈骗罪观点形成对立阵营的学者认为,此类行为应当构成盗窃罪。例如有学者提出“由于行为人获取商家财物的手段,在本质上属于秘密窃取,并且无论是在社会观念上还是在所有权意识上,至少在顾客扫码支付的那一瞬间,钱款属于商家所有和占有,行为人通过秘密手段将商家的财物转移为自己非法占有,完全符合盗窃罪的构成特征,应当成立盗窃罪”④。持诈骗观的一方内部,对二维码属性是账户还是债权凭证、顾客与店家双方是否均陷入错误认识、是一般诈骗还是三角诈骗等问题未达成共识;而持盗窃观的一方内部,对是否存在债权关系、被害人是顾客还是店家、顾客是否存在错误认识等的意见并不统一。

争论产生于该案盗窃与欺诈的交错性与模糊性。暂且搁置分歧,由此案显见的是,如果对案件的分析只是停留在“盗窃是秘密窃取公私财物”“诈骗罪是虚构事实、隐瞒真相,使他人自愿交付财物”这一层面,就不可能正确处理上述案例。随着互联网日新月异的发展,第三方支付背景下取财行为的案件必然会不断涌现,如何明确区分二者是当务之急。针对于此,本文试图立足刑事实体法的定性考察,根据刑法规范的保护目的与刑法教义逻辑,结合第三方支付的属性,在法条与事实之间涵摄周正,准确界定第三方支付中取财行为的性质。

## 二、被害人的认定是定性的基础

从实体法角度而言,第三方支付中取财行为的定性焦点在于到底应当定诈骗罪还

---

① 董容语:《小偷偷换店家二维码“躺收”70 万 可能吗?》,载中国青年网,http://news. youth. cn/jsxw/201609/t20160922_8684289_1. htm。

② 参见张明楷:《三角诈骗的类型》,载《法学评论》2017 年第 1 期。

③ 蔡颖:《偷换二维码行为的刑法定性》,载《法学》2020 年第 1 期。

④ 周铭川:《偷换商家支付二维码获取财物的定性分析》,载《东方法学》2017 年第 2 期。

是盗窃罪?而实际上,判断是诈骗罪还是盗窃罪只需要判断被害人是否基于认识错误处分财产,这就抛出了第一个问题“如何认定被害人”。盗窃罪与诈骗罪最为重要的一点区别在于盗窃罪是犯罪人单向的秘密窃取行为,而诈骗罪则是犯罪人与被害人的双向互动行为,即犯罪人采取了“虚构事实或隐瞒真相”的行为,被害人因此陷入了错误认识,故而“被害人是谁”直接关系罪名的认定。

(一)被害人不等同于受骗人

我国刑法中不乏对被害人的直接描述性规定,如我国《刑法》第 36 条规定,“由于犯罪行为而使被害人遭受经济损失的,对犯罪分子除依法给予刑事处罚外,并应根据情况判处赔偿经济损失。承担民事赔偿责任的犯罪分子,同时被判处罚金,其财产不足以全部支付的,或者被判处没收财产的,应当先承担对被害人的民事赔偿责任”。除此之外,我国《刑法》第 64 条、第 98 条等条文均为被害人创设了诸多权利。被害人是犯罪的三要素之一,一般而言,认定被害人关系着罪与非罪、此罪与彼罪。例如,在关涉罪与非罪方面,《刑法》第 262 条规定,拐骗不满 14 周岁的未成年人,脱离家庭或者监护人的,处 5 年以下有期徒刑或者拘役。该罪的被害人必须是儿童,否则,就不构成此罪。决定此罪与彼罪,一种情况是立法上我国刑法中某些条文对不同被害人与其所受伤害的不同程度作了不同罪名的规定,[①]另一种情况是司法中在多方交错的法律关系中,判定行为介于哪两个主体之间,会得出不同的定罪结论。正如本文“偷换二维码案”中被害人不同,行为人所触犯的罪名就不同。

众所周知,被害人不同于受害人,二者分属不同部门法,被害人是刑事领域的概念而受害人是民事领域的概念。“被害人应当是指人身权利、财产权利或者其他合法权利受到犯罪行为直接侵害的人”[②],而受害人是因侵权行为而遭到人身或财产损害的人。法条中不乏对二者的直接描述性规定,如原《民法通则》第 127 条规定:“饲养的动物造成他人损害的,动物饲养人或者管理人应当承担民事责任;由于受害人的过错造成损害的,动物饲养人或者管理人不承担民事责任;由于第三人的过错造成损害的,第三人应当承担民事责任。”我国《刑法》第 36 条规定,“由于犯罪行为而使被害人遭受经济损失的,对犯罪分子除依法给予刑事处罚外,并应根据情况判处赔偿经济损失。承担民事赔偿责任的犯罪分子,同时被判处罚金,其财产不足以全部支付的,或者被判处没收财产的,应当先承担对被害人的民事赔偿责任”。

行为人采取欺诈的方式让受害人错误地处分了被害人(第三人)的财产,受害人没有实际损失,而被害人遭受了实际的损失。此种场合,被害人与受害人不是同一人,存在两组法律关系,一个是行为人与被害人之间的刑事法律关系,另一个是被害人与

---

① 参见兰跃军:《论被害人的认定》,载《甘肃政法学院学报》2012 年第 1 期。

② 张明楷:《三角诈骗的类型》,载《法学评论》2017 年第 1 期。

受害人之间的民事法律关系。受害人没有权利处分被害人的财产,被害人财产损害的刑事责任应当归属行为人,而非受害人。在民商事领域,如果A采取欺诈的手法使得B陷入了错误认识,而将C的财产交付给A,那么责任承担的路径是B偿还C的财产,而后向A追偿。在这组民事关系中,B是受害人。以同一事实来看刑事责任评价,显然C是被害人。如A以非法占有为目的,通过使用虚假的经济合同,欺骗C银行主管贷款事项的副行长B,骗取100万元贷款后潜逃。毋庸置疑,A的行为构成贷款诈骗罪。受骗人与处分行为人是B,被害人是C银行。① 从交错的民刑事关系来看,往往存在刑事责任和民事责任竞合的现象,按照王利明教授的观点,责任竞合时只承担其一,责任聚合时同时承担,互不影响。②

(二)被害人直接遭受财产减损

在财产犯罪中,被害人的财产直接遭受减损,这也是第三方支付行为的逻辑起点之一。③ 这一认识从被害人的界定可推知,学界关于被害人的定义存在两种主要观点,一是"权利侵害说",认为在刑法视域中,被害人只能包括被犯罪行为直接侵害具体权利并由此直接承受物质损失或精神损害的人和单位。④ 二是"法益侵害说",认为"被害人法益直接被害,是指被害人个人法益直接遭受犯罪行为的侵害,被害人是该犯罪行为的直接侵害对象"⑤。从价值取向上来看,"权利侵害说"与"法益侵害说"都是从刑法的保护目的出发,旨在保障人权。此处,我们对这两个关于犯罪本质的学说不予置评,仅对同时出现在两个学说"被害人"定义中的"直接"作以分析。"直接"意味着排除了间接遭受物质或精神损害的对象。首先,从被害人理论来看,为了保障被害人的权利,被害人对象不能扩大化,而应当将其限定范围,这即要求被害人应当是"直接"遭受损失的主体。其次,从刑罚的功能来看,刑罚应当具有对被害人的安抚功能或称报复感情平息功能。⑥ 也就是说,只有遭受了直接的损失或是直接侵害的被害人,才会有修复感情、安抚情绪之需要。据此可以说,"被害人是因刑事不法行为直接遭受财产上的不利益"⑦,是遭受犯罪行为直接侵害的主体。

我国刑法设立不同的侵财犯罪类型的罪名就是为充分保护被害人的财产权益,在侵财类犯罪中,被害人遭受损害的"直接性"可表述为财产的直接减损。在侵犯个体

① 参见[日]西田典之:《刑法各论》,弘文堂2005年版,第200页。

② 参见王利明:《论责任聚合》,载《判解研究》第2辑,人民法院出版社2003年版,第9页。

③ 参见王志远、陈昊:《从"处分"到"意向":诈骗与盗窃界分的网络支付视野观察》,载《东南大学学报(哲学社会科学版)》2022年第2期。

④ 参见高铭暄、张杰:《刑法学视野中被害人问题探讨》,载《中国刑事法杂志》2006年第1期。

⑤ 参见张明楷:《法益初论》,中国政法大学出版社2000年版,第269-341页。

⑥ 参见马克昌编:《刑罚通论》,武汉大学出版社2001年版,第52页。

⑦ Vgl. BGH, Beschl. v. 28. 11. 2000 - 5 StR 371/00, Rn. 17. 转引自王士帆:《犯罪所得优先发还被害人——简析新刑法之发还条款》,载《月旦法学杂志》2016年第4期。

法益的犯罪中,法益主体是个人,通常所谓的被害人便是指这类犯罪中具体的受害对象。[①] 在盗窃罪与诈骗罪中,被害人指的就是直接遭受财产减损的个人。因此,第三方支付中两罪的被害人之认定应当以财产减损的直接性作为判断依据,如此才能合理限制被害人的范围,符合刑事法律对被害人的保护立场。

在第三方支付中,被害人的认定要看其是否直接遭受了财产损失。如果将遭受财产损失的人认定为顾客,也即认为顾客所支付的价款是基于行为人行为所导致的认知错误而进入行为人账户的,一旦商家发现应到货款未到位,那么商家就会要求顾客再次付款或者不给付商品,因此这时承担财产损失后果的就是顾客。[②] 那么可能出现的悖论是,顾客在支付完价款后取得了与之对应的商品,并没有任何的财产损失,且在顾客离去后,商家也很难要求该顾客再次支付货款。一方面,将财产受损的被害人看作顾客,不利于社会交易秩序的稳定;另一方面,从社会常理来看,只要顾客依照商家的指示完成了支付行为,而不是假意支付,顾客支付的一瞬间即已完成交易。对此的辨明,其实质上是明确被害人才是真正财产受损的主体,而非其他人。

(三)与被害人直接相关的行为是定性行为

刑法理论一般认为,盗窃罪与诈骗罪非难上的差异在于占有转移的手段不同,诈骗罪中的财产损害是被害人"自损性配合"放弃财产占有关系,而盗窃罪中的财产损害是直接由行为人破坏权利人占有关系的行为导致的。[③] 所谓"窃取",虽然用着"窃取"一语,但是并不需要暗地取得,也可以是公然地侵害占有。[④] 刑法中的行为应当是存在论意义上的行为,也即在人的目的支配下的行为。[⑤]

必须找到能够评价为实行行为的举动,并据此定性。

无行为即无犯罪,犯罪行为是犯罪人施加在被害人身上的行为,如我国《刑法》第263条抢劫罪规定"以暴力、胁迫或者其他方法抢劫公私财物的",罪状表述中抢劫行为的对象是被害人。假设A抢劫B的财物,一旁的C见势欲帮助B抢回财物,A故意将C推倒在地造成C重伤,后取财离去。这一案例中,抢劫罪被害人是B,与被害人直接相关的行为是A对B实施的抢劫行为,而C不是抢劫罪的被害人,与其直接相关的行为是故意伤害行为,那么,故意伤害行为就是与C直接相关的定性行为。此例指明,与被害人直接相关的行为才是定性行为。

第三方支付中取财行为的定性问题,首先需要明确的是"哪个是定性行为",而与被害人直接相关的行为就是定性行为。在"偷换二维码案"中,与被害人即商家直接

---

① 参见劳东燕:《被害人视角与刑法理论的重构》,载《政法论坛》2006年第5期。

② 参见刘梦雅、张爱艳:《偷换商家支付二维码案的刑法认定》,载《中国检察官》2018年第2期。

③ 参见林东茂:《刑法综览》,中国人民大学出版社2009年版,第144页。

④ 参见[日]大塚仁:《刑法概说》(各论)(第3版),冯军译,中国人民大学出版社2003年版,第193页。

⑤ 参见王志远:《论刑法中的行为——从"犯罪是行为"到"犯罪有行为"》,载《当代法学》2006年第4期。

相关的行为就是行为人偷换二维码的行为,只有该行为才造成了商家实际的损失和权利被侵犯的状态。

综上所述,在欺诈与窃取交织的行为中,从行为本身去分析,行为的本质难以辨明。而将被害人作为分析的逻辑起点,反而能够抓住行为的不法内涵。这一观点的正当性基础是,某一行为之所以被称为犯罪,正是由于其侵犯了被害人的合法权益,即行为人的行为是针对被害人所实施的,对被害人造成了直接的损害。因而,行为定性首先需要确定被害人是谁,其次锁定行为人从被害人处取财的决定性行为,而该决定性行为就是案件需要定性的行为,决定性行为的性质为何案件的行为性质即为何。就盗窃罪与诈骗罪而言,盗窃罪的手段是窃取而诈骗罪的手段是欺诈。第三方支付中取财行为本身既带有欺骗性又带有隐藏性,按照前述逻辑,确定被害人后,如果行为人取财的决定性手段是窃取,那么行为就是窃取行为;反之,则行为就是欺诈行为。

## 三、以是否具有处分行为作为区分盗窃罪与诈骗罪的关键

诚如前述,第三方支付取财行为的定性关键在于诈骗罪与盗窃罪的区分标准。诈骗罪与盗窃罪的本质区别在于,盗窃罪和抢劫罪属于夺取罪,而诈骗罪是一种交付罪。夺取罪以违反财物占有者的意思转移财物的占有为特征,而诈骗罪作为一种交付罪,是以被骗者基于瑕疵意思交付(处分)财物或财产性利益为成立条件的。[①] 故而,处分行为的有无,是盗窃罪与诈骗罪的最大区别。在第三方支付中,区分两罪仍应坚守这一标准。然而,盗窃与窃取交织型行为错综复杂,即行为夹杂强烈的欺诈成分,笼统以"是否具有处分行为"区分盗窃罪与诈骗罪,并不能勾画出二者之殊异,这就要求必须恰当理解"处分行为",分述如下:

### (一)处分行为必须具备"处分意识"

长期以来,实务界对处分行为要具有处分意识似乎形成了统一的观点。根据最高人民法院第27号指导案例的裁判要点"行为人利用信息网络,诱骗他人点击虚假链接而实际通过预先植入的计算机程序窃取财物构成犯罪的,以盗窃罪定罪处罚;虚构可供交易的商品或者服务,欺骗他人点击付款链接而骗取财物构成犯罪的,以诈骗罪定罪处罚",该案法院裁判理由为,"应从行为人采取主要手段和被害人有无处分财物意识方面区分盗窃与诈骗"[②]。而相较于实务界,学界对于处分行为必须具备处分意识还是可以不具备处分意识,存在不可调和的争论,主要有"必要说""不要说""折中说"三种观点。"必要说"认为处分行为的成立不仅要在客观上有处分财产的行为,而且主观上还必须要有处分财产的意思;"不要说"认为只要有客观上转移财物占有的

---

① 刘明祥:《论诈骗罪中的交付财产行为》,载《法学评论》2001年第2期。

② 臧某泉等盗窃、诈骗案最高人民法院指导案例第27号(2014年)。

事实即可,不要求主观上对此有认识;"折中说"则认为通常要有处分的意思,但在特殊场合可能发生无意思的处分现象,也应当承认处分行为的成立。

我国台湾地区学者褚剑鸿言:"苟欺罔他人,使其财物上之支配力一时弛缓,乘机攫取,在被害者即属无交付财物之决意,则非诈欺取财而为窃盗。如乞借包袱作枕,暗将石块调美元,固属诈欺手段,但借给钱包者,并非有交付财物之决意。换言之,即非为财产上处分之意思表示,当然不成立诈欺取财罪,而应以窃盗罪论。"①日本学者西田典之教授指出,"要认定存在处分行为,首先必须存在基于被诈骗者的瑕疵意思表示,财物的占有发生了终局性的转移"②。按照不同的学说观点分析窃取与欺诈交织型行为会得出不同的结论。此类行为被害人客观上处分了财产,但是主观表现为"不知情",并不具有处分意识,在这种情况下,如果按照"必要说",应当认定"盗窃罪",如果按照"不要说"则应认定为"诈骗罪"。由此可见,是否要求处分意识,是区分盗窃罪与诈骗罪的重要标准。在刑法教义学上,处分意识作为处分行为的必要前提是不言自明的。我国刑法学界主流通说认为,处分意识应是诈骗罪不可或缺的不成文的构成要件。③ 通常情况下,被害人基于处分意识而为处分行为,当然地排除了盗窃罪的可能性。《德国刑法典》第 263 条规定:"出于使自己或第三人获取非法财产利益的目的,通过虚构事实或者通过歪曲、隐瞒真相引起或维持认识错误从而损害他人财产的,处五年以下有期徒刑或罚金。"德国刑法虽未在罪状中明确规定"处分行为",但是德国学界与司法认定无不将"处分行为"认定为诈骗罪不可或缺的客观构成要件。日本刑法学界"通说认为,交付行为的存在是必要的;交付行为这一要素,是'没有记述的构成要件要素'"④。日本判例主张,"成立诈骗罪,要求被欺骗者基于错误实施某种财产处分行为"⑤。由此可见,对处分行为的认识是区分诈骗罪和盗窃罪的关键。结合第三方支付行为的特性,区分两罪的处分行为必须通过处分意识,理由有二:

第一,盗窃与欺诈交织型行为中,被害人"不知情"阻却了错误认识的成立。处分行为并非孤立的行为,它是诈骗犯罪的一个阶段,被害人的认识错误是连接行为人欺诈行为与被骗人处分意识之桥梁。根据"处分意识不要说"认定诈骗罪,明显的障碍是被害人"不知情",很难判断被害人是否因错误认识而转移占有,往往被害人并非出于"内在的自由意思决定",因此不能认为"被害人基于错误认识而处分财产",进而不能构成诈骗罪。这即间接承认了"处分意识必要说"具有一定的合理性。

第二,"不要说"有天然的缺陷,忽视了"处分"的主观性,导致两罪之间难以划清

---

① 褚剑鸿:《刑法分则释论》(2 次增订版),台北,商务印书馆股份有限公司 1995 年版,第 1228 页。

② [日]西田典之:《日本刑法各论》,刘明祥、王昭武译,中国人民大学出版社 2007 年版,第 152 页。

③ 参见姜涛:《网络型诈骗罪的拟制处分行为》,载《中外法学》2019 年第 3 期。

④ [日]平野龙一:《犯罪论的诸问题》(下)(各论),有斐阁 1982 年版,第 329 页。

⑤ 最高裁判所 1970 年 3 月 26 日判决,最高裁判所刑事判例集第 24 卷第 3 号第 55 页。

界限。我国传统刑法理论认为,构成诈骗罪要求被害人“自愿地”或者“自觉地”交付财产,这实际上肯定了处分的“主观性”,被害人应当是出于内在的自由意志而为处分行为。因而,放弃处分意识等于抹杀了“处分”概念中的内心倾向。① 如学者所言,把交付(处分)行为作为诈骗罪构成要件要素的一条重要理由就是它具有区分盗窃罪与诈骗罪的作用,但按处分意思不要说,它就会失去这种作用,并且有可能出现把盗窃罪定为诈骗罪的问题。② 依照“必要说”,行为人取财若无处分意识,便无构成诈骗罪之可能性,因而可以形成盗窃罪和诈骗罪非此即彼的对立关系,还可以直接避免就此二罪出现竞合关系之尴尬局面。③ 第三方支付中,盗窃与窃取交织型行为本身性质难以辨识,因而区分两罪采“必要说”更为可取。

(二)处分行为直接造成财产减损

处分行为必须是直接引起损害发生的行为,与针对有体财物的场合一样,在涉及无体财产性利益的场合,只有当被害人的作为、容忍或不作为造成了自身直接的财产减损时,才能认定其进行了财产处分。④ 因而,只有直接造成了财产减损的行为,才能称为“处分行为”。

“交付行为的有无,划定了诈骗罪与盗窃罪的界限。被害人交付财物时是诈骗罪而不是盗窃罪;被害人没有交付财物时,即行为人夺取财物时是盗窃罪。诈骗罪与盗窃罪处于这样一种相互排斥的关系,不存在同一行为同时成立诈骗罪与盗窃罪,二者处于观念竞合关系的情况。”⑤诈骗罪中的被害人在处分财产时,是居于一种自由意志状态,其之所以同意进行财产处分,是因为其误以为处分行为能够换得某种合理对价,因而才决定放弃财产占有关系。在被害人为处分行为后,被害人的财产直接发生了减损。这里的“财产减损”必须以事实为基础,在第三方支付场合,尽管从规范意义上而言,发生转移的是债权,钱款的占有并没有变化,但是事实上在支付方支付钱款后,收款方理应受到收款依据,此依据即是基于收款方对银行的债权,若收款方的账户未收到相应款项,往往可以肯定收款方的财产发生了减损。概言之,只要行为人的欺骗行为导致被害人将对财物的占有转移给自己或者其他第三人,就应当肯定被害人作出了财产处分行为并由此直接导致了财产的减损。

原《民法通则》第72条第2款规定:“按照合同或者其他合法方式取得财产的,财产所有权从财产交付时起转移,法律另有规定或者当事人另有约定的除外。”原《合同

---

① 参见王立志:《认定诈骗罪必需“处分意识”——以“不知情交付”类型的欺诈性取财案件为例》,载《政法论坛》2015年第1期。

② 参见刘明祥:《财产罪比较研究》,中国政法大学出版社2001年版,第288页。

③ 参见蔡圣伟:《论排他互斥的犯罪构成要件》,载《东吴法律学报》2011年第4期。

④ 参见王钢:《盗窃与诈骗的区分——围绕最高人民法院第27号指导案例的展开》,载《政治与法律》2015年第4期。

⑤ 林东茂:《一个知识论上的刑法学思考》,中国人民大学出版社2009年版,第134页。

法》第133条规定:“标的物的所有权自标的物交付时起转移,但法律另有规定或者当事人另有约定的除外。”由此可见,民法上的“处分行为”是行为人基于意思表示可以引起物权变动的行为。刑法上的“处分行为”无须达到民法上的变动程度,只要财物转移达到行为人实际掌控的程度即可。在民法理论上,处分行为是指“直接作用于某项现存权利的法律行为,如变更、转让某项权利、在某项权利上设定负担和取消某项权利等;所有权人处分其所有权的处分行为,如转移动产的所有权以及在所有权上设定有利于第三人的限制物权;债权人处分其债权的行为有债的免除、债权让与等”。[①] 刑法上的占有意思相较于民法上的占有要求要低,“只要具有以将存在于自己支配的场所内的一般财物为对象的包括的、抽象的意思,通常就够了”[②]。从刑法规范的意义上而言,刑法的处分行为发生同样要求“转移”,这种转移带来的直接效果是被害人财产的减损。“众多犯罪类型的不法内容不仅仅是由于破坏或危害了被法律所保护的行为客体所决定的,而且也是由于行为实施的方式和方法决定的,相关犯罪种类的固有的应受处罚性恰恰存在于其中。”[③]例如,对财产的保护不是针对每一种想象的损害,而是只是针对特定的非常危险的犯罪种类来规定的。以德国刑法为例,以剥削方式造成的财产损害是暴利(Wucher)(《德国刑法典》第302条a),以强制方式造成的财产损害是勒索(《德国刑法典》第253条),并不存在一般性的财产损害犯罪。处分行为的不法性即体现在对特定人财产的损害,是直接且实际的损害,这种损害体现为财产方面的实际减损。

如前所述,只有减损意义的处分行为才可认为是诈骗罪的处分行为,表现为被害人在明知尚有选择余地的情况下自愿地处分了财产,并由此直接造成了财产的减损。相反,被害人的行为只是使行为人取得造成他人财产减损的机会或可能,而对自己的财产并未有任何损害,则不认为是处分行为。举例来说,如果甲在转移财产后获得了相应的对价物,并未遭受损失,那么甲的行为并不是诈骗意义上的处分行为。

(三)处分行为的内容是债权转移

占有救济往往比所有权救济简单,比如罗马法的禁止令(Interdict)以及英国的不动产返还之诉(ejectment)——一种形式上的占有诉讼,通常用来证明对不动产的权利,所有人会选择寻求占有救济。[④] 萨维尼认为,占有是两个事实的结合,是对某一事物的物理上的权利,以及在事实的而非法律的允许适用该物的意义上、不受时间限制

---

① 参见[德]卡尔·拉伦茨:《德国民法通论》,王晓晔等译,法律出版社2003年版,第436-437页。

② [日]大塚仁:《刑法概说(各论)》,冯军译,中国人民大学出版社2003年版,第188页。

③ [德]汉斯·海因里希·耶赛克、[德]托马斯·魏根特:《德国刑法教科书(总论)》,徐久生译,中国法制出版社2009年版,第295页。

④ 参见[美]理查德·A.波斯纳:《法律理论的前沿》,武欣、凌斌译,中国政法大学出版社2001年版,第207页。

地、排他地为了自己的利益(支配意图)而占有该物的主观意图。第一个是"权利",即实际管控能力,比如你买了一些锁在仓库里的商品,则还未占有,除非你拿到了仓库的钥匙。第二个是支配意图,即所占有的东西必须意识到自己能够控制。[①] 霍姆斯认同萨维尼这一观点,但有所保留,他认为特定的意图只是排除其他人干涉其使用的意图(所有人除外,除非所有人已经转移了占有)。这里有一个经典的案例,原告委托被告代其出卖一个保险箱,被告在保险箱的缝隙里发现了一些钞票——显然是原告的,原告要求被告返还这笔钱。霍姆斯辩称,原告有权要求返还,而萨维尼的观点则相反,认为原告并没有放弃这些钞票,尽管他没有意识到它们,但不能说他对它们有支配意图。简言之,霍姆斯切断了占有与所有权的联系。这样一来,第三方支付中,处分行为的内容或需要重新审视,占有转移所代表的处分行为中,占有发生了移转:先前的占有关系取消了,紧接着(通常情况下是同步的)一个新的占有关系建立了,就变成了"打破旧的占有,建立新的占有"。

第三方支付环境下,处分行为的内涵和外延是有所变化的,占有作为处分行为的内容是规范的构想,但这不意味着占有这一内容不会改变。事实上,处分行为的内容应当在符合在宪法目的的范围内向历史变化和经验性知识的进步和开放。"有时候我们不得不超越具体法益的保护,通过与'未来有关的刑法'保护,但是在适用这种构想时应当注意刑法的辅助原则。"[②]刑法上的占有权具有实质的利益价值,占有是为了实现基于支配关系所产生的现实利益。当社会的一般观念认为财物属于他人占有时,就意味着不得擅自转移该财物。[③] 我国《刑法》第264条盗窃罪与第266条诈骗罪的目的要件均要求行为人将他人合法占有的财产非法据为己有。谁占有财产关系被害人的厘定,进一步来说,破坏了对谁的"占有"对案件的定性尤为关键。在第三方支付中,交易不同于传统的钱物交易,财产非实物而是外化为数据,支付人和收款人对财产都不存在物理上的"占有"状态,财产实际由银行或是第三方支付机构占有。根据刑法理论界通说,财物占有以实际占有为标准,钱款的占有即为所有。照此推之,付款人在网上支付钱款后,就丧失了对钱款的所有权和事实上的占有,钱款应归银行或第三方支付机构所有。然而,事实上在第三方支付中账户余额等同于现金财物,付款人与收款人对钱款具有高度的支配性,可以通过支付流程实现即时消费。银行或第三方支付机构虽"占有"钱款,但并不具有完全支配和处分的权利,在付款人完成支付程序后,银行或第三方支付机构必须给付。以第三方支付的流程为例,在第三方支付平台上,消费者先是将购买物品或者服务的钱款交给第三方,第三方在消费者确认收货或

---

① 参见[美]理查德·A.波斯纳:《法律理论的前沿》,武欣、凌斌译,中国政法大学出版社2001年版,第201页。

② [德]克劳斯·罗克辛:《德国刑法学总论》,王世洲译,法律出版社1997年版,第18页。

③ 参见张明楷:《刑法学》,中国政法大学出版社2016年版,第945页。

者接受服务后再将钱款支付给经营者。[①] 由此可以得出,第三方支付机构或银行只是作为保险柜为消费者使用。[②] 显而易见,传统的货币交易"占有即所有"在第三方支付中存在难以自洽的逻辑困局。

被骗者的认识错误与行为人取得财物之间必须具备因果关系,而因果关系的重要环节即是被骗者的处分行为。被骗罪的处分行为必须使占有转移是通说观点。[③] 在前述基础上,"债权"作为财产性利益可成为盗窃罪与诈骗罪的行为对象。在第三方支付中,无形财产的转移本质是债权转移,传统的财产处分的内容"占有关系",在网络语境下异化为了"债权转移"。在第三方支付平台上,处分内容是交易双方对支付机构或银行债权的转移。故此,行为人通过虚构事实、隐瞒真相等手段,使被害人陷入错误认识转移了债权,从而直接遭受损失,仍然可构成诈骗罪。如果行为人通过欺骗手段将他人所有的债权置于个人可控制支配的地方,同样应认定为处分,这种控制支配程度只要达到有权要求支付机构或是银行给付的程度即可,如"调包"收款账号而取得债权,被害人向假冒账户支付即处分行为,基于这种处分导致行为人取得被害人对支付机构或银行的债权。

(四)债权转移以电子记录为准

根据中国人民银行2010年发布的《非金融机构支付服务管理办法》(已修改)、2015年发布的《非银行支付机构网络支付业务管理办法》及中国支付清算协会2016年下发的《条码支付业务规范(征求意见稿)》,对非银行支付机构的法律定位是实现收付款人之间转移货币资金行为的中介机构。也即,对于支付机构而言,平台链接的更改、二维码的篡改,带来的结果是交易数据的改变,也就是平台账户内资金的流动变化。支付机构实际占有并管理资金,可以支配、利用该现金去投资,客户与其之间属于债权关系。[④] 交易双方对支付机构享有债权,这里的"债权"并非意味着支付宝或是二维码等本身具有债权属性,而指的是付款人与收款人与银行之间形成了合同关系,在完成指定支付流程后即对支付机构有给付钱款之请求权。在第三方支付中传统财产转移途中占有关系已然转变为交易双方对支付机构的债权关系,一经交易确认,债权在付款人与收款人之间流转。由此看来,"没有占有财产,盗窃或是诈骗无从谈起"的说法,不攻自破。

然而随之而来的是,另一个问题浮出水面,财产性利益能否成为盗窃罪与诈骗罪的对象?我国《刑法》分则第五章"侵犯财产罪"各罪名罪状中行为对象均表述为"财物",典型财物表现为货币等实体物,这符合经济发展时期保护财产的需要。随着社

---

① 参见黄晓亮:《第三方支付风险的刑法防控》,载《法学》2015年第6期。

② 参见周光权:《刑法各论》,中国人民大学出版社2016年版,第95页。

③ 参见秦雪娜:《三角诈骗限定之提倡》,载《中国刑事法杂志》2012年第9期。

④ 参见黎宏:《刑法学各论》,法律出版社2016年版,第321页。

会财物观念的转变,过时过缓的“财物”范围无法适应财物保护的现状,出于保护法益的目的扩大解释“财物”包括财产性利益,并不违背罪刑法定的原则。[①] 除法理支撑外,财产性利益具备“财物”的特性,可视为财物,如与货币对应具有财物属性的财产权利凭证,与财物具有本质同一性,[②]在我国立法、司法解释和司法实务中都有所印证。因此,财产性利益可以作为两罪的行为对象。

尽管如此,第三方支付中的债权区别于财产权利凭证,债权流转并不存在借条等物的形态,那么债权是否属于受刑法保护的财产性利益呢？首先,尽管财产权利凭证本身是有形的,但从刑法保护财物目的的角度而言,其并非旨在保护权利凭证,而是权利凭证背后的权利或利益。其次,互联网金融中第三方支付活动日益频繁,以债权转移的形式处分财产渐为常态,债权作为财产性利益不仅不会侵害国民预期可能性,而且满足了社会变化之需要。最后,债权能够成为财产性利益从我国立法中也可窥一二,如我国《刑法》第224条合同诈骗罪的情形之一“收受对方当事人给付的货物、货款、预付款或者担保财产后逃匿的”,其中“担保财产”当然地包括了债权等财产性利益。这一限制并未阻碍债权成为财产性利益,实际来看,交易双方存储于支付机构或银行的资金具有管理可能性和转移可能性,否则也无法进行交易。由此可见,债权属于刑法中的财产性利益范畴。

第三方支付工具如二维码或支付宝并不具有债权凭证的效力,如何证明债权,也是一大难点。2015年最高人民法院发布的《关于适用〈中华人民共和国民事诉讼法〉的解释》(已修改)第116条明确规定了“电子数据”可以作为证据。之后,2016年9月最高人民法院、最高人民检察院和公安部联合下发了《关于办理刑事案件收集提取和审查判断电子数据若干问题的规定》,该司法解释将电子数据界定为“案件发生过程中形成的,以数字化形式存储、处理、传输的,能够证明案件事实的数据”。也即,在第三方支付中,虽然不存在独立的物质载体凭证,但是网上转账的记录数据等在满足电子数据完整性、审查网络身份与现实身份同一性及审查电子数据真实性与完整性的要求后均可作为证据使用。上述问题的探讨与澄清表明无形财产转移的本质是债权转移,盗窃罪与诈骗罪的行为对象问题也得以迎刃而解。

(五)处分行为与财产减损之间具有直接因果关系

诈骗罪的客观要素之间存在贯穿的因果联系,“必须因施用诈术而引起错误,因陷于错误而导致财产上处分,且因财产上处分而招致财产上损失”[③]。被骗者的认识错误与行为人取得财物之间必须具备因果关系,而因果关系的重要环节即被骗者的处

① 参见张明楷:《财产性利益是诈骗罪的对象》,载《法律科学(西北政法学院学报)》2005年第3期。
② 参见董玉庭:《论刑法中财物概念之解释——以诈骗罪为视角》,载《当代法学》2012年第6期。
③ 林山田:《刑法各罪论》(上)(增订2版),1999年自刊,第406页。

分行为。在前述基础上,"债权"作为财产性利益可成为盗窃罪与诈骗罪的行为对象。在第三方支付中,无形财产的转移本质是债权转移,传统的财产处分的内容是交易双方对支付机构或银行债权的转移。故此,行为人通过虚构事实、隐瞒真相等手段使被害人陷入错误认识转移了债权,从而直接遭受损失,仍然可构成诈骗罪。如果行为人通过欺骗手段将他人所有的债权置于个人可控制支配的地方,同样应认定为处分,这种控制支配程度只要达到有权要求支付机构或是银行给付的程度即可,如"调包"收款账号而取得债权,被害人向假冒账户支付即处分行为,基于这种处分导致行为人取得被害人对支付机构或银行的债权。

有学者认为,诈骗罪的财物应当包括财产性利益而盗窃罪的财物不包括财产性利益,原因在于"盗窃罪作为取得型犯罪是针对具体财物的犯罪,要求针对具体财物的占有目的与转移占有行为(从被害人的控制领域转移至行为人的控制领域),而诈骗罪作为一种获利型犯罪,是一种针对整体财产的犯罪,即通过欺骗行为使他人整体财产减少"①。因而,诈骗罪保护的是整体财产,处分的财产包括财物和财产性利益,而盗窃罪必须发生物理上占有转移的事实,行为对象为不能脱离财物的物理存在。② 这一观点可能引起对财物减损界定的问题。实际上,这里将诈骗罪和盗窃罪的财产进行细化,包含了观念财产的减少,对于实务界定而言,此种观点难以成立,甚至间接混淆两罪的区分。在诈骗罪的犯罪构成中,还要求处分行为同财产减损间具有直接因果关系,在本案中商家在对二维码权属认识错误的情况下示意顾客支付货款,在这个过程中,正是商家的行为导致了顾客向已经被偷换后的二维码扫码付款,造成了财产减损,其间是具有因果关系的。实际上,商家无论是否以明示、默示的方式指示顾客付款都不影响该因果关系的成立,因为就算商家没有进行意思表示,但是张贴在商家收银台上的二维码依据交易习惯就应当是商家的收款码,即使二维码被替换,那也是行为人欺骗商家导致的认知错误后果,对顾客依据交易习惯或商家指示进行付款的行为都不足以否认。

此外,在第三方支付案件中,不能对顾客进行苛责,不应该认为由于顾客的支付行为导致该损害结果的发生,如果认为是顾客的错误支付行为导致商家财产受损,那么也就是肯定了行为人偷换二维码的行为使顾客发生认知上的偏差,但是实质上顾客没有产生意思表示瑕疵,顾客的义务就是基于商家的指示支付货款,无须对商家指示付款方式的瑕疵负责,顾客在此已经尽到了自己的合理义务,只是因为商家出现了错误认识,才导致该损害结果发生,因此商家的处分行为同最后货款进入行为人账户是有

① Rönnau Grundwissen – Strafrecht: Die Zueignungsabsicht, JuS 2007, 806. 转引自徐光华:《"以刑制罪"视阈下财产罪保护法益的再认识》,载《中国法学》2016 年第 6 期。

② 参见王莹:《盗窃罪"非法占有目的"对象刍议》,载《中外法学》2015 年第 6 期。

直接因果关系的。

以上分析从规范的角度厘清了诈骗罪与盗窃罪的区分标准,处分行为仍然是界分二者的关键。处分行为必须具有处分意识,其与被害人财产减损之间具有直接的关系。财产的占有在第三方支付环境下转换成了债权在观念上的占有。这些要素除了处分意识之外,在行为构成盗窃罪的场合,同样可以担当构罪的条件。换言之,在行为人不具有处分意识的情况下,财产的减损主体即被害人,与被害人相关的行为就是定性行为,财产的占有转移在第三方支付环境下可转化为债权的转移。以下将结合上文的结论,对“偷换二维码案”的定性进行详细分析。

## 四、“偷换二维码案”行为应定性为盗窃罪

通常来说,刑法的定性即解决事实与规范对接等问题,即如何选择行为同时符合主观构成要件与客观构成要件的罪名,[①]使行为纳入相应的规范要件内。依此逻辑,只要行为事实被相应罪名的要件完全遮盖,那么定罪结论必无非议。然而,事实上具体行为可能有数个罪名的构成要件行为建立起可能的联系,此种问题在互联网犯罪中更为突出,“偷换二维码案”恰说明了这点。目前来看,针对“偷换二维码案”中的行为人偷换店家二维码的定性争议,观点自成两派,一种观点认为行为人构成盗窃罪,另一种观点则认为行为人构成的是诈骗罪。

一方面,认定盗窃罪并非理所应当。盗窃罪与诈骗罪从本质上来看,都是被害人对财物的占有被转移,前者区别于后者,是他损型犯罪,即行为人以非暴力手段,将他人占有的财物转移为自己或第三者占有。[②] 持盗窃罪观点的前提是被害人是店家,顾客与店家基于合同关系完成交易后,顾客付款后即完成了义务,顾客以钱易货,货到人走,并无损失,真正有损失的是店家。由于行为人偷换二维码后,被害人店家对钱款的占有被转移,且店家并不知情,因而构成盗窃罪。从逻辑上来看,似乎无懈可击。但根据主客观相统一的原则,盗窃罪的成立要求客观上财物是他人占有的,行为人主观上认识到是他人在占有财物。这符合社会公众对盗窃罪的通俗理解,即首先财物必须是他人占有的,其次行为人意识到占有的事实后窃走,这种情况认定为盗窃。对“占有”的认识,无论是确定认识还是概括认识,都必须能够为一般大众所公认和接受。[③] 回归本案,假如本案交易的财物是现金,行为人同样采取“半路”窃财的方式——在“钱柜下打洞”,钱款自顾客交付后直接落入行为人的手中,这一过程中店家对钱款有短暂的占有,行为人的行为介入后,钱款的占有从店家转移到了行为人,行为人构成盗窃

---

① 参见叶良芳:《刑法总论》,法律出版社2016年版,第64页。

② 参见魏昌东、杨磊:《盗窃罪的展开——基于中国传统刑法理论的反思》,载《政治与法律》2008年第12期。

③ 参见[日]山口厚:《从新判例看刑法》,付立庆、刘隽译,中国人民大学出版社2009年版,第129页。

罪。行为人的行为并未突破盗窃罪的不法结构,因而定性结论无可厚非。相较前行为,本案的行为表现为行为人偷换了店家的收款二维码,顾客扫描二维码的行为一经作出,钱款直接由顾客账户转移到行为人的账户,并没有实际的货币交易往来,不存在钱款事实状态的占有转移,店家从头至尾未占有钱款,自然也就不存在被盗的基础。进一步讲,根据刑法理论界通说,占有必须是事实上可控制的状态,按此推理,被害人应该是顾客,而顾客财物损失并非因被窃取而是因为其错误地认为店家提供的二维码无误支付了钱款。如此看来,定性盗窃的解释路径难以自圆其说。嗣后,又有观点指出,机械地以实际控制否认行为人盗窃店家的财物流于形式。如此,诈骗罪也会被该观点驳倒,其大有为否定而否定的意思。

另一方面,认定诈骗罪存在障碍。诈骗罪的实质是自损型犯罪,顾名思义,是被害人自己错误地处分了自己的财物。持诈骗罪观点认定的"被害人"有两种情形:一是被害人是顾客,顾客基于错误认识,以为是店家的账号而付款,因而行为人对顾客构成诈骗罪;二是被害人是顾客和店家,顾客误认为账号是对的而处分了自己的财物,与此同时店家也误以为顾客将钱款付至自己的账号而处分了货物,因而行为人对顾客和店家均构成诈骗罪。前者构成一般诈骗,后者构成双向诈骗。简单来说,本案认定诈骗罪最大的障碍在于谁是被害人?从构成诈骗罪的观点来看,顾客无疑是"肯定的"被害人。而推翻这一点的理由即是,站在顾客的角度,不管店家提供什么样的二维码(资金账号),顾客都是一样的付款,钱物交换,顾客并没有任何实际损失。根据第三方交易习惯,顾客无从得知该二维码是否是店家的,也不会花精力辨认二维码是否属于店家。申言之,顾客并不具有识别二维码的注意义务,因而认为被骗的是顾客显然有些牵强。退一步讲,店家交付货物没有收到对价款,在刑事法评价视野里,裁判会判罚行为人归还钱款而非顾客再次支付钱款。

"偷换二维码案"特殊的空间背景,以及第三方支付这一技术的嵌入,使被害人的确定、处分行为的认定等非轻而易举之事,案件定性更加扑朔迷离。尽管行为样态翻新,但是只要从本质上审视行为,妥当地解释法律概念并涵摄周正,自然会避免遮蔽行为的实质。综合本案,应当认定行为人构成盗窃罪,具体从被害人、行为对象及行为性质来作分析:

第一,被害人是店家。本案中,被害人无疑是店家。如前文分析,刑法上的被害人系直接遭受损失的个人。具体至本案而言,顾客扫描行为人偷换的"二维码"后,将本应支付给店家的钱款转给了行为人,顾客支付后获得了对价商品,自身并未遭受损失,真正损失的是店家,在交付商品后未取得相应的价款。"对一些法律问题的回答,完全可以从情感的认知理论上寻求帮助。"[①]抛开法理上的分析,从朴素的认知层面分

① [美]理查德·A. 波斯纳:《法律理论的前沿》,武欣、凌斌译,中国政法大学出版社2003年版,第235页。

析,店家是被害人明显也更为合理。

判断第三方取财行为究竟属于盗窃行为还是诈骗行为,首先必须确定受骗人是谁,也就是此类案件中的被害人。按照"诈骗说"的观点,顾客是行为人偷换二维码行为的受骗人,顾客基于认知上的错误处分了财物,因为顾客基于商家的指示支付了货物价款,已经尽到自己的义务,但是对于顾客是否是受骗人,这显然存在疑问。认为顾客是受骗人的理论依据是顾客知道自己支付货款的对象是商家,但是由于行为人的行为使顾客支付的货款实际上已经转移到了行为人账户,而非顾客认知中的商家账户,即顾客因行为人的行为陷入了"认识错误"。但是就本质而言,顾客的义务仅仅是向商家指定的账户支付货款,而对账户是否属于商家在所不问,顾客也没有核实该二维码是否属于商家的义务。对顾客来说,该二维码账户权属关系的认知对于自己来说是没有必要负担的义务,①实践中商家要求顾客支付的二维码可能不是自己的,可能是其家属或者亲人的,甚至还可能是公益账户,因此,顾客只要依据商家的指示向该账户支付了货款,就视作其履行了交易中的义务。所以顾客主观上并没有产生诈骗构成中的错误认识,也就不符合诈骗中的犯罪构成。故顾客不是受骗人也不是被害人,在交易中,顾客只要履行了支付货款的行为就完成了交易义务,不存在过错,所以被害人只能是商家。

第二,行为对象是债权。二维码是第三方支付的一种类型,是建立在一个支付平台基础上的,背后以虚拟账户体系为支撑。② 根据中国支付清算协会2016年下发的《条码支付业务规范(征求意见稿)》规定,"条码支付业务是指会员单位应用条码技术,向客户提供的、通过手机等移动终端实现收付款人之间货币资金转移的行为。条码支付业务包括付款扫码和收款扫码"。根据该规范,商户必须首先建立用于生成条码的银行账号或支付账号,经授权后可通过客户扫描进行交易,完成交易后,支付结果展示于商户和客户的移动终端,一方交付商品,另一方支付钱款。据此,钱款的流转是通过"支付结果"也即数据呈现的,商户实际并不占有钱款。在第三方支付中,二维码账户支付,也有处分的意思,③无形财产的处分内容是债权转移,而非占有转移。本案中,交易双方通过转移对支付机构的债权实现交易,顾客与店家之间是合同买卖关系,在正常交易情况下,顾客通过支付钱款将对银行的债权转移给店家,店家在完成相应的支付流程后可兑现或是提款,因而,归根结底行为人侵害的是店家对支付机构的债权,商家对其债权具有观念上的占有。④

---

① 参见蔡颖:《偷换二维码行为的刑法定性》,载《法学》2020年第1期。

② 参见帅青红编著:《电子支付与安全》,西南财经大学出版社2009年版,第295页。

③ 参见孔祥中:《阮齐林、全国十佳公诉人谈"偷换店家收款二维码案"定性》,载刑事实务网2016年9月24日,http://www.360doc.com/content/16/0924/08/34662875_593209902.shtml。

④ 参见付立庆:《二维码案件中诈骗罪说的质疑与盗窃罪说的论证》,载《浙江大学学报(人文社会科学版)》2022年第1期。

如果认定侵犯的是商家对于货款的占有权,那么就认为商家对于原本进入其二维码账户的货款就是已经取得占有的,但是“偷换二维码案”之所以会产生定性行为上的争议,不同于传统的偷换商家收银箱案件的关键点就在于商家对于进入第三方支付平台内的货款是不占有的,因为货款是由第三方支付平台保管,商家拥有的仅仅是对于第三方支付平台的请求权,商家没有真正意义上对货款进行支配和占有,也就不存在说行为人窃取了商家没有占有、支配的财产。而对于行为人是否侵犯了商家对于顾客的货款请求权,笔者还是持否定态度,因为商家拥有的对顾客的货款请求权是交易双方合意的结果,行为人偷换二维码的行为并没有实质影响双方的合意,行为人的行为只是导致合意的支付渠道被盗用,商家并不因此就丧失对于顾客的请求支付货款的权利,就算行为人实施了对于二维码的偷换行为,最终拥有该项权利的还是只有商家,不能说行为人偷换二维码后就取得了货款请求权而可以要求顾客支付货款,这是明显不合逻辑的,二维码只是支付手段,顾客和商家间的买卖合同关系和合意并不依附于二维码而存在,不会因为支付渠道出现瑕疵而导致合同债权出现转移。[①] 因此关于行为人的行为侵犯商家的债权,即行为人偷换二维码,让商家依旧认为二维码是自己的,商家在该错误认识的基础上以明示、默示或依照交易习惯要求顾客在已经违反商家本意的情况下对被盗换的二维码进行扫码支付,使商家同顾客间的合法债权无意义灭失,行为人最终获得了钱款。商家不仅仅是受害者,还是行为人欺骗行为的受骗者,损失的也不是对于货款的占有权,而是同顾客之间的合同债权。

第三,行为性质是窃取。本案中,与被害人财产减损直接相关的行为是窃取。行为人的行为只有一个,即偷换店家的二维码。从案件定性分歧上来看,一是行为人偷换了二维码,使顾客误以为是店家的二维码而处分了自己的财产,对顾客构成诈骗罪。二是行为人偷换了二维码,顾客误认为账号是对的而处分了自己的财产。与此同时,店家也误以为顾客将钱款付至自己的账号而处分了货物,行为人对顾客和店家构成了双向诈骗。三是行为人偷换二维码,其窃取的是店家在途中的“财产”。就构成诈骗罪的观点而言,姑且不论二者无不将被害人锁定为“顾客”,对顾客的“处分行为”作简要分析如下。财产的损害是否因顾客的处分行为造成?答案显然非也。顾客并不具有处分行为,处分行为必须要求处分意识且处分行为的结果应当造成直接的财产减损。析言之,首先,顾客并不知情,不存在认识错误一说,更不用说处分意识。其次,顾客获得了与钱款相应的商品,并未因“处分行为”而直接受到财产减损。构成盗窃罪的观点认为,行为人窃取的是店家在途的“财物”。行为人必须认识到他人占有再窃取是盗窃罪的通常理解,本案中财物从头到尾并未被店家占有,这一观点的立证前提明显不妥当。基于前文,无形财产的处分内容非占有关系而是债权关系,这即解决了

① 参见蔡颖:《偷换二维码行为的刑法定性》,载《法学》2020年第1期。

持盗窃罪观点所面临的难以自证“占有关系”的问题。如此看来,要达到定性论证充分和思路贯通,必须另辟蹊径。

根据前文分析,对行为的定性应始于对被害人的确定,进而锁定从被害人处直接取财的决定性手段为何,如果窃取行为是行为人取财的决定性手段,那么行为人的行为即为窃取,则行为应定性为盗窃罪;如果欺诈行为是行为人取财的决定性手段,那么行为人的行为即为欺诈,则行为应定性为诈骗罪。就本案而言,只有对被害人店家的权益直接造成损害的行为才能认定为对案件起决定作用的行为。具体来看,行为人偷换二维码使顾客的钱款秘密地转移到了自己的账号里,顾客的钱款即其对支付机构的债权,店家对此毫不知情,综观全案,行为人获取债权时起决定性作用的手段是秘密窃取,且被害人也没有自愿交付的行为。因而,行为人的行为是对被害人店家债权的窃取,且窃取行为与被害人店家的财产损失有直接因果关系,应当认定为盗窃罪。

## 五、结语

第三方支付这一技术的嵌入,使被害人的确定、处分行为的认定等变得更加复杂,案件定性也更加扑朔迷离。尽管行为样态翻新,但是只要从本质上审视行为,妥当地解释法律概念并涵摄周正,自然会避免遮蔽行为的实质。大陆法系刑法以及中国刑法,通说理论区分盗窃罪与诈骗罪一般以“是否具有处分行为”作为界分之标准。学界在处分行为是否必须具备处分意识上虽莫衷一是,但是对两罪的分野以“是否具有处分行为”为核心并无争议。第三方支付下的非典型“盗窃与欺诈交织”行为,表现为诈骗罪的行为方式中涵盖了盗窃罪秘密窃取的内涵,同时利用了隐瞒事实和欺骗的手段,使盗窃罪与诈骗罪的界限模糊,行为定性障碍重重。需要认识的是,网络环境下第三方支付中,盗窃罪与诈骗罪并未突破二者构成要件的范畴,判别的标准仍然应旗帜鲜明地坚持“是否具有处分行为”这一标准,且有必要对其进行恰当理解。对于第三方支付下的取财行为定性,应当确立定性思路,即“确定被害人——锁定取财的决定性行为——行为定性”。“偷换二维码案”中的定性行为是行为人实施的行为,首先要确定被害人,再从与被害人相关的财产受损事实方面进行阐述,明确案中的占有对象从“财物”已然转换为“债权”,在此基础上,仍要坚持盗窃罪和诈骗罪最根本的犯罪构成的区别:处分意识、处分行为和行为与结果间的因果关系。由此可以得出结论:行为人通过偷换二维码的行为使商家对于二维码本身出现认识差错,顾客在商家的示意下进行付款,最后商家遭受了损失,商家同顾客间的合同债权无意义消灭,而行为人窃取了债权内容的货款,因此,应当将该行为定性为盗窃罪。这一定性思路对于解决第三方支付下取财行为的定性问题具有重要的借鉴价值。

# 网络爬虫行为的不法类型和违法性判断

陆　璐*

【内容摘要】网络爬虫是多次模拟自然人访问服务器并提出反馈数据请求过程的技术。随着技术发展，网络爬虫的应用范围也有所扩展：针对对象扩张、应用范围拓宽、与其他功能融合成复合型程序。根据网络爬虫的技术特点，可以将网络爬虫行为划分为反反爬虫行为、提交请求行为、解析提取行为、存储行为、循环运行行为，其中反反爬虫行为、提交请求行为和循环运行行为可能侵犯法益，根据这三种行为的应用场景，可得出网络爬虫行为的不法类型主要包括侵犯公民个人信息、侵犯知识产权以及侵犯计算机信息系统。网络爬虫行为是行为人利用网络爬虫技术所实施的犯罪行为，因而对于网络爬虫行为的违法性判断，应当坚持以行为人为中心，要根据行为人是否具有合法授权、授权范围以及行为结果是否侵犯法益，并结合案件具体情况明确行为对象的性质，再进行综合判断。

【关键词】网络爬虫　不法类型　违法性判断

## 一、引言：问题意识与基本主张

网络爬虫技术是在大数据时代背景下新兴的获取数据资源的重要途径之一。数据资源事关大数据时代下各方的重要利益，恶意利用网络爬虫技术获取数据资源的行为，对互联网社会的稳定、发展产生了恶劣影响。2019 年，上海晟品网络科技有限公司等非法获取计算机信息系统数据案①被“互联网法律大会”列为全国“爬虫技术”侵入计算机系统抓取数据第一案。以此案为标志，网络爬虫的刑法规制问题逐渐被国内司法实务界和理论界所关注讨论。目前，从刑法总论的宏观视角对网络爬虫进行的研究占大多数，以刑法分则的微观角度即个罪的视角开展的研究较少。

宏观角度的研究成果反映出大部分学者认为网络爬虫技术本身是中立的，但是由于不当的利用产生了刑事风险，如有学者分析认为经济利益的驱动、反爬技术手段滞后、爬虫技术运用门槛低、行业规范缺失及监管不力这四个原因导致了网络爬虫技术

---

* 陆璐，四川大学法学院法律硕士（非法学）研究生。

① 参见北京市海淀区人民法院刑事判决书，(2017)京 0108 刑初 2384 号。

发生异化并泛滥,主张应当根据访问来意的善恶对网络爬虫进行划分,允许善意爬虫行动,而对恶意爬虫予以刑罚惩处。① 因此为了保护新兴互联网企业的发展,应当坚持保护互联网技术安全与发展并重的理念,对爬虫行为的合理使用界限予以划分,慎重入罪。② 换言之,首先应当明确网络爬虫的合法使用边界,“越界”的网络爬虫行为才是刑法应当规制的犯罪行为。

虽然各界就应当区分中立技术行为与异化恶意爬取行为已达成共识,但异化的爬虫行为违法性边界模糊,以及附随的被侵犯法益的认定问题仍有待解决。例如,有学者认为,爬虫所侵害的权益涉及多个领域,包括民法、行政法、刑法等,这些部门法均对被侵害法益有所规定,这导致难以确定行为人应当承担的法律责任类型,加之各个部门法对爬虫行为的规制均未形成一个体系化的策略,缺乏部门法之间的合理衔接,更加使爬虫行为的责任认定困难;恶意爬取行为的侵害法益具有多元性,被爬取数据背后的权利类型、法益属性比较复杂,司法实践对法益的认定还未有明确的定论,这也导致行为刑事违法性定性存在困难。③ 又如,有观点认为我国当前法律体系偏向于保护以运行安全和信息安全为主要内容的网络安全,刑法规制网络爬虫案件存在两个层面的问题:一是前置性法规不足导致的外层基础支撑不足;二是精准划定犯罪圈以及界定罪与非罪、此罪与彼罪的刑法内层理论接洽仍有待研究。④

当前,学界普遍认为网络爬虫是否具有刑事违法性,应当从行为不法和对象不法两个方面进行讨论:

第一,判断行为不法之前,应先对网络爬虫的行为特征进行分析解构。不少学者在研究网络爬虫行为类型化问题时,将恶意网络爬虫行为整体性地划分为窃取型、侵入型和扰乱型。⑤ 事实上,网络爬虫涉及多个行为,笼统地划分容易致使其中部分中立行为也被认定为犯罪行为。如部分学者认为行为人出于不正当竞争的目的获取并使用被爬取数据,是爬取行为具有刑事可罚性的条件之一。⑥ 然而,这恰恰犯了以偏概全的错误。有学者指出应当将网络爬虫行为按照抓取、存储、提取、使用、删除的行为路径进一步细化,划分为数据抓取、数据存储、信息提取、信息使用和信息删除五个行为;其中抓取、存储、提取这前三个环节对应的三种行为,由于与网络爬虫技术强相

---

① 参见张一献:《从技术到犯罪:恶意网络爬虫行为入罪的类型认定与裁判思路探索》,载《时代法学》2020年第4期。

② 参见徐放:《数据视角下网络爬取行为的刑法学规制》,载《宜春学院学报》2020年第11期。

③ 参见于冲、王宸:《恶意爬取数据行为的刑法评价思路与边界》,载《铁道警察学院学报》2020年第6期。

④ 参见陈小彪、储虎:《论网络爬虫行为的刑法应对》,载《河南警察学院学报》2020年第5期。

⑤ 参见张一献:《从技术到犯罪:恶意网络爬虫行为入罪的类型认定与裁判思路探索》,载《时代法学》2020年第4期。

⑥ 参见郭玮:《网络数据爬取行为的刑法规制研究——以非法获取计算机信息系统数据罪为视角》,载《新疆社会科学》2020年第3期。

关,因而应当归为技术风险行为,而后续使用和删除行为几乎与网络爬虫技术不产生交集,因而应当归为后续风险行为。[①] 将被爬取数据用于不正当竞争是利用行为,已经与爬取行为发生中断,后行为具有刑事违法性并不能表明前行为同样具有刑事违法性。因此,为了避免矫枉过正,保持刑法的谦抑性,保证发展技术与保护安全并重的国家网络发展观,必须要在对涉嫌犯罪的行为有了正确透彻了解的基础之上,制定合理的网络爬虫刑法规制路径。

办理"网络爬虫入刑第一案"的法官首先提出了行为不法的判断标准:破解了数据控制者的反爬虫措施或违背 robots 协议的爬虫行为是未经授权或超越授权的爬虫行为,具有刑事违法性。[②] 这一标准实际是将"技术授权"等同于"规范授权"了,不少学者对此提出了反驳意见。如其中一个观点是网络爬虫是新兴技术,应当从技术领域的视角出发,来确定网络爬虫的法律属性。其认为:一是访问属性反映了网络爬虫是否经过合法授权,而反爬机制并不能等同于授权机制,违反反爬机制仅表明网络爬虫违反了"技术授权",并不意味着网络爬虫同时违反了"规范授权",只有违反"规范授权"的行为才具有刑事违法性。将二者等同的做法会推导出任何人违反网站的要求都会涉嫌触犯刑法的荒谬结论。二是中性化的程序、工具属性表明刑法并没有全盘否定网络爬虫技术,只有行为人为了犯罪而使用网络爬虫技术时才具有刑事违法性。[③] 另一种观点则是从实务中反思得出:不能将技术授权等同于规范授权,违反技术授权只能作为爬虫行为具有形式违法性的判断依据,还需从被爬取数据的法律属性而不是技术属性上来作实质违法性判断。换言之,被爬取数据所承载的信息内容反映了被爬取数据的法律属性,只有所载信息内容遭受侵犯时才具有实质违法性,而作为信息载体的数据本身被执行复制、存储等技术操作时并不具有实质违法性。[④] 可见,在行为不法的研究上,由于网络爬虫的法律属性需要从技术特征角度切入确定,但又不能简单地将技术特征与法律属性等同,即要求网络爬虫的法律属性必须在交叉领域中得以确认,从而判断疑难点落在了如何确定网络爬虫的技术特征与法律属性之间交叉领域的问题之上。因此,只有站在网络爬虫技术特征的基础之上,厘清网络爬虫的法律属性,才能防止刑法规制的过度扩张和不当缩小。

第二,判断对象不法,应当明确"对象"的内涵。在侵入型、扰乱型网络爬虫犯罪中,可以肯定犯罪对象是计算机信息系统。该对象的具体内涵是能够自动对信息和数

---

① 参见陈小彪、储虎:《论网络爬虫行为的刑法应对》,载《河南警察学院学报》2020 年第 5 期。

② 参见游涛、计莉卉:《使用网络爬虫获取数据行为的刑事责任认定——以"晟品公司"非法获取计算机信息系统数据罪为视角》,载《法律适用》2019 年第 10 期。

③ 参见付强、李涛:《网络爬虫的刑法应对》,载《中国检察官》2020 年第 18 期。

④ 参见石经海、苏桑妮:《爬取公开数据行为的刑法规制误区与匡正——从全国首例"爬虫"入刑案切入》,载《北京理工大学学报(社会科学版)》2021 年第 4 期。

据进行采集、加工、存储、传输、检索的系统。[①] 在窃取型网络爬虫犯罪中,犯罪对象通常被认为是"数据",且多数研究者认为数据类型较多,应当对数据作类型化分析处理,不能一概入罪,否则会陷入民事不法与刑事不法的判断冲突。如有学者主张爬虫行为突破反爬虫技术措施和违反 robots 协议仅代表该行为具有入罪的形式标准,应结合被抓取的数据类型考察爬取行为的实质可罚性,提出将被抓取的数据依据数据的开放程度划分为三种类型:开放类数据、限制类数据和绝对禁止类数据。开放类数据对任何人的获取行为均无限制;限制类数据则对数据的获取和使用进行一定的限制;绝对禁止类数据即保密数据,绝对不允许被不具有权限的人获取或使用,法益侵害性与数据保密性呈正相关,数据的保密性越低,法益侵害性就越低。[②] 另有学者在此基础上进一步提出更细化的认定标准:一是开放数据代表数据权利人默认任何人都有访问、获取和利用的权限,因此爬取开放数据无须承担刑事责任;二是对于限制重新利用的数据而言,获取数据是合法的,之后若对数据进行不当利用则可能承担相应的刑事责任,而爬取行为仅仅为了获取数据,因此爬取限制重新利用数据的行为不承担刑事责任;三是爬取涉及个人隐私、知识产权、商业秘密等内容的非开放数据可能需要承担刑事责任。[③]

然而,细究上述学者的观点内容,可以发现他们虽然使用的是"数据"这一表述,但实质指代的还包含了"信息"的概念。如侵犯知识产权、公民个人信息、商业秘密犯罪中,实际上是通过载于"数据"上的"信息"来区分保护法益类型的。部分学者也意识到了"数据"与"信息"的差别。如有部分学者认为数据仅仅是信息的载体,信息才是数据的法律属性,代表着权利人的权利。[④] 还有人认为数据是数据与信息之和,信息安全、数据安全和计算机信息系统安全均处于恶意爬取行为的侵害范围之内,从数据角度进行刑法规制,可以全面预防计算机信息系统安全和数据安全遭受侵犯。[⑤] 但是诸多研究基本上对"数据"与"信息"区别问题并没有较为明确的答案。行为侵犯法益是通过直接针对行为对象实现的。[⑥] 只有明确了犯罪对象,才能正确认定被侵害的法益以及法益是否遭到侵害,进而确定行为是否具有实质违法性。因此,这一问题具有继续研究的必要性。

网络爬虫技术是近年来才兴起并广泛应用的新兴技术,网络爬虫可能的入罪范围

---

① 参见林维:《数据爬取行为的刑事司法认定》,载《人民检察》2019 年第 18 期;庄永廉、林维、高艳东等:《利用爬虫加粉软件"打劫"个人信息牟利如何适用法律》,载《人民检察》2019 年第 18 期。

② 参见刘艳红、杨志琼:《网络爬虫的入罪标准与路径研究》,载《人民检察》2020 年第 15 期。

③ 参见于冲、王宸:《恶意爬取数据行为的刑法评价思路与边界》,载《铁道警察学院学报》2020 年第 6 期。

④ 参见石经海、苏桑妮:《爬取公开数据行为的刑法规制误区与匡正——从全国首例"爬虫"入刑案切入》,载《北京理工大学学报(社会科学版)》2021 年第 4 期。

⑤ 参见蒋巍:《恶意数据爬取行为的刑法规制研究》,载《学术论坛》2020 年第 3 期。

⑥ 参见张明楷:《法益初论》,中国政法大学出版社 2000 年版,第 27 - 35 页。

有扩大的趋势。如网络爬虫可能涉及电信网络诈骗犯罪。[①] 因此,有学者认为当前实务界和理论界对滥用爬虫技术的认识不足,刑法制裁空间有限,当前已经明确的法益保护力度仍需加强。又如网络爬虫还可能涉及危害国家安全、公共安全犯罪,有学者主张增设危害国家网络主权罪,非法买卖、传输、存储电子数据罪等对其进行规制;"网络爬虫 + 人工智能"模式可能触犯其他犯罪,有必要为应对可能发生的危险作出前瞻性立法,如设立规制滥用人工智能一类犯罪的类罪名等。[②] 除此之外,还有少部分学者关注到了网络爬虫刑法规制路径中犯罪主体、罪过、犯罪形态、共同犯罪、加重情节以及是否需要创设新型法益等问题,但研究得均不够透彻且成果较少。

相较于国内较为严苛的规制手段,国外对网络爬虫的刑法规制趋于缓和。美国法院对抓取公开数据行为采取"明确分割规则",即正当获取、使用数据网站的公开数据不认为是犯罪,大幅度降低了网络爬虫的处罚范围,对善意的、有利于数据收集和流通的网络爬虫展现了极大的容忍度。[③] 欧美国家一般采取"加强立法——明确保护措施——各有侧重的保护对象"这样的思维逻辑,思考如何对数据爬取行为开展规制既能满足爬取数据的需要,又能保护相关重要法益。如欧盟重视保护个人隐私安全,倾向于保护个人数据,美国则更重视保障经济,因而倾向于保护公司和机构数据。但二者均未能很好地平衡个人信息保护和数据商业化价值挖掘这两个重要利益。[④] 德国实务界暂未出现将爬虫纳入刑法规制的判例,对于爬虫行为大多由竞争法、数据保护法、知识产权法等相关法律法规予以规范。理论界对爬虫行为也较为宽容,一般认为爬虫行为只有突破了技术措施以及给权利人造成损失时才应当受到刑法规制。德国认为网络爬虫入罪应以发生实害为前提,因为更倾向于保护数据共享,防止产生"寒蝉效应",导致公民恐于行使基本权利而影响互联网技术的快速发展。同时,相较于国内仅对私权利主体使用网络爬虫技术开展研究,国外一些学者还关注到了公权力主体使用网络爬虫技术开展侦查工作是否可能涉及侵害公民权利的违法犯罪问题。国外学者更关注对"信息自决权"私权利的保护。

当前,国内对于网络爬虫的刑法规制研究仍处于初步阶段,开展研究的人数及研究成果都较少。国内的研究主要集中在对爬虫行为的合理使用与恶意犯罪的界分问题、分析被爬取的数据不同类型以认定"罪与非罪""此罪与彼罪"的问题、行为人的主观罪过界定问题,以及是否需要创设新法益、新罪名的问题上。这些研究都较为零散,还不足以形成一个相对完整、全面、符合网络爬虫技术实践特征的体系化规制路径。

---

① 参见张国滨、钱丹凤:《利用爬虫技术实施网络犯罪的刑法规制》,载《上海法学研究》集刊 2020 年第 23 卷。

② 参见邱波:《滥用爬虫技术的刑事风险和刑法应对》,载《上海法学研究》集刊 2020 年第 23 卷。

③ 参见杨志琼:《数据时代网络爬虫的刑法规制》,载《比较法研究》2020 年第 4 期。

④ 参见蒋巍:《恶意数据爬取行为的刑法规制研究》,载《学术论坛》2020 年第 3 期。

网络爬虫的刑法规制问题属于交叉学科问题,既要规制使用爬虫技术的犯罪行为,又要保证互联网技术的稳定发展,而当前研究者大多不具备互联网学科背景,对网络爬虫技术的理解有限,认识不够清晰,在这一情况下开展研究,必然会有疏漏之处,而即便是细微疏漏也可能导致整个研究方向发生偏差。网络爬虫的刑法规制研究中存在以下较为突出的问题:

一是行为特征不明。首先,当前大多数学者仅对网络爬虫技术的基本原理有了解,存在一定的认识错误。真正的爬取流程是爬虫程序向服务器发送对数据的请求,由服务器决定是否响应请求以及通过发送回执报文的形式响应请求。而部分学者则误认为网络爬虫是通过将信息内容的原始载体即数据一并“拿来”进行爬取。这种理解将对爬取行为违法性和法益的认定引向误区。其次,大多学者仅针对网络爬虫获取数据这一技术应用方向进行研究,几乎没有对以爬虫技术为基础实施数据篡改、伪造等其他应用方向(如蜘蛛池、加粉软件等)作扩展了解,对网络爬虫所涉及的犯罪罪名范围归纳不全。最后,没有根据爬虫技术的行为特征,针对个罪总结出相应的较为完整的构成要件,未能得出确认犯罪行为的形式标准。

二是法益不明。首先,国内涉及网络的刑法规定尚不完备,对刑法条文中关于新兴网络技术规制的精神解读也不够明确,不能确定刑法规制网络爬虫是以保护数据安全还是保护数据共享为指导。其次,表征保护法益的对象究竟是数据本身还是数据所承载的信息,仍然存在混淆和争议。如很多学者在讨论界定爬取数据对象边界问题时,使用了“开放数据”“非开放数据”等措词,但又实际包含了“公开信息内容”“非公开信息内容”的情形。最后,网络爬虫侵犯的法益本身也比较模糊,对于该法益是新型法益、传统法益还是多重法益结合体等法益性质以及法益的具体内涵缺乏研究,导致对确认爬虫行为属于犯罪行为的判断缺乏实质违法性的评价标准,难以判断网络爬虫行为是否构成犯罪、如若构成犯罪又构成何种犯罪。

三是法益侵害程度不明。对达到何种侵犯程度的网络爬虫才应当入罪的评价不够确切,这导致利用网络爬虫实施行为的不成立犯罪,或成立犯罪的预备、未遂、既遂等犯罪形态以及加重情节等量刑情节无法确定。

四是对行为人及其主观要素的研究较为匮乏。首先,对行为人责任判断的讨论仍比较浅显。而且,主观罪过往往需要通过客观事实予以印证,必要时可能要对行为人所编写或使用的代码进行特征分析,这就需要评价者对网络爬虫的技术较为熟悉,但这恰恰是当前研究者所缺乏的能力。其次,对行为人的身份对于犯罪的成立影响没有讨论,当前国内研究者几乎默认网络爬虫犯罪中的行为人是个人或组织的私权利主体,忽略了对公权力主体是否可以成为网络爬虫犯罪主体的讨论。最后,没有对行为人的目的、动机进行讨论,这一问题的讨论对于网络爬虫成立犯罪是否需要行为人具有特定的目的或动机,以及是否构成牵连犯等问题具有重要意义。

可见,我国关于网络爬虫的刑法规制研究仍处于初步阶段,理论完善的空间较大。国外的研究反映出与国内不同的规制思路以及不同的关注重点,对于我国关于网络爬虫刑法规制的完善具有较大的参考意义,但能否借鉴,仍需要结合我国的国情进行研究判断。笔者认为,网络爬虫刑法规制问题的研究应当循序渐进,网络爬虫属于计算机技术,并不是刑法领域的术语,因此要从刑法角度讨论网络爬虫行为,就需要对网络爬虫的技术特征进行法学转换,这一转换过程应是:首先明确网络爬虫的技术特点,其次根据其技术特点梳理网络爬虫所具有的法律属性,最后进行特征整合归纳总结出刑法视野下网络爬虫行为的概念与类型。只有在正确认识网络爬虫技术特点的前提下,将技术视角下的网络爬虫行为真实地"还原"到刑法视角之下,才能不失偏颇地研究讨论网络爬虫行为刑法规制问题。在此基础之上,再通过总结网络爬虫的不法类型以及提出新的违法性判断的思路,尽可能地明晰网络爬虫行为的入罪界限,将侵犯法益的网络爬虫行为纳入刑法规制视野,避免将不具有违法性的网络爬虫行为入罪,使刑法对网络爬虫技术的规制处于合理范围之内。

## 二、网络爬虫的基本原理和应用发展

在技术领域中,通常意义上的网络爬虫指以使用者或程序编写者编写的算法为依据,按照算法规定的流程,不断循环运行,实现自动、不间断地抓取互联网信息的程序或脚本。目前,几乎所有的程序语言都可以编写网络爬虫程序,较为普遍的有 C/C + +、Java、Python 等。各种语言虽然存在语法差异,但功能实现的效果及原理并无实质差别。爬虫运行过程与人力搜索过程几乎相同,两者区别仅在于爬虫采用了机器代码帮助执行搜索任务①,即爬虫实际上是多次模拟自然人通过浏览器等途径向 Web 服务器发送请求并接收、处理响应的过程,目的是通过自动发送请求、精准匹配获取信息以节省人力。诸如百度、搜狗等搜索引擎服务就是建立在网络爬虫的工作基础之上的。

随着社会进步和需求的日益变化,网络爬虫技术的应用也发生了变化。主要表现在:一是针对对象有所扩张。以往网络爬虫仅针对 PC 端的网站服务器,现在由于手机、平板等移动智能终端的普及,网络爬虫逐渐开始针对手机 App 等服务器开展数据采集。但是移动智能终端与 PC 端的网站仅仅属于不同的面向用户的界面,二者的服务器并无本质区别,网络爬虫的技术实现方式上也仅有些微差距,爬取数据的原理仍然相同。二是应用范围拓宽。网络爬虫最为独特的技术特点是能够持续自动地向服务器发送请求,这使网络爬虫的利用方向逐渐向该技术特点发展,使用网络爬虫不再仅仅局限于抓取数据。例如,抢票软件利用爬虫自动持续地向"12306"服务器提交购

① 参见曹鉴华:《网络爬虫进化论:从 Excel 爬虫到 Python 爬虫》,中国水利水电出版社 2021 年版,第 37 - 42 页。

票请求、"蜘蛛池"放出爬虫增加特定网站的搜索量以提高该网站在百度等主流搜索引擎中的结果排序等。三是复合型程序融合了网络爬虫功能。网络爬虫的功能较为单一,仅为爬取数据,而随着对使用软件或程序便利性要求的增加,相关联的软件功能也逐渐整合。因此,网络爬虫逐渐与其他功能模块整合在一块,共同组成新的复合型程序,实现使用网络爬虫爬取数据、利用爬取数据的流程一体化,这已是当前软件功能发展的大趋势。

## 三、网络爬虫行为的法律概念界定

### (一)具有社会危害性的人的行为

纳入刑法审查范围的网络爬虫行为应是具有社会危害性的违法行为。根据前述,网络爬虫程序是根据人的意志,由人完成程序编写,并由人启动运行,最终实现多次模拟人向服务器发送请求的动作的过程。整个过程人虽然并没有实行现实社会意义上的物理动作,但是实际上借助网络爬虫程序在互联网构建的虚拟社会中完成了一系列虚拟动作。也就是说,网络爬虫程序是一种特殊的工具,行为人借用这一工具在虚拟社会完成了危害社会的行为。因此,网络爬虫行为应当视为由自然人主导的、在虚拟社会中实行的具有社会危害性的行为。网络爬虫虽然是在虚拟社会中行动,但其在虚拟社会中产生的危害结果会以另一种方式体现在现实社会之中,即该行为结果会对虚拟社会和现实社会均造成影响,因而具有社会危害性。

### (二)网络爬虫行为的行为内涵重构

当前,有学者主张将网络爬虫行为划分为五个行为:数据抓取行为、数据存储行为、信息提取行为、信息使用行为和信息删除行为。将前述划分方式与网络爬虫的实现过程两相对照,可以发现:

其一,数据抓取行为指向的是网络爬虫向服务器提交请求的过程。

其二,数据存储行为和信息提取行为则共同指向了网络爬虫接收并处理反馈的过程。但是网络爬虫在接收反馈的同时就对行为人所需的内容进行了解析提取并存储,而并不是先将反馈全部存储之后,再对信息进行提取。

其三,信息使用行为实际上是行为人在实施网络爬虫行为终了后的后续行为。换言之,网络爬虫行为获得反馈之后就已实施终了,行为人之后如何使用网络爬虫爬取数据,与网络爬虫没有关联。

其四,信息删除行为实质上指向的仍是网络爬虫向服务器提交请求的过程,只是这一请求是删除服务器内存储数据的指令。

显然,前述划分方法与网络爬虫技术实现过程并不相匹配,依据网络爬虫的技术原理,可知网络爬虫技术的涵摄范围实际上只包括了自动持续性向服务器提交请求以及接收反馈的过程,并不包含之后对数据进行使用的步骤。产生这一偏差的原因是划分者在对网络爬虫技术原理的理解上存在误区,不当扩大了网络爬虫的涵摄范围。换个角度而言,一个功能强大的软件不但包含了网络爬虫的模块,还设置了对网络爬虫可爬取数据的处理模块,用户通过该软件调用网络爬虫模块功能获取数据之后,同时使用该软件的其他功能模块对这些数据进行再处理、使用等操作,以用户视角看来,会产生所有流程都是由网络爬虫所完成的误解,但这整个过程实际是由软件即复合型程序所完成的,网络爬虫仅参与了其中一部分工作。

(三)行为对象认识之检讨

使用网络爬虫的目的通常有两种。第一种较为少见,是利用网络爬虫向特定服务器自动持续提交请求,欲使特定服务器按照请求修改其中数据。如抢票软件不断向"12306"网站提交购票请求,当购票成功时,"12306"网站中的数据也进行了相应改变。又如行为人专门利用网络爬虫向服务器提交删除存储数据的请求,使服务器依照请求对其存储数据予以删除。第二种则更为普遍,即用网络爬虫获取数据。两种情形中,网络爬虫的行为对象都是数据。

应该明确的是,作为网络爬虫行为对象的数据是互联网技术上的概念。互联网的任一部分都可以称为数据,诸如信息也是以数据形式呈现的,其同样也是一种数据,但数据却并不全是信息。数据与信息不完全的"身份"重合造成了二者常常被混为一谈。在互联网中数据与信息混同或许不会产生太大争议,但是作为刑法保护法益时,二者混同却会带来麻烦。

当前,很多学者主张以数据的开放性作为判断网络爬虫行为是否侵犯法益的标准,依据此标准,对网络爬虫犯罪的入罪量刑也是以"数据"数量为基础进行评判的。然而,数据与信息的数量并不是一一对应的关系,如一条数据中可能包含多条信息,多条数据中可能并不包含任一信息。对于网络犯罪,刑法也并未将数据作为网络犯罪的唯一行为对象。例如《刑法》第286条第2款规定中的行为对象是计算机系统中的数据;而最高人民法院、最高人民检察院《关于办理侵犯公民个人信息刑事案件适用法律若干问题的解释》第3条规定的行为对象则是信息。如果忽视二者的不同,一律以数据作为评价标准混同处理,会产生保护法益认定上的偏差,导致入罪门槛混乱存疑,有违罪刑法定原则。而且,很多学者虽然主张这一标准,但是具体讨论这一标准的细则时又将"信息"的开放性糅杂其中。显然这种混淆认识的产生源自"数据"与"信息"的混同。可以明确的是信息与数据是两个不同的概念,而且二者确实有区分的必要。

事实上,这一标准是将数据的开放程度作为判断行为人是否有权获取数据的依据,其本质上仍是将网络爬虫实施者无权获取相关内容作为其行为的违法性来源。因此,这个"相关内容"作为行为对象是辨明网络爬虫违法性的重要依据,而它既可以是数据,也可以是信息,更可能是信息与数据的结合体,仅以数据的开放性作为判断网络爬虫违法性依据必然存在局限性。行为对象在一定程度上反映了保护法益,对行为对象的错误认识可能影响行为的法益侵害性判断,进而在入罪量刑方面产生误判。

基于上述理由,在讨论网络爬虫行为违法性的问题上,有必要明晰网络爬虫的行为对象。数据与信息之间关系密切,不可能机械地按照一个固定的标准将数据与信息明确区分,而是应当具体问题具体分析,根据具体案件情况来确定行为对象,而不是一概以数据揽括所有情形。有学者初步划分了信息数据领域的法律问题:一是纯粹信息问题类型,包括网络侵害知识产权和人格权、个人信息保护、网络安全中的信息安全、电子交易;二是纯粹数据问题类型,包括虚拟财产、网络安全中的网络运行安全、企业数据的法律保护;三是信息、数据混合类型,包括信息和数据并存的单一问题、信息和数据交错的某类问题。① 笔者认为,这一标准具有合理性。在互联网语境下,任一对象都是数据,而纯粹信息类问题表明信息才是保护法益,只有既是信息又是数据的对象才是被侵害对象,只是数据的对象应当排除在外;纯粹数据类问题表明数据是关注重点,数据本身的无形的"物理变化"是刑法保护的核心,如虚拟财产的增加、减少、灭失等"物理性变化"才是刑法关注的重点,刑法并不关注虚拟财产这类数据是否具有信息意义;对于信息、数据混合类型,则有必要审查这种混合型数据在信息和数据两方面是否都受刑法保护,如若都受保护,则行为人侵犯该类数据可能一行为触犯数罪,通过竞合原理予以解决。因此,根据上述标准,结合具体案情,有助于明确网络爬虫的行为对象,准确认定保护法益,使对网络爬虫行为违法性的判断更加精准。

### (四)网络爬虫行为定义之归纳

认定网络爬虫行为应当牢牢把握网络爬虫的技术特征,避免将利用复合型程序中其他功能模块的行为也一概认定为网络爬虫行为。网络爬虫行为主要特点在于:行为人将网络爬虫技术作为犯罪工具,利用的是网络爬虫技术最独特的功能,即能够依照行为人的意志、自动持续地向特定服务器提交特定请求;行为目的是对服务器中的数据进行操作,包括获取、修改、毁坏数据等;行为结果具有社会危害性。因此,网络爬虫行为应当是指依照行为人的意志,利用网络爬虫程序所实施的,自动持续地向特定服务器提交操作其存储数据请求的具有社会危害性的行为。

## 四、网络爬虫的不法类型分析

网络爬虫是技术,而网络爬虫行为是具有法律意义的行为,应当根据网络爬虫的技术特点,在技术与法律重合的领域内归纳出网络爬虫的行为类型。由于网络爬虫技术在不断升级,因此,归纳网络爬虫的行为类型应当从一般到特殊,从基本型网络爬虫中解构出具有典型性的行为类型之后,再从特殊型网络爬虫中梳理出扩展的行为

---

① 参见梅夏英:《信息和数据概念区分的法律意义》,载《比较法研究》2020年第6期。

类型。

（一）基本的网络爬虫行为类型

网络爬虫是由多个重复性的工作流程所组成的。因此，需要从单次工作流程（微观层面）和整体工作流程（宏观层面）对网络爬虫进行整体全面考察，确定对应行为。

网络爬虫的单次工作流程可分为以下三步：第一步爬取网页，即爬虫程序向目标网站服务器发送 HTTP 请求，由服务器返回爬虫程序所请求内容的 HTTP 响应（网页源代码）；第二步解析响应报文，即根据返回响应报文中的网页结构，分析网页源代码，从中提取所需内容；第三步存储数据，可以采取简单保存到 JSON 或 CSV 文件或数据库的方式。[①] 第一步爬取网页中，学界多用“爬取行为”或“数据抓取行为”进行概括，但这并不能直观地反映出网络爬虫的技术实现过程，因为网络爬虫实际上实施的只是提交请求行为，行为结果是接收服务器的反馈，网络爬虫并不是主动将数据从服务器中“拿来”，而是由服务器决定是否返回数据，其获得数据具有被动性，因此以提交请求行为概括更为合适。第二步可以概括为解析提取行为。第三步则可概括为存储行为。网络爬虫的整体工作流程是通过设置循环条件，不断循环运行单次工作流程，当循环停止的条件达成时，自动停止下一次网络爬虫的运行。从宏观层面来看，网络爬虫在循环运行，多次提交请求的行为可以总结为循环运行行为。一些复合型程序整合了网络爬虫模块，但其目的并不是获取数据，只是看中网络爬虫能够自动持续提交请求的循环功能，如抢票软件、抢号软件等。以抢票软件为例，由于“12306”网站放票时间并不固定且某些热门车次的余票存量持续时间极短，因此行为人通过不断放出爬虫向“12306”网站服务器提交购票请求，使得在网站放票瞬间就能抢购车票，从而迅速非法囤积大量车票，在找到买主后退票，并再次利用该软件使用买主真实身份信息不断提交购票请求，抢回车票，从中谋取高额加价。在这一过程中，行为人利用抢票软件实施的重复提交购票请求行为其实就是通过网络爬虫实现的，利用的是网络爬虫能够持续不断地向服务器提交请求的特点，即主要利用的是爬虫的提交请求行为和循环运行行为。因此，行为人不以获取数据为目的实施的具有网络爬虫技术特点的自动持续提交请求的行为同样应当归为网络爬虫行为，并纳入提交请求行为或循环运行行为的范围。如果单次提交请求行为已经构成犯罪则应当认定为提交请求行为，如果是多次提交请求行为造成了危害后果，则应当认定为循环运行行为。

在网络爬虫的工作流程中，爬取网页为最关键的一步。基本的爬取网页的过程与这一场景类似：甲向乙提出需要某一文件内容的请求，乙将文件复印后将复印件交给甲。区别在于爬虫和服务器均没有人的意志，并不会思考，仅是机械地完成人预设的

---

① 参见林忠会、代飞、迟永芳主编：《Python 网络爬虫技术案例教程》，电子科技大学出版社 2021 年版，第 47－52 页。

指令来发送和接收请求。因此,需要透过表象,分析过程背后人的行为是否合法。人的行为不合法即具有违法性,代表该行为具有法益侵害性。提交请求行为的直接结果则是获得了服务器返回的内容,如果爬虫方不具有访问权限,则提交请求行为具有违法性。这与行为人利用机器、装置实施盗窃罪的情形具有一定的相似性。因为服务器中处理用户请求的模块并不会对用户是否有权进行验证,服务器的管理者也不可能对众多请求一一核验后再允许服务器给予回应。也就是说,服务器在接收请求并作出相应响应的过程中并没有管理员的介入,服务器基于信赖根据爬虫发送的请求返回了响应报文,相当于未经授权的爬虫方利用"不能思考"的服务器"盗取"了他人所有的报文内容,因而具有违法性。

解析提取行为,是指根据一定的规则对服务器返回的响应报文进行梳理、摘取所需信息的过程。这里的解析提取以服务器返回的报文内容为限,对返回的报文内容进行规则匹配,筛选出所需数据。存储行为是解析提取行为的后续行为,指将对响应报文进行解析后提取出的所需内容存储在本地的行为。由于这两种行为皆是对服务器返回的响应报文进行处理的过程,响应报文经服务器发出之后,便与服务器不再有关联,因此,两种行为对响应报文的任何处理都不会影响服务器中原存储内容的完整性、真实性,都不会对服务器中存储的内容造成影响,均是提交请求行为之后极为普遍的后续行为。如若先前行为已涉嫌违法,则作为法益客体的关键内容原本就被包含在响应报文之中,在被返回至行为人处的当下就已处在行为人的控制之中,已经产生了保护法益受侵犯的风险,因此,作为提交请求行为的后续行为,解析行为与存储行为均应属于事后不可罚行为。

由于网络爬虫是一个循环体结构,会持续地运行循环体结构中规定的行为,因此,还应当从宏观层面对网络爬虫进行整体性地考察分析,即分析网络爬虫循环运行行为的违法性,具体表现有:一是循环运行行为的频率过快,可能会破坏计算机系统。由于服务器处理接收到的请求时,需要消耗一定的带宽、内存等系统资源,逐个处理等候队列中的请求,待当前请求处理完毕后才会释放被占用的系统资源,再处理下一请求。互联网中的"拒绝服务攻击"就是针对服务器的这一特性进行的,如果等候队列中的请求过多,则服务器需要同时消耗的系统资源也会过多,直至难以负荷,服务器就会拒绝服务,导致其他用户无法获得服务、服务器软硬件故障等后果。网络爬虫的循环运行行为的频率如若过快,就会产生类似"拒绝服务攻击"的效果。例如,中国裁判文书网曾一度因其他机构使用网络爬虫爬取挂网裁判文书,导致服务器难以负荷而宕机不能提供服务。因此,循环运行行为的频率是检验网络爬虫是否带有恶意的重要标志。而循环运行行为的频率由编写者或使用者设定的发送 HTTP 请求的时间间隔参数予以确定,对于网络爬虫的编写者或使用者而言,其是能够意识到使用网络爬虫爬取频率过快会导致服务器功能受损后果的,因此,爬取频率能够反映行为人的主观态度,即可以认定行为人具有犯罪故意,客观上也造成了危害结果,因而具有可罚性。二是循环运行行为的结果可能侵犯法益。如前所述,网络爬虫的使用目的不再局限于获取网络内容,正是由于诸如抢票软件等“非典型”网络爬虫的应用扩大导致了网络爬虫可能侵犯的法益有所扩张。抢票软件正是利用了网络爬虫的循环运行行为而运行的。抢票软件又可以再细分为两种:一种是合法抢票软件。这种抢票软件一般由大型企业开发并使用,较为正规,大多只具备自动提交购票申请的功能。这类软件是否会产生刑事违法性有待商榷:由单独的行为人一方使用抢票软件造成“12306”网站服务器宕机后果的刑事违法性显而易见,但现实中,市面上抢票软件众多,使用者更是难以合计,多个行为人使用多种抢票软件同时运行,如若导致网站服务器故障,实为多因一果,很难认定单独一方行为人的刑事违法性。另一种则是上文提及的黄牛倒卖车票所使用的非法抢票软件。黄牛利用非法抢票软件囤积车票哄抬售价牟利的行为除同样可能侵犯计算机系统平稳运行的法益之外,还侵犯了倒卖车票罪的保护法益。另一“非典型”网络爬虫的主要应用即为蜘蛛池。在百度、搜狗等国内主流搜索引擎中搜索相关关键词时,其显示结果的排序与网站的曝光量、关联度等相关。蜘蛛池通过不断放出网络爬虫访问指定网站,虚假增加该网站的访问量,从而抬高指定网站的权重,从而实现他人在搜索相关关键词时,指定网站信息显示在前列,达到吸引客源的目的。很多处于违法边缘的灰色产业甚至违法产业从事者会选择利用蜘蛛池吸引客源,开展违法犯罪活动。如在彭某海等伪造有价票证案①中,行为人冯某成、万某军便是利用了蜘蛛池为彭某海等人“拓宽销路”,法院认定二人与彭某海等人属于共犯。由此可见,实务中对于主观上明知他人从事违法犯罪活动,客观上仍利用蜘蛛池等网络技术帮助他人推广违法网站并切实起到一定帮助作用的行为,认定构成他人相应犯罪的帮助犯罪。但是,如若他人实施的是利用信息网络的犯罪行为,行为人利用蜘蛛池帮助“推广”,则可能构成帮助信息网络犯罪活动罪与他人犯罪帮助犯的想象竞合。

除此之外,由于网络爬虫在不同领域的应用不断扩大,其侵犯的法益范围也会随着扩大。深究其原因为网络爬虫充当了行为人的犯罪工具,行为人利用犯罪工具实施不同的犯罪,就会侵犯不同的法益。

### (二)扩展的网络爬虫行为类型

数据资源是在互联网社会持久站立的资本,随着获取数据资源的网络爬虫技术的发展,对抗网络爬虫的反爬虫机制也随之产生。反爬虫机制在网络爬虫获取数据过程中的任一环节都有可能存在,是服务器方为防止网络爬虫获取数据而设置,能够妨碍网络爬虫按流程执行命令,使之运行停摆或不能达成目的。

为了应对反爬虫机制,开发者也对网络爬虫技术进行了迭代升级,增加了反反爬

---

① 参见湖南省娄底市娄星区人民法院刑事判决书,(2017)湘1302刑初368号。

虫的模块,即产生了反反爬虫行为,根据反爬虫机制的特点,对爬虫的运行规律予以修改使之更符合自然人操作时的行为特征,从而达到绕过或破解反爬虫措施的目的。由于反爬虫技术同网络爬虫技术相互对抗,且处于不断发展之中,无法罗列出全部的反爬虫机制,因此根据反爬虫机制的目的,笔者认为客观上发挥了反爬虫作用的机制均应认定为反爬虫机制,与之相对抗的网络爬虫行为则为反反爬虫行为。反爬虫机制应当区分广义的反爬虫机制和狭义的反爬虫机制。广义的反爬虫机制是指客观上发挥了反爬虫作用的机制,包括授权认证机制和狭义的反爬虫机制。

授权认证机制通常指使用账户密码匹配登陆、验证码认证等,服务器一般通过授权认证机制识别来访者是否是授权用户进而判断来访者是否具有访问权限。该机制并不是针对网络爬虫,而是面向所有来访者。权利人设置该机制之初未必具有反爬虫的目的,但若爬虫不能通过授权认证机制就会被拒之门外,因而客观上起到了反爬虫的作用,故也应将其纳入反爬虫机制。授权认证机制实际是对爬虫使用者权限进行审查的机制。如若爬虫使用者不使用爬虫就被允许访问服务器并获得数据,则其通过网络爬虫实现前述过程也同样具有权限。但如若爬虫使用者本身就不具有访问权限,因网络爬虫访问权利从属于行为人,则网络爬虫亦不具备访问权限。

狭义的反爬虫机制,是专门针对网络爬虫设计的机制。目前主要有以下四种:一是检测爬虫发送请求中的 Headers 的 User - Agent 或 Referer 值,检测结果不符合规定,则服务器拒绝服务,使网络爬虫无法获得反馈。其原理是分析请求报文来源,识别报文是否来自网络爬虫。二是检测用户行为,包括但不限于:同一 IP 短时间内访问同一页面的频率、同一账户短时间内相同操作的频率等,检测异常则拒绝服务。其原理是通过分析提交报文的频率,过快频率则判定是网络爬虫在提交请求。三是使用动态页面加载的方式限制爬虫获取数据。其原理是从提供内容的方式上为网络爬虫获取数据增加阻碍,使其难以获取数据。四是 Robots 协议。该协议属于单方协议,完全由制定人的意思主导,但同时不具有强制性,只能仰仗他人自觉遵守。这是一种期望机制,客观上并不能起到阻碍网络爬虫爬取数据的作用,只能期望爬虫使用者有所克制。在 Robots 协议中,并未限制自然人的人工访问,仅限制了网络爬虫的来访,通常规定了允许爬取数据的网络爬虫来源(如百度爬虫、谷歌爬虫等)、允许爬取的数据范围等内容,旨在限制有限的网络爬虫爬取有限的数据。在狭义的反爬虫机制中,前三种机制反映了机制设计者不欢迎所有网络爬虫来访或不欢迎为了爬取数据不顾服务器运行的“自私爬虫”来访的心理。最后一种机制则反映出权利人看似并不拒绝网络爬虫来访、获取部分内容,但实际上只允许部分的网络爬虫并排斥大多数网络爬虫来访的心理。

当前,有观点认为爬虫行为具有违法性的判断标准之一是爬虫不具有访问权限,爬虫不具有访问权限的判断依据则是爬虫违反广义的反爬虫机制,其主要表现即为存在反反爬虫行为。如前所述，广义的反爬虫机制包含授权认证机制和狭义的反爬虫机制。授权认证机制针对的是爬虫使用者的权限，使用者本身没有授权，则无论其使用何种方法访问服务器都是违法的，以违反、突破授权认证机制作为爬虫不具有访问权限从而具有刑事违法性的判断依据具有合理性。但网络爬虫违反狭义的反爬虫机制也一概认为具有刑事违法性并不适当。原因在于：

一是违反狭义的反爬虫机制不能推出使用者未经授权。网络爬虫是根据行为人的指示，按照指定的路径和规定的步骤开展爬取工作，爬虫是否具有访问权限，实际上考察的是行为人是否具有访问权限，即爬虫的访问权限从属于行为人的权限。如果只要有反反爬虫行为就认为爬虫不具有访问权限，就会出现悖论：当行为人具有访问权限，服务器不限制自然人访问但限制或禁止爬虫访问时，则行为人既合法又违法。其中的思维误区在于：狭义的反爬虫机制并不仅仅是为了限制不具有访问权限的人使用爬虫爬取内容，还要限制具有访问权限的人不适当地使用爬虫爬取内容，忽略了后一作用就会产生“爬虫违反反爬虫机制”等价于“爬虫不具有访问权限”的错误。或许有人会提出，当前存在部分服务器禁止具有访问权限的用户使用爬虫爬取内容，认为这是服务器对用户权限的合理限制。但笔者认为，爬虫行为本质是不断模拟授权用户手动获取内容的行为，该行为本身从属于用户自身行为，行为后果亦归属有权用户，由于用户有获取内容的权限，爬虫行为的违法性应当被阻却。况且，服务器为授权用户提供获取数据的服务，却禁止爬虫的原因应当是出于维护系统平稳运行的需要，因为如若是出于不加区分地防止任意爬虫爬取内容的需要，就会与为授权用户提供数据服务的目的相背离。再者，就算认为服务器禁止授权用户使用爬虫爬取数据是对用户权限的合理限制，也应当认定为民事违约，在民法领域调整即可。授权用户使用爬虫获取内容是在合法授权使用范围内的方法不当，其结果是授权用户在短时间内获得了其本有权获得的信息数据，这一结果是在授权范围内的，并不具有危害性。换言之，授权用户使用网络爬虫具有危害性的原因是产生了除获取数据之外的危害结果，如影响了服务器的正常运行等。在没有产生授权范围外的结果时，不必上升到刑法。如若通过刑法调整，则授权用户使用爬虫爬取数据就会被认定为不具有访问权限，授权用户的受限权限被评价为没有权限，不但与事实背离，更会导致入罪范围过于扩张，反而不利于社会的和谐稳定，有违刑法的谦抑性。

二是狭义的反爬虫机制本身的公平性与合法性有待商榷。狭义的反爬虫机制的设置目的主要有：(1)防止爬虫过度占用服务器资源，影响服务器的正常服务；(2)防止重要或涉及用户利益的数据遭非法爬取；(3)防止数据被同行爬取导致自身竞争力降低。违反基于上述目的设置的反爬虫机制，并不必然就具有了相当的刑事违法性。以第一个目的设置的反爬虫机制，是为了保证服务器为其他用户提供服务的功能，保护其他用户的使用权利，但如若发生了与该目的背离的结果，则事实上已经发生了刑法所规定的危害结果,并不是因为网络爬虫违反了该反爬虫机制属于不具有访问权限的非法访问从而产生了违法性。以第二、三个目的作为违法性判定依据更难以令人信服。因为何种数据属于这两个原因中的数据类型,并没有确切的标准,往往由数据所有者主观评判,这就使数据所有者对数据的掌控权力过大,如果再以此作为刑事违法性的标准,很容易让刑法沦为数据所有者的"私人保险箱":任何数据只要所有者认为是重要的,甚至可以是不加甄别地一概认为是重要的,都可以放入刑法的保护范围内,这会产生数据垄断,进而导致数据流动停滞,对于以数据流动作为生命力源泉的互联网社会而言无疑是灭顶之灾。

三是狭义的反爬虫机制未经法律背书。狭义的反爬虫机制针对的是网络爬虫本身,或是阻碍网络爬虫运行或是期望网络爬虫作出符合设计者期待的行为,这些机制都是在互联网领域的技术博弈中自然产生的,而不是经过法律认定、要求行为人使用网络爬虫时必须遵守的规则。

四是刑法不宜贸然介入正常范围内的网络技术对抗。反爬虫机制的产生源自爬虫技术的发展,而爬虫技术的进步又源自与反爬虫机制的对抗,二者在一次次的对抗中,技术不断提高。刑法如若"一刀切"式地否定爬虫、支持反爬虫,不单单阻碍了爬虫这类搜索引擎技术的进步,更是向其他相类似的对抗发展型技术释放了不利信号,若因此产生"寒蝉效应",则并不利于我国信息技术的进步。正常范围内的技术对抗,刑法应当予以准许,只有在技术对抗中出现了其他超出必要限度的侵犯法益结果如影响服务器的正常运作、侵犯了刑法所保护的法益时,刑法才有介入规制的必要,在此之外,刑法应当对网络爬虫予以足够的宽容,这既是满足用户需求的需要,也是尊重以网络爬虫技术为代表的互联网技术发展规律的需要。

综上所述,违反授权认证机制的反反爬虫行为具有刑事违法性,仅违反狭义的反爬虫机制的反反爬虫行为不具有刑事违法性。

(三)网络爬虫行为的不法类型归纳

根据前述分析可知,网络爬虫的五种行为类型中,反反爬虫行为、提交请求行为、循环运行行为可能会产生侵犯法益的风险,应将这三类网络爬虫行为纳入刑法规制范围。反反爬虫行为的实行结果是未经授权访问服务器,可能涉嫌非法侵入计算机信息系统。提交请求行为的实行结果有两种:一是获得服务器的反馈。如若无权获得反馈,且单次收到的反馈内容已达到入罪量刑标准,则根据反馈内容的不同可能涉嫌不同的犯罪:获取的是公民个人信息,则可能涉嫌侵犯公民个人信息罪;获取的是他人享有知识产权的内容,则可能涉嫌侵犯知识产权罪;获取的是除前述两项性质的内容,则可能涉嫌非法获取计算机信息系统数据罪。二是服务器根据提交的特定请求对存储数据作出不当的处理。该种情形可能破坏计算机信息系统数据。循环运行行为由于是多次提交请求行为的总和,在单次提交请求行为获取的数据未达到入罪量刑标准,但循环运行行为获取数据的总量达到标准时，则可能涉嫌前述侵犯公民个人信息、侵犯知识产权、非法获取计算机信息系统数据三类犯罪。除此之外，循环运行行为在实行过程中，可能导致系统不能平稳运行的结果，因而可能涉嫌破坏计算机信息系统罪。据此可以归纳得出，网络爬虫行为的违法类型主要是侵犯公民个人信息、侵犯知识产权以及侵犯计算机信息系统。

网络爬虫行为侵犯其他法益的情形较为稀少，实务中除前述三种以外的网络爬虫违法类型鲜见甚至仅存在于理论中。因此，对于一些学者提出增加立法，设立更多的专有网络犯罪的罪名规制网络爬虫行为的建议，笔者认为欠缺必要性，理由在于：一是刑法具有滞后性。互联网的发展是远快于刑法修改的速度的，如果网络爬虫行为侵犯一种法益就要制定一则法条予以规制，是完全不现实的想法。二是当通过对刑法的合理解释就能够应对当前网络爬虫行为侵犯法益的问题时，不宜着力修改刑法。网络爬虫只是一个技术，并不具有自我思考的功能，只能被人利用。网络爬虫行为实质上仍然是人的行为，是人将网络爬虫当作工具加以利用的行为，人的行为的不法决定了网络爬虫行为的不法，将网络爬虫行为理解为行为人利用网络爬虫实施的犯罪行为，就能够通过对刑法的合理解释解决当前网络爬虫的刑法规制问题。

## 五、侵犯公民个人信息的网络爬虫行为不法类型与违法性判断

公民个人信息是人身权的重要内容，事关每一个公民的财产、隐私等诸多权利。我国刑法明确将公民个人信息纳入保护法益，侵犯该法益的行为将构成侵犯公民个人信息罪。因此，当网络爬虫行为所欲爬取的内容是公民个人信息时，就有可能会触犯该罪。

### （一）侵犯公民个人信息的网络爬虫行为不法类型

侵犯公民个人信息罪中有三种行为类型：一是对外出售或提供个人信息的行为单独成立犯罪；二是基于工作关系合法获得公民个人信息，但是在获取之后对外出售或提供的行为构成犯罪；三是通过不正当的手段实施的获取行为本身成立犯罪，无论是否有后续提供行为都不影响前行为的违法性评价。[①] 这里的国家规定包括《个人信息保护法》（以下简称《保护法》）、《民法典》等一系列为了保护公民个人信息而设立的法律法规及其条文。

根据《保护法》第 4 条第 2 款的规定，行为人获取公民个人信息的行为属于对个人信息的处理。另根据《保护法》第 6 条第 1 款、第 13 条的规定可知，行为人获取个人信息是受限的，必须是规定的七种情形之一，行为人实施获取公民个人信息的行为才具正当性。换个角度理解这条规定，可以认为行为人获取个人信息的行为具有违法

---

① 参见张明楷：《刑法学》（第 5 版），法律出版社 2016 年版，第 922 页。

性,只有当行为人具有违法阻却事由即正当理由时,其获取公民个人信息的行为才合法,而在不具有正当理由时,实施网络爬虫行为爬取公民个人信息则具有违法性。行为人具有正当理由实施获取公民个人信息的行为同样要受到限制。根据《保护法》第6条第2款的规定,获取公民个人信息应当在实现获取目的的最小限度内进行。因此,实施网络爬虫行为获取公民个人信息时,在正当理由合理范围内实施的网络爬虫行为不具有违法性,超出部分则具有刑事违法性,具体入罪量刑应以超出合理范围获取的公民个人信息为依据。前述的侵犯公民个人信息中的第一、二种行为类型表明行为人基于正当理由获得公民个人信息不具有违法性,但行为人之后又对所得结果加以非法利用如出售、提供给他人等则侵犯了公民个人信息,具有违法性。第三种行为类型表明行为人没有正当理由获取公民个人信息,就已经侵犯公民个人信息,具有违法性,即便之后没有将公民个人信息非法出售或提供给他人的情节也不影响行为具有法益侵犯性的认定。

判断网络爬虫行为是否具有侵犯公民个人信息的违法性应当审视网络爬虫行为是否属于该三种行为类型。由于网络爬虫是行为人实施犯罪的工具,因此应当从行为人的角度入手,考察侵犯公民个人信息的网络爬虫行为的不法类型:一是行为人具有获得公民个人信息的正当理由,但超出合理范围实施网络爬虫行为获取公民个人信息具有违法性。二是行为人不具有获取公民个人信息的正当理由,网络爬虫行为本身具有违法性。

(二)侵犯公民个人信息的网络爬虫行为违法性判断

通过对司法案例的梳理,行为人实施网络爬虫行为被认定构成侵犯公民个人信息犯罪的情形可以划分为四种类型:

一是利用系统漏洞使用网络爬虫非法获取公民个人信息。如杨某磊、吴某侵犯公民个人信息案①中,行为人通过住建委网站漏洞发现了非法导出该系统中信息的路径,继而使用网络爬虫利用该路径取得住建委服务器中存储的公民个人信息;又如吴某南、刘某侵犯公民个人信息案②中,嫌疑人利用某公司电商小程序的系统漏洞,使用爬虫获取该公司的客户资料。绝大多数利用网络爬虫实施侵犯公民个人信息行为的案件都是此类情形,利用系统漏洞足以表明行为人对系统内存储的公民个人信息并不具有合法的处理权限,行为具有刑事违法性。

二是未经授权或越权使用他人账号密码获取公民个人信息。如魔蝎公司侵犯公民个人信息案③中,网贷平台要求贷款用户提供如社保、学信网、征信中心等涉及公民

① 参见上海市高级人民法院刑事判决书,(2020)沪0104刑初731号。

② 参见广东省深圳市南山区人民法院刑事判决书,(2020)粤0305刑初1037号。

③ 参见浙江省杭州市西湖区人民法院刑事判决书,(2020)浙0106刑初437号。

个人信息的账号密码,魔蝎公司通过网贷平台获取这些账号密码,再用网络爬虫代替贷款用户登录上述网站,爬取公民个人信息。贷款用户向网贷平台提供其账号密码,是应网贷平台的强制要求,并没有授权网贷平台使用其账号密码收集其个人信息,即便是允许网贷平台登录其账号,授权范围也只是局限于查询网站中的个人信息,达到证明其信用情况良好的效果即可,不必也不可能允许网站及他人使用账号密码收集个人信息。网络爬虫以正确的账号密码登录网站并收集信息,形式上似乎具有合法性,但实质上由于账号密码登录网站并没有经过当事人授权,爬虫使用账号密码登录网站就属于未经授权的非法行为。即便当事人允许他人使用账号密码登录网站,其授权范围也只是允许他人查验当事人所提供信息的真伪,而不是允许他人收集其个人信息,爬虫的收集行为属于超越权限的非法行为。

三是利用工作便利收集公民个人信息,非法出售或向他人提供。如李某3侵犯公民个人信息案①中,行为人李某3具有某公司客户端系统员工级登录权限,其在发现系统存在漏洞、可越权查询信息后,通过爬虫软件收集公民个人信息并予以贩卖。李某3贩卖其获取的公民个人信息的行为已经侵犯了该罪的保护法益,法院认定其构成本罪并无疑议,但问题在于,李某3利用工作便利实施网络爬虫行为获取公民个人信息是否同样侵犯了公民个人信息法益。本案与前述杨某磊案虽都是利用了系统漏洞,但不同之处在于,杨某磊等嫌疑人自身并没有系统登录权限,而李某3具有系统登录权限,因此对李某3的权限范围需要进行分析。根据该公司技术总监的证词,公司不允许员工通过下载和导出的方式收集其可查权限范围内的客户信息,但却缺乏是否可以采用复制粘贴方式收集客户信息方面的指导。从形式上看,由于公司没有对员工是否可以采用复制粘贴的形式收集客户信息予以规定似乎是没有禁止员工实施该行为,但从实质上看,公司明确规定员工不得通过下载和导出的方式收集客户个人信息,表明公司对员工的权限限定在仅可查看客户信息,而不得收集客户信息,这是对员工使用系统权限本身的限制。因此,无论员工采取的方式是否被公司明令禁止,其收集客户信息的行为本身就属于超越权限的违法行为。

四是非法出售或向他人提供依据公开数据得出的推演结果。如彭某正、吕某、周某侵犯公民个人信息案②中,嫌疑人彭某正供述:其使用爬虫爬取互联网上的公开数据,包括微博、新闻、招聘信息、电商数据、淘宝评价信息,公开的征信信息等可直接登录采集的信息,再在未经公司许可的情况下,将所爬取的数据同其公司信息库进行比对推测出注册姓名和联系方式(公民个人信息),并将该类信息贩卖给他人。该案中,使用爬虫和对爬虫爬取数据进行加工应当认为是两个行为,因为网络爬虫行为最多只

---

① 参见北京市通州区人民法院刑事判决书,(2019)京0112刑初62号。

② 参见成都高新技术产业开发区人民法院刑事判决书,(2018)川0191刑初94号。

包含爬取、解析和存储三个步骤,结果是获取了互联网上公开的数据,而加工行为是由嫌疑人使用其他方法对网络爬虫行为实施终了后的结果进行加工,两个动作具有明显的时间间隔,应当作为两个行为分别予以评价。就网络爬虫行为而言,当其爬取的内容是互联网上的公开信息,且该类信息通常并不能反映公民个人身份或隐私时,如微博、淘宝评价信息,虽然可能涉及发布人的隐私,但由于发布人都是通过隐藏真实姓名的方式发布的,仅根据发布内容并不能直接准确地识别到特定的某一公民,因而这类信息不应属于公民个人信息,即互联网上的公开信息尽管可能涉及个人隐私或联系方式等内容,但由于不能直接准确地识别出特定公民的个人身份,不能将真实身份与隐私、联系方式相对应,不宜将这类信息认定为公民个人信息。一定要定义这类信息,也只能勉强算作"类公民个人信息"。因此,实施网络爬虫行为爬取这类信息不属于非法获取公民个人信息的行为。就加工行为而言,由于行为人的公司信息库中的公民姓名与联系方式等具有一一对应的关系,属于公民个人信息,行为人利用已知的公民个人信息,与获取的类公民个人信息进行匹配处理,从而将类公民个人信息"精炼"成了真实的公民个人信息。在这过程中,行为人在未经公司允许的情况下,擅自利用公民个人信息处理其他内容,使公民个人信息的内容获得扩充,该行为本身也符合《保护法》规定的对公民个人信息的加工行为的描述,这一加工行为不仅是对类公民个人信息的加工,同时也是对公民个人信息的使用、加工行为,因而该加工行为具有违法性。但如若仅针对类公民个人信息通过主观或程序推测得出的结果恰好与真实的公民个人信息相同,笔者认为对此加工行为不宜轻易定性为非法获取公民个人信息行为。原因在于:其一,非法获取公民个人信息行为的对象是真实的公民个人信息,而仅对类公民个人信息进行推测处理这一行为的对象实际是类公民个人信息;其二,从类公民个人信息中推测出真实的公民个人信息具有偶然性,并不是能够必然得到准确内容;其三,数据分析过程中必然会产生大量的类似推测结果,若将数据分析过程认定为非法获取公民个人信息的过程,必然会阻碍数据分析技术的发展;其四,推测结果需要经过验证才知是否与真实的公民个人信息相符,在仅得出推测结果而并不对结果加以利用时,并不会对公民的个人信息产生危险。换言之,只有在后续不法分子对推测结果加以使用时才会产生法益侵害风险。因此,通过数据分析获得并存储推测结果这一行为并没有侵害公民个人信息,而对推测结果加以利用的行为如贩卖、用于电信诈骗等,由于推测结果中部分内容与真实公民个人信息相同,真实公民个人信息就处在了法益侵犯的风险之下,因而应当予以规制。

## 六、侵犯知识产权的网络爬虫行为不法类型与违法性判断

《刑法》分则中关于侵犯知识产权罪共规定了七项罪名,其保护法益包括商标、著作权、专利和商业秘密。其中,商标、专利的具体内容较少,核心要义是保护商标和专

利的使用权，网络爬虫行为不可能针对商标、专利的内容进行反复爬取，其也不会对商标、专利进行使用。再者，网络爬虫行为只对知识产权内容进行获取，并不涉及侵权复制品的假冒、销售等过程。据此可知，网络爬虫行为可能涉及的侵犯知识产权犯罪主要是侵犯著作权罪、侵犯商业秘密罪。

（一）侵犯著作权的网络爬虫行为不法类型

在互联网环境中，行为人侵犯他人著作权主要表现为未经著作权人许可，通过互联网向公众提供他人享有著作权的作品。单独的网络爬虫行为并不能对外提供作品，因为网络爬虫行为的行为结果是获取数据，对外提供作品并不是网络爬虫行为的行为结果。因此，行为人利用网络爬虫实施侵犯著作权的犯罪过程中，分为两种行为：网络爬虫行为和提供行为。涉嫌侵犯著作权的行为对象通常是影视作品等音视频作品和电子书等文字作品。存在侵犯著作权争议的网络爬虫行为具体表现为两种：一是使用网络爬虫直接获取作品复制件。行为人使用网络爬虫直接获取他人网站中存储作品的复制件，并存储至本地，再通过自己的网站或网盘等形式从自己的服务器中向公众提供作品内容。二是使用网络爬虫获取作品的链接地址。行为人通过网络爬虫并不收集作品本身内容，而是获取与作品相关的链接地址。在获取作品的链接地址之后，行为人通常采用两种方式向公众提供作品：一种方式是盗链，即行为人通过网络爬虫获取的是作品内容的链接地址，再经权利人的服务器直接传输音视频内容至行为人架设网站的网页或客户端，由行为人架设网站的播放器进行解析、播放；另一种是加框链接，即行为人通过网络爬虫获取的是权利人的网页地址链接，根据该链接，解析出指定模块的代码如视频播放器，通过界面设置将其"镶嵌"在行为人架设网站的指定位置，用户在点击播放时看似是通过行为人的网站进行播放，实际上是直接通过权利人的网站播放器进行播放的。① 这种行为存在争议的原因在于：行为人在获取了作品的链接地址后，再通过其他技术，使用户在不脱离行为人架设的设链网站的情况下，通过跳转链接的方式获得被链接网站的内容，而作品内容实际上仍存储于被链接网站的服务器内，行为人并不曾获取作品的复制件。行为人的爬取行为没有获取作品复制件，但使用却又实现了对外提供作品内容，使权利人通过作品获得收益的目的落空。

（二）侵犯著作权的网络爬虫行为违法性判断

直接获取作品复制件的网络爬虫行为较为常见。如金某某、潘某侵犯著作权案②中，行为人开发的手机 App 根据用户的选择，使用网络爬虫从互联网上爬取指定小说内容，小说内容返回并缓存至行为人的网站服务器中，供用户阅读。网络爬虫行为获

---

① 参见吕长军：《简析深度链接、加框链接与盗链——以信息网络传播权视角》，载《中国版权》2016 年第 2 期。

② 参见上海市高级人民法院刑事判决书，(2018) 沪 0110 刑初 150 号。

取的是作品内容本身,法院直接认定网络爬虫行为及其后续提供行为属于侵犯著作权罪中的复制发行行为。

关于著作权的权利内涵,《著作权法》第10条一共列举了17项,而《刑法》第217条只规定了未经著作权人许可的复制发行行为是该罪的实行行为。司法解释对此也与《刑法》保持一致,将复制、发行、既复制又发行的行为认定为侵犯著作权的行为。可见,刑法并没有保护著作权中的全部具体权利,而只是选取了著作权中的复制权和发行权进行保护,所以侵犯著作权中的其他权利,不应由刑法规制。

而该案中的权利人玄霆公司享有的是作品的永久独家信息网络传播权,由于刑法条文没有将侵犯信息网络传播权规定为侵犯著作权罪的情形之一,法院通过援引最高人民法院、最高人民检察院《关于办理侵犯知识产权刑事案件具体应用法律若干问题的解释》第11条第3款规定,认为侵犯著作权中信息网络传播权等价于侵犯著作权中的复制发行权,从而直接认定网络爬虫行为及其后续提供行为属于复制发行行为。然而,笔者认为该条解释如此规定,实际上表明:司法解释机关认为,通过信息网络传播无形的数字化作品复制件的行为就应当是发行行为的情形之一。在互联网的语境下,信息网络传播权与复制、发行权的权利内涵事实上必然会有所重合。有学者为了加以区分,主张著作权中的复制权和发行权仅包括对作品的有形复制和发行。但是根据《著作权法》第10条第1款第5项、第6项可知,复制权是以包括数字化方式在内的多种方式将作品制作一份或多份的权利,因此,以数字化方式复制作品也是复制权的权利内容,而提供数字化的作品复制件则显然可以归入发行权权利范围。因此,《著作权法》对于"复制发行"并没有限定作品原件和作品复制件均必须是有形作品。换言之,《著作权法》规定的复制件应当包含不由有形载体所承载的、处在网络传输环境中的作品数字化复制件,据此,通过网络向公众提供前述作品数字化复制件亦完全满足了《著作权法》上"发行权"所控制的"发行"行为的要求,因而可以受到发行权的控制。[①] 因此,通过信息网络获得作品数字化复制件以及传播作品数字化复制件的行为应当直接认定为复制、发行行为。再审查该案,享有著作权的权利人除了玄霆公司以外,实际上还有作者本人。行为人使用网络爬虫行为获得作品的数字化复制件属于复制行为,通过其对外提供作品内容属于发行行为,而这两个行为均未经作者授权,据此可以认定行为人侵犯了著作权中的复制权和发行权,依据《刑法》第217条的规定,可以直接将两个行为评价为复制发行行为,具有刑事违法性。

没有将网络爬虫行为及其后续行为评价为侵犯信息网络传播权的行为并不代表无视了玄霆公司权利受损的事实。实际上,玄霆公司遭到侵犯的应当是期待通过信息网络传播权获得收益的权利。根据《著作权法》中关于信息网络传播权的规定,可知

① 参见焦和平、马治国:《信息网络传播权与发行权的冲突与协调》,载《法学杂志》2010年第9期。

玄霆公司享有的独家信息网络传播权内涵应是作者仅授权玄霆公司可通过互联网向公众提供作品，也就是说公众必须且只得在经过玄霆公司许可的情况下，才可通过网络媒体获得作品内容。玄霆公司以这一独家权利为基础开展盈利活动：一是直接收费模式，即玄霆公司许可意欲获得小说内容的用户以支付对价的形式如会员费等获得作品内容。二是间接收费模式，即玄霆公司在作品显示界面刊登收费广告等，公众获取作品内容时无须支付对价。当行为人通过网络爬虫获取作品，并采取相同的盈利模式对外提供作品时，就会使权利人的获得收益期待落空从而遭受损失。玄霆公司的这一权利虽不能经刑法予以救济，但仍可经民法获得补偿。

爬取作品地址链接的网络爬虫行为则通常缺失违法性。如段某某侵犯著作权案①中，行为人未经著作权人许可，利用爬虫技术获取他人享有著作权的影视作品的地址链接，之后再采取加框链接的方式向用户提供作品。法院先认定网络爬虫行为及其后续行为属于信息网络传播行为，进而认定为复制发行行为，成立侵犯著作权罪。但笔者认为，行为人构成侵犯著作权罪是因为其后使用爬取的地址链接，实现了向公众传播作品原件的结果，属于发行行为。网络爬虫所爬取的内容并不是作品内容本身的复制件，而是“能够获取作品内容本身”的作品地址的复制件。而著作权中复制权的对象指向的是作品本身，在这一层面而言，网络爬虫行为并没有侵犯著作权中的复制权，不具有刑事违法性。行为人对链接的不法利用给作品的著作权造成了实质侵害，才是违法性来源。

（三）侵犯商业秘密的网络爬虫行为不法类型

网络爬虫侵犯商业秘密主要表现为行为人实施网络爬虫行为非法获取了属于权利人商业秘密的数据、信息等，并实施了使用、允许他人使用或披露商业秘密的行为，造成权利人重大损失。在侵犯商业秘密的犯罪中，针对网络爬虫行为，主要需要审查的是网络爬虫爬取的内容是否属于商业秘密。

（四）侵犯商业秘密的网络爬虫行为违法性判断

目前，在实务中尚未有行为人因实施网络爬虫行为触犯侵犯商业秘密罪的刑事案例。但以数据形式存储计算机信息系统中的商业秘密，仍有可能连接互联网，这就给网络爬虫行为侵犯商业秘密提供了可能。构成侵犯商业秘密罪要求行为人以不正当手段获取权利人的商业秘密，并使用、允许他人使用或披露商业秘密，造成权利人重大损失。② 这意味着单独的网络爬虫行为并不能构成侵犯商业秘密罪，行为人在非法获取商业秘密之后必须还有下一步的使用、允许他人使用或披露的行为，且该行为造成权利人遭受重大损失。当行为人的整个犯罪过程符合侵犯商业秘密罪的构成要件之

① 参见上海市高级人民法院刑事判决书，(2017)沪 0104 刑初 325 号。

② 参见张明楷：《刑法学》(第 5 版)，法律出版社 2016 年版，第 828 页。

时,单独的网络爬虫行为也必须符合侵犯商业秘密罪的构成要件,即侵犯商业秘密的网络爬虫行为必然是不正当获取商业秘密的行为。在此前提下,对网络爬虫行为主要审查两点:一是行为人使用网络爬虫获取相关数据是否未经授权或超越权限;二是网络爬虫行为获取的数据是否属于商业秘密。

## 七、侵犯计算机信息系统的网络爬虫行为不法类型与违法性判断

由于在互联网环境中,数据与信息高度融合,当行为对象是特定信息时,其同样具备了数据的特征。网络爬虫所获取的内容既有可能是单纯的数据,也有可能是载于数据上的信息,导致网络爬虫行为在侵犯诸如公民个人信息和知识产权等这类纯粹信息类法益时,往往客观上也同时侵犯了计算机信息系统相关的数据类保护法益。当两种法益被侵害的严重性都达到了刑法应当介入的程度时,就会产生一行为触犯数罪名的想象竞合情形,此时则有必要根据案情尽可能全面地评价网络爬虫行为。因此,应当对网络爬虫侵犯计算机信息系统的情形展开讨论。

### (一)侵犯计算机信息系统的网络爬虫行为不法类型

侵犯计算机信息系统的网络爬虫行为不法类型通常分为以下三种:一是侵入型网络爬虫行为。该类型是指网络爬虫侵入系统即具有刑事违法性,提交请求行为、循环运行行为、反反爬虫行为均可能定性为侵入型网络爬虫行为。这类网络爬虫行为侵入的是特定计算机信息系统。这里的"特定计算机信息系统"指《刑法》第285条中规定的国家事务、国防建设、尖端科学技术领域的计算机信息系统。由于非法侵入计算机信息系统罪要求侵入的是特定的计算机信息系统,如若网络爬虫侵入的是除特定系统之外的计算机信息系统则不构成该罪。二是获取型网络爬虫行为。这类型是指未经授权获取了《刑法》第285条规定以外的计算机信息系统中数据的网络爬虫行为。这里的数据是一个广义的概念,没有细分数据与信息的差别。当爬虫爬取的内容可以认定为诸如公民个人信息、著作权等特定性质的信息时,应当依据侵犯公民个人信息罪、侵犯著作权罪和非法获取计算机信息系统数据罪的刑法规定,结合案情,比较情形严重程度,以相对应的法定刑为网络爬虫行为最终定性。三是破坏型网络爬虫行为。该类型主要分为两种:一种是行为人实施网络爬虫行为的目的就是破坏计算机信息系统中的数据,主要是通过提交请求指令的方式"恶意指使"目标计算机信息系统对其中的数据和应用程序等内容执行增删改操作,从而破坏目标系统原有的稳定运行或存储状态。另一种则是行为人实施网络爬虫行为的频率过快,导致系统难以负荷,破坏系统正常运行。

### (二)侵犯计算机信息系统的网络爬虫行为违法性判断

侵犯计算机信息系统犯罪的行为对象是计算机信息系统。关于计算机信息系统的概念,国务院《计算机信息系统安全保护条例》第2条、"两高"《关于办理危害计算

机信息系统安全刑事案件应用法律若干问题的解释》第 11 条均有所规定，但由于计算机领域的快速发展，实务界与理论界均对新近出现的诸如网络平台、移动客户端、App 软件系统等应用程序等是否应纳入计算机信息系统存疑。笔者认为，上述应用程序均应当纳入计算机信息系统的概念范围。因为计算机信息系统由硬件设备和软件程序共同搭建，要使计算机信息系统正常运行、发挥功能，不可能脱离硬件与软件的任一方面。包括网络平台、移动客户端、App 软件系统应用程序等在内都是由软件提供界面与用户交互，背后由服务器等硬件提供运营支持的。软件面向的是用户，随着移动终端的普及，其端口不再仅局限于传统计算机即电脑，而是逐步扩展为诸如手机、平板电脑等，但予以支撑的服务器等硬件设施仍旧是传统的（或是在传统机器功能、性能基础上予以改良的）计算机系统设备。之所以会有人质疑网络平台、移动客户端、App 软件系统等应用程序的计算机信息系统属性，是因为仅关注到了前述应用程序的适用场景，而忽略了它们功能实现的组建整体，从这类应用程序的整体上来考虑，它们仍然符合以往法律法规关于计算机信息系统的规定。

对于侵入型网络爬虫行为而言，根据《刑法》第 285 条的规定，可知该罪属于行为犯，即实施了入侵特定计算机信息系统的行为就具有了刑事违法性，因此在此类情况下，判断网络爬虫行为是否具有违法性应当从以下两个方面入手：一是目标系统是否属于特定计算机系统。可以从目标系统的服务对象、服务内容、服务功能着手。从服务对象来看，多为政府、处理国家事务的事业单位、高科技研发机构等国家单位；从服务内容来看，系统中存储的数据、使用的应用程序等多为事关国家安全等重大事项的内容，如国防安全、国家机密等；从服务功能来看，多是为处理国家重要领域事务提供辅助、支持等服务。即便确实难以通过一般人的认识予以认定，也可委托省级以上负责计算机信息系统安全保护管理工作的部门进行专业检验鉴定。二是行为是否属于“侵入”行为。应从行为人是否经过授权予以考虑。侵入行为是指未经允许，擅自进入系统窥视偷览信息资源的行为，主要表现为无权访问用户非法访问以及合法用户越权访问。[①] 行为人未经授权或超越权限是侵入的本质特征，而后果是获得操作权限。[②] 据此可知，行为人实施侵入行为，是在对系统进行未经授权地或超越权限地访问，使其处于能够控制其本无权控制的系统、获取其本无权获得的数据内容的情景下。而对于事关国家重大领域的特定计算机信息系统而言，其中的系统控制权、数据内容等十分重要，在授权事项上有着严格的规定与流程，是明确而严格受国家法律保护的，因此在行为人是否有权访问以及权限范围的问题上，并不会存在争议。

网络爬虫行为涉嫌非法侵入计算机信息系统罪的典型案例是李某环、王某、卢某

---

① 参见张丽霞、孙学军：《试析非法侵入计算机信息系统罪》，载《河北法学》2005 年第 6 期。

② 参见喻海松：《网络犯罪二十讲》，法律出版社 2018 年版，第 123 页。

燕等非法侵入计算机信息系统案。[①] 该案中,行为人三次使用了网络爬虫:第一次是使用爬虫软件爬取在全国范围内公告的车牌放号信息,在此行为人实施了循环运行行为。由于行为人爬取的是国家机关予以公告的车牌放号信息,任何人皆有权知晓,而且使用网络爬虫也并未影响到系统的正常运作,因此,该网络爬虫行为并不具有刑事违法性。第二次是利用具有自动循环运行爬虫功能的软件,将爬取的车牌号同车辆违章系统、车辆报废查询系统内的车牌号进行比对,从而获得未注册车牌号、建立相应数据库。此次共有两个网络爬虫行为。网络爬虫不断向车辆违章查询系统、车辆报废查询系统提交前一行为中爬取的车牌号,目的是获取"查询"反馈,属于循环运行行为。这两个系统在要求查询人输入车牌号之外,均有要求查询人输入其他诸如发动机号、车架号等特定信息,而这些特定信息记录于机动车行驶证上,只有车主或特定关系人才有可能获知。换言之,查询系统只允许车主及其特定关系人查询车主所有车辆的报废或违章信息,其授权方式是要求输入特定信息认证查询人的身份,认证通过之后才可以根据提交信息予以反馈。显然,行为人通过技术突破了这一授权认证机制,属于未经授权的反反爬虫行为。而这两个系统属于国家事务类的特定计算机信息系统,因此,符合非法侵入国家事务的计算机信息系统的行为构成要件,反反爬虫行为与循环运行行为均具有刑事违法性。第三次是使用与抢票软件功能相似的抢号软件,自动多次向选号系统提交抢号申请,实现快速抢号、选取车牌贩卖。行为人利用爬虫模拟人工操作自动提交请求的功能实施抢号进而选取车牌,属于循环运行行为。针对抢号行为而言,排号系统是向公众开放的,任何人都可以提交申请,且由于使用网络爬虫提交申请并未对排号系统的正常运作产生影响,该网络爬虫行为不宜认定为违法行为。综上所述,行为人实施突破授权认证机制的反反爬虫行为并在此基础上实施未经授权的循环运行行为,访问《刑法》第285条规定的计算机信息系统,使其中数据处在被非法获取的危险中,两种网络爬虫行为均具有刑事违法性。

对于获取型网络爬虫行为而言,通常涉嫌的是非法获取计算机信息系统数据罪,但由于该罪中的数据实则是一个广义的概念,如前文所述的公民个人信息、他人享有著作权的作品等,处在互联网的环境,它们也都属于数据,因此会与侵犯公民个人信息罪、侵犯著作权罪等产生法条竞合。如马某、张某非法获取计算机信息系统数据案[②]中,行为人未经授权使用爬虫程序爬取了被害人网站中英语学习系统的内容,作为自己运营的学习系统的资料,并对外提供进行牟利,违法所得124,000元。在该案中,权利人对英语学习系统中的视频、教材等内容享有著作权,行为人未经授权非法获得著作权人的视频、教材等作品的复制件,已经属于侵犯著作权罪中的复制行为,构成侵犯

① 参见四川省德昌县人民法院刑事判决书,(2018)川3424刑初169号。

② 参见山东省济南市历下区人民法院刑事判决书,(2020)鲁0102刑初351号。

著作权罪,又因为视频复制件属于数据,所以同时构成非法获取计算机信息系统数据罪。依据违法所得数额,后罪的法定刑要高于前罪,因而法院最终认定行为人构成非法获取计算机信息系统数据罪合理合法。除此之外,在网络爬虫行为中,身份认证信息通常是用作获取身份认证机制所保护数据的“敲门砖”,真实目标仍基本上是非身份认证信息的数据。如黄某荣等非法获取计算机信息系统数据案[①]中,行为人利用淘宝店铺源代码中的漏洞获取淘宝用户的 cookies 即淘宝用户登录时产生的临时身份认证信息,使用网络爬虫读取 cookies 并获取淘宝用户账号中的其他数据。

对于破坏型网络爬虫行为而言,其主要涉嫌的犯罪是破坏计算机信息系统罪。该罪的构成要件有三种类型,网络爬虫涉及其中两个类型:一是干扰行为类型。网络爬虫运行过程中,客观上产生了干扰计算机信息系统的效果,导致系统功能运行异常,不能开展相应工作等严重后果;行为人实施网络爬虫行为大多是为了获取计算机信息系统的数据,但是在使用网络爬虫的过程中,同时干扰了计算机信息系统功能的正常运行。如杨某明、张某栋破坏计算机信息系统案[②]中,行为人利用网络爬虫以每秒 183 次的访问频率访问、查询深圳市居住证网站中的资料,导致为 5 万个以上用户提供服务的深圳市居住证系统无法正常运作 2 小时。该案中,虽然深圳市居住证网站虽然属于国家事务领域的计算机信息系统,但是行为人所实施的网络爬虫行为并不构成非法侵入计算机信息系统罪以及非法获取计算机信息系统数据罪。因为该系统对外开放,允许公众访问,行为人本身有权对该系统进行访问,亦有权获得该系统中的数据,而使用网络爬虫只是利用程序解放人工操作的烦琐,替代多次人工操作的行为,故而网络爬虫行为并不是非法侵入行为,但是由于行为人不当使用网络爬虫,过高的爬取频率导致计算机系统停摆,属于干扰行为,因而具有刑事违法性。二是毁坏行为类型。网络爬虫提交的请求是增删改计算机信息系统中数据内容的指令,导致数据内容毁损灭失等严重后果。在此类型中,行为人实施网络爬虫行为的目的就是毁坏计算机信息系统中的数据。如王某文、黄某兴破坏计算机信息系统案[③]中,行为人为了获取全运会接待管理系统的安全维护业务,利用合法取得的管理员账户密码登录该系统,利用网络爬虫循环自动执行指令的特点,越权使用爬虫程序自动删除系统中的存储信息,致使全运会接待服务部使用的 39 台计算机均无法接入并使用该系统,造成了接待服务工作被迫停滞的重大后果。

在该案中,争议点在于行为人的破坏情节是否达到后果严重的程度。笔者认为,行为人针对的虽然只是一个系统,但是计算机信息系统大多不是孤立工作的。如果被

---

① 参见浙江省杭州市余杭区人民法院刑事判决书,(2014)杭余刑初字第 1231 号。

② 参见广东省深圳市南山区人民法院刑事判决书,(2019)粤 0305 刑初 193 号。

③ 参见天津市南开区人民法院刑事判决书,(2017)津 0104 刑初 740 号。

侵害的信息系统是单机工作,其运行停滞对其他用户或计算机等不会造成影响,则在考察后果时只能认证行为影响了这一个系统。但如果计算机信息系统是链接在局域网或互联网中,与众多计算机或众多用户相互交互,共同组成一个完整的体系,则作为主心骨的计算机系统丧失服务功能,势必使其他计算机的运行停滞,这同样也是行为所产生的后果,应当纳入评价考量。全运会接待服务部共有 39 台计算机专门用于接待服务工作,且随时可能需要使用目标系统,因此用于登录使用该系统的配套软件是这 39 台计算机中的主要软件,由于目标系统的瘫痪必然会导致配套软件无法正常运行,法院认定"后果严重",合乎情理、法理。

## 八、结语

网络爬虫行为本质上是行为人利用网络爬虫技术实施的犯罪行为,该行为的实行过程中和实行终了时都有可能产生侵害法益的结果。当危害结果是获取数据时,缺乏获取数据的权限是该行为的违法性来源,对网络爬虫行为进行违法性判断时,应以行为人的获准权限为基准。当危害结果是不当使用网络爬虫造成影响被爬取系统正常运行时,由于计算机信息系统在与其他计算机或用户相互交互连接成网状体系时,该计算机信息系统处于整个体系的核心地位,其正常运行受到影响,必然会影响整个体系中其他结点的正常工作,因而整个体系中的计算机或用户不能正常使用核心系统的结果也应归为行为结果。

网络爬虫本身只是单纯的计算机技术,是互联网大数据时代下获取数据的有力工具。工具本身并无对错,真正触犯刑法的是使用工具的人。对网络爬虫行为的违法性判断保持谦抑、适度,能降低刑法所保护的法益遭受侵害的概率,在此基础上不影响网络爬虫技术的发展甚至反而能推进网络爬虫技术朝着合理、合法、合规的方向越发精进。

# 间接故意的判断标准：以容认说为基础的综合说

刘英楠*

【内容摘要】间接故意的判断应采取以容认说为基础的综合说，以容认说为基础并区分一般场合与特殊场合，判断间接故意的一般场合采用风险升高理论和盖然性说作为补充标准，判断间接故意的特殊场合采用风险升高理论和极其可能性理论作为补充标准。以容认说为基础的综合说的分析路径为，先从客观到主观，再从认识因素到意志因素。明知结果必然发生而"放任"结果发生的是直接故意。"轻信结果可以避免"是否有合理根据是区分间接故意和有认识过失的重要界限。

【关键词】容认说　风险升高理论　盖然性说　极其可能性理论

## 一、引言

就间接故意的理论而言，国内外学者提出的理论较多。从国外来看，德国学者克劳斯·罗克辛所著的《德国刑法学总论》一书中总结的德国刑法间接故意的理论多达十几种。这些学说几乎没有明确地界分主观罪过中的认识因素和意志因素。与德国理论不同的是，我国关于间接故意的学说中，学者大多将其分为认识主义、希望主义以及容认主义，分别将视角放在认识因素、意志因素或两者统一上。也有学者提出关于认识因素和意志因素两者间关系的观点，但是均没有涉及两者间相互判别的尝试。

实践中，我国采取的是容认说。因其强调认识因素和意志因素的统一而被大多数学者所赞同。虽然我国现行刑法对间接故意作出了明文规定，理论上用"放任""漠视""不排斥也不希望"等描述尽力将其说清楚，但是间接故意是复杂的主观心理，目前仍存在无法解决准确判断间接故意可操作性弱的困境。

综上所述，笔者认为间接故意的判断还有以下研究空间：第一，能否将行为风险和结果发生概率作为容认说的特征，进而引入其他学说作为容认说的补充。第二，行为人的认识因素和意志因素之间是否可以相互判别，两者在分析行为人主观罪过时是否

---

* 刘英楠，四川大学法学院硕士研究生。

具有先后顺序。第三,行为人的主观罪过是否仅能从行为人的内心意思进行分析而不考虑客观要素。

## 二、界分间接故意的学说分析——容认说之提倡

### (一)德国刑法间接故意理论评述

对于如何确定有条件故意(间接故意)和如何界分有条件故意与(有意识)过失的问题,德国的刑法学者提出了众多理论,本部分择其要者予以评述。

1. 认真对待理论的内涵、考虑因素再辨析及其缺陷

认真对待理论由罗克辛提出,其内涵为:行为人认真算计了一种行为构成实现的可能性,但是为了追求自己的目的仍然继续行为,因此忍受了这种行为构成实现的,就必须肯定为是有条件的故意。如果行为人只看到了结果出现的可能性,但是没有认真对待,而是轻率地相信行为构成的满足不会发生,那么就是有意识的过失。①

认真对待理论不是完全不将行为人是否意欲结果发生作为判断故意的考虑因素。在间接故意的判断中,认真对待理论主张既考虑行为人对结果发生可能性的确切认识,又考虑行为人对结果发生的主观态度——忍受结果发生。这与容认说的内涵相似,容认说将行为人认识到结果发生的可能性且容认结果发生的情形认定为故意,而容认的含义等同于认可、忍受。

认真对待理论的缺陷在于将行为人是否认真估算了结果发生的可能作为判断故意的考虑因素。首先,有观点认为,如果将过失犯的本质认为是违反预见义务,那么故意犯因为履行了预见义务,责任应该更轻。② 但是根据罗克辛的主张,认真对待自己已经认识到的结果出现的可能性的人,比没有做到这一点的人更处于有利地位,因为行为人清楚地看到了要求自己放弃行为的理由。③ 如果仍然继续行为将表示行为人具有更严重的法益侵害意图。因此,从责任的角度不能否定将认真估算了结果发生的可能作为故意的判断的作用。其次,认真对待理论没有明确给出如何判断行为人是否认真估算了行为构成实现的可能性的具体标准。在认真对待理论中,似乎是将行为人认识到结果发生的真正可能性作为行为人确实是认真计算了的标准,如果行为人真诚努力地思考了结果发生的可能性,却没有得出正确的结论,也会被认为是没有认真估算。最后,"认真估算"了结果与"认真对待"了结果应该是认识因素与意志因素的区别,但是认真对待理论并没有对两者进行明确地界分,比如有意识过失的表述为:行为

---

① 参见[德]克劳斯·罗克辛:《德国刑法学总论:犯罪原理的基础构造》(第1卷),王世洲译,法律出版社2005年版,第293-295页。

② 参见张明楷:《外国刑法纲要》,法律出版社2020年版,第187页。

③ 参见[德]克劳斯·罗克辛:《德国刑法学总论:犯罪原理的基础构造》(第1卷),王世洲译,法律出版社2005年版,第295页。

人认识到结果发生的可能性而没有“认真对待”,但是有认识的过失本质是由于轻信结果不会发生而导致从整体上看行为人没有预见结果发生,因此应该是没有“认真估算”。

认真对待理论的缺陷还在于不当扩大间接故意的范围。认真对待理论并没有将绝对可能性从行为构成实现可能性的范围排除出去,由此会将结果必然发生时行为人为了追求目的仍然继续行为而忍受了结果实现的情形认定为有条件故意,也会存在结果必然发生时行为人仍可成立“轻率相信行为构成不会满足”的情形。

2. 同意理论——把握间接故意内涵的两次失败尝试

同意理论,又称赞同理论,是意志理论最有影响的表现,意志理论把区分的重点放在意愿性方面。同意理论可以分为两个阶段。最初,同意理论认为,有条件的故意要求行为人预见结果,并且必须在内心赞同结果发生。“赞同”是指行为人欢迎结果发生,对结果的发生很高兴。后来,德国联邦最高法院在判例中明确区别了字面意义上的赞同与法律意义上的赞同,提出法律意义上的“赞同”还包括不希望、不欢迎结果发生的情形。行为人容认自己不欢迎的结果发生即说明行为人愿意接受结果,因此在法律意义上也是赞同这种结果的。①

不考虑行为人真实的意志因素内容会不当扩大间接故意的范围。罗克辛认为,这样严格形式地解释赞同理论并不合理的重要原因在于,没有注意到故意行为构成的任务是阻止有意识地考虑对法益的侵害,而不是考虑这种侵害是在什么情感下进行的。行为人对结果是否赞同对量刑很重要,但对故意的特征没有影响。② 本文不赞同此观点,不考虑对侵害法益持何种情感,即不考虑行为人真实的意志因素内容会不当扩大间接故意的范围。

两个阶段的同意理论都没有正确把握间接故意的内涵。首先,最初的同意理论错误地将直接故意认为是间接故意。理由在于,按照容认说,行为人明知结果会发生而希望结果发生的是直接故意,而“赞同、欢迎”与“希望”含义相同。其次,修改后的赞同理论也没能正确把握间接故意的内涵:其一,添加的这部分内容——行为人预见结果并不希望、不欢迎结果发生——属于间接故意,但不是间接故意的全部内涵,因为“不希望、不欢迎”不能代表“放任”的全部内涵;其二,修改后的赞同理论没有将希望结果发生的情形剔除出去,因此还是将直接故意囊括在间接故意的范围内。

3. 可能性理论的内涵及其缺陷

可能性理论,又称想象理论,由施罗德(Schroder)提出,后由施米德霍伊泽

---

① 参见[德]克劳斯·罗克辛:《德国刑法学总论:犯罪原理的基础构造》(第1卷),王世洲译,法律出版社2005年版,第295-296页。

② 参见[德]克劳斯·罗克辛:《德国刑法学总论:犯罪原理的基础构造》(第1卷),王世洲译,法律出版社2005年版,第296页。

(Schmidhanser)深化。想象理论与意志理论相对,将故意的界线仅设定在理智的要素上。想象理论认为,只需要预见结果出现的可能性而仍然实施行为就可以构成间接故意,而不需要考虑各种意愿性的要素。①

可能性理论的缺陷在于不考虑行为人真实的意志内容。可能性理论认为仅凭行为人认识到结果可能发生而没有放弃行为就是有意识的任凭结果发生,但是在行为人认识到结果可能发生的场合,行为人可能是希望结果发生(直接故意),可能是不希望、不反对结果发生(间接故意),还可能是轻信结果可以避免(有意识过失)。例如,在交通肇事中,行为人预见了结果可能发生,如果不考虑行为人对交通事故的反对、排斥心理而将其认定为故意犯罪,将会导致行为人被认定为间接故意的故意杀人罪或者故意伤害罪,这显然是不合理的。

4. 极其可能性理论的内涵及其缺陷

极其可能性理论与可能性理论相似,区别在于结果发生的可能性不同。极其可能性理论认为,行为人认识到结果发生是极其可能的时候,如果行为人选择继续行为,就代表其作出了侵害法益的决定,因此可以肯定是有条件的故意。极其可能性意味着比单纯可能性更大,但是低于绝对可能性。②

极其可能性的缺陷在于不考虑行为人的真实意图。与可能性理论相同,极其可能性理论的缺陷也在于不考虑行为人的真实意图,从而不当扩张间接故意的范围。行为人认识到结果发生具有极大可能性时,行为人可能是希望结果发生(直接故意),可能是不希望、不反对结果发生(间接故意)。但是不存在行为人认识到结果发生具有极其可能性时反对结果发生的情况,后文将详细论述原因,在此不赘述。

(二)我国刑法间接故意主要学说评价

关于故意本质的学说有认识说与意志说(希望说),前者强调故意的认识因素,后者强调故意的意志因素。盖然性说以认识说为基础,容认说以希望说为基础。关于故意的本质还存在主观说和客观说之争,客观说以风险理论为代表。③

1. 盖然性说之考虑因素新解及其缺陷

盖然性说认为以行为人的认识程度来判断其意欲。行为人认识到结果的发生具有盖然性时,其就意欲结果发生,构成故意;行为人只认识到结果的发生具有可能性时,其就不意欲结果发生,构成过失。④ 盖然性是指超过50%的可能性,并不要求高度

① 参见[德]克劳斯·罗克辛:《德国刑法学总论:犯罪原理的基础构造》(第1卷),王世洲译,法律出版社2005年版,第297-298页。

② 参见[德]克劳斯·罗克辛:《德国刑法学总论:犯罪原理的基础构造》(第1卷),王世洲译,法律出版社2005年版,第299页。

③ 参见陈兴良:《教义刑法学》,中国人民大学出版社2014年版,第455-458页。

④ 参见张明楷:《刑法学》,法律出版社2021年版,第332页。

的盖然性或接近确切程度的盖然性。[①]

盖然性说同时考虑认识因素和意志因素。盖然性说通常被认为属于认识主义,而认识主义无视行为人心理活动中的意志因素。[②] 但是笔者认为,盖然性说并不同可能性理论一样认为完全不需要考虑行为人任何的意志内容,而是从行为人的主观认识推定其意志内容。因此,盖然性说主张的是考虑认识因素和意志因素两方面的内容。

盖然性说的缺陷在于未考虑行为人对法益侵害的真实决意。首先,“意欲”与“希望”同义,将认识到结果发生具有盖然性(较大可能性)时就认定为是意欲该结果发生,即认定为直接故意,将导致处罚的不当。其次,有认识的过失虽然认识到了结果发生的可能性,但是因为轻信结果可以避免因此从整体上评价是没有认识到结果发生的可能性的,所以盖然性说将导致过于自信的过失被认定为间接故意。

2. 风险理论的内涵与缺陷

弗里施(Frisch)认为,故意的对象是符合行为构成的举止行为,间接故意仅需认识到不能允许的风险,而任何意愿性的因素都是不需要的。因为意识到符合行为构成风险时作出行为决定就等同于决定“危害法益”。故意要求对危险的认真对待,只要行为人相信会有好的结局就可以排除行为人作了“危害法益的决定”,即不构成故意。[③]

风险理论的缺陷在于简化了故意的认知内容以及未考虑行为人的真实意志。首先,传统故意理论认为意欲要对应行为人对所有构成要件客观要素的认识,而风险理论简化了故意的认知内容。[④] 其次,创设了法不容许的风险不等同于实现了法不容许的风险,因此,认为行为人在行为时认识到行为创造了实现某种犯罪构成要件的具体风险,就认定行为人作出了侵犯法益的决定,从而认定行为人有故意的观点会扩大故意的适用范围。

3. 容认说之提倡——认识因素和意志因素的统一

容认说认为,行为人认识到结果发生的可能性时,容忍结果发生的是故意,不容认结果发生的是过失。行为人只要消极地容认结果发生就足以成立故意,而不要求行为人达到希望或意欲结果发生的程度。[⑤]

间接故意是指,行为人明知结果可能发生而放任结果发生。间接故意的认识因素是明知自己的行为可能发生危害社会的结果。间接故意的意志因素是放任危害结果

---

① 参见陈家林:《外国刑法通论》,中国人民公安大学出版社 2009 年版,第 219 - 220 页。

② 参见付立庆:《刑法总论》,法律出版社 2020 年版,第 193 页。

③ 参见[德]克劳斯·罗克辛:《德国刑法学总论:犯罪原理的基础构造》(第 1 卷),王世洲译,法律出版社 2005 年版,第 302 页。

④ 参见陈兴良:《教义刑法学》,中国人民大学出版社 2014 年版,第 459 - 460 页。

⑤ 参见张明楷:《刑法学》,法律出版社 2021 年版,第 344 - 345 页。

发生。这两个因素必须是现实的、确定的,即认识因素要求认识到,而不是仅有认识的可能性。认识因素与意志因素应当同时存在,两者需要具有刑法规范意义上的同一性,且意志因素以认识因素为前提。[①]

“放任”的内涵为不希望也不反对结果发生。有观点认为,在行为人认识到危害结果的发生时还放任其发生,就表明其不是消极地不保护法益,而是积极地对法益持否定态度,与希望结果发生没有本质区别。[②] 间接故意确实也是对法益的积极否定态度,但是“放任”并不可以等同于“意欲、希望”。直接故意意志因素中的“希望”是对刑法最严重的反对、蔑视态度,而间接故意的“放任”是结果发生不违背行为人本意,不发生也没关系的心理态度。因此,两者不可混同。

容认说强调认识因素和意志因素统一的主张更具合理性。认识说会导致故意的范围过大,希望说会导致故意的范围缩小,而容认说是认识因素和意志因素的统一,相较于其他学说更为合理。我国刑法采取的也是容认说。

## 三、间接故意的认定标准——以容认说为基础的综合说

如前所述,上述学说各自有缺陷。因此笔者认为对于间接故意的认定应当综合考虑部分学说。故提出间接故意的综合认定标准——以容认说为基础的综合说,即在容认说的基础上综合风险升高理论、盖然性说和极其可能性理论对间接故意进行综合认定。

### (一)以容认说为基础的综合说的理论价值

以容认说为基础的综合说的价值主要体现于:以容认说为基础——坚持认识因素和意志因素的统一;用风险升高特征与结果发生的概率类型作为间接故意的判断因素;引入客观要素和主观要素分析行为人主观内容的辅助方法。

(1)容认说主张认识因素和意志因素的统一,因此比上述其他学说更具合理性。本文将容认说作为判断间接故意的基础,要求贯彻认识因素和意志因素的统一,即任何情况下间接故意的判定都要建立在两者共存的基础上。但是仅用容认说来处理间接故意的判断,难以应对司法实践中的一些复杂情况。虽然在理论上“放任”与过失罪过心理中的“排斥、反对”有明显区别,但是实务中认定两者有较大难度,尤其是间接故意与有认识的过失不仅在主观恶性上具有相当性,在司法实践中也具有模糊性,不易区分。因此需要风险升高理论、盖然性说和极其可能性理论作为补充判断的标准。

(2)将风险升高作为间接故意的特征进行判断——引入风险升高理论。但是考

---

① 参见张明楷:《刑法学》,法律出版社 2021 年版,第 344 页。

② 参见张明楷:《刑法学》,法律出版社 2021 年版,第 334 页。

虑风险理论不代表只用客观事实就能描述行为人的主观心态,本文讨论的任何间接故意的场合,都是认为需要同时存在认识因素和意志因素的,即使是在一些特殊的场合——如在确定的认识因素下讨论意志因素至少是什么内容——对罪过的认定也是既要考虑认识因素也要考虑意志因素的。因此还需要辅以其他学说——同时考虑风险实现的可能性,作为判断间接故意的重要因素。

(3)将结果发生的概率类型作为间接故意的特征进行判断——引入盖然性说和极其可能性理论。极其可能性理论为间接故意的判断提供了两点思路:从概率考虑间接故意的特征,以及从认识上的主观内容来推定意志上的主观内容。极其可能性理论主张行为人在认为结果出现是极其可能时就代表其意图侵害法益,即为从行为人主观认识到行为的高度危险性而继续行为来推定其主观意志提供了重要思路。虽然仅凭极其可能性理论无法判断间接故意的所有类型,但是在需要推定间接故意的一些特殊场合,极其可能性理论可以为判断意志因素的范围提供依据。盖然性说与极其可能性理论同样地为间接故意的判断提供了两点思路,但是由于盖然性不能体现行为人主观认识的高度危险性,因此仅用于间接故意一般情形的判断。需要注意的是,盖然性说和极其可能性理论这两个理论本身完全不考虑行为人的真实意图,所以在运用这两个理论的时候考虑其将概率作为间接故意的特征,以及从行为人的主观认识推定意志因素的思路。在所有讨论的情形中,都需要以存在行为人侵害法益的意图为前提,在原有意图的基础上讨论真实的侵害法益的迫切程度。

(4)以容认说为基础的综合说有着其他学说没有的层次式的分析路径:首先,遵循从客观事实到主观态度的路径,以符合犯罪的本质——法益侵害性的特征;其次,在主观层面,从认识因素的判断到意志因素的判断,即行为人对结果发生的具体可能性的认识判断结束后,再根据认识因素和客观事实判断意志因素,其中引入运用主客观要素分析行为人主观内容的辅助方法。

(二)以容认说为基础的综合说的具体内容

以容认说为基础的综合说的具体内容为:首先按照容认说进行判断,要求同时考虑认识因素和意志因素,即间接故意要求行为人明知自己的行为可能导致结果发生,并放任结果发生;在运用容认说进行判别尤其是容认说中的“明知”与“放任”的认定有困难时,用风险升高理论、盖然性说和极其可能性理论为其提供补充的判断标准。

1. 判别行为风险先于判断结果发生的概率

在间接故意的场合,遵从从客观到主观的原理,行为人的行为首先应当是提高法益风险的行为。罗克辛提出的客观归责理论中,实现法不容许的风险涉及风险升高理论。风险升高理论认为,行为人超越了允许性风险,提高了风险,因而是可归责的。[①]

---

① 参见陈兴良:《教义刑法学》,中国人民大学出版社2014年版,第324-325页。

但是风险增加不能必然表明行为人实现了法不容许的风险,行为人创设了法不容许的危险,并且实现了风险,结果才是可归责的。例如,没有结果避免的可能性则行为人就没有结果避免义务,也就不能认为行为人创设了法所禁止的风险。

2. 在行为风险升高的基础上分别讨论盖然性说、极其可能性理论的适用情形

(1)判断间接故意的一般场合采用风险升高理论和盖然性说作为补充标准

行为人创设了法不容许的行为风险,认识到结果发生具有“盖然性”时,即较大概率、超过50%的可能性时,放任结果发生的,是间接故意,这是容认说的应有之义。

“放任”是间接故意一般场合的重要特征。如果行为人认识到结果可能发生——较大概率而非极大概率,而反对结果发生的属于有认识的过失。例如,行为人认识到自己从楼上扔东西可能会砸中行人,如果行为人反对结果发生的是有认识的过失,对砸中行人的结果不希望也不排斥的是间接故意。

在行为人放任结果发生的场合,结果发生有“较大概率”包括了结果发生具有“极大概率”,这也是容认说应有之义。但是不包括结果发生具有“绝对可能性”,因为本文认为行为人认识到结果必然发生而仍然继续行为导致结果发生的应为直接故意,后文将详细论述原因,在此不赘述。

在判断间接故意的一般场合里,需要讨论的关联情况有两种:其一,行为人认识到结果发生概率极小而“放任”结果发生时,不成立间接故意。理由在于:在风险升高理论处理具体案件时,如果不能证明结果发生的概率极高,就无法将结果归于行为人①;而且其侵害法益的可能性达不到故意要求的危险程度,而是比较接近于不能犯。其二,行为人认识到结果发生概率较小而“放任”结果发生时,不成立间接故意,可以将其认定为有认识的过失。理由在于:这种情形下法益侵害可能性低于故意的要求;而且“反对”结果发生并不是过失的本质特征,过失犯对结果的发生持反对态度的说法是以故意与过失处于对立关系为前提的,这其实并不严谨。在已经排除了故意的前提下,如不能证明行为人已经明知结果的发生,过失的成立只以预见可能性为要件,并不需要判断行为人对结果是否希望或者是否放任。过失也是对法益保护所持的背反态度。②

(2)判断间接故意的特殊场合采用风险升高理论和极其可能性理论作为补充标准

行为人制造了法所禁止的行为风险,认识到该风险的实现具有“极其可能性”,即具有极大概率、高度盖然性时,却“轻信结果可以避免”,最终导致结果发生的,可以认

① 参见周光权:《风险升高理论与存疑有利于被告原则——兼论“赵达文交通肇事案”的定性》,载《法学》2018年第8期。

② 参见张明楷:《刑法学》,法律出版社2021年版,第367-368页。

定行为人的“轻信结果可以避免”没有合理根据,其意志因素实质上是“放任”。具体思路是:从客观事实到主观认识;在主观认识这一步,根据认识因素和客观事实来判断意志因素。

采用“极大概率”而不采用“盖然性”的理由在于:其一,刑罚是非常严厉的处罚,尤其是根据犯罪学的“标签理论”来看,在犯罪事实的认定上应该更为谨慎;其二,在风险社会的背景下,行为人的“轻微”行为导致严重损害后果的可能性大幅提升,因此在第二种场合将超过50%的可能性作为认定标准会导致犯罪圈不当扩大。

综上所述,以容认说为基础的综合说可以概括为:在容认说的基础上,依据“风险升高理论+较大/极大概率”公式判断。判断间接故意的一般场合采用“风险升高理论+较大概率”公式,前提为已经确认行为人的意志因素为放任结果发生;判断间接故意的特殊场合采用“风险升高理论+极大概率”公式,需要运用以公式和客观事实确认行为人意志因素的辅助方法。

(三)以容认说为基础的综合说的分析路径

1. 首先判断行为人行为时的认识因素

对于行为人认识内容的判断,应当采取综合标准说。考虑行为人标准,即按照客观事实以及行为人当时的认知水平和认识可能综合判断行为人的认识内容;然后考虑以一般人标准进行认定。

对于行为人具体的认识内容,最为重要的是结果发生的概率。概率的类型可以分为绝对可能性、极大可能性、较大可能性、较小可能性、极小可能性、无可能性。对于这些概率类型是否需要进一步阐述得更为详细的问题,本文认为没有必要。理由在于,对于社会学科而言,理论可以阐述得更为详细,但是解释到理论的基本单元——概念的层面就足够了,因为语言的模糊性、概念的抽象性是永存的,继续解释基础概念实质上是在解释这个基础概念和怎样的事实相匹配的问题。这些概率类型本身已经处于基础概念的层面,至于基础概念与案件事实如何匹配是在个案中法官用抽象思维能力去解决的问题。

2. 其次依据认识因素和客观事实判断意志因素

首先需要明确的是,依据客观事实可以推定主观罪过。蔡颖认为,对于故意的成立,行为人事实上的主观心理活动不具有决定性意义,只有在各种主客观因素的基础上进行规范判断才能得出最终结论。即使行为人内心深处对法益侵害结果持排斥态度,只要其在行为计划与法益保护之间存在明显冲突的情况下仍坚持实施该行为计划,就能认定其具有故意。[①] 陈兴良教授认为,客观要件具有规制犯罪故意的机能。

---

① 参见蔡颖:《被害人同意与被害人自陷风险的统合——以刑法中被害人同意的对象为视角》,载《法学评论》2021年第5期。

在认定更客观要件的基础上判断主观要件,在某些情况下可以推定故意的存在;在一些情况下可以限制故意的范围,从而为故意认定创造条件。[①] 笔者认为,可以根据客观事实判断行为人具体认识到结果发生是何种可能性,并由此判断行为人的认识因素是否有根据;再根据行为人认识到结果发生具有极大概率或必然以及客观事实,判断行为人意志因素的范围,如"放任""轻信可以避免"有无根据。在行为人确定的认识因素下讨论行为人的意志因素,不是不考虑行为人真实的意志因素,而是讨论行为人在确定的认识因素的内容上至少是什么意志因素,即划定一个对法益反对蔑视程度的底线。

在依据认识因素和客观事实判断意志因素这一环节,问题在于如何处理行为人认识到结果发生的具体概率所呈现出来的主观危险性与其自述的意志因素对应的侵害法益的迫切程度不太符合的情况。例如,行为人认识到继续行为将导致结果必然发生而仍然继续行为,此时行为人自称"放任"结果发生是否能够成立?又如,行为人认识到结果有极大概率发生甚至必然发生时仍然继续行为,此时若行为人自称"排斥、反对"结果发生、"轻信可以避免"是否成立?

(1)明知结果必然发生而"放任"结果发生的是直接故意

第一,间接故意只存在于行为人认识到结果可能发生。

蔡颖教授认为,认识因素受意志因素的限制,放任是结果发生与否都可以的态度,因此,必须有发生与否的前提存在,即必须是结果有可能发生。因此,如果认识到结果发生的必然性就不可能再有放任结果发生的心态存在。而且从实质上看行为人认识到结果发生的必然性仍然继续行为就说明其非难可能性严重,理应归入直接故意。[②] 张明楷教授认为,故意的本质并不是行为人事实上对法益的敌对心态,而是综合各项主客观因素后,是否可以将行为人"评价为"作出了针对法益的敌对决断。即使行为人内心深处对法益侵害结果持排斥态度,只要其在行为计划与法益保护之间存在明显冲突的情况下仍坚持实施该行为计划,就能认定其具有故意。[③] 笔者赞同这两个观点,如果行为人明知自己的行为一般会导致结果发生或结果发生具有相当性,此时行为人的"放任"心态不能合理成立,或者说本质上其是希望结果发生,应认定为直接故意。例如,行为人认识到与被害人距离极近,开枪会打中被害人而仍然开枪,打中了被害人的,若行为人不是排斥结果发生,其"放任"的心态本质就是希望。又如,行为人将小偷踹进水库,小偷想游到对岸,但是体力不支开始下沉,行为人看到后没有施救,最终小偷溺死,由于小偷下沉会导致溺亡的必然结果,因此,行为人是不作为的故意杀

① 参见陈兴良:《教义刑法学》,中国人民大学出版社2014年版,第144页。

② 参见蔡颖:《被害人同意与被害人自陷风险的统合——以刑法中被害人同意的对象为视角》,载《法学评论》2021年第5期。

③ 参见张明楷:《刑法学》,法律出版社2021年版,第345页。

人罪,系直接故意。

第二,本观点区别于德国刑法理论中的二级直接故意。

二级直接故意是指,行为人明知自己的行为必然引起构成要件的实现,即使行为人不希望构成要件实现也不影响二级直接故意的成立。① 笔者认为,行为人在认识到行为必然导致结果发生时,仍然要考虑行为人的意志因素,并将行为人此时"不希望也不反对"的态度认定为本质上是"希望"结果发生的态度。因此,二级直接故意中不考虑行为人的意志因素并不为本文所取。

(2)"轻信结果可以避免"是否有合理根据是区分间接故意和有认识过失的重要界限

第一,有认识过失的行为人至多认识到结果发生有较大可能性。

《刑法》第15条规定,应当预见自己的行为可能发生危害社会的结果,因为疏忽大意而没有预见,或者已经预见而轻信能够避免,以致发生这种结果的,是过失犯罪。过失犯罪,法律有规定的才负刑事责任。其中,行为人"已经预见结果发生,但轻信可以避免"的主观罪过是有认识的过失。在有认识的过失中,行为人先暂时"预见"了结果发生的可能性,但是行为人轻信结果不会发生,即否认了结果发生的可能,所以从整体上看是没有认识到结果发生的。但是"从整体上来看是没有认识的"并不表明行为人真的没有认识到结果会发生,而是表明行为人对结果追求意图的危险性低于故意。而对于行为人"暂时"预见的结果发生的可能性应该至多为结果有较大可能发生,否则"否认结果发生的可能"就没有合理的根据。故在有认识的过失中,行为人认真估算了结果发生的可能性,这种可能性不能达到极大可能或绝对可能。例如,猎人朝着近距离的一丛低矮的灌木丛开枪,打中了一个蹲在灌木丛旁边较远地方的人,猎人已经看见了旁边的人,但因为预估了自己与灌木丛的距离以及中枪的人和灌木丛的距离认为自己不可能打中人,最终却打中了人的属于过于自信的过失。

第二,不可成立"轻信结果可以避免"的情形。

如果行为人认识到结果发生的可能性极大甚至必然发生时,则行为人轻信能够避免危害结果的"轻信"没有实际根据,就不应该为否认结果发生的可能性。具体包括两种情形:其一,行为人明知结果必然发生仍然继续行为的,其"轻信可以避免"就不应该成立,而是危险性更高的"不希望"结果发生。又因为前述已将明知结果必然发生而"放任"结果发生认定为本质上是直接故意,因此明知结果必然发生但轻信结果可以避免而导致结果发生的,最后应推导其本质为直接故意。1994年河南宋某祥不作为间接故意杀人案中,被告人宋某祥在明知其妻已经踹开凳子上吊后不及时采取救助,而是离家去往1公里外的父母家。宋某祥明知其妻上吊死亡的结果必然会发生而

① 参见张明楷:《外国刑法纲要》,法律出版社2020年版,第188-189页。

不履行夫妻间的救助义务,就不能认定为是反对结果发生。其二,行为人明知结果有极大概率发生,选择继续行为的,则行为人就不可能是反对的形态,而是"放任"心态中的"不希望",即间接故意而非有认识的过失。2003年成都吸毒母亲被羁三岁幼女饿死案中,被告人王某认为电话通知后职责已经转移,因此,自己在经提醒后仍旧没有亲自或者派人去核实导致幼女因无人照顾而死亡只属于一般工作失误。但是王某身为工作多年的警察应该对自己的职责已经有充分认识,因此,属于明知自己的行为发生危害社会的结果具有极大可能性,仍然放任结果发生,可以认定为间接故意犯罪,而不是认定为属于过失犯罪的玩忽职守罪。2011年北京汽修工恶作剧致人死亡案中,汽修工对高压气泵可能造成的结果应有充分了解,因此,可以认识到有极大概率发生危害结果,行为人没有根据符合"轻信可以避免"而仍然继续行为,不成立过失,系间接故意。但是本情形有例外,行为人明知结果有极大概率发生而选择继续行为的,如果结果发生时,行为人自己必然也是被害人,且行为人并无自杀、自伤等意图,则行为人的"轻信结果可以避免"有合理根据。

(3)对结果发生概率认识错误的处理

有学者认为,认识到必然性是主观认识而不是必然性本身,后者是客观范畴。因此认为明知结果必然发生就不存在放任存在空间的观点混淆了主观认识与客观现实之间的差异,造成了对间接故意"知"的范围的不当限缩,存在明显的缺陷。[①] 笔者不认同这种观点,认为将放任态度只放在可能发生结果的场合是混淆了行为人主观认识和实际上发生事实的观点,其实是假设了行为人的主观认识一定和客观事实不同的前提。如果存在两者内容确实不同的情形,本质上其实应该是由事实认识错误讨论的问题。

按照容认说,成立间接故意要求行为人认识到结果可能发生而非必然发生,则实际上会有两种情况:行为人自认为结果必然发生而客观上结果可能发生;行为人自认为结果可能发生而客观上结果必然发生。根据意志因素的不同可以作如下区分:

首先,如果行为人在这两种情况中的意志因素都是"希望"结果发生,则都认定为直接故意,这是容认说的应有之义,即行为人明知结果必然或可能发生而希望结果发生的是直接故意。例如,行为人听到被害人说口渴想喝水,赶在被害人喝水之前在水里下毒希望毒死被害人,其实被害人没有喝水的打算,但是被害人仍有喝水的可能,因此行为人仍成立直接故意。又如,行为人在路上设置障碍希望能损坏路过车辆,行为人自认为设置的路障危险度不高,不一定能对过往车辆造成损害,但实际上路障足以造成车辆毁坏,行为人成立直接故意不受影响。

其次,如果行为人在这两种情况中是"放任"结果发生的心态(暂时),则需要再分

---

① 参见满涛:《界分间接故意与过于自信过失的合理方案》,载《中国检察官》2016年第8期。

情况讨论:其一,行为人自认为结果必然发生而客观上结果可能发生时,由于行为人明知结果必然发生时的“放任”已经与希望、意欲没有本质上的不同,因此应当是直接故意。例如,行为人自认为下的毒足以毒死被害人,但实际上毒的剂量未达到致死量,即使行为人存在“不希望”结果发生的心态,但按照行为人原本的设想被害人会死亡,那么意志因素是“不希望”不影响直接故意的成立。其二,行为人自认为结果可能发生而客观上结果必然发生时,则需要判断行为人是否有认识到结果必然发生的可能性,即判断行为人的认识因素内容有无合理根据。如果没有合理根据,则需要按照结果必然发生判断行为人的罪过,即成立直接故意。例如,行为人在被害人水里放农药,行为人自认为农药的剂量不会导致死亡,但是行为人也预见到有致人死亡的可能性,实际上行为人投毒量足以致人死亡的,如果行为人熟悉药理,或者说明书上有写,那么行为人的“自认为结果可能发生”就没有合理根据。如果行为人的认识因素内容有合理的成立根据,则需要再进一步区分认识到的结果发生的概率:已知行为人是“放任”心态的前提下,如果行为人认识到结果发生是较大概率或极大概率的,则成立间接故意;如果行为人认识到结果发生是较小概率的,则不成立间接故意,可以成立有认识的过失;如果行为人认识到结果发生是极小概率的,则不成立间接故意。

最后,如果行为人在这两种情况中是“轻信结果可以避免”的心态(暂时),则需要再分情况讨论:其一,行为人自认为结果必然发生而客观上结果可能发生时,则没有过失存在的空间,行为人明知结果必然发生而继续行为导致结果发生的是直接故意,因此本情形应为直接故意。其二,行为人自认为结果可能发生而客观上结果必然发生时,则需要判断行为人的认识因素内容有无合理根据。如果没有合理根据,则行为人为直接故意。如果行为人认识因素的内容有合理根据,则需要进一步考虑结果发生的概率:如果行为人认识到结果发生是极大概率的,则成立间接故意;如果行为人认识到结果发生是较大概率的,则成立有认识的过失。

## 四、间接故意的认定标准——以容认说为基础的综合说的实证分析

### (一)清髓手术后悔捐案

1. 案情提要

2020 年 11 月浙江省的周女士确诊了急性髓性白血病,需要做骨髓移植。她的亲妹妹恰好匹配,并且答应捐献。骨髓移植的患者在移植的过程中需要应用清髓性的化疗方案,在清髓性的化疗方案应用之后患者的骨髓处于完全被摧毁的状态,在移植物生长之前骨髓是不造血的。在周女士接受清髓手术后,准备做移植手术一周前,她的亲妹妹突然反悔。这样一来,如果周女士一周内找不到新的匹配骨髓,生命将就此结束。所幸周女士女儿匹配成功(周女士女儿才 15 岁,医生一开始并没有把她考虑在内)。周女士最终手术成功活了下来。本案中当事人均未报案,本案仅有新闻报道。

2. 案例分析

我国法律尚未对骨髓捐赠及骨髓悔捐行为作出明确规定,因此无法直接依据相关法律规定对悔捐行为作出评价和规制。为了避免"临捐反悔"对患者造成的致命伤害,中华骨髓库早在多年前就启动了"应急预案机制"。但是即便如此,临时悔捐也不应当被绝对无条件地使用,在构成犯罪的情况下临时悔捐行为应当被追究法律责任。

运用间接故意综合认定标准分析"清髓手术后悔捐案例"的定性过程为,从客观到主观,再从认识因素和客观事实来判断意志因素,具体如下:(1)按照从客观到主观的分析路径。本案中已经发生的结果是清髓手术后患者的生命垂危状态。之后幸运地在一周内找到了匹配者完成移植手术是事后的医生救助行为,和交通事故同理,事后送到医院被医生救活不代表没有危害结果。清髓手术后患者的身体受损情况属于重伤,且救治的可能性很小。但是,由于无法判定行为人在清髓手术前是否有反悔意图,因此应当从未接受移植而导致死亡结果的角度分析反悔行为的性质。需要注意的是,本案中因为找到了新的捐助者所以死亡结果没有发生,但是从对结果发生的预见来说,尚未发生的、原本有极大概率发生的死亡结果仍有讨论的必要。(2)分析行为人的认识因素,包括认识内容与认识程度。间接故意在认识上是"明知",明确程度至少是行为人的行为导致结果发生的较大可能性,还有"排斥"结果发生时结果发生有极大可能甚至必然发生。本案中,捐赠人在捐赠骨髓前需要签订捐赠协议,所以行为人对清髓手术后病患会是怎样的身体状态已有了解,而且对于自己在清髓手术后悔捐,短期内未移植将导致患者死亡的结果也有充分了解。因此,行为人已经明知悔捐会导致的结果,并由此排除了过失的可能。(3)所以本案的焦点在于行为人意志因素的认定:首先,按照风险升高理论分析,行为人同意捐赠骨髓使患者接受清髓手术,是导致风险升高的行为,该行为给患者造成了现实、紧迫的危险,如果一周内未移植将导致患者有极大概率死亡。对于具备了"结果原因的支配"的不作为,就能因此肯定保证人地位,从而肯定作为义务,这里的作为义务就是一种结果避免义务。关于对法益脆弱性的支配,一般来说,是否存在保护法益的责任承担成为重要的判断基准。[①] 例如,司机为将车祸被害人送往医院而将被害人先置于汽车里,由于存在保护责任的承担,能够肯定对需要救助的被害人的脆弱性的支配和依存关系,就能够肯定行为人的保证人地位从而肯定其作为义务。本案中的捐赠人已经自愿接受了对脆弱法益的支配地位,从而可以肯定行为人的保障人地位从而肯定作为义务。其次,行为人已经认识到清髓手术后一周内没有做移植手术会导致病人死亡,在这一周内找到匹配骨髓的志愿者的概率极小,一般人不能认为可以找到志愿者,因此行为人的"轻信结果可以避免"没有依据,明知发生死亡结果具有极大可能性可以至少认为是不希望发生。而

---

① 参见[日]山口厚:《刑法总论》,付立庆译,中国人民大学出版社2018年版,第80-91页。

且,清髓手术后,行为人寻找志愿者和医院寻找志愿者完成移植手术的努力相比,行为人对最坏的结果不发生没有付出相当的努力。

此外,按照我国通说,被害人对重伤、死亡的承诺无效,所以不能适用被害人同意的规定。由于从常识出发很难认为患者会同意悔捐的结果,所以也不能适用被害人自陷风险的规定。如果考虑紧急避险的话,由于捐赠人的捐助行为未完成,不符合实施法益救助行为,因此不成立紧急避险。

最后,从社会影响的角度分析。放宽对悔捐行为的管制确实可以在一定程度上缓解捐赠人的心理压力,但是从刑法理论上来看其不足以阻却违法。而且,实际上悔捐的人极少"一年都遇不到一个",所以对悔捐行为依法处置并不会打击志愿者的积极性。

综上所述,在患者完成清髓手术后悔捐的,悔捐人成立间接故意。行为人同意捐助导致清髓手术发生,由此具有保证人地位。后悔行为应对即将发生的死亡结果负责,但是没有发生死亡结果。所以本案的当事人属于不作为的、间接故意的故意杀人罪未遂。

(二)孙某铭醉驾案

1. 案情提要

2008 年 12 月 14 日 17 时左右,成都市成龙路上,孙某铭驾驶别克轿车先从后面撞上与其同向行驶的一辆比亚迪轿车。事故发生后,孙某铭并未停车处理,而是驾车逃离现场,继续往龙泉驿方向行驶,又继续呈"S"形高速前行约 2 公里,至限速为 60km/h 的"卓锦城"路段时,越过绝对禁止超越的道路中心黄色双实线,先后撞向对面正常行驶的长安奔奔、奥拓、蒙迪欧及奇瑞 QQ 共四辆轿车,直至其车不能动弹,造成"长安奔奔"上的张某全夫妇和金某民夫妇等人当场死亡、另一人代某秀重伤,公私财产损失 5 万余元的严重后果。事后警方鉴定,孙某铭的黑色别克在撞击瞬间的速度为 134 ~ 138km/h,孙某铭血液中酒精浓度达到 135.8mg/100ml(按国家标准血液中乙醇浓度超过 80mg/100ml 为醉酒),属醉酒驾车,而孙某铭同时还是长期无证驾驶。2009 年 7 月 23 日,成都市中级人民法院一审以以危险方法危害公共安全罪判处死刑。宣判后,孙某铭不服判决,当庭表示要上诉。2009 年 9 月 8 日,四川省高级人民法院二审以以危险方法危害公共安全罪判处孙某铭无期徒刑,剥夺政治权利终身。

检方主张构成以危险方法危害公共安全罪。一审孙某铭的辩护人以其不存在主观故意为由主张应构成交通肇事罪。成都中院一审认为,孙某铭在无驾驶证、醉酒驾驶发生事故后,仍继续高速驾车逃逸,越过双黄线,与多辆车辆相撞,造成四死一重伤、公私财产损失达数万元的严重后果,这些事实充分证明,其置不特定多数人的生命、财产安全于不顾,具有放任危害结果发生的主观故意(间接故意)非常明显,构成以危险方法危害公共安全罪。

2. 案例分析

关于孙某铭行为的定罪。可以看出本案争议的焦点在于孙某铭的罪过是故意还是过失。交通肇事罪和以危险方法危害公共安全罪都是危害公共安全犯罪,两者的区别在于行为人的主观罪过不同,前者是过失犯罪,后者是故意犯罪。

本文认为,孙某铭在严重醉酒、严重超速的情况下造成严重事故属于间接故意。理由在于,孙某铭辩称车辆由自己购买,不可能存在故意造成事故的想法。但是即使孙某铭自述反对结果发生,也不能认定为属于有认识的过失。因为在已经预见严重醉酒、严重超速结果的情况下仍然继续危险驾驶行为,孙某铭可以认识到危害结果的发生是有极大概率的,则排斥"轻信可以避免"心理状况的成立。换言之,这属于间接故意的特殊情形,即行为人创设了行为风险,并意识到这种风险是有极大可能实现的,最终实现了这种风险的情形就不能够成立有认识的过失而是间接故意,因为此时行为人自述的"轻信可以避免"没有合理根据,行为人的意志因素本质上是"放任",系间接故意。在本案中,孙某铭醉酒、高速危险驾驶、在不具备通行的条件下强行通过使车辆失去控制引发车祸的直接原因。孙某铭辩称高速驾驶是醉酒和疲惫导致而非自己本意,无证驾驶是因为拿证有困难。根据我国《刑法》第18条,醉酒的人犯罪,应当负刑事责任。由此,醉酒的人不能因醉酒而不负刑事责任或者减轻刑事责任。这一规定的理论根据就是原因自由行为。根据原因自由行为理论,孙某铭对于原因行为可以自行把控,即孙某铭可以认真学习交规获得驾照后再驾驶车辆,可以选择不在醉酒、疲劳状态下开车,但是孙某铭作出了错误的选择,因此可以将结果归属孙某铭。

(三)高某先、乔某杰过失致人死亡案

1. 案情提要

2002年河南省郑州市中原区大岗刘乡石羊寺村月亮船幼儿园,园长高某先明知该园用于接送幼儿的豫A5××××号松花江牌面包车车况差,油路不畅,急需检修,仍要求幼儿园雇用的司机乔某杰驾驶该车接送幼儿。6月14日19时许,乔某杰驾驶该车送第一批幼儿回家途中,车辆出现故障,打不着火,遂打电话将此事通知高某先。高某先与孟某军骑摩托车赶到现场后,见车辆仍未修好,由于时间较晚,高某先就到附近租了一辆车,将留置在故障车内的儿童全部送走,要求乔某杰和孟某军继续修车,修好后送园内其他幼儿。乔某杰和孟某军对豫A5××××号车进行简单维修后,又开车回到幼儿园接上第二批幼儿送回家。途中因油路不畅,乔某杰让孟某军用手扶着一塑料油壶,采取用油壶直接向该车汽化器供油的违规操作方法继续行驶。豫A5××××号车行至中原区须水镇宋庄五队时,由于汽化器回火,引起汽车着火,将车上的王某迪、杨某姗、赵某杰等儿童当场烧死,孟某军严重烧伤后经医治无效死亡,王某、谷某兴等儿童被烧成重伤,面包车被烧毁。案发后,被告人乔某杰逃离现场,后被群众扭送给赶到现场的公安人员;被告人高某先当晚逃往西安,后于2002年6月17日到公安机关投案。

河南省郑州市中原区人民检察院以被告人高某先、乔某杰犯过失致人死亡罪为由,向河南省郑州市中原区人民法院提起公诉。一审法院郑州市中原区人民法院审理认为二被告人的行为触犯了《刑法》第 133 条的规定的交通肇事罪。二审法院郑州市中级人民法院审理认为乔某杰的行为构成交通肇事罪;高某先的行为不构成交通肇事罪,因为主管人员、肇事车辆的管理所有人,只有在指使、强令他人违章驾驶造成重大交通事故的情况下,才能以交通肇事罪定罪处罚;高某先的行为构成《刑法》第 138 条规定的教育设施重大安全事故罪。

2. 案例分析

(1)高某先的主观罪过为有认识的过失

虽然结果是乔某杰违反交通运输法规的行为直接造成的,但是高某先明知教育教学设施有危险而将其继续投入使用的行为与其有因果关系。因此,结果可以归属高某先。

高某先的主观认识内容为明知安全事故至少有较大的可能发生。首先,车辆安全事故发生的可能性为较大。理由在于,车辆油路不畅,且在行车过程中已经出现了打不着火的故障。其次,高某先在案发前已经知道接送幼儿的专用车辆有安全隐患,不符合行车要求;在案发当日,高某先经乔某杰通知后已经知道车辆出现了打不着火的故障;而且高某先对于车辆情况没有认识错误。

高某先的意志内容为"轻信结果可以避免"。首先,在案发当日,车辆出现打不着火的故障后,高某先赶往现场采取了租车、要求修车的措施,说明高某先不可能是希望或放任事故发生。其次,高某先要求先修车然后继续送幼儿回家,表明其在考虑现场情况后认为维修车辆后就可以继续上路,因此为"轻信结果可以避免"。如前所述,如果行为人认识到结果发生有极大可能性,行为人的"轻信结果可以避免"就没有合理的成立根据,而应该至少是"不希望"结果发生,即间接故意。本案中,高某先认识到结果发生有较大可能性且无认识错误,因此"轻信可以避免"的主观内容有实际根据。而且高某先在认识到结果可能发生后,又否认了结果的发生,整体上看是没有认识的,这符合有认识过失的特征。

(2)乔某杰的主观罪过为有认识的过失

乔某杰的主观认识内容为明知安全事故至少有极大的可能发生。乔某杰对于结果发生可能性的认识与高某先的认识内容不同,乔某杰知道车辆存在严重问题不符合上路要求,也知道案发当日出现了打不着火的故障和简单维修后仍有油路不畅的故障,还知道直接为汽化器供油的事实,因此基于这些认识内容,乔某杰应该认识到危害结果发生具有极大可能性。

乔某杰的意志内容为"轻信结果可以避免"。如前所述,行为人认识到结果发生的可能性极大时,如果结果发生,行为人自己必然也是被害人,且行为人并无自杀、自伤等意图,则行为人的"轻信结果可以避免"有合理根据。所以本案中,乔某杰作为司机,汽化器回火引起汽车着火时必然危及乔某杰自己,因此乔某杰可以成立"轻信结果可以避免",故乔某杰的主观罪过为有认识的过失。

## 五、结语

虽然我国现行刑法对间接故意作出了明文规定,但是仍存在判断间接故意可操作性弱的问题。因此有必要厘清间接故意的判断标准,提高间接故意的可适用性。

在德国关于间接故意的理论中,认真对待理论以是否认真思考了结果发生的可能性加以判断,未能准确把握间接故意的本质;严格形式的赞同理论将直接故意当作间接故意,修改后的赞同理论也没能正确地把握间接故意的内涵;可能性理论认为仅凭行为人认识到结果可能发生而没有放弃行为就是有意识的任凭结果发生,导致不当扩大间接故意的范围。

在我国关于间接故意的学说中,盖然性说虽然同时考虑认识因素和意志因素来区分故意与过失,但是没有把握意志因素的重要性。风险理论简化了故意的认知内容,而且没有考虑行为人的真实意图。容认说同时考虑认识因素与行为人的真实意志因素,因此更为合理。但是容认说内部存在一些问题需要进一步讨论。

综合前部分对不同学说的评述,本文提出间接故意的综合判断标准——以容认说为基础的综合说。具体指:将容认说作为判断间接故意的基础判断标准;再在风险升高理论的基础上区分间接故意的一般场合和特殊场合适用盖然性说、极其可能性说进行补充判断。可以概括为在容认说的基础上运用"风险升高理论+极大/较大概率"公式分析不同情况的罪过认定。其分析路径为从客观事实到主观内容,行为人主观内容这一步是从认识因素到意志因素的判断路径,即依据认识因素和客观事实判断意志因素。

# 【刑法教义学】

# 刑法因果关系裁判路径实证研究

李　侠*

**【内容摘要】**通过对最高司法机关发布的涉及刑法因果关系判断的案例进行分析，可以发现我国司法实践已经初步建立起从事实因果关系到法律因果关系的裁判路径，但由于学界通说与实务界都只适用了统一的判断模式，因而未能精确界定个案中的结果归属，对量刑因果关系的判断更是处于直觉阶段。破题的关键在于认识到刑法具体犯罪对结果归属的要求并不相同，应区分为支配型结果归属与条件型结果归属，并结合各自所建构的不同事实因果关系基础（造成型、引起型、义务型）讨论具体的归责标准，从而准确界定刑法因果关系；在此基础上，再厘清并存的多种原因在两种结果归属类型中对量刑的不同作用方式，建立清晰的量刑因果关系裁判路径。

**【关键词】**刑法因果关系　结果归属　事实因果关系　法律因果关系　量刑因果关系

刑法因果关系的判断在大部分案件中，都是极其清楚不证自明的，但在少数具有争议的案件中，却又众说纷纭、莫衷一是。尽管域外的学说纷沓而至，刑法学界讨论得热火朝天，促进了我国刑法因果关系理论的蓬勃发展，但“讲坛案例”居多，未能有效回应司法实务的真实需求。基于此，本文以我国最高司法机关发布的涉及刑法因果关系判断的案例为研究对象，考察所涉及的案件类型及争议焦点，总结法官们的裁判思路，对比学界的现有研究成果，从理论与实践双向对接的角度发掘刑法因果关系判断的真实疑难问题，从立法对具体犯罪所要求的结果归属①的不同方式寻求类型化问题的解决之道，切实找到适合中国司法实践的刑法因果关系裁判路径。

---

* 李侠，法学博士，四川大学法学院讲师。本文系四川省社会科学研究“十三五”规划2019年度课题“刑法因果关系裁判路径实证研究”（项目编号：SC19B060）的阶段性成果之一。

① 本文分别使用了刑法因果关系、法律因果关系、结果归属、客观归责四个术语来表达将危害结果从客观上归责于行为人，主要是基于行文的语感需求，恳请读者理解。

## 一、刑法因果关系研究样本分析

本文的研究样本取自我国最高司法机关发布的,在刑事审判中起指导作用的案例。截至2022年2月,以"因果关系"为主题词,共搜索到74个案例,其中刊登在《最高人民法院公报》的有10个,收录在《刑事审判参考》的有57个,最高人民检察院发布的指导性案例有7个。除开重复的案例、主要与因果关系认定无关以及纯粹的程序法上的问题,共有54个有效案例(其中9个公报案例,6个检例,39个指导案例,见附录),按照不同的角度可做如下分析。

(一)罪名分布与争议区域

对这54个案例,从罪名视角与危害结果视角分别进行分析,可以非常清楚地看到在因果关系判断上最可能引起争议的犯罪类型。

1.罪名视角

对这54个案例涉及的罪名进行分析,如表1所示:

**表1 罪名分布情况**

| 类罪名(含罪名数/个) | 个罪名 | 个罪数/个(占比/%) | 类罪数/个(占比/%) | 司法机关的争议 |
|---|---|---|---|---|
| 危害公共安全罪(10) | 放火罪(《刑法》第115条) | 1(1.75) | 17(29.82) | 检察院提起抗诉的有3个案例,一审、二审定罪不同的有2个案例,量刑不同的有3个案例,高级人民法院未通过死刑立即执行核准的有2个案例 |
| | 投放危险物质罪(《刑法》第115条) | 1(1.75) | | |
| | 以危险方法危害公共安全罪(《刑法》第115条) | 2(3.51) | | |
| | 非法制造、买卖、运输、邮寄、储存枪支、弹药、爆炸物罪(《刑法》第125条) | 2(3.51) | | |
| | 交通肇事罪(《刑法》第133条) | 3(5.26) | | |
| | 重大责任事故罪(《刑法》第134条) | 4(7.02) | | |
| | 重大劳动安全事故罪(《刑法》第135条) | 1(1.75) | | |
| | 危险物品肇事罪(《刑法》第136条) | 1(1.75) | | |
| | 教育设施重大安全事故罪(《刑法》第138条) | 1(1.75) | | |
| | 谎报安全事故罪(《刑法》第139条之一) | 1(1.75) | | |

续表

| 类罪名（含罪名数/个） | 个罪名 | 个罪数/个（占比/%） | 类罪数/个（占比/%） | 司法机关的争议 |
|---|---|---|---|---|
| 破坏社会主义市场经济秩序罪（4） | 生产、销售假药罪（《刑法》第141条，现罪名为生产、销售、提供假药罪） | 1（1.75） | 4（7.02） | 仅一审终审或一审、二审定罪量刑相同 |
| | 生产、销售伪劣农药罪（《刑法》第147条） | 1（1.75） | | |
| | 操纵证券交易价格罪（《刑法》第182条，现罪名为操纵证券市场罪） | 1（1.75） | | |
| | 损害商品声誉罪（《刑法》第221条） | 1（1.75） | | |
| 侵犯公民人身权利、民主权利罪（6） | 故意杀人罪（《刑法》第232条） | 5（8.77） | 18（31.58） | 一审、二审定罪量刑相同，其中有1个案例最高人民法院改变了罪名，但仍然核准了死刑 |
| | 过失致人死亡罪（《刑法》第233条） | 2（3.51） | | |
| | 故意伤害罪（《刑法》第234条） | 7（12.28） | | |
| | 强奸罪（《刑法》第236条） | 2（3.51） | | |
| | 绑架罪（《刑法》第239条） | 1（1.75） | | |
| | 侮辱罪（《刑法》第246条） | 1（1.75） | | |
| 侵犯财产罪（2） | 抢劫罪（《刑法》第263条） | 5（8.77） | 6（10.53） | 一审、二审定罪相同，量刑不同的有1个案例 |
| | 破坏生产经营罪（《刑法》第276条） | 1（1.75） | | |
| 妨害社会管理秩序罪（2） | 非法行医罪（《刑法》第336条） | 2（3.51） | 3（5.26） | 一审、二审定罪量刑相同，但其中有1个案例二审改变了危害行为的认定 |
| | 重大环境污染事故罪（《刑法》第338条，现罪名为污染环境罪） | 1（1.75） | | |
| 渎职罪（6） | 滥用职权罪（《刑法》第397条） | 2（3.51） | 9（15.79） | 检察院提起抗诉的有2个案例，一审认定有罪二审改判无罪的有2个案例，一审认定无罪二审改判有罪的有1个案例 |
| | 玩忽职守罪（《刑法》第397条） | 3（5.26） | | |
| | 国家机关工作人员签订、履行合同失职被骗罪（《刑法》第406条） | 1（1.75） | | |
| | 违法发放林木采伐许可证罪（《刑法》第407条） | 1（1.75） | | |
| | 食品监管渎职罪（《刑法》第408条之一，现罪名为食品、药品监管渎职罪） | 1（1.75） | | |
| | 传染病防治失职罪（《刑法》第409条） | 1（1.75） | | |

资料来源：检例第94号余某某等人重大劳动安全事故重大责任事故案，检例第96号黄某某等人重大责任事故、谎报安全事故案，指导案例第814号刘某抢劫、强奸案，同时涉及两个罪的因果关系，因而以罪名统计，合计的案例数为57。

由表1可知,有6章犯罪共30个罪名涉及刑法因果关系的判断。其中,涵盖频率最高的三类罪分别是侵犯公民人身权利、民主权利罪(18个案例,占比31.58%),危害公共安全罪(17个案例,占比29.82%),渎职罪(9个案例,占比15.79%);涉及频率最高的六个罪分别是故意伤害罪(7个案例,占比12.28%)、故意杀人罪(5个案例,占比8.77%)、抢劫罪(5个案例,占比8.77%)、重大责任事故罪(4个案例,占比7.02%)、交通肇事罪(3个案例,占比5.26%)、玩忽职守罪(3个案例,占比5.26%)。但从审判情况看,司法机关之间存在争议最大的是渎职罪,9个案例中有3个案例都涉及罪与非罪的变化,占比33.33%;其次为危害公共安全罪,17个案例中有5个案例涉及罪名的变更或者刑罚的减轻,占比29.41%。其余几类犯罪包括涉及因果关系判断频率最高的侵犯人身权利、民主权利犯罪反而几乎不存在争议。由此可见,从罪名角度出发,司法实践中争议最大的因果关系判断存在于渎职类犯罪和危害公共安全类犯罪中。

2.危害结果视角

换一个角度,以具体危害结果作为分类标准对这54个案例进行分类,可以发现:有40个案例仅涉及危害行为与死亡结果的因果关系判断,占比74.07%;①只涉及伤害结果的有3个案例,占比5.56%;只涉及财产损失的有11个案例,占比20.37%。如图1所示:

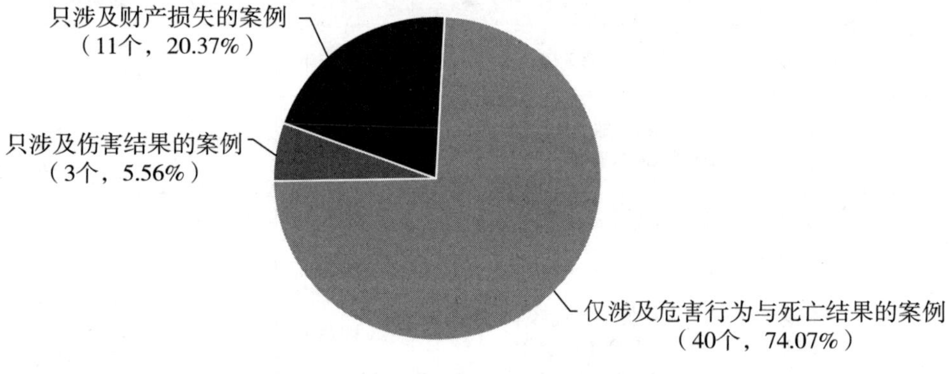


**图1 不同结果类型分布情况**

由此可知,从结果角度,司法实践中经常需要进行因果关系判断的案件主要存在于致人死亡的案件中。

(二)案件类型与裁判规则

根据需要进行因果关系判断的案件的简单与复杂程度,可以将其大致分为简单案件中的因果关系判断与复杂案件中的因果关系判断,后者又可细分为三类:多因一果

① 这40个案例中有部分案例同时涉及对伤害结果与财产损失的判断,但焦点在于行为与死亡结果之间因果关系的判断。

类型、介入因素类型和被害人具有特异体质类型(见表2)。多因一果类型主要讨论同时存在的多个危害行为与结果的因果关系;介入因素类型主要讨论具有先后顺序的多个因果流程对结果的影响;特异体质类型主要讨论被害人存在特异体质时,结果能否归属于危害行为。对这54个案例进行分析,可以发现,最高司法机关针对不同的案件类型有不同的裁判重心并形成了不同的裁判规则。

**表2 不同案件类型分布情况**

| 案件类型 | 总案例数/个(占比/%) | 否定存在因果关系的案例数/个 | 判断重点 |
| --- | --- | --- | --- |
| 简单案件类型 | 8(14.55) | | 事实因果关系的证明 |
| 多因一果类型 | 9(16.36) | 1 | 法律因果关系的判断(追究刑事责任的范围)及对量刑的影响 |
| 介入因素类型 | 34(61.82) | 5 | 介入因素是否切断原来的因果联系,如果不切断,介入因素对量刑的影响 |
| 特异体质类型 | 4(7.27) | | 特异体质对量刑的影响 |

资料来源:指导案例第276号陈某娟投放危险物质案既涉及介入因素的判断,又涉及被害人特异体质时因果关系的判断,因而以因果关系类型统计,案例数为55个。

从表2中可以看到,司法实践中对介入因素类型的案件讨论最多,共34个案例占比61.82%,而且,除简单案件类型外,后三类案件实质上均涉及多种原因导致结果发生,因而司法实践极为关注哪些原因能成为刑法上的原因,以及多种原因并存时对行为人量刑的影响。

尽管最高司法机关发布的涉及介入因素讨论的案例最多,其中否定刑法因果关系存在的案例数也最多,但其实就介入因素的判断而言,司法实践的判断步骤与判断规则基本统一,且与学界介入因素三标准理论高度一致。当先行为对结果发生的作用力很大时,无论介入因素是否异常,都不会打破先行为与结果之间的因果关系。但当介入因素的作用力很大时,则需要考察先行为与介入因素的关系,如果先行为必然或者通常引起介入因素,则先行为与结果之间仍然具有因果关系;只有当介入因素作用力很大且与先行为没有联系时,才会认为先行为与结果之间没有因果关系。[①] 容易引起争议的是先行为与介入因素关系不紧密,而且都对结果有贡献力时如何定罪以及量刑的问题。这种争议也同样存在于多因一果类型的案例中。

另外,法院对于特异体质类型的案件中因果关系的判断也几乎没有争议,都认为刑法上的因果关系是发生在具体条件下的,正是被告人的行为作用到被害人的身体

① 参见张明楷:《刑法学》(上)(第6版),法律出版社2021年版,第242-243页;周光权:《刑法总论》(第4版),中国人民大学出版社2021年版,第123-125页;黎宏:《刑法学总论》(第2版),法律出版社2016年版,第99-100页。

上,才导致了结果的发生,因而满足结果归属,特异体质的存在一般仅影响量刑。例如,福建省龙海市人民检察院诉杨某章故意伤害案和指导案例第389号洪某宁故意伤害案,这两起伤害案件中,行为人殴打具有特殊体质的被害人导致了死亡结果,都没有法定减轻处罚理由,都经审判法院逐级报请最高人民法院核准减轻处罚,两人分别被判处了六年有期徒刑和五年有期徒刑。①

综上所述,从最高司法机关发布的案例可知,刑法因果关系的裁判规则已经形成并有效地指导了司法实践,但在疑难问题上仍然存在争议,仅就事论事,没有形成统一的裁判指导意见,需进一步深入研究。

## 二、刑法因果关系司法裁判争议

具体而言,存在争议的问题主要是:事实因果关系的证明,尤其是没有科学证据证实事实因果关系存在时,能否直接进行结果归属的判断;事实因果关系与法律因果关系之间的关系,如何在事实因果关系的范围内挑选出需要进行结果归属的原因;多种原因并存时,如何确定对行为人量刑的影响。对于这些问题,学界有的已进行深入研究,有的则浅尝辄止,但总体而言,缺乏对不同因果关系类型的系统研究,缺乏对实务问题的具体关照,亦未从实务中提炼出实用规则,因而并未充分发挥理论对实务的指导作用。

### (一)事实因果关系的判断

事实因果关系是刑法因果关系存在的基础,因而在所有类型的案件中,都涉及如何证明事实因果关系的存在,只不过在最高司法机关发布的这54个案例中,事实因果关系的判断在简单案件中更为聚焦。

事实因果关系的判断通常涉及专业知识,故司法机关一般是通过鉴定报告确认因果关系是否存在。此外,在鉴定报告不足以支撑因果联系时,司法机关还会通过科学实验、综合分析方法(科学+排除法)进行补强,最终确定危害行为与损害结果之间的因果联系。前者如检例第62号南京百分百公司等生产、销售伪劣农药案。② 后者如

① 在后一起案件中,法院在裁判理由中特别指出:被害人心脏病发作的诱因众多,不能将这些诱因共同导致的被害人死于心脏病全部归责于被告人,否则与其罪责不相适应;要注意刑法对故意伤害致死的法定刑配置,是以故意伤害行为系被害人死亡的直接原因甚至唯一原因作为标准确定的,因此应对被告人减轻处罚。参见"指导案例第389号:洪某宁故意伤害案",载中华人民共和国最高人民法院刑事审判第一、二、三、四、五庭主办:《中国刑事审判指导案例2》,法律出版社2017年版,第546-548页。

② 在证明被告人生产的伪劣农药导致水稻发生药害的损失时,检察要旨明确指出:"对于使用伪劣农药造成的农业生产损失,可采取田间试验的方法确定受损原因,并以农作物绝收折损面积、受害地区前三年该类农作物的平均亩产量和平均销售价格为基准,综合计算认定损失金额。"参见"检例第62号:南京百分百公司等生产、销售伪劣农药案",最高人民检察院发布的第16批指导性案例,2020年3月5日发布。

指导案例第1198号阎某以危险方法危害公共安全案。[①]

但是,如果鉴定结论不能确定是否存在事实因果关系,法院能否认可刑法因果关系的存在呢?在前后发布的两个非法行医罪案例中,最高人民法院的法官们的裁判规则令人寻味。在指导案例第421号贺某华非法行医案(该案发生于2003年)中,被告人初中文化,在租住房内为产妇非法接生时,致产妇和胎儿死亡。一审判决以鉴定结论为基础,认定产妇及胎儿死亡是因被告人滥用“缩宫素”致产妇宫缩过强而发生羊水栓塞,导致产妇及胎儿死亡。二审法官发现鉴定结论所依据的基础事实材料既不充分也不可靠,无法证明被告人给产妇“使用”更不用说“滥用”了“缩宫素”,因而未采信鉴定结论。同时,法官们又认为,即使被告人没有滥用“缩宫素”,其仍然存在危害行为:(1)在缺乏抢救设备的情况下为产妇非法接生;(2)在产妇出现并发症时无力及时采取正确、有效的抢救措施;(3)因害怕担责不及时将产妇送医,延误了产妇的抢救时机。这些行为虽然不能被证明与胎儿死亡(胎儿尸体已经被火化)之间有因果关系,但无疑可以被证明与产妇死亡之间有因果关系。因而,被告人的行为仍然成立非法行医罪的结果加重犯,被判处10年有期徒刑并处罚金1万元。[②] 与之相对的是指导案例第1382号侯某英非法行医案(该案发生于2017年),被告人有医学专业背景,但未通过医师资格考试。被害人到被告人所在的正规诊所就诊,被告人独立非法行医,为其开具头孢呋辛钠等药品进行输液治疗,被害人输液半小时左右出现呼吸困难等不良反应,经在场的其他医生抢救无效死亡。由于缺乏病历材料记载,鉴定机构只证明了被害人符合注射头孢呋辛钠导致过敏性休克死亡,拒绝就诊疗过程是否符合规范、被告人是否有责任给出明确意见。对此,法官们的意见是,“即使鉴定机构出具的鉴定意见未就行医行为与死者死亡结果之间的因果关系给出明确意见,司法机关也有权力、有责任判断具体案件中非法行医行为与死者死亡之间是否具有因果关系。根据本案查明的事实及在案证据,足以认定被告人侯某英未取得医生执业资格从事医疗行为,其行为存在过错,并直接导致了被害人的死亡,二者间存在着因果关系”。[③] 并据此判处了被告人10年6个月的有期徒刑,并处罚金5万元。

对比这两个案例,可以发现,无论是贺某华案还是侯某英案,都无法证明被告人的

---

① 被告人阎某在家中释放天然气用以自杀,但引发室内、室外数次爆炸并造成1人死亡3人轻微伤以及近10万元财产损失。法官在裁判理由中指出:“因天然气泄漏引发爆炸的案件比较罕见,证实此类犯罪的证据体系也与抢劫、故意杀人等常见犯罪明显不同,审理时既要全面审查、判断证实行为人实施故意释放天然气行为的相关证据是否确实、充分,也要综合运用在案证据排除由其他因素引发爆炸的可能性,同时还要对有关疑问作出科学、合理的解释,最终得出唯一的结论。”参见“指导案例第1198号:阎某以危险方法危害公共安全案”,载最高人民法院刑事审判第一、二、三、四、五庭主办:《中国刑事审判指导案例2》,法律出版社2021年版,第51–54页。

② 参见“指导案例第421号:贺某华非法行医案”,载最高人民法院刑事审判第一、二、三、四、五庭主办:《中国刑事审判指导案例5》,法律出版社2017年版,第286–290页。

③ 参见“指导案例第1382号:侯某英非法行医案”,载最高人民法院刑事审判第一、二、三、四、五庭主办:《中国刑事审判指导案例5》,法律出版社2021年版,第252–255页。

非法行医行为在实质上是违反诊疗规范的行为,因而无法查明行为直接造成了结果的发生。但在贺某华案中,法院在租住房不具备接生条件和被告人有义务防止结果发生中找到了危害行为,肯定了贺某华的非法行医行为与结果之间具有引起与被引起的关系,而这些危害行为,在侯某英案中是不存在的,因为被告人侯某英虽然是非法行医,但其所在诊所是正规诊所,且案发时有医生在场,不存在不具备医疗条件与抢救条件的问题。然而,法院仍然基于"行为存在过错,并直接导致了死亡"就认为行为造成了结果的发生。这样的判决方式,仅仅因为行为人长期非法行医具有抽象危险性,在无法确认行为的具体危险性,更无法确认行为与死亡结果的因果关系时,就直接将死亡结果归属于被告人,显然值得商榷。在这里,法院不仅没有正确理解结果加重犯中加重结果的归属要求,而且没有区分行政法上的违规行为与刑法上具有法益侵害危险的行为之间的界限,因而让行为人承担了其不应承担的死亡后果。而学界在此问题上亦未见充分研究,没有从个罪规范所要求的结果归属的不同层次去剖析不同类型的因果关系证明要求。

(二)事实因果关系与法律因果关系之间的关系

法律因果关系是建立在事实因果关系基础上的,然而,如何在事实因果关系中挑选出能够进行结果归属的刑法因果关系,一直是司法争议的焦点,这在涉及多因一果类型与介入因素类型的案件中尤为突出。

在指导案例第434号赵某明等故意伤害案中,被告人赵某明等人持刀追砍致使被害人泅水逃避导致溺水死亡。法院对于如何从事实因果关系中挑选出法律因果关系做出了非常清晰而且精彩的阐释。[①] 该案的审判时间是2006年,最高人民法院将其作为指导案例发布的时间是2007年,由此可见,在中国的司法实践中,法官们其实早已经摸索到了和学界从德国引入的客观归责学说、从日本引入的危险现实化说有不谋而合之处的裁判规则,尤其是其中提到的要注意根据个案涉及的规范罪名所要求的具体因果联系来判断个案是否存在法律上的因果关系,非常具有启发意义。事实上,学界已有学者开始关注此问题,并将其标记为"缓和的结果归属",认为具有中国特色,

---

① 首先是用条件说考察事实因果关系是否存在。其次是考察事实因果关系的程度,即行为对结果产生所起作用的大小问题,应根据行为与结果联系的紧密程度、行为导致危害结果产生的力量大小、犯罪构成对行为与结果之间联系的要求程度等因素综合评判,如果涉及多个行为,还要分析多个行为之间的关系。最后要考察行为的社会危害程度,主要从三方面考察:一是客观上危害行为实际造成的危害结果的严重程度。二是危害行为本身所具有的造成特定危害结果产生的可能性程度,即行为造成结果的概率。三是危害行为本身客观上违反社会规范的程度,并且认为违规程度的轻重与要求的因果联系的紧密程度成反比:明显违规的行为,即使与结果联系程度较弱也能满足客观归责要求;违规程度较轻的行为则对于因果联系要求更高。如果行为本身没有违反社会规范,在通常情况下,其行为与结果之间的因果关系就可能不被认为具有刑法意义。参见"指导案例第434号:赵某明等故意伤害案",载最高人民法院刑事审判第一、二、三、四、五庭主办:《中国刑事审判指导案例2》,法律出版社2017年版,第557-560页。

在当下有其存在的原因与理由。[①] 这究竟是一种司法的权宜之计还是因果关系在个罪中的本来面貌,笔者持保留态度,见后文详述。

这一裁判规则,尽管在裁判理由上和德、日刑法关于因果关系判断的学说有很多相似之处,但在裁判顺序上,却和德、日学说有所不同。德、日学说非常关注行为定型性的判断,认为在事实因果关系之外,首先要考察的是行为本身的危险性,如果行为没有制造法所不允许的危险,没有在结果中实现法所不允许的风险,就不会存在刑法上的因果关系。[②] 而上述裁判规则是从结果出发,先考察行为与结果联系的紧密度,再考察行为的社会危害程度,因而在结果已经发生的情况下,较为倾向于肯定刑法因果关系的存在。例如,指导案例第 197 号陆某某、张某某以危险方法危害公共安全、交通肇事案中,法官们认为危害结果是被告人张某某和司机陆某某各自的过错行为竞合所致,正是因为被告人张某某拳击陆某某,才引发陆某某的回击,从而共同导致了危害公共安全结果的发生,因此,被告人张某某的行为与危害结果的发生具有法律上的因果关系。[③] 然而,如果从分析张某某行为的危险性出发,结论可能会有所不同。张某某的行为本身没有危及公共安全,其行为也不足以引起专业司机丢开方向盘与之对殴并造成危害公共安全的结果,因而难以肯定刑法因果关系的存在。

当然,也有个别案例中法官们注意到了要考虑行为本身的危险性,认为如果不是行为本身的危险性在结果中实现,就不能认定具有刑法上的因果关系。例如,指导案例第 201 号穆某祥被控过失致人死亡案中,法官们承认事实因果关系,即被告人的车辆超高恰巧又接触在不符合安全高度的电线裸露处而带电,造成了死亡结果,但同时认为被告人私自改装车辆致使车辆违反高度的这一行为本身并不能直接造成乘客死亡的后果,乘客死于触电而不是车辆超高风险的实现,因而否定刑法上的因果关系。[④]

由此可见,如果没有合理的裁判顺序,仅仅依赖法官们在个案中的直觉,并不足以保证刑法因果关系判断的合理性。

(三)刑法因果关系对量刑的影响

在多种原因导致结果发生时,是否以及如何影响到行为人的量刑,这一问题在复

---

① 参见张明楷:《论缓和的结果归属》,载《中国法学》2019 年第 3 期。

② 参见[德]克劳斯·罗克辛:《德国刑法学总论》(第 1 卷),王世洲译,法律出版社 2005 年版,第 247－274 页;[日]前田雅英:《刑法总论讲义》(第 6 版),曾文科译,北京大学出版社 2017 年版,第 117－119 页。

③ 张某某案具体案情:被告人张某某乘坐公交车时和司机陆某某发生争吵,挥拳殴打正在驾车行驶的陆某某,击中陆某某的脸部。陆某某被殴后,置行驶中的车辆于不顾,离开驾驶座位,抬腿踢向张某某,并动手殴打张某某,公交车因无人控制偏离行驶路线,造成 1 死和车辆等财物严重受损的后果。参见"指导案例第 197 号:陆某某、张某某以危险方法危害公共安全、交通肇事案",载最高人民法院刑事审判第一、二、三、四、五庭主办:《中国刑事审判指导案例 2》,法律出版社 2017 年版,第 41－45 页。

④ 穆某祥案具体案情:被告人穆某祥驾驶农用车载客,因欠费担心被查,偏离路线让乘客在村民李某家附近下车,因车顶违规升高碰触到李某家违规所接电线接头(低于要求的最低高度)的裸露处,车身带电,致 1 名乘客死亡。参见"指导案例第 201 号:穆某祥被控过失致人死亡案",载最高人民法院刑事审判第一、二、三、四、五庭主办:《中国刑事审判指导案例 2》,法律出版社 2017 年版,第 511－514 页。

杂案件的因果关系判断中都存在,而且司法实践也肯定了被害人的特异体质对行为人量刑的影响,但是,在多因一果类型与介入因素类型案件中,该影响是否存在以及如何影响量刑,并没有统一的裁判规则。

通常情况下,法院认可多种原因导致结果发生时,会对被告人的量刑产生影响,但究竟如何影响,几乎属于法官们的自由裁量权,没有判断步骤可以遵循。例如,在指导案例第1391号李某故意伤害案中,法官们认为,根据本案实际情况,被害人送医院抢救后,如果医院的抢救措施正确及时,被害人可能不会死亡,因而必须考虑医疗过错对行为人刑事责任的影响。但是,这种刑事责任的大小与民事责任大小的划分并不一样,不能因为鉴定结论中认定的医院医疗过错对被害人损害结果的参与度为40% - 60%,就直接减轻被告人40% - 60%的刑罚,鉴于被告人的伤害行为系被害人死亡的初始因素,对上述鉴定意见仅宜在量刑时酌情考虑。① 该案被告人最终被判处6年有期徒刑,但这是法官们结合被告人自首、通过赔偿取得被害人亲属谅解等多种因素下的综合考量,很难判断诊疗过错的存在对被告人量刑的具体影响。

而且,在具体个案中,如果行为人的行为危险度极高,法院会明确否定介入因素对量刑的影响。例如,指导案例第685号张某抢劫案中,法院经研究后认为,尽管在一般情况下,存在介入因素时可以考虑从轻或减轻被告人的刑事责任;但本案中被告人选择在居民区抢劫,手段特别残忍,主观恶性极深,且医院在抢救过程中的失误也并非明显失误,可能存在于一切抢救过程中,因而不足以影响对被告人的量刑,被告人被判处死刑立即执行。② 同样的裁判思路也存在于检例第94号余某某等人重大劳动安全事故重大责任事故案中,对于多种原因造成的重大生产安全事故,检察机关认为"各方都应当在自己职责范围内承担相应的法律责任,不能因为追究其中一方的责任就减轻或免除其他人的责任"③。

事实上,学界很早就有学者提及这一问题,"在确认某一行为已经构成某种犯罪

---

① 李某案具体案情:被告人李某与准备过马路的被害人因车辆行驶问题发生争执,随后李某下车与被害人发生厮打并持木棍击打被害人头部致其倒地,被害人当日被送往医院抢救,四天后死亡。鉴定意见认为医院存在诊疗过错,与死亡后果存在一定因果关系,占40% -60%。参见"指导案例第1391号:李某故意伤害案",载最高人民法院刑事审判第一、二、三、四、五庭编:《刑事审判参考》总第125辑,人民法院出版社2020年版,第33 - 39页。

② 张某案具体案情:被告人张校尾随被害人至其家门口,趁被害人翻找钥匙开门之机,持刀上前抢被害人的挎包,因被害人呼救而持刀连刺其前胸、腹部、背部等处十余刀后携包逃离现场,被害人被闻讯赶来的家人及邻居送往医院,因左髂总静脉破裂致失血性休克,经抢救无效而死亡。被害人家属对医院提起了医疗事故赔偿诉讼,但经鉴定法院认为医院不构成医疗事故。被告人及其辩护人提出,尽管救治医院不构成医疗事故,但其未发现被害人左髂总静脉破裂,因而未进行缝合致失血性休克导致死亡,不能排除救治措施与被害人死亡之间的因果关系,因而要求从轻处罚。参见"指导案例第685号:张校抢劫案",载最高人民法院刑事审判第一、二、三、四、五庭主办:《中国刑事审判指导案例4》,法律出版社2017年版,第166 - 170页。

③ "检例第94号:余某某等人重大劳动安全事故重大责任事故案",最高人民检察院发布的第25批指导性案例,2021年1月27日发布。

的情况下，犯罪因果关系的不同表现，在一定程度上影响对这一犯罪的量刑”①。后来又有学者将之命名为“量刑因果关系”②，但尚未见系统论述，需要进行进一步的规范研究。

综上所述，对于刑法因果关系的司法裁判争议，一方面，学界虽然有所贡献，但由于火力过于集中，聚焦杀人、伤害等实行行为缺乏定型性的结果犯中，且总是在总则层面进行研究，缺乏对不同类型因果关系的具体判断，缺乏对量刑因果关系的系统讨论，因而未能有效解决疑难问题；另一方面，法官们基于长期的实战经验，总结出不少因果关系的判断规则，但基本着眼于个罪的判断，没有进行类型化梳理，没有厘清不同规则的适用条件，更多的是依赖个体的直觉判断与自由裁量，亦未能形成合理公正的裁判路径。无怪乎中外都有学者发出“刑法上因果关系的存在与否本质上不是事实问题，而是刑事政策评价问题”的感叹。③ 笔者认为，要形成既有指导意义又切实可行的因果关系裁判路径，必须回到刑法规范，厘清不同犯罪对结果的归属要求，通过合理分类建构不同的结果归属类型，明确各自不同的裁判要求与证明标准。

## 三、刑法因果关系类型化构造与裁判路径

借鉴司法实践中因果关系的判断路径与学界对因果关系的研究成果，笔者认为，刑法因果关系的判断重点当然是从事实因果关系中找到可以进行结果归属的刑法因果关系。但判断顺序并不是简单地从事实因果关系到法律因果关系，而是先进行事实因果关系的总体判断与分类判断，再进行法律因果关系的分类，探讨不同类型的结果归属要求，最后结合个罪对行为与结果联系度的要求，探讨个案中的因果联系程度是否达到结果归属的要求以及不同的联系程度对个案量刑的影响。

### （一）事实因果关系的判断原则与分类判断

事实因果关系的判断是刑法因果关系判断的前提，无论是何种因果关系类型，都是建立在事实基础上的。如果行为与结果之间完全不能建立事实联系，则无论基于何种刑事政策要求，都不能认可刑法因果关系的存在。

#### 1. 事实因果关系的一般判断原则

从学说史上看，无论刑法因果关系的判断经历了多少变迁，事实因果关系的判断主要依赖于条件说——“非 A 则非 B，则 A 就是 B 发生的事实原因”，以至于德国有学者感叹，“条件论在刑法学中也是唯一的因果关系理论”④。但是，条件说只是事实

---

① 参见曾宪信：《对犯罪因果关系的几点看法》，载《法学研究》1982 年第 4 期。

② 参见张绍谦：《刑法因果关系研究》，中国检察出版社 2004 年版，第 264－265 页。

③ 参见储槐植：《刑事一体化》，法律出版社 2004 年版，第 157－162 页；［日］桥爪隆：《刑法总论之困惑》（一），王昭武译，载《苏州大学学报（法学版）》2015 年第 1 期。

④ 参见李海东：《刑法原理入门——犯罪论基础》，法律出版社 1998 年版，第 53 页。

因果关系的逻辑判断公式,而非因果关系的发现公式。也就是说,我们之所以能够适用条件说,是因为我们已经建立起了原因与结果的实际联系,然后在个案中再具体检验这类实际联系是否存在。因此,只有先进行“行为是否引起了结果发生”的正面判断,即通过科学法则说明行为与结果之间的关系“合乎法则”,才能得出“非A则非B”的反面判断结论,即条件关系是否成立的结论。[①]

问题是,这种“科学法则”如何建构?是必须建立在纯粹科学分析的基础上吗?无论是学界还是实务界都给出了否定答案。我们生活的世界是一个异常复杂的世界,万事万物处于普遍联系之中:一方面,科学之所以能够发现因果关系的存在,是因为我们首先观察到了事物之间存在引起与被引起的关系,否则科学根本没有判断对象;另一方面,经验的累积会让我们不断发现事物之间的紧密联系,但事物的复杂性却让我们在现有知识水平下无法对之条分缕析,因而,建立在循证基础上的因果联系已经足够支撑事实因果关系的成立,即只要从自然法则和经验法则能够说明行为与结果之间的联系而又不违背现有科学法则,“合法则性”即可满足。[②] 例如,在多人不约而同投毒造成被害人死亡的因果关系判断中,只要能够证明每个人的行为都可能导致死亡结果发生,无论其投放的毒药是否达到致死量,无论其投毒所起的具体作用大小,都已经具备人们认可的经验上的事实因果关系。那种认为择一的因果关系[③]不能满足条件关系,重叠的因果关系[④]才满足条件关系的说法其实是进入了一种思维误区,误把逻辑判断当成了事实判断,把因果关系的适用公式当成了因果关系的发现公式。[⑤] 再比如,疫学因果关系是一种建立在流行病调查基础上的经验因果联系,只要与现有的科学法则不矛盾,已经足以建构起公害犯罪的因果联系。

2. 不同类型事实因果关系的具体判断

以往学说,在事实因果关系建构以后立即跳到法律因果关系的判断,没有分析不同类型的事实因果关系之间的区别及其对于法律因果关系判断的影响,因而在具体个案中,似乎因果关系的裁判标准不统一,有时要求行为必须直接导致结果发生,有时又仅要求行为是结果发生的条件,还有时甚至只审查行为本身的违反义务性。事实上,这源于不同原因对结果发生作用的方式不一样。具体而言,从原因导致结果发生的事实维度,可以将因果关系分为以下几种:造成型因果——行为直接支配了因果进程;引起型因果——行为虽然没有直接操纵因果流程,但为介入者实施危害提供了条件;义

① 参见张明楷:《刑法学》(上)(第6版),法律出版社2021年版,第226页。

② 参见[德]乌尔斯·金德霍伊泽尔:《刑法总论教科书》(第6版),蔡桂生译,北京大学出版社2015年版,第80-81页。

③ 择一的因果关系是两个行为都分别足以导致结果发生,但竟合在一起导致了结果的发生。

④ 重叠的因果关系是指两个行为单独都不能导致结果发生,但竟合在一起导致了结果发生。

⑤ 参见[日]西田典之:《日本刑法总论》,王昭武、刘明祥译,法律出版社2013年版,第79页。

务型因果——被期待的有效防止结果发生的行为没有切断因果流程。[①] 一般而言，过失犯罪和不作为犯罪都涉及义务（注意义务和作为义务）的不履行，因而会涉及义务型因果；在复杂原因导致结果发生的案件中，通常存在上述三种因果关系类型的竞合，尤其是引起型因果关系，既可以和造成型因果关系一起导致结果的发生，也可以和义务型因果关系一起引起结果的发生。

造成型因果和引起型因果属于存在论层面，因而需要具体判断个案中事实因果关系是否存在，而后一种义务型因果尽管也是建立在经验关联上的，但这种经验关联在个案中变成了对义务的考察，只要义务是为防止这类危害结果而制定的，即可认为不履行义务的行为与危害结果的发生之间具有事实上的因果关系。例如，在检例第 8 号杨周武玩忽职守、徇私枉法、受贿案中，检例要旨归纳出渎职犯罪因果关系的裁判规则：如果负有监管职责的国家机关工作人员没有认真履行其监管职责，从而未能有效防止危害结果发生，那么，这些对危害结果具有“原因力”的渎职行为，应认定与危害结果之间具有刑法意义上的因果关系。[②]

此外，在三类因果关系中，一般应首先考虑造成型因果，如果没有造成型因果，才会依次考察引起型因果与义务型因果。因为在造成型因果关系中，行为与结果之间的联系十分紧密，结果归属的判断十分清晰；而引起型因果与义务型因果都会涉及他人行为与结果的因果归属，因此在法律因果关系的判断中会存在争议。

（二）法律因果关系的分类与归责要求

法律因果关系的判断也并非只存在一种标准，仔细梳理我国《刑法》中的个罪规定，可以发现不同罪名对结果的归属要求并不相同。学界有学者将之分类为通常的结果归属、严格的结果归属与缓和的结果归属。通常的结果归属即一般的结果犯中的结果归属，主要通过具体构成要件或客观归责理论来解决；严格的结果归属主要解决结果加重犯的加重结果归属问题；缓和的结果归属则是涉及不属于上述两类，但仍然将结果归属于行为的所有司法现象。[③] 笔者认为，通常的结果归属和严格的结果归属自不待言，缓和的结果归属其实更多源于立法本身的要求，而非民众或司法的观念所致，因此有其结果归属判断的特殊性。例如，侮辱致人自杀的行为，只要能证明侮辱行为引起了他人自杀的结果就可以进行结果归属，无须达到支配程度，否则就不是侮辱罪而是故意杀人罪或者过失致人死亡罪。从法律因果关系分类的角度，笔者将这类结果

---

① 参见劳东燕：《事实因果与刑法中的结果归责》，载《中国法学》2015 年第 2 期。

② 杨某武案具体案情：被告人杨周武系派出所所长，对辖区内的娱乐场所负有监督管理职责，其明知舞王俱乐部未取得合法的营业执照擅自经营，且存在众多消防、治安隐患，但严重不负责任，不认真履行职责，使本应停业整顿或被取缔的舞王俱乐部持续违法经营一年之久，并最终导致发生 44 人死亡、64 人受伤的特大消防事故。参见“检例第 8 号：杨某武玩忽职守、徇私枉法、受贿案”，最高人民检察院发布的第 2 批指导性案例，2016 年 8 月 11 日发布。

③ 参见张明楷：《论缓和的结果归属》，载《中国法学》2019 年第 3 期。

归属命名为条件型结果归属,并认为严格的结果归属虽然较通常的结果归属更为严格,但都属于支配型结果归属,因而可以一并讨论其归责要求。

结合上文谈到的事实因果关系的不同种类,可以发现建立在不同归因基础上的两类结果归属的归责要求并不一致,如表3所示:

**表3 不同结果归属类型的归因基础与归责要求**

| 归属类型 | 归因基础 | 归责要求 | 典型范例 |
| --- | --- | --- | --- |
| 支配型结果归属 | 造成型 | 行为造成的风险在结果中直接现实化 | 行为缺少定型性的结果犯的归属(如故意杀人罪),典型的结果加重犯的加重结果归属(如故意伤害致死、抢劫致死等,加重结果对法定刑的配置十分重要且配置的法定刑一般较重) |
| | 引起型 | 行为通常引起介入因素并由介入因素导致结果发生 | |
| | 义务型 | 具有结果回避可能性 | |
| 条件型结果归属 | 造成型 | 行为具有导致结果发生的风险 | 渎职犯罪的结果归属,重大责任事故罪的结果归属(常见于多因一果类犯罪,结果对法定刑的配置并不具有绝对影响,且配置的法定刑一般较轻) |
| | 引起型 | 介入因素的异常并不影响归属判断,行为危险性越大违规程度越严重越可能被归属 | |
| | 义务型 | 违反义务的行为升高了风险 | |

1. 支配型结果归属

支配型结果归属是指行为支配了因果进程,其归责的后果十分严厉,立法配置了较重的法定刑,因而归责要求标准高,必须满足客观归责的条件,即法所不允许的风险在构成要件效力范围内通过结果现实化。具体而言,如果基础因果关系是造成型因果,就必须判断行为制造了侵犯法益的风险并在结果中直接现实化或者通过介入因素现实化,司法实践中一般称为直接因果关系;如果基础因果关系是引起型因果,则必须判断行为通常会引起介入因素并由介入因素导致结果发生,司法实践中一般称为间接因果关系;如果基础因果关系是义务型因果,则必须判断义务在具体个案中的有效性,即如果履行义务,能够有效回避结果发生。

2. 条件型结果归属

条件型结果归属是指行为引起了结果发生即可归属,这类归属通常是多因一果的归属,会涉及不同人对同一结果的责任承担,立法者在立法时通过不同罪名的设置让不同的行为人分担了责任,因而对结果的归属要求较支配型结果归属低。具体而言,如果基础因果关系是造成型因果,则只需考察行为实现的风险是否在规范保护目的范围内;如果基础因果关系是引起型因果,则司法实务中一般会通过比较行为本身的危险性、行为的违规程度、结果的严重性、行为与结果的紧密度来判断是否满足归责要求;如果基础因果关系是义务型因果,只要能证明不履行义务提升了结果发生的风险,即可认为条件型结果归属成立。

在最高司法机关发布的这54个案例中，法官们确实对于不同的结果归属采用了不同的判断标准，自觉或不自觉地大体遵循了类型化的判断思路。例如，对于较为复杂的建立在引起型因果基础上的条件型结果归属判断，司法官们会重点说明引起行为对结果的重要性，因而能够进行结果归属。具体而言，当结果十分惨烈且行为危害程度与违规程度非常严重时，即使行为与结果的联系程度不是十分紧密，也依然能够肯定刑法因果关系的存在。例如，检例第97号夏某某等人重大责任事故案，检察机关在指导意见中指出：危害生产安全案件往往多因一果，涉案人员较多，如何确定非现场作业人员的行为与事故后果之间是否存在刑法意义上的因果关系是个难点。如果投资人、实际控制人等实施了未取得经营资质和安全生产许可证、未制定安全生产管理规定或规章制度、不提供安全生产条件和必要设施等不履行安全监管职责的行为，在此情况下进行生产、作业，导致发生重大伤亡事故或者造成其他严重后果，不论事故发生是否介入第三人违规行为或者其他因素，均不影响认定其行为与事故后果之间存在刑法上的因果关系，应当依法追究其刑事责任。① 同样的裁判思路也可以在公报案例郑州市中原区人民检察院诉高某先、乔某杰过失致人死亡案②中得以体现。相反，如果仅为财产损失后果，法院一般要求违规行为与损失后果之间具有紧密的因果联系，否则就会否定刑法因果关系的存在。例如，指导案例第327号包某安受贿滥用职权案，法院在裁判理由中指出，虽然被告人违规出具了鉴证书，但鉴证不是借款合同成立的必经程序，也不对合同的履行起法律上的保证作用，在案证据不能证实被告人在企业拆借过程中起决定性的作用，因而否定了滥用职权行为与重大损失之间的因果关系。③

但是，在不少案例中，法官们混淆了两种因果关系类型，把需要满足支配型结果归

---

① 夏某某案具体案情：被告人夏某某等四人在未依法取得相关证件和经营资质的情况下，使用平板拖船在某水域经营货运车辆的运输业务。因驾驶人员操作不当，船体发生侧倾，致使所搭载的四台货运车辆（未固定在船上且未按要求实行人车分离）沉入水中，造成10名司乘人员随车落水，其中9人当场溺亡，直接经济损失100万元的严重后果。参见“检例第97号：夏某某等人重大责任事故案”，最高人民检察院发布的第25批指导性案例，2021年1月27日发布。

② 高某先案基本案情：被告人高某先明知本单位接送幼儿的专用车辆有安全隐患，不符合行车要求，而不采取必要的检修措施，仍让他人使用该车接送幼儿，以至在车辆发生故障后，驾驶人员违规操作引起车辆失火，使被接送的幼儿3死2伤。参见“郑州市中原区人民检察院诉高某先、乔某杰过失致人死亡案”，载《最高人民法院公报》2005年第1期。

③ 包某安案具体案情：被告人包某安在担任南京市劳动局局长期间，未经集体研究，擅自决定以南京市劳动局的名义，为下属企业出具鉴证书，致使该公司以假联营协议的形式，先后向3家企业借款人民币3700万元，后因经营亏损无力偿还借款造成3家企业共计人民币3440余万元的损失。经南京市人民政府协调，由南京市劳动局陆续“借”给上述3家企业共计人民币1700余万元。参见“指导案例第327号：包某安受贿、滥用职权案”，载最高人民法院刑事审判第一、二、三、四、五庭主办：《中国刑事审判指导案例6》，法律出版社2017年版，第552－556页。

属的要求降低为条件型结果归属要求,令行为人承担了不应承担的法律后果。例如,指导案例第1169号赵某江故意杀人、赵某齐交通肇事案,法院认定赵某江构成故意杀人罪,理由是:虽然本案中,被害人死亡的原因主要是交通事故,被害人即使得到救助也可能死亡,但是被害人得不到救助是肯定存在的,而且,即使被害人因得到救助而没有死亡的概率极低,也不等于绝对没有。① 显然,法院在这里只认定了行为的危险性,根本没有判断行为的危险在结果中现实化就直接认定刑法因果关系成立,混淆了支配型结果归属与条件型结果归属不同的归责要求。所以,问题的关键就变为在结果归属的判断中,首先要区分两种不同的结果归属类型,其次再根据不同类型的具体要求结合不同的归因基础进行不同的判断。

(三)量刑因果关系的判断思路

刑法因果关系的确证不仅与定性有关,而且与量刑有关,这种关涉,在两种结果归属类型中有不同的体现。具体而言,如果某个罪名的结果归属系条件型结果归属,则多种原因的并存一般对量刑影响较弱。究其原因,主要是因为立法设置罪名与法定刑时,已经考虑到多种原因的并存,因而他人是否承担责任通常并不影响行为人对责任的承担。这在前述检例第94号余某某等人重大劳动安全事故重大责任事故案中检察机关已经明确说明。当然,如果个案中的事实因果关系属于义务型,则法院通常会从宽处罚,这在渎职类犯罪中尤为明显。例如,指导案例第1135号任某太等三人食品监管渎职案②和指导案例第1332号黎某文传染病防治失职案③中,法院都给予了被告人免于刑事处罚的待遇,其核心理由就在于多因一果,责任较轻。

如果个罪所要求的结果归属系支配型结果归属,则多种原因的存在一般会影响到对行为人的量刑,而且,介入的原因越独立,和行为人的行为越不相关,就越会影响到对行为人的量刑。最为典型的是特异体质型因果关系,被害人的特异体质与被告人的行为完全没有关系,因而司法实践都认可对量刑的大幅度减轻,法官们在行为人不具

---

① 赵某江案具体案情:被告人赵某江(摩托车所有人)乘坐摩托车时因司机违规开车将被害人撞伤,其拨打120后将被害人拽入路边沟中,后驾驶该摩托车载着昏迷的肇事司机逃离现场。急救人员到现场后未发现伤员拨打其电话,其亦未接听。经鉴定,被害人因交通事故所致颅脑损伤死亡。参见"指导案例第1169号:赵某江故意杀人、赵某齐交通肇事案",载最高人民法院刑事审判第一、二、三、四、五庭主办:《中国刑事审判指导案例2》,法律出版社2021年版,第364-368页。

② 任某太案基本案情:被告人任某太等3人系卫生执法人员,因对辖区内某酒店食品安全监管不到位,没有完全正确履行监管职责,造成在该酒店参加婚宴的客人中有79人陆续发生食物中毒,后查明被告人所在工作单位没有配备专职的检验人员和相应的检验设备,在一定程度上限制了被告人开展工作的有效性。参见"指导案例第1135号:任某太等3人食品监管渎职案",载最高人民法院刑事审判第一、二、三、四、五庭主办:《中国刑事审判指导案例6》,法律出版社2021年版,第392-395页。

③ 黎某文案基本案情:被告人黎某文系县卫生局分管疾病预防控制工作的副局长,因隐瞒麻疹疫情,致使错过最佳防控时机,导致麻疹传播和流行,造成500余人感染麻疹病和1人医治无效死亡的严重后果。参见"指导案例第1332号:黎某文传染病防治失职案",载最高人民法院刑事审判第一、二、三、四、五庭主办:《中国刑事审判指导案例6》,法律出版社2021年版,第399-404页。

备法定减轻处罚情节时，甚至通过逐级向最高人民法院申请核准的方式予以减轻处罚，前文提到的公报案例福建省龙海市人民检察院诉杨某章故意伤害案和指导案例第389号洪某宁故意伤害案就是典型。当然，如果介入因素是由行为人的行为引起，法官们就会比较行为本身的危险性，行为导致介入因素的发生概率进行判断：如果介入的因素过于例外，法官们也会考虑对行为人减轻处罚。例如，指导案例第226号罗某故意伤害案，法院在裁判理由中指出：罗某故意实施某种危害行为，在其发展过程中，偶然与其他原因相交错，由后者直接引起危害结果的，对行为人应当按照其所故意实施的行为性质定罪，把偶然结果作为量刑情节予以适当考虑。[①] 法院最终判处了被告人6年有期徒刑。但是，如果行为的危险度很高或者行为通常引起介入因素时，法院就不会考虑或者只是酌情考虑介入因素对量刑的影响，这也是伤害后的医疗过错通常不对行为人的量刑产生显著影响的原因。法院一般都认为，正是由于行为人的先前行为，才会引出医疗行为，行为人的先前行为导致被害人的伤情越严重越隐蔽，医院越可能存在医疗过错，因而对行为人的量刑影响就越有限甚至不影响。前述提到的指导案例第685号张某抢劫案和指导案例第1391号李某故意伤害案即是其例，即使案件中涉及医疗纠纷，法院仍然认为不会或者只是酌情影响到行为人的量刑。

## 四、结语

本文对因果关系的考察建立在最高司法机关发布的典型案例上，期望对因果关系的研究能够回应中国的司法实践需求而不是简单对国外学说的引入，期望通过提炼司法实践中的有益做法并结合学理研究建构合理的因果关系裁判路径以切实指导司法实践。本文认为，我国刑法中存在两种不同的结果归属类型，因而需要构建不同的判断标准，这是刑法因果关系判断正确与否的关键。在判断顺序上，事实因果关系的判断与分类是第一步，原则上是通过“合法则条件说”予以证明，但不同类型的事实因果关系有不同的证明重点；第二步则是进行法律因果关系的分类，本文将之分为支配型结果归属与条件型结果归属，并根据不同的事实因果关系基础给出了归责的具体要求；在能够进行结果归属的前提下，本文探讨了多种原因并存时对行为人量刑的影响，指出了其对不同结果归属类型的影响方式，为法官们进行量刑因果关系判断指明了具体的思维路径。但是，必须指出的是，本文所构建的因果关系判断模型仍然较为粗疏，在后续的研究中，将结合更多的司法实务案例对之进行修正与细化，力求为司法官们解决因果关系疑难问题找到切实可循的裁判路径与证明标准，确保裁判的精确性与公

① 罗某案具体案情：被告人罗某与被害人聚会时发生争吵，故意掌推被害人致其后脑部碰撞木门边后倒地形成脑挫伤、蛛网膜下腔出血死亡。参见“指导案例第226号：罗某故意伤害案”，载最高人民法院刑事审判第一、二、三、四、五庭主办：《中国刑事审判指导案例2》，法律出版社2017年版，第540－543页。

正性,增强裁判过程的说理性与说服力,将需要诉诸“法感”判断的刑法因果关系的模糊范围限缩到最小。

**附录(案例索引)**

一、最高人民法院公报的案例(共9个案例)

案例1:杨某武重大环境污染事故案,1999年第2期

案例2:赵某操纵证券交易价格案,2000年第2期

案例3:上海市奉贤区人民检察院诉陈某等人损害商品声誉案,2004年第6期

案例4:郑州市中原区人民检察院诉高某先、乔某杰过失致人死亡案,2005年第1期

案例5:淮安市人民检察院诉康某永、王某危险物品肇事案,2006年第8期

案例6:福建省龙海市人民检察院诉杨某章故意伤害案,2007年第1期

案例7:江苏省泰州市人民检察院诉王某平以危险方法危害公共安全、销售伪劣产品、虚报注册资本案,2009年第1期

案例8:江苏省南通市人民检察院诉申某兰生产、销售假药,赵某侠等销售假药案,2010年第12期

案例9:江苏省南京市雨花台区人民检察院诉董某超、谢某浩破坏生产经营案,2018年第8期

二、最高人民检察院发布的指导性案例(共6个案例)

案例10:杨某武玩忽职守、徇私枉法、受贿案(检例第8号)

案例11:南京百分百公司等生产、销售伪劣农药案(检例第62号)

案例12:余某某等人重大劳动安全事故重大责任事故案(检例第94号)

案例13:宋某某等人重大责任事故案(检例第95号)

案例14:黄某某等人重大责任事故、谎报安全事故案(检例第96号)

案例15:夏某某等人重大责任事故案(检例第97号)

三、刑事审判指导案例(共39个案例)

案例16:【第196号】陆某荣玩忽职守案

案例17:【第197号】陆某某、张某某以危险方法危害公共安全、交通肇事案

案例18:【第201号】穆某祥被控过失致人死亡案

案例19:【第226号】罗某故意伤害案

案例20:【第276号】陈某娟投放危险物质案

案例21:【第294号】龚某玩忽职守案

案例22:【第327号】包某安受贿、滥用职权案

案例23:【第361号】吴某贵等非法制造、买卖爆炸物案

案例24:【第389号】洪某宁故意伤害案
案例25:【第421号】贺某华非法行医案
案例26:【第432号】杨某某故意伤害案
案例27:【第434号】赵某明等故意伤害案
案例28:【第475号】颜某于等故意杀人案
案例29:【第477号】王某全抢劫案
案例30:【第514号】陆某泉强奸案
案例31:【第567号】陈某、程某故意伤害案
案例32:【第685号】张某抢劫案
案例33:【第694号】李某违法发放林木采伐许可证案
案例34:【第746号】刘某枝故意杀人案
案例35:【第794号】张某等绑架案
案例36:【第814号】刘某抢劫、强奸案
案例37:【第818号】徐某抢劫案
案例38:【第834号】韦某强奸、故意杀人案
案例39:【第925号】李某海故意杀人案
案例40:【第1046号】蔡某青侮辱案
案例41:【第1079号】都某过失致人死亡案
案例42:【第1116号】张某良、方某强非法买卖枪支案
案例43:【第1117号】杨某某、杜某某放火案
案例44:【第1118号】邵某平交通肇事案
案例45:【第1135号】任某太等三人食品监管渎职案
案例46:【第1169号】赵某江故意杀人、赵某齐交通肇事案
案例47:【第1183号】郭某良抢劫案
案例48:【第1198号】阎某以危险方法危害公共安全案
案例49:【第1332号】黎某文传染病防治失职案
案例50:【第1353号】王某筠等国家机关工作人员签订、履行合同失职被骗案
案例51:【第1364号】汪某樟交通肇事案
案例52:【第1382号】侯某英非法行医案
案例53:【第1391号】李某故意伤害案
案例54:【第1433号】卢某春滥用职权案

# 行政犯违法性认识理论述评

赵天琦[*]

【内容摘要】世界范围内的法学理论与法律实践趋势表明，违法性认识作为一种主观责任要素逐步获得承认，违法性认识及其可能性的判断、违法性认识错误及其可避免性的判断已成为研究的重点。行政犯时代的到来加速了违法性认识理论的司法接纳，也暴露出诸多问题。中国刑法中的违法性认识理论研究大致经历了三个阶段的演进，违法性认识必要性已达成基本共识，但在理论枝蔓的具体问题上远未达成一致。通过对当代违法性认识理论的理论梳理可知，目前的研究已聚焦行政犯之上，应当体系化、深刻化地提炼行政犯违法性认识的时代课题，推动违法性认识理论的纵深发展，激活行政犯违法性认识从理论迈向实践。

【关键词】违法性认识　行政犯　研究综述　时代课题

## 一、引言

当代违法性认识作为责任理论时代课题下的一大学术增长点，对其理论的拓展研究存在广阔的空间。近半个世纪以来，中国违法性认识理论的研究一方面借鉴了德日刑法的理论模式，另一方面也在探索式地追求知识的自主化与本土化。随着责任主义原则的扎根生长，中国研究者们也开始拓展研究的纵深，在具体把握基础理论的前提之上，将命题的本质推至法哲学层面，开始审思理论更迭背后的实质争议；同时在方法论上学科间的互动频繁，逐步纳入法社会学、法理学、刑事政策学等研究视角，力图澄清问题的本质。随着实务中行政犯的疑难问题不断涌现，这一理论在中国刑法中的司法接纳问题成为焦点。对于行政犯违法性认识的研究既要“向上提升”，凝练、抽象相关法理；更要“向下沉淀”，细化、深刻化知识命题。①

“行刑共治”的时代已经来临，行政犯治理朝着刑罚轻缓化、举措多样化的方向发展已成共识。② 通过对司法现状的检视发现，违法性认识在当代刑法中的争议主要集

* 赵天琦，四川大学法学院刑法学专业博士研究生。

① 参见魏东：《案例刑法学的研究方法》，载《政法论丛》2021 年第 6 期。

② 参见陈烨：《法定犯违法性认识必要说：我国现行刑事立法框架下如何坚守》，载《政治与法律》2017 年第 7 期。

中于《刑法》分则中关于食品、药品、环境、金融犯罪等行政犯领域。可以说,我国行政犯特殊的规范构造不仅是“大变量”,而且是“快变量”。“值得讨论的是行政犯中与行政管理法规相关的认识错误。”①在中国刑法语境下,如何在技术上平衡“责任”与“预防”,如何破解“不知法”的冲突困局,如何分配不知法义务的风险,如何构建一套切实的行政犯违法性认识错误的判断机制等,成为的新课题。既有研究多从客观层面研究讨论行政犯的问题,但目前的研究方向更应当审视新的时代症候,重视在缓和行政犯规制的路径上,违法性认识对于行为人责任判断的功能。

为呈现违法性认识的研究状况,下文将从违法性认识研究的历时性发展面貌(纵向)与共时性问题意识(横向)两个维度展开研究综述。在对既有研究进行系统回顾与评述的基础上,笔者将提出对行政犯违法性认识问题未来研究的方向与重点。

## 二、历时性研究综述

从历时性研究面貌来看,中国刑法关于违法性认识的研究大致经历了三个阶段。②

### (一)“知识引介”与“概念比较”之理论初识阶段(20世纪末至2004年)

我国违法性认识研究的开始与学界对德日犯罪论体系的初期触碰密切相关,德日理论对主观责任的重视吸引了中国研究者的志趣。主要期刊论文有:《刑法中违法性认识的内容及其判断》(刘明祥,1995年)、《英美刑法中关于法律认识错误的处理原则》(张明楷,1996年)、《犯罪故意概念的评析与重构》(贾宇,1996年)、《论刑法中的认识错误》(阮齐林,1996年)、《论违法性认识应成为犯罪故意的必备要件》(贾宇,1997年)、《认识可能性与期待可能性》(童德华,2003年)等。主要专著有:《错误论》(刘明祥,1996年)、《刑事责任论》(冯军,1996年)、《违法性认识研究》(田宏杰,1998年)、《刑法中的错误论》(刘明祥,2004年)。

在刑法理论上,早在20世纪80年代,高铭暄教授已开始倡导对刑事责任中主观责任的重视。“一个人只有在主观上有可以归责的地方,才能对他追究刑事责任,这样的追究活动才会有合理性。”③刘明祥教授的《错误论》一书是法律出版社与日本成

---

① 参见张明楷:《刑法学》(第6版),法律出版社2021年版,第422页。

② 车浩教授认为:“在过去十多年中,中国刑法学界关于违法性认识的研究,大致经历了:(1)违法性认识的必要性,(2)违法性认识的体系性地位,(3)违法性认识错误的免责机制等三个从宏观到微观、从思想理念到教义学技术的渐进阶段。……在违法性认识错误的研究成果已渐成积累的情况下,期待焦点案件形成倒逼压力,促使学界与实务界共同努力,推动上述状况发生改变。而随着违法性认识的研究成果被应用于司法实践,理论与实务实现互哺的新一阶段的研究局面,相信也指日可期。”参见车浩:《责任理论的中国蜕变——一个学术史视角的考察》,载《政法论坛》2018年第3期。车浩教授主要从知识细节方面概括了我国违法性认识理论的研究状况与路径转向。在其基础上,笔者所归纳的三个阶段是以整体性研究面貌为对象,包括比较研究状况、理论与实践状况、体系构建与研究思路等多面向的综合发展概况。

③ 高铭暄、王作富主编:《新中国刑法的理论与实践》,河北人民出版社1988年版,第165页。

文堂联合出版的《日本刑事法研究丛书》中的一册。彼时中日学术交流甚密,日本刑法理论对中国刑法研究产生了深远的影响。该书第三章“违法性的错误”系统介绍了日本刑法中违法性认识的争议问题和研究状况,丰富了国内研究的域外素材。① 张明楷教授从英美刑法“不知法律也不能免责”的传统原则谈起,介绍了英美刑法中有关法律错误的典型案例与立法现状,指出这一原则在20世纪的“松动”现象以及对我国法律错误处理原则的启示。② 贾宇教授指出,我国犯罪故意概念较之域外概念的优势之处在于纳入了行为人对自己行为的价值评判,这一概念揭示了行为人责任的主观基础。贾宇教授主张以“违法性认识”代替“社会危害性认识”,以“构成要件的事实”取代“危害社会的结果”。③ 童德华教授借鉴了日本刑法的研究成果,辨析了违法性认识可能性与期待可能性之关系。④ 冯军教授在1993年提出违法性认识是责任的一般要素,并认为所有犯罪的成立都以违法性认识的存在为必要。⑤ 冯军教授《刑事责任论》一书体系化地探索了刑事责任的新问题、新成果,在充分引介德日理论成果的基础上,提出了刑事责任的“三重构造”(刑事义务、刑事归责、刑事负担),堪称我国刑法在责任主义视野下体系化研究主观可谴责性的先锋。⑥ 这一阶段的违法性认识研究主要以德日理论为基本模型,以我国承继苏俄体系的犯罪构成体系(故意概念、社会危害性认识)为比较研究对象,注重理论的引介、梳理。学界关于违法性认识理论基本概念、沿革发展的比较研究如潮涌至,为后期理论的发展奠定了基础。虽然本阶段的研究开始动摇传统“知法推定”“违法性认识不要说”的稳固地位,但也局限于素材的匮乏以及犯罪论体系的冲突,仍停留在探索式学习国外经验的阶段。⑦

(二)“知法内涵”与“体系地位”之范畴争论阶段(2005—2014年)

自2000年以来,我国刑法学界对德日“三阶层”犯罪构成理论的吸收、接纳进入了高速发展阶段,学界对违法性认识的瞩目与对犯罪论体系范式的争论相生相长。张

① 参见刘明祥:《错误论》,法律出版社、成文堂1996年版,第103-191页。

② 参见张明楷:《英美刑法中关于法律认识错误的处理原则》,载《法学家》1996年第3期。

③ 参见贾宇:《犯罪故意概念的评析与重构》,载《法学研究》1996年第4期;贾宇:《论违法性认识应成为犯罪故意的必备要件》,载《法律科学》1997年第3期。

④ 参见童德华:《认识可能性与期待可能性》,载《法商研究》2003年第6期。

⑤ 参见冯军:《论违法性的认识》,载赵秉志主编:《刑法新探索》,群众出版社1993年版。

⑥ 参见冯军:《刑事责任论》,法律出版社1996年版,第16-17页。

⑦ 在同时期的日本刑法中,主要著作有:牧野英一1952年所著《法律的错误》一书对与法律错误的相关的国家权威主义、法律错误与故意、过失之关系等基本命题进行系统探讨。福田平1960年所著《违法性的错误》一书系统考察了费尔巴哈以来违法性认识错误理论构成学说史,阐释了将违法性意识作为区别于故意要素的责任本质来把握的观点。日高义博1991年所著《刑法中错误论的新展开》一书从“错误论最终是责任评价的问题”这一观点出发,在理论上阐明了错误论和故意论的功能差异。松原久利1992年所著《违法性的意识可能性》一书系统研究了违法性认识可能性的相关问题,他指出:目前违法性错误的问题以可能性说为中心,学界提出的“学说、立法、判例”三者在功能上几乎朝着这一相同的方向发展。高山佳奈子1999年所著《故意与违法性的意识》一书立足“责任说”对故意与违法性认识之关系进行了解释论上的分析。

明楷教授在2005年提出了一个重要的论断——“学术之盛需要学派之争”，也正是在犯罪论体系“直接引用论”与“改造进化论”激烈交锋的同时，违法性认识体系定位的争论也在“罪责理论”①与“故意理论”②之间展开了持久的学术争鸣。陈兴良教授认为，“违法性认识理论在我国刑法学中地位的确立，表明责任主义成为我国刑法学的主流话语”③。

本阶段，违法性认识范畴之争的内部问题主要聚焦于：(1)违法性之“法”是什么，认识的内容是“整体法规范”还是“刑事法规范”？(2)违法性认识与社会危害性认识的关系是“同一”还是“相异”？(3)违法性认识与故意之关系是“分离”还是“包含”？(4)责任主义立场下，违法性认识研究的路径选择。一系列具体问题开始进入理论研究者的视野。这一阶段的争锋得益于2005年在西南政法大学举办的“违法性认识”专题研讨会以及2013年在山西大学举办的“海峡两岸暨第九届内地中青年刑法学者高级论坛”（第三议题为“违法性的错误”）。借由两次盛会的召开，国内学者对违法性认识的基础命题与疑难问题进行了集中研讨。

重要期刊论文有：《违法性认识研究》（陈兴良，2005年）、《违法性认识与刑法认同》（冯亚东，2006年）、《违法性认识不是故意的要素》（周光权，2006年）、《知与恶——犯罪故意中的违法性认识》（莫晓宇，2006年）、《大陆法系刑法理论中的违法性概念》（陈忠林，2007年）、《责任主义与违法性认识问题》（劳东燕，2008年）、《规范责任论视野下的违法性认识与违法性认识的可能性》（吴学斌，2009年）、《论法律认识错误——德国禁止错误理论的变迁及其对我国犯罪构成理论改造的启示》（王莹，2009年）等。专著有：《违法性认识》（陈忠林主编，2006年）、《违法性认识理论研究》（于洪伟，2007年）。

这一期间德日理论的经典素材、积淀成果被我国学者大量吸纳。在“阶层论”思想的逐步渗透下，关于违法性认识问题的体系接洽、立场选择、知法内涵等知识细节得以被充分讨论，中国研究者在理论本土化的过程中诸多富有创见的见解推陈出新。陈忠林教授从词源和体系逻辑上（包括违法性的认定标准、证明方式）论证了违法性之“法”应指观念性的、整体性的、抽象的、价值性的“法”。④ 冯亚东教授从更深层次的法

---

① 我国支持“罪责理论”的学者主要有：张明楷、周光权、屈学武、童德华、吴学斌、彭文华、车浩等。在日本，支持该说的学者主要有：木村龟二、福田平、西原春夫、香川达夫、平野龙一、曾根威彦、内藤谦、大谷实、町野朔、阿部纯二等。

② 我国支持“故意理论”的学者主要有：陈兴良、冯军、刘明祥、贾宇、田宏杰、刘艳红、王俊、陈璇等。在日本，支持该说的学者主要有：小野清一郎、泷川幸辰、平常安治、宫崎澄夫、吉川经夫、大塚仁、中山研一、庄子邦雄、浅田和茂、日高义博等。

③ 陈兴良：《刑法的知识转型》（学术史），中国人民大学出版社2012年版，第262页。

④ 参见陈忠林：《大陆法系刑法理论中的违法性概念》，载《中国地质大学学报（社会科学版）》2007年第5期。

哲学角度揭示了刑法规范的二重功能(行为规范和裁判规范),指出违法性认识错误产生的根源与刑法认同之间的意义关联,提出了“社区价值评价”“社会主流价值观念”等解构违法性认识难题的重要知识理念。① 周光权教授立足“罪责理论”,主张修正传统的犯罪论构成体系,强调在阶层论体系中违法性认识不是故意的要素,故意是对“事实的故意”,将违法性认识可能作为故意的实体要件。② 马荣春教授提出了三大论点:一是区分实质违法性与刑事违法性;二是应将违法性认识问题扩展至过失之中;三是违法性认识问题应从犯罪论延及刑罚论。③ 劳东燕教授深刻阐释了“知法推定”动摇的原因以及责任主义发展契机下违法性认识研究应运而生的知识背景,指出在违法性认识问题背后的责任主义面临的困境是报应与预防的本质差异,并分析借鉴大陆法系“求取平衡”的制度构建模式,认为我国解决违法性认识问题的最佳途径是“立法修正”。其关于“违法性认识问题其实就是责任主义在当代刑法语境中如何定位的问题”“国家在何种情形下才允许将不知法的风险置于个人身上?”“在何种情况下不予追究行为人的刑事责任才是合理?”等精辟论断与问题意识为后来的研究者广为接受。④ 这一期间的成果推动了违法性认识的理论研究朝向“技术构建型范式”继续发展。

(三)“判断标准”与“义务负担”之反思构建阶段(2015 年至今)

2015 年以后,违法性认识对主观归责的重要意义引起了学界广泛的关注。“新四大奇案”⑤历史性地推动了行政犯违法性认识理论与实务的互动。由于个案困境的爆发式显现,国内关于违法性认识的司法接纳问题被推至热议的顶峰,违法性认识迎来了理论蜕变的契机。学者们纷纷开始反思既有理论的法治韧性。有学者猛烈批判传统研究思路,有学者系统清算实践的不足,也有学者力主将“体系之争”转向到更为务实的“技术构建”之上,审视现有的违法性认识理论能否充分满足现实的关怀需要。2017 年在浙江大学举办了以“信息时代的责任论”为主题的第四届中德刑法学术研讨会,中德学者就责任原则与违法性认识的基本问题进行了深入的切磋与交流,推动了违法性认识作为信息时代重要课题的展开。2021 年 5 月华东师范大学举行了以“责任理论的现代课题”为主题的第三届刑法专题论坛,重点研讨了“责任基础理论”和“违法性认识错误与期待可能性”。

重要期刊论文有:《法定犯时代的违法性认识错误》(车浩,2015 年)、《在“公益”

---

① 参见冯亚东:《违法性认识与刑法认同》,载《法学研究》2006 年第 3 期。

② 参见周光权:《违法性认识不是故意的要素》,载《中国法学》2006 年第 1 期。

③ 参见马荣春:《论违法性认识》,载陈忠林主编:《违法性认识》,北京大学出版社 2006 年版,第 149 页。

④ 参见劳东燕:《“不知法不免责”准则的历史考察》,载《政法论坛》2007 年第 4 期;劳东燕:《责任主义与违法性认识问题》,载《中国法学》2008 年第 3 期。

⑤ “新四大奇案”是指:“赵某华非法持有枪支案”“王某军非法经营案”“河南农民采摘兰草案”“深圳大学生售卖鹦鹉案”。

与“私权”之间:违法性认识问题再认识》(王志远,2015年)、《违法性认识错误的不可避免性及其认定》(孙国祥,2016年)、《法定犯违法性认识必要说:我国现行刑事立法框架下如何坚守》(陈烨,2017年)、《非法持有枪支罪的司法认定》(王钢,2017年)、《责任理论的中国蜕变——一个学术史视角的考察》(车浩,2018年)、《中国刑法上的免责机制反思——从违法性认识错误切入》(屈学武,2018年)、《责任原则、预防政策与违法性认识》(陈璇,2018年)、《违法性认识的刑法学理论异化与常识回归——基于解读犯罪故意实质内涵的分析》(刘之雄,2019年)、《违法认识可能性理论的检讨与反思》(赵运锋,2020年)、《违法性认识的属性之争:前提、逻辑与法律依据》(柏浪涛,2020年)、《法定犯时代下违法性认识的立场转换》(王俊,2020年)、《违法性认识错误与构成要件认识错误的界分——以法规范性要素认识错误为焦点》(刘之雄,2020年)、《违法性认识不宜作为故意的要素——兼对“故意是责任要素说”反思》(蔡桂生,2020年)、《行政犯前置法认识错误问题研究》(邵维国,2020年)、《走向现代刑法:违法性认识的规范展开》(田宏杰,2021年)、《网络金融犯罪中违法性认识错误可避免的司法判断》(李兰英、傅以,2021年)、《行政犯违法性认识错误不可避免的司法认定及其处理》(张泽涛,2022年)、《论犯罪故意在三阶层体系中的地位》(江溯,2022年)等。专著主要有:《违法性认识的中国语境展开》(李涛,2016年)、《犯罪故意认识因素研究》(张蔚伟,2016年)、《犯罪故意研究》(贾宇,2020年)、《责任理论与责任要素》(梁根林、高艳东、[德]埃里克·希尔根多夫主编,2020年)。

车浩教授系统追溯和回顾了我国责任理论的蜕变历程,总结了既有成果与现实不足,主张把违法性认识的可能性作为责任要素,以功能责任论为立场将罪责理论中违法性认识可能性与违法性认识等置对待的正当化根据归因于刑事政策因素,并提出了禁止错误回避可能性的判断路径。① 王志远教授指出如何在“公益”与“私权”之间进行价值选择是违法性认识是否阻却责任的根本症结,他进一步发展了劳东燕教授关于法性认识研究思路亟须转变的命题,认为最佳的折中方案是“向群体性安全利益倾斜”。② 孙国祥教授倡导将违法性认识错误的不可避免性作为理论研究的核心,在总结和反思已有研究的基础上提出了违法性认识错误不可避免性的司法认定标准,并对容易混淆的规范性构成要件要素错误和行政前置法错误的处理原则进行了深刻探讨。③ 陈烨博士指出“责任说”与国内的犯罪论体系仍然存在不可调和的冲突,“违法性认识必要说”遭遇的最大困境源于实践中的可行性问题,唯有通过在刑事诉讼过程中适当调整法定犯罪的证明责任分配方能有效解决;主张法定犯的刑罚体系应当朝着

① 参见车浩:《法定犯时代的违法性认识错误》,载《清华法学》2015年第4期。

② 参见王志远:《在“公益”与“私权”之间:违法性认识问题再认识》,载《法学家》2015年第1期。

③ 参见孙国祥:《违法性认识错误的不可避免性及其认定》,载《中外法学》2016年第3期。

轻缓化的方向发展。[①] 王钢教授针对“赵春华持枪案”,指出违法性认识是不同于犯罪故意的独立的犯罪成立要件,是犯罪成立不可或缺的责任要素;认为对非法持有枪支罪中的“违反枪支管理规定”这种对特别许可的认识错误,属于违法性认识错误。[②] 屈学武教授从违法性认识角度切入,系统反思了中国刑法上的免责机制,指出违法性认识背后功利主义与责任主义之间的冲突抵牾,但二者之间不是绝对悖反关系,而是可以相互依存并促进;主张责任主义的刑法观理当优位于功利主义的刑法观,提倡在立法上对禁止错误作出统一的阻却或减轻责任的明文规定。[③] 陈璇教授以责任原则与预防政策的关系为主线,以我国《刑法》第 14 条的规定为基点,从规范的故意概念出发系统论证了违法性认识属于犯罪故意组成部分,并认为违法性认识现实存在的载体可以通过“事物性思考”而获得。陈璇教授没有轻易地追随德日理论中“责任说”的热潮,而是客观地立基于坚守责任主义的立场,倡导重视违法性认识参与规制故意的机能,富有洞见地指出“单纯对于构成要件事实的认知,并不足以支撑犯罪故意的规范内涵”,澄清了“故意说”的理论逻辑、出罪功能以及与我国《刑法》规定的法规范契合性。[④] 而在最近的研究中,刘之雄教授则颠覆性地指出,违法性认识以及违法性认识可能性并非犯罪要素,认为故意理论与责任理论皆将违法性认识混同于对行为构成的法规范要素的认识,从而将违法性认识错误与行为构成认识错误混为一谈。如果不法行为的构成包含法规范性要素,则该要素就是故意的认知对象;行为人对该要素的认知欠缺,就属于构成要件认识错误,从而阻却犯罪故意。[⑤] 蔡桂生副教授则力主延续德国“责任说”路径,认为研究中国违法性认识问题必须回溯这一理论的母国(德国)史料,从而结合我国刑法立法历程,立足刑事政策预防原则立场,认为我国应当在立法技术上将违法性排出故意范畴。[⑥] 相反,王俊博士则认为,责任理论导致故意概念的形式化,而故意理论值得赞同;“故意”是指构成要件故意,从而违法性认识应属于不法要素;采取故意理论不会产生处罚的漏洞,其关键在于厘清未必的不法认识与法律过失的关系。在这一立场之下,理论上区分事实错误与违法性错误并没有意义,关键只在于判断行为人主观上是否具有抵触行为规范的意思。[⑦] 柏浪涛教授认为,“责任”

---

① 参见陈烨:《法定犯违法性认识必要说:我国现行刑事立法框架下如何坚守》,载《政治与法律》2017 年第 7 期。

② 参见王钢:《非法持有枪支罪的司法认定》,载《中国法学》2017 年第 4 期。

③ 参见屈学武:《中国刑法上的免责机制反思——从违法性认识错误切入》,载《法治研究》2018 年第 1 期。

④ 参见陈璇:《责任原则、预防政策与违法性认识》,载《清华法学》2018 年第 5 期。

⑤ 参见刘之雄:《违法性认识错误与构成要件认识错误的界分——以法规范性要素认识错误为焦点》,载《法学评论》2020 年第 5 期;刘之雄:《违法性认识的刑法学理论异化与常识回归——基于解读犯罪故意实质内涵的分析》,载《法商研究》2019 年第 4 期。

⑥ 参见蔡桂生:《违法性认识不宜作为故意的要素——兼对“故意是责任要素说”反思》,载《政治与法律》2020 年第 6 期。

⑦ 参见王俊:《法定犯时代下违法性认识的立场转换》,载《现代法学》2020 年第 6 期。

不是实体概念而是评价活动,故意是责任评价的对象。认为故意是责任要素的观点混淆了责任评价对象与责任评价本身,主张将我国《刑法》第16条作为违法性认识可能性的实定法依据。① 田宏杰教授和邵维国教授均着眼于法定犯的违法性认识问题,主张行政犯前置法认识错误阻却犯罪故意,而刑法规范认识错误不能阻却犯罪故意,只能减轻责任。②

总体上,目前中国违法性认识的研究呈现如下趋势:第一,历经三个阶段的研究,违法性认识的理论枝蔓已相对清晰。然而,除了肯定违法性认识的必要性之外,几乎在每一个具体问题上都远未达成共识。第二,关于违法性认识的体系之争并未落幕,研究者们仍在继续论证违法性认识与故意之关系。虽然青睐德国"罪责理论"的研究者居于多数,但仍有部分学者坚持"故意理论"。研究者们开始从责任主义与保障人权的立场出发,反思实体理论选择的司法效果,倡导重视行政犯时代违法性认识的出罪功能。第三,研究的场域聚焦于行政犯问题,更加注重研究行政犯违法性认识错误的判断标准,以及如何在司法上构建不知法的风险负担机制。

然而,目前的研究也存在明显的问题,即忽视理论的体系性与自洽性,部分论述虽然颇具"世界眼光",却缺乏对"中国问题"的深入思考与自主构建。这种研究滞后现象的产生原因:一是未能及时梳理、更新、掌握新的研究素材,没有识别、选取具有研究价值的新问题;二是现有研究工具未能实时革新,拘泥于单一的研究方法,缺乏解构问题的新视角;三是研究展开的语境不统一,本土语境下的研究成果未能形成连贯的理论继受,前期研究者一些富有洞见的判断、理念没有得到后期研究者的传承与发扬。

## 三、共时性问题述评

在纵向比较我国违法性认识的研究状况后,有必要针对共时性问题进行横向分析(包括横向比较德日研究情况)。下文以行政犯为视域,梳理、分析违法性认识理论的共性问题,分析既有研究的分歧要点与最新研究现状。

### (一)行政犯违法性认识的地位:故意理论与责任理论之争

理论上关于违法性认识理论的研究主要是围绕其体系地位而展开,且通常将"错误论"置于"故意论"的延长线上。"违法性认识是否是故意必要要件的反证问题",即所谓的"错误论是故意论的反面"。③ 根据规范责任论,责任的根据是违反规范期待的违法行为,作为行为人认识一面的事实故意和作为法官判断一面的责任判断(有无他行为可能性)被分别考察,那么,在这种责任构造中违法性认识究竟属于什么要素成

---

① 参见柏浪涛:《违法性认识的属性之争:前提、逻辑与法律依据》,载《法律科学》2020年第6期。

② 参见田宏杰:《走向现代刑法:违法性认识的规范展开》,载《政法论坛》2021年第1期;邵维国:《行政犯前置法认识错误问题研究》,载《法商研究》2020年第1期。

③ 参见[日]日高义博:《刑法中错误论的新展开》,成文堂1991年版,第165页。

为问题。换言之,违法性认识错误究竟是阻却故意,还是阻却责任?总体上,违法性认识的"立场之争"发生在宾丁倡导的故意理论("故意说")和韦尔策尔倡导的罪责理论("责任说""可能性说")之间,这一争论背后被认为是不同犯罪论体系下阶层构造的宏观对立。自20世纪下半叶韦尔策尔创立目的行为论以来,违法性认识的体系地位被排除出故意要素之外,而被认为是独立的责任要素。德日主流观点认为,故意理论衰落的根本原因在于贯彻故意说会造成刑事政策上难以容忍的后果。这一观点也被我国学者所接受,目前责任说也成为我国刑法中的主流观点。但随着行政犯的归责中以违法性认识可能性推定故意方式的弊端显现,关于行政犯违法性认识的定位问题需要被重新审视。这种新趋向表现在,在违法性认识参与行政犯的规制过程中,故意理论的实质化和罪责理论的缓和化是目前德日违法性认识理论研究的新方向。第一,在故意概念实质化发展过程中,故意理论特别重视故意内容的提诉机能,过去将故意内容纯化为"构成要件事实的认识"的见解受到极大动摇。第二,罪责理论一方面试图通过不法故意的提诉机能来说明故意责任的加重根据,另一方面也从国家和个人关系角度强调对公民知法"契机"的保障。

(二)行政犯违法性认识的内容:整体法、刑事法、前置法之争

厘清违法性认识之"法"的内涵是展开违法性认识研究的重点,这一问题直接关系到入罪与出罪的边界。传统观点主要有"违反前法律规范说""违反法律法规范说""违反可罚的刑法规范说"。目前,主要争议集中于"违法整体法规范说"[①]与"违反刑法规范说"[②]的对立。最近的研究中,田宏杰教授、邵维国教授倡导"前置法规范说"。田宏杰教授认为,狭义的违法性认识错误,仅指前置法不法性认识错误,系事实错误范畴;广义的违法性认识错误,则指传统的刑事违法性认识错误,系法律错误范畴。"由于我们通常所说的违法性认识,主要立足于犯罪故意成立或者违法性认识在犯罪论体系中的地位而言,故前置法之不法性认识,才是严格意义上的违法性认识或者说狭义的违法性认识,而刑事法之违法性认识,实系不影响故意成立的广义的违法性认识。"[③]邵维国教授认为,"违法性认识错误有两种类型:一种是行政犯前置法认识错误,另一种是刑法规范认识错误。前一种类型的违法性认识,应当是犯罪故意的实质要素"[④],而对刑法规范的认识错误的错误不阻却故意,只能减轻责任。这种观点实质上认为违法性认识是指"刑事违法性认识错误"。但值得商榷的是:刑法规范和前置法规范之间的关系是什么?在我国一元立法体系下,大量刑法规范包含了前置法规范,这种绝对切割是否周延?这种区分到底是为了说明构成要件认识错误与违法性认

① 该说支持者主要有阮齐林、贾宇、姜伟、陈忠林等。

② 该说支持者主要有张明楷、陈兴良、蔡桂生、柏浪涛、王俊等。

③ 田宏杰:《走向现代刑法:违法性认识的规范展开》,载《政法论坛》2021年第1期。

④ 邵维国:《行政犯前置法认识错误问题研究》,载《法商研究》2020年第1期。

识错误的区分,或者说有意区分故意概念与责任概念,还是为了厘清前提问题中的“法”是什么,是否有混淆范畴之嫌?笔者认为,从规范属性、行政犯规制以及出罪区间三个维度来看,当前行政犯违法性认识之“法”的界定应当与违法性认识参与行政犯规制的目的相平衡。因此,违法性认识如何参与行政犯的规制与行政犯违法性认识之“法”的内容之间存在的关联关系值思考。

(三)行政犯中社会危害性认识与违法性认识的关系

关于社会危害性认识与违法性认识的关系,传统观点有:(1)“同一说”认为,社会危害性认识与违法性认识是一致的、等同的,我国刑法规定的要求行为人具有社会危害性认识,实际上就是要求行为人具有违法性认识。社会危害性认识是违法性认识的实质内容,违法性认识又是社会危害性认识的法律形式。① (2)“区别说”认为,违法性认识与社会危害性认识存在差异,二者不能等同。一种观点主张行为人应当具备社会危害性认识,不需要具备违法性认识;②另一种观点则主张放弃社会危害性认识,采取违法性认识观点,③社会危害性不是、也不可能是犯罪故意的认识内容。犯罪故意的认识内容应当是也只能是违法性认识。④ (3)“择一说”认为,违法性认识与社会危害性认识只要具备其中之一即可。⑤ (4)“同时否定说”认为,不论是违法性认识还是社会危害性认识都不属于故意犯罪成立中行为人所需认识的内容,即不属于明知的范畴。⑥

最近的研究中,田宏杰教授在“同一说”的基础上提出“违法性认识是有关形式违法的认识,社会危害性认识是有关实质违法的认识”⑦,并将二者关系概括为“一体两面说”:社会危害性→实质违法性→法律正当与否的评价性认识(刑法)→责任故意;违法性认识→形式违法法→法律知晓与否的事实性认识(前置法)→构成要件故意。柏浪涛教授则认为二者不能等同,社会危害性认识不能为责任非难提供根据,提出了“位阶关系说”。二者的逻辑关系是:构成要件该当性二阶评价(形式违法性认识、规制评价、禁止规范、积极判断)→违法阶层一阶评价(实质违法性认识、价值评价、评价

---

① 参见刘明祥:《刑法中错误论》,中国检察出版社 1996 年版,第 201 页;闻志强:《明知、社会危害性认识与违法性认识》,载《北方法学》2019 年第 2 期。

② 参见姜伟:《罪过形式论》,北京大学出版社 2008 年版,第 117 页;姜伟:《犯罪故意与犯罪过失》,群众出版社 1992 年版,第 145 页。

③ 参见贾宇:《犯罪故意概念的评析与重构》,载《法学研究》1996 年第 4 期。

④ 参见田宏杰:《违法性认识研究》,中国政法大学出版社 1998 年版,第 44 页;冯军:《刑事责任论》,法律出版社 1996 年版,第 226 页。

⑤ 参见高铭暄主编:《刑法专论》(上编),高等教育出版社 2002 年版,第 263 页;赵秉志主编:《海峡两岸刑法总论比较研究》,中国人民大学出版社 1999 年版,第 248 页。

⑥ 参见李心鉴:《刑法中违法性错误与故意的关系》,载《政治与法律》1990 年第 5 期;杨兴培:《刑法新理念》,上海交通大学出版社 2000 年版,第 138 页。

⑦ 田宏杰:《走向现代刑法:违法性认识的规范展开》,载《政法论坛》2021 年第 1 期。

规范、消极判断)。[1] 然而,田宏杰教授将形式违法性和实质违法性分别对应为前置法和刑法的观点或许割裂了法规范的整体性。难以认为刑法仅仅具有实质违法性,行政犯中行为人认识到了前置法就已经知道了法的禁止性,即使没有认识到社会危害性,也至少有对法规范的漠视与轻蔑。此外,既然认为两者是"一体两面"的关系,为何对构成要件故意和责任故意要区别对待,即为何只有前者阻却故意?柏浪涛教授提出的"位阶关系说"从行为人的认知角度将认知过程拆分为了一阶与二阶,但既然认为形式违法性包含了实质违法性,二者在认识内容上就应当是包含关系,也就是认识了形式违法性则认识了实质违法性,但根据"位阶说"的认识过程结论却并非如此。笔者认为,应当从规范质量、认识主体角度对"社会危害性(认识)"概念进行再检视,并从规范联结程度、认识义务的来源范围方面厘清"社会危害性认识"与"违法性认识"之间关系。

(四)行政犯构成要件错误与违法性认识错误之区分

既有研究首先区分了事实错误/法律错误与构成要件错误/违法性认识错误两对概念间的内涵差异,统一采用后者为使用的术语,作为新的分类方式。目前的争议在于,是否有必要区分两种错误类型,如何区分构成要件错误与违法性认识错误,以及对故意或责任的影响是什么。一般认为,构成要件错误是行为人对于法定构成要件的行为情状的错误(阻却故意);违法性认识错误(禁止错误)则系行为人在行为当时对于构成要件该当行为的禁止的错误,行为人虽然知道其所为究竟为何事,但在主观心态上误认为其所为系法律所允许的(阻却责任)。行政犯中重要的争议问题是,涉及事实与规范交织的构成要件要素以及指示不明确的前置法或空白法规,是构成要件错误,还是违法性认识错误?目前司法中出现的疑难案例,比如"赵春华案"中的"枪支","鹦鹉案"中的"国家二级保护动物"以及"王力军案"中的"粮食收购资格"都涉及这一难题。应当认为,随着时代的变迁,积极主义刑法观下国家创制的经济、行政刑法规范的日渐增多,构成要件要素中事实与价值的边界越发模糊。

最新的研究方向是:第一,对事实与规范关联意义的方法论反思,进而深入到价值立场、诠释路径的选择。第二,探讨关于规范性构成要件要素的分类方式,进而论证对其认识错误是属于构成要件错误,还是违法性认识错误,以及对行为人的故意或责任有何影响。第三,对"外行人平行评价"公式的重构。关于行政犯中规范性构成要件认识错误问题,第一种观点将规范性构成要件要素错误与涵摄错误相联系,认为在具体情形下根据行为人对该规范性要素的社会意义的认知状况可能成立构成要件错误,

① 参见柏浪涛:《违法性认识的属性之争:前提、逻辑与法律依据》,载《法律科学》2020年第6期。

也可能成立违法性认识错误,学界也进一步延伸了对涵摄错误的关联研究。[①] 第二种观点则将规范性构成要件错误等同于构成要件认识错误。[②] 第三种观点认为涵摄错误属于禁止错误的一种。[③] 然而,在具体的案例中,责任论者往往将规范性构成要件要素归为构成要件要素错误,故意论者则将其归为违法性认识错误,从而在结论上均能够得出阻却故意的法律效果。因而,这种区分与探讨究竟有无实益、有何方法是行政犯违法性认识理论需要澄清的。

(五)行政犯违法性认识错误的判断标准与技术路径

关于违法性认识可能性,主要问题集中于:(1)违法性认识可能性是否是故意或责任的要素,这与前述立场选择密切相关。(2)违法性认识可能性的判断标准及对归责的影响。其一,赞成故意理论的观点将违法性认识可能性与过失相联系;赞成责任理论的观点将之作为充当故意的实体,即只要存在违法性认识可能性即足矣。目前的理论集中于反思这种将违法性认识与其可能性等置的观点的正当性理由以及由此带来的出罪差异。周光权教授认为违法性认识和违法性认识的可能性之间具有无差别的等质性。[④] 车浩教授指出二者的本质并不相同,只是基于功能责任论视野下的刑事政策和一般预防之缘由,才将二者视为可替换要素。[⑤] 但是,即使是基于功能主义刑罚观的预防需求,这种过度强调刑事政策和一般预防的权威主义是否为入罪泛化预留下恣意的空间值得反思。其二,关于违法性认识可能性的判断,在德国,主张"良心紧张义务"的观点认为刑法将某个在道德秩序看来值得处罚的行为解释为可罚的行为,当行为人欠缺不法认识的状态具有可谴责性时,可谴责性的根据就在于他未能充分地"唤起良知"。针对行政犯,主张"探询义务"的观点认为行政犯的规定本质上是一个法律评价的问题。如果行为人事先缺少法律知识,就必须到法律咨询机构去查清法律的状况。如果误以为阻碍官方的举动是受到允许的,由于没有去咨询了解,进而具有可谴责性。[⑥] 然而,上述两种观点完全将不知法风险的义务分配给行为人,这样的标准是否具有正当性、可行性值得再次检视。

可以说,中国关于违法性认识可能性的探讨基本延续了德日理论中关于违法性认识错误回避可能性的分析思路。但实务中出现争议的情形较为常见的集中于具有未必的违法性认识的情况,而这一情形与完全不具违法性认识(违法性认识错误)、违法

---

① 参见孙国祥:《违法性认识错误的不可避免性及其认定》,载《中外法学》2016 年第 3 期;屈学武:《中国刑法上的免责机制反思——从违法性认识错误切入》,载《法治研究》2018 年第 1 期。

② 参见刘之雄:《违法性认识错误与构成要件认识错误的界分——以法规范性要素认识错误为焦点》,载《法学评论》2020 年第 5 期。

③ 参见林东茂:《禁止错误的刑法评价》,载《东海大学法学研究》2017 年第 52 期。

④ 参见周光权:《违法性认识不是故意的要素》,载《中国法学》2006 年第 1 期。

⑤ 参见车浩:《法定犯时代的违法性认识错误》,载《清华法学》2015 年第 4 期。

⑥ 参见[德]汉斯·韦尔策尔:《目的行为论导论》,陈璇译,中国人民大学出版社 2015 年版,第 93 - 94 页。

性认识可能性之间的关系和判断标准是什么值得关注。当行为人对自己行为的违法性产生怀疑,但因法律状态不明、没有明确的法律信息或者判例、其他法律信息产生冲突而无法确切判断其行为是否适法或违法时,会产生如下问题:行为人是属于违法性认识,还是属于违法性错误?这一问题指向了违法性认识错误、未必的违法性认识以及违法性认识可能性的关系判断问题。未必的违法性认识是指行为人处于不法怀疑的状态,却没有履行探询义务。[①] 德国通说认为,未必的违法性认识属于具备了违法性认识的情形,问题在于未必的违法性认识与法律过失之间的区分。多数人的观点认为,未必的违法性认识和禁止错误之间的区别标准与未必的故意和有认识的过失的区别标准相同。日本学者松原久利指出,这种见解在将违法性认识作为违法要素的立场上是妥当的,但将其作为与故意不同的独立的责任要素的立场上,却不合理。"故意与有认识的过失的区别应该是从意志因素而不是从认识因素中寻求。而违法性认识作为能够使行为人的行为动机遵循法律规范的要件,其本质重在知识和认知的方面。"[②]他认为,处罚以未必的违法性认识实施的行为时,根据具体案情可能存在阻却责任或减轻刑罚的情况,但阻却责任的根据不是缺乏违法性认识的可能性,而是缺乏期待可能性。松原久利主张根据信息冲突的不同类型分别将罪刑法定问题、违法性错误问题或者期待可能性问题予以具体化地解决。[③]

中国研究者对于这一问题的研究不足,理论界很少有对行为人具有未必的违法性认识的情况进行归责上的分类研究,而是笼统地认为行为人具有完全的违法性认识。笔者认为,在行政犯越来越多的现代社会,真正的实务难题将集中于"未必的违法性认识"的判断与认定上,这一问题应当成为未来研究的重点。有如下问题值得深思:第一,厘清行政犯未必的违法性认识与违法性认识错误、违法性认识可能性之间的区别标准。第二,提出类型化处理行政犯未必的违法性认识的归责方案。

## 四、新问题意识的提出

树立正确的问题意识需要整体地把握立法与司法过程中行政犯违法性认识的时代课题。从上文对违法性认识的理论脉络与具体问题的梳理与分析可以看出,中国刑法学界对此问题的研究虽然取得了一定的成果,但还有广阔的进步空间。尤其是在行政犯日益增多的时代,文化冲突、技术革新、信息碎片化极大地增加了人们违法认识的

① 参见[日]松原久利:《未必的违法性认识——关于违法性认识可能性与期待可能性》,赵天琦译,载《南大法学》2021年第4期。

② 松原久利『未必的違法性の意識——違法性の意識の可能性と期待可能性に関連して』同志社法学56巻6号(2005年)677頁以下。

③ 松原久利『未必的違法性の意識——違法性の意識の可能性と期待可能性に関連して』同志社法学56巻6号(2005年)695頁以下参照。

辨识难度,研究者们应当及时关注时代变迁下行政犯违法性认识的新课题,亟须从理论的知识体系里挖掘新问题,从司法实践的运行过程中发现新难点。

笔者认为,未来行政犯违法性认识理论研究的重要课题是:违法性认识理论如何参与行政犯的缓和规制?具体而言,以下问题值得展开持续性地深入研讨:

第一,体系化地论证中国刑法语境下行政犯违法性认识理论对于定罪与量刑的缓和规制功能,合理确立行政犯违法性认识在我国刑法体系中的定位。立足行政犯缓和规制论的立场,有必要再次检讨"罪责理论"在实体法上将违法性认识可能性等置于违法性认识的正当性,重新思考我国刑法语境下"故意理论"的合理性。

第二,反思与修正解构行政犯违法性认识相关难题的方法论。其一,如何张弛有度地求取报应与预防的平衡,如何整合责任主义与功利主义,是确立行政犯违法性认识的功能首先需要辨明的基础问题。其二,如何弥合主体间规范认知的差异,促进"社群"中的"个体"形成有效的(刑法)规范认同。这涉及规范确证的途径以及不知法风险的义务分配规则。结合行政犯的时代特征,有以下具体问题值得检讨:一是在行政管理方式创新发展的同时,应当重新审视行政犯违法性认识错误的根源,分析时代背景下行政犯中文化冲突的新特点。二是更新中国语境下解构违法性认识错误的方法论。既有研究缺乏从社会学、文化学角度诠释为何行为人未能或者难以建立、形成规范认同。对于行政犯违法性认识错误问题的研究应当保持"开放体系",从多元视角揭示行为人产生错误认识的根源,分析错误产生的理由是否属于"合理的",以及采用何种标准进行公正归责。其三,如何理解事实与规范的关系。传统"主—客"二分论既不能回应行政犯中的"制度事实",也消解了违法性认识判断中"人"的中心地位。需要在方法论上突破传统固有思维,促成违法性认识理论研究的"主体间性"转向。

第三,应当进一步填补行政犯违法性认识的研究空白。一是通过梳理故意理论与罪责理论的新发展可以看出,围绕故意"提诉机能"的争论贯穿了当代违法性认识立场之争的全过程。我国刑法对此虽有所提及,但尚未深入展开。我们有必要对故意"提诉机能"进行比较考察,以此展开对违法性认识理论定位的反思,从中获取对我国行政犯违法性认识定位的宝贵启示。二是我国刑法对于未必的违法性认识的研究尚属空白,应进一步填补、完善新的知识细节,构建一套切实的错误处理方案,为刑事司法提供有效参考。

## 五、结语

在持续性学习和接受德日刑法违法性认识理论的过程中,中国刑法既在摸索经验教训,也存有自我更新的运作空间。目前我国行政犯违法性认识的理论研究仍存在一定的短板,诸多理论知识仍未明确化、体系化、深刻化,实现行政犯违法性认识理论的司法接纳依然任重道远。在未来的理论探索中,应当深化两个方面的研究:一是应当推动行政犯违法性认识理论的纵深发展,提出当代刑法在参与社会治理的过程中,如何从违法性认识角度实现行政犯的缓和规制,形成具有可操作性的理论路径与类型化处理方案。二是融贯理论与实践,使违法性认识理论得以扎根于中国刑法的语境之中,以本土化问题为导向,真正激活行政犯违法性认识从理论迈向实践。

# 危险犯的中止认定问题研究

宋海博*

【内容摘要】危险犯中止的成立需要满足时间性、自动性、有效性条件。危险犯中止的时间性等同于成立条件的时空范围;危险犯中止的自动性条件应当采取宽容的规范主观说,将行为人主观心理作为主要判断因素,宽容考虑规范的反面检验作用;危险犯中止的有效性条件应当为有效消除法定危险状态,中止行为需要与有效消除效果具有严格的因果关系。危险犯中止的刑罚适用应坚持以"造成损害"作为区分减轻处罚与免除处罚的标准,造成损害的原因行为只能是终止之前的犯罪行为,并且在进行危险犯中止判断前应当思考其他出罪路径,在可成立危险犯中止的范围内结合成立条件对危险犯减轻或免除处罚。

【关键词】危险犯　犯罪中止　危险驾驶罪

## 一、引言

《刑法修正案(十一)》新增设的四个危险犯似乎预示着危险犯时代的到来。张明楷教授指出:"我国的立法模式似乎体现着我们正在从实害犯到具体危险犯再向抽象危险犯的时代跃进。"虽然陈兴良教授通过剖析风险刑法理论进而指出危险犯的增设只是特定阶段立法背景的集中体现,但不可否认的是,在现代刑法从结果本位刑法向结果与行为并重的双本位刑法转型的过程中,危险犯的大量增设成为不可忽略的重大时代现象。该现象的出现使理论界回归到危险犯本身的相关议题讨论中。

其中较有代表性的讨论问题为对危险犯停止形态之讨论。对于危险犯有无停止形态、应当以何标准区分危险犯的既遂与未遂形态,以及危险犯中止的成立条件与成立范围、危险状态出现后能否继续认定危险犯的中止等问题都是具有研究价值的课题,明晰上述问题也是对立法增设危险犯的重要回应。

笔者认为,讨论上述问题的前提条件是承认危险犯具备停止形态。这是危险犯作为故意犯罪所理应具备的犯罪特殊形态。正如劳东燕教授所言,立法规定危险犯是基于预防刑法之需要将结果扩张解释为对法益的侵害或危险。少数认为危险犯不是独

* 宋海博,四川大学刑法学硕士研究生。

立犯罪形态,而只是实害犯实现过程中出现危险状态时单独配置的法定刑,然而危险犯不具有停止形态的观点明显忽视了危险犯本身的独立价值。

以危险驾驶罪为例,近年司法实务存在大量醉驾型危险驾驶行为被定性为危险驾驶罪现象,进而引发了理论界对这一典型抽象危险犯的法律适用反思。从"以刑释罪"角度观之,危险驾驶罪是法定最高刑仅为拘役的轻罪,将大量轻微醉驾行为入罪化的刑法效果与社会效果均值得考量。因此,有学者从立法层面提议提升醉驾认定的酒精含量标准,有学者从技术层面提议在车内安装浓度检测科技,也有学者从解释层面强调在荒无人烟的道路醉驾不具有社会危害性进而不应入罪等多重角度思考轻微醉驾行为的出罪路径。本文拟结合危险犯停止形态理论,从危险犯的中止角度对部分存在中止醉驾行为的减免刑罚路径进行思考。

## 二、从危险犯中止的概念发现问题

对危险犯中止认定问题进行研究时,首先要厘清的前提性问题就是危险犯中止的概念。传统刑法理论在讨论犯罪停止形态的概念时,往往以会发生法定危害结果的实害犯作为样本进行停止形态的阶段性剖析。正如本文"引言"所指出,危险犯本身也具有犯罪停止形态。因此在研究危险犯中止的概念时,应当结合危险犯的特殊性与犯罪停止形态的共性进行危险犯视域下的特殊考察。

### (一)"危险"与"危险犯"

分解观之,"危险犯"的概念本身值得研究。正如日本学者木村龟二所言:"危险概念是一个危险的概念。"可见,"危险"这一概念本身具有多重含义。张明楷教授指出,总体来说,危险包括"行为人的危险"与"行为(广义)的危险"。其中前者又称再犯可能性,即行为人的人身危险性;后者指客观角度上的行为对法益造成侵害的风险。危险犯中的危险是指后一种意义上的危险,即法益侵害的盖然性与可能性。①

不同于以对法益的现实侵害作为处罚根据的实害结果犯,危险犯以对法益侵害的危险作为处罚根据,其可以进一步区分为具体危险犯与抽象危险犯。对于二者的区分标准,理论上存在以是否发生危险作为构成要件要素为标准、以危险性质是否为立法推定的危险为标准、以危险是行为的危险还是结果的危险为标准、以危险程度是否紧迫为标准等等。根据不同标准所得出的结论也存在差异。如张明楷教授支持以危险性质是否为立法推定的危险为标准,认为具体危险犯的"危险"是在司法上以行为当时的具体情况为根据,认定行为具有发生侵害结果的紧迫(高度)危险。② 笔者认为,上述多种区分标准更像是在提炼抽象危险犯与具体危险犯的不同特征,而二者的实质

---

① 参见张明楷:《刑法学》(第6版),法律出版社2021年版,第213页。

② 参见张明楷:《刑法学》(第6版),法律出版社2021年版,第213页。

区别应当是抽象危险犯是立法者通过立法推定而预设危险的犯罪类型，具体危险犯则是需要在司法上以行为人的具体情况考察危险的犯罪类型。也就是说，以危险性质是否为立法推定的危险作为标准进行判断具有合理性。因此，供本文研究中止形态的危险犯应当同时包括立法推定的抽象危险犯与司法上具体判断的具体危险犯。

（二）“危险犯中止”的概念存在模糊空间

危险犯中止的概念不会脱离犯罪中止的概念，但其同时应当具备危险犯的特殊性。我国《刑法》在第 24 条第 1 款规定了犯罪中止制度：“在犯罪过程中，自动放弃犯罪或者自动有效地防止犯罪结果发生的，是犯罪中止。”根据该规定，结合传统刑法理论中的故意犯罪停止形态理论可知：我国刑法中的犯罪中止，是在犯罪过程中，行为人自动放弃犯罪或者自动有效地防止犯罪结果发生，因而未完成犯罪的一种犯罪停止形态。①

将传统中止制度的概念套用于危险犯，似乎可得出“危险犯的中止是行为人在创设立法上推定的危险状态或司法上具体认定的危险状态的犯罪过程中，自动放弃犯罪或者自动有效地防止犯罪结果发生，因而未完成犯罪的一种犯罪停止形态的总和”之结论。然而，这一概念本身存在前后矛盾。

具体危险犯的既遂标志是达到法定危险状态，抽象危险犯甚至不需要达到法定的危险状态，只要完成法定行为即构成既遂。因此，套用危险犯中止概念所言的创造危险的犯罪过程中，应当仅指抽象危险犯完成法定行为之前和具体危险犯达到法定危险状态之前的过程。既然只需要考虑危险成就之前，那么传统中止概念中的自动有效防止结果发生自然就与之不匹配进而出现解释矛盾。此时，隐含在危险犯中止概念下的，一个问题的“面纱”正被逐步揭开——危险犯中止的成立范围究竟为何？是严格按照达到法定状态的标准而完全不需要考虑自动有效防止结果发生进而虚置这一条件，还是说在达到法定危险状态之后、发生危险结果之前的过程中隐含了某种尚待做出合理解释的模糊空间？

## 三、危险犯中止的成立范围

传统刑法理论对于实害犯的犯罪中止的成立范围界分明确，在行为人的预备阶段、从着手到实行未终了阶段与实行终了到实害结果发生之前的各阶段均承认犯罪中止的存在，而将实害结果发生后的积极恢复法益行为排斥在犯罪中止的评价之外。在危险犯中，无论是对于以“法定危险行为的完成”作为既遂标志的抽象危险犯而言，还是对于以出现某种“法定的危险状态”作为既遂标志的具体危险犯而言，在其完成法定行为或因行为导致出现某种法定的危险状态之前自动放弃犯罪都归属于危险犯的

① 参见高铭暄、马克昌主编：《刑法学》（第 8 版），北京大学出版社 2017 年版，第 158 页。

中止的成立范围毋庸置疑。

但正如前文所述,在行为人完成法定行为或因行为导致出现某种法定的危险状态之后,行为人自发积极地消除危险,并使该危险所导致的实害结果在客观上已经不可能发生之时,是否可以属于传统犯罪中止中的自动有效防止结果发生进而纳入进危险犯的中止的成立范围,则存在理论争议。因此笔者将在本节厘清危险犯中止成立的争议范围,进而划定危险犯中止成立的总体范围,为具体讨论危险犯中止的成立条件划定前提范围基础。

对于争议范围是否可以成立危险犯的中止,理论界存在肯定说与否定说两种态度。持不同态度的学者又因依据不同进而提出了危险犯既遂说、实害犯中止说与危险犯中止说三种较为具有代表性的观点。

(一)危险犯既遂说及评析

争议范围中止否定论的主要理论观点是危险犯既遂说。顾名思义,危险犯既遂说认为危险犯在完成法定危险行为(抽象危险犯)或出现法定危险状态(具体危险犯)时就已经成立危险犯的既遂形态,此时不再成立犯罪中止。危险犯既遂说是理论通说,也是司法实践广为采纳的观点,具体依据如下。

1. 危险犯在既遂后不再成立中止符合传统刑法理论

回归到刑法传统理论,无论以"法定危险行为的完成"作为既遂标志的抽象危险犯,还是以出现某种"法定的危险状态"作为既遂标志的具体危险犯,在其完成法定危险行为与创造法定危险状态之时,就已经成立相应犯罪的既遂。达到既遂形态的危险犯已经完成了全部犯罪过程,因而不再存在诸如犯罪中止的未完成形态,即"既遂后无中止"。

因此,在犯罪既遂之后,行为人基于发自内心的悔悟等原因停止继续实行法定行为或将法定的危险状态消除的行为应评价为既遂之后的"事后恢复行为",只能作为酌定量刑考虑的情节,而不可能再成立犯罪中止。①

2. 将既遂后的中止解释为"犯罪过程中"属于超出时空性的强行解释

危险犯既遂说认为,虽然《刑法》第24条第1款原文采用了"在犯罪过程中,自动放弃犯罪或者自动有效地防止犯罪结果发生的,是犯罪中止"的表述,但这并不意味着可以对"犯罪过程中"这一范围进行脱离传统理论框架的解释。将"犯罪过程中"解释为"没有发生结果就没有穷尽犯罪过程,因此达到危险状态后、未发生危害结果前的中止仍值得肯定"的观点既没有教义学的支撑,又不具备解释学之依据。

从教义学观之,犯罪中止的成立需要同时符合成立条件。其中,时空性条件是认定犯罪中止不可忽视的重要条件,也是划定犯罪中止成立范围的教义学依据。危险犯

① 参见陈建桦、杜国伟:《危险犯既遂后中止问题新解》,载《中国刑事法杂志》2013年第6期。

中止的时空性条件应当是"从犯罪预备行为到犯罪既遂形态出现之前的时间段内"①。从解释学角度看,任何解释都不能超越限度,解释结论不能超出合法边界。对危险犯"犯罪过程中"应当采取严格解释,其解释边界应当严格限定在达到既遂之前,将既遂后的中止纳入"犯罪过程中"的解释是超越解释限度的强行解释,超出了文意射程的合法范围,是在盲目追求价值优化进而忽视法治底线。

3. 观念上的中止行为不等同于刑法中的犯罪中止

危险犯既遂说对观念中止与刑法犯罪中止进行比较进而否定了危险犯既遂后中止行为的刑法性质。刑法中的犯罪中止——作为一种特定的法律术语,是被特定化的刑法概念——不应与日常生活中观念上的中止等同。肯定说实质上是对观念中止行为与刑法犯罪中止的混同。犯罪既遂、犯罪中止均是特定的刑法术语,犯罪既遂的标准是立法者的选择,因而犯罪中止的标准也应当严格依据立法者规定的犯罪既遂来考察,而不是将犯罪中止视为存在于观念中的各种具有悔改意思的"中止行为"。在危险犯中,实施法定危险行为或产生法定危险状态后行为人主动排除危险状态的,不再成立犯罪中止。也就是说,不能将日常生活观念上的"中止行为"与刑法中的犯罪中止等同起来。②

也有学者将该观点总结为产生危险后的中止行为属于事实层面的行为延续,但是由于犯罪停止形态在法律层面上需要评价的行为已经结束,其后行为应该只作为犯罪既遂后的自动挽回行为看待,在量刑时酌定从轻处理。③

4. 承认既遂之后的中止损害中止制度科学性

危险犯既遂说认为犯罪中止制度具有独立的科学性与规范价值,应该谨慎限定在犯罪既遂之前进行讨论。既遂犯与中止犯是两个相互排斥的概念。前者是犯罪完成形态,后者是犯罪未完成形态,犯罪中止理论所具备的法律性质、成立条件以及处罚原则都是犯罪未完成特殊形态的独特规定。④

如果将行为人构成危险犯达到既遂标准后的消除危险的行为认定为犯罪中止,则必然会损及犯罪中止制度的科学性。正如徐光华教授所言:"承认此种情形成立犯罪中止将会对已经定型的包括犯罪既遂在内的犯罪停止形态理论造成巨大的冲击。"⑤

5. 对危险犯既遂说之评析

在承认危险犯存在停止形态的前提下,危险犯既遂说通过强调传统刑法理论中危险犯的既遂标准,进而否定所有达到既遂后的危险犯存在中止的讨论空间。危险犯既

① 王志祥:《危险犯研究》,中国人民公安大学出版社 2004 年版,第 295 - 297 页。
② 参见徐光华:《排除危险状态行为之认定》,载《河北法学》2009 年第 3 期。
③ 参见陈建桦、杜国伟:《危险犯既遂后中止问题新解》,载《中国刑事法杂志》2013 年第 6 期。
④ 参见杨兴培:《危险犯质疑》,载《中国法学》2000 年第 3 期。
⑤ 徐光华:《排除危险状态行为之认定》,载《河北法学》2009 年第 3 期。

遂说这种“一刀切”的观点因为过于笼统与绝对化忽视了部分问题,存在下述缺陷。

(1)虚置犯罪中止制度的“自动有效防止结果发生”

正如笔者在上节末尾引出的问题,危险犯既遂说在面对《刑法》犯罪中止条文中的“自动有效防止结果发生”这一情形与危险犯本身的融贯性问题时,并没有给出有效的答案,而是通过对该情形进行虚置的方式进行了解释。也就是说,犯罪中止制度规定的“自动放弃犯罪或者自动有效地防止犯罪结果发生”在实害犯中是两种在不同时空条件下可以择一选择的要素,而在危险犯中则变成了只能选择“自动放弃犯罪”的单一要素。虽然符合中止犯成立条件的“自动放弃犯罪”后续必然不会产生犯罪结果,但《刑法》条文中对于两种情况连接词的表述为“或者”,即两种情形是在不同的时空范围内择一选择的关系。危险犯既遂说并没有解释清楚该问题,进而使得犯罪中止条文中的第二种情形有被虚置的嫌疑。

(2)强调“既遂犯无中止”,忽视危险犯本身特点

认为已经既遂的危险犯没有再讨论中止的必要的危险犯既遂说的核心逻辑分为两个步骤:首先,危险犯既遂;其次,既遂后不成立中止,即“既遂犯无中止”。危险犯既遂说的第二步“既遂犯无中止”无疑是刑法理论的通说,然而既遂说在此之前的立足基础却并不稳固。这是因为在面对危险犯的中止的成立范围时,既遂说忽视了成立范围本身的讨论空间,参照已有的实害犯既遂标准对危险犯成立范围进行了刻板的节点化,并没有对危险犯进行具体的分析。

针对危险犯内部抽象危险犯与具体危险犯的不同情形,既遂说在面对中止制度时也存有如下疑问:在实害犯的解释语境内,自动放弃犯罪对应实行终了之前的时段,自动有效防止结果发生对应实行终了到结果发生的时段。在危险犯解释语境内,抽象危险犯以完成法定行为作为既遂标志,自动放弃犯罪的成立范围应当是完成法定行为前。但如果法定行为是持续性质的行为,自动放弃犯罪的成立范围应当是行为起点、行为过程还是行为终点?另外,具体危险犯以达到法定危险状态作为既遂标志,在危险行为实行终了到产生法定危险状态期间的中止仍然成立,此时中止的成立范围应当是自动有效防止法定危险状态发生前,那从法定危险状态发生到危险结果发生期间又应当如何评价?

(3)危险犯既遂说附随论据说理不足

笔者对持否定态度的既遂说的质疑,除了其根据传统刑法理论路径得出结论的过程之外,还有既遂说论证的依据。

首先,对于争议地带以中止犯论处进行法定从宽处理,相较于以既遂犯论处继而酌定从宽处理更具有类型化的明确性。诚然,既遂犯并不等于中止犯,犯罪既遂与犯罪中止也有着截然不同的刑法意义。但是,如何论证将产生危险后消除危险的行为按照既遂犯处理的处罚必要性与社会危害性、同类型的消除危险行为是否会因为酌定从

宽的标准不一而在司法适用中产生同案不同判的后果等问题都是尚待危险犯既遂说解答的问题。

其次，观念上的中止是包含刑法犯罪中止的更广义概念，二者并非非此即彼的对立关系。争议地带的行为天然地属于事实观念上的中止，但这并不等同于成立观念中止就不能成立刑法意义的犯罪中止。因此，这反而更需要判断争议地带行为是否符合刑法犯罪中止的成立条件，进而得出结论。此外，对争议地带进行讨论与评价并不会损害犯罪中止制度的实质内涵，我们不能因为新设想可能损害制度内涵就止步不前。我们更需要通过梳理中止制度的内涵对危险犯争议地带进行判断，排除不合法与不合理的部分，将合理合法的成立范围予以清晰化，进而发挥中止制度的积极鼓励作用。

（二）实害犯中止说及评析

实害犯中止说是争议范围中止肯定论的观点，但实害犯中止说认为这种中止并不构成危险犯的中止，而是认为这种情况构成在危险进一步造成实害结果前的相应实害犯的中止。

1. 可成立与危险犯相对应的实害犯的中止

在讨论集中在争议地带的行为是否构成危险犯的中止时，实害犯中止说从整体性的视角提出应当考虑到犯罪发展的整体进路：发展的危险如果不加阻拦会产生实际的损害结果。《刑法》将某些产生危险导致的实害结果作为加重条款规定于危险犯条款本身的后一条款体现了危险犯与危险所造成的结果犯本身的条文联系，如《刑法》第 114 条与第 115 条。实害犯中止说正是在把握这一联系的基础上对其学说进行论证。

对于联系前提——危险犯本身的停止形态问题的把握，实害犯中止说内部产生了两种观点：一种观点认为危险犯不具有独立的停止形态，只是实害犯的未完成形态，是“实害犯的未遂犯”，争议地带的行为只成立实害犯的中止。行为人追求的危害结果没有出现，则意味着犯罪目的没有达到，表明具体危险犯实际上是一种犯罪的“未得逞”，进而据此认为该危险犯实际上是且只能是实害结果犯的一种未遂犯。① 另一种观点认为齐备构成要件的危险犯本身达到既遂。虽然危险犯看似属于实害犯的一种未遂犯，但是立法者通过法律拟制的方式，将其规定于《刑法》分则之中，在实际上就已经将其设置为既遂，②正如《刑法》分则规定的都是完整齐备的基本犯罪构成而非修正的犯罪构成。此外，其他依据与危险犯既遂说大致相同。有学者认为争议地带的刑法性质应当是危险犯既遂与实害犯中止的竞合。③

---

① 参见侯国云主编：《中国刑法学》，中国检察出版社 2003 年版，第 198 页。

② 参见陈兴良：《陈兴良刑法学教科书之规范刑法学》，中国政法大学出版社 2003 年版，第 26 页。

③ 参见王志祥：《危险犯实行阶段的中止问题研究》，载《云南大学学报（法学版）》2004 年第 3 期。

2."犯罪过程中"的终点应解释为发生实害结果

实害犯中止说对争议地带犯罪中止条文的"犯罪过程中"与"犯罪结果"进行扩张解释,认为"犯罪过程中"应该包括"从犯罪预备开始一直延伸到实害结果发生的时间段";同样"犯罪结果"也应当理解为发生实害结果。虽然在某种特定场合造成法定的危险状态出现(以危险犯本身可既遂为前提)已经构成具体危险犯的既遂形态,但是这种危害行为大多数时候都会继续向前发展,一直到实害结果出现时危害行为才会被认为最终完成了。[①] 因此,行为人消除已经造成的危险状态的行为属于实害犯中止的成立范围。

实害犯中止说认为,危险状态仅仅是刑法所保护的社会关系由正常状态向被改变状态发展过程中的、体现在危害行为的作用下社会关系的非常规状态的环节,犯罪行为在出现危险状态后往往继续向前发展,并没有停止,一直到实害结果出现才能被认为是最终完成。对于危险犯来说,危险状态的形成只是说明犯罪过程的相对终结,即危险犯的犯罪过程已经结束,但这并不是说整个犯罪过程就到危险状态发生时为止,因为实害犯的犯罪过程尚未结束。由此可以认为,危险状态出现后,成立危险犯中止的时间条件已经不具备了,但成立实害犯中止的时间条件则仍然存在。[②]

3.应当鼓励发挥犯罪中止制度的积极作用

实害犯的中止说观点还认为,应当认可在这种虽然已经造成了某种法定的危险状态但能够积极消除危险状态的情况下刑法犯罪中止制度发挥的积极作用。如果行为人明显是出于自己的意志决定彻底消除前行为所造成的法定危险状态,却不对这种能够有效地防止实害结果发生的行为以犯罪中止进行认定的话,就既无法促使犯罪人悬崖勒马,也无法最大限度地减轻行为人已经实施的行为造成的社会危害的程度,既无法实现刑法对犯罪中止行为的奖赏效果,也无法发挥刑法事前积极防范作用。换言之,对于此种情况认可其以中止犯论处,有利于鼓励行为人自动恢复已经造成的法定危险状态,进而减少或者消除自己前行为的危险状态的进一步发展对社会造成的实害结果。

4.对实害犯中止说之评析

实害犯中止说最大的缺点在于其只能解决《刑法》条文中一部分实施消除法定危险状态的后行为的具体危险犯的中止性评价问题。这一部分具体危险犯就是在《刑法》分则条文中有明确规定危险犯条文和危险犯会发生的实害结果条文的具体危险犯,如《刑法》第114条与第115条之间具有一定连接关系,其中第114条是规定具体

---

① 参见王志祥:《危险犯实行阶段的中止问题研究》,载《云南大学学报(法学版)》2004年第3期。

② 参见徐光华:《排除危险状态行为之认定》,载《河北法学》2009年第3期。

危险犯的条文，第 115 条是规定危险导致的实害结果的条文。[①] 但是，《刑法》中没有规定危险导致的实害结果的条文则无法以实害犯的中止说加以解决，诸如抽象危险犯不能以实害犯的中止说进行处理。此外，实害犯中止说还有如下不足之处。

(1)认为危险犯只是实害犯的未遂犯的观点并不合理

在实害犯中止说对于危险犯本身能否成立既遂的评价中，其认为危险犯本身只是未遂犯的观点并不合理。一方面，从《刑法》分则的规定而言，《刑法》分则条文中的罪名都是齐备了所有构成要件的独立完整的罪名，犯罪未遂作为一种犯罪的未完成形态，以修正的构成要件被规定于《刑法》总则之中。在《刑法》分则规定的都是类型化的构成要件罪名的情况下，其不会存在对某一未遂犯的单独规定。因此，将危险犯视为未遂犯的观点违背了《刑法》分则的基本原理，同时也存在混淆危险犯这一犯罪类型与未遂犯这一犯罪停止形态之间的关系的风险。

另一方面，从危险犯本身的处罚依据而言，刑法将危险犯规定为一类独立的犯罪类型是因为其与实害结果犯具有不同的法益侵害性，危险犯本身侵犯的法益会危及社会不特定或多数人的生命、身体或财产安全。虽然所有实施危险犯的行为人在其实施故意犯罪之时的期待进路都是希望自己的危险行为能够实现危害社会的具体的实害结果，但是对其进行处罚并不需要达到危险犯切实造成具体的实害结果的标准，实害犯的中止说实际上是在忽视危险犯本身的处罚依据与价值，架空危险犯的“造成法定危险状态”这一重要的既遂标准。承接上文关于《刑法》第 114 条与第 115 条的举例，《刑法》第 114 条规定的具体危险犯本身就是危险犯的一种独立既遂形态，关于《刑法》第 114 条与第 115 条之间的关系应当理解为具体危险犯的基础条文与结果加重犯之间的关系，[②]而非像认为危险犯只是实害犯的未遂犯的学者所说的应当以《刑法》第 115 条作为基础认定路径。

(2)不能对中止条文做出不符合刑法传统理论的强行解释

虽然犯罪中止的条文相较于犯罪预备与犯罪未遂的条文而言，存在“犯罪过程”与“犯罪结果”这两个独特的法律概念，但对其解释也应当限定在教义学刑法理论所支撑的合理合法范围之内，不能做出超越解释限度的强行解释。在讨论危险犯的中止的语境下，“犯罪过程”与“犯罪结果”的解释的涵摄范围应当限定于危险犯构成本身，这样才符合危险犯立法的旨意。认为“犯罪过程”包括从犯罪预备开始一直延伸到实害结果发生的时间段，“犯罪结果”等同于放任危险所造成的最后的实害结果的观点实际上是将危险犯延长至实害犯进行解释限度的错误扩张。

---

① 参见陈建桦、杜国伟:《危险犯既遂后中止问题新解》，载《中国刑事法杂志》2013 年第 6 期。

② 参见刘明祥:《论危险犯的既遂、未遂与中止》，载《中国法学》2005 年第 6 期。

(3)中止制度应当正确发挥限定预防作用

犯罪中止的行为人因没有特殊预防的必要性而给予其减免处罚的奖励,但能否认定为犯罪中止则仍然需要根据中止犯本身的范围与条件进行判断,不可因为中止制度的积极价值而一概肯定所有事后恢复行为。相较于明显超过犯罪中止制度所要求的时空性条件的事后恢复行为,以刑罚这种犯罪预防手段进行社会一般预防与犯罪人特殊预防同样能够起到积极的事前预防效果,同时也能够及时鼓励犯罪人在达到危险犯的既遂之前及时停止实施危害行为。

(三)危险犯中止说及评析

危险犯中止说是肯定说的代表观点。危险犯中止说内部虽然有不同具体的理论分支,但它们在本质上都认为达到法定危险状态的危险犯仍然可以成立危险犯的中止。代表观点如下。

1. 对“造成法定危险”应进行实质化判断

部分危险犯中止说承认既遂后无中止,但既遂标准应当实质化判断,即仍然以“犯罪形态终局性”标准作为犯罪中止成立范围的原则,危险犯中止的成立范围仍应当限定为在危险犯既遂之前,但对达到法定危险状态的标准应当进行实质化判断。

部分持危险犯的中止说观点的学者以“放火案”“铁轨案”举例:“放火案”是指行为人在将房屋的窗帘点燃至独立燃烧后,又心生悔意将自己点燃的火种扑灭;“铁轨案”则是行为人将巨石放置在过一段时间之后会有火车经过的铁轨上,在火车还没有正式到来之前的没过多久,心生后悔而将石头挪开将铁轨复原。在这两例案件上,虽然放火行为人的行为已经达到了使火种独立燃烧的标准进而产生了放火罪所要求的法定危险,在铁轨上放置石块行为人的行为也已经确实造成了破坏交通设施罪所要求的法定危险,但是,这种法定危险实际上是一种抽象、草率地直接将可能没有法益侵害危险的行为节点作为危险犯既遂的标志进行追究,这种将其视为法定危险状态的标准可能会使危险犯的既遂标准走向形式主义的泥沼。[①]

危险犯中止说认为危险犯的既遂标准应当是一种实质化的危险标准,初步实施齐备构成要件后所造成的法定风险只是一种推定的侵害法益危险,还需要实质性判断这种推定的危险是否具有侵害法益的危险。只有推定的危险达到了真正的侵害法益的危险时才能认定成立危险犯的犯罪既遂。因此在达到真正实质性侵害法益危险之前行为人主动消除推定的危险的行为应当符合刑法犯罪中止的时间性要件,进而成立危险犯的犯罪中止。

2. “犯罪过程中”应以发生实害结果作为中止判断终点

部分危险犯中止说通过对“犯罪过程”与“犯罪结果”进行解释而否认既遂后无中

① 参见朱明利:《危险犯的危险状态出现后仍可能成立中止》,载《检察日报》2010年11月1日,第3版。

止。其同样认为“犯罪过程”应当理解为从犯罪预备到危险行为发生实际的危害结果。与实害犯中止说不同，虽然二者对“犯罪过程中”的解释结论相同，但实害犯中止说（承认危险犯具有独立停止形态一派的观点）认为作为前提的危险犯本身已经既遂，争议地带中止行为应当解释为实害犯的中止；而危险犯中止说则通过对“犯罪过程”的解释，认为争议地带中止行为成立的中止是危险犯本身的中止。

危险犯中止说认为只要在实害结果尚未产生前均为“犯罪过程中”，在此期间出于本意自动有效地防止实害结果发生的行为均符合犯罪中止的时间条件，都应当成立危险犯的中止。根据文义解释，“犯罪过程中”所表明的故意犯罪过程应当是故意犯罪行为运动、发展与存续的所有过程，包括预备、实行以及结果的出现。根据目的解释，犯罪中止的“停止性”可以与其他停止形态共存。从立法原意考虑，立法者充分考虑中止制度的特殊性，《刑法》条文用语采用“犯罪过程中”而非“犯罪既遂前”就表明犯罪中止的成立范围不应当止步于犯罪既遂。通常情况下各个犯罪的停止形态相互独立排斥，但犯罪中止在某些情况下可以与其他某些停止形态并存，犯罪中止的“停止性”不是绝对的停止性。这也是《刑法》条文只在犯罪中止中规定“犯罪过程”与“犯罪结果”而未规定犯罪预备与犯罪未遂条文的原因所在。[①]

3. 法定危险状态是不完全、可逆转的“犯罪结果”

有危险犯中止说观点认为《刑法》犯罪中止规定条文中的“犯罪结果”应当既包括法定的犯罪结果也包含犯罪人所预期的犯罪结果。[②] 行为人造成的危险状态只是部分的犯罪结果，只要在发生预期的实害结果前消除危险或者防范结果发生，也都符合《刑法》第 24 条防范危害结果有效性规定。

还有观点从危险犯的危险结果与实害犯的实害结果之间的差异对危险犯的“犯罪结果”进行分析：危险犯中的法定危险结果，不同于实害犯的危害结果。实际的危害结果一经造成，就不可能再弥补，而法定的危险状态形成后，却可以有效解除。[③]

4. 对危险犯中止说的评价

危险犯中止说通过将作为既遂标准的危险状态实质化判断、对“犯罪过程”进行目的性理解承认既遂后的中止，以及对“犯罪结果”进行拓展性思考等多角度进行论证，以证立达到法定危险状态的危险犯仍然可以成立危险犯的中止。然而，危险犯中止说却存在实质化既遂标准不明、架空传统刑法理论等根本性问题。

（1）实质化法定危险状态理论在犯罪构成体系中定位不明

危险犯中止说否定达到法定危险状态的现有既遂标准，提出要在法定危险状态的

---

① 参见陈建桦、杜国伟：《危险犯既遂后中止问题新解》，载《中国刑事法杂志》2013 年第 6 期。

② 参见王志远、李世清：《论犯罪的“既遂后中止”——以危险犯为视角》，载《云南大学学报（法学版）》2006 年第 3 期。

③ 参见舒洪水：《论危险犯的中止》，载《云南大学学报（法学版）》2010 年第 3 期。

基础上增加“具有实质性的危险”这一判断条件,其最明显的弊端是否认了我国危险犯罪既遂标准的法定性。①

从犯罪构成的整体角度考虑,危险犯中止说提出的“危险犯既遂=构成要件该当+法益实质危险”首先面临的质疑就是为何要在构成要件阶层中考虑法益实质侵害。在构成要件阶层考虑法益实质侵害并不符合构成要件阶层的功能定位,这种添加只能不当增加构成要件该当性的模糊化程度,与构成要件贯彻的明确性功能背离。② 这种实质化的危险标准同时也在某种程度上会造成对危险犯的构成要件理论的架空。

另外,“铁轨案”与“放火案”都是具体危险犯罪案例,危险犯中止说并没有解答如何认定立法预先拟定危险的抽象危险犯的实质性法益危险。对抽象危险犯也采取“实质化的法益危险”的理解方式会明显落空抽象危险犯的立法意旨。

实质上,法益保护机能是刑法的一大重要机能。刑法的保护技能可以说是刑法最原始的技能,甚至可以说是刑法的本能。③ 从正面理解,刑法的本质是保护值得保护的利益,《刑法》是一部法益保护法;从反面理解,只有侵害到需要被保护的法益的行为才属于刑法应当苛责和处罚的范围。对于危险犯而言,只有在实质上对法益造成危险的行为才应当以《刑法》中规定的危险犯进行论处。因此,对于危险犯的中止说的对于这种“实质化的法定危险状态”的既遂标准的修正实际上可以通过从刑法本身的机能来讨论,进而通过未对法益造成实质性损害的思路对此种情况下的犯罪人进行出罪的处理,而并非在构成要件是否齐备的既遂判断阶段就运用法益实质侵害进行判断。也就是说没有造成实质的法益侵害危险可以作为出罪的依据,但不应当作为判断危险犯是否既遂的附加标准对“造成法定危险状态”进行加工。

(2)既遂后的中止偏离了犯罪停止形态本质特征

危险犯中止说根据《刑法》中止条文规定的是“在犯罪过程中,自动放弃犯罪或者自动有效地防止犯罪结果发生”,而并非采取犯罪既遂或者犯罪得逞的表述认为此时的犯罪过程终局不等同于犯罪既遂,部分犯罪停止形态之间不是绝对的排斥关系,如果因法定危险状态过早出现既遂进而直接认定犯罪过程结束,则会压缩犯罪中止的成立空间。

但上述观点陷入的根本误区是架空了传统刑法对于停止形态的理论规则。故意犯罪的各种形态所具备的共同特征就是他们都属于故意犯罪的停止形态,是故意犯罪过程中不再发展而固定下来的相对静止的不同结局,他们之间是一种彼此独立存在的

---

① 参见徐光华:《排除危险状态行为之认定》,载《河北法学》2009 年第 3 期。

② 参见庄绪龙:《“法益可恢复性犯罪”概念之提倡》,载《中外法学》2017 年第 4 期。

③ 参见陈兴良:《刑法机能的话语转换——刑法目的论的一种探讨路径》,载《环球法律评论》2008 年第 1 期。

关系,不可能相互转化。[1] 故意犯罪的确存在各种完成或未完成的形态,但一个故意犯罪行为只可能具有一个形态,有了一种形态的存在就不应该有其他形态存在的可能性。[2] 因此,无论是对“犯罪过程”进行文义解释还是目的解释,得出的既遂后成立中止结论与停止形态并存结论都偏离了犯罪停止形态本质特征。

(3)无法协调犯罪中止的刑罚适用

另外,危险犯中止说对于“犯罪过程”的理解也无法回应刑法犯罪中止的刑罚适用所产生的协调性问题。《刑法》第 24 条第 2 款规定了犯罪中止减免处罚:“对于中止犯,没有造成损害的,应当免除处罚;造成损害的,应当减轻处罚。”其中免除处罚的规定直接反映了犯罪中止不可能同时包括犯罪预备的中止、犯罪着手之后的中止和犯罪既遂后的中止。因为该条款只有“免除处罚”这一单一量刑,对于分别于预备、着手、既遂后的中止做出相同的处罚明显与罪责刑相适应原则不符。况且《刑法》第 24 条本就不包括既遂后的中止。正如通说坚持的那样,应当将犯罪过程的结束(犯罪终局)视为犯罪得逞与犯罪既遂,以此实现法定概念和理论概念的协调统一。[3]

(四)笔者观点——行为/危险稳定前中止说

总结而言,对此争议问题的理论观点主要分为肯定说与否定说两种流派。肯定说以符合中止制度设立宗旨、法益在终局上并未受到实际侵害等依据否定危险犯既遂的标准,并重新解释了《刑法》第 24 条规定的“犯罪过程”与“犯罪结果”进而提出实害犯中止说与危险犯中止说,[4]但其依据存在架空传统理论、脱离教义学强行解释等多处不足。否定说坚持传统刑法理论,认为争议地带已经穷尽了犯罪过程,达到犯罪既遂,进而不再成立犯罪中止停止形态,代表理论观点是危险犯既遂说。危险犯既遂说虽然遵循了传统刑法理论,但其态度过于绝对否定,并没有结合危险犯本身的特点进行具体分析。

笔者对争议地带的态度采部分肯定说。笔者认为应当回归危险犯本身,在传统刑法理论基本原理的基础上具体分析抽象危险犯与具体危险犯的行为样态,进而肯定一部分法定危险达到稳定状态前的危险犯的中止,即针对抽象危险犯的行为稳定前中止说与针对具体危险犯的危险稳定前中止说。

1. 对抽象危险犯与具体危险犯成立中止范围的理论模型建构

(1)抽象危险犯的行为稳定前中止范围

在传统刑法理论中,抽象危险犯与行为犯差异不大,可以认为抽象危险犯等同于

---

① 参见赵秉志主编:《刑法总论》,中国人民大学出版社 2007 年版,第 284 页。
② 参见刘宪权:《故意犯罪停止形态相关理论辨正》,载《中国法学》2010 年第 1 期。
③ 参见刘昊:《危险犯既遂后犯罪中止之否定及理论评介》,载《江苏警官学院学报》2020 年第 2 期。
④ 参见刘昊:《危险犯既遂后犯罪中止之否定及理论评介》,载《江苏警官学院学报》2020 年第 2 期。

行为犯。而行为犯是以法定犯罪行为的完成作为既遂标志的犯罪。[①] 实施法定犯罪行为意味着产生了立法上规定的对法益的抽象危险,因此将其认定为既遂。笔者认为,法定犯罪行为又可以区分为瞬时行为与持续行为。瞬时行为类似于一着手实施犯罪行为即告犯罪完成的举动犯,这里的瞬时行为是一个短暂性的行为,如生产、销售有毒、有害食品罪中的“掺入有毒、有害的非食品原料”的掺入行为,其特征是能够明显判断出瞬时性的行为动作。而持续行为则是具有较长持续性特征的行为时段,如危险驾驶罪中的“在道路上驾驶机动车”的驾驶行为。

两种类型的法定犯罪行为成立中止的范围截然不同。行为人在实施瞬时性的法定犯罪行为时就已经达到了抽象危险犯的既遂,在行为后积极恢复并防止犯罪结果发生的行为不应当认定为抽象危险犯的中止,而应当以抽象危险犯既遂后的事后恢复行为评价。而持续性的法定犯罪行为的实行是从着手实施犯罪行为——法定危害行为能够稳定运行——实施完毕法定危害行为的过程。笔者认为,从着手实施犯罪行为到犯罪行为稳定运行期间,可以成立抽象危险犯的中止;但从行为稳定运行至行为实施结束的时间范围则不能成立抽象危险犯的中止,应当同样以既遂后的事后恢复行为评价。

(2)具体危险犯的危险稳定前中止范围

刑法传统理论认为,具体危险犯是以行为人实施的危害行为造成法律规定的发生某种危害结果的危险状态作为既遂标志的犯罪,[②]如放火罪、决水罪等,其既遂不需要造成物质性有形的犯罪结果,而是以法定的客观危险状态作为既遂的标志。然而,具体危险犯行为人创造危险的过程也值得拆解分析。笔者认为,具体危险犯的行为样态是一个从着手实行到初步产生法定危险状态——法定危险状态达到稳定状态——法定危险状态不可逆转甚至产生危害结果的过程。

传统理论认可从着手实行危害行为到初步产生法定危险状态前中止,但笔者认为初步产生的法定危险状态发展到持续稳定的法定危险状态之前的中止也应当被认可为具体危险犯的中止。

2. 行为/危险稳定前中止说的理论依据

(1)在传统刑法理论下为中止范围划定红线

正如抽象危险犯与举动犯的区别,抽象危险犯的法定犯罪行为并不是一着手即告完成,而是要达到一定程度才能视为行为的完成。[③] 这种程度就是危险行为的稳定运行。因此,在行为人着手实施犯罪行为到犯罪行为稳定运行期间成立抽象危险犯的中

① 参见高铭暄、马克昌主编:《刑法学》(第8版),北京大学出版社2017年版,第149页。

② 参见高铭暄、马克昌主编:《刑法学》(第8版),北京大学出版社2017年版,第149页。

③ 参见高铭暄、马克昌主编:《刑法学》(第8版),北京大学出版社2017年版,第149页。

止,符合传统刑法理论的要求。而之所以瞬时行为与达到稳定状态之后的持续行为不再成立中止,是因为在瞬时行为实施完毕与持续行为稳定运行后,立法者拟定的抽象法益侵害风险就已经自然产生,继而抽象危险犯达到了相应的既遂标准,不应以中止制度破坏抽象危险犯的立法原意。

具体危险犯与行为犯不同,行为犯创设的危险具有立法拟制规定的标准,因此,判断行为犯的危险状态只需要看行为人是否实施、何时实施立法拟制的法定危害行为以及危害行为的实施程度,因为危害行为即代表了抽象危险;然而具体危险犯创设的危险是一种具体的对法益的现实侵害的危险,需要在司法适用中具体判断是否达到危险,这种具体的危险状态本身也是一个值得分析的过程。

从"举重以明轻"的当然解释原理角度寻找依据,根据当然解释规则,行为犯创造抽象危险的行为过程都不是一着手就达到既遂的绝对判断,那么作为具体危险犯所创造的具体危险也更不应该是法定危险一产生即达到既遂。因此,具体危险犯将中止成立范围设置在达到稳定的法定危险前也是在符合传统刑法谦抑性基础上对中止制度划定的正确红线。

而稳定性的判断标准应当结合是否脱离危险创设行为人的监管范围等客观样态以及危险是否还能以行为人的意志为转移等主观条件进行具体分析。一方面,《德国刑法典》将醉驾行为规定为了具体危险犯,但其对于具体危险的判断标准可以为笔者提出的稳定性理论提供依据:"这种具体危险应当是一种对受威胁的法益高度存在危急或者一种几乎发生的事故,根据这些标准,当一名喝醉的卡车车主把车开成严重的蛇形路线,但是还没有与其他车辆发生危险的相撞时,就还不存在具体的危险。只有在这名驾驶员'不再处于对车辆重要的技术设施(方向盘、刹车、油门)进行有控制的活动的状态中'时,这种危险才存在。"①另一方面,联邦最高法院也警告不能提出过高的要求,对于一种具体的危险来说,只要有一种"进行完全刹车的必要性"就足够了。②虽然《德国刑法典》的规定与我国关于危险驾驶罪的理论相左,但其规范意旨明显表明:对于具体危险犯而言,行为人创设的具体危险并不是一经产生就成立具体危险犯的既遂,还需要考察这种法定的危险状态是否可控、是否脱离行为人监管,也就是说是否达到了不可转移的稳定状态。

(2)在解释限度内实现了危险犯与中止制度之间的融贯

在争议地带停止形态性质的讨论中,不乏学者对我国《刑法》第 24 条犯罪中止制度中"犯罪过程"与"犯罪结果"的条文原意进行多种解读。笔者主张的行为/危险稳定前中止说也表明,笔者对于"犯罪过程"与"犯罪结果"解释态度是:不应当进行脱离

① [德]克劳斯·罗克辛:《德国刑法学总论》,王世洲译,法律出版社 2005 年版,第 276 页。
② [德]克劳斯·罗克辛:《德国刑法学总论》,王世洲译,法律出版社 2005 年版,第 276 页。

传统教义学解释范围的盲目扩张,应当在传统教义学解释限度内实现危险犯与中止制度的有效融贯。

将"犯罪过程"理解为发生危险结果是在孤立地从行为人角度理解犯罪既遂标准。犯罪中止是与犯罪既遂相对应的概念,未完成形态对应着完成形态。犯罪既遂是刑法所要求的犯罪行为的完成,而非犯罪事实的演变过程。① 同理,"犯罪结果"也不应当理解为法定的危险状态发酵产生实际的危害结果才达到既遂,否则必然会导致架空危险犯本身的独立价值。危险犯不同于实害结果犯,危险犯本身不以发生犯罪结果作为构成要件,其法益侵害性的表现也并不是对犯罪对象造成肉眼可见的实际的诸如身体伤害、财物损失等物质性结果,危险犯的法益侵害性体现在危险行为对刑法所保护的法益产生之危险本身。因此,此处的"犯罪结果发生"应当在教义学范围内限缩解释为"法定危险状态稳定持续"。

也就是说,在刑法犯罪中止制度面对危险犯本身的特性时,真正的概念应当是:在犯罪过程中,犯罪分子自动放弃犯罪或者自动有效地防止法定危险状态稳定持续的,是犯罪中止。

(3)可借鉴风险降低理论与预防刑法观减免行为人责任

近年来,从风险社会中引申出的风险刑法理论为抽象危险犯的立法增设提供了理论依据。德国刑法教科书中也较早采用"风险"术语,提出了不允许性风险与允许性风险、风险实现、风险降低与风险提升等理论。② 其中,风险降低理论是罗克辛教授在客观归责角度下提出的风险减小时归责的排除理论,它是指:"行为人采取减小对被害人已经存在的风险,即以改善行为客体状况的方式,对一种因果过程进行修改时,风险的创设及其可归责性也就不存在了。"③

虽然风险降低理论是用来排除与先行危害行为无关的后行为人在面对先行行为人不法侵害发生时采取紧急避险手段的违法性的理论,但该原理同样可以运用于减少或免除尚未造成法定危险状态的行为人自身采取减小风险的行为改善客观状况时的可归责性。正如罗克辛教授所言:"……因为禁止这样一些行为本来就是不合理的,它们不仅没有使保护的法益的状况变得更坏,反而是变得更好。"④

由风险刑法理论延伸出的一对刑法分析范式就是报应刑法与预防刑法之间的关系,不乏学者在风险刑法视域下提出纯粹的预防刑主义。诚然,脱离报应的预防刑法就如同空中楼阁一般,不仅破坏了古典罪责概念的价值结构,也与我国现代刑法中强

---

① 参见徐光华:《排除危险状态行为之认定》,载《河北法学》2009年第3期。

② 参见陈兴良:《风险刑法理论的法教义学批判》,载《中外法学》2014年第1期。

③ [德]克劳斯·罗克辛:《德国刑法学总论》,王世洲译,法律出版社2005年版,第247页。

④ [德]克劳斯·罗克辛:《德国刑法学总论》,王世洲译,法律出版社2005年版,第247页。

调的责任主义与罪刑法定主义的两大法治原则不符。[①] 然而,虽然风险刑法不可脱离报应罪责的前提,但我们仍可以在罪责基础上考量预防必要性的这一因素。

美国学者桑斯坦在其“安全边际”概念中提出:对安全边际的选择决定了在面对风险时预防原则的采用。因此,可以根据现有证据和危险发生时其程度大小来选择安全边际,安全边际之内的行为不具有预防的正当性。[②] 因此稳定说的理论依据也可以从预防刑法的角度考量危险行为或危险状态是否达到了具备预防正当性的安全边际,将尚未突破安全边际的行为与危险状态纳入中止成立范围之中,进而通过犯罪中止减免行为人的责任。

(4)具备减免处罚依据支撑——“不完全坍塌的黄金桥”

该依据是中止犯减免处罚从法教义学与刑事政策学角度进行的综合思考。对中止犯减免处罚的根据在理论上主要存在政策说、刑法目的说、恩典褒奖说、违法性减少与责任减少的法律说等见解。这些见解都能从不同角度为中止犯减免处罚提供理论依据。笔者着重从刑事政策角度基于政策说进行探讨,为行为/危险稳定前中止说构建刑事政策上一条“不完全坍塌的黄金桥”。

政策说认为,犯罪中止是基于刑事政策思想而设置的一种刑法制度,最典型即为黄金桥理论主张:“立法者可以从刑事政策角度出发,在已经犯罪的行为人之同架设一座中止犯罪的黄金桥”[③]。中止犯规定可以作为一种奖励使政策行为人可以迷途知返,从而避免更为严重的损害。

由于实害犯明确以犯罪结果作为构成要件之一,因此对于实现犯罪结果进而达到犯罪既遂的行为人而言,其中止犯罪的“黄金桥”在结果发生的时刻已经坍塌殆尽,不再具备折返的余地。然而,危险犯的发展过程并不是抽象跳跃的,而是一个随时间发展危险程度递增的连续阶段。也就是说,抽象危险犯着手实行法定危险行为到行为稳定运行再到行为实施完毕、具体危险犯初步造成法定危险状态到法定危险状态达到稳定进而不可逆转的过程中,中止犯罪的“黄金桥”也经历着“逐步坍塌”的过程。在行为稳定前与危险稳定前,行为人仍有消除危险状态的余地,也就是说,此时为值得被科处刑罚的行为人搭设的返回的黄金桥并没有完全坍塌,此时的危险犯的中止范围仍然成立;而在行为或危险持续稳定地造成不可逆转的情况、继续酝酿将导致最终的实害结果发生的情况下,则属于已经超出危险犯中止成立的时空范围,成立危险犯的犯罪既遂,折返的黄金桥坍塌殆尽。

---

① 参见陈兴良:《“风险刑法”与刑法风险:双重视角的考察》,载《法商研究》2011 年第 4 期。

② 参见[美]凯斯·R.桑斯坦:《恐惧的规则——超越预防原则》,王爱民译,北京大学出版社 2011 年版,第 209 页。

③ [德]李斯特:《德国刑法教科书》,徐久生译,法律出版社 2006 年版,第 346 页。

## 四、危险犯中止的成立条件

根据行为/危险稳定前中止说厘清争议地带危险犯中止的成立范围后,应当在危险犯成立中止的总体范围内讨论危险犯中止的成立条件。根据上文所述,危险犯中止的概念为:在犯罪过程中,犯罪分子自动放弃犯罪或者自动有效地防止法定危险状态稳定持续的,是犯罪中止。

作为犯罪中止的行为类型之一,危险犯仍然需要满足时间性、自动性、有效性三个条件。危险犯中止的时间性实质上等同于危险犯成立条件的时空范围;危险犯中止的自动性与实害犯中止的自动性在主观方面的要求大致相同,应采宽容的规范主观说;由于危险犯本身的特点,有效性要求危险犯有效地防止法定危险状态稳定持续才算有效的中止。

(一)危险犯中止的时间性等同于成立条件的时空范围

根据我国《刑法》第24条的规定,犯罪中止的时间性条件是指“在犯罪过程中”,即开始犯罪行为之后、犯罪呈现结局之前。[①] 由于危险犯本身的特点,呈现在危险犯模式下的“犯罪过程中”应当是抽象危险犯预备到法定危害行为稳定持续前与具体危险犯预备到法定危险状态持续稳定运行前的过程。该范围是笔者在上节危险犯中止的成立范围着重阐述后得出的结论范围,因此不再赘述。下文仅就两点进行强调。

1.危险犯中止只能始于预备、终于既遂

传统刑法理论根据犯罪中止的“时空性”条件对犯罪中止发生的时空范围进行了限定。“始于预备”是指危险犯开始实施犯罪行为。这个犯罪行为不等同于实行行为,而是包括为犯罪准备工具、制造条件的预备行为。在实施预备活动以前,单纯放弃危险犯意时犯罪尚未开始,因此没有必要认定为犯罪中止。[②] “终于既遂”是指在犯罪达到既遂状态后再出现的消除危险状态或停止危险行为因为已经超出了“犯罪过程中”所能涵摄的时空范围,因此已经不符合犯罪中止形态的时空性这一成立条件,故此时已经属于危险犯的既遂,不再成立犯罪中止。如果犯罪已经既遂,行为人又自动恢复原状或者主动赔偿犯罪所造成的损失,由于其犯罪已经完成,不存在中止犯罪的时空条件,因而不属于犯罪中止而是犯罪既遂,但对此可作为从宽情节在量刑时酌情考虑,[③]因为这时犯罪已经既遂,犯罪已经整体终局、实现定型。

此外,中止犯必须是在犯罪过程中放弃犯罪,必须是在犯罪处于运动过程中而尚未形成任何停止状态的情况下放弃犯罪,这是犯罪中止成立的客观前提特征。该特征意味着,如果犯罪已经达到既遂形态,犯罪人不可能再中止犯罪;如果犯罪虽未达到既

---

① 参见付立庆:《刑法总论》,法律出版社2020年版,第279页。
② 参见付立庆:《刑法总论》,法律出版社2020年版,第279页。
③ 参见高铭暄、马克昌主编:《刑法学》(第8版),北京大学出版社2017年版,第158页。

遂形态，但在发展过程中已由于犯罪分子意志以外的原因而停止在犯罪预备形态或者犯罪未遂形态，犯罪人也不可能再中止犯罪。因此，从犯罪预备行为发生开始，到形成犯罪既遂形态以前的这段时间内，如果犯罪没有被迫停止于预备形态或未遂形态，而是处于发展过程中的，才有犯罪中止成立的可能。

2. 具备合理解释的既遂前空间成立危险犯中止

张明楷教授认为："中止的时间性是由中止的有效性决定的，即放弃犯罪或者有效地防止犯罪结果的发生决定了中止必须发生在犯罪过程中。中止不能发生在既遂之后，但如果对于犯罪既遂缺乏合理解释使得既遂标准提前，也可能人为地限制中止的成立范围。"①这意味着，既然缺乏合理解释而被提前的既遂仍有可能具备中止的空间，那么具备合理解释的既遂之前的空间也就必然成立中止。

故而在抽象危险犯的法定危害行为稳定持续前与具体危险犯法定危险状态持续稳定运行前的空间可以被合理解释为既遂之前的空间，因此此时的行为人仍有消除危险状态的余地，相应地，此时的危险犯的中止应当被认定为符合时间性的成立条件。

（二）危险犯中止的自动性：宽容的规范主观说

犯罪中止的自动性条件是指：行为人必须是自动停止犯罪。这是犯罪中止形态的本质特征，是犯罪中止形态与犯罪的未遂形态和预备形态的根本区别所在。② 这一要件实质上保证的是中止犯减免处罚根据中责任的减少。正是因为基于自己的自由意志，在存在可选择性（选择继续或者选择停止）的前提之下，选择了自动放弃犯罪，自动避免结果的发生，才表明行为人可谴责性的减少和有责性的降低。

我国刑法理论通常认为，中止自动性具有以下两方面的含义：一是犯罪分子自认为能够完成犯罪，这是成立犯罪中止自动性的前提条件；二是犯罪分子基于本人意愿而放弃犯罪，这是成立犯罪中止自动性的实质条件。③ 关于如何理解犯罪中止的"基于己意"，学说上存在不同观点。④

1. 危险犯中止自动性的主观说

危险犯中止自动性的主观说认为，危险犯中止的成立需要考虑：基于行为者本人的认识，犯罪是否有可能达到既遂；行为人所认识到的事实是否足以对犯罪停止动机的形成产生影响。当行为人放弃犯罪的动机是基于对外部障碍的认知时，就是未遂，此外的场合便是自动终止。其判断标准是弗兰克公式（Frank）：能达目的而不欲时，是犯罪中止；欲达目的而不能时，是犯罪未遂。在保证中止犯责任减少的意义上，主观说基本合理。行为人在具体案件中认为其能够达到目的而放弃犯罪的，就表明了其可谴

---

① 参见张明楷：《刑法学》（第6版），法律出版社2021年版，第470页。

② 参见高铭暄、马克昌主编：《刑法学》（第8版），北京大学出版社2017年版，第158页。

③ 参见陈兴良主编：《刑法学》，复旦大学出版社2003年版，第183页。

④ 参见付立庆：《刑法总论》，法律出版社2020年版，第278页。

责性的减少,这种情况下其与单纯的未遂犯存在区别。可见主观说与责任减少说密切相连。[①] 但主观说并没有较为清晰地解决“能”与“不能”的判断标准问题,以及行为人在对结果发生产生认识错误时如何解决的问题,同时仅仅依靠行为人的内心意思决定是否成立中止存在依赖被告人口供的嫌疑等问题。

2. 危险犯中止自动性的客观说

危险犯中止自动性的客观说认为在没有任何外部事实影响的情况下,可以根据弗兰克公式考虑危险犯中止的自动性。但是在外部事实障碍和行为人的中止行为同时存在的场合,就要以行为人本人的状况为基础,以一般人的立场为标准,判断该种程度的事实障碍是否会导致行为人放弃犯罪。如果得出肯定结论的话就是犯罪未遂,否则就是犯罪中止。[②] 比如在危险驾驶罪这个抽象危险犯中,行为人在达到饮酒标准之后坐上驾驶位正打算开车,突然发现隔壁路口有交通警察在拦截酒驾的这一外部事实,因此基于外部事实障碍而放弃驾车,则不应属于危险犯的犯罪中止。但客观说存在混淆主观与客观的界限之嫌疑,同时也会产生一些方法论意义上的问题,这种基于客观的社会经验和一般人的立场所判断的客观情况可能也并不完全客观,对于外部障碍的判断不够清楚具体。况且对于上述案例,否认其犯罪中止也不尽合理。

3. 危险犯中止自动性的规范主观说(限定主观说)

持危险犯中止自动性的规范主观说的代表学者是周光权教授。其核心观点认为对于中止自动性的判断,传统上侧重于心理考察的主观说在很多时候能够得出妥当结论,中国司法实务上也总体采用此说。但如果将犯罪中止立法的政策考量(刑罚预防目的)融入自动性判断过程中,就会认为对行为人中止的内心意思仅进行心理分析是不够的,还应该进行规范判断,从而将“刑罚目的的责任减少说”和“规范主观说”进行一体化理解。[③]

肯定危险犯中止自动性的规范主观说,使刑法上的思考成为价值判断和规范评价,而不是仅仅停留在心理事实的确认和一般人朴素感觉的层面。这种认定方式不仅有利于从刑法教义学上将责任论与刑罚论之间的体系相互协调一致,达到前后连贯,也有利于实现刑法犯罪中止的立法政策目标,符合法学方法论的考察方式。

4. 笔者观点——宽容的规范主观说

笔者基本赞同危险犯中止自动性的规范主观说,认为对于危险犯中止自动性的判断不应当仅仅依靠行为人的主观判断这一心理主观说。但笔者出于刑事政策等因素的综合考虑认为规范主观说对于认定危险犯中止的自动性这一问题上不应当过于严

---

① 参见付立庆:《刑法总论》,法律出版社2020年版,第280页。

② 参见黎宏:《刑法学总论》(第2版),法律出版社2016年版,第249页。

③ 参见周光权:《论中止自动性判断的规范主观说》,载《法学家》2015年第5期。

厉。从规范主观说来讲,行为人决定停止实施法定危害行为至不再产生法定危险状态的这种心理状态应当是一个"基于自己意思"的判断基础,在对行为人的心理基础判断之外还需要考虑行为人的行为是否能够在规范意义上使"民众恢复了对规范的信心",[①]这样才能综合判断行为人的中止自动性是否属于规范意义上的"基于己意"。

周光权教授表示:"从规范主观说的角度判断中止自动性,会将目前很多以犯罪中止来处理的情形转而认定为犯罪未遂,中止和未遂的区分也就显得相对容易,这可能会使中止犯的成立范围受到限制。但这不是规范主观说自身的问题,而是过去的实务存在偏差,犯罪中止的范围也不是越大越好。"普通未遂与中止未遂难以分辨清楚的重要原因之一,是学说与实务把中止犯的范围摆得太广了(认为只要自愿停止犯罪就是中止犯),范围太广就显不出核心的判断。合理而有效的解决方式,应该是紧缩中止犯的概念。[②]

但笔者认为,周光权教授对于危险犯的中止的自动性认定采取限定性规范主观说的观点中对于危险犯中止的认定态度还是偏向严格。规范判断标准虽然是规范主观说区别于以行为人的主观心理为标准的纯粹的主观说的一个重要优势,但对于规范的判断也不应当过于教条化与形式化进而忽视刑法设立中止制度的原本旨意。一方面,应当结合多重证据类型对于行为人中止犯罪行为时的主观心理进行准确的判断,坚持行为人主观"基于己意"的基础判断地位;另一方面,将是否符合规范作为反面的检验要素进行考察,判断中止是否会在规范上使一般人恢复对规范之信心,使行为人得以回到合法性轨道,因而没有特殊预防的必要性,即一种"宽容态度"的规范主观说。

(三)危险犯中止的有效性应联系法定危险状态判断

1. 危险犯中止的有效性要求有效消除法定危险状态

《刑法》关于犯罪中止的条文中明确规定:"在犯罪过程中,自动放弃犯罪或者自动有效地防止犯罪结果发生的,是犯罪中止。"因此犯罪中止还需要满足中止的有效性条件。

正如上文危险犯中止概念所指,对于危险犯而言,有的危险犯本身并不要求发生实际的危害结果,而是以法定危险状态达到稳定作为既遂标准,因此,此处的对于实害结果犯所要求的有效防止结果发生,在危险犯的语境中也就应当理解为"有效消除法定危险状态",这是由于危险犯自身价值所决定的对有效防止结果发生的有效性标准的修正。具体来讲就是有效彻底消除危险状态并使即将产生危险的法益回归到没有危险的最初状态,使该危险所导致的实害结果在客观上已经不可能发生。

---

① 参见周光权:《论中止自动性判断的规范主观说》,载《法学家》2015 年第 5 期。

② 参见林东茂:《刑法综览》,中国人民大学出版社 2009 年版,第 346 页。

2. 行为人的中止行为与有效消除法定危险状态之间需要存在因果关系

在危险犯中止的有效性中需要讨论的另一个重要问题就是行为人的中止行为是否需要与有效消除法定危险状态之间存在刑法意义上的因果关系。此问题主要涉及行为人的认识错误这一刑法理论知识。笔者对于此问题观点如下。

(1)中止行为独立有效消除法定危险符合危险犯的中止有效性条件

如行为人将点燃的尚未达到独立燃烧状态的火种扑灭或者将刚刚达到独立燃烧状态但并未产生稳定的不可逆转的风险(根据笔者前文的稳定前中止说)时独立将火种扑灭并确保火种不会复燃的情况下,行为人单独实施中止行为而独立消除了法定危险状态,应当肯定此处危险犯中止的有效性。

(2)中止行为与他人共同消除法定危险符合危险犯的中止有效性条件

与上文举例相同的情况,如果行为人是与其他人共同将点燃的尚未达到独立燃烧状态或刚刚独立燃烧并未产生不可逆转之危险的火种扑灭,也应当承认其中止行为的有效性。结合付立庆教授对于中止犯有效性因果关系之分析,可以将其归结为:这是因为虽然消除危险并非一人之"功劳",行为人本身扑灭火种的行为也可以归结为消除危险状态的重要原因,因此在此种"多因一果"的情况下也应当肯定中止的有效性。①

(3)实施中止行为却在客观上未有效消除法定危险不符合中止有效性条件

此处笔者观点与张明楷教授之观点相反。张明楷教授以实害结果犯举例,认为行为人如果实施了足以避免侵害结果发生的中止行为,但因为客观偶然等原因还是不能避免侵害结果之发生,亦应当认定为有效犯罪中止,即不赞成要求中止行为与侵害结果必须存在因果关系。

但笔者认为,中止行为应当与消除侵害结果(实害犯)或消除法定危险(危险犯)之间存在因果关系。因为被害法益陷入危险状态是由行为人的先行行为所导致的,行为人在此时就具备了消除法益侵害或消除法益侵害危险之天然义务,即使行为人在客观上已经穷尽救济手段力图消除这种侵害但仍然消除不能,也不应当因此以犯罪中止来减免行为人的责任,而是应当以酌定量刑情节等角度进行从宽处理的考量。举例来说就是如果行为人自认为实施了将点燃的尚未达到独立燃烧状态的火种扑灭或者将刚刚达到独立燃烧状态但并未产生稳定的不可逆转的风险时独立将火种扑灭,但在实际上由于客观原因火种并未完全燃尽,在行为人离开犯罪现场后又重新复燃并最终导致火种产生稳定的不可逆的危险甚至发生实际的损害结果时,则不应当认定为行为人有效地消除了危险。

同理,在行为人没有实施中止行为但法定危险在客观上被消除的认识错误情况

① 参见付立庆:《刑法总论》,法律出版社2020年版,第283页。

下,由于行为人不具备中止行为所要求的自动性这一特征,故不应当以犯罪中止进行考量,而是应当考量其是否成立危险犯的未遂。

## 五、危险犯中止的刑罚适用

在明晰危险犯中止的成立范围与成立条件后,对于在成立范围内并且符合成立条件的中止的危险犯如何进行刑罚适用,同样是讨论危险犯中止不可回避的后续问题。《刑法》第 24 条第 2 款规定了中止犯的处罚原则:“对于中止犯,没有造成损害的,应当免除处罚;造成损害的,应当减轻处罚。”传统刑法理论在规定中止犯的刑罚适用时采取必减免制,同时指出:“对中止犯的处罚,应同时引用刑法第 24 条和刑法分则有关具体犯罪的条文,在对明上应对中止形态有所体现。”[①]这也就为讨论危险犯的中止刑罚适用划定了研究基础。然而,在危险犯中止刑罚适用的过程中,还有下列问题尚待明确。

### (一)危险犯中止减免刑罚的区别与根据仍应为“造成损害”

由于笔者在对危险犯中止的概念进行定义时,将“有效防止结果发生”的成立范围限缩到了“有效防止危险稳定持续”。因此在对危险犯中止的刑罚适用进行论证时,同样面对着刑罚适用中对“造成损害”是否也应当被限缩为“造成危险”的疑问。然而,这种疑问错误地理解了中止制度的内涵,危险犯中止减免刑罚的根据与区别同样仍应为“造成损害”。

在实害犯中,行为人从犯罪预备到实行终了、再到实害结果发生之前,都可以中止犯罪,而“造成损害”所指的应当是在实害结果发生前,中止行为实施前的行为对犯罪对象或犯罪客体造成的损害,这种损害往往是低于原犯罪法益侵害程度的犯罪的法益侵害,最典型的案例就是中止的强奸犯可能因为中止强奸前触摸身体的行为构成强制猥亵。[②]

因此在危险犯中,虽然危险犯的既遂标准是对法益现实侵害的危险,但行为人仍然完全有可能在达到该危险犯的法定既遂标准前对行为对象造成低于预案犯罪法益现实侵害危险程度的现实损害。所以,“造成损害”只是行为人在中止过程中可能触发的应当减轻处罚或应当免除处罚的条件,并不因既遂终点的差异而转移。

### (二)造成损害的原因仅应为中止前的犯罪行为

张明楷教授在其刑法学教科书中提出了造成损害的原因这一问题,即中止犯中的“造成损害”是应当仅限于中止之前的犯罪行为造成的损害,还是包括中止行为(或中止过程中的行为)造成的损害的问题。

---

① 高铭暄、马克昌主编:《刑法学》(第 8 版),北京大学出版社 2017 年版,第 162 页。

② 参见付立庆:《刑法总论》,法律出版社 2020 年版,第 284 页。

笔者在此赞同分离考察方法,即认为犯罪实行行为与中止行为在性质上具有根本不同,不应当进行一体化考察,也就是说中止犯“造成损害”的行为仍应当是行为人实施中止行为之前所实施的犯罪行为。例如,行为人在建筑物内点燃火种后又产生中止之意,于是又利用房间内的财物扑灭火种,虽然没有达到放火罪的既遂标准,但是却对建筑物内财物所有者造成了相当价值的财产损失时,不应当认定为“造成损害”,此时成立放火罪的中止犯与故意毁坏财物罪。也就是对放火罪免除处罚,对故意毁坏财物罪进行单独的定罪量刑。正如张明楷教授所言:“当行为人设定了只能通过损害A法益才能避免B法益受到侵害的因果进程时,必须将A法益的侵害结果归属于行为人的行为。如果行为人故意设定了这一进程,就必须对A法益的损害承担故意责任。”①

(三)危险犯中止区别于刑法其他出罪依据

在思考适用危险犯中止制度为行为人寻找减免处罚的依据之前,应当首先思考在刑法上是否具备可以直接否认危险犯成立的其他出罪路径。在穷尽其他出罪路径、排除不应当作为犯罪的行为后再进一步思考是否存在危险犯中止问题。笔者在下文以醉驾型危险驾驶罪为例进行反思。

危险驾驶罪作为典型的抽象危险犯,自从其在2011年被《刑法》新增入罪后,在近年来最高人民法院年度工作报告中体现的法院实际判刑率逐年递增1/4,除此之外,还有较多部分因为血样污染导致的证据瑕疵等原因致使检察机关没有移送审查起诉。据数据统计,每年因为危险驾驶罪的醉驾条款承担刑事责任的高达30万人次。

该情况也会产生多重弊端:从犯罪人角度来说,犯罪人作为受到负面影响最严重的群体,其需要承受承担刑事责任与刑罚等直接负面影响往往是较短期的刑法甚至不进行监禁刑,但普遍需要承受犯罪带来的负面社会评价这一间接影响,如开除公职等;从国家与社会层面来说,这种较高的数据也会给国家司法机关运作和社会治理带来较大负担,在刑罚执行过程中还会产生犯罪者“交叉污染”等情况。由此引发了理论界对醉驾型危险驾驶罪出罪与减免刑罚方式的多种思考。

笔者认为,在思考醉驾型危险驾驶罪的减免处罚与出罪路径时,应当首先根据《刑法》第13条但书条款、是否具有足以发生危险的客观情况(如张明楷教授指出在荒无人烟的郊外醉驾并不成立危险驾驶犯罪)、行为人实施危险行为是否有义务冲突问题等思考行为人是否具备可能直接判定出罪的事由,进而将不构成危险驾驶罪的行为类型排除,然后再进一步判断构成危险驾驶罪的醉酒危险驾驶行为是否可以成立犯罪中止,典型情况为:醉驾型危险驾驶的行为人在自身已经达到醉酒标准后仍然上路开车,实施醉酒驾车并在驾驶了一段时间之后主动停止驾车,在客观上也并未造成任何实害结果的行为是否能够认定为危险驾驶罪的犯罪中止。

① 参见张明楷:《刑法学》(第6版),法律出版社2021年版,第490页。

对此时危险驾驶罪中止的成立范围进行分析,不难发现,根据危险犯的既遂说,醉驾型危险驾驶的行为人在达到醉酒标准上路点燃油门的一瞬间就已经构成危险驾驶罪的既遂,其后无论驾驶多久都不再构成危险驾驶罪的中止,而只能以既遂之后的事后恢复行为进行量刑上的酌定从宽处理。但此学说存在的重要缺陷就是《刑法》条文对于中止犯的规定是应当免除、减轻处罚,但根据危险犯的既遂说,对于此种情况可以进行酌定量刑从宽,即是否进行从宽处罚以及从宽处罚的力度是从轻、减轻还是免除都取决于法官司法判断的主观能动性,难免有同案不同判的风险。此外,对于醉驾型危险驾驶罪的入罪标准本身即存在较多争议,对于并未造成任何危害结果的驾驶了一段时间后主动停止的行为人是否都应当以危险驾驶罪既遂处理本身也有尚待探讨的空间。

实害犯的中止说似乎并不能对作为抽象危险犯的本罪名提供明确清晰的处理思路,正如上文所述,实害犯的中止说更多层面是从与实害结果犯有对应关系的具体危险犯的处理进行的分析论证,对解决抽象结果犯认定模糊,其将抽象危险犯本身视为危险状态持续至发生危害结果的未遂犯观点更是天方夜谭。危险犯的中止说可以对此问题得出肯定的结论,但是其论证路径存在较多错误。一方面,危险犯的中止说对于抽象危险犯犯罪中止成立的现有时空性条件范围持否定观点,为现有的抽象危险犯既遂标准从实质刑法观的角度再加了一层实质性判断,并不符合传统刑法理论阶层性的理论逻辑;另一方面,危险犯的中止说对于《刑法》犯罪中止条文的“犯罪过程”与“犯罪过程”进行了拆解重构,将危险犯的中止时空范围过度宽延至发生实害犯所需的犯罪结果,不仅不符合中止犯罪本身的刑罚处罚规定,更与刑法传统理论之要求相背离。

根据笔者所提倡的行为稳定前中止说,醉酒驾驶的行为人在刚刚驾驶上路,刚刚达到立法所预设的抽象危险的时刻,应当视为其“犯罪折返黄金桥开始坍塌”,如果醉酒驾驶行为人仅仅是因为短距离挪车、将车移动到代驾等待处或在代驾结束驾驶后将车开入有公共场合的小区等场所,之后又立刻结束自己的危险驾驶行为,此时为行为人所架设的“黄金桥尚未完全坍塌”,应当将此停止危险驾驶行为评价为主动消除危害行为所造成的危险,也就是认可此时对于危险驾驶罪的中止。这种处理方式也符合刑法犯罪中止制度减免处罚根据的刑法目的规范说与违法责任减少的法律说。相应对其减轻处罚还是免除处罚应当根据是否造成损害的标准进行具体判断。

而在达到醉酒驾驶标准之后在公共机动车道路上长时间持续独立驾驶并不寻求代驾、亲友的帮助时,或者其存在明显的违反道路交通管理法规之行为时,则可以说明行为人醉驾行为造成的法定危险状态已经陷入持续稳定的混乱状态,其行为已经实现了危险驾驶罪的既遂,因此,此时“黄金桥已经完全塌陷”,此时行为人再实施的停止驾驶行为虽然没有造成实际的危害结果,但已经产生抽象之危险,因此不应再以犯罪中止制度为行为人谋取福利,而是直接将其评价为危险驾驶罪既遂的事后补救行为。

## 六、结语

对危险犯中止认定问题的研究是笔者在刑法学研究过程中首次将危险犯与犯罪停止形态中的犯罪中止形态进行结合而从两个维度进行的复合独立思考,也较为创新地提出了危险犯中止的概念、行为/危险稳定前中止说、宽容的规范主观说等新的研究见解。行为/危险稳定前中止说从抽象危险犯与具体危险犯的对应角度为危险犯中止成立范围的争议地带给出具体解答,将抽象危险犯的行为稳定持续与具体危险犯达到稳定的法定危险作为危险犯中止成立范围的限制具备传统教义学依据与解释学依据,与风险降低理论相似,符合预防刑法要求,符合中止减免处罚的政策说依据。危险犯中止的时间条件起始于犯罪预备,终止于犯罪既遂。中止的自动性条件应当采取宽容的规范主观说,坚持行为人主观"基于己意"的基础判断地位,将是否符合规范作为反面的检验要素进行考察;危险犯中止的有效条件应当是中止行为"有效消除法定危险状态",并且要求中止行为与有效消除法定危险状态具有严格的因果关系。危险犯中止刑罚适用仍应当以"造成损害"作为减轻与免除的判断标准,造成损害的原因只能限定为中止之前的犯罪行为。醉驾型危险驾驶罪的适用提醒我们在判断危险犯中止前应当首先思考出罪依据,再根据危险稳定前中止说进行分析。

无论危险犯时代是否真正到来,危险犯区别于实害犯所具有的独立价值仍然是刑法学界不可忽视的重要研究课题。对危险犯理论的研究不应止步于犯罪停止形态的小规模探讨,由危险犯引出的更多问题值得日后深思。

# 【比较刑法学】

## 客观归责理论的难题与解决方案*

[德]英格博格·普珀** 著　王德政*** 译

【内容摘要】运用客观归责理论时,应注意的是:判断行为与结果之间的因果关系是否存在时,无须考虑替代性原因,只有当行为人的不当行为是结果发生的必要条件时,行为人才对此完全负责;判断违反注意义务的因果关系是否存在时,不仅应将行为人的行为违反注意义务本身考虑进来,还应将同样引起结果发生的、合义务的替代行为考虑进来;存在违反注意义务的双重因果关系时,不能运用避免可能性说,也不能考虑行为人对注意义务的违反,而要考虑被害人对注意义务的违反,如果被害人合规行事,结果也会发生,结果应归责于行为人。

【关键词】客观归责理论　违反注意义务　因果关系　合义务的替代行为条件关系

### 一、导论

在刑法学中,判断行为人实施的某个行为是否构成某种犯罪,应当运用该罪的犯罪论体系对该行为进行检验。如果得出肯定的结论,行为人实施的上述行为则构成该罪。当代德国犯罪论体系的通说是新古典与目的论相结合的犯罪论体系,该犯罪论体系的客观构成要件包含客观归责。客观归责理论的内容可简要表述为:如果行为人通过实施实行行为对行为客体制造了法所不容许的风险,该风险现实化为具体结果并且在构成要件的效力范围之内,该结果就可归责于行为人。由此可见,客观归责的功能在于将行为造成的结果归责于行为人。然而,运用客观归责理论时经常会出现三个难题:行为与结果之间因果关系的判断、违反注意义务的因果关系判断、违反注意义务的双重因果关系判断。这三个问题时常在相应案例中引发判断上的疑难,有必要列举德

---

* 本文原题为"刑法客观归责理论中的经典问题及其应对策略",已取得作者的翻译和发表授权。本文系2021年度司法部法治建设与法学理论研究部级科研项目"人工智能时代自动驾驶汽车涉及的刑法问题研究"(项目编号:21SFB4036)的阶段性成果。——译者注

** 英格博格·普珀(Ingeborg Puppe),德国波恩大学法学院教授。

*** 王德政,法学博士,成都大学法学院讲师。

国联邦最高法院作出的三个刑事判例,从中分别引出上述问题,经过分析后得出相应的解决方案,以使客观归责理论的运用更为准确和便捷。

## 二、行为与结果之间的因果关系(基础的归责关系)

### (一)危重病人案

在《德国联邦最高法院刑事判例集》(第49卷)第1页起的判决中,一个精神病诊所有两名技术高超的医生,该诊所出于安全考虑收治了一个因重大暴力犯罪和性犯罪受到判决的病人,此病人被判定为是极其危险且无法治愈的。这个病人曾弄弯两侧为保护文物而设置的脆弱窗栏条,两次逃出诊所。本案的被告人允许病人外出而没有进行监管,病人利用这一时机杀死了两名老妇人并实施了数次强奸。针对过失致人死亡罪的指控,州法院判决两名医生无罪,理由是,如果病人不能通过被允许外出而获得自由,他也能通过再次脱逃来获得自由。因此,医生的行为与病人实施的犯罪之间无论如何都是没有因果关系的。对此,州法院运用了刑法通说和德国联邦最高法院都赞同的因果关系确定方法,即只有当不取消结果就无法想象行为不存在时,该行为才与结果之间有因果关系,[①]为了在表达上少一点晦涩,可表达为:行为是结果发生的必要条件。

### (二)问题:若行为人对结果完全负责,结果与行为人的行为之间存在何种条件关系?

确定因果关系是结果归责的首要前提,这是不言自明的。只有当结果发生与否取决于行为人的不当行为时,行为人才对此完全负责。只有当行为人的不当行为是结果发生的必要条件时,结果的发生才取决于行为人的不当行为。可是,将结果发生的必要条件确定为原因——如果这一点被贯彻到底并且个案中结果可能以各种方式发生的话,法益保护的效果就遭到了严重破坏。在一起交通事故中,几个涉案的司机各自实施了违反注意义务的行为,每个驾驶错误都足以引起这场交通事故发生。如果每个司机都能因此而出罪的话,即使被害人合规行事对他自己也是没用的,因为其他人的不当行为足以引起交通事故发生。(下文将讨论这种情况)

每个参与人都可能提出其他人违反义务而为自己出罪,这是指:行为人的不当行为引起了一个危险,但即便行为人合规行事,此危险也会由另一个已设定的情况,即所谓的替代性原因(Ersatzursache)引起。在本案中表现为如果被告人履行义务,拒绝让病人外出,病人也能弄弯保护文物的窗栏条而获得自由。根据这一充满疑问的理论,法官的出发点必须是:即使行为人能做到这一点,其后两位老妇人也一样会被杀死。

---

① BGHSt 1, 332;2, 24;3, 69;7, 114;24, 34;31, 98;37, 106 ff;OGH 1, 330, (367);2, 286;OLG Stuttgart JZ 1980, 618;aber auch BGHZ 86, 157 (170).

她们的命运既不取决于医生的不当行为,也不取决于保护文物的窗栏条存在的缺陷,因为病人为了获得自由不一定必须弄弯窗栏条。此案中,将必要条件确定为原因带来的后果是,无论是实施治疗的医生,还是负责诊所安全的人员,参与者中没人对被害人的不幸负责。此结论令人无法接受,也让德国联邦最高法院无法接受。

(三)因果关系确定中正确方法与错误方法的区别

该问题(此疑问最初就完全没有被提出来)的解决路径在于:如果行为人没有如此而行,而是听任事件发生,该事件也会现实地发生。如果人们不愿接受这个结论——几个真实存在或假定存在的参与人都无罪,就必须放弃以下论断:只有满足下述要求的行为才是结果的原因——结果发生的必要条件在于,被侵害的法益的命运取决于行为人的行为。然而,哪种条件关系接近于必要条件呢?

因为结果事实上发生了,足以引起结果发生的条件必定具有真实性(in wirklichkeit)。如果我们能确定一种普遍法则,即所谓的因果法则,据此法则,如果形式上满足特定前提,相应结果总是会发生的话,条件对结果而言就是充分的。如果根据普遍法则,在这样一个引起结果的充分条件中,行为作为其必要组成部分而发生并且此条件具有真实性,就可以说,行为是结果的原因。①

我们要将这一因果关系确定方法运用到一些案例中,就必须质问:置身于禁闭场所的行为人是怎样脱离此场所而犯故意杀人罪的呢?因为他离开了那个场所,所以其犯故意杀人罪是可能发生的。他可以通过门而离开那个场所,因为他可以给门卫出示一个医生允许他外出的证明。在病人所犯故意杀人罪的因果说明(Kausale Erklärung)中,被告人医生同意病人外出这一事实是存在的,防止病人脱逃而设置的窗栏条太脆弱这一事实却不存在,这说明后者是替代性原因。被告人医生作出的同意,却是病人所犯故意杀人罪的充分条件中一个必要组成部分,事实上的确如此。如果我们从该充分条件中去除医生的同意(想象其不存在),条件就不再充分了。这也就无法解释,病人是怎样通过门而脱逃的。

这不仅是在技术和自然科学(只要其运用因果概念)上受到运用的因果概念,并且,与必要条件公式相反,它还实现了将结果归责于行为。此外,当一个替代性原因被设定于具体案情中,或者同时存在其作用能相互替代的几个原因时,即所谓的多重因果关系或择一的因果关系也属于该因果概念范畴。只不过,这是德国联邦最高法院想达到的目的:不能根据其他参与人真实存在或假定存在的违反义务行为,来为这类案件中的几个参与人出罪。

① Puppe, Strafrecht Allgemeiner Teil im Spiegel der Rechtsprechung, 3. Aufl. 2016, 2/5 ff; dies., in Kindhäuser/Neumann/Paeffgen, Nomos-Kommentar zum StGB, 5. Aufl. 2017, Vor § 13 Rn. 106.

## 三、违反注意义务(义务违反关联性或不容许风险的实现)的因果关系

### (一)闪光灯案

某天清晨,A想开车去办公室,他发现车的左边闪光灯无法发光。很明显,这是因为灯泡或保险丝坏了。他本可以随手取来灯泡和保险丝换上,但为了避免迟到,他还是开着闪光灯有故障的车出发了。他在路上遇到红灯停车时,另一辆车从后边超越了他的车,那辆车的司机开得又快又鲁莽。尽管A由于开着闪光灯有故障的车而违反了注意义务,并且他的驾驶行为和在红灯时停车是事故的原因(第二个原因是碰撞),但只要他没有如《德国刑法典》第222条所称"过失地引起"对那个司机的个人损害,也不应对该损害负责。这明显是有问题的:一个行为违反了义务,但另一个同时发生的行为是损害发生的原因。更确切地讲,这一行为本身(对其义务违反性而言很关键)正是损害发生的原因,在此意义上,该行为是损害发生的充分条件中一个必要组成部分。[①] 为了解释这场事故,我不需要一份关于车辆闪光设备的情况报告,因为在事故发生之前,A完全没有操作该闪光设备。我能轻易否定违反注意义务的因果关系是存在的,根据是:一份左闪光灯有故障的情况报告,完全不存在于该事故的充分条件中。可沿用刑法通说的用语来表述:如果存在结果,可以推断有故障的闪光灯是不存在的。

### (二)几个其他的难题

德国联邦最高法院将这一归责关系称为"违反注意义务的因果关系",这在本质上完全是正确的。[②] 此表述理所当然地引起了学术界的不满,因为在这种意义上,违反注意义务无法成为原因(因为它是行为与注意规范的矛盾)。当人们谈及行为违反注意义务本身而非谈及"违反注意义务"时,此表述错误就很容易被纠正。此理论并未进行简单的纠正,不仅将必要的关联性称为因果关联性,还称其为违法关联性、义务违反关联性或不容许风险的实现。[③] 上述表述并未错误,但有缺点:完全没有表达行为违反注意义务与结果之间必要关联性的本质。只要不表达,就不会表达错。

理论和判例都面临另一个难题。两者都反对以下做法:在事实的说明上能明确说明却不明确说明。因此,我们必须反对以下做法:确定违反注意义务的因果关系时,不明确说明行为违反注意义务本身,而是要求以合义务的行为来替代违反注意义务的行为,即所谓"合义务的替代行为"(korrespondierende sorgfaltsgemäße Alternativ-

---

① Puppe, AT (Fn 2), 3/2 ff; dies., NK (Fn 2), Vor § 13 Rn. 206 ff.

② BGHSt 11, 1 (7); 21, 59; 33, 61 (64); VRS 21, 6; JR 1982, 382; OLG Thüringen VRS 111, 180 (184); *Fischer*, Strafgesetzbuch und Nebengesetze, Kommentar, 55. Aufl. 2008, vor § 13 Rn. 35 m. w. N.; *Jakobs*, Strafrecht, Allgemeiner Teil, 2. Aufl. 1991, § 7 Rn. 78; Puppe (Fn. 5), § 3 Rn. 3 ff.; dies., in: NK (Fn. 5), vor § 13 Rn. 206.

③ Kindhäuser (Fn. 9), § 33 Rn. 34 ff.; Wessels/Beulke (Fn. 9), Rn. 676; Weber (Fn. 9), § 22 Rn. 40 f.; Cramer/Sternberg – Lieben, in: Schönke/Schröder (Fn. 16), § 15 Rn. 174 ff.

verhalten)。[①] 但这一做法不仅完全是多余的,还使必要的关联性呈现出多种含义,因为不明确的是,究竟何种符合注意义务的行为方式"符合"行为人事实上所实施的违反注意义务的行为。[②] 本案中,行为人可以修理有故障的闪光灯,也可以乘坐有轨电车、自行车或出租车去上班。将开着闪光灯已修好的车这一符合注意义务的行为考虑进去,结果发生。将乘坐自行车或有轨电车考虑进去,结果不会发生。将出租车考虑进去,无法得知结果是否会发生,最后也不知道,出租车司机是否像被告人或其他人那样开车。这些行为方式中,哪些是符合注意义务的行为方式呢?这个问题取决于行为人是否开着闪光灯已修好的车,或者取决于个案中行为人是否有可替代的灯泡或保险丝并且自己能修好闪光信号装置,或者取决于他事实上有没有这种可能性。此判断标准应予否定,因为行为人开闪光灯修好的车是允许的,这将导致一个后果:其他交通参与人必须承担这一相关风险即不容许的风险。由于司机在个案中不可能立即修理闪光灯,此事实导致无法要求其他交通参与人对危险保持无动于衷。[③]

(三)解决方案

根据德国联邦最高法院对违反注意义务的因果关系所采取的表述,只将行为人的行为违反注意义务本身考虑进来,而不将合义务的替代行为考虑进来,对查明事故发生在因果关系上的可解释性而言,是有风险的。[④] 不想冒风险的话,就要将同样引起结果发生的、合义务的替代行为考虑进来。对此,至少可提出以下理由:其他的事故参与人无法要求行为人从几种符合注意义务的行为方式中,选择一种方式来防止结果发生。正如刚才所阐述的那样,如果符合注意义务的行为也必然引起结果发生,上述理由也同样适用。但个案中基于某些技术性原因,行为人不可能实施合义务的替代行为。

我们可作出如下阐述:当另一个司机驶向十字路口时,汽车司机 A 由于将汽车停在路口而导致了这场事故发生。因此,他的行为违反了注意义务,因为他车上的左闪光灯有故障。只有当他的行为违反注意义务本身(闪光灯在行驶时的故障)是这场事故的原因时,该事故才能归责于此行为人。根据《德国刑法典》第 222 条,行为人必须"过失地引起"被害人死亡。如果不取消结果,就无法想象被告人行驶到信号灯和闪光灯的故障都是不存在的。行为人并未过失地引起这场事故。

## 四、违反注意义务的双重因果关系

(一)停车位案

被告人开车经过一辆停着的公交车时,压倒了从公交车后面出来的一个小孩。根

---

① Kindhäuser (Fn. 9), § 33 Rn. 34 ff.; Wessels/Beulke (Fn. 9), Rn. 676; Weber (Fn. 9), § 22 Rn. 40 f.; Cramer/Sternberg - Lieben, in: Schönke/Schröder (Fn. 16), § 15 Rn. 174 ff.

② Puppe (Fn. 5), § 3 Rn. 7 ff.; dies., in: NK (Fn. 5), vor § 13 Rn. 202, 212.

③ Jakobs (Fn. 15), § 7 Rn. 86; Puppe, in: NK (Fn. 5), vor § 13 Rn. 213.

④ Puppe, in: NK (Fn. 5), vor § 13 Rn. 214.

据德国联邦最高法院的判例,一个司机开车经过一辆停着的公共汽车时,应将车速控制在步行速度内,以便于及时刹车,或应与公共汽车保持至少两米的距离。该义务的根据在于,无论街上有没有人和车,出现在公共汽车后面几步之遥的行人在横穿街道之前,都不应被从旁边驶过的汽车伤害到。被告人司机开车超过了起步速度(Anhaltegeschwindigkeit)且距离少于两米,从而压死了小孩。他自我辩护时提出,那个小孩突然且鲁莽地在街上奔跑,以至于即使他与公共汽车保持至少两米的距离,也会撞死小孩。因为小孩已经死亡并且没有其他的事故证人,德国联邦最高法院根据存疑时有利于被告(in dubio pro reo)原则推定他提出的内容是成立的,并推翻了被告人犯过失致人死亡罪的判决,理由是,此判决只在以下情形中才成立:"可以肯定的是,符合交通规则的行为不会引起这样的结果。"①

(二)问题

想象一下,如果小孩幸存下来并质问法官:"现在谁为我这场事故负责?如果被告人由于无法避免这场事故而不负责,我就必须自负其责?然而,我也无法通过实施期待的行为而避免这场事故,因为被告人在两米保护区内撞倒了我。像他说的那样,如果我没有鲁莽地在街上奔跑,而是实施了期待的行为,仅出现在公共汽车后面几步之遥,他还是撞倒了我,现在谁又为这场不幸负责?"

(三)解决方案

在上述情形中,危险恰好实现了。如果在双重因果关系情形中运用"若无前者,即无后者"公式,此危险就是存在的。这是很容易看出来的,因为这与行为的双重因果关系无关(因为两个交通参与人的行为对于撞击的发生都是必要的),而与违反注意义务的双重因果关系有关。因为撞击属于后者情形,违反注意义务的双重因果关系现象经常发生在道路交通中,这与行为的双重因果关系现象相反。在违反注意义务的双重因果关系场合,可以想象行为人违反注意义务是不存在的,因为其他参与人违反注意义务本身足以引起事故发生(该想象在实践中是罕见的)。现在,有人根据必要条件公式提出,如果不取消结果,行为人违反注意义务并非可想象其不存在,那么,在这种情形下,应否认违反注意义务的因果关系是存在的。法院对于上述情形也是这样处理的:判决被告人无罪,理由是,根据存疑时有利于被告原则作出推定——即使被告人合规行事,小孩违反注意义务本身也足以引起撞击事故。当两个参与人违反注意义务的程度都如此严重,以至于每次违反注意义务本身都足以引起这场事故时,结果是这场事故无法归责于任何参与人,虽然这对其中一个参与人是合理的,也对另一个参与人是公平的,但这是一个令人无法接受的结论。

然而,现在为了查清,除了被害人违反注意义务,行为人违反注意义务是否也是事

① BGH VRS 25, 262 (263).